THÉORIE
DU NOTARIAT

POUR SERVIR

AUX EXAMENS DE CAPACITÉ,

Contenant, par demandes et par réponses,

LES MATIÈRES SUR LESQUELLES LES CANDIDATS DOIVENT ÊTRE INTERROGÉS :

1° LOIS ORGANIQUES DU NOTARIAT, — 2° DROIT CIVIL,
3° ENREGISTREMENT, TIMBRE ET HYPOTHÈQUES;

Par ÉDOUARD CLERC,

PRÉSIDENT DE LA CHAMBRE DES NOTAIRES DE BESANÇON,
Membre de l'Académie de la même ville,
Auteur du Formulaire général du Notariat.

PARIS,

IMPRIMERIE ET LIBRAIRIE GÉNÉRALE DE JURISPRUDENCE
DE COSSE, IMPRIMEUR-ÉDITEUR,
Libraire de l'Ordre des Avocats à la Cour de cassation,
PLACE DAUPHINE, 27.

1852

THÉORIE
DU NOTARIAT

POUR SERVIR

AUX EXAMENS DE CAPACITÉ.

PARIS, — IMPRIMERIE DE COSSE ET J. DUMAINE,
rue Christine, 2.

THÉORIE
DU NOTARIAT

POUR SERVIR

AUX EXAMENS DE CAPACITÉ,

Contenant, par demandes et par réponses,

LES MATIÈRES SUR LESQUELLES LES CANDIDATS DOIVENT ÊTRE INTERROGÉS :

1° LOIS ORGANIQUES DU NOTARIAT, — 2° DROIT CIVIL,
3° ENREGISTREMENT, TIMBRE ET HYPOTHÈQUES ;

Par ÉDOUARD CLERC,

PRÉSIDENT DE LA CHAMBRE DES NOTAIRES DE BESANÇON,
Membre de l'Académie de la même ville,
Auteur du Formulaire général du Notariat

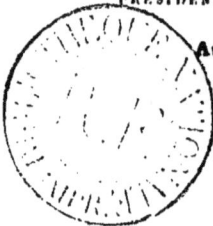

PARIS,

IMPRIMERIE ET LIBRAIRIE GÉNÉRALE DE JURISPRUDENCE,
DE **COSSE**, IMPRIM.-ÉDITEUR,
Libraire de l'Ordre des Avocats à la Cour de cassation,
***Place Dauphine*, 27.**

1852

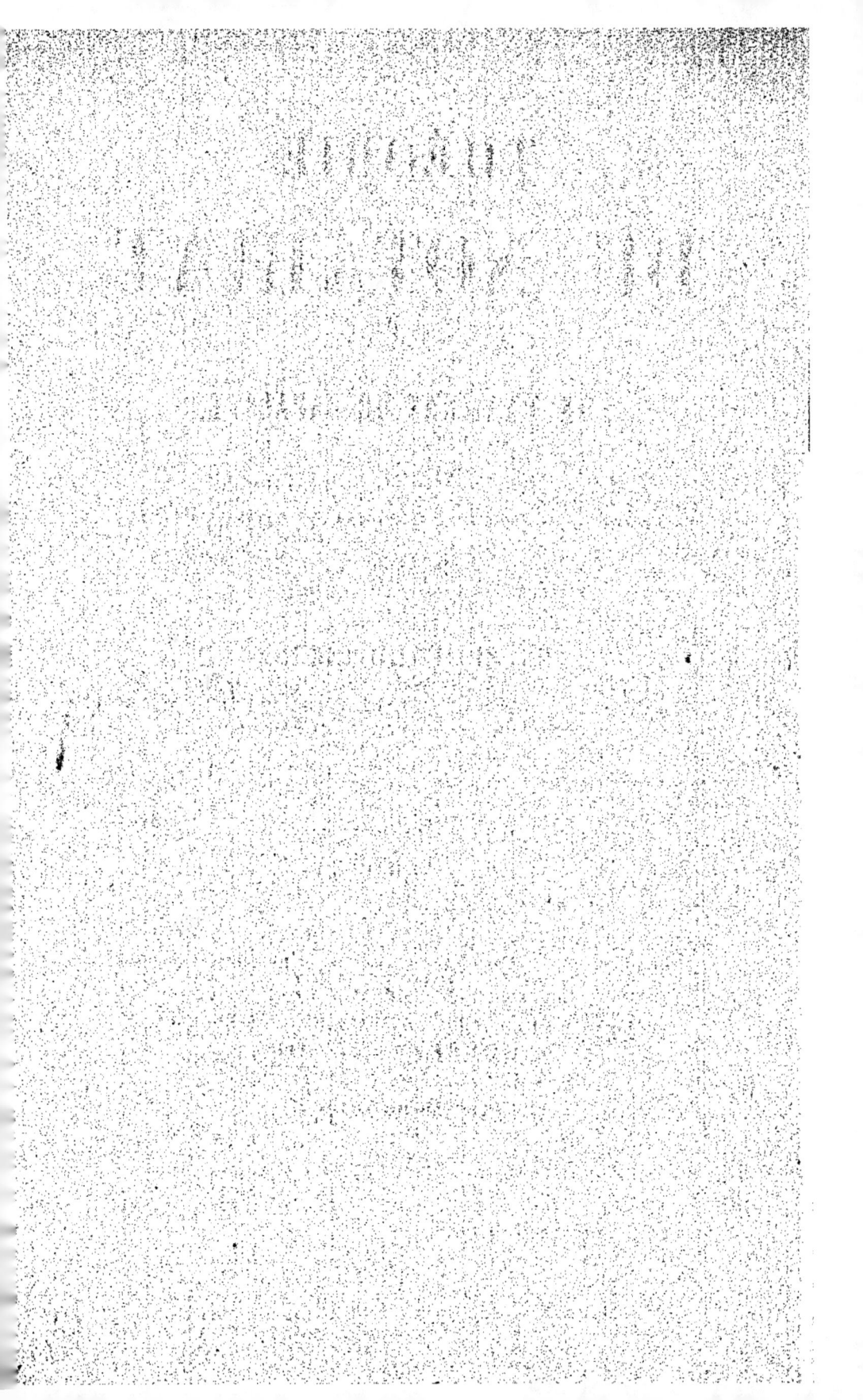

AVERTISSEMENT.

Depuis vingt ans, le Notariat a sans contredit fait de très-grands progrès, sous le triple rapport de l'instruction, de la rédaction et de la direction des affaires. Il a pris dans la société le rang que lui assignait l'importance de ses fonctions; néanmoins, il se glisse encore trop souvent dans son sein des hommes dont la capacité est insuffisante, et qui nuisent beaucoup à la considération générale que mérite si bien cette honorable corporation.

La malveillance s'est emparée de ce qui n'est, aux yeux des hommes sérieux, qu'une rare exception, un accident, pour lui attribuer des causes qui, pour la plupart, ne sont pas fondées. Une seule peut être vraie dans une certaine mesure, c'est la faiblesse (l'insuffisance) des examens que subissent les candidats devant les chambres de discipline.

Ils ne sont, en effet, ni aussi sévères, ni surtout aussi complets qu'ils pourraient l'être. Cela tient plus à la force des choses qu'à de l'indifférence ou du mauvais vouloir : car si le rôle du candidat est toujours difficile, embarrassant, celui de l'examinateur ne l'est guère moins pour beaucoup de ceux qui sont appelés à le remplir.

Les examens se passent d'ordinaire sans grande préparation de la part des juges : ils se bornent, en général, à ouvrir un livre au hasard, le Code civil le plus souvent, et ils adressent des questions sur la première matière qui se présente à eux. Quelque intelligence, quelque habitude du droit qu'on suppose à un Notaire, il ne saurait prolonger d'une manière convenable et utile un examen ainsi improvisé. Les questions ne peuvent pas toujours être exprimées avec assez de clarté pour provoquer une réponse catégorique; elles n'ont pas non plus cet enchaînement logique qui seul permet de juger si le candidat connaît et comprend réellement le sujet sur lequel il est interrogé.

Une chose encore est à remarquer : c'est que les examens roulent presque exclusivement sur le droit civil; on néglige trop deux autres parties très-essentielles, les *lois organiques du Notariat et l'Enregistrement*. La raison en est que les éléments constitutifs de ces deux parties sont épars dans les recueils ou dans des ouvrages trop volumineux, et ne se trouvent nulle part réunis en un corps de doctrine; de telle sorte que, sous ce rapport, la facilité d'étude manque au candidat, comme la facilité d'interroger manque à l'examinateur.

L'auteur a donc pensé pouvoir rendre un service réel au Notariat, en publiant un ouvrage qui, sous la forme de *Catéchisme* ou de *Questionnaire*, réunirait en un volume toutes les matières qui peuvent faire le sujet des examens de capacité.

Par ce moyen, une complète égalité se rétablira entre tous les membres d'une même Chambre; ils auront tous la même aptitude, la même clarté; ils pourront sans embarras, sans fatigue, prolonger l'examen aussi longtemps qu'ils le jugeront convenable, et s'assurer d'autant mieux que l'instruction du candidat est réelle et complète : car les questions prennent chaque matière à son principe et la suivent dans ses applications diverses, dans ses développements; elles ne traitent pas seulement de la théorie du droit, mais elles descendent aux nécessités de la pratique journalière.

Cet ouvrage a été composé de manière à servir d'étude élémentaire aux jeunes gens qui se destinent au Notariat, en même temps qu'il peut présenter un grand intérêt aux Notaires eux-mêmes par les nombreuses solutions qu'il renferme sur les difficultés de leur profession.

INTRODUCTION HISTORIQUE.

Le notariat, comme institution, se lie intimement à l'existence de la société, à l'organisation de la famille, de la propriété, et, par cela même, ne peut appartenir qu'à un état de civilisation assez avancée. Nous voyons en effet, par l'histoire générale des peuples, qu'à l'origine des choses, la propriété est moins un droit qu'un fait, l'occupation défendue par la force : *ex facto nascitur jus.* L'échange est aussi le seul mode de transmission des biens (1).

Les premières conventions reposent uniquement sur le témoignage des hommes, et se concluent d'ordinaire dans les lieux publics, tels que la porte d'une ville ou la place du marché, en présence des citoyens que le hasard y rassemble. C'était la coutume en Israël (2), en Grèce, à Rome, chez les peuples germains.

Longtemps, à Rome, les testaments se firent, comme les lois, dans l'assemblée du peuple, *in calatis comitiis* (3); chez les Germains, les donations, les ventes, tous les actes de la vie civile, s'accomplissaient dans le *mallum*, ou assemblée publique (4).

Au moyen âge, c'était à la porte de l'église que se réglait encore, entre les parents et amis, la dot ou le douaire de l'épousée (5). La renonciation de la femme avait aussi lieu avec cer-

(1) *Origo emendi vendendique à permutationibus cœpit.* L. 1, ff. *de Contr. empt.*

(2) Genèse, chap. 23, v. 16 et suiv.

(3) L. des 12 tables.

(4) Guizot, *Histoire de la civilisation en France*, t. 1, p. 228.

(5) Beaumanoir et les Capitulaires.

taine solennité : elle venait déposer ses clefs et sa ceinture sur le cercueil de son mari, comme pour lui dire qu'elle lui rendait sa maison et renonçait à son bien, ainsi que le fit, en 1404, la duchesse de Bourgogne, Marguerite, femme de Philippe le Hardi (1).

On en vint, avec le temps, à se contenter, suivant l'importance de l'affaire, de cinq, sept ou douze témoins devant lesquels la convention s'expliquait et s'exécutait. On y ajoutait quelquefois un nombre égal d'enfants auxquels on donnait des soufflets et on tordait l'oreille, pour leur graver mieux le fait dans la mémoire, et en transmettre le souvenir à une génération destinée à une plus longue existence (2).

Aux divers témoignages se joignirent, comme signes de tradition, les symboles, *antiqui juris fabulæ*, dont la poésie varie avec le génie de chaque siècle, de chaque peuple ; puis, comme liens religieux, le serment et les imprécations (3).

Jusque-là, le notaire n'intervient pas, ne joue aucun rôle ; tout se réduit à peu près à un fait accompli, *la tradition réelle*, sans laquelle les écrits ne sont rien (4). Il faut prendre possession du champ vendu, en le foulant du pied, en tenant une poignée de sa terre, détacher un copeau à la porte de la maison (5); saisir l'héritage par le toucher, ou tout au moins par la vue, *longâ manu*, selon l'expression pittoresque de *Joralenus*. C'est ainsi que le principe matériel domine exclusivement dans le droit primitif de Rome, jusqu'à l'école stoïcienne de Labéon, jusqu'à la naissance du Christ, qui date de la même époque. Mais bientôt la philosophie et le christianisme s'unissent pour introduire le principe spirituel dans la législation.

Même dans ces temps de progrès, les notaires ou tabulaires,

(1) Monstrelet, vol. 1, p. 112; de Barante, vol. 2, p. 310.
(2) Loi des Ripuaires, tit. 59; Baluze, notes sur les Capitulaires.
(3) Genèse, chap. 25, v. 33; Pastoret, *Hist. de la législation*, t. 1, p. 373.
(4) *Plus actum quam scriptum valet*. Pandectes de Justinien, tit. 22, l. 4.
(5) Grim, *Antiquités du droit allemand*, p. 172; Michelet, *Origine du droit français*, p. 138.

à Rome, n'étaient que des esclaves ou des affranchis, écrivant des notes sans valeur légale, ou sténographiant les discours prononcés en public (1); ils n'imprimaient pas l'authenticité aux actes qu'ils rédigeaient. L'autorité, la force d'exécution n'appartenaient qu'aux actes insinués *apud acta*, c'est-à-dire publiés à l'audience du juge ou du magistrat municipal, et la même pratique a été suivie assez longtemps chez nous (2).

La forme des contrats différait aussi beaucoup de celle d'à présent. Les parties écrivaient simplement au bas de l'acte qu'elles en approuvaient le contenu, mais sans aucune signature de leur nom (3); elles y apposaient leur sceau, en y mêlant quelquefois un signe personnel, comme des cheveux ou des poils de la barbe (4); si l'un des contractants ne pouvait pas écrire, un des témoins souscrivait pour lui, ou un ami, ou même le tabellion. Les témoins ne signaient pas davantage; il suffisait qu'ils fussent inscrits au contrat comme présents (5). Les artisans qui ne savaient pas écrire figuraient souvent les instruments de leur profession. Il reste un grand nombre d'actes anciens souscrits d'un marteau, d'une clef, d'un fer à cheval, d'une roue, à côté desquels le notaire a écrit le nom du maçon, du serrurier, etc. (6).

Je dois faire remarquer que plus les liens des contrats étaient fragiles, les témoignages incertains, passagers, le serment facilement violé, plus aussi la sanction pénale était sévère.

D'après la loi des Douze Tables, le débiteur insolvable devenait la propriété de son créancier, qui pouvait le jeter en prison, le mettre aux liens, le tenir au carcan par le cou, par les jambes

---

(1) *A notariis Ecclesiæ excipiuntur quæ dicimus, excipiuntur quæ dicitis, et meus sermo et vestræ acclamationes in terram non cadunt.* (saint Augustin, épître 213).

(2) Marculfe, formules 37 et 38, liv. 2; Lois des Ripuaires, tit. 58 et 59; Capit. de Lothaire, tit. 5, chap. 31.

(3) Loi 9, § ult. D. *Quib. mod. pig.*; l. 20, D. *de In rem verso*; l. 2, C. *de Nuptiis*; l. 8, D. *de Rescind. vendit.*; l. 15, C. *de Administ. tut.*

(4) Ducange, verb. *Barba.*

(5) Nov. 44 et 73; l. *in donationibus,* C. *de Donat.*

(6) Michelet, *Origines du droit français,* p. 220.

ou par les pieds, le charger de chaînes du poids de 15 livres (1), l'exposer par trois fois au marché, dans la partie du forum appelée le comice, de neuvaine en neuvaine, pour le vendre, comme esclave, au delà du Tibre (2), et, après les soixante jours d'épreuve, le mettre à mort : *capite pœnas sumito.* S'il y avait plusieurs créanciers, ils avaient le droit de couper le débiteur en morceaux et de se partager ses restes sanglants : *in partes secanto* (3). La loi ajoute, comme par une amère ironie, que, si les parts ne sont pas égales entre les créanciers, ils ne seront pas recherchés pour cause de fraude : *sine fraude esto.* Le corps répondait si bien de la dette, en était si bien le gage vivant, que le créancier qui n'a qu'une fraction de la dette, n'a droit qu'à une fraction proportionnelle du corps.

Quelques écrivains modernes n'ont voulu voir dans tout cela qu'une fiction ; mais le texte précis, rendu plus clair encore par les explications de plusieurs auteurs latins (4), ne laisse pas de doute sur la triste réalité de la loi, qui n'a guère fait au reste que reproduire des usages de la plus haute antiquité.

En Égypte, la mort ne délivrait pas même le débiteur qui n'avait pu payer ses dettes ; le procès était fait à son cadavre, et une sentence terrible le déclarait privé des honneurs funèbres. « Législation bizarre, dit M. Troplong (5), où le tombeau était dans le commerce, où les morts devenaient le gage des vivants. »

La loi salique, 61, donne aussi au créancier le droit de mettre à mort le débiteur insolvable : *de vitá componat.*

---

(1) *Vincito aut nervo, aut compedibus quindecim pondo ne majore ; aut si volet minore vincito.*

(2) *Vel peregre transtibrum venundato.*

(3) *Ast si pluribus erunt rei, tertiis nundinis partes secanto. Si plùs miminùsve secuerint, sine fraude esto.*

(4) Quintilien, *Instit. orat.*, 3-6; Tertullien, *Apologet.*, c.4. Voici comment s'exprime ce dernier auteur : *Sed et judicatos in partes secari à creditoribus leges erant. Consensu tamen publico crudelitas posteà erasa est, et in pudoribus notam capitis conserva est, bonorum adhibitâ proscriptione ; diffundere maluit hominis sanguinem quàm effundere.*

(5) Tome 18, préface.

Cette scène bien connue de Shakespeare (1), dans laquelle un
Juif, qui a stipulé, pour gage de sa créance, une livre de chair à
couper sur le corps de son débiteur, est prévenu par le juge que
s'il coupe *plus ou moins*, il sera lui-même mis à mort, n'est point,
comme on pourrait le croire, un produit de sa riche imagina-
tion ; elle est empruntée à la coutume de Norwége et à une tradition populaire conservée en Italie (2).

Dans les IVᵉ et Vᵉ siècles, l'Eglise chrétienne vint en aide à la
philosophie pour adoucir le sort des débiteurs, et effacer de la
loi des cruautés contraires à la nature et à l'esprit de l'Évangile.
Lorsque la loi des Douze Tables cessa d'être en usage, la servitude (*addictio*) demeura toutefois comme un droit en faveur du
créancier. On la trouve encore, avec de grands détails d'exécution, dans les Assises de Jérusalem, rédigées en 1099, chap. 191,
et dans plusieurs coutumes. Le débiteur portait, en signe de servitude, un anneau de fer au bras ou une courroie à son cou (Ducange, *v°* *Corrigia*), comme, plus tard, celui qui avait fait cession de biens devait porter un bonnet vert, pour marque de sa
folle gestion (3).

Quand le serment avait été engagé dans un contrat, l'exécution rentrait dans la compétence ecclésiastique ; l'excommuni-
cation pouvait être prononcée, puis la confiscation qui en était
une suite assez habituelle. Avant saint Louis, c'était la peine
ordinaire pour tous ceux qui refusaient de payer leurs dettes (4).

Si la vérité d'un acte était contestée, le notaire devait prêter
serment sur l'autel, sur les vases sacrés, les saintes reliques, et
si l'accusateur soutenait son dire, en jurant lui-même, la main
sur la porte de l'église, le conflit se terminait entre eux par un

(1) Le *Marchand de Venise*.
(2) Grim., *Antiq., du droit allemand*, liv. 4 ; Giovanni Fiorentino, *Gior-
nata* 1, nov. 1.
(3) Brodeau, sur Louet, lettre C, n. 56 ; Pothier, *Procédure civile*, part.
5, ch. 2, § 5, Ord. de Louis XII, juin 1510, art. 70. *Établ.* de saint Louis,
chap. 191 et 199.
(4) Beaumanoir, *Établiss.*, liv. 1, chap. 125.

duel, soit en personne, soit par champion, ou par les épreuves de l'eau bouillante ou du fer rouge. Le champion qui succombait dans le combat, pour l'ordinaire, était pendu ; plus favorisé, il n'avait que le poing coupé (1). De même, si l'acte était déclaré faux, et c'était le combat qui en décidait, le notaire devait perdre le pouce droit : *Cancellario pollex dexter auferatur* (2). A Rome on lui coupait les nerfs des doigts, afin qu'il ne pût plus écrire (3).

Voilà par quelles rigueurs les lois anciennes corrigeaient leur imperfection ; je voudrais maintenant faire assister mes Lecteurs au développement de notre institution, leur montrer que, dans sa marche, elle a suivi, comme il était rationnel de le supposer, les progrès de la liberté pour les peuples et de l'affranchissement pour la propriété.

On sait que tout s'enchaîne dans les lois de l'humanité, que des rapports longtemps ignorés entre des choses sans affinité apparente se découvrent enfin et montrent aux esprits plus éclairés les liens qui unissent les diverses transformations sociales, pour les faire remonter à un principe commun. Le premier, le plus constant besoin de tous les temps, de tous les peuples, c'est la liberté, c'est-à-dire la vie et le mouvement ; c'est l'égalité, c'est-à-dire le droit naturel tel qu'il fut prêché par le christianisme pour régénérer la société. Cette double influence de la liberté et de l'égalité s'est fait sentir dans la progression des lois civiles. L'histoire du droit montre cette vérité évidente à tous ceux qui veulent porter quelque philosophie dans l'étude de nos institutions, et celle dont je m'occupe plus spécialement ici en fournirait elle-même une nouvelle application.

Personne n'ignore qu'après la chute de l'empire d'Occident, le mélange d'usages anciens et nouveaux, qui s'affaiblissaient réci-

---

(1) Beaumanoir, chap. LXI, p. 315 ; Assises de Jérusalem, chap. 105 et 106.
(2) Capitulaires de Dagobert; Lois des Ripuaires, tit. 59, art. 2, 3 et 4.
(3) *Emisis digitorum nervis, ità ut nunquam posset scribere.*

proquement, la vie commune entre des peuples d'origines différentes et l'absence d'une autorité assez puissante, avaient introduit dans le corps social de si profondes modifications, que toute législation, celle des vainqueurs et celle des vaincus, s'était presque éteinte sous l'ignorance grossière des barbares. La propriété était incertaine, mobile, désordonnée, passant d'une main à une autre avec une prodigieuse activité, et presque toujours par des actes de violence.

Au milieu de ces ruines de la société, de ces ténèbres de l'intelligence, paraît tout à coup un génie puissant, qui, s'emparant des débris du monde romain, reconstitue l'unité de son vaste empire : c'est Charlemagne, à la fois guerrier et législateur. Il rétablit l'ordre dans le gouvernement, relève la religion, protège le commerce et les arts, fonde des écoles, envoie partout des juges pour veiller sur les droits des citoyens, et crée des institutions nouvelles qu'il fait exécuter par l'ascendant de sa volonté. A sa voix, la civilisation reprend son essor, la pensée humaine respire un moment avec plus de liberté ; on voit renaître des écrits historiques et philosophiques, l'étude avec la science.

Ce grand homme avait compris que la mission de recevoir et constater les conventions des particuliers devait être revêtue d'un caractère public : il en fit une sorte de magistrature (*judices chartularii*) à laquelle ses envoyés, *missi dominici*, étaient chargés de nommer des personnes capables, dont il se faisait représenter les noms, pour les confirmer ou les remplacer (1).

C'est donc à Charlemagne que nous devons la première pensée, les premiers essais de notre institution, et ce berceau ne manque pas d'une certaine grandeur.

Après lui, tout retombe bientôt dans le désordre qui l'avait précédé ; l'état se décompose, la royauté n'est plus qu'un vain titre dans la main débile de ses successeurs ; les bénéfices tem-

(1) Capitulaire donné, en 803, à Aix-la-Chapelle.

poraires et viagers se transforment en fiefs perpétuels et héréditaires ; les anciens colons libres deviennent partout des serfs attachés à la glèbe et transmis avec le sol qu'ils cultivent ; les alleux ou terres franches disparaissent petit à petit, soit par l'abus de la puissance seigneuriale, soit par la nécessité de se donner un maître pour avoir un protecteur ; la féodalité, en un mot, s'établit dans tout le royaume, avec son principe de division et de force matérielle.

La condition générale du peuple était alors fort misérable : car, sans parler de beaucoup d'autres droits oppressifs, le serf n'avait pas la liberté de vendre ou d'acquérir, ni même de changer de résidence sans le consentement de son seigneur, qui pouvait le suivre et le reprendre, comme un gibier, jusque sur les terres d'une autre seigneurie.

Tout s'opposait aussi au mouvement de la propriété : le droit d'aînesse, les substitutions, le retrait féodal et lignager, le droit d'aubaine, l'incapacité des gens de mainmorte, l'immobilité du clergé, qui paralysait une partie considérable du territoire.

Dans ces temps malheureux, notre institution a cessé d'être une magistrature publique ; elle est devenue, comme tout le reste, particulière, locale, dépendante ; elle a revêtu le caractère de l'époque. Toute justice seigneuriale ou ecclésiastique eut ses notaires et tabellions, qui étaient plutôt des secrétaires ou greffiers, partageant leurs profits avec le baron ou l'évêque dont ils affermaient le sceau.

Les choses durèrent ainsi pendant plusieurs siècles. Enfin, en 1270, saint Louis érigea soixante notaires en titre d'office pour Paris, donnant par là, dans ses domaines, un exemple qui ne devait pas tarder à être suivi (1).

Ce temps, où nous voyons paraître l'institution du notariat, avec une partie déjà notable de ses attributions, est une époque remarquable à plus d'un titre.

(1) Loiseau, *Traité des offices*, liv. 2, chap. 1, n°° 64 et 65.

Les croisades, ce grand tournoi chevaleresque autant que religieux, avaient amené dans les esprits un progrès sensible vers des idées plus étendues, plus libres ; elles avaient créé les grands fiefs, le grand commerce, les grands centres de population ; la royauté reprenait son importance depuis Louis le Gros et Philippe-Auguste ; les communes avaient acheté ou conquis leur affranchissement ; les lois romaines, retrouvées en Italie, étaient traduites et enseignées en France comme le principe du droit nouveau.

Saint Louis, le plus pieux des rois, en même temps qu'il résistait à l'empiétement de la juridiction ecclésiastique, aux entreprises du Saint-Siége, publiait cette pragmatique-sanction devenue fameuse et restée comme le fondement des libertés de l'Eglise gallicane. Il abolit le combat judiciaire ; défendit les guerres privées, l'esclavage pour dettes envers des particuliers, créa les appels à la Cour du roi (1) ; enfin il investit d'une juridiction spéciale l'Université de Paris, cette fille aînée de nos rois, qui rendit d'importants services à la liberté comme, de nos jours, elle en rend à la science.

M. de Chateaubriand a eu raison de le dire : « Saint Louis « avait devancé son siècle ; ses établissements, qui furent le « dernier présent, les derniers adieux qu'un saint faisait à la « terre, ne reçurent point d'abord toute leur exécution ; mais « ils restèrent comme un germe précoce que le temps devait « faire éclore. Les idées une fois nées ne s'anéantissent plus ; « elles peuvent être accablées sous des chaînes ; mais prison- « nières immortelles, elles usent les liens de leur captivité (2). »

Il était réservé à Philippe le Bel de développer la pensée de son aïeul. En 1302 et 1304, il organisa dans toute la France l'institution des notaires, et régla la forme de leurs actes. Il rendit les offices de judicature perpétuels et non révocables, comme ils l'étaient auparavant. Ses ordonnances étaient déjà un

(1) *Établiss.*, liv. 1, chap. 78 et 80.
(2) Etudes historiques, p. 179 et 201.

progrès considérable; mais on y remarque de grandes imperfections ou des usages qui doivent nous paraître étranges aujourd'hui.

Ainsi les actes n'avaient encore besoin d'être signés ni par les parties ni par les témoins. Cette obligation n'a été imposée que deux siècles plus tard, dans l'ordonnance d'Orléans (1560).

Il restait une certaine confusion dans les attributions des notaires. A côté d'eux subsistaient, avec des fonctions distinctes, les tabellions qui délivraient les grosses des contrats, les garde-notes, qui avaient le dépôt des minutes, les garde-scels, chargés d'apposer sur les actes le sceau de la juridiction, en vertu duquel seulement ils étaient exécutoires.

Les notaires tenaient aussi lieu de juges d'instruction, en recevant les dépositions des témoins dans les affaires criminelles, et de greffiers, en écrivant les chartes, sentences et autres mandements de justice (1). Toutefois le cumul avait des bornes, car ils ne pouvaient être ni bouchers ni barbiers : *nec carnifices vel barbitonsores* (2). C'était une manière ingénieuse de leur faire comprendre que la douceur et la discrétion sont des qualités indispensables à un notaire.

D'un autre côté, malgré les défenses souvent renouvelées, les juges recevaient, sous forme de sentences, les conventions des particuliers; les curés et les vicaires faisaient les testaments et les inventaires, mêlant ainsi quelque peu les choses profanes aux devoirs spirituels du sacerdoce.

Les notaires de Paris formaient, à cette époque, une espèce de confrérie moitié civile, moitié religieuse, sous le patronage de Notre-Dame sainte Marie. Chaque jour ils faisaient chanter messe et vêpres, auxquelles étaient accueillis principalement notre sire le roi, madame la reine, leurs enfants et tous leurs hoirs de France. Celui des confrères qui arrivait après le premier *Kyrie* de la messe, ou, à vêpres, après le premier *Gloria* du psaume,

(1) Ordonnances, novembre 1302; juillet 1304, art. 14.
(2) Ordonnance, juillet 1304, art. 25.

payait un denier d'amende. Les offrandes du dimanche et les aumônes de l'année étaient également taxées.

Quand l'un d'eux trépassait de ce siècle, il devait laisser à la confrérie 10 sols parisis, ou son meilleur *garnement* (vêtement), et les honneurs, ainsi que les prières, lui étaient mesurés à la proportion de sa générosité.

Alors déjà, comme nous le faisons encore, la confrérie venait au secours de celui de ses membres qui, par maladie ou autrement, déchéait de son meuble et était si pauvre qu'il n'eût dont vivre (1).

Ces habitudes de dévotion et de charité n'excluaient pas cependant tout esprit de cupidité ; car les notaires de ce temps, outre leurs droits réglés par un tarif, se faisaient payer pour le papier, pour l'encre, pour la cire, pour son chauffage, etc., etc. (2), ce qui leur valut les remontrances du concile de Ravennes, en 1311.

Chacun sait que c'est à ce même Philippe le Bel que l'on doit la convocation des *trois-états* et l'établissement permanent des parlements, ces deux pouvoirs nouveaux dont l'influence devait être si grande sur les destinées de la France.

Si le *tiers 'tat*, admis pour la première fois aux assemblées de la nation, fut obligé de présenter sa requête à genoux, il trouva néanmoins de suite l'accent de la liberté et de l'indépendance, et se montra digne d'enfanter plus tard le tiers-état de 89.

Après avoir aidé la royauté dans son travail d'émancipation, soutenu les communes dans leurs efforts d'affranchissement, les parlements, en possession d'un véritable pouvoir politique par le droit de refuser l'enregistrement des ordonnances, ont souvent opposé une résistance courageuse au despotisme. Il s'est toujours conservé dans leur sein de bien nobles caractères,

(1) Lettre du prévôt de Paris, octobre 1300.
(2) *Pro scripturâ, chartâ, sceduld, cerâ et sigillo.*

même dans les temps difficiles où, devenus plus dociles à la puissance royale, leur opposition s'endormait doucement dans un lit de justice, ou se perdait bientôt dans un déplacement qui n'avait ni le nom, ni l'intérêt d'un exil. La magistrature qui les a remplacés est la digne héritière de leurs vertus, sans partager leurs faiblesses passagères.

Le règne de Louis XI fut aussi un temps de progrès, de progrès politique surtout ; cependant, notre institution ne compte aucun édit ni ordonnance daté de cette époque. La raison en est que ce roi, d'une nature à part et difficile à bien comprendre, a travaillé constamment, non point en vue de la liberté du peuple, mais dans le but de constituer son pouvoir despotique. S'il mit le pied sur la féodalité déjà affaiblie, s'il créa le principe d'inamovibilité pour la magistrature, s'il acheva l'organisation des armées permanentes et songea à l'unité des poids et mesures, à l'uniformité des coutumes, ce ne fut que pour établir à son profit la monarchie absolue, et lui donner des moyens de puissance et d'action, qui se changèrent après lui en éléments de liberté. Sous son règne on ne trouve pas un grand homme, nulle vertu, nulle moralité ; la bourgeoisie, qu'il flattait avec une bonhomie hypocrite, était sacrifiée sans pitié dès qu'il n'avait plus besoin d'elle, et le peuple, retenu par la crainte, était tranquille sans doute, mais, selon l'expression de Voltaire, comme les forçats le sont dans une galère.

Instrument peut-être aveugle de la plus grande émancipation de la pensée, Louis XI avait préparé l'esprit réformateur, j'allais dire révolutionnaire, du XVIᵉ siècle, en faisant venir d'Allemagne, les premiers imprimeurs, et en les défendant contre l'université de Paris et le parlement, qui voulaient les poursuivre comme sorciers (1).

Dans ce siècle fécond, pendant que l'imprimerie ouvre des voies nouvelles à l'intelligence humaine, que la découverte d'un

---

(1) Voltaire, *Essai sur les mœurs*, t. 1, p. 512; Michelet, *Histoire de France*, t. 5, p. 402.

nouveau monde donne le mouvement à la propriété, que de grandes inventions modifient profondément l'état des sociétés; alors que Dumoulin et Cujas introduisent la science de l'histoire et le principe d'unité dans l'étude du droit, François Iᵉʳ publie plusieurs ordonnances concernant les notaires et tabellions, les soumet à l'examen de moralité et de capacité (1), rend leurs actes exécutoires dans tout le royaume (2), fait prévaloir l'autorité des contrats sur la preuve testimoniale, et sépare définitivement la juridiction volontaire de la juridiction contentieuse (3). François Iᵉʳ enfin, le restaurateur, le père des lettres, veut que les actes soient écrits, dorénavant, *en langage maternel français* (4). Jusque-là rédigés en mauvais latin, « ils étaient, dit Ferrière (5), très-difficiles à entendre à cause qu'il y régnait une incongruité de construction, et des phrases si estropiées qu'on n'en attrapait jamais le véritable sens que par hasard. »

Après lui, Henri IV, dont le nom seul réveille un sentiment d'affection dans tous les cœurs français, voulut aussi ajouter quelque chose à l'importance du notariat. Ayant appris dans le malheur et l'exil le prix de la liberté, il donna un moment pleine licence à la liberté politique et religieuse. C'est alors que, par un édit du mois de mai 1597, il réunit les notaires, les tabellions les garde-notes en un seul office héréditaire.

Sous Louis XIV, le notariat a été l'objet d'un grand nombre d'ordonnances, qui n'ont fait faire aucun progrès à l'institution, parce qu'elles se rapportent à la nature de son pouvoir despotique et vaniteux.

Durant ce long règne, les mœurs sont assurément plus polies, l'intelligence plus développée, la littérature atteint une perfection qu'elle n'a point dépassée depuis; les moyens de civi-

(1) Ord., octobre 1535, sur l'admin. de la just. en Provence.
(2) Ord. de Villers-Cotterets, août 1539, art. 65 et 66.
(3) Lettre du 11 décembre 1543.
(4) Ord., août 1539, art. 111.
(5) *Parfait notaire*, liv. 1, chap. 12.

lisation générale se multiplient ; mais la condition civile n'avance pas, elle reste stationnaire ; les anciennes autorités municipales sont remplacées par les gens du roi ; la police administrative substitue l'œil du maître à l'action de la justice ; toutes les libertés meurent à la fois, la liberté politique dans les États congédiés, dans les parlements privés du droit de remontrance; la liberté religieuse dans la révocation de l'édit de Nantes ; à peine la liberté conserve-t-elle, dans la chaire sacrée, un dernier asile d'où elle proteste, comme pour interrompre la prescription de ses droits légitimes.

Le résumé de quelques ordonnances de Louis XIV vous fera suffisamment connaître l'esprit général de sa législation sur le notariat.

Il décore les notaires de Paris du titre mensonger de conseillers du roi, que portèrent aussi, après la conquête, les notaires de Franche-Comté ; il leur accorde la faveur de ne pas déroger à la noblesse, et les exempte du guet, de la garde, du logement des gens de guerre et autres charges publiques (1).

Les notaires étaient tenus d'employer, pour tous leurs actes, des formules dressées et imprimées par ordre du roi (2).

Nul ne pouvait être admis à exercer les fonctions de notaire qu'en justifiant, par un certificat du curé ou du vicaire de sa paroisse, qu'il pratiquait la religion catholique, apostolique et romaine (3).

Enfin, Louis XIV créa un un grand nombre d'offices nouveaux, à chacun desquels était attachée une partie des attributions des notaires (4) que Henri IV, par un esprit tout contraire, avait pris soin de concentrer en un seul office.

Comme la grandeur de Louis XIV avait plus d'éclat que de

(1) Ord. août 1673.
(2) Déclaration du 19 mars 1673.
(3) Déclaration du 13 décembre 1698.
(4) Déclarations de mars et septembre 1706, portant création de *notaires syndics*, chargés spécialement de signer en second les actes notariés, avec

solidité réelle, et ne s'appuyait pas sur des institutions libres, qui sont une garantie, non-seulement de la sagesse des gouvernements, mais encore de leur durée, elle s'est éteinte avec lui, avant lui, même, et sous Louis XV, d'Aguesseau, animé de bonnes intentions, ayant de grandes idées, mais ne trouvant pas une société disposée à les adopter, dut se borner à des réformes particulières sur les donations, les testaments, les substitutions, dans lesquelles on trouve de sages dispositions qui ont été, avec raison, conservées dans nos lois actuelles.

Il fallait pour tout régénérer, la liberté et la législation, une grande révolution comme celle de 89. Elle n'a pas plus tôt aboli les priviléges de naissance et de territoire, rétabli l'égalité naturelle dans les partages de famille, affranchi la propriété de ses entraves, qu'elle s'occupe du notariat, pour poser, dans la loi du 6 octobre 1791, les bases larges et nouvelles de son organisation. Cette loi se ressent de l'époque où elle a été faite, elle est plutôt transitoire que définitive : car, tout en rompant à jamais avec le passé, elle laissait subsister les anciennes ordonnances, les anciens règlements, différents dans chaque province, sur la forme des actes.

droit de 2 sols 6 deniers par chaque acte en brevet ou minute, et un sol par rôle de grosse.

Édit de novembre 1696, portant création de *conseillers garde-scels*, chargés de sceller les contrats.

Décembre 1691, édit portant création de *notaires royaux apostoliques* en chaque archevéché et évéché.

Mars 1673, édit portant création de *conseillers du roi, greffiers des conventions*, avec privilége de recevoir les compromis, les sentences des arbitres, les comptes de tutelle, les délibérations et autres actes des syndics de créanciers.

Juin 1697, édit portant institution de *certificateurs-prudhommes*, chargés d'attester l'individualité des parties.

Edit du 16 octobre 1696, création de *jurés-priseurs-vendeurs de meubles*.

Mai 1702, édit portant création d'*arpenteurs-priseurs et mesureurs de terres, bois, eaux et forêts*, avec attribution des fonctions de notaires royaux.

21 avril 1692, déclaration portant que les contrats de mariage des princes et princesses du sang pourront être reçus par les secrétaires d'État en présence du roi, et auront alors la même force que s'ils avaient été reçus par les notaires.

C'est sous le Consulat, cette belle et pure époque de fondation, d'organisation générale, alors que la France se voyait en possession de l'indépendance et de l'ordre pour lesquels elle avait fait tant de sacrifices ; c'est au moment où nos Codes immortels sortaient des mains de ces législateurs taillés à la hauteur de leur mission ; c'est avant que la liberté se fût ensevelie sous les lauriers de l'Empire, que parut enfin la loi du 25 ventôse an XI. Cette loi, qui résume tout ce qui concerne notre profession, nous régit encore aujourd'hui ; elle a traversé, à peu près intacte, les révolutions politiques que nous avons vues se succéder depuis, comme des orages passagers dans lesquels la liberté n'était pas destinée à périr.

Dès ce moment le notaire a pris, dans la société, le rôle qui lui appartient ; il est devenu un fonctionnaire public, le délégué direct et spécial du pouvoir souverain pour imprimer le caractère d'authenticité aux conventions des citoyens. En même temps que sa destinée s'élevait, la loi lui donnait l'indépendance nécessaire pour l'accomplir ; avec des droits plus étendus, elle créait aussi pour lui des devoirs nouveaux qu'il ne doit jamais perdre de vue.

Dans la vie civile, il assiste à l'origine et à la fin de toutes choses, comme le prêtre dans l'ordre religieux. C'est le notaire qui établit, dans un contrat de mariage, les premières bases, les premiers liens de la famille ; c'est lui que le mourant appelle à son chevet, pour lui confier ses volontés suprêmes. Gardien de tous les intérêts, confident des plus secrètes pensées, arbitre dans la plupart des transactions, intermédiaire presque obligé pour le mouvement des propriétés et des capitaux, il devient nécessairement l'ami, le juge, le tuteur des familles.

On comprend tout le bien qu'il peut faire à ce titre : prévenir les divisions entre parents ; adoucir les exigences d'un créancier avide ou mécontent ; sauver de sa ruine complète un débiteur malheureux ; dans les inventaires, les comptes, les partages, protéger les pupilles, les femmes, les absents ; partout, en un mot, représenter la loi et la justice.

Ce ministère, d'autant plus difficile qu'il exige plus de qualités diverses, il est beau, il est grand, quand on le comprend dignement; et, pour mon compte, je me trouve heureux, je suis fier d'avoir à l'exercer.

Là malheureusement, comme en toute chose, le mal est à côté du bien, l'abus à côté du droit. Il y a eu, nous le savons tous, de bien graves désordres au sein d'une corporation qui en a gémi la première, qui en a quelquefois payé la réparation : mais ces scandales, qu'une certaine tendance générale de la société peut expliquer, sans les justifier toutefois, ne sont pas particuliers à notre époque. J'ai vu, par les monuments législatifs et judiciaires que j'ai dû consulter, qu'en d'autres temps, lorsque le désordre et l'immoralité régnaient dans l'état social, le mal s'étendait sur toute la corporation ; il y était général, comme ailleurs (1). Aujourd'hui, je crois pouvoir le dire, les abus ne sont que des faits particuliers, isolés, tandis que l'honneur, la probité sont restés le sentiment général, prédominant dans le notariat, comme ils le sont encore, je crois, dans la masse de la nation.

Ainsi, ce n'est pas la liberté qui engendre nulle part la corruption ; c'est elle, au contraire, qui la signale, qui la poursuit, qui la réprime ; mais elle est impuissante à la détruire entièrement, par la raison qu'il y a de mauvaises passions attachées à la nature même de l'humanité, qu'il y a toujours et partout des fautes individuelles dues à ces passions ou à l'influence des mœurs contemporaines.

Faudra-t-il, pour cela, dans une colère aveugle, briser l'autel, parce qu'il aurait été souillé; la balance de la justice, parce qu'elle a pu fléchir; le sceptre, parce qu'il a été mal porté; une corporation enfin, parce qu'elle a eu des membres infidèles? Non, sans doute. Dans un moment où tous les pouvoirs sont menacés, gardons-nous d'ajouter à leur affaiblissement par

(1) Voir notamment un édit de Henri III, de juin 1581.

des préventions injustes, par des réformes précipitées, souvent imprudentes, rarement désintéressées; efforçons-nous au contraire de leur rendre la considération qui fait leur véritable force. Restons fidèles aux institutions que le progrès de la civilisation nous a données ; tout en demandant à une sage et lente expérience les perfectionnements dont elles sont encore susceptibles, relevons-les dans l'estime générale en proclamant leur mérite, leur grandeur, et n'oublions pas que le respect envers les institutions est la sauvegarde de leur vertu.

THÉORIE
DU NOTARIAT

POUR SERVIR

AUX EXAMENS DE CAPACITÉ.

PREMIÈRE PARTIE.

LOIS ORGANIQUES DU NOTARIAT.

CHAPITRE Ier.

§ 1er.—Des Notaires et de leurs fonctions.

1. Quel est le caractère légal des notaires?

Les notaires sont les fonctionnaires publics établis pour recevoir tous les actes et contrats auxquels les parties doivent ou veulent faire donner le caractère d'authenticité attaché aux actes de l'autorité publique, et pour en assurer la date, en conserver le dépôt, en délivrer des grosses et expéditions (Loi du 25 ventôse an 11, art. 1er).

2. Cette qualification de *fonctionnaires publics*, donnée par la loi aux notaires, leur assure-t-elle une protection spéciale dans l'exercice de leurs fonctions?

Oui. D'après le Code pénal, art. 222, celui qui outrage un notaire par parole, dans l'exercice de ses fonctions ou à l'occasion de cet exercice, peut être puni d'un emprisonnement d'un mois à deux ans.

3. Ne résulte-t-il pas de ces termes de la loi : *doivent* ou *veulent* faire donner l'authenticité, une distinction générale entre les divers actes reçus par les notaires?

Les actes notariés sont de deux sortes. Les uns doivent nécessairement être passés devant notaire ; les autres peuvent, au gré des parties, être passés devant notaire, ou être rédigés sous signatures privées.

1

4. Dites-nous quels sont les principaux actes pour lesquels l'authenticité est nécessaire.

Ce sont les donations (C. C., art. 931);

Les révocations de donation (Loi, 21 juin 1843, art. 2);

Les reconnaissances d'enfants naturels (C. civ., 334); les procurations pour consentir et accepter ces divers actes (C. C., 933; Loi, 21 juin 1843, art. 2); les contrats de mariage (C. civ., 1396); les inventaires (C. pr., 943); les constitutions d'hypothèques et les mainlevées (C. civ., 2127, 2158); les actes de subrogation (C. civ., 1250); les cessions de brevet d'invention (L. 5-8 juillet 1844, sect. 4, art. 20); les certificats de vie et de propriété, etc., etc.

5. Que doit-on entendre par le caractère d'authenticité attaché aux actes notariés?

L'acte authentique fait pleine foi de la convention qu'il renferme entre les parties contractantes et leurs héritiers ou ayants cause, jusqu'à inscription de faux (C. C., 1319. L. 25 vent. an 11, art. 19).

6. Quelles sont les conditions nécessaires pour qu'un acte soit authentique?

Il faut qu'il soit reçu par un notaire compétent, c'est-à-dire instrumentant dans son ressort et agissant dans le cercle de ses attributions, et qu'il soit revêtu des formes prescrites par la loi.

7. Un acte sous seing privé peut-il devenir authentique?

L'authenticité peut être attribuée à des actes sous seings privés, par le dépôt qui en est fait en l'étude d'un notaire, pourvu que les diverses parties contractantes concourent au dépôt et reconnaissent leurs signatures.

8. Cela peut-il s'appliquer aux actes qui *doivent* être rédigés en forme authentique?

Non, en général, suivant la plupart des auteurs (Pothier, *Introd. au tit.* 20 *de la Cout. d'Orléans*, n° 28, de l'art. 107 de cette Cout.; Merlin, *Rép.*, v° *Filiation*, n° 12, et *Donations*, sect. 2, § 1er; Grenier, *Donations*, n° 159; Roll., v° *Acte auth.*, n° 54).

L'art. 1339, C. C., en offre un exemple, en exigeant que les donations soient refaites lorsqu'elles contiennent une nullité.

9. Un acte notarié, qui n'est pas enregistré, ou qui ne l'est qu'après l'expiration du délai fixé par la loi, perd-il son caractère d'authenticité?

Sous la législation actuelle, l'authenticité d'un acte notarié tient au caractère de l'officier public qui l'a reçu, à l'accomplissement des formes prescrites et non point à la formalité de l'enregistrement (Locré, *Esprit C. Pr.*, 4, 73; Berriat, p. 86; Favard, *Acte not.*, n° 8; Cass., 16 déc. 1811, D. A., 8, 631, et 23 janv. 1810, D. A., 6, 150).

10. La date d'un acte reste-t-elle certaine si cet acte n'est pas enregistré, ou ne l'est qu'après le délai?

La date reste certaine malgré le défaut d'enregistrement (L. 25 vent. an 11, art. 1er; Dalloz, 10, 423, n° 10; Roll., n° 166).

11. Que peut-il donc résulter du défaut d'enregistrement d'un acte?

Simplement une amende.

12. Indépendamment des actes qu'ils reçoivent sur la demande des parties, les notaires n'ont-ils pas encore des attributions qui leur sont conférées par la justice?

Les notaires peuvent être commis par les tribunaux pour représenter les absents présumés, dans les inventaires, comptes, partages et liquidations (C. C., 113), pour procéder aux comptes que les copartageants ont à se rendre, ainsi qu'à la formation de la masse générale et à la composition des lots (C.C., 828, 831, 832; C. Pr., 976); et dans ce cas ils procèdent seuls comme délégués de la justice.

13. Les notaires sont-ils libres de refuser leur ministère aux personnes qui le réclament?

Non. Les notaires sont tenus de prêter leur ministère lorsqu'ils en sont requis (L. 25 vent. an 11, art. 3).

14. Quelle en est la raison?

C'est que le ministère du notaire est un ministère nécessaire, et qu'il ne doit pas plus le refuser à ceux qui en ont besoin, que le juge ne peut refuser de rendre la justice pour laquelle il est institué.

15. Quelle pourrait être la conséquence du refus du notaire?

Ce refus pourrait entraîner la suspension et même la destitution du notaire (Circ. 28 vent. an 13), et sa condamnation à des dommages-intérêts envers les parties, si elles en avaient éprouvé un préjudice (C. civ., 1382; rapport de M. Tailly au conseil des Anciens, séance du 12 prairial an 7).

16. Mais il doit y avoir des causes légitimes de refus.

On en peut citer trois principales : 1° si le notaire est dans un cas d'empêchement physique ou légal; 2° si les parties sont incapables; 3° si l'acte qu'on veut faire est illicite.

17. Dites-nous quelques-uns des cas d'empêchement légal.

Le notaire doit refuser : 1° s'il est requis de prêter son ministère hors de son ressort (L. 25 vent. an 11, art. 6);

2° Si c'est un dimanche ou un jour férié, pour des actes judiciaires (L. 18 germ. an 10, art. 7);

3° S'il est partie ou intéressé dans l'acte, ou parent au degré prohibé de l'une des parties (L. 25 vent. an 11, art. 8);

4° Dans le cas où, les parties lui étant inconnues, leur individualité ne serait pas attestée par des témoins (même loi, art. 11). Il le peut encore dans le cas où les parties ne lui consigneraient pas les droits d'enregistrement et les honoraires de l'acte.

18. Vous venez de dire que le notaire doit refuser son ministère, si les parties qui le requièrent sont incapables de contracter : indiquez-nous quelques-unes de ces incapacités.

Les incapables sont les mineurs, les interdits, les femmes mariées non au-

1°

torisées, les aliénés, les pourvus de conseil judiciaire, les individus en état d'ivresse.

19. N'en serait-il pas de même à l'égard d'un individu placé sous le coup de violence et de contrainte actuelle?

Oui (C. civ., 1009). Et le devoir du notaire serait de s'opposer par tous les moyens possibles à la consommation de la violence.

20. Un individu se présente pour contracter, prenant la qualité de mandataire, sans produire une procuration, le notaire peut-il lui refuser son ministère?

Oui. Puisque l'art. 13 de la loi du 25 vent. an 11 exige que la procuration soit annexée à l'acte, et, que d'après l'art. 1119, C. civ., on ne peut, en général, s'engager, ni stipuler en son propre nom que pour soi-même.

21. Et s'il agissait seulement comme se portant fort d'un tiers et promettant sa ratification?

Il en serait autrement, par la raison que l'art. 1120, C. civ., permet de se porter fort pour un tiers, en promettant le fait de celui-ci.

22. Un immeuble appartient indivisément à des majeurs et à des mineurs; les majeurs, en se portant forts des mineurs, veulent vendre l'immeuble aux enchères, sans l'accomplissement des formalités prescrites par la loi. Dans ce cas, le notaire doit-il leur prêter son ministère?

Il le peut, d'abord parce que la vente ne dépouillera pas les mineurs de leurs droits, ensuite parce que les tiers qui se rendent adjudicataires sont avertis que la vente n'est pas irrévocable.

La chambre des notaires de Paris a bien été d'avis que, dans cette circonstance, le notaire doit s'abstenir (Délib., 10 oct. 1822). Mais cette opinion est combattue par quelques auteurs, et l'usage assez général y est contraire. Néanmoins, le notaire doit y apporter une extrême réserve.

23. Qu'entend-on par les *actes illicites* qu'un notaire n'est pas tenu de recevoir?

On regarde comme illicites les actes qui sont contraires à l'ordre public ou aux bonnes mœurs (C. C., 1133).

24. S'il s'agit simplement d'une nullité de droit qui pourrait vicier la convention, la position du notaire est-elle la même?

Ce sont ici les circonstances qui doivent diriger la conduite du notaire, qui n'est pas juge des causes de nullité. D'ailleurs, les nullités ne sont pas toujours évidentes ni absolues, et il peut se tromper dans son appréciation; son devoir est d'avertir les parties et de recevoir l'acte, si elles persistent.

25. Dans ce cas que doit-il faire pour couvrir sa responsabilité?

Consigner dans son acte le fait de l'avertissement et la réquisition expresse des parties.

26. La mission du notaire se borne-t-elle aux garanties de forme qu'il doit donner aux actes?

Il a encore des devoirs moraux à remplir. Il doit éclairer les parties sur le mérite et les conséquences de leurs conventions, les assister de ses conseils dans leurs opérations, veiller particulièrement aux intérêts des mineurs, des femmes, des gens sans expérience, s'opposer à toute fraude, à toute violence.

27. Mais la loi ne parle pas de ces devoirs moraux.

C'est vrai. Aussi leur inaccomplissement ne peut-il pas donner lieu à une responsabilité pécuniaire. C'est ici une loi naturelle de délicatesse et d'assistance qui n'en est pas moins sévère, pour n'être pas écrite.

28. Le notaire n'a-t-il pas encore une obligation de discrétion à remplir?

Il doit conserver un secret religieux sur les confidences qui lui sont faites dans l'exercice de ses fonctions. Le repos des familles y est souvent intéressé. C'est pour cette raison que l'art. 23 de la loi du 25 vent. an 11 interdit aux notaires de délivrer expédition, ou de donner connaissance des actes à d'autres qu'aux personnes intéressées en nom direct, héritiers ou ayants droit, sans une ordonnance du président du tribunal de première instance.

29. Combien y a-t-il de classes différentes de notaires?

Trois. Les notaires de Cour d'appel, ceux d'arrondissement, et ceux de canton (L. 25 vent. an 11, art. 5).

30. Leurs droits et attributions sont-ils les mêmes?

Leurs droits et attributions sont les mêmes, il n'y a de différence que dans l'étendue de leur ressort.

31. Qu'entendez-vous par le ressort?

C'est l'étendue territoriale dans laquelle un notaire a le droit d'instrumenter, et hors de laquelle il est sans pouvoir, sans caractère.

32. Quelle est l'étendue respective du ressort des trois classes de notaires?

Ceux de première classe peuvent exercer dans toute l'étendue du ressort de la Cour d'appel; ceux de seconde dans tout l'arrondissement, ou dans l'étendue du ressort du tribunal de première instance; et ceux de troisième classe dans le canton, ou le ressort du tribunal de paix.

33. Est-il nécessaire que les parties soient domiciliées dans l'étendue du ressort du notaire?

Il suffit qu'elles y soient présentes.

34. Le notaire en second doit-il avoir le même ressort que le notaire en premier?

Il n'est pas nécessaire que le ressort des deux notaires soit absolument le même; ils peuvent être de classes différentes, mais le notaire en second doit, comme le notaire en premier, avoir droit d'instrumenter dans le lieu où l'acte est passé (Loret, sur l'art. 9 de la loi du 25 vent. an 11; Roll., vᵒ *Ressort*, nᵒ 21).

35. Les actes passés par un notaire hors de son ressort sont-ils également valables?

L'art. 68 de la loi du 25 vent. an 11 en prononce la nullité comme actes authentiques.

36. Comment a-t-on la preuve qu'un acte a été passé dans le ressort du notaire?

Par la mention, dans l'acte, du lieu où il a été passé, et cette preuve ne peut être détruite que par l'inscription de faux.

37. Quel est le moment qu'il faut considérer comme étant celui de la réception de l'acte?

C'est l'instant où le contrat se forme, et où le notaire, après avoir donné lecture de ce contrat aux parties, reçoit leurs signatures.

38. Ainsi un notaire peut, hors de son ressort, assister à des pourparlers pour la préparation d'un acte, et même le rédiger, pourvu qu'il en donne lecture et le fasse signer aux parties dans l'étendue de son ressort.

Sans doute, quand ces faits résultent d'une circonstance exceptionnelle; mais un notaire s'exposerait à des poursuites disciplinaires, s'il était dans l'habitude d'aller hors de son ressort, et sans en être requis, provoquer des affaires qu'il terminerait ensuite dans son étude.

39. Le notaire encourt-il une peine lorsqu'il instrumente hors de son ressort?

Il peut être suspendu de ses fonctions pendant trois mois, destitué en cas de récidive, et condamné à tous dommages-intérêts envers les parties (L. 25 vent. an 11, art. 6).

40. Le notaire est-il libre de résider où il lui plaît dans l'étendue de son ressort?

Chaque notaire doit résider dans le lieu qui lui est fixé par le Gouvernement (L. 25 vent. an 11, art. 4) dans l'ordonnance de nomination (*Ibid.*, art. 45).

41. Que faut-il entendre par cette obligation de résidence?

Que le notaire doit avoir sa résidence principale et habituelle au lieu fixé, qu'il doit y avoir son étude, ses clercs, le dépôt de ses minutes (Avis cons. d'Etat, 7 fructidor an 12).

42. Y a-t-il infraction à l'obligation de la résidence lorsqu'un notaire va fréquemment recevoir des actes dans une commune de son ressort?

Sans aucun doute, il est en droit de se transporter là où les parties le requièrent et aussi souvent qu'elles en ont besoin; mais il enfreint sa résidence lorsqu'il se rend habituellement dans une commune de son ressort pour s'y installer dans des auberges ou un local qui lui appartient et y attendre ou provoquer les clients pour passer des actes (Ord. roy., 2 nov. 1835 ; 26 nov. 1836; 26 juin 1837; 9 février 1839; Cass., 21 juin 1829; 15 juillet 1840; 11 janv. 1841).

43. En cas de contravention à l'obligation de résidence, quelle peine encourt un notaire ?

Il peut être considéré comme *démissionnaire*; en conséquence, le ministre de la justice peut proposer au Gouvernement son remplacement (L. 25 vent. an 11, art. 4).

44. N'encourt-il pas des peines disciplinaires ?

Les chambres de discipline sont compétentes pour appliquer dans ce cas les peines disciplinaires avant que le notaire ait été déclaré démissionnaire (Cass., 11 janvier 1811, D. p. 41, 1, 78).

45. Ne s'expose-t-il pas aussi à une action en dommages-intérêts ?

Le notaire qui enfreint la loi de résidence peut être condamné à des dommages-intérêts envers celui ou ceux de ses collègues qui en éprouvent un préjudice et cette action est indépendante de l'action publique (Cass.,15 juill. 1810; Rennes, 21 août 1811, 11 déc.1813; Paris, 31 janvier 1813; D. p., 40, 1, 216; 41, 1, 78; 42, 2, 9; 44, 2, 197).

§ 2.—Des incompatibilités.

46. Quelles sont les fonctions incompatibles avec celles de notaire ?

Ce sont celles de juges, commissaires du Gouvernement, près les tribunaux, leurs substituts, greffiers, avoués, huissiers, préposés à la recette des contributions directes et indirectes, juges, greffiers et huissiers de justices de paix, commissaires de police et commissaires aux ventes (L.25 vent.an 11,art.7).

47. N'y a-t-il pas encore d'autres fonctions incompatibles avec celles de notaires, indépendamment de celles énumérées dans l'article de la loi du 25 vent. an 11, que vous venez de rappeler ?

Il y en a plusieurs autres déclarées telles par différentes lois ou décisions; ce sont celles d'avocat (Déc., 11 déc. 1810; Ord., 20 nov. 1822, art. 42), de conseiller de préfecture (Av. cons. d'Et., 10 vent. an 13), de commissaire-priseur (Ord., 31 juillet 1822), de receveur de l'enregistrement (L. 21 germ. an 5), de conservateur des hypothèques (L. 21 vent.-9 mess. an 3).

48. Un notaire peut cependant être juge suppléant d'un tribunal civil (L. 27 vent. an 8, art. 12; Carré, *Comp.*, tom. 1, p. 123 ; Règ. 3 janv. 1822 ; A. Dalloz, Dict. gén. v° *Jug. supp.* 109) et suppléant d'un juge de paix (Lett. min. 22 janv. 1827). Quelle en est la raison ?

C'est que ces fonctions ne sont pas habituelles, mais purement accidentelles, et qu'il y a intérêt général à ce que le service de la justice soit assuré.

49. Un notaire pourrait-il procéder en même temps à la levée des scellés comme suppléant du juge de paix, et à l'inventaire comme notaire?

Les deux fonctions s'excluent nécessairement dans le cas de leur exercice simultané, car comme juge, même accidentel, il se trouve exercer un contrôle sur lui-même agissant comme notaire (Loret, t. 1ᵉʳ, p. 188; Roll., vᵒ *Incompatibilité*, nᵒ 9; L. 24 vend. an 3, tit. 2, art. 3).

50. L'incompatibilité avec les fonctions de commissaire priseur est-elle absolue?

Non. Car un notaire peut procéder aux prisées et ventes de meubles dans les communes où il n'existe pas de commissaire-priseur (L. 26 juill. 1790; Loret, t. 1, p. 193).

51. Qu'arriverait-il si un notaire réunissait à ses fonctions de notaire d'autres fonctions incompatibles?

Il serait tenu, dans un délai de trois mois, du jour de la sommation qui lui en serait adressée, de faire son option et d'en déposer l'acte au greffe du tribunal de sa résidence, à peine d'être considéré comme démissionnaire et remplacé (L. 25 vent. an 11, art. 66).

52. N'est-il pas aussi quelques opérations particulières qui sont interdites aux notaires?

Il est interdit aux notaires, soit par eux-mêmes, soit par personnes interposées, soit directement, soit indirectement :
1ᵒ De se livrer à aucune spéculation de bourse, ou opération de commerce, banque, escompte et courtage ; 2ᵒ de s'immiscer dans l'administration d'aucune entreprise ou compagnie de finances, de commerce ou d'industrie ; 3ᵒ de faire des spéculations relatives à l'acquisition et à la revente des immeubles, à la cession de créances, droits successifs, actions industrielles et autres droits incorporels ; 4ᵒ de s'intéresser dans aucune affaire pour laquelle ils prêtent leur ministère ; 5ᵒ de placer en leur nom personnel des fonds qu'ils auraient reçus, même à la condition d'en servir l'intérêt ; 6ᵒ de se constituer garants ou cautions, à quelque titre que ce soit, des prêts qui auraient été faits par leur intermédiaire, ou qu'ils auraient été chargés de constater par acte public ou privé ; 7ᵒ de servir de prête-noms en aucune circonstance, même pour des actes autres que ceux désignés ci-dessus (Ord. 4 janv. 1843, art. 12).

53. Y a-t-il une sanction pénale à cette prohibition ?

Les contraventions peuvent entraîner l'application des peines disciplinaires sans préjudice des poursuites du ministère public, suivant la gravité des cas, en conformité des dispositions de la loi du 25 vent. an 11, et de l'ordonnance du 4 janvier 1843 (*Ibid.*, art. 13).

CHAPITRE II.

CONDITIONS D'ADMISSION AUX FONCTIONS DE NOTAIRE.

54. Quelles sont les conditions requises pour être admis aux fonctions de notaire?

Il faut :

1° Jouir de l'exercice des droits de citoyen;
2° Avoir satisfait aux lois sur la conscription;
3° Etre âgé de vingt-cinq ans accomplis;
4° Justifier du temps de travail prescrit par la loi;
5° Justifier d'un certificat de moralité et de capacité.
(L. 25 vent. an 11, art. 35 et 63.)

55. Suffit-il de jouir des droits civils?

Pour être citoyen, il faut en outre jouir des droits civiques ou politiques.

56. Comment s'acquiert la qualité de citoyen français?

L'art. 7, C. C., dit que cette qualité s'acquiert conformément à la loi constitutionnelle; mais la charte de 1814 et celle de 1830 sont muettes sur ce point; la constitution de 1848 n'est guère plus explicite; on y trouve seulement cette disposition qui paraît renfermer la définition de la qualité de citoyen.

Art. 25 : « Sont électeurs tous les Français âgés de 21 ans et jouissant de « leurs droits civils et politiques. »

(Voyez aussi l'art. 381, C. inst. crim.)

57. Que doit-on conclure du silence ou de l'obscurité de la loi?

Que tout Français majeur est appelé à jouir des droits politiques, s'il n'en est pas déclaré incapable par la loi, ou privé par décision judiciaire.

58. En quoi consistent les droits politiques?

Dans le droit d'éligibilité aux différentes fonctions publiques et dans le droit de suffrage dans les assemblées du peuple (Toullier, t. 8, n° 76; Paris, 13 août 1811).

59. Quelles sont, d'après la loi, les personnes incapables ou privées de l'exercice des droits politiques?

Ceux qui ont perdu la qualité de Français (C. C., 17 et suiv.); les interdits (C. C., 509; L. élect., 15 mars 1849, art. 3, n° 7); les faillis non réhabilités (C. comm., 443; L. 15 mars 1849, art. 3, n° 8); les individus privés de leurs droits civils et politiques par suite de condamnation, soit à des peines afflictives et infamantes, soit à des peines infamantes seulement (C. pén., art. 28, 31, 42, 335).

60. Puisque le registre civique n'existe pas pour l'inscription des citoyens, par quel moyen peut-on justifier de la jouissance de ses droits civils et politiques ?

Par la production d'un certificat délivré par le maire de son domicile.

61. N'y a-t-il pas plusieurs manières d'être *Français* ou de le devenir ?

On est *Français* par la naissance, par la naturalisation et par la réintégration.

62. Qu'entendez-vous par Français de naissance ?

Le *Français* de naissance est celui qui est né en France, ou à l'étranger d'un Français jouissant de cette qualité (C. civ., 10).

Est aussi *Français*, soit l'enfant né, en pays étranger, d'un Français qui avait perdu cette qualité, soit l'individu né en France d'un étranger, pourvu que, dans l'année de sa majorité, il réclame la qualité de *Français* et remplisse les autres formalités prescrites par l'art. 9, C. civ.

63. Comment devient-on Français par la naturalisation ?

Un étranger devient citoyen français lorsqu'après avoir atteint l'âge de vingt et un ans accomplis, et avoir déclaré l'intention de se fixer en France, il y a résidé pendant dix années consécutives, et a obtenu des *lettres de naturalité* (Const. de l'an 8, art. 3 ; Décr., 17 mars 1809); ou lorsqu'après une résidence de cinq ans, il obtient la naturalisation, conformément au décret du Gouvernement provisoire du 28 mars 1848.

64. Comment devient-on Français par la réintégration ?

Le Français qui a perdu sa qualité de Français peut toujours la recouvrer en rentrant en France avec l'autorisation du Gouvernement, et en déclarant qu'il veut s'y fixer et qu'il renonce à toute distinction contraire à la loi française (C. civ., 18).

65. N'y a-t-il pas d'exception à cette règle ?

L'art. 21 du C. civ. dit en effet que le Français qui, sans autorisation du Gouvernement, a pris du service militaire chez l'étranger, ou s'est affilié à une corporation militaire étrangère, ne peut recouvrer sa qualité de Français qu'en remplissant les conditions imposées à l'étranger pour devenir citoyen.

66. Par quels moyens l'aspirant au notariat peut-il justifier qu'il a satisfait aux lois sur la conscription militaire ?

Par des certificats établissant les preuves de sa libération qui varient suivant la situation dans laquelle il se trouve.

67. Il y a plusieurs modes de libération, faites-nous les connaître.

La libération du service militaire résulte :

1° De l'obtention d'un numéro non compris dans le contingent ; 2° de l'exception prononcée par la loi ou le conseil de révision ; 3° du remplacement ou de la substitution de numéro ; 4° du service actif ou dans la réserve pendant le temps voulu par la loi ; 5° de la réforme prononcée par l'autorité militaire ; 6° des dispenses que peuvent obtenir les jeunes gens qui ont remporté les grands prix de l'Institut et de l'Université; 7° enfin du bénéfice de l'âge (L. 21 mars 1832, art. 13, 14, 18, 19).

68. En cas de remplacement suffit-il de produire l'acte administratif qui le constate?

Il faut y joindre un certificat constatant la présence au corps du remplaçant pendant l'année de responsabilité (*Ibid.*, 23).

69. Qu'est-ce que le bénéfice d'âge?

Si l'aspirant a accompli sa trentième année, la présomption de droit est en faveur de la libération, et il n'a besoin de produire aucun certificat à l'effet d'établir qu'il a satisfait à la loi du recrutement (Déc., min. just., 5 nov. 1836).

70. Vous avez dit que, pour être admis aux fonctions de notaire, il faut être âgé de vingt-cinq ans accomplis ; faut-il que la vingt-cinquième année soit accomplie lorsque le candidat se présente devant la chambre de discipline pour subir son examen ?

Il suffit qu'elle soit accomplie lors de la nomination.

71. Quel est le temps de travail ou de stage exigé par la loi pour être admis aux fonctions de notaire?

Ce temps est, sauf les exceptions, de six années entières et non interrompues, dont une des deux dernières au moins, en qualité de premier clerc, chez un notaire d'une classe égale à celle où se trouve la place à remplir (L. 25 vent. an 11, art. 36).

72. Quelles sont les exceptions à cette règle générale?

Le temps de travail peut n'être que de quatre années, lorsqu'il en a été employé trois dans l'étude d'un notaire d'une classe supérieure à la place qui doit être remplie, et lorsque pendant la quatrième année, l'aspirant a travaillé, en qualité de premier clerc, chez un notaire d'une classe supérieure ou égale à celle où se trouve la place pour laquelle il se présente (*Ibid.*, art. 37).

73. N'y a-t-il pas une exception particulière pour la troisième classe?

Pour être admis dans la troisième classe de notaires, il suffit que l'aspirant ait travaillé pendant trois années chez un notaire de première ou de seconde classe, ou qu'il ait exercé comme défenseur ou avoué, pendant l'espace de deux années, auprès de la Cour d'appel ou du tribunal de première instance, et qu'en outre il ait travaillé pendant un an chez un notaire (*Ibid.*, art. 41).

74. Ainsi, pour la troisième classe, le stage dans une étude de première ou de seconde classe compte double; suffirait-il de deux années de travail, chez un notaire de première ou de seconde classe, et de deux autres années chez un notaire de troisième?

Il en avait d'abord été décidé ainsi, mais la jurisprudence administrative est revenue sur ce point; elle a établi que l'exception de l'art. 41 doit être renfermée dans ses termes, et qu'il n'est pas permis de compléter le stage qu'elle exige par un stage de troisième classe. (Décis. min., 2 déc. 1843).

75. Dans le cas prévu par l'art. 41 l'aspirant doit-il avoir été premier clerc?

Non. La loi ne l'exige pas (Roll., v° *Stage*, n° 91; Loret, *Sur l'art.* 41; Favier, n° 448).

76. Dans la seconde hypothèse de l'art. 41, l'année de stage doit-elle avoir lieu chez un notaire de première ou de seconde classe?

Une année de travail chez un notaire de troisième classe suffirait.

77. L'année de stage et les deux années d'exercice, comme avocat ou avoué, peuvent-elles être simultanées?

Elles doivent être distinctes et successives, en sorte qu'il y ait réellement trois années, soit de travail, soit d'exercice, comme avocat ou avoué (Décis. minist., 25 sept. 1843).

78. Le temps d'exercice, comme avocat ou avoué, peut-il être compté pour les deux premières classes?

L'aspirant qui a travaillé pendant quatre ans, chez un notaire de première ou de seconde classe, et qui a été pendant deux ans, au moins, défenseur ou avoué près un tribunal civil, peut être admis dans une des classes où il a fait son stage, pourvu que, pendant l'une des dernières années de son stage, il ait travaillé en qualité de premier clerc, chez un notaire d'une classe égale à celle où se trouve la place à remplir (L. 25 vent. an 11, art. 39).

79. Le temps d'exercice, comme avocat ou avoué, prolongé au delà de six années, dispenserait-il du stage?

Cette exception, en faveur des avocats et des avoués, n'établit pas une dispense absolue, mais seulement une réduction de stage; ils doivent toujours justifier du temps de stage voulu par la loi (Décis. min., 19 mai 1836).

80. Lorsqu'un clerc a travaillé chez un notaire de seconde ou de troisième classe, et qu'il se présente pour remplir une place d'une classe *immédiatement supérieure*, le temps de stage doit-il être compté de la même manière?

Le temps de stage doit être, en ce cas, d'un tiers en sus de celui exigé pour une classe égale (L. 25 vent. an 11, art. 40).

81. Ne résulte-t-il pas des termes de l'art. 40, *immédiatement supérieure*, que le clerc qui a fait son stage dans les études de troisième classe ne peut aspirer à une place de notaire de première classe, quel que soit le nombre d'années qu'il aurait passées dans ces études?

Oui.

82. Le stage, fait dans les colonies françaises ou l'Algérie, peut-il être admis en France?

Sans doute.

83. A quel âge peut-on commencer le stage?

A l'âge de 17 ans accomplis (Ord., 4 janv. 1843, art. 34).

84. Faut-il, pour qu'il n'y ait pas interruption, que le stage ait continué jusqu'au moment de la nomination?

Non (Roll., v° *Stage*, n° 33; Favard, *Rép.*, v° *Not.*, sect. 4; Favier-Colomb, n° 117; décis. min., 5 janvier 1829; sept. 1836; 22 juin 1838).

85. N'est-il pas des causes d'interruption de stage non préjudiciables?

; Il en est plusieurs : une maladie grave (Décis. min., 14 nov. 1837); le service militaire (Id., oct. 1831); le temps passé aux écoles de droit; l'exercice de certaines fonctions analogues à celles de notaire; par exemple, d'huissier, de greffier, de juge de paix, de surnuméraire de l'enregistrement (Décis. min., 1825; juill. et sept. 1836).

86. Quelles sont les conditions à remplir par un notaire qui veut passer d'une classe à une autre?

Le notaire déjà reçu et exerçant depuis un an dans une classe inférieure, est dispensé de toute justification de stage, pour être admis à une place de notaire dans une classe immédiatement supérieure (L. 25 vent. an 11, art. 38).

87. En serait-il de même s'il voulait franchir deux degrés, c'est-à-dire passer de la troisième classe à la première?

Il devrait alors justifier du temps de travail exigé pour la première classe. L'exception doit être renfermée dans les termes de la loi (Loret, sur l'art. 38; Roll., v° *Stage*, n° 60 et 61).

CHAPITRE III.

DU SERMENT ET DU CAUTIONNEMENT DES NOTAIRES.

88. Quelles sont les formalités que les notaires ont à remplir, après leur nomination, avant de pouvoir entrer en fonctions?

Il y en a trois principales: 1° verser leur cautionnement; 2° prêter serment; 3° faire le dépôt de leurs signature et paraphe.

89. Quel est l'objet du cautionnement des notaires?

C'est de servir de garantie spécialement affectée aux condamnations prononcées contre eux par suite de l'exercice de leurs fonctions (L. 25 vent. an 11, art. 33; L. 25 niv. an 13, art. 1).

90. Ne voyez-vous pas une distinction essentielle à faire dans les diverses condamnations qui peuvent être prononcées contre les notaires, par suite de l'exercice de leurs fonctions ?

Elles sont de deux natures : la première pour *faits de charge*, c'est-à-dire, au profit des particuliers pour abus et prévarications commis dans l'exercice obligé des fonctions (C. C., 2102; Paris, 4 mars 1834; D. p. 34, 2, 115).

La seconde au profit de l'Etat, pour les amendes et les droits d'enregistrement à recouvrer (Discours de M. Jaubert sur la loi de vent. an 11; Cass., 1ᵉʳ juin 1814; 26 mars 1821; 4 fév. 1822; 25 juill. 1827; instr. gén., 5 mars 1838, n° 1557)·

91. Y a-t-il un ordre de préférence entre les particuliers et l'Etat ?

Les créanciers pour faits de charge doivent être préférés au fisc. Cela a été constamment admis dans l'ancienne jurisprudence (Loiseau, *des Offices*, liv. 1ᵉʳ, ch. 4, n° 65; Basnage, *des Hyp.*, ch. 13), et dans la nouvelle (Cass., 7 mai 1816; Paris, 21 janv. 1837; D. p. 37, 2, 175) Grenier, *Hyp.*, t. 2, n° 298; Dard, p. 192; Troplong, *Hyp.*, n° 95 *ter*; Roll., v° *Caut.*, *Délit*, n°16.

92. Les autres condamnations prononcées contre un notaire jouissent-elles du même privilége ?

Le privilége pour *faits de charges* ne s'applique pas aux opérations amenées par la confiance volontaire dans le notaire en dehors de l'exercice de ses fonctions (Rouen, 15 fév. 1838; D. p., 39, 2, 75).

93. Dans quel délai un notaire doit-il verser son cautionnement, après sa nomination ?

Nécessairement dans les deux mois qui suivent sa nomination, puisque, d'après l'art. 17 de la loi du 25 vent. an 11, le serment doit être prêté dans les deux mois, et que ce serment ne peut être prêté qu'après le versement du cautionnement.

94. Le notaire est donc tenu de prêter un serment ?

Dans les deux mois de sa nomination, le notaire est tenu de prêter, à l'audience du tribunal auquel sa commission aura été adressée, le serment que la loi exige de tout fonctionnaire public, ainsi que celui de remplir ses fonctions avec exactitude et probité (L. 25 vent. an 11, art. 47).

95. Quelles pièces un notaire doit-il représenter pour être admis à prêter serment ?

Sa commission ou ordonnance de nomination et la quittance du versement de son cautionnement (*Ibid.*).

96. N'est-il pas tenu de faire connaître cette prestation de serment en divers lieux publics ?

Il est tenu de faire enregistrer le procès-verbal de prestation de serment au secrétariat de la municipalité du lieu où il doit résider, et au greffe de tous les tribunaux dans le ressort desquels il doit exercer dans les deux mois de sa nomination (*Ibid.*).

97. Quel est l'objet de la prestation de serment?

D'abord de rappeler solennellement au notaire les devoirs de sa charge, et ensuite de constater sa réception ou son installation, c'est-à-dire son entrée en fonctions.

98. Le notaire pourrait-il recevoir des actes après sa nomination, mais avant sa prestation de serment?

Il n'a le droit d'exercer qu'à compter du jour de sa prestation de serment (L. 25 vent. an 11, art. 48).

99. La loi a-t-elle attaché une pénalité au défaut de prestation de serment, dans les deux mois de la nomination?

Le serment doit être prêté dans les deux mois à peine de déchéance (Id., art. 47).

100. Cette déchéance a-t-elle lieu de plein droit, ou bien a-t-elle besoin d'être prononcée?

Elle a lieu de plein droit d'après une décision ministérielle du 18 juillet 1836. Cependant on s'est relâché de cette rigueur dans l'usage; le délai de deux mois est prorogé si les circonstances le permettent, sinon l'ordonnance de nomination est annulée, et l'ancien titulaire rentre dans tous ses droits.

101. Le serment est-il encore exigé depuis la révolution de février 1848?

Il n'a pas cessé d'être exigé pour les notaires, et la constitution de 1852 en fait une obligation à tous les fonctionnaires publics.

102. Lorsque, par l'effet de la garantie à laquelle il est affecté, le montant du cautionnement a été employé en tout ou en partie, le notaire peut-il continuer l'exercice de ses fonctions?

L'art. 33 de la loi du 25 vent. an 11 dit qu'en ce cas le notaire sera suspendu de ses fonctions, jusqu'à ce que le cautionnement ait été entièrement rétabli.

103. Cette suspension a-t-elle lieu de plein droit?

Elle doit être prononcée sur la poursuite du ministère public par le tribunal civil de la résidence du notaire (L. 25 vent. an 11, art. 53).

104. Dans quel délai le notaire est-il tenu de rétablir l'intégralité de son cautionnement?

Dans le délai de six mois (Id., art. 33).

105. Quelle peine encourt le notaire qui ne satisfait pas à cette obligation?

Il peut être considéré comme démissionnaire et remplacé (Ibid.).

106. En quoi consiste la troisième obligation à remplir par les notaires avant d'entrer en fonctions?

Ils doivent déposer au greffe de chaque tribunal de 1re instance de leur département et au secrétariat de la municipalité de leur résidence, leurs signature et paraphe (L. 25 vent. an 11, art. 49).

107. Cela suffit-il pour les notaires de première classe?

Les notaires à la résidence des Cours d'appel doivent faire, en outre, ce dépôt au greffe des autres tribunaux de 1ʳᵉ instance de leur ressort (*Ibid.*).

———◦◦———

CHAPITRE IV.

§ 1ᵉʳ.—Des actes notariés et de leurs formes.

108. Quelle est la condition essentielle qui constitue un acte notarié?

C'est qu'il soit reçu par deux notaires ou par un notaire assisté de deux témoins (L. 25 vent. an 11, art. 9).

109. N'y a-t-il pas d'exceptions à cette règle générale?

Il est des actes, comme les testaments, pour lesquels un plus grand nombre de témoins est nécessaire; d'autres que le notaire peut faire seul, sans l'assistance d'un second notaire ou de témoins, tels sont les partages judiciaires, les certificats de propriété, certains certificats de vie.

110. Est-il nécessaire que le second notaire et les témoins assistent réellement à la réception de l'acte?

Leur signature seule est exigée, mais leur présence n'est indispensable que pour les testaments et les actes désignés dans la loi du 21 juin 1843.

111. Quels sont ces actes?

Ceux contenant donation entre-vifs, donation entre époux pendant le mariage, révocation de donation ou de testament, reconnaissance d'enfants naturels, et les procurations pour consentir ces divers actes.(L. 21 juin 1843, art. 2.)

112. Un notaire peut-il recevoir des actes dans lesquels il est partie ou intéressé?

Non. La loi ne présente pas cette interdiction, mais elle s'induit forcément de la disposition de l'art. 8 de la loi du 25 vent. an 11.

La jurisprudence d'ailleurs est constante; personne ne peut témoigner dans sa propre cause.

113. En serait-il de même si le notaire agissait comme mandataire?

Sans doute, le notaire est alors véritablement partie dans l'acte.

114. Le notaire qui a usé du droit de se substituer un mandataire autorisé par la procuration peut-il, comme notaire, recevoir les actes consentis par le mandataire substitué?

Il ne le peut pas parce que le mandataire substitué est censé tenir ses pouvoirs du notaire et qu'il doit lui en rendre compte.

115. Un notaire peut-il recevoir une procuration dans laquelle il est constitué mandataire ?

Non. On va même jusqu'à interdire au notaire de se charger d'une procuration qu'il aurait reçue en blanc.

116. N'arrive-t-il pas souvent cependant que, dans un procès-verbal d'adjudication, on stipule que le prix sera versé entre les mains du notaire ?

Ce n'est là qu'une simple indication qui ne lie ni le notaire envers les parties, ni celles-ci envers lui. (Cass., 5 mars 1828 ; D. p., 28, 1, 162).

117. Et quand, dans une vente, dans un traité de remplacement, on dépose une somme entre les mains du notaire, est-ce une chose contraire à la loi ?

Ici, c'est en sa qualité de notaire et non comme simple particulier qu'il est constitué dépositaire ; il n'y a donc pas d'empêchement.

118. Le notaire peut-il recevoir un acte au profit d'un hospice dont il est administrateur ?

Oui, si un administrateur autre que le notaire figure dans l'acte (Déc., min. fin., 11 avril 1809 ; avis du comité de l'int., 7 avril 1813).

119. Peut-il recevoir la mainlevée d'une opposition formée entre ses mains ?

Il le peut, parce que la mainlevée n'est point donnée à son profit, et n'est point une disposition en sa faveur.

120. La loi a dû aussi imposer au notaire certaines restrictions, en ce qui concerne ses parents ou alliés. Faites-nous-les connaître.

Les notaires ne peuvent recevoir des actes dans lesquels leurs parents ou alliés en ligne directe à tous les degrés et en collatérale, jusqu'au degré d'oncle ou de neveu inclusivement, seraient parties, ou qui contiendraient quelques dispositions en leur faveur (L. 25 vent. an 11, art. 8).

121. Cette disposition ne présente pas de difficultés, en ce qui concerne la ligne directe ; il n'en est pas de même en collatérale ; ainsi par exemple, un notaire peut-il recevoir des actes pour son grand-oncle, son petit-neveu, son cousin germain ?

La prohibition de la loi ne s'étendant pas au delà du troisième degré, il en résulte qu'un notaire peut recevoir des actes pour son grand-oncle, son petit-neveu, son cousin germain qui sont au quatrième degré (Grenier, n° 249 ; Vazeille, sur l'art. 975 ; Roll., v° *Parenté*, n° 54 ; Loret, t. 1, p. 199).

122. La prohibition s'applique-t-elle aux testaments comme aux autres actes?

Oui, et avec la limite que nous venons de lui assigner, car l'art. 975 du C.civ., qui étend la prohibition jusqu'au quatrième degré, ne regarde que les témoins (mêmes auteurs).

123. L'affinité produit-elle ici le même effet que l'*alliance?* Ainsi, par exemple, un notaire peut-il recevoir des actes pour le mari de la sœur de sa femme, qu'on appelle communément son beau-frère?

Affinitas affinitatem non parit, dit un axiôme du droit romain, encore suivi sous le droit nouveau; en conséquence, un notaire pourrait recevoir des actes pour le beau-frère de sa femme, pour le second mari de sa belle-mère, pour les beau-père et belle-mère de son fils (Roll., *cod.,* nᵒ 56 et 57).

124. Doit-on appliquer la prohibition aux parents *naturels* ou *adoptifs,* comme aux parents légitimes?

L'affirmative est certaine, du moins dans les degrés où il y a véritablement parenté ou alliance (Loret, t. 1, p. 203: Roll. *cod.,* nᵒ 58).

125. Que faut-il entendre par ces mots de l'art. 8 : *partie dans un acte?*

Toute personne qui paraît dans un acte pour contracter, stipuler, consentir, accepter ou faire une déclaration, soit en son propre nom, soit en celui d'un ou plusieurs individus qu'elle représente.

126. Indiquez-nous quelques exemples de personnes agissant pour une autre.

Un mandataire (Cass., 29 déc. 1840; D. P., 41, 1, 48; Roll., *cod.,* nᵒ 71); un tuteur (*Ibid.*); le syndic d'une faillite, ou l'administrateur d'un hospice, le gérant d'une société même anonyme, celui qui se porte fort pour un autre.

127. Le mandant doit-il être considéré comme partie?

Oui. C'est lui qui stipule réellement par le fait de son mandataire (Arr. du 29 déc. 1840 ci-dessus cité).

128. En est-il de même pour celui dont un autre se porte fort?

La question est controversée; cependant il faudrait décider l'affirmative, parce qu'il peut, en ratifiant l'acte, se l'approprier, et qu'il lui profite comme s'il y avait été régulièrement représenté.

129. Le mari qui ne paraît dans un acte que pour autoriser sa femme, sans qu'il ait un intérêt personnel, sans qu'il contracte aucun engagement, doit-il être considéré comme partie à l'acte?

Des arrêts ont décidé la négative, mais cette opinion n'est pas suivie dans la pratique, et il est assez difficile qu'il soit dégagé de tout intérêt personnel dans les stipulations de sa femme; d'ailleurs, son autorisation est un consentement qui rentre dans la définition que nous avons donnée du mot *partie*.

130. Que décideriez-vous à l'égard d'une procuration dans laquelle un parent du notaire serait constitué mandataire, sans intervenir à l'acte pour accepter le mandat?

La prohibition devrait recevoir ici son application. Sans doute on ne peut pas considérer le mandataire comme partie dans la procuration, mais il peut y avoir intérêt, par exemple, si le mandat est salarié, circonstance que le notaire ne peut pas toujours connaître. Il est donc au moins convenable qu'il s'abstienne.

131. Si le nom du mandataire avait été laissé en blanc, pourrait-il être ultérieurement rempli du nom d'un parent du notaire?

On doit décider l'affirmative. C'est un fait postérieur à l'acte, et qui n'a pu influer sur la capacité du notaire (Roll., vᵒ *Parenté*, nᵒ 78).

132. La prohibition de la loi s'applique-t-elle aux personnes à qui l'on présente, par honneur ou par respect, un contrat de mariage ou un autre acte de cette espèce, à signer?

Ces personnes ne peuvent, sous aucun rapport, être considérées comme parties à l'acte; en conséquence, la prohibition ne leur est pas applicable.

133. L'art. 8 étend l'interdiction aux actes qui contiennent quelque disposition en faveur des parents ou alliés des notaires. Quel est le sens de cette disposition?

Elle comprend toutes les stipulations qui peuvent présenter un avantage, un intérêt pour les parents ou alliés du notaire, quelque éventuelle et modique que soit la disposition.

134. Le notaire en second est-il, comme le notaire en premier, compris dans la prohibition de l'art. 8?

Il n'y a pas d'exception, le motif de la loi est le même pour l'un et pour l'autre; ils reçoivent l'acte conjointement, et concourent tous les deux à lui conférer l'authenticité (Merlin, *Rép.*, vᵒ *Notaire*, § 5, nᵒ 4; Roll., *eod.*, nᵒ 52).

135. Les deux notaires peuvent-ils être parents ou alliés entre eux?

Deux notaires, parents ou alliés au degré prohibé par l'art. 8, ne peuvent concourir au même acte (L. 25 vent. an 11, art. 10).

136. Pour ce qui concerne la parenté des témoins, voir nᵒˢ 144 et suivants.

137. Quelle est la conséquence d'une contravention aux prohibitions dont nous venons de parler?

Cette contravention entraîne deux résultats distincts : l'un, relatif à la validité des actes; l'autre, qui a trait aux dommages-intérêts dont le notaire peut être déclaré passible.

138. Expliquez-nous d'abord le premier résultat.

Tout acte fait en contravention aux dispositions des art. 8, 9 et 10 de la loi du 25 vent. an 11 est nul, s'il n'est pas revêtu de la signature de toutes les parties ; et lorsque l'acte est revêtu de la signature de toutes les parties, il ne peut valoir que comme écrit sous signature privée (L. 25 vent. an 11, art. 68).

139. Tous les actes peuvent-ils être valables par cela seul qu'ils sont revêtus de la signature de toutes les parties contractantes?

Il faut distinguer les actes qui doivent, pour leur validité, être passés devant notaires, comme le testament notarié, la donation, le contrat de mariage, la constitution d'hypothèque, etc., et ceux qui peuvent être également faits sous signature privée, tels que la vente, le bail, la reconnaissance de sommes, etc.

Les premiers sont radicalement nuls, parce qu'alors ils manquent de la forme authentique à laquelle ils sont assujettis ; les autres, au contraire, peuvent être valables comme écrits sous seings privés, s'ils sont revêtus de la signature de toutes les parties contractantes.

140. Si l'une des parties a déclaré ne savoir signer, l'acte peut-il valoir comme écrit sous signature privée ?

Non. Car il ne remplit pas la condition de la loi qui veut qu'il soit signé par *toutes les parties.*

141. Est-il nécessaire que l'acte soit fait en double minute, pour satisfaire à la prescription de l'art. 1325, du Code civil?

La loi, dans le cas particulier dont il s'agit, ne demande rien de plus que la signature de toutes les parties. Le dépôt dans les minutes du notaire assure suffisamment la conservation de l'acte et son exécution (Dur., t. 13, nᵒ 71 ; Delv., t. 2, p. 608, notes ; Merlin, *Rép.*, vᵒ *Ratif.*, nᵒ 9 ; Roll., vᵒ *Acte not.*, nᵒ 168).

142. Que faudrait-il décider si le notaire n'avait pas gardé minute de l'acte, ou ne l'avait pas signé?

Que l'acte serait entièrement nul pour n'avoir pas été fait en double original (Paris, 14 août 1815, 17 déc. 1829 ; D. P., 30, 2, 167).

143. Pour ce qui concerne la responsabilité du notaire, voyez chap. 8 ci-après.

144. Quelles qualités doivent avoir les témoins instrumentaires?

Ils doivent être citoyens français, savoir signer, et être domiciliés dans l'arrondissement communal où l'acte est passé (L. 25 vent. an 11, art. 9).

145. La loi ne fait-elle pas d'exception à l'égard de certaines personnes ?

es parents et alliés, soit du notaire, soit des parties contractantes, au degré prohibé par l'art. 8, leurs clercs et leurs serviteurs ne peuvent être témoins (*Ibid.*, art. 10).

146. Pour la qualité de citoyen français, voyez n° 56.

147. Pour les parents et alliés, voyez n° 120.

148. Pourrait-on appeler comme témoins ceux qui sont parties dans l'acte, ou qui y ont un intérêt personnel?

La négative est certaine. Les témoins sont, sous ce rapport, assimilés au notaire, parce qu'ils concourent avec lui à conférer l'authenticité, et que personne ne peut rendre témoignage dans sa propre cause : *nemo in re sua testis idoneus.*

149. Indépendamment de la capacité civile, les témoins ne doivent-ils pas avoir une capacité physique ou morale suffisante?

Il faut qu'ils puissent entendre et comprendre les dispositions de l'acte, le consentement des parties. Ainsi ne pourraient être témoins: ceux qui ne savent pas la langue française, les aveugles, les sourds, les sourds-muets, les fous.

150. Que faut-il entendre par cette expression de l'art. 9, *l'arrondissement communal?*

Il suffit que les témoins soient domiciliés dans l'étendue de l'arrondissement; il n'est pas nécessaire qu'ils le soient dans la commune même.

151. Dans les actes ordinaires, à qui est-ce de s'assurer de la capacité des témoins?

En général, c'est au notaire qu'il appartient de les choisir, et il peut être déclaré responsable de la nullité de l'acte résultant du défaut de capacité des témoins (Loret, t. 1, p. 215; Grenier, n° 217; Roll., v° *Respons.*, n° 73).

152. Le notaire est-il également responsable de l'identité des parties?

Le nom, l'état et la demeure des parties doivent être connus du notaire, ou lui être attestés dans l'acte par deux citoyens connus de lui, ayant les mêmes qualités que celles requises pour être témoin instrumentaire (L. 25 vent. an 11, art. 11).

153. Nous remarquons que l'article que vous venez de citer, ne parle ni des prénoms, ni des qualités des parties. Le notaire est-il tenu de les connaître?

La disposition de la loi ne peut pas être étendue au-delà de ce qu'elle prescrit. Ainsi le notaire ne saurait être responsable d'une erreur de prénoms, ni garant des qualités que les parties s'attribuent, comme celles de mari, de femme, de tuteur, ni de l'âge ou de la capacité des parties (Dalloz aîné, 10, 653, n. 17; Cass., 8 janv. 1823; D. A., 10, 653, n° 1; Loret, t. 1, p. 237; Paris, 11 fév. 1826; D. P., 26, 2, 152).

154. La prohibition fondée sur la parenté s'applique-t-elle aux témoins certificateurs qui doivent avoir les qualités exigées pour les témoins instrumentaires ?

Nullement. Les témoins certificateurs ne coopèrent pas à la formalité de l'acte, et les parents sont les plus à même de certifier l'individualité des parties (Favard, vᵒ *Acte not.*, § 2, nᵒ 7 ; Dalloz, 10, 654, nᵒ 19 ; Roll.)

155. Les témoins instrumentaires peuvent-ils en même temps attester l'individualité d'une partie ?

La question est controversée ; toutefois, l'affirmative nous paraît mieux fondée (Dalloz, *Eod.*, nᵒ 21 ; Roll., nᵒ 23 ; Cass., 7 juin 1825 ; D. P., 25, 1, 337. —*Contrà*, Loret, t. 1, p. 237 ; Carré, p. 411).

156. Quelles sont les énonciations que doivent contenir les actes notariés ?

On en distingue cinq principales : la première se rapporte au notaire qui reçoit l'acte ; la seconde aux témoins ; la troisième aux parties ; la quatrième à la date de l'acte, et la cinquième à la signature et à la lecture.

157. Reprenons chacune de ces énonciations, et dites-nous d'abord ce que la loi exige en ce qui concerne le notaire.

Tous les actes doivent énoncer les nom et lieu de résidence du notaire qui les reçoit (L. 25 vent. an 11, art. 12).

158. L'énonciation des prénoms du notaire est-elle nécessaire ?

La loi ne l'exige pas, et, dans la pratique, on se contente souvent d'énoncer le nom patronymique du notaire ; cependant l'énonciation des prénoms deviendrait utile, s'il existait dans la même résidence plusieurs notaires du même nom.

159. L'énonciation de la qualité de notaire est-elle indispensable ?

Les opinions sont partagées sur cette question ; plusieurs auteurs pensent que l'omission de la qualité de notaire n'annule pas l'acte (Toullier, t. 5, nᵒ 556 ; Dalloz aîné, t. 5, p. 675, nᵒ 6) ; d'autres sont d'un avis contraire (Merlin, vᵒ *Testam.*, sect. 2, § 2, art. 3 et t. 17, p. 688 ; Roll., vᵒ *Acte notarié*, nᵒ 172). Cette dernière opinion, suivie dans la pratique, paraît préférable. En effet, c'est la qualité de notaire qui donne l'authenticité à l'acte ; il est donc nécessaire que le notaire énonce qu'il agit en cette qualité.

160. La prescription de l'article 12 s'étend-t-elle au notaire en second ?

On se contente ordinairement de désigner le notaire en second sous le nom de *confrère* ou de *collègue*, et cet usage se fonde sur ce que l'art. 12 n'exige que la mention du notaire qui reçoit l'acte.

161. Faut-il au moins indiquer la résidence du notaire en second ?

Cela paraît au moins convenable, comme c'est l'usage ; il est même utile de mettre les noms des deux notaires lorsque le notaire en second n'a pas la même résidence que le premier.

162. Quelle est la partie de l'acte que ces énonciations doivent occuper?

La loi ne leur assigne aucune place particulière dans l'acte, et quoiqu'il soit naturel, selon l'usage, de les mettre au commencement de l'acte, elles pourraient sans inconvénient se mettre à la fin.

163. L'omission des nom et lieu de résidence du notaire entraîne-t-elle la nullité de l'acte?

Non. La loi ne prononce qu'une amende de 100 francs, réduite à 20 francs contre le notaire contrevenant (L. 25 vent. an 11, art. 12; L. 21 juin 1824; Merlin, vo *Testam.*, sect. 2, § 3, art. 2, no 8; Carré, no 588; Loret, sur l'art. 12; Duranton, t. 13, no 41; Toullier, t. 8, no 84).

164. Quelles sont les énonciations que les actes notariés doivent contenir en ce qui concerne les témoins?

Les actes notariés doivent énoncer les noms des témoins instrumentaires et leur demeure (L. 25 vent. an 11, art. 12).

165. L'énonciation des prénoms des témoins et de leur qualité ou profession, est-elle indispensable?

La loi n'en fait pas une obligation (Toullier, *Cod.*, 85; Dalloz, 10, 655, no 25; Roll., no 189, 191; Cass., 24 juill. 1810; D. P., 40, 1, 332). Cependant il est mieux de les énoncer, et cela se pratique ainsi.

166. Quelle est la peine encourue pour omission des énonciations prescrites relativement aux témoins.

La nullité de l'acte (L. 25 vent. an 11, art. 12 et 68).

167. Les dispositions de la loi sont-elles les mêmes à l'égard des témoins appelés pour certifier l'individualité des parties?

Les actes doivent énoncer les *noms*, *prénoms*, *qualités* et *demeures* de ces témoins, à peine de 20 francs d'amende; mais sans que l'omission entraîne la nullité de l'acte (L. 25 vent. an 11, art. 13 et 68).

168. A l'égard des parties, qu'est-ce que les actes notariés doivent contenir?

Leurs noms, prénoms, qualités et demeures (Même art. 13).

169. Est-ce à peine de nullité?

Il y a lieu seulement à une amende contre le notaire contrevenant (*Ibid.*).

170. Pour savoir ce qu'il faut entendre par parties, voir ci-dessus, no 125.

171. Lorsqu'un acte est rédigé à la suite d'un autre, comme une quittance à la suite d'une vente, peut-on, dans le second acte, s'en référer au premier pour l'énonciation des noms, prénoms, qualités et demeures des parties?

Chaque acte doit contenir ces énonciations complètes (Cass., 14 juin 1813; D. P., 43, 1, 311).

172. Dites-nous ce que les actes doivent énoncer en ce qui concerne la date.

Ils doivent énoncer le lieu, le jour et l'année où les actes sont passés (L. 25 vent. an 11, art. 12).

173. Qu'entend-on par la désignation du lieu où l'acte est passé? Suffit-il, par exemple, d'indiquer la commune ou la ville; ou bien faut-il indiquer en outre la maison où le notaire instrumente?

L'indication de la commune ou de la ville est suffisante; la loi n'exige pas celle de la maison (Merlin, *Quest.*, vᵒ *Date*, § 2; Toullier, t. 8, nᵒ 82; Dalloz, t. 10, p. 655; Duranton, t. 13, p. 42; Carré, p. 401; Cass., 28 févr. 1816; 23 nov. 1825); néanmoins, dans l'usage, on indique habituellement la maison, surtout dans les villes, et cette précaution n'est pas toujours sans utilité.

174. Pour la date, doit-on énoncer le jour de la semaine?

Le quantième du mois et l'année suffisent. Le jour de la semaine ne peut être utile que pour les actes que la loi défend de faire les dimanches ou les jours de fête légale.

175. Comment procède-t-on quand un acte a été signé par les parties à des jours différents?

Le notaire doit donner à l'acte les dates des différentes signatures. C'est la dernière date seule qui peut être opposée aux tiers et qui fait courir le délai de l'enregistrement, par la raison que c'est alors seulement que l'acte acquiert sa perfection.

176. Quelle est la conséquence de l'omission du lieu et de la date où l'acte est passé?

Cette omission entraîne la nullité de l'acte (L. 25 vent. an 11, art. 68).

177. La date peut-elle être énoncée en chiffres?

Elle doit l'être en toutes lettres, ainsi que les sommes (*Id.*, art. 13).

178. Tous les actes peuvent-ils être faits également tous les jours?

Pour les actes volontaires, oui; mais les actes judiciaires, comme les inventaires, liquidations, actes respectueux, etc., ne peuvent pas être faits les dimanches et jours de fête légale.

179. Quelle est la prescription de la loi à l'égard de la lecture de l'acte?

L'acte doit faire mention que la lecture en a été faite aux parties (L. 25 vent. an 11, art. 13).

180. Est-ce à peine de nullité?

Il y a lieu seulement à une amende contre le notaire (*Ibid.*).

181. Par qui les actes doivent-ils être signés?

Par les parties, les témoins et les notaires qui doivent en faire mention à la fin de l'acte (*Id.*, art. 14).

182. Quant aux parties qui ne savent ou ne peuvent signer, que doit faire le notaire?

Il doit faire mention, à la fin de l'acte, de leurs déclarations à cet égard (*Ibid.*).

183. Le notaire et les témoins doivent-ils signer en présence des parties?

En général, ils signent après coup, et cet usage paraît confirmé par la loi du 21 juin 1813, qui exige la présence réelle des témoins, seulement pour certains actes. La discussion de cette loi ne laisse pas de doute à ce sujet.

184. En quoi consiste la signature?

Dans l'écriture du nom de famille, avec ou sans prénoms et parafe.

185. Comment doivent signer les femmes mariées?

De leur nom de fille suivi de leur nom de femme. Elles peuvent même n'employer que l'un ou l'autre (Roll., v° *Sign.*, n° 104).

186. Une signature mal formée ou même illisible est-elle une cause de nullité?

Nullement (Merlin, *Rép.*, v° *Sign.*, § 3, art. 4; Toullier, t. 6, n° 413, et t. 8, n° 96; Roll., *cod.*, n° 107 et 110; Cass., 10 mars 1829; 4 mai 1841; D. P., 29, 1, 173; 41, 1, 238).

187. Des initiales, une croix ou un signe abrégé quelconque, constituent-ils une signature régulière?

Cela ne suffit pas; il faut la suscription du nom propre (Dalloz, 5, 951, n° 9; Merlin, *Rép.*, t. 17, p. 584; Cass., 25 avril 1825; D. P., 25, 1, 278).

188. Pour les parties qui ne savent ou ne peuvent signer, le notaire est-il tenu de mentionner la *réquisition* qu'il leur a faite?

La réquisition n'est pas nécessaire, mais le notaire ne doit pas se borner à énoncer le fait, il doit rapporter la déclaration des parties.

189. Doit-il mentionner la cause d'empêchement?

La mention de la cause qui empêche de signer, n'est exigée que pour les testaments (C. civ., 973).

190. Le défaut de signature ou de mention des signatures entraîne-t-il la nullité de l'acte?

Oui; d'après l'art. 68 de la loi du 25 vent. an 11.

191. Lorsqu'il y a lieu de faire des renvois dans un acte, où doivent-ils être écrits?

Les renvois et apostilles ne peuvent être écrits qu'en marge de l'acte, où à la fin de l'acte si le renvoi est trop long pour tenir à la marge (L. 25 vent. an 11, art. 15).

192. Doivent-ils être signés comme l'acte lui-même?

Il doivent être signés ou seulement parafés tant par le notaire que par les autres signataires (*Ibid*).

193. N'y a-t-il pas une formalité particulière pour le renvoi transporté à la fin de l'acte?

Il doit être encore expressément approuvé par les parties (*Ibid*).

194. L'approbation expresse doit-elle être écrite par les parties, ou seulement mentionnée par le notaire?

L'opinion que l'approbation doit être écrite par les parties a trouvé des partisans, néanmoins l'opinion contraire est plus généralement admise et suivie dans l'usage (Roll., vº *Renvoi*, nº 26).

195. Comment remplace-t-on le parafe pour les personnes qui n'en font pas usage avec leur signature?

Par les initiales du nom et des prénoms (Bourges, 9 mars 1836; D. P., 37, 2, 2).

196. L'initiale du nom seul suffirait-elle?

Il n'y aurait pas nullité si une partie n'avait écrit que l'initiale de son nom, mais il est toujours mieux de faire ajouter celle des prénoms.

197. Si un renvoi ne concerne que quelques-unes des parties, suffit-il de leurs signatures ou parafes, et de ceux des notaires et témoins?

Il est au moins prudent de faire signer ou parafer le renvoi par toutes les parties sans exception. Il a été jugé, en effet, qu'un renvoi dans un cahier de charges devait être parafé aussi par l'adjudicataire (Cass., 9 janv. 1827; D. P., 27, 2, 141).

198. Les renvois transportés à la fin de l'acte peuvent-ils être placés dans le corps même de l'acte, avant la mention de lecture et signature, et une seule signature suffit-elle alors pour le tout?

Une signature unique pour l'acte et le renvoi, même avec approbation, ne suffirait pas; il faut toujours une signature spéciale et une approbation expresse pour le renvoi (Dalloz, 10, 662, nº 49; Cass., 23 mars 1829; D. P., 29, 1, 193; Lyon, 18 janv. 1832; D. P., 32, 2, 179; Grenoble, 29 déc. 1832; D. P., 33, 2, 100).

199. Est-il nécessaire de faire mention particulièrement de la lecture des renvois?

L'art. 15 n'exigeant pas une mention distincte pour les renvois, ceux-ci sont compris dans la mention générale de lecture de l'acte dont ils font partie (Dalloz, 10, 661, n° 47; Cass., 3 août 1808; Bordeaux, 17 mai 1833; D. P., 31, 2, 66).

200. L'inobservation des formalités prescrites par l'article 15 dans les renvois ou apostilles entraîne-t-elle la nullité de l'acte?

Elle n'entraîne que la nullité du renvoi, et l'acte conserve toute sa force pour le surplus (L. 25 vent. an 11, art. 15; Cass. 21 avril 1809; Rennes, 5 mai 1831; Bourges, 19 janvier 1838; Douai, 18 mai 1841).

201. Comment doivent être constatés les mots rayés dans un acte notarié?

Ces mots doivent être rayés de manière que le nombre puisse en être constaté à la marge de leur page correspondante, ou à la fin de l'acte, et approuvés de la même manière que les renvois écrits en marge (L. 25 vent. an 11, art. 16).

202. L'approbation des mots rayés peut-elle se faire par une mention à la fin de l'acte, immédiatement au-dessous de son contexte et avant les signatures?

Oui, pourvu que l'approbation soit revêtue d'une signature spéciale et distincte de la part des parties, du notaire et des témoins (Montpellier, 13 fév. 1829; D. P., 30, 2, 9).

203. Peut-on approuver une ligne entière raturée?

Le but de la loi semble rempli, si l'on énonce le nombre de lignes rayées, auquel on ajoute le nombre de mots épars dans la page ou dans l'acte (Roll., v° *Rat.*, n° 5).

204. Pourrait-on insérer l'approbation des mots rayés dans un renvoi, dans ce renvoi lui-même?

Il a été jugé avec raison qu'une semblable approbation était nulle, et qu'elle devait avoir lieu séparément du renvoi (Bourges, 19 janvier 1838; D.P., 10,2,2).

205. Que doit-on décider à l'égard des mots rayés dont la rature n'est pas approuvée?

Quel que soit l'auteur de ces ratures, si elles ne sont point consenties, elles ne peuvent point préjudicier aux droits résultant du contrat, si toutefois les mots sont encore lisibles, et sauf le recours des parties contre le notaire détenteur de la minute (Toullier, t. 8, n° 125 et suiv.; Dalloz, 10, 661, n° 56; Roll., *Eod.*, n° 52).

206. Le notaire encourt-il une peine pour le défaut d'approbation des mots rayés?

Il est passible d'une amende de 50 fr., réduite à 10 fr., ainsi que de tous dommages-intérêts, même de destitution en cas de fraude (L. 25 vent. an 11, art. 16; L. 21 juin 1821).

207. Et pour le défaut d'approbation des renvois?

Aucune peine n'est en ce cas prononcée contre le notaire; les renvois sont seulement déclarés nuls (L. 25 vent. an 11, art. 15).

208. Comment les actes des notaires doivent-ils être écrits?

Ils doivent être écrits en un seul et même contexte, lisiblement, sans abréviation, blanc, lacune, ni intervalle, et ils ne doivent contenir ni surcharge,
ni interligne, ni addition dans le corps de l'acte (L. 25 vent. an 11, art. 13
et 16).

**209. Les notaires sont-ils tenus d'écrire eux-mêmes leurs
actes?**

Les actes peuvent être écrits par un clerc, par une personne étrangère à
l'étude, ou même par l'une des parties, puisque la loi ne l'interdit point (Loret, t. 1, p. 156; Roll., n° 238), sauf les testaments authentiques et mystiques (C. civ., 972, 979).

**210. Les actes notariés doivent-ils être écrits et rédigés *en
français*?**

La législation actuelle ne contient aucune disposition à ce sujet. Depuis
l'ordonnance de François Iᵉʳ, de 1539, qui voulait que les actes publics fussent écrits en *langage maternel français*, il n'est intervenu que des monuments législatifs qui ne parlent pas des actes notariés, ou qui n'ont pas reçu
leur exécution, ou qui n'avaient qu'une autorité purement locale. Les avis
des auteurs sont partagés sur cette question qui ne présente qu'un intérêt
scientifique, ou applicable à des actes anciens, car l'usage de rédiger les actes
en français est suivi partout, et nous croyons qu'il est au moins prudent de
ne pas s'en écarter.

**211. Que faudrait-il donc faire à l'égard des personnes qui
n'entendent pas le français?**

Le notaire, en ce cas, doit rédiger l'acte en français, et le traduire à mi-
marge en langue étrangère (Arrêté, 2 prairial an 11; lettre du ministre de
la justice, 24 therm. an 12; Dalloz, 5, 691, n° 4, 5; Roll., v° *Langage des
actes*, n° 12).

**212. Si le notaire et les témoins, ou l'un d'eux, n'entendent
pas le langage dans lequel s'exprime une partie, quelle précaution le notaire doit-il prendre?**

Il doit appeler un interprète qui traduise, soit au notaire, soit aux témoins,
les intentions exprimées par la partie (Merlin, *Quest.*, v° *Testam.*, § 7, art. 2;
Toullier, t. 8, n° 99; Roll., v° *Interprète*, n° 10).

**213. L'obligation d'écrire sans abréviation s'applique-t-elle
seulement aux sommes et aux dates spécialement indiquées dans
l'article 13?**

Il est également interdit d'écrire d'autres mots en abréviation. Cependant
il est quelques abréviations sans importance que l'usage a consacrées et qui
ne forment point une contravention, entre autres, M., Mlle, n°, vol¹, led.,
lad., pour Monsieur, Mademoiselle, numéro, volume, ledit, ladite.

214. La loi déclare-t-elle nuls les mots écrits en abrégé?

Les abréviations n'emportent nullité qu'autant qu'elles ne permettent pas
de lire un mot essentiel, et rendent par là une clause inintelligible.

215. La défense de laisser des blancs entraîne-t-elle celle de diviser l'acte en alinéas, et, par conséquent, de laisser incomplète la dernière ligne d'un alinéa ?

L'interprétation de la loi n'est pas poussée à cette rigueur, et, pour éviter les abus, les notaires de Paris sont dans l'usage de tirer des barres à l'extrémité des lignes inachevées.

216. Lorsqu'il a été laissé dans un acte des blancs destinés à être remplis par des renseignements qui manquaient au moment de la rédaction, comment doit-on faire si les blancs ne sont pas remplis au moment de la signature ?

Les blancs sont remplis par autant de barres horizontales qu'il y aurait eu de lignes d'écriture, et ces barres sont approuvées par les parties comme les renvois ou les mots rayés (Circ. min. just., 8 juillet 1823-30 août 1825).

217. N'est-il aucune exception à la règle qui défend de laisser des blancs dans les actes notariés ?

D'après un usage fort ancien et sanctionné par la jurisprudence, on peut, dans une procuration en brevet, laisser en blanc le nom du mandataire (Toullier, t. 8, n° 108 ; Dalloz, 10, 657, n° 34 ; Aix, 28 avril 1842 ; D. P., 43,2,348).

218. Le pourrait-on également dans une procuration en minute ?

L'exception ne s'étend pas jusque-là ; la minute doit être complète et il n'y peut être rien ajouté (Nancy, 20 août 1841 ; 20 janvier 1842 ; Douai, 12 déc. 1842).

219. Que faut-il entendre par surcharges dans le sens de l'article 16 ?

Il y a surcharge lorsqu'un mot nouveau a été formé avec ou sur l'ancien.

220. Ainsi la simple correction d'une lettre mal formée, d'une faute d'orthographe, ne constituerait pas une surcharge répréhensible.

C'est une irrégularité qui ne donne pas lieu à l'amende, la loi ne parlant que des mots et non de simples lettres surchargées (Toullier, t. 8, n° 111 ; Roll., v° Surch., n° 4 ; Cass., 3 août 1808).

221. Une surcharge peut-elle être régularisée par l'approbation des parties ?

Il a été plusieurs fois décidé que l'amende était encourue, même dans ce cas, mais cette décision a été trouvée trop rigoureuse (Toullier, t. 8, n° 110 ; Roll., cod., n° 26 et 28 ; Décis. min. fin., 17 janv. 1817). Néanmoins, le notaire fait sagement d'employer la voie de la rature et du renvoi, plutôt que celle de la surcharge, même approuvée.

222. Quel est l'effet des surcharges par rapport à la validité de l'acte ?

Les mots surchargés sont nuls, dit l'art. 16, c'est-à-dire que le mot ajouté par surcharge est réputé non écrit, et que le mot primitif seul a son effet, s'il est encore lisible ou si on peut le rétablir à l'aide des diverses dispositions de l'acte. C'est aux tribunaux à apprécier les faits suivant les circonstances (Merlin, *Quest.*, vº *Test.*, § 16; Dalloz, 5,760; 10,663, nº 51; Toullier, t. 8, nº 171).

223. Et en ce qui concerne le notaire ?

Il est passible d'une amende de 50 fr., réduite à 10 fr., pour les surcharges comme pour les interlignes et additions; il peut l'être aussi de dommages-intérêts, même de destitution, en cas de fraude (L. 25 vent. an 11, art. 16. L. 10 juin 1821).

§ 2.—Substitution de notaires.

224. Vous savez que quand un notaire est empêché de recevoir un acte, il peut se faire substituer par un confrère, sur quoi se fonde cette faculté ?

Sur un usage ancien et constant, à défaut de règle écrite, et cet usage a été confirmé par une décision du ministre des finances, transmise par une instruction générale de la régie du 11 nov. 1819, nº 909.

225. Cette substitution peut-elle avoir lieu dans tous les cas d'empêchement ?

Lorsqu'un notaire est empêché, pour cause de *parenté* ou d'intérêt personnel, il ne peut se faire substituer par un confrère, pour conserver la minute de l'acte. (Décis. min., 8 janv. 1809).

226. Un notaire délégué par justice, pour procéder à une opération, pourrait-il se faire substituer par un confrère de son choix ?

Nous pensons que le substituant ne pourrait procéder à l'opération qu'après avoir été lui-même commis par justice.

227. Un notaire peut-il être substitué par un confrère d'une autre classe que la sienne ?

Il le peut, à la condition que les deux notaires auront l'un et l'autre le droit d'instrumenter dans le lieu où l'acte est passé.

228. A qui reste la minute d'un acte en cas de substitution ?

Au notaire substitué qui en demeure responsable, et l'acte doit en faire mention (Décis. du 11 nov. 1819 précité).

229. Alors le notaire substituant est dispensé sans doute de porter l'acte sur son répertoire.

Il doit porter l'acte sur son répertoire, ainsi que le substitué (même décis.).

230. Quel est celui des deux notaires qui a le droit de délivrer les grosses et expéditions des actes reçus par substitution ?

C'est le notaire substitué, parce qu'il est détenteur de la minute.

§ 3.—Noms et qualifications supprimés, clauses et expressions féodales, numération et mesures décimales.

231. N'est-il pas diverses énonciations qui sont interdites aux notaires dans leurs actes ?

Ils ne peuvent pas, sous peine d'une amende de 100 fr., réduite à 20 fr., énoncer les noms et qualifications supprimés, ni les clauses et expressions féodales (L. 25 vent. an 11, art. 17; L. 16 juin 1824, art. 10).

232. Et en ce qui concerne les mesures ?

Les notaires ne peuvent employer dans leurs actes que les mesures et l'annuaire de la République, ainsi que la numération décimale, à peine de la même amende, qui peut être double, en cas de récidive (*Ibid*).

233. Quel est l'état actuel de la législation en ce qui concerne les qualifications nobiliaires ?

Une loi du 8 pluviôse an 2, art. 4, avait défendu aux notaires d'insérer dans leurs actes aucune qualification nobiliaire. Cet article s'est trouvé abrogé, avec sa pénalité, par les sénatus-consultes de l'empire et par l'art. 62 de la charte de 1814, confirmé par celle de 1830. Un décret du Gouvernement provisoire, du 29 février 1848, interdit dans les actes publics l'énonciation des titres et qualifications de noblesse ; mais ce décret manque de sanction pénale, celle de la loi du 8 pluviôse an 2, ne pouvant revivre d'elle-même ; en sorte qu'un notaire ne serait passible d'aucune peine pour avoir énoncé dans un acte des titres ou qualifications nobiliaires.

Ce décret a été abrogé par un autre du 24 janvier 1852; en sorte que les titres de noblesse peuvent être de nouveau énoncés dans les actes.

234. Les dénominations de poids et mesures légales, d'après le système décimal, peuvent-elles être accompagnées de l'énonciation des anciennes mesures, afin d'en présenter comme la traduction ou l'explication ?

Cette facilité, qui a été longtemps laissée aux notaires, a dû cesser à partir du 1er janv. 1840, d'après la loi du 4 juill. 1837, art. 5.

235. Cette défense s'applique-t-elle aux copies d'actes antérieurs au 1er janvier 1840, ou aux analyses qui en sont faites dans des actes postérieurs ?

Il est permis aux notaires de reproduire *textuellement* les anciennes dénominations de poids et mesures dans les copies et extraits d'actes antérieurs au 1er janv. 1840, ou dans les *analyses*, qui en sont faites dans les actes postérieurs (Déc. min. fin. et comm., 5 août 1842; Instr. gén., 20 août 1842, n° 1671).

236. Les dénominations de *sillons* et de *rangs* appliquées à des pièces de terre ou de vigne, celles de tonneau, baril ou bouteille de vin, de voiture ou botte de foin, de tombereau de sable et autres analogues, constituent-elles une contravention à la loi du 4 juillet 1837 ?

Non ; parce que ces dénominations ne constituent pas expressément une certaine quantité fixe de poids et mesures (Délib., 6 avril 1832; Solut., 30 avril 1832).

237. L'expression de trois quarts d'hectolitre, au lieu de 75 litres, est-elle régulière ?

Il a été décidé que non (Trib. de Lisieux, 23 déc. 1842); mais cette décision ne paraît pas suffisamment justifiée.

CHAPITRE V.

DES MINUTES, BREVETS, GROSSES, EXPÉDITIONS ET EXTRAITS
DES ACTES ET DES RÉPERTOIRES.

§ 1ᵉʳ.—Des minutes.

238. Quel est le principe général en ce qui concerne la minute des actes notariés ?

Les notaires sont tenus de garder minute de tous les actes qu'ils reçoivent (L. 25 vent. an 11, art. 20).

239. N'y a-t-il pas d'exception à cette règle ?

Les certificats de vie, procurations, actes de notoriété, quittances de fermages, de loyers, de salaires, arrérages de pensions et rentes, et autres actes simples peuvent être délivrés en brevet. (*Ibid*).

240. Les actes que la loi autorise à délivrer en brevet, peuvent-ils être reçus en minute.

Sans aucun doute. La délivrance en brevet est facultative, et lorsqu'il y a doute si un acte peut être délivré en brevet, il est prudent de le passer en minute.

241. Si un acte dont il doit rester minute était délivré en brevet, qu'en résulterait-il ?

L'acte serait nul comme acte authentique (L. 25 vent. an 11, art. 20 et 68).

242. Faites-nous connaître une règle générale qui serve à distinguer les actes qui doivent être passés en minute.

Il doit être gardé minute, 1° de tous les actes synallagmatiques ou qui contiennent des engagements réciproques; 2° de ceux qui contiennent quelques dispositions au profit de tiers ou que ceux-ci peuvent invoquer; 3° de tous ceux dont l'effet est perpétuel et se transmet des parties contractantes à leurs héritiers ou ayants cause (Merlin, *Rép.*, vᵒ *Acte not.*; Loret, t. 1, p. 330; Roll., vᵒ *Minute*, nᵒ 12).

243. Qu'entendez-vous par les *actes simples* qui peuvent être délivrés en brevet ?

Ce sont les actes *unilatéraux*, les consentements, mandats et décharges qui ne renferment pas de stipulations que les tiers puissent invoquer et n'ont pas un caractère permanent, à quelque somme que les obligations puissent monter.

244. Peut-il être gardé plusieurs minutes d'un même acte reçu par deux notaires?

L'usage des doubles minutes a été proscrit par une délibération des notaires de Paris, du 10 déc. 1775, et par un arrêt de règlement du 17 mars 1783. La loi nouvelle n'a pas renouvelé cette interdiction, et les décisions de l'administration supposent que l'usage n'est pas défendu, puisqu'elles règlent, pour ce cas, le mode d'enregistrement (Décis. de la Régie, 26 février 1806, 27 nov. 1832; Décis. min., 16 août 1808; 12 déc. 1832). Néanmoins, les doubles minutes devraient être rejetées absolument, parce qu'elles présentent des inconvénients sans aucun avantage bien réel pour les parties.

245. Quels sont ces inconvénients?

Les deux minutes peuvent ne pas être identiques, et alors laquelle des deux fera foi? Ensuite, les deux notaires ne peuvent pas délivrer les grosses de l'acte, et quel sera celui d'entre eux qui aura ce droit?

246. Peut-on délivrer en brevet des actes passés par des mandataires et auxquels sont annexées des procurations?

La question a fait difficulté, mais l'affirmative est suivie avec raison dans l'usage.

247. Est-il nécessaire que l'acte même énonce qu'il est délivré en brevet?

La mention sur le répertoire suffit pour faire preuve à cet égard.

248. Une obligation en brevet peut-elle être délivrée dans la forme exécutoire?

Non. La formule exécutoire n'est accordée que pour les grosses, et la grosse suppose une minute (L. 25 vent. an 11, art. 21, 25 et 26; Roll., v° *Grosse*, n° 10).

§ 2.—Garde et transmission des minutes.

249. Les notaires étant constitués par la loi, gardiens des minutes de leurs actes, peuvent-ils les remettre aux parties ou à d'autres personnes?

Les notaires ne peuvent se dessaisir d'aucune minute, si ce n'est dans les cas prévus par la loi et en vertu d'un jugement (L. 25 vent. an 11, art. 22).

250. Résulte-t-il de là que le notaire ne peut jamais déplacer une minute de son étude?

Il est entendu que le notaire n'est pas censé se dessaisir d'une minute lorsqu'il la transporte par lui-même ou son clerc, hors de l'étude, soit pour la faire enregistrer, soit pour une communication permise. C'est ainsi qu'un notaire apporte quelquefois des minutes qui doivent être analysées dans un inventaire. La loi veut surtout que les minutes ne sortent pas de la possession du notaire pour passer en celle d'un tiers ; c'est un dépôt qu'elle lui confie et dont il est responsable.

251. Le dépôt des minutes ayant pour objet spécial l'intérêt des parties, un notaire pourrait-il remettre à l'une d'elles une minute qui la concerne exclusivement, ou dont les causes ne subsisteraient plus ?

La loi n'a pas fait d'exception et n'en devait faire aucune. Le dépôt est ici d'ordre public, et ni le notaire ni les parties elles-mêmes ne peuvent être juges de l'importance qu'il peut y avoir un jour de recourir à une minute, ne fût-ce que pour une vérification d'écriture (Roll., v° *Minute*, n° 116).

252. En quel lieu les notaires doivent-ils garder leurs minutes ?

Dans la maison où ils tiennent leur étude. Ils ne pourraient les déposer hors de chez eux et, à plus forte raison, dans une maison située hors du lieu de leur résidence ou de leur ressort (Massé, liv. 1ᵉʳ, chap. 26).

253. Un notaire est-il responsable de la perte d'une minute ?

Oui ; à moins qu'il ne justifie d'un cas de force majeure.

254. Et de la détérioration d'une minute ?

L'affirmative n'est pas douteuse s'il est établi qu'il a manqué des précautions nécessaires pour une suffisante conservation.

255. Quelle peine encourt un notaire pour le dessaisissement ou la perte d'une minute ?

D'abord les peines disciplinaires, s'il y a faute ou négligence de sa part, ensuite des peines plus sévères en cas de dol ou de fraude, et dans tous les cas, la réparation des dommages-intérêts envers les parties.

256. Quels sont les cas où, d'après la loi, un notaire peut être autorisé à se dessaisir de ses minutes ?

Les tribunaux peuvent ordonner l'apport de la minute d'un acte :

1° Lorsqu'elle est l'objet, soit d'une plainte en faux portée directement au criminel, soit d'une inscription de faux formée incidemment dans une instance civile ;

2° Lorsque, dans les deux cas ci-dessus, l'apport de la minute est demandé pour servir de pièce de comparaison, et parvenir à la vérification d'une signature ;

3° Lorsque la minute est demandée sur une action en reconnaissance et vérification d'écritures privées (C. inst. crim., art. 452 et suivants ; C. proc., 200 et suiv.).

257. Quel moyen d'action a-t-on contre un notaire pour le contraindre à faire la représentation d'une minute, quand elle est ordonnée ?

La contrainte par corps (C. civ., art. 2060 ; C. proc., 201, 221, 839.)

258. Quelles formalités un notaire a-t-il à remplir en cas de dessaisissement ordonné d'une minute ?

Avant de s'en dessaisir, il doit en dresser et signer une copie figurée, qui, après avoir été certifiée par le président et le commissaire du tribunal civil de sa résidence, est substituée à la minute dont elle tient lieu jusqu'à sa réintégration (L. 25 vent. an 11, art. 22).

259. Dans ce cas, le notaire peut-il délivrer des grosses ou expéditions de la copie substituée à la minute.

Il le peut, en faisant mention dans les grosses et expéditions du procès-verbal qui a certifié la copie (C. pr., 203; C. inst. crim., 455).

§ 3.—Communication des minutes.

260. Les notaires peuvent-ils donner connaissance de leurs actes à toutes personnes, pourvu qu'ils ne s'en dessaisissent pas?

Les notaires ne peuvent, sans une ordonnance du président du tribunal de première instance, donner connaissance de leurs actes qu'aux personnes intéressées en nom direct, héritiers ou ayants droit (L. 25 vent. an 11, art. 23).

261. Quel est le principe qui a dû motiver cette prescription?

C'est d'abord l'intérêt des parties, et ensuite, la réserve, le secret, qui sont imposés au notaire par suite de la confiance dont il est investi dans l'exercice de ses fonctions. Les plus anciennes ordonnances contenaient déjà de semblables dispositions.

262. Un légataire qui est, selon les expressions de la loi, intéressé dans un testament, pourrait-il en exiger la communication du vivant du testateur?

Cette communication devrait être absolument refusée, parce que les testaments, pendant la vie du testateur, doivent rester secrets, même pour les légataires. Le testament ne devient définitif que par le décès du testateur, sans révocation, ni modification. On comprend qu'une révélation anticipée pourrait avoir les plus graves inconvénients (Arg. L. 22 frim. an 7, art. 51).

263. La disposition, qui donne aux parties intéressées le droit de demander communication des actes, s'applique-t-elle aux répertoires des notaires?

La loi n'en parle pas, et on pourrait raisonnablement soutenir qu'elle n'accorde pas ce droit. En effet, la communication des répertoires peut divulguer des secrets de famille. Il nous paraît plus convenable que le notaire fasse lui-même les recherches nécessaires sur ses répertoires, et il doit alors y mettre une suffisante complaisance.

264. De quelle manière la communication doit-elle être donnée?

Responsable de la perte des minutes, le notaire choisit, dans le silence de la loi, le moyen qui lui paraît le plus convenable. Dans l'usage, il se borne à donner lecture de l'acte; mais les parties peuvent demander à vérifier par elles-mêmes et à constater l'état de la minute, et le notaire ne refuse jamais de la montrer, à moins qu'il n'ait des soupçons qui lui fassent craindre pour la conservation de sa minute; dans ce cas, il peut exiger que la communication ait lieu devant le président du tribunal (Arg. C. pr., 852; Pau, 12 février 1833; D. P., 33, 2, 199).

265. Les notaires ne sont-ils pas tenus à certaines communications envers les préposés de l'administration?

Ils sont obligés de communiquer à toute réquisition, aux préposés de l'enregistrement qui se présentent chez eux, les actes dont ils sont dépositaires, et leurs répertoires (L. 22 frim. an 7, art. 53 et 54).

266. Les préposés peuvent-ils emporter les actes hors de l'étude du notaire?

La communication doit avoir lieu en l'étude, sans *déplacement* (*Ibid.*).

267. Cette injonction s'étend-elle à tous les actes sans exception?

Sont exceptés de la communication les testaments et autres actes de libéralité à cause de mort, du vivant des testateurs (même loi, art. 54).

268. Comprend-elle les pièces dont un notaire peut être particulièrement dépositaire?

La communication aux préposés n'est obligatoire que pour les actes notariés, et les notaires ne sont pas obligés de donner connaissance des autres actes et des pièces qui leur sont confiés comme personnes privées (Cass., 4 août 1811). C'est là un principe essentiel auquel il ne doit être dérogé que dans des circonstances tout à fait exceptionnelles.

269. Les communications aux préposés peuvent-elles être exigées tous les jours indistinctement, et sans limite de temps?

Les communications ne peuvent être exigées les jours de repos, c'est-à-dire les dimanches et jours fériés, et les séances des préposés, dans chaque jour, ne peuvent durer plus de quatre heures (L. 22 frim. an 7, art. 54).

270. A quoi entraîne le refus de communication aux préposés?

A une amende de 10 fr. (*Ibid.* L. 16 juin 1824, art. 10).

271. A quelle peine un notaire est-il soumis pour avoir donné connaissance de ses minutes à d'autres qu'aux personnes intéressées en nom direct, héritiers et ayants cause?

En premier lieu, les dommages-intérêts envers les parties; en second lieu, une amende de 10 fr.; et en cas de récidive, le notaire peut être suspendu de ses fonctions pendant trois mois (L. 25 vent. an 11, art. 23; L. 16 juin 1824, art. 10).

§ 4.—Des grosses, expéditions et extraits.

272. Qu'est-ce qui distingue les *grosses* des simples expéditions?

C'est la formule exécutoire.

273. Quel est l'effet de la formule exécutoire?

De rendre l'acte exécutoire de la même manière que les jugements, c'est-à-dire de conférer le droit de faire un commandement et de pratiquer une saisie, sans qu'il soit besoin de recourir aux tribunaux ; c'est ce qu'on nomme *l'exécution parée* (C. pr., art. 515).

273 bis. L'expédition ne donne donc pas le même droit?

L'expédition ne confère que le droit d'agir en justice, le simple droit d'action. (*Ibid.*)

274. Tous les actes notariés sont-ils également susceptibles d'être délivrés dans la forme exécutoire?

Les actes dont les notaires doivent délivrer les copies en forme de grosse, sont ceux qui portent un engagement formel de payer ou livrer *des choses liquides et certaines*. A l'égard des actes dont il ne résulte aucun engagement de cette nature, et qui ne renferment que des obligations de faire ou de ne pas faire, ou de souffrir une chose, les notaires ne peuvent en délivrer aux parties que de simples expéditions (C. pr., art. 551; Délib. not. de Paris, 22 mai 1811; Circ. min. just. 1er mars 1825).

275. Une obligation en brevet peut-elle être délivrée avec la formule exécutoire?

Cette question doit être résolue négativement. En effet, la formule exécutoire n'est accordée que pour les grosses, et la grosse suppose une minute (L. 25 vent. an 11, art. 21, 25 et 26; Roll., v° *Grosse*, n° 10).

276. Que doit faire dans ce cas le créancier qui veut obtenir un titre exécutoire?

Rapporter le brevet pour minute au notaire qui l'a reçu, et qui alors peut en délivrer une grosse.

277. En serait-il de même si le brevet était déposé à un autre notaire?

Nous ne le pensons pas, et dans l'usage on suit cette opinion (Roll., v° *Rapport pour minute*).

278. Les actes sous seing-privé étant déposés pour minute à un notaire peut-il en être délivré des grosses?

Oui, lorsque toutes les parties ont concouru au dépôt et reconnu leurs signatures, ce qui donne à l'acte sous seing privé le caractère authentique. (Cass. rej., 27 mars 1821).

279. Un testament contenant un legs d'une somme déterminée peut-il être délivré en forme de grosse?

Non, parce que le légataire particulier a besoin de demander la délivrance de son legs, et n'a de titre exécutoire que dans l'acte qui la constate (C. civ., 1014).

280. Peut-on délivrer une grosse par extrait?

On peut répondre affirmativement, l'usage est constant. Cependant le doute est né de l'art. 673, C. pr., qui exige qu'en tête du commandement tendant à saisie immobilière, il soit donné *copie entière* du titre en vertu duquel elle est faite. Mais, en interprétant sainement cet article, on doit y voir l'obligation pour l'huissier de transcrire intégralement le titre en vertu duquel il agit, et non la volonté que la grosse soit la reproduction entière de l'acte. Il est mille circonstances dans lesquelles ce dernier mode entraînerait à des frais dispendieux et parfaitement inutiles.

281. Quelle précaution le notaire pourrait-il prendre pour éviter toute difficulté à cet égard?

Insérer dans l'acte le consentement des parties, et en faire mention dans la grosse par extrait.

282. Par qui les grosses peuvent-elles être délivrées?

Par le notaire possesseur de la minute (L. 25 vent. an 11, art. 21).

283. Ce droit n'appartient-il qu'au notaire qui a reçu l'acte, ainsi que l'enseigne Toullier, t. 8, nᵒ 421?

Ce droit peut être exercé par le notaire *possesseur* de la minute, soit qu'il l'ait reçue lui-même, soit qu'elle l'ait été par un de ses prédécesseurs (Loret, t. 1ᵉʳ, p. 341; Dalloz, 10, 706, nᵒ 6; Roll., vᵒ *Grosse*, nᵒ 39).

284. Nous savons que les grosses, comme les expéditions, ne peuvent être délivrées qu'aux parties intéressées en nom direct, héritiers ou ayants droit; mais quelles sont particulièrement celles des parties auxquelles les grosses doivent être remises?

Ce sont les parties qui ont le droit de poursuivre l'exécution de l'acte, en qualité de *créanciers*.

285. Peut-il être délivré plusieurs grosses d'un même acte?

En principe, il ne peut en être délivré qu'une seule (L. 25 vent. an 11, art. 26).

286. Cette règle est-elle sans exception?

Lorsqu'une créance résultant d'un même acte se divise entre plusieurs créanciers, *chacun d'eux a le droit de se faire délivrer une grosse séparée.* C'est ce qui résulte des termes de l'art. 26, conforme en cela aux anciennes ordonnances; seulement, dans ce cas, la grosse doit mentionner qu'elle est délivrée à *tel créancier pour telle somme.*

287. Lorsqu'un créancier a perdu son titre, peut-il se faire délivrer une seconde grosse?

Il le peut; mais cette délivrance doit être autorisée par une ordonnance du président du tribunal de première instance, laquelle demeure jointe à la minute (L. 25 vent. an 11, art. 26).

288. Si le débiteur consent volontairement à la délivrance de la seconde grosse, est-il encore nécessaire de se munir de l'ordonnance du président?

La plupart des auteurs enseignent la négative (Toull., t. 8, nᵒ 453 et 454; Delvincourt, t. 2, p. 619; Duranton, t. 13, nᵒ 62; Pigeau, vᵒ *Actes*, t. 2, p. 330; Dalloz, 10, 706, nᵒ 10; Roll. vᵒ *Grosse*, nᵒ 89, qui rétracte l'opinion contraire qu'il avait émise dans sa 1ᵉ édition). Néanmoins, dans la pratique, on ne se contente pas de ce consentement, et c'est, selon nous, avec raison. La loi est formelle, et l'exécution parée n'a lieu qu'en vertu d'une délégation du pouvoir judiciaire, qu'il ne dépend pas de la volonté des parties d'étendre au delà des limites tracées par le législateur (V. notre *Manuel du notariat*, t. 1, p. 109).

289. Lorsque l'ordonnance du président a autorisé la délivrance d'une seconde grosse, quelles formalités reste-t-il à remplir ?

En vertu de l'ordonnance, la partie qui veut obtenir la seconde grosse, fait sommation au notaire pour faire la délivrance à jour et heure indiqués, et aux parties intéressées pour y être présentes (C. pr., art. 844).

290. Et si le débiteur ne comparaît pas ?

Le notaire dresse un procès-verbal par lequel il donne défaut contre lui, et passe outre à la délivrance de la grosse en son absence (Toull., t. 8, nᵒ 161; Carré, sur l'art. 845).

291. Si, au contraire, le débiteur comparaît sur la sommation, qu'y a-t-il à faire ?

Le notaire dresse également un procès-verbal par lequel il constate, soit le consentement du débiteur, soit son refus et ses motifs. Dans ce dernier cas, il s'abstient de délivrer la seconde grosse, et délaisse les parties à se pourvoir en référé (C. pr., 845).

292. Quelle mention particulière doit contenir une seconde grosse ?

Il doit être fait mention, au bas de la seconde grosse, de l'ordonnance et de la somme pour laquelle on pourra exécuter, si la créance est acquittée ou cédée en partie (C. pr., art. 844), et du procès-verbal qui a été dressé.

293. Comment se constate la délivrance de la première grosse ?

Il doit être fait mention sur la minute de la délivrance d'une première grosse (L. 25 vent. an 11, art. 26).

294. Cette mention doit-elle être signée par le notaire ?

Quoique la loi ne l'exige pas, c'est toujours une bonne précaution.

295. Quelle peine encourrait un notaire qui délivrerait une seconde grosse sans ordonnance du président ?

La destitution (même art.).

§ 5.—Des ampliations.

296. Qu'entend-on par ampliation dans le langage du notariat ?

On appelle ampliation la grosse d'un acte délivrée par un notaire sur la première grosse qui lui a été déposée, ou qui est annexée à la minute d'un acte reçu par lui.

297. Quand peut-il y avoir lieu à la délivrance des ampliations?

Dans trois cas différents :

1° Lorsque plusieurs créanciers de parties déterminées d'une même créance
déposent à un notaire la grosse de leur titre commun, afin qu'il soit délivré
à chacun d'eux une ampliation séparée pour lui servir de titre exécutoire ;

2° Lorsqu'un créancier, transportant une partie seulement de sa créance,
et se réservant le surplus, la grosse de l'acte constitutif de la créance est annexée à la minute du transport ;

3° Ou encore, lorsque dans un partage une créance est abandonnée par
portions à plusieurs héritiers, et que la grosse du titre est annexée au partage.

298. Les ampliations peuvent-elles être délivrées sans autorisation?

L'art. 844, C. pr., considère les ampliations comme de secondes grosses,
et prescrit pour leur délivrance les mêmes formalités que pour celles-ci.
C'est donc à tort que des notaires délivrent quelquefois des ampliations sans
autorisation.

§ 6.—Des expéditions.

299. La loi dit que le droit de délivrer des expéditions n'appartient qu'au notaire possesseur de la minute. N'y a-t-il pas
d'exception à cette règle?

Un notaire peut délivrer expédition des actes qui lui ont été déposés pour
minutes (L. 25 vent. an 11, art. 21), ou qui sont annexés à une de ses minutes.

300. Peut-on délivrer expédition de tous les actes indifféremment?

Les notaires ne doivent pas délivrer expédition d'un testament avant le
décès du testateur (Voy. pour les motifs, n° 262). Néanmoins, si le testateur désire avoir une expédition de son testament, elle doit lui être délivrée,
mais avec un style indiquant la date de la délivrance et la réquisition du
testateur.

301. Lorsqu'un notaire est empêché pour cause d'absence,
de maladie, ou autre cause, un de ses confrères peut-il, sans
autre formalité, le substituer dans la délivrance des expéditions?

Nous avons vu qu'un notaire peut substituer un de ses confrères pour la
réception des actes, sans avoir besoin d'être commis à cet effet par justice. A
plus forte raison le peut-il pour la délivrance des expéditions. L'usage est
constant et général.

302. Le notaire qui est possesseur d'actes qui l'intéressent
personnellement, ou dans lesquels ses parents ou alliés au degré
prohibé sont parties, peut-il en délivrer lui-même des expéditions?

Rien ne s'oppose à ce qu'il délivre ces expéditions, puisqu'il est déposifaire des minutes, et que la loi ne prononce, en ce cas, d'interdiction que pour la réception des actes. Toutefois, si l'on voulait prévenir tout soupçon sur la fidélité des expéditions, il faudrait faire commettre par le président du tribunal un notaire pour les délivrer.

303. A qui peuvent être délivrées les expéditions ?

Elles ne peuvent être délivrées qu'aux personnes intéressées en nom direct dans l'acte, héritiers ou ayants droit (L. 25 vent. an 11, art. 23).

304. Les tiers qui ne sont pas parties dans un acte, ni héritiers, ou ayants cause, mais qui y ont intérêt, peuvent-elles en obtenir une expédition ?

Oui ; en remplissant certaines formalités prescrites par la loi.

305. Quelles sont ces formalités ?

Celui qui, *dans le cours d'une instance*, veut se faire délivrer expédition ou extrait d'un acte dans lequel il n'a pas été partie, présente une requête au tribunal qui juge sommairement et ordonne ou refuse la délivrance, ce jugement est exécutoire nonobstant appel ou opposition (C. pr., 816 et suiv.).

306. Que doit faire le notaire en pareil cas ?

Au jour fixé par la sommation qui lui est signifiée, ainsi qu'aux parties en cause, il dresse un procès-verbal constatant l'ordonnance de compulsoire, la présence ou le défaut des parties et leurs dires, puis la présentation de la minute et la délivrance de l'extrait ou expédition demandée (L. 25 vent. an 11, art. 24 ; C. pr., 849, 850).

307. De ces termes de l'art. 846, C. pr., celui qui, *dans le cours d'une instance*, on a conclu que le compulsoire ne peut être demandé que lorsqu'il y a procès, contestation engagée. S'il n'y a point d'instance, par quelle voie le tiers peut-il obtenir la délivrance d'une expédition ?

Il doit présenter sa requête au président du tribunal de première instance qui ordonne la délivrance (L. 25 vent. an 11, art. 23 ; C. pr., 841). Dans ce cas, il n'est pas indispensable que le notaire dresse un procès-verbal, il peut se contenter de conserver l'ordonnance et d'en faire mention dans le style de l'expédition.

308. Les expéditions peuvent-elles être délivrées et signées par un seul notaire, alors même que l'acte a été reçu par deux notaires ?

Cette question avait présenté quelque incertitude, et les notaires de Paris, par excès de précaution, étaient dans l'habitude de faire signer leurs expéditions par un second notaire, mais un arrêt de la Cour de Paris, du 25 janvier 1831, a décidé que cette seconde signature était surabondante. Dès lors l'usage dont nous parlons a complétement cessé (Délib., 27 avril 1834). En effet, aucune loi n'exige cette formalité. Cette observation s'applique également aux grosses.

309. Comment les expéditions doivent-elles être signées par le notaire?

Comme les actes eux-mêmes, et les renvois et approbations de mots rayés doivent être signés ou parafés (L. 25 vent. an 11, art. 11 et suiv.).

310. Est-il nécessaire que les bas de pages soient parafés et que l'expédition fasse mention du nombre de rôles et des renvois qu'elle contient?

Ce sont là de sages mesures de précaution, mais qui ne sont pas prescrites par la loi.

311. Quel est le degré de foi qui est dû à une expédition délivrée par le possesseur de la minute?

Les *premières* expéditions font la même foi que l'original dont la représentation peut toujours être demandée; mais en cas de perte, elles y suppléent (C. civ., 1335).

312. Quelle différence y a-t-il relativement aux *secondes* expéditions?

Quant aux secondes expéditions, elles peuvent, en cas de perte de l'original, faire foi quand elles sont anciennes, c'est-à-dire quand elles ont plus de trente ans; autrement elles ne servent que de commencement de preuve par écrit (*Ibid.*).

313. Il y a donc intérêt à constater sur chaque expédition qu'elle est la première et quelle est la date de sa délivrance.

Dans l'usage on ne constate ni l'une ni l'autre, parce que l'expédition qui ne contient pas d'énonciation contraire est censée être la première qui ait été délivrée et fait légalement foi (Cass., 29 nov. 1830).

§ 7.—Des extraits.

314. Peut-on délivrer des expéditions partielles ou *extraits* des actes notariés?

La législation nouvelle consacre positivement l'usage des extraits dans plusieurs de ses dispositions (C. pr., 816 et 983; C. comm., 42, 67; L. 28 avril 1816, art. 63).

315. Ne distingue-t-on pas plusieurs sortes d'extraits?

Il y a l'extrait *littéral* et l'extrait *analytique* ou *raisonné*. Le premier rapporte textuellement certaines parties de l'acte, le second ne fait qu'en rendre le sens.

316. Ont-ils l'un et l'autre la même force d'exécution?

L'extrait littéral comporte nécessairement plus d'autorité, puisqu'il reproduit le texte même de l'acte, tandis que, dans l'extrait analytique, le notaire substitue sa propre appréciation au langage des parties.

317. Quelles sont les circonstances dans lesquelles l'extrait littéral est préférable ou même nécessaire?

On doit employer l'extrait littéral :

1° Pour les dispositions testamentaires dont il est important de conserver fidèlement les expressions et même l'orthographe (Massé, liv. 13, chap. 17) ;

2° Pour les actes d'après lesquels doivent être accomplies les formalités hypothécaires d'inscription, de radiation et de transcription (C. civ., 2181 ; Décis. min. fin., 8 août 1838 ; Inst. gén., 21 août 1838, n° 1569).

§ 8.—Des copies collationnées.

318. Qu'entend-t-on par copie collationnée ?

C'est la copie délivrée par un notaire d'une pièce dont il n'est pas dépositaire, mais qui lui est simplement représentée.

319. Quelle est leur autorité ?

Elles ne peuvent être considérées que comme simples renseignements (C. civ., 1335, 1°).

320. Ne sont-elles pas assujetties à des formalités particulières ?

Elles doivent être délivrées par deux notaires ou un notaire et deux témoins, être datées, enregistrées et répertoriées ; elles peuvent aussi être délivrées sur papier timbré de toute dimension (L. 22 frim. an 7, art. 68, § 1er, n° 18 ; Décis. min. fin., 9 prair. et 26 messid. an 12 ; Inst. gén., 1er messid. an 12, n° 232).

321. D'où vient cette différence avec les expéditions proprement dites ?

C'est que les copies collationnées sont des certificats de collation, de véritables actes notariés qui doivent en avoir les formes exigées par la loi.

§ 9.—Des répertoires.

322. Dans quel but la loi oblige-t-elle les notaires à tenir des répertoires de leurs actes ? (L. 22 frim. an 7, art. 49 ; L. 25 vent. an 11, art. 20.)

Cette mesure a plusieurs genres d'utilité. Elle assure la perception des droits d'enregistrement, elle garantit les antidates, la conservation des actes et peut aider à la preuve de leur existence, en même temps qu'elle facilite les recherches.

323. Les actes devant être inscrits sur les répertoires, jour par jour, sans blanc ni interligne, et par ordre de numéros (L. 22 frim., an 7, art. 49), à quelle date doit-on porter un acte dont les signatures ne sont pas reçues dans un même jour, mais à des jours différents ?

L'acte doit être inscrit au répertoire à sa dernière date, parce qu'il n'est parfait et ne prend date que du jour de la dernière signature. C'est aussi à partir de ce dernier jour que court le délai pour l'enregistrement (Délib., 22 mars 1823 ; 29 mars 1831).

324. Y a-t-il de l'inconvénient à inscrire un acte à sa première date?

Cela n'est pas régulier; mais il n'y a pas contravention (Délib.,11 nov 1831).

325. Tous les actes notariés doivent-ils être portés au répertoire?

Il n'y a que deux exceptions : la première, pour les certificats de vie non sujets à l'enregistrement et qui se délivrent par un seul notaire (Décis. min. fin., 2 août 1808; 8 fév. 1822; Inst. gén., 20 dudit, n° 1021); la seconde, pour les certificats de propriété (Décis., 1er août 1821).

326. Les testaments olographes déposés aux notaires par ordonnance du président sont-ils compris dans la règle générale?

Sans aucun doute, et ils doivent être inscrits à la date de l'ordonnance, si le notaire se contente de mettre au rang de ses minutes l'expédition de cette ordonnance avec le testament, ou bien à la date du dépôt qu'il dresse de ces deux pièces, ce qui est conforme à l'usage et plus régulier (Décis. min. just., 9 sept. 1812).

327. L'état de compte et liquidation, que dresse un notaire commis, hors la présence des parties, est-il soumis à une inscription spéciale sur le répertoire?

On a longtemps soutenu la négative qui était conforme à l'usage, mais l'opinion contraire a prévalu. La raison en est que cet état est un acte du ministère du notaire, et tout à fait distinct du procès-verbal d'approbation (Délib., 1831; tribunal d'Evreux, 16 fév. 1811).

328. Les inventaires et autres procès-verbaux qui contiennent plusieurs séances, tels que les procès-verbaux de vente de meubles, doivent-ils être répertoriés par chaque vacation?

Il suffit de les inscrire au répertoire à la date de la première vacation, en rappelant à la suite et dans le même contexte, la date successive des autres vacations (Inst. gén., 28 août 1812, n° 596).

329. Que doit-on décider par rapport aux actes imparfaits?

Si l'acte n'a pas été signé par le notaire, il ne doit pas l'inscrire sur son répertoire (Cass., 2 nov. 1807, solut., 7 oct. 1823). Mais si l'acte est signé par le notaire et qu'il soit imparfait par le défaut de signature d'une ou de plusieurs parties, il doit être répertorié (Roll., v° *Rép.*, n° 77 et 78).

330. L'omission d'un acte sur le répertoire entraîne-t-elle une peine?

Elle donne lieu à une amende de 10 fr. par chaque acte non inscrit (L. 22 frim. an 7, art. 49, et 16 juin 1824, art. 10).

331. En est-il de même pour l'omission d'une partie des énonciations prescrites par la loi?

Cette omission n'est assujettie à aucune amende (Roll., v° *Rép.*, n° 30).

332. Les répertoires ne sont-ils pas soumis à un visa particulier avant l'inscription d'aucun acte?

Les répertoires doivent être visés, cotés et parafés par le président ou, à son défaut, par un juge du tribunal de première instance de la résidence du notaire (L. 25 vent. an 11, art. 30).

333. Y a-t-il lieu à une amende pour l'inobservation de cette formalité ou pour le retard à la remplir?

La loi ne prononçant pas d'amende pour cette contravention, elle ne peut donner lieu à aucune poursuite de la part de la régie (Délib., 24 oct. 1834; 29 avril 1839).

334. Les répertoires ne sont-ils pas assujettis à un autre visa?

Les notaires sont tenus de présenter tous les trois mois leurs répertoires aux receveurs de l'enregistrement de leur résidence, qui les visent. Cette présentation doit avoir lieu dans les dix premiers jours de chacun des mois de janvier, avril, juillet et octobre, à peine d'une amende de 10 fr., quelle que soit la durée du retard (L. 22 frim. an 7, art. 51, et 16 juin 1824, art. 10).

335. Si le 10 du mois est un jour férié, le répertoire peut-il être régulièrement présenté le 11?

La régie l'a ainsi décidé avec raison (Solut., 2 sept. 1814; 30 juillet 1835).

336. Ne doit-il pas aussi être déposé un double du répertoire?

Les notaires sont tenus d'effectuer, dans les deux premiers mois de chaque année, au greffe du tribunal de première instance de leur arrondissement, le dépôt du double, par eux certifié, du répertoire des actes qu'ils ont reçus dans le cours de l'année précédente, à peine d'une amende de 10 fr., quelle que soit la durée du retard (L. 16 floréal an 4, art. 1er, et 10 juin 1824, art. 10).

CHAPITRE VI.

FORMES PARTICULIÈRES A CERTAINS ACTES.

§ 1er.—Des certificats de vie.

337. Y a-t-il plusieurs sortes de certificats de vie?

Ils se divisent en deux catégories : la première, comprenant les certificats de vie qui se délivrent dans la forme ordinaire des actes notariés, et qui sont soumis au timbre, à l'enregistrement et à l'inscription sur le répertoire, et la seconde, comprenant ceux qui sont reçus par un seul notaire et qui sont exempts de l'enregistrement, de l'inscription au répertoire, quelques-uns même de la formalité du timbre.

338. Qu'est-ce qui détermine la forme des certificats de vie?

C'est l'usage auquel ils sont destinés.

339. Indiquez-nous ceux de la première catégorie?

Les certificats à produire pour toucher des rentes ou pensions sur particuliers, doivent être délivrés dans la forme ordinaire des actes notariés.

340. Et ceux de la seconde catégorie?

Ce sont les certificats de vie exigés pour le paiement des rentes et pensions viagères sur les différentes caisses de l'État, sur la tontine d'Orléans et la caisse Lafarge.

341. Comment doivent se délivrer les certificats de vie des mineurs?

Ces certificats se font sur la réquisition des personnes ayant les mineurs sous leur autorité ou administration, mais sur la représentation des enfants. Si ceux-ci savent signer, ils signent avec la personne qui requiert le certificat (Inst. min. fin., 27 juin 1839, art. 21).

342. Les certificats de vie pour les rentiers et pensionnaires de l'État, s'ils sont dispensés de l'inscription au répertoire, ne doivent-ils pas être portés sur un registre particulier?

Il est enjoint à chaque notaire d'avoir un registre destiné à recevoir l'indication des noms, prénoms, date de naissance et domicile de ces rentiers et pensionnaires, dont il est requis de certifier l'existence, ainsi que du montant annuel des rentes ou pensions (Inst. min. fin., 27 juin 1839, art. 11). Il est fait mention sur ce registre de la délivrance de chaque certificat de vie.

343. Quelle précaution doit-on prendre pour empêcher qu'un rentier ou pensionnaire ne se fasse délivrer plusieurs certificats de vie par différents notaires?

Si la rente ou pension a été déjà l'objet d'un précédent paiement, on doit exiger qu'il représente un exeat, c'est-à-dire une attestation du notaire qui lui délivrait en dernier lieu son certificat de vie, constatant que ce rentier ou pensionnaire a déclaré vouloir faire faire son certificat de vie par un autre notaire (même inst., art. 15).

344. Quelle est la responsabilité des notaires par rapport aux certificats de vie?

Les notaires sont garants et responsables envers le Trésor public de la vérité des certificats de vie par eux délivrés et de l'exactitude des déclarations qu'ils renferment, soit qu'ils aient exigé ou non, l'intervention de témoins pour attester l'individualité, sauf, dans tous les cas, leur recours contre qui de droit (Décret, 21 août 1810, art. 9; Inst. susrelatée, art. 16).

345. La signature des témoins sur le registre suffit-elle pour assurer le recours du notaire contre eux?

Il a été décidé que les notaires n'ont pas de recours à exercer contre les témoins, si ceux-ci ne sont pas intervenus dans l'acte, mais ont seulement apposé leur signature sur le registre du notaire (Paris, 2 févr. 1838, aff. Grulé).

§ 2.—Des certificats de propriété.

346. Qu'entend-on par *certificat de propriété?*

On appelle ainsi l'acte par lequel un notaire, ou un juge de paix ou un greffier, atteste le droit de propriété ou de jouissance d'une ou plusieurs personnes dans les cas déterminés par les lois;

347. Dans quels cas y a-t-il lieu à la délivrance des certificats de propriété?

1° Pour la mutation, autre que celle qui s'effectue par transfert, des inscriptions de rente sur l'Etat (L. 28 floréal an 7, art. 6);

2° Pour le recouvrement des décomptes d'arrérages de rentes ou pensions viagères sur l'État, après leur extinction (Arrêté du 15 floréal an 11; ord. du 16 oct. 1822);

3° Pour le remboursement des cautionnements des titulaires décédés ou interdits (Décret du 18 sept. 1806, art. 1).

348. Des caisses publiques autres que celles de l'Etat, ou des établissements privés, pourraient-ils adopter les certificats de propriété comme mode de justification des droits des parties qui ont à recevoir?

Les notaires peuvent indistinctement délivrer des certificats de propriété toutes les fois qu'ils en sont requis; mais ils ne doivent pas se rendre à de pareilles demandes qui offrent plusieurs inconvénients, entre autres, celui de faire peser sur les notaires une responsabilité qu'ils ont intérêt à ne pas encourir.

349. Les certificats de propriété sont-ils soumis aux formes ordinaires des actes notariés?

Ils ne sont pas considérés comme des actes notariés proprement dits. En effet, ils sont reçus par un seul notaire, et n'ont pas besoin ordinairement d'être signés par les parties. Ils ne sont point non plus sujets à l'enregistrement dans un délai déterminé, et leur inscription sur le répertoire, bien que fort convenable, n'est pas obligatoire (Délib. régie, 11 juill. 1821; décis. min. fin., 1er août suivant).

350. Quelles énonciations un certificat de propriété doit-il contenir?

Il est nécessaire que le certificat de propriété contienne :

1° Les noms, prénoms et domicile du nouveau propriétaire ou ayant droit ;

2° La qualité en laquelle il procède ou possède, c'est-à-dire sa qualité d'héritier, de donataire ou de légataire universel, ou à titre universel ou particulier ;

3° L'indication de sa portion dans la rente, les arrérages ou le cautionnement, l'époque de son entrée en jouissance;

4° La relation des différents actes de transmission de propriété, tels qu'inventaire, partage, donation, testament, etc.;

5° La dénomination des tuteurs des mineurs ou interdits (L. 28 floréal an 7, art. 6; décret, 18 sept. 1806).

351. Quand y a-t-il lieu de faire signer les certificats de propriété par les parties intéressées?

Les certificats de propriété doivent être signés par les parties intéressées :

1° Lorsque, bien qu'il y ait eu inventaire, les parties n'ont pas encore pris qualité ;

2° Lorsqu'il y a plusieurs héritiers ou autres copropriétaires indivis et que leurs droits n'ont pas été réglés par un partage ou tout autre acte déclaratif de propriété ;

3° Lorsqu'il y a lieu de faire à une partie l'attribution d'une fraction de franc appartenant à une autre partie, le Trésor n'admettant l'inscription des rentes que pour des sommes rondes de *franc en franc* sans fraction ;

4° Toutes les fois que, dans l'intérêt de sa responsabilité, le notaire croit devoir, d'après les circonstances, réclamer le consentement des parties ;

5° Enfin, lorsqu'il s'agit d'un décompte d'arrérages d'une rente ou pension viagère, parce que les parties doivent déclarer que le pensionnaire ne jouissait d'aucun autre traitement ou solde de retraite.

§ 3.—Des Protêts.

352. Qu'est-ce qu'un protêt ?

C'est l'acte par lequel le porteur d'un effet de commerce fait constater que celui qui l'a souscrit, ou sur qui cet effet est tiré, refuse de l'accepter ou de le payer.

353. Cet acte paraît être plutôt du ministère des huissiers que de celui des notaires ?

Cela est vrai ; aussi les notaires usent-ils fort peu de la faculté qui leur est laissée à cet égard. Mais leur droit est consacré par l'art. 173, C. comm., comme il l'était déjà précédemment par l'ordonnance de 1673, tit. 5, art. 8).

354. Pour faire un protêt un notaire a-t-il besoin d'être assisté d'un second notaire ou de témoins ?

Les protêts sont faits par deux notaires ou par un notaire et deux témoins (C. comm., 173).

355. La présence réelle du second notaire ou des témoins est-elle nécessaire ?

L'affirmative était enseignée avant la loi du 21 juin 1813, sur la forme des actes notariés ; mais cette loi n'ayant pas compris le protêt au nombre des actes pour lesquels la présence réelle du notaire en second ou des témoins est exigée, on ne pourrait pas trouver une cause de nullité dans le défaut de mention expresse de cette circonstance.

356. Quelles énonciations le protêt doit-il contenir ?

L'acte de protêt doit contenir la transcription littérale du billet ou de la lettre de change, de l'acceptation, des endossements et des recommandations qui y sont indiqués, la sommation de payer le montant du billet ou de la lettre de change. Il énonce la présence ou l'absence de celui qui doit payer, les motifs du refus de payer, et l'impuissance ou le refus de payer (C. comm., 174, 187).

357. A quel domicile le protêt doit-il être fait ?

Le protêt doit être fait au domicile de celui sur qui le billet ou la lettre de change était payable, ou à son dernier domicile connu, au domicile des personnes indiquées par le billet ou la lettre de change pour payer au besoin ; au domicile du tiers qui a accepté par intervention : le tout par un seul et même acte (C. comm., 173, 187).

358. En cas de fausse indication de domicile que doit faire le notaire?

Avant de faire le protêt, il s'adresse à toutes les personnes capables de lui donner des indications; s'il ne parvient pas à découvrir la personne indiquée, il clôt son procès-verbal de perquisition, il proteste ensuite et affiche une copie à la porte principale du tribunal de commerce, et en donne une seconde au procureur de la République qui vise l'original (C.comm.,173; C. pr., 69, n° 8).

359. Est-il nécessaire de laisser copie du protêt à la personne à qui il est fait?

Les notaires sont tenus, à peine de *destitution*, dépens et dommages-intérêts envers les parties, de laisser copie exacte des protêts (C. comm. 176).

360. Le protêt peut-il être fait indistinctement tous les jours?

Le protêt ayant un caractère contentieux, ne peut être fait les dimanches et jours de fêtes légales, non plus que les jours pendant lesquels les caisses publiques, la bourse et les tribunaux sont fermés (C. comm., 162; C. pr., 828 et 1037; Pardessus, t. 2, p. 505; Dalloz, 6, 690, n° 6).

361. Les protêts doivent-ils être inscrits au répertoire ordinaire?

Les notaires sont tenus d'inscrire en entier les protêts jour par jour, et par ordre de dates, dans un registre particulier, coté, paraphé et tenu dans les formes prescrites pour les répertoires (C. comm. 176). Cette inscription dispense de celle au répertoire général.

362. Dans quel délai les protêts doivent-ils être enregistrés?

Les actes de protêt faits par les notaires doivent être enregistrés, comme ceux faits par les huissiers, dans le délai de quatre jours (L. 21 mai 1834, art. 23; L. 22 frim. an 7, art. 20).

§ 4.—Des Actes respectueux.

363. Pour les actes respectueux, doit-on suivre les formalités prescrites pour les actes notariés ou celles relatives aux exploits des huissiers?

L'acte respectueux est assujetti aux formalités exigées par la loi du 25 vent. an 11, pour les actes notariés, attendu que, d'après l'exposé des motifs du Code civil, cet acte n'a ni la dénomination, ni les formes judiciaires.

364. Le second notaire ou les témoins instrumentaires doivent-ils assister à la notification de l'acte respectueux?

Quoique la loi du 21 juin 1843, sur la forme des actes notariés, n'ait pas compris l'acte respectueux au nombre de ceux pour lesquels elle exige la présence réelle du second notaire ou des témoins, nous pensons que cette présence est toujours nécessaire, l'art. 151, C. civ., contenant une disposition spéciale à laquelle cette loi n'a pas plus dérogé qu'à ce qui concerne les testaments.

365. L'acte respectueux forme-t-il un seul procès-verbal ou plusieurs?

On pourrait à la rigueur ne faire qu'un seul procès-verbal, contenant la

4

réquisition de l'enfant et la notification aux père et mère; mais il est d'usage et plus rationnel de faire deux actes distincts, l'un pour la réquisition, l'autre pour la notification.

366. La réquisition doit-elle être signée par l'enfant?

La participation de l'enfant, soit en personne, soit par un fondé de pouvoirs, nous paraît indispensable pour remplir le vœu de la loi qui exige une soumission respectueuse (C. civ. 148).

367. La présence de l'enfant est-elle nécessaire à la notification?

Elle n'est point exigée par la loi. D'après les auteurs et la jurisprudence, elle n'est pas nécessaire, ce qui est conforme à l'usage (Douai, 15 fév. 1841; Lyon, 15 déc. 1841).

368. Comment doivent être signées les copies à remettre aux père et mère ou autres ascendants?

Les copies sont habituellement signées par les deux notaires, ou par le notaire et les deux témoins. L'usage est constant; mais, en principe, on pourrait soutenir que la signature du second notaire ou des témoins n'est pas indispensable.

§ 5.—Des Donations.

369. La loi du 21 juin 1843 n'a-t-elle pas exigé pour les donations une formalité particulière?

Le notaire en second ou les deux témoins doivent être présents à la lecture et à la signature, et il en doit être fait mention, à peine de nullité.

370. N'a-t-elle rien prescrit pour les procurations à l'effet de faire une donation ou de l'accepter?

Les mêmes solennités sont exigées pour ces procurations (même loi).

371. Un acte de donation peut-il être passé en brevet?

Tout acte portant donation entre-vifs doit être passé en minute, sous peine de nullité (C. civ. 931).

372. La procuration, pour accepter une donation, peut-elle être faite sous seing privé, ou au moins être délivrée en brevet, si elle est notariée?

Cette procuration doit être passée devant notaire et en minute, puisqu'une *expédition* en doit être annexée à la minute de la donation ou de l'acte d'acceptation (C. civ. 933).

373. En est-il de même pour la procuration à l'effet de faire une donation?

Le Code civil n'ayant aucune disposition à ce sujet, la question était controversée; mais il ne saurait plus y avoir de doute depuis la loi du 21 juin 1843, qui veut que cette procuration pour donner soit notariée comme celle pour accepter, et assujettie aux mêmes formalités.

374. Lorsque la donation comprend des effets mobiliers, quelle formalité spéciale y a-t-il à remplir?

Cette donation n'est valable que pour les effets dont un état estimatif, signé du donateur et du donataire, ou de ceux qui acceptent pour lui, aura été annexé à la minute de la donation (C. civ. 948).

375. Cet état est-il tellement nécessaire que rien ne puisse le suppléer?

L'état peut être suppléé par le détail estimatif donné dans l'acte même de donation.

§ 6. — Des Contrats de mariage.

376. La présence réelle du second notaire ou des témoins est-elle nécessaire pour les contrats de mariage?

La loi du 21 juin 1843 n'a pas compris le contrat de mariage au nombre des actes pour lesquels cette présence réelle est exigée. Il en a été retranché par un amendement spécial.

377. Mais la présence réelle n'est-elle pas nécessaire si le contrat de mariage contient des donations, soit entre les futurs époux, soit à leur profit par des tiers?

La présence réelle n'est pas exigée même dans le cas où le contrat de mariage contient donation. Cela résulte très-clairement de la discussion à laquelle la loi du 21 juin 1843 a donné lieu.

378. Toutes conventions matrimoniales devant être rédigées avant le mariage (C. civ. 1394), faut-il que le contrat qui les renferme soit enregistré avant la célébration?

Non; parce que le contrat notarié fait foi de sa date par lui-même, indépendamment de l'enregistrement.

379. Si le contrat est reçu le jour même où le mariage doit être célébré, quelles précautions prend-on pour constater que le contrat a précédé cette célébration?

On constate l'heure à laquelle le contrat a été signé, et cette attestation fait foi jusqu'à inscription de faux (Cass., 18 août 1840; D. p. 40, 1, 327).

380. L'art. 1395, C. civ., ne veut pas que les conventions matrimoniales puissent recevoir aucun changement après la célébration du mariage. Mais des changements ne peuvent-ils pas être faits avant le mariage?

Oui, pourvu que ces changements soient constatés par acte passé dans la même forme que le contrat de mariage, en présence et avec le consentement simultané de toutes les personnes qui ont été parties dans le contrat de mariage (C. civ. 1396).

381. La loi n'exige-t-elle pas encore d'autres formalités particulières?

Tous changements et contre-lettres sont sans effet à l'égard des tiers, s'ils n'ont été rédigés à la suite de la minute du contrat de mariage, et le notaire ne peut, à peine des dommages-intérêts des parties, et sous plus grande peine s'il y a lieu, délivrer ni grosses, ni expéditions du contrat de mariage, sans transcrire à la suite le changement ou la contre-lettre (C. civ. 1397).

381 bis. Une loi récente n'a-t-elle pas introduit une nouvelle formalité spéciale pour les contrats de mariage ?

Le notaire doit donner lecture aux parties du dernier alinéa de chacun des art. 1391 et 1394, C. civ., et en faire mention dans le contrat à peine de 10 fr. d'amende (L. du 10 juillet 1850).

§ 7.—Des Inventaires.

382. Qu'est-ce qu'un inventaire ?

C'est un acte judiciaire et solennel qui doit être fait par un officier public dans les formes tracées par les lois sur la procédure.

383. Quelles sont les formalités particulières de l'inventaire ?

Outre les formalités communes à tous les actes notariés, l'inventaire doit contenir :

L'indication des lieux où il est fait ;

La description et estimation des effets ;

L'analyse des titres et papiers ;

La déclaration des titres actifs et passifs ;

La mention du serment prêté lors de la clôture de l'inventaire, par ceux qui ont été en possession des objets, ou de ceux qui ont habité la maison ;

La remise des effets et papiers entre les mains de la personne dont on convient, ou qui, à défaut, est nommée par le président du tribunal (C. civ. 943).

384. Peut-on procéder à un inventaire tous les jours indistinctement ?

Il ne peut pas y être procédé un jour de dimanche ou de fête légale, parce que c'est un acte qui a un caractère judiciaire (C. pr., art. 63 ; Berriat-Saint-Prix, p. 89).

385. Dans quel délai, après le décès, peut-on procéder à l'inventaire ?

L'inventaire ne peut être fait que trois jours après l'inhumation, ou trois jours après l'apposition des scellés, si elle a eu lieu depuis l'inhumation, à peine de nullité et des dommages-intérêts contre ceux qui ont fait et requis l'inventaire, à moins que, pour des causes urgentes, il n'en soit autrement ordonné par le président du tribunal de première instance (C. pr., 928).

386. Quel est le motif de cette disposition ?

Ce délai est ainsi fixé pour donner aux héritiers le temps de comparaître, et aussi par décence publique.

§ 8.—Des Liquidations et Partages.

387. Les actes de liquidation et partage amiables rentrent dans la catégorie des actes notariés ordinaires ; mais quand le partage est judiciaire et le notaire commis par justice, pour y procéder, n'y a-t-il pas une forme particulière ?

Dans ce cas le notaire procède seul et sans l'assistance d'un second notaire ou de témoins (C. pr., 977).

388. Quelle est la raison de cette exception ?

C'est que le notaire n'est, dans la circonstance, que le délégué de la justice, préposé pour agir sous sa surveillance, et que son travail ne doit recevoir son autorité que de la sanction du tribunal, par l'homologation (Discours du tribun Gillet ; Locré, t. 4, p. 316, Carré, sur l'art. 977).

389. Cette opération ayant un caractère judiciaire, est-il nécessaire que les parties soient assistées d'avoués ?

L'assistance d'avoués est inutile devant le notaire (Riom, 14 janvier 1812). Dans l'usage, les avoués qui sont dans la cause assistent ordinairement, mais comme conseils des parties (C. pr., 977).

390. Le travail du notaire contenant les opérations de liquidation, a-t-il besoin d'être signé par les parties ?

Non ; le notaire est autorisé à se livrer seul, et hors la présence des parties, à ce travail qu'il clôt par sa signature, soit sous la forme de procès-verbal, soit sous celle d'un état.

391. L'état de liquidation étant dressé par le notaire, que lui reste-t-il à faire ?

Il en donne communication aux parties et dresse procès-verbal de leur approbation ou de leurs contestations.

392. Est-il nécessaire que l'ouverture des opérations et la communication de l'état soient précédées d'une sommation ?

Quand les parties sont d'accord, elles se rendent volontairement devant le notaire commis ; si, au contraire, elles ne sont pas d'accord, le poursuivant fait sommer ses copartageants de comparaître au jour qu'il indique devant le notaire, et si l'un d'eux ne comparaît pas, le notaire donne défaut contre lui et passe outre.

393. Le procès-verbal constatant les difficultés et dires des parties doit-il être signé par elles ?

Ce procès-verbal doit être rédigé par acte séparé (C. pr., 977), et être signé des parties, ou constater leur impuissance ou leur refus de signer (Arg., C. pr., 980 ; Massé, liv. 10, ch. 23 et 24 ; Roll., v° *Partage jud.*, n° 151).

394. Ce procès-verbal doit-il être conservé en minute par le notaire ?

L'art. 977, C. pr., dit que ce procès-verbal doit être remis par le notaire au greffe et qu'il y sera retenu. On a conclu de là que c'est l'original même que le notaire doit remettre au greffe (Pigeau, t. 2, p. 694 ; Carré, *sur l'art.* 981). Néanmoins, dans l'usage, on ne dépose au greffe qu'une expédition.

§ 9.—Des Reconnaissances d'enfants naturels.

395. Quelles sont les formalités exigées par la loi pour les reconnaissances d'enfants naturels ?

Les reconnaissances d'enfants naturels doivent être faites par acte authentique (lorsqu'elles n'ont pas eu lieu dans l'acte de naissance) (C. civ., 334), et en minute (L. 25 vent. an 11, art. 20).

396. La présence réelle du notaire en second ou des témoins n'est-elle pas nécessaire ?

Le notaire en second ou les témoins doivent assister à la lecture et à la signature de l'acte, qui doit en faire mention à peine de nullité (L. 21 juin 1813, art. 2).

397. Un mineur peut-il reconnaître un enfant naturel ?

Il le peut même sans l'assistance de tuteur ou curateur (Toull., t. 2, n° 962; Delv., t. 1, p. 238; Dur., t. 3, n° 258; Dall., *Jur. gén.*, 8, 627, n° 2; Loiseau, p. 483, 510; Cass., 22 juin 1813; D. P. 13, 1, 360).

398. La femme mariée a-t-elle besoin d'être autorisée de son mari ?

Non. C'est la déclaration d'un fait personnel pour laquelle aucune capacité n'est reprise.

399. Un enfant naturel peut-il être reconnu avant sa naissance ?

Oui, suivant la maxime : *Qui in utero est, pro jam nato habetur, quoties de commodis agitur* (Toull., t. 2, n° 955; Delv., t. 1, p. 235; Dur., t. 3, n° 211; Cass., 16 déc. 1811).

400. La procuration, pour faire une reconnaissance d'enfant naturel, peut-elle être sous seing privé ?

Cette procuration doit être notariée et soumise aux solennités exigées pour l'acte lui-même (L. 21 juin 1813, art. 2).

§ 10.—Des Testaments.

401. Le testament par acte public est-il soumis aux formalités exigées par la loi du 25 vent. an 11, pour les actes notariés ?

Le Code civil a prescrit certaines formalités spéciales pour les testaments; mais la loi sur le notariat doit régler la forme de ces actes dans tous les cas où le Code civil garde le silence, comme, par exemple, pour les prohibitions à raison de parenté, l'approbation des renvois et mots rayés, les surcharges ou interlignes.

402. En quoi les formalités des testaments diffèrent-elles principalement de celles des autres actes notariés ?

Elles en diffèrent par le nombre des témoins dont le concours est nécessaire; par l'obligation imposée au notaire d'écrire lui-même le testament, et par la dictée qui doit en être faite par le testateur.

403. Combien faut-il de témoins pour la réception d'un testament ?

Le testament par acte public doit être reçu par deux notaires, en présence de deux témoins, ou par un notaire en présence de quatre témoins (C. civ., 971).

404. Les qualités exigées pour les témoins testamentaires sont-elles les mêmes que celles exigées pour les autres témoins instrumentaires ?

Le Code civil a prescrit pour les témoins testamentaires des qualités qui diffèrent de celles exigées par la loi sur le notariat.

405. Est-il nécessaire que les témoins testamentaires soient citoyens français, c'est-à-dire qu'ils aient la jouissance des droits civils et politiques ?

Il suffit qu'ils aient la jouissance de leurs droits civils (C. civ., 980). Ainsi le failli non réhabilité, quoique ayant perdu la jouissance de ses droits politiques (L. 15 mars 1819, art. 3, n° 8) peut être témoin dans un testament.

406. Ces témoins doivent-ils être domiciliés dans l'arrondissement communal où l'acte est passé ?

Le Code civil (art. 980) n'a prescrit pour eux aucune condition de résidence ou de domicile. La question a été longtemps fort controversée ; mais la jurisprudence est bien fixée à cet égard (Cass., 10 mai 1825 ; 4 janvier 1826 ; 24 août 1832 ; 4 août 1841).

407. La loi du 25 vent. an 11, art. 8 et 10, dispose que les parents et alliés des parties contractantes, jusqu'au degré d'oncle ou de neveu inclusivement, c'est-à-dire jusqu'au troisième degré seulement, ne peuvent être témoins dans un acte. En est-il de même pour les testaments ?

Le Code civil a étendu plus loin l'incapacité. Suivant l'art. 975, ne peuvent être pris pour témoins du testament par acte public, ni les légataires à quelque titre qu'ils soient, ni leurs parents ou alliés jusqu'au quatrième degré inclusivement, c'est-à-dire jusqu'au degré de cousin-germain.

408. Dans l'article que vous venez de citer, il n'est pas question des parents et alliés du notaire. Faut-il en conclure qu'ils peuvent être pris pour témoins dans un testament ?

L'affirmative résulterait de l'opinion assez généralement admise, même par la Cour de cassation, que la loi sur le notariat ne peut plus être invoquée dans la matière des testaments, pour lesquels le Code civil règle tout ce qui est relatif aux témoins. Cette opinion paraît trop absolue à quelques égards, et l'on comprend qu'il est prudent pour un notaire d'éviter tout ce qui peut présenter seulement un doute sur la validité du testament qu'il reçoit. En conséquence, il ne devrait pas admettre pour témoins ses parents ou alliés (Dur., t. 9, n° 115 et suiv., Roll., v° *Tém. instrum.*, n° 59).

409. Les parents et serviteurs du testateur peuvent-ils être témoins dans le testament ?

Le Code civil ne prononce point leur incapacité, et on admet généralement qu'ils sont capables, parce que leur témoignage ne peut avoir rien de suspect quand le testament ne contient aucune disposition en leur faveur, ni en faveur de leurs parents ou alliés au degré prohibé (Cass., 3 août 1841).

410. Y a-t-il incapacité pour les serviteurs des légataires ?

Oui, suivant la loi sur le notariat ; non, si l'on s'en tient aux termes de l'art. 975, C. civ.

411. Et pour les serviteurs du notaire?

Il en est de même que pour les serviteurs des légataires.

412. Un exécuteur testamentaire peut-il être témoin dans le testament qui le nomme?

Rien ne paraît s'y opposer, lorsqu'il n'est gratifié d'aucun legs ou salaire (Ricard, *des Donat.*, 1ʳᵉ part., n° 554; Dur., t. 9, n° 395).

413. Un notaire peut-il être nommé exécuteur testamentaire dans le testament qu'il reçoit, si, d'ailleurs, l'exécution est gratuite?

La question est controversée, cela suffit pour que le notaire doive s'abstenir.

414. Faut-il que le testament, comme les autres actes, soit signé par tous les témoins?

C'est la règle générale; néanmoins, dans les campagnes, il suffit qu'un des deux témoins signe, si le testament est reçu par deux notaires, et que deux des quatre témoins signent, s'il est reçu par un seul notaire (C. civ., 974).

415. Qu'entendez-vous par ces expressions de la loi : le testament est dicté par le testateur?

C'est-à-dire que le testateur doit prononcer lui-même de vive voix ses dispositions, qui sont consignées dans le testament.

416. Suffirait-il que le testateur répondît par oui ou non aux interrogations du notaire?

Dans ce cas, il n'y aurait pas véritablement dictée et le testament serait nul.

417. Le notaire pourrait-il se borner à copier un projet écrit que lui remettrait le testateur?

Le vœu de la loi ne serait pas rempli davantage (Toull., t. 5, n° 110; Dur., t. 9, n° 69; Poitiers, 30 juin 1836). Mais le testateur peut valablement dicter ses dispositions en lisant un projet qu'il aurait préparé ou fait préparer d'avance (Dur., *Ibid.*; Cass., 11 juin 1837; D. P., 37, 1, 327).

418. Est-il nécessaire que le notaire reproduise servilement les expressions du testateur?

Il suffit qu'il reproduise fidèlement ses intentions, ses idées, le sens de ses paroles (Gren., t. 1, n° 237; Toull., t. 5, n° 119,120; Dur. t. 9, n° 77; Cass., 4 mars 1810; D. P., 10, 1, 99).

419. Doit-il être fait mention de la dictée par le testateur?

Il doit en être fait mention expresse à peine de nullité (C. civ., 971, 1001).

420. Les témoins doivent-ils être présents à la dictée?

Le Code civil ne prescrit la présence des témoins que pour la lecture; néanmoins, leur présence à la dictée ne paraît pas moins nécessaire. Seulement, si le testament n'en faisait pas mention, il n'y aurait pas nullité puisque la loi ne la prononce pas.

421. Par qui le testament doit-il être écrit ?

Par le notaire ou l'un des deux notaires qui reçoivent le testament, et il doit en être fait mention expresse à peine de nullité (C. civ., 972-1001).

422. Cette obligation est-elle restreinte seulement à la partie du testament qui contient les dispositions du testateur ?

Elle s'applique à l'acte tout entier, au préambule et à la clôture, comme aux dispositions du testateur.

423. Les prescriptions de la loi, en ce qui concerne la lecture des testaments, sont-elles les mêmes que pour les autres actes ?

Elles diffèrent essentiellement. La loi sur le notariat dispose qu'il sera fait mention que l'acte a été lu aux parties, à peine de 20 fr. d'amende contre le notaire contrevenant, mais elle ne prononce pas la nullité de l'acte. Pour les testaments, le Code exige qu'il en soit donné lecture au testateur *en présence des témoins*, et qu'il en soit fait mention expresse, à peine de nullité (C. civ., 972, 1001).

424. Ces termes de la loi sont-ils sacramentels, ou peut-on y suppléer par équipollence ?

Il n'y a rien de sacramentel dans les expressions dont se sert la loi. Il faut seulement remarquer que deux éléments composent la mention de lecture : 1° le testament doit être lu au *testateur* ; 2° cette lecture doit être faite en *présence des témoins*. La mention de lecture n'est complète que par la réunion de ces deux énonciations exprimées d'une manière formelle.

425. Le testament doit-être signé par le testateur, mais s'il ne sait ou ne peut signer, que doit faire le notaire ?

Il doit faire, dans l'acte, mention expresse de la déclaration du testateur, ainsi que de la *cause* qui l'empêche de signer, le tout à peine de nullité (C. civ., 973, 1001).

426. Cette mention : *le testateur n'a pu signer pour tels motifs*, remplirait-elle le vœu de la loi ?

Non ; car le notaire ne doit pas se borner à constater le fait, il doit rapporter la déclaration du testateur.

427. Suffit-il de la déclaration par le testateur du fait qu'il ne peut signer ?

Il faut encore qu'il déclare la *cause* qui l'en empêche, et que cette énonciation soit claire et ne présente aucun doute.

428. Le testament doit-il faire mention de la signature du testateur ?

L'art. 973 du Code civil n'en parle pas ; mais on est généralement d'accord qu'il faut, en cela, suivre la loi du 25 vent. an 11, dont l'art. 14 exige cette mention pour tous les actes.

429. Veuillez-nous expliquer quelles sont les formalités d'un testament mystique ?

Lorsque le testateur veut faire un testament mystique ou secret, il est tenu de signer ses dispositions, soit qu'il les ait écrites lui-même, ou qu'il les ait fait écrire par un autre. Le papier qui contient ses dispositions, ou le papier qui sert d'enveloppe, s'il y en a une, doit être clos et scellé. Le testateur le présente ainsi clos et scellé au notaire et à six témoins au moins, ou il le fait clore et sceller en leur présence, et il déclare que le contenu en ce papier est son testament écrit et signé de lui, ou écrit par un autre et signé par lui. Le notaire en dresse l'acte de suscription, qui est écrit sur ce papier ou sur la feuille qui sert d'enveloppe; cet acte est signé tant par le testateur que par le notaire, ensemble par les témoins. Tout ce que dessus est fait de suite et sans divertir à autres actes, et en cas que le testateur, par un empêchement survenu depuis la signature du testament, ne puisse signer l'acte de suscription, il doit être fait mention de la déclaration qu'il en aura faite, sans qu'il soit besoin, en ce cas, d'augmenter le nombre des témoins (C. civ., 976).

430. Si le testateur ne sait pas signer, ou s'il n'a pu le faire lorsqu'il a fait écrire ses dispositions, n'y a-t-il pas une formalité particulière à remplir?

Il doit être appelé un septième témoin, lequel signe l'acte avec les autres témoins, et il doit être fait mention de la cause pour laquelle ce témoin a été appelé (C. civ., 977).

431. Est-il nécessaire que le testateur, qui déclare avoir fait écrire son testament par un autre, désigne cette personne?

Cela n'est pas nécessaire (Grenier, n° 264; Cass., 12 mai 1812, 16 déc. 1834).

432. Le testament mystique peut-il être écrit par le notaire?

Rien ne s'y oppose; mais alors le notaire ferait bien de le faire déclarer par le testateur dans l'acte de suscription, pour éviter tout soupçon de substitution.

433. Ceux qui ne savent ou ne peuvent lire, peuvent-ils faire des dispositions dans la forme du testament mystique?

Ils ne le peuvent pas.

434. Ne faut-il pas en conséquence que l'acte de suscription fasse mention de la lecture que le testateur a faite de ses dispositions?

La loi n'exige rien de semblable, et l'on ne doit pas suppléer à son silence. Toutefois, cette mention peut avoir son utilité.

435. En cas que le testateur ne puisse parler, mais qu'il puisse écrire, peut-il faire un testament mystique?

Il le peut à la charge que le testament soit entièrement écrit, daté et signé de sa main, qu'il le présente au notaire et aux témoins, et qu'au haut de l'acte de suscription, il écrive en leur présence, que le papier qu'il présente est son testament. Après quoi, le notaire écrit l'acte de suscription, dans lequel il est fait mention que le testateur a écrit ces mots en présence du notaire et des témoins, et au surplus on doit observer toutes les formalités prescrites par l'art. 976.

436. Le notaire, qui a écrit ou connu le testament contenant une disposition en sa faveur, peut-il ensuite recevoir l'acte de suscription ?

Cette question qui s'applique aux témoins légataires est controversée. C'est donc le cas de s'abstenir.

CHAPITRE VII.

DES CHAMBRES DE NOTAIRES ET DE L'ACTION DISCIPLINAIRE.

437. Nous ne vous demanderons pas quelle est l'organisation des chambres de notaires; vous savez ce qui a été réglé à ce sujet par l'ordonnance du 4 janvier 1843. Mais dites-nous quelles sont les principales attributions de ces chambres en matière de discipline ?

Les attributions des chambres de notaires sont :

1° De prononcer ou de provoquer, suivant les cas, l'application de toutes les dispositions de discipline;

2° De prévenir ou concilier tous différends entre notaires, et en cas de non-conciliation d'émettre leur opinion par simple avis ;

3° De prévenir ou concilier également toutes plaintes et réclamations de la part de tiers contre des notaires, à raison de leurs fonctions (Ord. 4 janv. 1843, art. 2).

438. Quelles sont les peines de discipline que la chambre peut prononcer contre les notaires ?

Elle peut prononcer, suivant la gravité des cas, soit le rappel à l'ordre, soit la censure simple par la décision même, soit la censure avec réprimande, par le président, aux notaires en personne, dans la chambre assemblée, soit la privation de voix délibérative dans l'assemblée générale, soit l'interdiction de l'entrée de la chambre pendant un espace de temps qui ne pourra excéder trois ans, pour la première fois, et qui pourra s'élever à six ans en cas de récidive (Id. art. 14).

439. La chambre peut-elle prononcer la peine de suspension ou de destitution contre un notaire ?

Non. Mais elle peut les provoquer en remettant au greffe du Tribunal et au procureur de la République une expédition de sa délibération contenant son opinion sur la suspension et sa durée, ou sur la destitution (Id. art. 15 et 16).

440. N'y a-t-il pas, pour ce cas, des formalités particulières à remplir par la chambre ?

Elle doit s'adjoindre, par la voie du sort, d'autres notaires de l'arrondissement, savoir : celle de Paris, dix notaires, et les autres Chambres un nombre inférieur de deux à celui de leurs membres, et l'avis ne peut être formé qu'autant que les deux tiers, au moins, de tous les membres appelés à l'assemblée, sont présents (*Ibid.*, art. 15).

441. Quelles sont les prohibitions faites aux notaires par l'or
donnance du 4 janvier 1843, et dont l'infraction peut entraîner
les peines disciplinaires?

Il est interdit aux notaires, soit par eux-mêmes, soit par personnes interposées, soit directement, soit indirectement :

1° De se livrer à aucune spéculation de bourse ou opération de commerce,
banque, escompte et courtage ;

2° De s'immiscer dans l'administration d'aucune société, entreprise ou
compagnie de finances, de commerce ou d'industrie ;

3° De faire des spéculations relatives à l'acquisition et à la revente des
immeubles, à la cession de créances, droits successifs, actions industrielles
et autres droits incorporels ;

4° De s'intéresser dans aucune affaire pour laquelle ils prêtent leur ministère ;

5° De placer en leur nom personnel des fonds qu'ils auraient reçus, même
à la condition d'en servir l'intérêt ;

6° De se constituer garants ou cautions à quelque titre que ce soit des prêts
qui auraient été faits par leur intermédiaire ou qu'ils auraient été chargés de
constater par acte public ou privé ;

7° De se servir de prête-nom en aucune circonstance, même pour des actes
autres que ceux désignés ci-dessus (*Ibid.*, art. 12).

442. Quelles sont, d'après la loi du 25 ventôse an 11, les
infractions qui peuvent motiver, contre un notaire, les peines
de suspension ou de destitution ?

Les peines de suspension ou de destitution peuvent être prononcées contre
un notaire, dans le cas où il ne réside pas dans le lieu qui lui a été fixé par le
Gouvernement; lorsqu'il instrumente hors de son ressort ; s'il commet frauduleusement une altération par surcharge, interligne ou addition dans le corps
d'un acte; quand il donne connaissance ou délivre expédition d'un acte, sans
autorisation judiciaire, à d'autres qu'aux parties intéressées en nom direct,
héritiers ou ayants cause; enfin, lorsqu'il délivre une seconde grosse sans autorisation du président du tribunal (L. 25 vent. an 11, art. 4, 6, 16, 23 et 26).

443. Les faits que vous venez d'énoncer sont-ils les seuls qui
puissent donner lieu à l'action disciplinaire ?

Non. Car le pouvoir disciplinaire s'étend à tous les actes qui pourraient
porter atteinte à l'honneur de la corporation, ou qui s'écarteraient de la délicatesse, de la probité, de la bonne conduite, sans lesquelles un notaire n'est
plus digne d'estime, ni de confiance.

444. Est-ce à dire que l'action disciplinaire peut s'étendre à
des faits étrangers à l'exercice des fonctions de notaire?

Elle le peut sans doute, surtout quand il y a scandale public, insolvabilité
notoire; le pouvoir des chambres de discipline est en quelque sorte discrétionnaire, mais il ne doit jamais dégénérer en une sorte d'inquisition dans la
vie privée.

445. Les délibérations disciplinaires des chambres de notaires sont-elles, au fond, susceptibles d'un recours devant une
autre autorité ?

Ces délibérations n'ont pas rigoureusement le caractère de jugements, elles doivent expirer dans l'enceinte des chambres; et il suit de là que leur mérite, au fond, ne peut être déféré à aucune autre juridiction.

446. Mais si ces délibérations contiennent, soit une violation des formes constitutives, soit un excès de pouvoir ou une incompétence, la décision est-elle à l'abri de tout recours?

Nous ne le pensons pas : il est contraire à toute hiérarchie, à toute bonne administration de la justice, qu'une décision quelconque rendue contrairement aux lois ait l'impunité assurée.

447. Par quel moyen et devant quelle juridiction le recours peut-il être exercé?

Il y a sur ce point une controverse sur laquelle il n'a pas été prononcé définitivement. Les uns veulent que l'action en nullité soit portée devant la Cour de cassation, sous la forme d'un pourvoi (Caen, 5 avril 1838, D.P.38.2.175; Dalloz, Roll., v° Discipline, n° 137.—Contrà, Cass., 4 déc. 1833, D.P.33.1. 358).—D'autres pensent que la nullité peut être demandée par voie d'action directe ou d'exception devant les tribunaux ordinaires. Une troisième opinion s'est produite pour demander que les délibérations disciplinaires soient déférées au garde des sceaux.

448. L'action disciplinaire appartient-elle aux tribunaux aussi bien qu'aux chambres de notaires?

La loi du 25 ventôse an 11, art. 53, confère expressément ce droit aux tribunaux civils.

449. Puisque l'action disciplinaire se partage entre les tribunaux civils et les chambres de discipline, dites-nous comment et dans quelle proportion ce partage a lieu?

Les chambres de notaires peuvent prononcer les peines disciplinaires énoncées dans l'art. 14 de l'ordonnance du 4 janv. 1843 (v° ci-dessus n° 138). Elles peuvent provoquer la suspension ou la destitution. Leur pouvoir ne va pas au delà. Les tribunaux au contraire peuvent prononcer la suspension ou la destitution, condamner à l'amende ou à des dommages-intérêts.

450. Résulte-t-il de là que les tribunaux ne peuvent pas prononcer les peines disciplinaires qui sont dans la compétence des chambres de notaires?

La Cour de cassation l'a ainsi décidé par un arrêt du 1er avril 1844, D.P.44. 1.150, en consacrant formellement le principe de la séparation des deux juridictions.

451. Un même fait peut-il être porté devant plusieurs juridictions?

Cela ne fait plus question. L'action disciplinaire est indépendante de l'action civile, comme de l'action criminelle. Ainsi, un notaire acquitté devant une Cour d'assises, peut être poursuivi disciplinairement pour les mêmes faits. De même, la condamnation disciplinaire ne paralyse pas l'action civile ni l'action criminelle. Bien plus, chaque juridiction pourrait prononcer séparément une condamnation pour le même fait.

CHAPITRE VIII.

DE LA RESPONSABILITÉ DES NOTAIRES.

452. Les notaires peuvent-ils encourir une responsabilité dans l'exercice de leurs fonctions ?

Oui. C'est une conséquence de la loi naturelle qui veut que l'homme soit responsable de ses actions aussitôt qu'elles sont de nature à porter préjudice aux intérêts de la société ou des individus, principe reproduit dans l'art. 1382 du C. civ.

453. Est-ce uniquement d'après cette règle générale de l'art. 1382 que doit se déterminer la responsabilité des notaires ?

C'est plutôt d'après la loi spéciale de leur institution, par la raison que la loi spéciale déroge dans tous les cas à la loi générale.

454. Quelles sont les dispositions spéciales qui régissent la matière ?

On les trouve dans les art. 6 et 68 de la loi du 25 vent. an 11, sur le notariat, ainsi conçus :

« Art. 6. Il est défendu à tout notaire d'instrumenter hors de son ressort, « à peine d'être suspendu de ses fonctions pendant trois mois, d'être destitué, « en cas de récidive, et de *tous dommages-intérêts.*

« Art. 68. Tout acte fait en contravention aux dispositions contenues aux « art. 6, 8, 9, 10, 11, 20, 52, 64, 65, 66 et 67, est nul s'il n'est pas revêtu de « la signature de toutes les parties, et lorsque l'acte sera revêtu de la signa- « ture de toutes les parties contractantes, il ne vaudra que comme écrit sous « signature privée ; sauf dans les deux cas, *s'il y a lieu,* les dommages-inté- « rêts contre le notaire contrevenant. »

455. Quelle différence faites-vous entre les dispositions du Code civil et celles de la loi de ventôse?

Les termes de l'art. 1382 sont absolus, et dès qu'un préjudice est causé il est dû réparation ; tandis que d'après la loi de ventôse, les notaires ne sont pas de plein droit et d'une manière absolue, responsables des nullités de leurs actes ; ils ne sont assujettis à des dommages-intérêts que *s'il y a lieu,* et l'indemnité peut être inférieure au préjudice s'il n'y a pas eu fraude de la part du notaire. Plusieurs arrêts l'ont ainsi décidé (Caen, 27 août 1827, D.p.28.2.86; Lyon, 18 janv. 1832, D.p.32.2.179; Caen, 24 mai 1836, D.p.10. 2.102; Cass., 27 nov. 1837, D.p.37.1.465; Cass., 12 avril 1843, D.p.43.1.212.

456. N'existe-t-il pas d'autres dispositions particulières qui assujettissent les notaires à des dommages-intérêts, en cas de contravention ?

Des obligations spéciales sont imposées aux notaires, sous peine de dom- mages-intérêts, par l'art. 1397 du C. civ., relatif aux changements et contre- lettres modifiant un contrat de mariage ; par l'art. 1597 du même Code, qui interdit aux notaires de devenir cessionnaires des procès, droits et actions litigieux de la compétence du tribunal dans le ressort duquel ils exercent leurs fonctions; par l'art. 2063 du C. civ. qui défend aux notaires de recevoir des actes dans lesquels serait stipulée la contrainte par corps hors les cas déterminés par la loi ; par l'art. 67 et 68 du C. de comm., qui prescrit le dépôt d'un extrait des contrats de mariage des commerçants, et par l'art. 176 du même Code concernant les protêts.

457. En dehors de l'exercice de leurs fonctions, les notaires peuvent-ils encourir une responsabilité pour de simples conseils donnés de bonne foi?

Non. C'est ici l'accomplissement des devoirs moraux qui ne trouve pas sa sanction dans la loi positive, et qui ne peut avoir pour juges que la conscience et l'opinion publique (Cass., 22 déc. 1810, D. P. 41, 1, 12 ; Rouen, 21 janv. 1841).

458. Quelle est la première cause de responsabilité pour les notaires ?

C'est le dol ou la fraude pratiqués par eux, soit seuls, soit de complicité avec l'une des parties (C. civ., 1116).

459. Sont-ils également responsables de leurs fautes lorsqu'il n'y a pas eu l'intention de nuire?

On admet généralement une distinction entre la faute lourde et la faute légère : la première consiste à ne point voir et ne point prévenir ce que tout individu aurait vu et prévenu, *non intelligere quod omnes intelligunt ;* elle est assimilée au dol, et entraîne nécessairement la responsabilité ; la faute légère comprend toutes les négligences, les impéritiés qui ne sont pas des fautes lourdes, et elle ne donne lieu à la responsabilité qu'en raison des circonstances particulières dans lesquelles elle a été commise. C'est au juge à en apprécier le caractère, d'après les règles de la raison et de l'équité.

460. Toute faute qui entraîne la nullité d'un acte est-elle par cela même une faute grave ?

Il serait impossible d'admettre une opinion aussi absolue. La faute doit être considérée en elle-même et non dans ses conséquences ; aussi, l'art. 68 de la loi du 25 vent. an 11, par ces mots : *s'il y a lieu,* a-t-il laissé aux juges une grande latitude d'appréciation.

461. Un notaire est-il responsable de l'erreur de droit qu'il a pu commettre dans un acte ?

On est généralement d'accord qu'on ne saurait lui imputer l'erreur qu'il a pu commettre, en donnant à telle ou telle question controversée une solution erronée ; mais qu'il n'en serait plus de même s'il s'agissait d'une irrégularité résultant de ce qu'il aurait négligé de se conformer à une jurisprudence généralement adoptée.

462. Ne fait-on pas, en ce qui concerne la responsabilité des notaires, une distinction entre les formalités intrinsèques et les formalités extrinsèques des actes?

Cette distinction a été souvent, en effet, consacrée par la jurisprudence

(Orléans, 26 janv. 1839; D. p. 39, 2, 86; Cass., 22 déc. 1840; D. p. 41, 1, 42). On a dit avec raison que les notaires avaient reçu de la loi l'obligation de revêtir les actes des formes qui en assurent la régularité et la validité, conséquemment, qu'ils étaient responsables des erreurs provenant de leur fait, que contient un acte dans sa forme, et qui lui ôtent la force probante, le caractère d'authenticité ; mais que, quant aux vices intrinsèques de l'acte, à la nullité de la convention en elle-même, le notaire n'a pas reçu de la loi, mission pour les prévenir, puisqu'il est contraint de prêter son ministère, et ne fait que constater la volonté des parties, qu'ainsi, on ne saurait le rendre responsable des erreurs qui tiennent au fond même de l'obligation.

463. Doit-on prendre à la lettre cette distinction, et en faire application dans tous les cas ?

Il ne faut pas oublier que le notaire a le devoir moral de conseiller, d'éclairer les parties sur la validité et les conséquences de leurs conventions, et qu'il est d'ailleurs difficile, dans certains cas, de distinguer les formalités intrinsèques des formalités extrinsèques. Il y aurait donc danger réel, pour un notaire, à se reposer aveuglément sur la distinction dont il s'agit.

464. Le notaire est-il responsable de l'individualité des parties ?

Oui, lorsqu'il a négligé de faire attester leur individualité, conformément à l'art. 11 de la loi du 25 vent. an 11, par deux témoins connus de lui (Cass., 29 déc. 1828; D. p. 29, 1, 83; 4 avril 1831; D. p. 31, 1, 155).

465. L'est-il également de leur capacité ou de leur qualité ?

Les auteurs et la jurisprudence se prononcent pour la négative, par la raison que la loi n'impose pas au notaire l'obligation de connaître par lui-même, ou de faire attester par des témoins la capacité ni la qualité des parties (Pagès, *De la Responsabilité des notaires*, p. 111; Dalloz, *Jurisp. gén.*, vᵒ *Notariat*, p. 421, nᵒ 7, et *Obligation*, p. 459, nᵒ 4; Rolland, vᵒ *Responsabilité des notaires*, nᵒ 51; Loret, t. 1, p. 237; Cass., 8 janv. 1823; Paris, 11 fév. 1826; D. p. 26, 2, 152; Metz, 30 mars 1833; D. p. 34, 2, 201; Douai, 28 juin 1843; D. p. 44, 2, 11).

466. Il arrive quelquefois que les notaires, en dehors de leur caractère d'officiers publics, sont considérés comme de simples mandataires des parties, et qu'on attribue à ce rôle une responsabilité assez étendue, surtout en matière de placement de fonds. Comment peut-on reconnaître que le notaire, au lieu de se borner à recevoir les conventions des parties, est devenu le mandataire ou le *negotiorum gestor* de l'une d'elles ?

Admettons d'abord que le simple conseil n'entraîne pas de responsabilité, à moins qu'il n'y ait dol ou fraude : *Consilii non fraudulenti nulla est obligatio.* L. 47, ff. *De Reg. jur.* Ensuite, il faut, en matière de prêt, distinguer soigneusement les trois circonstances dans lesquelles un notaire peut être placé :

1° Il est requis par les parties de constater un prêt convenu entre elles, et auquel il a été étranger ;

2° Il a lui-même indiqué l'emprunteur qu'il met en rapport avec le prêteur, qui accepte le placement et signe l'obligation ;

3° Ou enfin, le notaire ayant reçu mission de placer une somme, en fait lui-même le placement, sans consulter le prêteur, et veille seul aux garanties à exiger.

Dans le premier cas, il est clair que la responsabilité du notaire n'est pas engagée, si, d'ailleurs, l'acte est régulier dans sa forme.

Dans le second cas, il en doit encore être de même, parce que le prêteur a été à même de vérifier par lui-même la solidité du placement, et qu'il a dû veiller à ses propres intérêts (Pagès, *De la Responsabilité des notaires*, p.162; Paris, 22 mai 1832; D. p. 32, 2, 130; *id.*, 16 août suivant; D. p. 32, 2, 208; *id.*, 27 nov. 1834; D. p. 35, 2, 15; Bordeaux, 9 déc. 1841; D. p. 42, 2, 184.

Dans le troisième cas, les principes ne sont plus les mêmes, le notaire devient un véritable mandataire, et il est responsable du préjudice qu'il cause par négligence ou légèreté.

Voilà les véritables principes; les circonstances particulières peuvent seules en déterminer l'application.

467. Le notaire en second peut-il être déclaré responsable comme le notaire en premier?

Non, lorsqu'il n'a pas concouru à l'acte et n'a fait que le signer après coup, sans y avoir assisté, ainsi que l'autorise la loi du 21 juin 1813.

468. Les notaires sont-ils responsables des faits et actions de leurs clercs?

Oui, pour ce que les clercs font en cette qualité et dans l'exercice de leurs fonctions, parce qu'alors ils sont censés représenter le notaire et agir avec son consentement (C. civ., 1384).

469. Le notaire est-il responsable de l'accomplissement des formalités nécessaires à l'exécution des actes qu'il reçoit?

Cela dépend tout à fait des circonstances. En principe, le notaire n'est pas tenu de remplir ces formalités, comme, par exemple, de prendre inscription, de faire transcrire ou signifier; les parties doivent prendre ce soin; mais s'il s'en est chargé, il a accepté un mandat dont il peut devenir responsable.

DEUXIÈME PARTIE.
MATIÈRES DU CODE CIVIL.

LIVRE PREMIER.
Des Personnes.

TITRE PREMIER.
DE LA JOUISSANCE ET DE LA PRIVATION DES DROITS CIVILS.

170. Pour ce qui concerne la qualité de citoyen, voyez 1re partie, chapitre 2, nos 54 et suiv.

471. Comment se perd la jouissance des droits civils?

Par la perte de la qualité de Français, ou par suite de condamnations judiciaires.

172. De quelle manière perd-on la qualité de Français?

1o Par la naturalisation acquise en pays étranger; 2o par l'acceptation non autorisée de fonctions publiques conférées par un Gouvernement étranger; 3' enfin, par tout établissement fait en pays étranger, sans esprit de retour (C. civ., 17).

173. Un établissement de commerce fait en pays étranger, est-il de nature à faire perdre la qualité de Français?

Les établissements de commerce ne peuvent jamais être considérés comme faits sans esprit de retour (*Ibid.*).

474. Le fait de prendre du service militaire chez l'étranger fait-il perdre la qualité de Français?

Oui, quand il a lieu sans autorisation du Gouvernement français (C. civ., 21).

175. Une femme française, qui épouse un étranger, cesse-t-elle d'être Française?

Oui; elle suit la condition de son mari.

170. Celui qui a perdu la qualité de Français peut-il la recouvrer?

Il le peut en remplissant certaines formalités prescrites par la loi (C. civ., 18, 19, 20 et 21).

477. Quelles sont les condamnations qui font perdre la jouissance des droits civils et civiques?

1° Celles emportant la mort civile, qui est assimilée, dans ses effets civils, à la mort naturelle;

2° Les condamnations emportant la dégradation civique;

3° Les condamnations des tribunaux jugeant correctionnellement, qui prononcent spécialement l'interdiction en tout ou partie de l'exercice des droits civils, civiques et de famille (C. civ., 22 et 25; C. pén., 18, 28, 31, 42).

478. Quelles sont les condamnations qui emportent mort civile?

La condamnation à la mort naturelle et les condamnations aux travaux forcés à perpétuité et à la déportation (C. civ., 23; C. pén., 18).

479. Quel est l'effet de la dégradation civique?

La dégradation civique consiste notamment:

Dans la destitution et l'exclusion de toutes fonctions, emplois ou offices publics;

Dans la privation de tous les droits civiques et politiques;

Dans l'incapacité d'être juré-expert et témoin dans des actes;

Dans l'incapacité de faire partie d'aucun conseil de famille, et d'être tuteur, curateur, subrogé tuteur ou conseil judiciaire, si ce n'est de ses propres enfants, et sur l'avis conforme de la famille (C. pén., 34).

480. Quelles sont les condamnations emportant la dégradation civique?

Ce sont les condamnations à la peine des travaux forcés à temps, de la détention, de la réclusion et du bannissement (C. pén., 28).

481. Ces condamnations ne produisent-elles pas encore un effet civil important?

Quiconque a été condamné à la peine des travaux forcés à temps, de la détention ou de la réclusion, est de plus, pendant la durée de sa peine, en état d'interdiction légale; il doit lui être nommé un tuteur et un subrogé tuteur pour gérer et administrer ses biens (C. pén., 29).

482. A partir de quel moment commencent les effets civils et civiques résultant des condamnations?

Les condamnations emportant mort civile n'ont leur effet qu'à compter du jour de leur exécution, soit par effigie, soit réelle (C. civ., 26).

Pour les autres condamnations la perte des droits civils et civiques est encourue du jour où la condamnation est devenue irrévocable, et en cas de contumace, du jour de l'exécution par effigie (C. pén., 23 et 28).

483. Quel est l'effet des condamnations prononcées par contumace?

Elles n'emportent la mort civile qu'après les cinq années qui suivent l'exécution du jugement par effigie et pendant lesquelles le condamné peut se représenter (C. civ., 27).

Pendant ces cinq années et jusqu'à ce qu'il se représente ou qu'il soit arrêté pendant ce délai, le condamné par contumace est privé de l'exercice de ses droits civils ; ses biens sont administrés et ses droits exercés de même que ceux des absents (C. civ., 28).

484. Quelle est la conséquence de la représentation du condamné ou de son arrestation, dans le délai de cinq années?

Le jugement de condamnation est anéanti de plein droit et l'accusé est remis en possession de ses biens. Il est jugé de nouveau, et si, par le nouveau jugement, il est condamné à la même peine ou à une peine différente emportant également la mort civile, elle n'a lieu qu'à compter de l'exécution du second jugement (C. civ., 29).

485. Si l'accusé est absous par le nouveau jugement, ou s'il n'est condamné qu'à une peine n'emportant pas la mort civile, que résulte-t-il de là?

Il rentre dans la plénitude de ses droits pour l'avenir et à compter du jour où il a reparu en justice ; mais le premier jugement conserve, pour le passé, les effets que la mort civile av.. produits jusqu'au jour de sa comparution (C. civ., 30).

486. Et si le condamné p.. contumace meurt dans le délai de grâce des cinq années, san être représenté ou sans avoir été saisi ou arrêté?

Il est réputé mort dans l'intégrité de ses droits ; le jugement de contumace est anéanti de plein droit (C. civ., 31).

487. La prescription de la peine fait-elle rentrer le condamné dans ses droits civils?

En aucun cas la prescription de la peine ne réintègre le condamné dans ses droits civils pour l'avenir (C. civ., 32).

488. A qui appartiennent les biens acquis par le condamné depuis la mort civile, et dont il se trouve en possession au jour de sa mort naturelle?

A l'État par droit de déshérence, attendu que tous les liens de parenté du condamné se trouvent rompus par la mort civile (C. civ., 33).

TITRE II.

DES ACTES DE L'ÉTAT CIVIL.

489. Peut-on se faire représenter par un mandataire dans les actes de l'état civil?

Dans le cas où les parties intéressées ne sont point obligées de comparaître en personne, elles peuvent se faire représenter par un fondé de pouvoirs spécial (C. civ., 36).

490. La procuration peut-elle être sous seing privé?

Elle doit être authentique (*Ibid.*).

491. Quels sont les actes pour lesquels la comparution des parties en personne est nécessaire?

Les actes de mariage (C. civ., 75).

La plupart des auteurs pensent qu'on ne peut se marier par procureur; cependant Toullier, t. 1er n° 574; Merlin, *Rép.*, v° *Mariage*, sect. 4, §1er, art. 1er, 4e quest., sont d'un avis contraire.

492. Comment doivent être faits les actes de l'état civil des Français et des étrangers en pays étranger?

Ces actes font foi s'ils ont été rédigés dans les formes usitées dans le pays où ils ont lieu (C. civ., 47).

493. Les actes de l'état civil des Français en pays étranger ne peuvent-ils pas encore être faits d'une autre manière?

Ils sont valables, s'ils ont été reçus conformément aux lois françaises par les agents diplomatiques ou les consuls (C. civ., 48).

TITRE III.

DU DOMICILE.

494. Comment se détermine le domicile quant à l'exercice des droits civils?

Le domicile de tout Français, quant à l'exercice de ses droits civils est au lieu où il a son principal établissement (C. civ., 102).

495. Qu'entendez-vous par principal établissement?

Les caractères de l'établissement principal sont : le paiement de la contribution personnelle et mobilière, ou de la patente dans une commune; le service de la garde nationale, l'établissement d'un commerce (Dur., t. 1er, n° 354; Toull., t. 1er, n° 377).

496. Le lieu de naissance sert-il à constater le domicile?

Le domicile d'origine se conserve toute la vie, tant qu'une intention contraire n'est pas manifestée (Dur., Cod. n° 356; Toull., Cod., n° 371).

497. Comment s'opère le changement de domicile?

Par le fait d'une habitation réelle dans un autre lieu, joint à l'intention d'y fixer son principal établissement (C. civ., 103).

498. D'où résulte l'intention de fixer son principal établissement dans un autre lieu?

Soit d'une déclaration expresse, soit des circonstances dont les tribunaux sont juges (C. civ., 104, 105; Dur., t. 1er, n° 354).

499. Combien de temps faut-il que la nouvelle résidence ait duré pour opérer changement de domicile?

Il n'est aucunement nécessaire que la résidence nouvelle ait duré ni un an, ni six mois, ni un temps déterminé quelconque (Toull., t. 1er, n° 372; Dur., t. 1er, n° 357).

500. Cette règle s'applique-t-elle au mariage comme aux actes civils?

Non. Le domicile, quant au mariage, s'établit par six mois d'habitation continue dans la même commune (C. civ., 74).

501. L'acceptation d'une fonction publique temporaire ou révocable emporte-t-elle changement de domicile?

Le citoyen appelé à une fonction de cette nature conserve le domicile qu'il avait auparavant, s'il n'a pas manifesté d'intention contraire (C. civ., 106).

502. En est-il de même pour les fonctions conférées à vie?

L'acceptation de fonctions conférées à vie emporte translation immédiate du domicile du fonctionnaire dans le lieu où il doit exercer ces fonctions (C. civ., 107).

503. Quel est le domicile d'un militaire?

Le militaire est toujours réputé conserver son ancien domicile, tant qu'il n'a pas manifesté d'intention contraire (Cass., 11 vend. an 13; D. A. 6, 382).

504. La femme mariée peut-elle avoir légalement un domicile séparé?

La femme mariée n'a point d'autre domicile que celui de son mari (C. civ. 108).

505. Où est le domicile du mineur non émancipé?

Chez ses père et mère ou son tuteur (*Ibid.*).

506. Et celui du majeur interdit?

Chez son tuteur (*Ibid.*).

507. La séparation de biens confère-t-elle à la femme mariée la faculté d'avoir un domicile autre que celui de son mari?

Non. Elle conserve toujours son domicile de droit chez son mari, quoiqu'elle ait une habitation différente (Colmar, 12 juillet 1806; D. A., 10, 121). Cela est sans difficulté.

508. En est-il de même pour la femme séparée de corps?

La femme séparée de corps a le droit de se choisir un domicile légal autre que celui de son mari. Presque tous les auteurs sont de cet avis (Toull., t. 2, n° 773; Dur., t. 1er, n° 365).

509. Quel est le domicile des domestiques et serviteurs?

Les majeurs qui servent ou travaillent habituellement chez autrui ont le même domicile que la personne qu'ils servent ou chez laquelle ils travaillent, lorsqu'ils demeurent avec elle dans la même maison (C. civ., 109).

510. Quel est l'effet du domicile relativement aux successions?

Le domicile détermine le lieu de l'ouverture de la succession (C. civ., 110).

511. Peut-on, pour l'exécution d'un acte, faire élection de domicile dans un autre lieu que le domicile réel?

La loi le permet (C. civ., 111).

512. Quel effet produit cette élection de domicile?

Elle emporte attribution de juridiction, c'est-à-dire que les significations, demandes et poursuites relatives à l'acte qui contient élection de domicile, peuvent être faites au domicile convenu et devant le juge de ce domicile (C. civ., 111).

513. L'élection de domicile, faite dans un contrat, peut-elle être changée au gré de chacune des parties?

Elle est irrévocable en ce sens que le lieu du domicile élu ne peut être changé que d'un commun accord (19 janv. 1814; D. A., 6, 391; Dur., t. 1er, n° 381).

514. L'élection de domicile est-elle annulée par le décès des parties?

Elle conserve son effet même après la mort des parties, comme après le changement du domicile réel, quand l'élection a été faite à ce dernier domicile (Toull., t. 1er, n° 368; Dur., t. 1er, n° 381).

515. Le mandat général donné par une personne pour gérer ses affaires et la représenter en justice emporte-t-il élection de domicile chez le mandataire?

Non, lors même que la procuration contiendrait le pouvoir d'élire domicile chez le mandataire pour le mandant; il faut une élection de domicile directe et spéciale (Cass., 3 juill. 1837; 31 janv. 1838; 18 mars 1839; 29 nov. 1843, D. P. 37, 1, 366; 38, 1, 93; 39, 1, 139; 44, 1, 26).

516. Peut-on signifier le transport d'une obligation au domicile élu pour l'*exécution* de cette obligation?

Non, parce que ce n'est pas là un acte d'exécution (Dur., t. 1er, n° 380).

517. L'élection de domicile par un débiteur ôte-t-elle au créancier la faculté d'assigner au domicile réel?

Non. Il a toujours le choix, à moins qu'il ne résulte de la convention, que l'élection de domicile a eu lieu dans l'intérêt même du débiteur qui l'a faite (Toull., t. 1er, n° 369; Dur., t. 1er, n° 382).

518. L'indication, dans un billet à ordre, d'un lieu pour le paiement, a-t-elle l'effet d'une véritable élection de domicile?

Non-seulement elle est attributive de juridiction pour le tribunal du lieu indiqué, mais elle autorise l'assignation du souscripteur à ce domicile (Paris, 8 juill. 1836; D. P. 37, 2, 48; Cass., 13 janv. 1829; D. P. 29, 1, 103).

519. En est-il de même de l'indication, dans une obligation civile, d'un lieu de paiement?

Cette indication n'est pas attributive de juridiction (Merlin, *Rép.*, vᵒ *Dom. élu*, S 2, nᵒ 4; Dur., t. 1ᵉʳ, nᵒ 378, et t. 12, nᵒ 99).

520. L'élection de domicile ou l'indication pour lieu de paiement, faite chez un officier public ou chez un particulier, lui confère-t-elle le mandat de recevoir la dette?

Non. Le paiement qui lui serait fait ne libérerait pas le débiteur (Toull., t. 7, p. 24; Cass., 23 nov. 1830; 21 nov. 1836).

521. La mort de l'officier public ou du particulier chez lequel l'élection de domicile a été faite, annule-t-elle cette élection?

Elle subsiste, nonobstant le décès, parce que c'est le lieu du domicile, et non la personne chez laquelle il a été élu, qui fait l'objet de la stipulation. De même, si un notaire cesse d'exercer ses fonctions, l'élection de domicile faite en son étude se continue chez son successeur (Dur., t. 1ᵉʳ, nᵒ 381; Cass., 19 janv. 1814).

TITRE IV.

DES ABSENTS.

522. Qu'entend-on par *absents*, en matière civile?

Il faut distinguer trois catégories d'*absents* :

1º Les *non-présents*, c'est-à-dire, ceux qui sont momentanément absents du lieu où ils résident, ou qui sont éloignés du lieu de l'ouverture d'une succession à laquelle ils sont appelés, mais dont l'existence n'est pas douteuse;

2º Les *présumés absents*, c'est-à-dire ceux dont on ignore la résidence actuelle, dont on n'a pas de nouvelles, et dont, par cette raison, l'existence est devenue incertaine;

3º Les *absents*, c'est-à-dire ceux dont l'absence a été déclarée par jugement.

523. Quels sont les caractères particuliers de la présomption d'absence?

La loi ne les a pas définis; il suffit qu'il y ait incertitude sur l'existence de la personne, et le juge se décide d'après les circonstances.

524. Quels effets peut produire la présomption d'absence?

C'est que les parties intéressées peuvent demander au tribunal de pourvoir, s'il y a nécessité, à l'administration de tout ou partie des biens laissés par la personne absente (C. civ., 112).

525. Que faut-il entendre par ces mots de l'art. 112, *parties intéressées*?

Tous ceux qui ont un intérêt actuel à la conservation des biens de l'absent, tels que les créanciers, associés, communistes, etc.; ceux même qui ont un intérêt certain, quoique conditionnel ou éventuel.

526. Et les héritiers présomptifs sont-ils aussi parties intéressées?

Les auteurs sont divisés sur cette question. Le plus grand nombre refuse aux héritiers présomptifs le droit de requérir des mesures conservatoires avant le temps où ils peuvent provoquer la déclaration d'absence.

527. Si le présumé absent a laissé un mandataire, y a-t-il nécessité de pourvoir à l'administration de ses biens?

En général non, à moins que les pouvoirs du mandataire ne soient insuffisants, ou que ses intérêts ne se trouvent en opposition avec ceux du mandant.

528. Quelles mesures les tribunaux peuvent-ils ordonner pour l'administration des biens d'un présumé absent?

Toutes celles que la nécessité commande; d'ordinaire, ils nomment un curateur à l'absent.

529. Quand il s'ouvre une succession dans laquelle une personne présumée absente est intéressée, par qui cette personne doit-elle être représentée dans les opérations relatives à la succession?

Par un notaire que le tribunal commet pour représenter les présumés absents dans les inventaires, comptes, partages et liquidations dans lesquels ils sont intéressés (C. civ., 113).

530. Quelle est l'étendue des pouvoirs conférés à ce notaire?

Il doit veiller aux intérêts des absents dans les différents actes auxquels il est appelé; mais il n'a pas le droit de faire les actes d'administration attachés aux fonctions de curateur, encore moins de transiger sur des difficultés, ni de faire aucun acte d'abandon, de cession ou d'aliénation quelconque. Il doit se borner aux actes purement conservatoires (Proudhon, t. 1er, p. 189; Dur., t. 1, n° 389).

531. Le notaire commis a-t-il qualité pour provoquer le partage dans lequel l'absent est intéressé?

Non. Les fonctions du notaire se bornent à représenter l'absent, lorsque le partage et la liquidation sont régulièrement provoqués. Un curateur pourrait seul provoquer le partage au nom de l'absent.

532. Le notaire commis pour représenter, conformément à l'art. 931 du Code de procédure, les intéressés à une succession, domiciliés hors de la distance de cinq myriamètres, c'est-à-dire des *non-présents*, a-t-il les mêmes pouvoirs que celui commis en vertu de l'art. 113 du Code civil pour représenter des *présumés absents?*

Le premier n'a d'autre mission que d'assister à la levée des scellés et à l'inventaire.

533. Passons à la déclaration d'absence. Quand peut-on faire déclarer l'absence d'une personne?

Lorsqu'une personne a cessé de paraître au lieu de son domicile ou de sa résidence, et que depuis quatre ans on n'en a point eu de nouvelles, les parties intéressées peuvent se pourvoir devant le tribunal de première instance, afin que l'absence soit déclarée (C. civ., 115).

534. Quelles sont ici les personnes intéressées ?

Tous ceux ayant des droits subordonnés au décès de l'absent, c'est-à-dire les héritiers présomptifs, le conjoint, les légataires, l'enfant naturel reconnu, l'État même, à défaut de parents. mais non les créanciers (Proudhon, t. 1ᵉʳ, p. 114; Toull., t. 1ᵉʳ, n° 399, et t. 4, n° 270; Dur., t. 1ᵉʳ, n° 415 et suiv.).

535. Après quel délai le jugement de déclaration d'absence peut-il être rendu?

Il ne peut être rendu qu'un an après le jugement qui a ordonné l'enquête, sur la demande en déclaration d'absence (C. civ., 119).

536. Si l'absent a laissé une procuration pour l'administration de ses biens, la déclaration d'absence peut-elle être également poursuivie?

Elle ne peut être poursuivie qu'après dix années révolues depuis la disparition de l'absent ou depuis ses dernières nouvelles (C. civ., 121).

537. En est-il de même si la procuration vient à cesser, notamment par le décès du mandataire?

Dans ce cas l'absence ne peut toujours être déclarée qu'après les dix années révolues; mais il peut être pourvu à l'administration des biens de l'absent, comme nous l'avons dit pour le cas de simple présomption d'absence (C. civ., 122).

538. Quels sont les effets de l'absence déclarée ?

Les héritiers présomptifs peuvent se faire envoyer en possession provisoire des biens de l'absent, à la charge de donner caution; son testament est ouvert et les légataires, les donataires peuvent exercer provisoirement leurs droits sur les biens de l'absent, également à la charge de donner caution (C. civ. 120 et 123).

539. Quels sont les droits de l'époux commun en biens ?

Il peut opter pour la continuation de la communauté ou sa dissolution provisoire. Dans le premier cas, il peut empêcher l'envoi en possession provisoire et prendre ou conserver par préférence l'administration des biens de l'absent. Dans le second cas, il exerce tous ses droits légaux et conventionnels, à la charge de donner caution pour les choses susceptibles de restitution (C. civ., 124).

540. La femme, qui a opté pour la continuation de la communauté, peut-elle y renoncer par la suite?

Elle conserve toujours ce droit (C., civ. 124).

541. A quelles formalités sont assujettis les envoyés en possession provisoire ?

Ils doivent faire procéder à l'inventaire du mobilier et des titres de l'absent, en présence du procureur de la République près le tribunal de 1re instance, ou d'un juge de paix requis par lui ; et si le tribunal a ordonné la vente de tout ou partie du mobilier, il doit être fait emploi du prix ainsi que des fruits échus (C. civ., 126).

542. Quels sont les droits des envoyés en possession provisoire ?

Ils ont simplement l'administration des biens de l'absent, sans pouvoir aliéner ni hypothéquer ses immeubles (C. civ., 125 et 128).

543. A quelle autre administration pouvez-vous assimiler celle des envoyés en possession provisoire, pour l'étendue des pouvoirs qui en résultent ?

A celle d'un tuteur (voyez ci-après, Titre X).

544. Ont-ils des droits sur les revenus des biens de l'absent ?

Ceux qui par suite de l'envoi provisoire ou de l'administration légale, ont joui des biens de l'absent, ne sont tenus de lui rendre que le cinquième des revenus, s'il reparaît avant quinze ans révolus, depuis sa disparition, et le dixième s'il ne reparaît qu'après les quinze ans. Après trente ans d'absence, la totalité des revenus leur appartient (C. civ., 127).

545. Quand l'envoi provisoire devient-il définitif ?

Si l'absence a continué pendant trente ans, depuis l'envoi provisoire, ou s'il s'est écoulé cent ans révolus depuis la naissance de l'absent, tous les ayants droit peuvent demander le partage de ses biens et faire prononcer l'envoi en possession définitif (C. civ., 129).

546. Quels sont les droits conférés par l'envoi en possession définitif ?

Ceux de disposer des biens de l'absent, de les hypothéquer, de les aliéner, même à titre gratuit.

547. Mais si l'absent reparaît ou si son existence est prouvée, ne peut-il pas faire résoudre les aliénations ?

Non. Il recouvre seulement ses biens dans l'état où ils se trouvent, le prix de ceux qui ont été aliénés, ou les biens provenant de l'emploi qui aurait été fait du prix de ses biens vendus (C. civ., 132).

TITRE V.

DU MARIAGE.

548. A quel âge peut-on contracter mariage ?

L'homme à 18 ans révolus, et la femme à 15 ans révolus (C. civ., 144).

549. Le consentement des parents est-il nécessaire ?

Les enfants ne peuvent contracter mariage sans le consentement de leurs père et mère (C. civ., 118).

550. Et si les père et mère ne sont pas d'accord entre eux ?

En cas de dissentiment, le consentement du père suffit (*Ibid*).

551. D'après cela, il est inutile de faire figurer la mère dans les actes de consentement.

Non pas. Ce serait d'abord fort irrespectueux ; ensuite, on s'exposerait à voir l'acte de consentement refusé par l'officier de l'état civil, par la raison que si le consentement du père suffit, en cas de dissentiment, ce dissentiment a besoin d'être constaté, et que la mère aurait le droit de former opposition au mariage (Merlin, v° *Opposition au mariage*, n° 4 ; Vazeille, n°ˢ 118 et 119 ; Duranton t. 2, n° 77 ; Riom, 30 juin 1817 ; D. A. 10, 25).

552. En cas d'adoption, par qui le consentement doit-il être donné ?

C'est au père naturel et non au père adoptif à consentir au mariage (Proud'hon, t. 2, p. 114 ; Merlin, *Quest.*, v° *Adoption*, § 3 ; Favard, v° *Acte respectueux*, n° 7, p. 83).

553. Si l'un des père et mère est mort, ou s'il est dans l'impossibilité de manifester sa volonté, quel consentement est nécessaire ?

Le consentement de l'autre suffit (C. civ., 119).

554. *Quid* si tous les deux sont morts, ou dans l'impossibilité de manifester leur volonté ?

Les aïeuls et aïeules les remplacent (C. civ., 150).

555. S'il y a dissentiment entre les aïeuls, qu'arrive-t-il ?

S'il y a dissentiment entre l'aïeul et l'aïeule de la même ligne, il suffit du consentement de l'aïeul ; s'il y a dissentiment entre les deux lignes, ce partage emporte consentement (*Ibid*).

556. La mère remariée a-t-elle besoin de l'autorisation de son second mari pour consentir au mariage de ses enfants d'un premier lit, même mineurs ?

Dans l'espèce, la femme a toute capacité par elle-même, sans l'assistance de son mari ; elle tire cette capacité de sa qualité de mère, et non point de tutrice (Hutteau d'Origny, p. 27, Roll., n° 9) : voilà le droit ; mais, dans la pratique, il est convenable de faire signer le consentement par le second mari, afin d'éviter toute discussion devant l'officier de l'état civil.

557. Quel consentement l'enfant naturel doit-il obtenir pour contracter mariage ?

Celui des père et mère qui l'ont reconnu ; s'il n'a pas été reconnu, ou si, après l'avoir été, ses père et mère sont morts ou dans l'impossibilité de manifester leur volonté, l'enfant naturel ne peut, avant l'âge de vingt et un ans révolus, se marier, qu'après avoir obtenu le consentement d'un tuteur *ad hoc* qui doit lui être nommé (C. civ., 158 et 159).

558. Lorsque les père et mère, aïeuls et aïeules, sont morts, ou dans l'impossibilité de manifester leur volonté, les enfants peuvent-ils se marier sans aucun consentement?

Dans ce cas, les fils ou filles mineurs de vingt et un ans ne peuvent contracter mariage sans le consentement du conseil de famille (C. civ., 160). Après vingt et un ans, le consentement du conseil n'est plus nécessaire, même aux fils (Toull., t. 1⁰ʳ, n° 512).

559. Quand les père et mère ou autres ascendants sont-ils dans l'impossibilité de manifester leur volonté?

C'est lorsqu'ils sont en démence, absents, condamnés à une peine emportant la mort civile, ou même à une peine afflictive ou infamante, pendant la durée de la peine.

560. En cas de démence, est-il nécessaire que l'interdiction soit prononcée?

Toull., t. 1⁰ʳ, n° 443, décide l'affirmative. Le contraire a été résolu par la Cour de Poitiers, 11 mars 1830, D. P. 30, 2, 178.

561. Comment doit-on justifier de l'absence d'un ascendant?

Par le jugement qui l'a déclarée ou par celui qui a ordonné l'enquête, ou enfin, s'il n'a été rendu aucun jugement, par un acte de notoriété délivré par le juge de paix du lieu où l'ascendant a eu son dernier domicile connu (C. civ., 155).

562. Dans quelle forme doit être donné le consentement à mariage?

Dans l'acte même de célébration du mariage ou par acte séparé et *authentique* (C. civ., 73 et 76).

563. Si le consentement est donné par un mandataire, la procuration doit-elle être également *authentique*?

Oui. Sans cela, le consentement ne serait pas authentique (C. civ., 36, 73).

564. Le consentement doit-il être *spécial* pour un mariage déterminé avec une personne désignée?

Cela nous paraît le seul moyen de remplir le vœu de la loi (Delvincourt t. 1⁰ʳ, p. 70; Dur., t. 2, n° 91; Vazeille, t. 1⁰ʳ, n°ˢ 116 et 117; Dalloz, v° *Mariage*, sect. 1⁰ʳ art. 4, n°ˢ 17 et 18; *Contrà* Roll., v° *Consentement à mar.* n° 26).

565. A quel âge peut-on contracter mariage sans le consentement de ses père et mère ou aïeuls?

Le consentement est nécessaire à tout âge; néanmoins la loi donne le moyen d'y suppléer par un acte respectueux.

566. Qu'entendez-vous par un acte respectueux?

C'est l'acte par lequel les enfants de famille demandent, pour se marier, le conseil de leurs père et mère ou autres ascendants (C. civ., 151).

567. Peut-on à tout âge faire des actes respectueux?

Le fils qui n'a pas atteint l'âge de vingt-cinq ans accomplis, la fille qui n'a pas atteint l'âge de vingt et un ans accomplis, ne peuvent pas contracter mariage sans consentement; les actes respectueux ne leur sont pas permis (C. civ., 148 et 151).

568. Suffit-il toujours d'un seul acte respectueux?

Jusqu'à l'âge de trente ans pour les fils et de vingt-cinq ans pour les filles, il faut trois actes respectueux; après cet âge, un seul suffit (C. civ., 152 et 153).

569. Les enfants naturels sont-ils assujettis à la nécessité des actes respectueux?

Les dispositions de la loi relatives au mariage et, en particulier, celles concernant les actes respectueux sont applicables aux enfants naturels légalement reconnus (C. civ., 158). Mais leur obligation ne s'étend pas au delà de leurs père et mère, puisque la loi ne leur reconnaît pas d'autres ascendants (C. civ., 756).

570. L'enfant adoptif est-il astreint à faire des actes respectueux à celui qui l'a adopté?

Non, puisqu'il conserve tous ses droits dans sa famille naturelle (C. civ., 348, Dur., t. 3, n°308; Proudhon, t. 2, p. 114; Merlin, *Quest.* v° *Adoption*, § 3.

571. Celui qui est pourvu d'un conseil judiciaire a-t-il besoin de l'assistance de ce conseil pour faire les actes respectueux?

Non, car il peut contracter mariage sans le consentement de son conseil (Dur., n° 35; Vazeille, n° 90).

572. A qui les actes respectueux doivent-ils être notifiés?

Aux père et mère ou autres ascendants dont le consentement est requis pour la validité du mariage, quand ils ne sont pas dans l'impossibilité de manifester leur volonté (C. civ., 151, 154).

573. Par qui doit être notifié l'acte respectueux?

Par deux notaires ou un notaire et deux témoins (C. civ., 154).

574. Est-ce dans la forme des exploits d'huissiers?

On doit suivre, pour la rédaction, les formalités prescrites par la loi du 25 ventôse an XI, pour les actes notariés, l'acte respectueux n'ayant, d'après l'exposé des motifs du Code, ni la dénomination ni les formes judiciaires.

575. Le second notaire ou les témoins doivent-ils assister réellement à la notification de l'acte respectueux?

Quoique la loi du 23 juin 1843, sur la forme des actes notariés, n'ait pas compris l'acte respectueux au nombre de ceux pour lesquels elle exige la présence réelle du second notaire ou des témoins, nous pensons qu'elle est toujours nécessaire, l'art. 154, C. civ., contenant une disposition spéciale à laquelle cette loi n'a pas plus dérogé qu'à ce qui concerne les testaments.

576. Que doit contenir spécialement l'acte respectueux?

L'acte respectueux doit contenir la réquisition de l'enfant, les nom, prénoms, âge, qualité et demeure de la personne qu'il a l'intention d'épouser, la notification aux ascendants, leurs réponses distinctes, la mention de la remise des copies et celle de la signature de l'original et des copies.

577. La présence de l'enfant est-elle nécessaire à la notification de l'acte respectueux?

Non. Les auteurs sont d'accord sur ce point avec la jurisprudence et l'usage.

578. Ne doit-il pas au moins comparaître devant le notaire, soit en personne, soit par un fondé de pouvoirs, pour signer un acte de réquisition?

Cela nous paraît indispensable pour remplir le vœu de la loi. D'ailleurs, puisque l'acte respectueux n'est pas un exploit, il n'en doit pas revêtir les formes et les notaires n'ont mission que de constater les conventions ou déclarations des parties présentes, ou dûment représentées.

579. Quel est le délai qui doit s'écouler entre les différents actes respectueux?

Ils doivent être renouvelés de mois en mois, et un mois après le dernier, il peut être passé outre à la célébration du mariage (C. civ., 152 et 153).

580. Les actes respectueux peuvent-ils être faits tous les jours indifféremment?

Comme ils participent à la juridiction contentieuse, les actes respectueux ne peuvent pas être notifiés les jours de dimanche ou de fêtes légales.

581. Quelles sont les fêtes légales?

Les fêtes légales sont, d'après le concordat, Noël, l'Ascension, l'Assomption et la Toussaint. Un avis du Conseil d'Etat du 31 mars 1810 y a ajouté le 1er janvier.

582. Quelles sont les obligations qui naissent du mariage de la part des époux envers leurs enfants?

Les époux contractent ensemble par le fait seul du mariage l'obligation de nourrir, entretenir et élever leurs enfants (C. civ., 203).

583. Les père et mère doivent-ils, dans tous les cas, des aliments à leurs enfants?

Ils n'en doivent point quand leurs enfants ont des biens propres ou des moyens d'existence suffisants (C. civ. 203).

584. Le père ou la mère, qui a perdu la jouissance légale des biens de ses enfants mineurs, peut donc imputer sur leurs revenus, leurs dépenses de nourriture, d'entretien et d'éducation?

Oui; mais ils ne peuvent prendre sur les capitaux des enfants (Dur., t. 2, n° 117; Caen, 29 mars 1844; D. P. 44, 2, 488).

585. Les enfants naturels ont-ils action contre leur père ou leur mère pour des aliments?

A défaut de dispositions dans la loi, ces aliments sont dus par suite de l'obligation naturelle résultant du fait de paternité ou de maternité. Les auteurs et la jurisprudence sont d'accord.

586. Les enfants n'ont-ils pas aussi des obligations à remplir envers leurs père et mère?

Les enfants doivent des aliments à leurs père et mère et autres ascendants qui sont dans le besoin (C. civ., 205).

587. Si le père ou la mère a convolé en secondes noces, peut-il également réclamer des aliments de ses enfants?

Oui, si le nouvel époux n'a pas de biens suffisants pour lui en fournir. On ne peut étendre à ce cas la disposition de l'art. 206.

588. Les père et mère peuvent-ils demander des aliments à leur enfant naturel?

Oui (Toull., t., 2., n° 1074; Dur., n° 396).

589. L'obligation par les enfants de fournir des aliments à leurs parents est-elle indivisible et solidaire?

La jurisprudence et les auteurs sont fort divisés sur cette question. On peut dire qu'en cette matière les juges sont investis d'une sorte de pouvoir discrétionnaire (Cass., 3 août 1837; D. P. 38, 1, 231).

590. La pension alimentaire peut-elle être aliénée par celui qui l'a obtenue?

Non, comme il ne peut être fait aucune transaction, ni renonciation sur le droit aux aliments (Dur., t. 16, n° 165, et t. 18, n° 403; Troplong, *Vente*, t. 1er, n° 227).

591. Les gendres et belles-filles doivent-ils des aliments à leurs beau-père et belle-mère?

Ils doivent également des aliments; mais cette obligation cesse: 1° lorsque la belle-mère a convolé en secondes noces; 2° lorsque celui des époux qui produisait l'affinité et les enfants issus de son union avec l'autre époux, sont décédés (C. civ., 206).

592. La femme peut-elle, en matière civile, paraître en justice sans l'autorisation de son mari?

La femme ne peut ester en jugement sans l'autorisation de son mari, quand même elle serait marchande publique, ou non commune, ou séparée de biens (C. civ., 215).

593. Cette autorisation lui est-elle nécessaire pour contracter?

La femme, même non commune ou séparée de biens, ne peut donner, aliéner, hypothéquer, acquérir à titre gratuit ou onéreux sans le concours du mari dans l'acte, ou son consentement par écrit (C. civ., 217).

594. Résulte-t-il des termes de cet article que le concours du mari, dans un acte où la femme stipule, équivaut à une autorisation, sans qu'elle ait besoin d'être exprimée ?

Oui, la loi est précise ; néanmoins dans l'usage du notariat on a soin de mentionner l'autorisation du mari, quoiqu'il concoure à l'acte.

595. Une autorisation postérieure ou une ratification par le mari, sans le concours de la femme, est-elle suffisante ?

L'autorisation du mari doit précéder ou accompagner l'acte (Toull. t. 2, n° 615; Dur. t. 2, n° 518; Cass., 26 juin 1839 ; D. P., 39, 2, 12). Cependant plusieurs auteurs pensent que la ratification par le mari seul suffit (Pothier, *Puiss. marit.*, n° 74 ; Delvincourt, t. 1er, p. 335 ; Vazeille, *Mariage*, t. 2, n° 379).

596. L'autorisation du mari doit-elle être expresse ?

En général, oui, surtout dans la pratique des affaires du notariat ; néanmoins une autorisation tacite peut résulter de différentes circonstances particulières.

597. Donnez-nous-en un exemple ?

Le mari qui se porte fort pour sa femme est par cela seul censé l'autoriser à ratifier les actes pour lesquels il s'est porté fort (Bellot, t. 1, p. 469 ; Roll. v° *Aut. marit.*, n° 107).

598. L'autorisation peut-elle être générale ou doit-elle être spéciale ?

La spécialité est le principe. Toute autorisation générale, même stipulée par contrat de mariage, n'est valable que quant à l'administration des biens de la femme (C. civ. 223).

599. Cette disposition s'applique-t-elle aux biens du mari ou de la communauté ?

La spécialité n'est exigée qu'en ce qui concerne les biens de la femme ou les obligations qu'elle contracte. Une autorisation générale suffit pour l'aliénation des biens du mari ou de la communauté (Toull., t. 2, n° 644; Bellot, t. 1, p. 304 ; Dur. t. 2, n° 448).

600. Une autorisation par le mari à sa femme, pour emprunter telle somme que bon lui semblera, est-elle valable ?

Elle manque de la spécialité nécessaire, et entraînerait la nullité de l'obligation par rapport à la femme. C'est par la même raison qu'une procuration donnée par la femme, même à son mari, pour emprunter indéfiniment est insuffisante. Dans l'autorisation, comme dans la procuration, la somme doit être déterminée.

601. Pour l'aliénation des immeubles de la femme, faut-il, dans l'autorisation, une désignation spéciale de chacun d'eux ?

Il suffit d'une indication qui exclue l'idée de la généralité des biens, par exemple les immeubles situés dans telle commune, tel département, ou provenant de telle succession (Toull., t. 2, n. 644; Dur., t. 2, n. 449).

6

602. L'autorisation est-elle nécessaire à la femme pour faire un testament?

La femme peut tester sans l'autorisation de son mari (C. civ., 226).

603. Est-il d'autres actes que la femme puisse faire sans autorisation?

L'autorisation n'est pas nécessaire à la femme : 1° pour révoquer les dispositions qu'elle a faites en faveur de son mari pendant le mariage, quoique par acte entre-vifs (C. civ., 1096); 2° pour accepter la donation faite à son enfant mineur émancipé ou non (C. civ., 935; Toull., t. 2, n° 630); 3° pour émanciper les enfants de son premier lit (C. civ., 373); 4° pour consentir à leur mariage; 5° pour reconnaître un enfant naturel qu'elle aurait eu avant son mariage; 6° pour agir comme mandataire d'un tiers (C. civ., 1990).

604. Si le mari est mineur peut-il également autoriser sa femme?

Il le peut pour les actes de simple administration, mais non pour ester en jugement ni pour contracter (C. civ., 224).

605. Si le mari est absent ou incapable, ou s'il refuse d'autoriser sa femme, comment peut-elle gérer ses affaires ou contracter?

Elle doit se faire autoriser en justice (C. civ., 218, 219, 221, 222).

606. La femme, qui est marchande publique, a-t-elle besoin de l'autorisation de son mari?

Elle peut, sans l'autorisation de son mari, s'obliger pour son négoce, et, dans ce cas, elle oblige aussi son mari, s'il y a communauté entre eux (C. civ., 220).

607. Quand la femme est-elle réputée marchande publique?

Lorsqu'elle fait un commerce séparé, et non lorsqu'elle ne fait que détailler les marchandises du commerce de son mari (*Ibid.*).

608. A-t-elle besoin d'une autorisation expresse pour faire le commerce?

Un consentement tacite du mari suffit : les auteurs et la jurisprudence sont d'accord sur ce point.

609. Nous avons vu qu'en principe la nécessité de l'autorisation s'applique à la femme séparée de biens comme à la femme commune. N'y a-t-il pas d'exception à cette règle?

La femme séparée de biens est dispensée de l'autorisation de son mari pour tout ce qui concerne l'administration de ses biens meubles et immeubles, la jouissance de ses revenus et la disposition de son mobilier (C. civ., 1319, 1536, 1538).

610. La femme mariée sous le régime dotal n'est-elle pas aussi dans un cas d'exception?

Elle a l'administration et la jouissance de ses biens *paraphernaux* (C. civ.,

1576); d'où il suit qu'elle n'a pas besoin de l'autorisation de son mari pour les actes qui rentrent dans cette administration.

611. Peut-elle valablement recevoir, sans autorisation de son mari, des deniers paraphernaux qui lui appartiennent?

Elle peut les recevoir, en donner quittance et consentir la radiation des inscriptions hypothécaires qui en assurent le paiement (Grenoble, 19 avr. 1842: D. P. 43.2.149; Turin, 19 janv. 1810: D. A. 10.371).

612. Peut-on contracter un second mariage aussitôt après la dissolution du premier?

La femme ne peut contracter un nouveau mariage qu'après dix mois révolus depuis la dissolution du mariage précédent (C. civ., 228); mais aucun délai n'est fixé pour les seconds mariages de l'homme.

613. Quel est l'effet de la séparation de corps en ce qui concerne les biens?

Elle emporte toujours séparation de biens (C. civ., 311).

614. Entraîne-t-elle la dissolution du mariage?

Non (C. civ., 227).

TITRE VI.

DU DIVORCE.

Le divorce ayant été aboli par la loi du 8 mai 1816, il est sans objet de s'occuper ici de ce sujet.

TITRE VII.

DE LA PATERNITÉ ET DE LA FILIATION.

615. Comment se prouve la filiation des enfants légitimes?

La filiation des enfants légitimes se prouve par les actes de naissance inscrits sur le registre de l'état civil (C. civ., 319).

616. L'acte de naissance suffit-il pour constater la *légitimité* de l'enfant?

Non. C'est à l'enfant à justifier du mariage de ses père et mère par la représentation d'un acte en bonne forme, ou à prouver qu'ils ont vécu publiquement comme mari et femme (Paris, 9 mars 1811: D. A. 8.573; Cass., 20 juill. 1809: D. A. 8.351; Toull., t. 2, n° 816 et 877).

6*

617. A défaut d'acte de naissance, comment peut-on y suppléer ?

Par la preuve de la possession constante de l'état d'enfant légitime (C. civ., 320).

618. A défaut de titre et de possession constante, l'enfant peut-il établir sa filiation par témoins ?

La preuve de filiation peut, dans ce cas, se faire par témoins, mais seulement lorsqu'il y a commencement de preuve par écrit, ou lorsque les présomptions ou indices résultant de faits dès lors constants sont assez graves pour déterminer l'admission (C. civ., 321).

619. Les enfants naturels peuvent-ils être légitimés ?

Les enfants nés hors mariage peuvent être légitimés par le mariage subséquent de leurs père et mère, lorsque ceux-ci les ont légalement reconnus avant leur mariage ou qu'ils les reconnaissent dans l'acte même de célébration (C. civ., 331).

620. Cet article est-il applicable aux enfants nés d'un commerce incestueux ou adultérin ?

Ces enfants ne peuvent jamais être légitimés (*Ibid.*).

621. La légitimation par mariage subséquent, lorsqu'il y a un acte de naissance, a-t-elle lieu de plein droit ?

Elle s'opère indépendamment de la volonté et de toute manifestation à cet égard des père et mère (Dur., t. 3, n° 179; Delvincourt, t. 1er, p. 218; Favard, v° *Légitimation*, § 2, n° 5).

622. La légitimation peut-elle avoir lieu en faveur des enfants décédés qui ont laissé des descendants ?

Oui, et dans ce cas elle profite à ces descendants (C. civ., 332).

623. Quels sont les droits des enfants légitimés par le mariage subséquent ?

Ils ont les mêmes droits que s'ils étaient nés du mariage (C. civ., 333).

624. Comment doit se faire la reconnaissance d'un enfant naturel ?

La reconnaissance d'un enfant naturel doit être faite par acte authentique, lorsqu'elle ne l'a pas été dans son acte de naissance (C. civ., 331).

625. Un mineur peut-il valablement reconnaître son enfant naturel ?

L'affirmative est enseignée par tous les auteurs.

626. Mais quel âge doit avoir le mineur pour que la reconnaissance soit valable ?

Il faut que le mineur ait atteint l'âge de puberté. A cet égard, on peut prendre pour règle l'âge fixé par le Code civil pour le mariage, c'est-à-dire dix-huit ans pour l'homme et quinze ans pour la femme.

627. Celui qui est soumis à un conseil judiciaire a-t-il capacité pour reconnaître un enfant naturel?

Il peut le faire même sans l'assistance de son conseil, comme le mineur n'a pas besoin d'être assisté de son tuteur (Favard, v° *Reconnaissance d'enf. nat.*, sect. 1re, § 1er, n°s 1 et 2; Zachariæ, § 568, note 18).

628. La femme a-t-elle besoin de l'autorisation de son mari pour reconnaître un enfant naturel?

Elle peut agir seule; car un tel acte n'est que l'accomplissement d'une obligation naturelle (Toull., t. 2, n° 961; Roll., n° 16).

629. La reconnaissance peut-elle être faite avant la naissance de l'enfant?

Le père peut reconnaître son enfant naturel avant sa naissance, comme une déclaration de grossesse faite par une femme devant notaire, équivaut à une reconnaissance de sa part.

630. Quelles sont les formes spéciales d'une reconnaissance d'enfant naturel?

Si la reconnaissance a lieu devant notaire, la présence réelle du second notaire ou des témoins est nécessaire, et il doit en être fait mention expresse dans l'acte qui doit être en minute (L. 21 juin 1843; L. 25 vent. an 11, art. 20).

631. La reconnaissance peut-elle avoir lieu par testament authentique?

Sans aucun doute, et si le testament vient à être annulé pour défaut de formes spéciales, la reconnaissance subsiste, pourvu que d'ailleurs le testament soit revêtu des formes suffisantes pour constituer un acte de reconnaissance; si même le testament est révoqué, la reconnaissance continue à produire son effet (Dur., t. 3, n° 219).

632. Les enfants nés d'un commerce adultérin ou incestueux peuvent-ils être reconnus?

Une telle reconnaissance est interdite par la loi (C. civ., 335).

633. La reconnaissance peut-elle être faite *pendant le mariage*, par l'un des époux, au profit d'un enfant naturel qu'il aurait eu avant son mariage, d'un autre que de son époux?

La loi l'autorise expressément; mais cette reconnaissance ne peut nuire ni à l'époux qui n'a pas reconnu, ni aux enfants nés du mariage. Néanmoins, elle produit son effet après la dissolution du mariage, s'il n'en reste pas d'enfants (C. civ., 337).

634. Qu'entendez-vous par là que la reconnaissance faite pendant le mariage ne pourra pas nuire aux enfants nés de ce mariage?

C'est-à-dire qu'une telle reconnaissance ne confère aucun droit successif à l'enfant naturel.

TITRE VIII.

DE L'ADOPTION ET DE LA TUTELLE OFFICIEUSE.

635. Dans quelles conditions l'adoption peut-elle avoir lieu?

L'adoption n'est permise qu'aux personnes de l'un ou de l'autre sexe, âgées de plus de cinquante ans, qui n'ont, à l'époque de l'adoption, ni enfans ni descendants légitimes, et qui ont au moins quinze ans de plus que les individus qu'elles se proposent d'adopter (C. civ., 343).

636. L'enfant naturel reconnu peut-il être adopté par son père ou sa mère?

Cette question, fort controversée par la jurisprudence et les auteurs, n'est pas encore résolue définitivement. L'affirmative est soutenue par les autorités les plus imposantes; néanmoins, la Cour de cassation persiste dans l'opinion contraire.

637. L'enfant adultérin peut-il être adopté?

Non, suivant la jurisprudence et la plupart des auteurs.

638. Un individu peut-il être adopté par deux personnes?

Non; à moins que ce ne soit par deux époux (C. civ., 344).

639. Un seul des époux peut-il adopter?

Il le peut, mais avec le consentement de l'autre conjoint (*Ibid.*).

640. A quel âge peut-on être adopté?

L'adoption ne peut pas avoir lieu avant la majorité de l'adopté, excepté dans le cas où il a sauvé la vie à l'adoptant (C. civ., 345 et 346).

641. Quelle condition doit-on remplir pour pouvoir adopter?

La faculté d'adopter ne peut être exercée qu'envers l'individu à qui on a, pendant sa minorité et pendant six ans au moins, fourni des secours et donné des soins non interrompus, ou envers celui qui aurait sauvé la vie à l'adoptant soit dans un combat, soit en le retirant des flammes ou des flots (C. civ., 345).

642. Le consentement des père et mère de l'adopté est-il nécessaire pour l'adoption?

Si l'adopté, ayant encore ses père et mère ou l'un d'eux, n'a point accompli sa vingt-cinquième année, il est tenu de rapporter leur consentement, et s'il est majeur de vingt-cinq ans, de requérir leur conseil (C. civ., 346).

643. Comment doit-il requérir ce conseil?

Par un acte respectueux.

644. Cet acte respectueux a-t-il besoin d'être renouvelé deux fois, comme pour le mariage?

Un seul acte respectueux suffit (Toull., t. 2, n° 987; Proudhon, t, 2, p. 128; Dur., t. 3, n° 289).

645. Quels droits l'adoption donne-t-elle à l'adopté sur la succession de l'adoptant?

L'adopté a, sur la succession de l'adoptant, les mêmes droits que ceux qu'y aurait l'enfant né en mariage, même quand il y aurait des enfants de cette dernière qualité, nés depuis l'adoption (C. civ., 350).

646. L'adopté est-il appelé à la succession des parents de l'adoptant?

L'adopté n'acquiert aucun droit de successibilité sur les biens des parents de l'adoptant (*Ibid.*).

647. L'adoptant a-t-il des droits dans la succession de l'adopté?

Si l'adopté meurt sans descendants légitimes, les choses données par l'adoptant, ou recueillies dans sa succession, et qui existent en nature lors du décès de l'adopté, retournent à l'adoptant ou à ses descendants, à la charge de contribuer aux dettes et sans préjudice des droits des tiers. Le surplus des biens de l'adopté appartient à ses propres parents (Cod. civ., 351).

648. Quelles sont les formes de l'adoption?

La loi a prescrit pour l'adoption des formalités judiciaires spéciales dans lesquelles le ministère du notaire n'est pas employé.

649. Qu'est-ce que la tutelle officieuse?

C'est un contrat de bienfaisance par lequel une personne se charge d'élever gratuitement un enfant âgé de moins de quinze ans, et de le mettre en état de gagner sa vie.

650. Quel est le but principal de la tutelle officieuse?

De préparer et faciliter l'adoption, puisque, dans le cas de tutelle officieuse, l'adoption peut être faite par acte testamentaire authentique ou olographe (C. civ., 366).

TITRE IX.

DE LA PUISSANCE PATERNELLE.

651. Indépendamment des droits que les père et mère ont sur la personne de leurs enfants mineurs, ont-ils des droits sur leurs biens?

Le père, durant le mariage, et après la dissolution du mariage, le survivant des père et mère, ont la jouissance des biens de leurs enfants jusqu'à l'âge de dix-huit ans accomplis, ou jusqu'à l'émancipation qui pourrait avoir lieu avant l'âge de dix-huit ans (C. civ., 384).

652. Cette disposition s'applique-t-elle aux père et mère naturels?

Les père et mère naturels n'ont point l'usufruit légal des biens de leurs enfants (Toull., t. 2, n° 1075; Dur., t. 3, n° 364; Proudhon, t. 1er, n° 124).

653. L'usufruit légal des père et mère peut-il être cédé?

La disposition générale de l'art. 595, Cod. civ., paraît l'autoriser (Duvergier, *Vente*, t. 1er, n° 213). Cependant, M. Duranton, t. 4, n° 486, soutient le contraire.

654. Peut-il être hypothéqué?

L'usufruit légal n'est pas susceptible d'hypothèque (Dur., *ibid.*).

655. Les créanciers des parents peuvent-ils saisir les fruits ou revenus des biens soumis à l'usufruit légal?

Oui, si les charges de l'entretien et de l'éducation des enfants n'absorbent pas la valeur de ces fruits ou revenus (Paris, 19 mars 1823 : D. A. 10, 331; Colmar, 27 janv. 1835 : S.-V. 35, 2, 216; Dur., *ibid.*; Proudhon, n° 219 et 220).

656. Quelles sont les charges de cet usufruit?

Les charges de la jouissance légale des père et mère sont :
1° Celles auxquelles sont tenus les usufruitiers;
2° La nourriture, l'entretien et l'éducation des enfants, selon leur fortune;
3° Le paiement des arrérages ou intérêts des capitaux ;
4° Les frais funéraires et ceux de dernière maladie (C. civ., 385).

657. Comme les autres usufruitiers, les père et mère sont-ils tenus de fournir caution?

Ils en sont dispensés par la loi (C. civ., 601).

658. Les arrérages ou intérêts échus avant l'ouverture de l'usufruit légal, sont-ils compris dans les charges de cet usufruit?

Non. Ce sont seulement les arrérages ou intérêts échus depuis l'ouverture de l'usufruit. Ceux antérieurs sont une charge de la succession (Toull., t. 2, n. 1069; Dur., t. 3, n° 401; Lyon, 16 fév. 1835; D. p. 35, 2, 110).

659. Quels sont les frais funéraires et de dernière maladie dont parle l'art. 385?

Ce sont les frais funéraires et de dernière maladie des personnes auxquelles les enfants ont succédé et non ceux des enfants eux-mêmes (Toull., *ibid.*; Dur., t. 3, n° 402; Proudhon, *Usuf.*, t. 1er, n° 211; Roll., n° 69).

660. Si la succession déférée aux enfants est celle d'un époux qui a été commun en biens, les frais de dernière maladie sont-ils également à la charge de l'usufruit légal?

Dans ce cas, ils sont à la charge de la communauté, à la différence des frais funéraires qui sont toujours dus par l'usufruitier légal (Toull., t. 12, n° 301 ; Roll., n° 70).

661. Sur quels biens porte l'usufruit légal?

L'usufruit légal comprend, en général, tous les biens des enfants, même ceux qui leur échoient par succession, donation, legs ou autrement pendant la durée de cet usufruit.

662. N'y a-t-il aucune exception à cette règle générale?

La jouissance légale des père et mère ne s'étend pas aux biens que les enfants peuvent acquérir par un travail ou une industrie séparés, ni à ceux qui leur sont donnés ou légués sous la condition expresse que les père et mère n'en jouiront pas (C. civ., 387), ni aux biens que les enfants de l'indigne recueillent dans une succession à laquelle ils viennent, de leur chef, et sans le secours de la représentation (C. civ., 730).

663. Quand finit l'usufruit légal des père et mère?

Cet usufruit cesse :

1° Lorsque les enfants ont atteint dix-huit ans accomplis (C. civ., 384);

2° Par l'émancipation des enfants avant l'âge de dix-huit ans (*Ibid.*) ;

3° A l'égard de la mère, dans le cas d'un second mariage (C. civ., 386);

4° Lorsque le survivant des père et mère de l'enfant n'a pas fait faire inventaire des biens de la communauté (C. civ., 1442).

664. Les père et mère peuvent-ils être privés de l'usufruit légal des biens dont leurs enfants sont héritiers à *réserve*?

On décide généralement que non, à moins que les biens n'aient été donnés aux enfants par une donation acceptée en leur nom, avec cette condition (Toull., t. 2, n° 1067; Dur., t. 3, n. 376).

665. Le survivant des père et mère, exclu ou destitué de la tutelle, perd-il son usufruit légal?

Non, parce que cet usufruit est attaché à la puissance paternelle (Toull., t. 2, n° 1062; Dur., t. 3, n° 388).

666. Le père ou la mère peut-il renoncer à son usufruit légal, pour s'affranchir de ses charges?

Il le peut (Dur., t. 3, n° 403; Proudhon, n°ˢ 214 et 216).

667. L'usufruit légal ne donne-t-il pas aux père et mère un droit particulier, en ce qui concerne les meubles appartenant aux enfants?

Ils sont dispensés de les faire vendre, comme les tuteurs ordinaires, lorsqu'ils ont l'usufruit légal; ils peuvent les conserver en nature et doivent seulement rendre la valeur estimative de ceux qu'ils ne peuvent représenter (C. civ., 453).

668. L'usufruit légal des père et mère est-il soumis à un droit de mutation?

Il en était déclaré exempt par la loi du 9 oct. 1791, et comme il n'a point été tarifé par les lois actuellement en vigueur sur l'enregistrement, il n'est passible d'aucun droit.

TITRE X.

DE LA MINORITÉ, DE LA TUTELLE ET DE L'ÉMANCIPATION.

669. A quel âge est-on majeur?

A vingt et un ans accomplis pour l'un et l'autre sexe (C. civ., 388).

670. Durant le mariage, à qui appartient l'administration des biens personnels des enfants mineurs?

Le père est, durant le mariage, administrateur des biens personnels de ses enfants mineurs (C. civ., 389).

671. En quoi cette administration légale diffère-t-elle de la tutelle?

En ce qu'il n'est pas nommé de subrogé tuteur, et que le père n'est pas soumis à l'hypothèque légale de ses enfans mineurs (Merlin, *Rép.*, vᵒ *Puiss. paternelle*, sect. 1, nᵒ 17; Dur., t. 3, nᵒ 116, et t. 19, n. 308; Troplong, t. 2, nᵒ 121; Cass., 3 déc. 1821 : D. A. 9, 163).

672. Peut-on, dans un testament, imposer la condition que le père d'un enfant mineur n'aura pas l'administration des biens légués à ce dernier?

Cette condition est nulle, comme attentatoire à la puissance paternelle (Toull., t. 2, nᵒ 1068, et t. 5, nᵒ 268; Merlin. *Rép.*, vᵒ *Puiss. pat.*, sect. 5; Dalloz, *cod. verb.*, chap. 1ᵉʳ, nᵒ 5; Besançon, 15 nov. 1807; Caen, 11 août 1825 : D. P. 26, 2, 159). Il y a des opinions et des décisions contraires.

673. Après la dissolution du mariage, à qui appartient de droit la tutelle des enfants mineurs?

Au survivant des père et mère (C. civ., 390).

674. Ne peut-il pas être apporté une restriction à la tutelle de la mère survivante?

Le père peut nommer à la mère survivante et tutrice un conseil spécial, sans l'avis duquel elle ne peut faire aucun acte relatif à la tutelle. Si le père spécifie les actes pour lesquels le conseil est nommé, la tutrice est habile à faire les autres sans son assistance (C. civ., 391).

675. Comment cette nomination de conseil peut-elle être faite?

Par acte de dernière volonté, ou par une déclaration devant le juge de paix ou devant notaires (C. civ., 392).

676. La mère tutrice, qui se remarie, conserve-t-elle la tutelle?

Elle perd la tutelle de plein droit, si elle ne lui est pas maintenue par le conseil de famille, avant le mariage (C. civ., 395).

677. Les père et mère n'ont-ils pas le droit de choisir un tuteur parent ou même étranger?

Ce droit n'appartient qu'au survivant des père et mère (C. civ., 397).

678. Dans quelle forme ce droit peut-il être exercé ?

Par acte de dernière volonté ou par une déclaration devant le juge de paix ou devant notaires (C. civ., 392 et 398).

679. La mère remariée peut-elle choisir un tuteur aux enfants de son premier mariage ?

Elle ne le peut pas, si elle n'a pas été maintenue dans la tutelle; et si elle a été maintenue, son choix n'est valable qu'autant qu'il est confirmé par le conseil de famille (C. civ., 399 et 400).

680. Lorsqu'il n'a pas été choisi au mineur un tuteur par le dernier mourant de ses père et mère, à qui appartient la tutelle ?

Elle appartient de droit à son aïeul paternel; à défaut de celui-ci, à son aïeul maternel, et ainsi en remontant, de manière que l'ascendant paternel soit toujours préféré à l'ascendant maternel du même degré (C. civ., 402).

681. Les ascendantes sont-elles appelées à la tutelle légale ?

Non (Maleville, t. 1ᵉʳ, p. 118; Zachariæ, § 100, n° 3).

682. Dans quel cas y a-t-il lieu à la tutelle dative déférée par le conseil de famille ?

Lorsqu'un enfant mineur et non émancipé reste sans père ni mère, ni tuteur élu, ni ascendants mâles, ou lorsque le tuteur de l'une de ces qualités se trouve dans un cas d'exclusion ou valablement excusé (C. civ., 405).

683. Par qui le conseil de famille peut-il être convoqué ?

Par les parents du mineur, ses créanciers, ou même d'office par le juge de paix du domicile du mineur (C. civ., 406).

684. Comment doit-être composé le conseil de famille ?

Le conseil de famille est composé, non compris le juge de paix, de six parents ou alliés, pris tant dans la commune où la tutelle s'est ouverte que dans la distance de deux myriamètres, moitié du côté paternel, moitié du côté maternel, et en suivant l'ordre de proximité dans chaque ligne. Le parent doit être préféré à l'allié de même degré, le plus âgé à celui qui l'est le moins (C. civ., 407).

685. Les femmes parentes peuvent-elles faire partie du conseil de famille ?

Non ; excepté toutefois les veuves d'ascendants qui en font partie de droit (C. civ., 408 et 442).

686. Lorsque les parents ou alliés se trouvent en nombre insuffisant sur les lieux ou dans la distance de deux myriamètres, comment doit être composé le conseil de famille ?

Le juge de paix appelle, dans ce cas, soit des parents ou alliés domiciliés à de plus grandes distances, soit dans la commune même des citoyens connus pour avoir eu des relations habituelles d'amitié avec le père ou la mère du mineur (C. civ., 409).

687. Les parents, alliés ou amis, régulièrement convoqués, sont-ils tenus de se rendre au conseil de famille?

Ils sont tenus de s'y rendre en personne ou de s'y faire représenter par un mandataire spécial, à moins d'excuse légitime, et à peine d'une amende qui ne peut excéder 50 fr. (C. civ., 412 et 413).

688. Un fondé de pouvoirs peut-il représenter plusieurs membres du conseil de famille?

Il ne peut en représenter qu'un seul (C. civ., 412).

689. Quelles sont les fonctions du subrogé tuteur?

Elles consistent à agir pour les intérêts du mineur, lorsqu'ils sont en opposition avec ceux du tuteur (C. civ., 420).

690. Indiquez-nous quelques-unes des principales obligations du subrogé tuteur?

Le subrogé tuteur doit :

1° Obliger le tuteur à faire inventaire et y assister (C. civ., 460, 509 et 1442);

2° Assister à la vente des meubles ou des immeubles du mineur ou de l'interdit (C. civ., 452, 459 et 509);

3° Veiller à ce que l'hypothèque légale soit inscrite sur les biens du tuteur ou la requérir lui-même (C. civ., 2121 et 2137);

4° Exiger la remise des états de situation de sa gestion que le tuteur, autre que le père ou la mère, doit lui fournir aux époques fixées par le conseil de famille (C. civ., 470);

5° Provoquer la nomination d'un nouveau tuteur, lorsque la tutelle devient vacante (C. civ., 424).

691. Les biens du subrogé tuteur sont-ils soumis à l'hypothèque légale du mineur ou de l'interdit?

Non (Dur., t. 5, n° 522; Troplong, t. 2, n° 422).

692. Quelles sont les fonctions du tuteur?

Le tuteur prend soin de la personne du mineur et le représente dans tous les actes civils. Il administre ses biens en bon père de famille et répond des dommages-intérêts qui pourraient résulter d'une mauvaise gestion (C. civ., 450)

693. Quels sont les principaux actes que le tuteur peut faire sans autorisation, en sa qualité d'administrateur?

Le tuteur a le droit de toucher les intérêts et arrérages et même le remboursement des capitaux, et d'en donner quittance.

Il peut passer des baux des biens du mineur, et en toucher le prix. Seulement, leur durée et leur renouvellement sont soumis à des règles particulières (C. civ., 1718).

694. Peut-il consentir le transport amiable d'une créance appartenant à son pupille?

Le tuteur ne peut céder une créance du mineur, sans autorisation du conseil de famille (Proudhon, *des Personnes*, t. 2, p. 221 et *du Domaine privé*, t. 1er, n° 236; Douai, 28 juin 1813 : D. p. 11, 2, 11).

695. A-t-il le droit de transférer des inscriptions de rente sur l'Etat?

Il peut le faire sans autorisation quand la rente n'excède pas 50 fr. (L. 24 mars 1806).

696. Et pour les actions de la banque?

Le tuteur peut transférer une action de la banque ou des portions d'actions, toutes les fois que le droit dans plusieurs actions n'excède pas en totalité une action entière (Décret, 25 sept. 1813).

697. Le tuteur a-t-il la libre disposition du mobilier appartenant au mineur?

Dans le mois qui suit la clôture de l'inventaire, le tuteur doit faire vendre, en présence du subrogé tuteur aux enchères reçues par un officier public et après des affiches et publications dont le procès-verbal de vente fera mention, tous les meubles autres que ceux que le conseil de famille l'aurait autorisé à conserver en nature (C. civ., 452).

698. Cette disposition est-elle applicable aux père et mère, comme au tuteur étranger?

Les père et mère, tant qu'ils ont la jouissance propre et légale des biens du mineur, sont dispensés de vendre les meubles, s'ils préfèrent les garder pour les remettre en nature (C. civ., 453).

699. Le tuteur peut-il acheter les biens du mineur ou les prendre à ferme?

Il ne peut, ni acheter les biens du mineur, ni les prendre à ferme, à moins que le conseil de famille n'ait autorisé le subrogé tuteur à lui en passer bail, ni accepter la cession d'aucun droit ou créance contre son pupille. (C. civ., 450).

700. Le tuteur est-il le maître d'employer la totalité des revenus du mineur pour sa dépense annuelle?

Lors de l'entrée en exercice de toute tutelle, le conseil de famille réglera par aperçu, et selon l'importance des biens régis, la somme à laquelle pourra s'élever la dépense annuelle du mineur, ainsi que celle d'administration de ses biens (C. civ., 454).

701. Les père et mère sont-ils assujettis à cette formalité?

Non. Parce que le droit de fixer la dépense annuelle du mineur peut être considéré comme un attribut de la puissance paternelle, et que cette dépense est ordinairement une charge de la jouissance légale (C. civ., 454.)

702. La dépense annuelle du mineur peut-elle excéder son revenu?

En principe non. Cependant, si les revenus sont insuffisants, le tuteur peut prendre même sur les capitaux; mais pour cela il doit être autorisé par le conseil de famille (Toull., t. 2, n° 1210; Dur., t. 3, n° 559; Pigeau, t. 2, p. 383).

703. Si, au contraire, les revenus excèdent la dépense, quelle est l'obligation du tuteur relativement à cet excédant?

Le conseil de famille détermine la somme à laquelle commence, pour le tuteur, l'obligation d'employer l'excédant des revenus sur la dépense ; cet emploi doit être fait dans le délai de six mois, passé lequel le tuteur doit les intérêts, à défaut d'emploi (C. civ., 455).

704. Si le tuteur n'a pas fait déterminer par le conseil de famille la somme à laquelle doit commencer l'emploi, quelle est alors son obligation?

Il doit, après le délai de six mois, les intérêts de toute somme non employée, quelque modique qu'elle soit (C. civ., 456).

705. L'obligation de faire emploi s'applique-t-elle aux capitaux?

L'obligation de faire emploi dans les six mois s'applique aussi bien et à plus forte raison aux capitaux reçus par le tuteur, ou qu'il peut devoir personnellement, qu'à l'excédant des revenus sur la dépense (Toull., t. 2, n° 1213).

706. Lorsque le tuteur n'a fait aucun emploi des sommes par lui reçues, à partir de quelle époque en doit-il les intérêts?

A partir du jour où il a reçu et non point six mois après, parce qu'il est censé avoir employé les sommes à son usage personnel (Toull., t. 2, n° 1215 ; Arg., art. 1996, C. civ.). Il y a des opinions contraires.

707. Les tuteurs ont-ils droit à des honoraires ou indemnités pour leur administration?

Il est de principe que les tuteurs ne peuvent rien porter en dépense pour honoraires ou peines, la tutelle étant une charge imposée par la loi.

Ils n'ont même droit au remboursement de leurs frais de voyage, qu'autant que la nécessité en est démontrée (Roll., vᵒ *Compte de tutelle*, n° 74).

708. Le tuteur peut-il emprunter pour le mineur, ou aliéner ses immeubles?

Le tuteur, même le père ou la mère, ne peut emprunter pour le mineur, ni aliéner ou hypothéquer ses biens immeubles, sans y être autorisé par le conseil de famille (C. civ., 457).

709. Dans ce cas, la délibération du conseil de famille suffit-elle?

Elle ne peut être exécutée qu'après avoir été homologuée par le tribunal de 1ʳᵉ instance (C. civ., 458).

710. Dans quelle forme se fait la vente des biens de mineurs, lorsqu'elle a été dûment autorisée?

La vente se fait publiquement, aux enchères, en présence du subrogé tuteur, soit devant un membre du tribunal de première instance, soit devant un notaire à ce commis (C. civ., 459).

711. Le notaire commis pour recevoir la vente, tenant la place du juge, peut-il procéder seul ?

Il doit accomplir les formalités des actes notariés, et ne peut par conséquent procéder qu'avec l'assistance d'un second notaire ou de deux témoins.

712. Par qui est dressé le cahier des charges pour la vente des biens de mineurs devant notaire ?

Par le notaire commis.

713. L'autorisation du conseil de famille et l'homologation du tribunal sont-elles nécessaires pour la vente des biens possédés par indivis entre majeurs et mineurs ?

Non, si la licitation est provoquée par un copropriétaire majeur. Dans ce cas, la vente doit toujours avoir lieu dans les formes prescrites par l'art. 459, et les étrangers y sont nécessairement appelés (C. civ., 460).

714. Un tuteur a-t-il le pouvoir d'accepter ou de répudier une succession échue au mineur ?

Il ne peut pas le faire sans une autorisation préalable du conseil de famille (C. civ., 461).

715. En ce cas, l'autorisation doit-elle être homologuée par le tribunal ?

La délibération qui autorise le tuteur à accepter ou répudier une succession n'est pas soumise à la nécessité de l'homologation, encore que la succession comprenne des immeubles (Toulouse, 5 et 11 juin 1829 ; D. p. 29, 2, 252 et 269 ; Dur., t. 3, n° 577).

716. Une succession peut-elle être acceptée purement et simplement pour un mineur ?

L'acceptation ne peut avoir lieu que sous bénéfice d'inventaire (C. civ., 461.)

717. Le tuteur a-t-il le pouvoir de transiger au nom du mineur ?

Il ne le peut qu'après avoir été autorisé par le conseil de famille, et de l'avis de trois jurisconsultes désignés par le procureur du roi, près le tribunal de première instance (C. civ., 467).

718. Faut-il encore l'homologation du tribunal ?

La transaction n'est valable qu'autant qu'elle a été homologuée par le tribunal (*Ibid.*).

719. Un tuteur peut-il faire avec son pupille, devenu majeur, des traités, des transactions, comme avec un étranger ?

Tout traité intervenu entre le tuteur et le mineur devenu majeur, est nul s'il n'a été précédé de la reddition d'un compte détaillé et de la remise des pièces justificatives, le tout constaté par un récépissé de l'oyant compte dix jours au moins avant le traité (C. civ., 472).

720. La déclaration, dans l'arrêté d'un compte de tutelle, que ce compte et les pièces à l'appui ont été remis à l'oyant plus de dix jours avant cet arrêté lui-même, est-elle suffisante?

L'affirmative a été décidée par la Cour de Paris, 3 janv. 1812 : D. A., 12, 764. Cependant, on tient généralement pour constant qu'un récépissé est indispensable (Aix, 10 août 1809 : D. A., 12, 764 ; Toull., t. 10, n° 58) ; et même qu'il doit avoir acquis date certaine dix jours avant l'arrêté de compte.

721. L'art. 472, qui prohibe tout traité entre le tuteur et le mineur devenu majeur avant la reddition du compte de tutelle, s'applique-t-il à toute espèce de contrats qui peuvent intervenir entre eux?

On peut dire que oui en principe ; néanmoins, on fait exception pour les actes qui ne sont pas relatifs au compte de tutelle ou à l'administration tutélaire, comme la vente d'un objet déterminé (Cass., 16 mai 1831 : D. P. 31, 1, 199). Cette distinction peut présenter de graves inconvénients dans la pratique, et il est prudent de s'en tenir strictement au principe de la loi.

722. Peut-on appliquer l'art. 472 à la mainlevée donnée par le ci-devant mineur, avant la reddition du compte de tutelle, de son hypothèque légale sur les biens de son ancien tuteur?

Il a été jugé qu'une semblable mainlevée est nulle (Dijon, 26 mars 1810 : S. V., 40, 2, 422) ; alors même qu'elle a été donnée non au tuteur lui-même, mais à son acquéreur, s'il résulte d'ailleurs des faits que c'est dans l'intérêt du tuteur seul qu'elle a été consentie (Caen, 17 déc. 1827 ; D., p. 18, 2, 92).

723. Le reliquat du compte de tutelle porte-t-il intérêt de plein droit?

La somme due par le tuteur porte intérêt, sans demande, à compter de la clôture du compte ; mais les intérêts de ce qui est dû au tuteur par le mineur ne courent que du jour de la sommation de payer faite après la clôture du compte (C. civ., 474).

724. Par quel temps se prescrit l'action du mineur contre son tuteur?

Toute action du mineur contre son tuteur relativement aux faits de la tutelle se prescrit par dix ans, à compter de la majorité (C. civ., 475).

725. En cas de décès du mineur avant sa majorité, à partir de quel jour court le délai de dix ans pour la prescription?

A partir du jour du décès (Bourges, 1ᵉʳ fév. 1827 : D. P. 27, 2, 162).

726. A quel âge le mineur peut-il être émancipé?

A l'âge de quinze ans révolus s'il a encore son père ou sa mère (C. civ., 477).

727. Et s'il n'a plus ni père ni mère?

Le mineur resté sans père ni mère ne peut être émancipé qu'à l'âge de dix-huit ans accomplis, par le conseil de famille, (C. civ., 478).

728. Dans quel cas l'émancipation a-t-elle lieu de plein droit?

Le mineur est émancipé de plein droit par le mariage (C. civ., 476), quoi que soit son âge, et l'émancipation ne cesse pas par la dissolution du mariage (Cass., 21 fév. 1821; D. A., 12, 778; Toull., t. 2, n° 1303; Proudhon, t. 2, p. 261; Dur., t. 3, n° 675).

729. Le père ou la mère ont-ils le pouvoir de nommer un curateur à leur fils émancipé?

Cette nomination ne peut être faite que par le conseil de famille (C. civ., 480; Caen, 27 juin 1812; Limoges, 2 janv. 1821).

730. Doit-il être nommé un curateur à la femme mineure émancipé par le mariage?

Le mari est son curateur naturel (Merlin, *Rép.*, v° *Curateur*, § 1ᵉʳ, n° 6).

731. L'émancipation n'apporte-t-elle aucun changement dans l'usufruit légal des père et mère?

L'émancipation fait cesser l'usufruit légal des père et mère (C. civ., 384).

732. Quels droits l'émancipation confère-t-elle au mineur?

Le mineur émancipé peut seul passer les baux dont la durée n'excède point neuf ans, recevoir ses revenus, en donner décharge et faire tous les actes qui ne sont que de pure administration (C. civ., 481).

733. Quels sont les actes que le mineur émancipé peut faire avec l'assistance de son curateur?

Il peut, avec cette assistance, intenter une action immobilière et y défendre, même recevoir et donner décharge d'un capital mobilier (C. civ., 482).

734. Peut-il intenter une action en partage, sans qu'il soit nécessaire d'une autorisation du conseil de famille?

La jurisprudence et la doctrine enseignent également l'affirmative.

735. Le mineur émancipé peut-il, avec l'assistance de son curateur, donner mainlevée d'une inscription hypothécaire?

Il le peut comme conséquence du paiement de sa créance, et pourvu que le paiement soit justifié.

736. Peut-il faire cession d'une créance?

Oui, même alors que la créance est garantie par une hypothèque (Cass., 13 janv. 1810; D., P. 10, 1, 92).

737. Peut-il consentir le transfert d'une inscription de rente sur l'État?

Oui, pourvu que l'inscription ne dépasse pas 50 fr. de rente (L. 24 mars 1806, art. 2).

Il en est de même pour les actions de la Banque de France (Décr. 25 sept. 1815).

7

738. Le mineur émancipé peut-il emprunter ?

Il ne peut faire d'emprunts sous aucun prétexte sans une délibération du conseil de famille, homologuée par le tribunal de première instance (C. civ., 483).

739. Peut-il vendre ou aliéner ses immeubles ?

Il ne le peut pas sans observer les formes prescrites au mineur non émancipé (C. civ., 484).

740. Les obligations contractées par le mineur émancipé par voies d'achats ou autrement sont-elles entièrement nulles quand elles n'ont pas été régulièrement autorisées ?

D'après l'art. 484, on peut soutenir qu'elles sont seulement réductibles en cas d'excès (Cass, 17 août 1811 ; D. P. 41, 1. 349). Cependant, il a été décidé qu'elles sont entièrement nulles (Bourges, 13 août 1838 ; D. P. 38, 2, 222 ; Paris, 25 juill. 1843 ; D. P. 43, 2, 215. *Sic*, Dur., t. 2, n°ˢ 670, 671 ; Toull., t. 2, n° 1296).

TITRE XI.

DE LA MAJORITÉ, DE L'INTERDICTION ET DU CONSEIL JUDICIAIRE.

741. A quel âge est-on majeur ?

La majorité est fixée à vingt et un ans accomplis (C. civ., 488) pour l'un et l'autre sexe.

742. Quels sont les effets de l'interdiction par rapport à la capacité de contracter ?

L'interdit est assimilé au mineur pour sa personne et pour ses biens ; les lois sur la tutelle des mineurs s'appliquent à la tutelle des interdits (C. civ., 509).

743. Les actes passés par l'interdit, postérieurement au jugement d'interdiction, sont nuls de droit, c'est tout naturel ; mais quel est le sort de ceux antérieurs à l'interdiction ?

Les actes antérieurs à l'interdiction peuvent être annulés, si la cause de l'interdiction existait notoirement à l'époque où ces actes ont été faits (C. civ., 503).

744. Résulte-t-il de là que les actes sous seing privé ne peuvent pas être opposés à l'interdit ou à ses héritiers, s'ils n'ont pas acquis date certaine antérieurement au jugement d'interdiction ?

La jurisprudence offre de nombreuses décisions en sens divers. Les auteurs sont d'avis qu'il ne faut à cet égard poser aucune règle absolue, et que l'on doit reconnaître aux juges le droit de maintenir ou d'invalider l'acte, selon les circonstances de chaque espèce (Dur., t. 3, n° 772 ; Delvincourt, t. 1ᵉʳ, p. 182).

745. Après la mort d'un individu, les actes par lui faits peuvent-ils être attaqués pour cause de démence?

Ils ne peuvent être attaqués qu'autant que l'interdiction a été prononcée ou provoquée avant le décès; à moins que la preuve de la démence ne résulte de l'acte même qui est attaqué (C. civ., 504).

746. Un testament fait par un interdit antérieurement à son interdiction et à une époque où il jouissait de ses facultés intellectuelles est-il valable?

Un pareil testament conserve ses effets malgré la survenance de l'interdiction; le principe est certain. Il ne peut même être révoqué pendant la durée de l'interdiction (Toull., t. 5, n° 57).

747. Cette décision s'applique-t-elle au testament olographe?

Oui; car le testament olographe fait foi de sa date (Cass., 29 avr. 1821; D. p. 21, 1, 190; Toull., t. 5, n° 58; Dur., t. 3, n° 773, et t. 8, n° 166).

748. La loi dit bien que le mari est de droit le tuteur de sa femme interdite, mais la femme est-elle également de droit tutrice de son mari interdit?

Non; mais la femme peut être nommée par le conseil de famille, tutrice de son mari (C. civ., 507).

749. Quel est l'effet de la nomination d'un conseil judiciaire?

C'est de priver l'individu, à qui un conseil a été nommé, de la faculté de faire certains actes sans l'assistance de son conseil.

750. Quels sont ces actes?

Ceux de plaider, de transiger, d'emprunter, de recevoir un capital mobilier, d'en donner décharge, d'aliéner, de consentir hypothèque (C. civ., 499 et 513).

751. Que doit-on décider relativement à un testament?

Celui qui est pourvu d'un conseil judiciaire peut, sans l'assistance de son conseil, disposer de ses biens par testament ou par institution contractuelle, et faire des avantages à son conjoint en cas de survie (Merlin, *Rép.*, v° *Don mutuel*, § 2, n° 11; Dur., t. 3, n° 801).

752. Peut-il consentir un bail?

Oui, pourvu qu'il ne soit pas frauduleux (Toull., t. 2, n° 1378; Dur., t. 3, n° 799).

753. Les actes faits antérieurement à la nomination du conseil judiciaire peuvent-ils être annulés?

La dation d'un conseil judiciaire, à la différence de l'interdiction, n'a pas un effet rétroactif (Toull., t. 2, n° 1383; Dur., t. 3, n° 781).

7*

LIVRE II.

Des biens et des différentes modifications de la propriété.

— · —

TITRE PREMIER.

DE LA DISTINCTION DES BIENS.

754. Ne distingue-t-on pas plusieurs espèces d'immeubles ?

Les immeubles se divisent en deux catégories : les immeubles par leur nature, et les immeubles par destination ou par l'objet auquel ils s'appliquent (C. civ., 517).

755. Parmi les immeubles de la première catégorie, n'en est-il pas qui n'ont cette qualité que momentanément, et qui la perdent soit par l'exploitation, soit même en changeant de propriétaire ?

Les produits du sol sont dans ce cas ; tant qu'ils restent attachés à la terre, ils sont immeubles ; ils deviennent meubles dès qu'ils en sont séparés. Ceci s'applique aux récoltes, aux fruits, aux coupes de bois (C. civ., 520 et 521).

756. Les fruits et récoltes sur pieds ou pendants par racines, appartenant au fermier, sont-ils des immeubles ?

Ils sont des meubles à l'égard du fermier, encore bien qu'ils ne soient pas détachés du sol.

757. Que décidez-vous relativement aux mines et aux carrières ?

Les mines et les carrières sont immeubles par elles-mêmes ; mais leurs produits deviennent meubles à mesure de leur extraction.

758. Quelle est la nature des bateaux et usines établis sur l'eau ?

Les bateaux et usines établis sur l'eau sont immeubles quand ils sont fixés par des piliers et en quelque sorte adhérents au sol ; ils sont meubles s'ils ne sont pas fixés par des piliers et restent pour ainsi dire flottants (C. civ., 519 et 531).

759. Quels sont les immeubles par destination ?

Ce sont les objets que le propriétaire d'un fonds y a placés pour le service et l'exploitation de ce fonds (C. civ., 524).

760. Indiquez-nous les principaux immeubles par destination?

Sont immeubles par destination, lorsqu'ils ont été placés *par le proprié-taire* pour le service et l'exploitation du fonds, les animaux attachés à la cul-ture, les ustensiles aratoires, les semences données aux fermiers ou colons partiaires; les pigeons des colombiers, les ruches à miel, les poissons des étangs; les pressoirs, chaudières, alambics, cuves et tonnes; les ustensiles nécessaires à l'exploitation des forges, papeteries et autres usines; les pailles et engrais; enfin, tous les effets mobiliers que le propriétaire a attachés au fonds à perpétuelle demeure (C. civ., 524).

761. Les mêmes objets placés par le fermier ou locataire sont-ils également immeubles par destination?

Ils conservent leur qualité de meubles.

762. Et ceux placés par l'usufruitier?

Ils restent meubles, à la différence de ceux placés par le propriétaire (Proudhon, *Dom. priv.*, t. 1, n° 166; Bugnet sur Pothier, *Intr. gén. aux cout.*, n° 47, p. 14, note 1re).

763. Les animaux, que le propriétaire du fonds livre au fer-mier ou au métayer pour la culture, sont-ils meubles ou im-meubles?

Ils sont censés immeubles tant qu'ils demeurent attachés au fonds par l'effet de la convention (C. civ., 522).

764. Quels sont les immeubles par l'objet auquel ils s'ap-pliquent?

L'usufruit des choses immobilières;
Les servitudes ou services fonciers;
Les actions qui tendent à revendiquer un immeuble (C. civ, 526).

765. Quelle est la nature des créances pour prix de vente d'immeubles, ou des obligations garanties par hypothèque, ou des rentes perpétuelles ou viagères?

Elles sont meubles (C. civ., 529).

766. Les actions dans des compagnies de finances ou d'in-dustrie ne sont-elles pas immeubles, lorsque des immeubles dé-pendants de ces entreprises appartiennent aux compagnies?

Même dans ce cas, elles sont meubles (*Ibid.*).

767. Quel est le sens du mot *meuble* employé seul dans les dispositions de la loi ou de l'homme, sans autre addition ni dé-signation?

Il ne comprend pas l'argent comptant, les pierreries, les dettes actives, les livres, les médailles, les instruments des sciences, des arts et métiers, le linge de corps, les chevaux, équipages, armes, grains, vins, foins et autres denrées; il ne comprend pas non plus ce qui fait l'objet d'un commerce (C. civ., 533).

768. Les expressions *biens meubles, mobilier* ou *effets mobiliers,* ont-elles un sens plus étendu?

Elles comprennent généralement tout ce qui est censé meuble, d'après les dispositions de la loi (C. civ., 535).

769. Qu'est-ce que comprend la vente ou le don d'une maison meublée?

Cette vente ou ce don ne comprend que les meubles meublants (*Ibid.*).

770. Et la vente ou le don d'une maison, avec tout ce qui s'y trouve?

Cette vente ou ce don ne comprend pas l'argent comptant ni les dettes actives ou autres droits dont les titres peuvent être déposés dans la maison ; tous les autres effets mobiliers y sont compris (C. civ., 536).

TITRE II.

DE LA PROPRIÉTÉ.

771. Toutes constructions, plantations et ouvrages sur un terrain ou dans l'intérieur, sont bien présumés faits par le propriétaire à ses frais et lui appartenir ; cependant, s'il est prouvé qu'ils ont été faits par un tiers et avec ses matériaux, quel est en ce cas le droit du propriétaire?

Le propriétaire du fonds a le droit ou de conserver les plantations, constructions et ouvrages, en remboursant la valeur des matériaux et du prix de la main-d'œuvre, sans égard à l'augmentation de valeur que le fonds a pu recevoir, ou d'obliger le tiers à les enlever à ses frais, sans aucune indemnité pour lui (C. civ., 555).

772. N'y a-t-il pas d'exception à cette règle?

Si les plantations, constructions et ouvrages ont été faits par un tiers évincé, qui n'aurait pas été condamné à la restitution des fruits, attendu sa bonne foi, le propriétaire ne peut en demander la suppression, mais il a le choix ou de rembourser la valeur des matériaux et le prix de la main-d'œuvre, ou de rembourser une somme égale à celle dont le fonds a augmenté de valeur (*Ibid.*).

TITRE III.

DE L'USUFRUIT, DE L'USAGE ET DE L'HABITATION.

773. Quels sont les droits de l'usufruitier?

L'usufruitier a le droit de jouir de toute espèce de fruits, soit naturels, soit industriels, soit civils, que peut produire l'objet dont il a l'usufruit (C. civ., 582).

774. L'usufruitier peut-il recevoir le remboursement des capitaux ?

Il peut recevoir les créances dont il a l'usufruit, en donner quittance et consentir mainlevée sans l'intervention du nu propriétaire (Nancy, 17 fév. 1811; D. p. 44, 2, 61 ; Proudhon, t. 2, n° 1031 ; Zachariæ, t. 2, § 225).

775. Peut-il consentir la vente ou cession de créances soumises à son usufruit ?

Il n'a pas ce droit (Proudhon, t. 2, n° 1051).

776. A qui appartiennent les fruits naturels ou industriels pendants par branches ou par racines au moment où l'usufruit est ouvert ?

Ils appartiennent à l'usufruitier. Ceux qui sont dans le même état au moment où finit l'usufruit appartiennent au propriétaire, sans récompense de part ni d'autre des labours et semences (C. civ., 585).

777. Le terme courant d'un loyer ou d'un fermage, à l'époque de l'ouverture de l'usufruit, appartient-il en entier à l'usufruitier ?

Non ; car les fruits civils sont réputés s'acquérir jour par jour et n'appartiennent à l'usufruitier qu'à proportion de la durée de son usufruit (C. civ. , 586).

778. Quel est le droit résultant de l'usufruit d'une rente viagère ?

L'usufruit d'une rente viagère donne à l'usufruitier, pendant la durée de son usufruit, le droit d'en percevoir les arrérages sans être tenu à aucune restitution (C. civ., 588).

779. L'usufruitier est-il tenu de jouir par lui-même ?

Il peut aussi donner à ferme ou à loyer à un autre, ou même vendre ou céder son droit à titre gratuit (C. civ., 595).

780. A quelles règles l'usufruitier est-il assujetti pour les baux qu'il peut faire ?

Il ne peut faire des baux pour un terme excédant 9 ans, ni les passer ou renouveler plus de trois ans avant l'expiration du bail courant, s'il s'agit de biens ruraux, et plus de deux ans avant la même époque, s'il s'agit de maisons (C. civ., 595, 1429 et 1430).

781. Quelles sont les premières obligations de l'usufruitier ?

Il doit, avant d'entrer en jouissance, faire dresser en présence du propriétaire, ou lui dûment appelé, un inventaire des meubles et un état des immeubles sujets à l'usufruit, et donner caution de jouir en bon père de famille, s'il n'en est dispensé par le titre constitutif de l'usufruit (C. civ., 600 et 601).

782. L'usufruitier peut-il être dispensé par le testateur ou le donateur de faire inventaire ?

Oui, excepté toutefois dans le cas où il existe des héritiers à réserve, l'inventaire étant alors nécessaire pour savoir si la quotité disponible n'est pas dépassée (Toull., t. 3, n° 420; Dur., t. 4, n° 598).

783. Dans le cas où il n'y a pas d'héritiers à réserve, les nus propriétaires, malgré la dispense de faire inventaire, n'ont-ils pas le droit d'y faire procéder ?

Oui, mais alors c'est à leurs frais (Proudhon, t. 2, n° 800 et suiv.; Dur., t. 4, n° 599).

784. N'y a-t-il point d'exception à l'obligation, pour l'usufruitier, de fournir caution ?

Les père et mère ayant l'usufruit légal des biens de leurs enfants, le vendeur ou le donateur sous réserve d'usufruit, ne sont pas tenus de donner caution (C. civ., 601).

785. Lorsque l'usufruit porte sur la réserve légale qui est due à l'héritier, le donateur ou le testateur peut-il dispenser l'usufruitier de donner caution ?

Il n'a pas ce droit (Proud'hon t. 2, n° 821 et suiv.; Dur. t. 4, n° 611, Rouen, 21 fév. 1842. D. P. 44, 2, 63; Douai, 18 mars 1842; D. P. 43, 2, 391, Rouen, 17 fév. 1844. D. P. 44, 2, 127).

Il y a cependant des arrêts contraires.

786. Les charges de la propriété doivent-elles toutes être supportées par l'usufruitier ?

L'usufruitier est tenu pendant sa jouissance de toutes les charges annuelles de l'héritage, telles que les contributions, les réparations d'entretien, et autres qui, dans l'usage, sont censées charges des fruits; mais les grosses réparations sont à la charge du propriétaire (C. civ., 605 et 608).

787. Quelles sont les grosses réparations ?

Les grosses réparations sont celles des gros murs et des voûtes, le rétablissement des poutres et des couvertures entières; celui des digues et des murs de soutènement et de clôture aussi en entier. Toutes les autres réparations sont d'entretien (C. civ., 606).

788. L'usufruitier à titre particulier est-il tenu des dettes auxquelles le fonds est hypothéqué ?

Il n'en est pas tenu, et s'il est forcé de les payer, il a son recours contre le propriétaire (C. civ., 611).

789. Dans l'espèce ci-dessus, le propriétaire est-il tenu vis-à-vis l'usufruitier de dégager l'immeuble des hypothèques qui le grèvent ?

Non. Il est seulement soumis à l'action des créanciers et à celle de l'usufruitier, dans le cas où il a acquitté la dette (C. civ., 874 et 1020).

790. Comment l'usufruitier ou universel, ou à titre universel, doit-il contribuer avec le propriétaire au paiement des dettes ?

Il y contribue dans la proportion des biens soumis à l'usufruit. Si l'usufruitier veut avancer la somme pour laquelle le fonds doit contribuer, le capital lui en est restitué à la fin de l'usufruit sans aucun intérêt. Si l'usufruitier ne veut pas faire cette avance, le propriétaire a le choix ou de payer cette somme, et alors l'usufruitier lui tient compte des intérêts pendant la durée de l'usufruit, ou de faire vendre jusqu'à due concurrence une portion des biens soumis à l'usufruit (C. civ., 612).

791. En cas de perte totale de la chose sur laquelle l'usufruit est établi, que devient l'usufruit ?

Il se trouve éteint (C. civ., 617).

792. L'usufruitier peut-il être déchu de son droit d'usufruit ?

L'usufruit peut cesser par l'abus que l'usufruitier fait de son droit, soit en commettant des dégradations sur le fonds, soit en le laissant dépérir faute d'entretien (C. civ., 618).

793. Combien de temps dure l'usufruit qui n'est pas accordé à des particuliers, mais à une corporation, par exemple ?

Il dure trente ans (C. civ., 619).

794. L'usufruit, accordé jusqu'à ce qu'un tiers ait atteint un âge fixé, s'éteint-il lorsque le tiers vient à mourir avant l'âge fixé ?

Non. Il dure jusqu'à cette époque (C. civ., 620).

795. Si, au contraire, l'usufruitier vient à mourir avant le terme fixé pour la durée de son usufruit, l'usufruit est-il éteint, ou bien les héritiers de l'usufruitier ont-ils le droit de jouir des biens jusqu'au terme fixé ?

L'usufruit, dans ce cas, comme dans tous autres, serait éteint par le décès de l'usufruitier (C. civ., 617), et il n'en transmettrait rien à ses héritiers (Proudhon, t. 4, n° 1965).

796. La vente de la chose sujette à usufruit par le nu propriétaire ou ses créanciers, fait-elle cesser l'usufruit ?

Cette vente n'apporte aucun changement dans le droit de l'usufruitier qui continue à jouir de son usufruit, s'il n'y a pas formellement renoncé (C. civ., 621).

797. Le nu propriétaire et l'usufruitier sont-ils copropriétaires, en ce sens que le premier pourrait provoquer une licitation entre eux, et réduire l'usufruitier à la jouissance du prix de la licitation ?

Non, il n'y a pas indivision entre le nu propriétaire et l'usufruitier, et ce dernier ne peut pas être forcé à une licitation.

798. Si l'usufruit n'est établi que sur un bâtiment, et que ce bâtiment soit détruit par un incendie ou un autre accident, quel sera le droit de l'usufruitier?

Son usufruit se trouvera éteint comme en cas de perte totale de la chose, et il n'aura le droit de jouir ni du sol ni des matériaux (C. civ., 624).

799. Et si le bâtiment, détruit par un incendie, était assuré?

Il faut distinguer : si l'assurance avait été faite par le propriétaire avant le commencement de l'usufruit, elle profite à l'usufruitier, il a le droit de jouir de l'indemnité comme représentant l'immeuble; mais il ne peut pas forcer le nu propriétaire à employer l'indemnité à la reconstruction du bâtiment (Colmar, 25 août 1826 ; D. P., 27, 2, 122).

Si l'assurance a été faite par le nu propriétaire, l'usufruitier n'a aucun droit sur l'indemnité.

800. L'usufruit est-il susceptible d'hypothèque?

Oui, lorsqu'il est établi sur des immeubles (C. civ., 2118).

801. Les droits d'usage et d'habitation ont beaucoup de rapports avec l'usufruit, en quoi cependant en diffèrent-ils essentiellement?

En ce que les droits d'usage et d'habitation sont personnels et ne peuvent être ni cédés ni loués (C. civ., 631 et 634).

802. Les droits d'usage et d'habitation peuvent-ils être hypothéqués?

Non, puisqu'ils ne sont pas susceptibles de cession (Troplong, *Hyp.*, t. 2. n° 403; Proud'hon, *Usuf.*, t. 1er, n° 48, et t. 5, n° 2751 ; Dur., t. 5, n° 23).

TITRE IV.

DES SERVITUDES.

803. Un mur, servant de séparation entre bâtiments ou entre héritages, est-il présumé mitoyen?

Dans les villes et les campagnes, tout mur servant de séparation jusqu'à l'héberge, ou entre cours et jardins, et même entre enclos dans les champs, est présumé mitoyen, s'il n'y a titre ou marque du contraire (C. civ., 653).

804. Quand y a-t-il marque de non-mitoyenneté?

Il y a marque de non-mitoyenneté, lorsque la sommité du mur est droite, et à plomb de son parement d'un côté et présente de l'autre un plan incliné; lors encore qu'il n'y a que d'un côté ou un chaperon ou des filets et corbeaux de pierre qui y auraient été mis en bâtissant le mur.

Dans ces cas, le mur est censé appartenir exclusivement au propriétaire du côté duquel sont l'égout où les corbeaux et filets de pierre (C. civ., 654).

805. Le copropriétaire d'un mur mitoyen peut-il se dispenser de contribuer aux réparations et reconstructions ?

Il le peut en abandonnant le droit de mitoyenneté, pourvu que le mur mitoyen ne soutienne pas un bâtiment qui lui appartienne (C. civ., 656).

806. Cette faculté peut-elle être exercée dans les villes et faubourgs comme dans les campagnes ?

L'art. 663 portant que chacun peut contraindre son voisin dans les villes et faubourgs à contribuer aux constructions et réparations de la clôture faisant séparation entre leurs propriétés, a fait une exception à l'art. 656 (Dur., t. 5, n° 319).

807. Le copropriétaire d'un mur mitoyen peut-il le faire exhausser ?

Oui ; mais il doit payer seul les frais d'exhaussement et l'indemnité de surcharge (C. civ., 658).

808. Est-on toujours libre d'acquérir la mitoyenneté d'un mur ?

Tout propriétaire joignant un mur a la faculté de le rendre mitoyen en tout ou en partie, en remboursant au maître du mur la moitié de sa valeur ou la moitié de la valeur de la portion qu'il veut rendre mitoyenne et moitié de la valeur du sol sur lequel le mur est bâti (C. civ., 661).

809. En ce qui touche les fossés, comment se règle la mitoyenneté ?

Tous fossés entre deux héritages sont présumés mitoyens, s'il n'y a titre ou marque du contraire.

Il y a marque de non-mitoyenneté, lorsque la levée ou rejet de terre se trouve d'un côté seulement du fossé.

Le fossé est censé appartenir exclusivement à celui du côté duquel le rejet se trouve (C. civ., 666, 667 et 668).

810. A quelle distance de son voisin peut-on planter des arbres ?

Il n'est permis de planter des arbres de haute tige qu'à la distance de deux mètres de la ligne séparative des deux héritages et à la distance d'un demi-mètre pour les autres arbres et les haies vives (C. civ., 671).

811. A-t-on le droit de pratiquer des fenêtres ou ouvertures dans le mur mitoyen ?

L'un des voisins ne peut le faire qu'avec le consentement de l'autre (C. civ., 675).

812. Si le mur n'est pas mitoyen, le propriétaire peut sans doute y pratiquer des ouvertures comme bon lui semble ?

Il n'est pas complètement libre ; car si le mur joint immédiatement l'héritage d'autrui, il ne peut pratiquer dans ce mur que des fenêtres ou jours à fer maillé et verre dormant; et encore ces fenêtres ou jours ne peuvent être établis qu'à 26 décimètres (8 pieds) au-dessus du plancher ou sol de la chambre qu'on veut éclairer, si c'est au rez-de-chaussée, et à 19 décimètres (6 pieds) au-dessus du plancher pour les autres étages (C. civ., 676 et 677).

813. Lorsqu'il existe dans un mur des jours de souffrance, peut-on les faire supprimer en acquérant la mitoyenneté du mur?

L'affirmative est enseignée par plusieurs auteurs et décidée par plusieurs arrêts (Dur., t. 5, n° 325 et 326; Merlin, *Rép.*, v° *Vue*, § 3, n° 8; Cass., 30 mai 1838 : D. P. 38, t. 281). Il y a cependant des arrêts et des opinions contraires.

814. A quelle distance peut-on avoir des vues sur son voisin?

On ne peut avoir des vues droites, ni balcons ou autres semblables saillies sur l'héritage clos ou non clos de son voisin, s'il n'y a dix neuf décimètres (six pieds) de distance entre le mur où on les pratique et ledit héritage. On ne peut avoir de vues par côté ou obliques, s'il n'y a six décimètres (deux pieds) de distance (C. civ., 678 et 679).

815. Les servitudes sont continues ou discontinues. Qu'entendez-vous par servitudes continues?

Ce sont celles dont l'usage est ou peut être continuel sans avoir besoin du fait actuel de l'homme; tels sont les conduits d'eau, les égouts, les vues et autres de cette espèce (C. civ., 688).

816. Et les servitudes discontinues?

Ce sont celles qui ont besoin du fait actuel de l'homme pour être exercées; tels sont les droits de passage, puisage, pacage et autres semblables (*Ibid*).

817. La servitude d'égout ou d'évier des eaux ménagères est-elle continue?

Elle est une servitude discontinue, parce qu'elle a besoin du fait actuel de l'homme pour être exercée (Troplong, *Prescript.* n° 140; Daviel, n°° 710 et 912; Aix, 31 janv. 1838 : D. P. 38, 2, 100).

818. Les droits d'usage dans les forêts sont-ils de simples servitudes, et quel est leur caractère?

Il a été soutenu, notamment par Proudhon et Carré, que les droits d'usage constituaient une espèce de participation à la propriété, mais il est plus généralement admis qu'ils ne sont qu'une servitude discontinue (Merlin, *Quest.*, v° *Usage (droit d')*, § 7; Toull., t. 3, n° 469; Troplong, *Presc*, t. 1er, n° 394, et Cass., 30 juillet 1838 : D. P. 38, 1, 315).

819. Les servitudes se divisent encore en apparentes et non apparentes. Faites-nous connaître la différence qui existe entre elles?

Les servitudes apparentes sont celles qui s'annoncent par des ouvrages extérieurs, tels qu'une porte, une fenêtre, un aqueduc. Les servitudes non apparentes sont celles qui n'ont pas de signe extérieur de leur existence, comme par exemple, la prohibition de bâtir sur un fonds, ou de ne bâtir qu'à une hauteur déterminée (C. civ., 689).

820. Les différentes espèces de servitudes peuvent-elles s'acquérir de la même manière?

Les servitudes continues et apparentes peuvent s'acquérir par titre et

aussi par la possession de trente ans; mais les servitudes continues non apparentes et les servitudes discontinues, apparentes ou non apparentes, ne
peuvent s'établir que par titres.

La possession, même immémoriale, ne suffit pas pour les établir (C. civ.,
690 et 691).

**821. A l'égard de quelles servitudes la destination du père de
famille peut-elle valoir titre ?**

La destination du père de famille vaut titre à l'égard des servitudes continues et apparentes (C. civ., 692).

822. Quand y a-t-il destination du père de famille ?

Il n'y a destination du père de famille que lorsqu'il est prouvé que les deux
fonds actuellement divisés ont appartenu au même propriétaire, et que c'est
par lui que les choses ont été mises dans l'état duquel résulte la servitude
(C. civ., 693).

**823. Lorsque le propriétaire de deux héritages entre lesquels
il existe un signe apparent de servitude dispose de l'un des héritages, la servitude continue-t-elle ?**

Si le contrat ne contient aucune convention relative à la servitude, elle
continue d'exister activement ou passivement en faveur du fonds aliéné ou
sur le fonds aliéné (C. civ., 694).

**824. Si les deux fonds entre lesquels existe une servitude sont
réunis dans la même main, la servitude continue-t-elle à subsister ?**

Non. Elle est éteinte par confusion (C. civ., 705).

**825. Toutes les servitudes peuvent-elles s'éteindre par la
prescription ?**

Les servitudes sont éteintes par le non-usage pendant trente ans (C. civ.,
706) ; et la loi ne fait aucune distinction entre les différentes espèces de servitudes, soit apparentes ou non apparentes, soit continues ou discontinues.

LIVRE III.

Des différentes manières dont on acquiert la propriété.

———•———

TITRE PREMIER.

DES SUCCESSIONS.

———•———

CHAPITRE PREMIER.

DES DIVERS ORDRES DE SUCCESSION.

826. Les héritiers légitimes sont saisis de plein droit des biens, droits et actions du défunt. En est-il de même des enfants naturels, de l'époux survivant et de l'Etat appelés à recueillir une succession?

Ils sont tenus de se faire envoyer en possession par une ordonnance du président du tribunal de première instance de l'arrondissement dans lequel la succession est ouverte (C. civ., 724, 1007 et 1008).

827. La loi dit que, pour succéder, il faut nécessairement exister à l'instant de l'ouverture de la succession. N'y a-t-il pas d'exception à cette règle?

L'enfant qui est déjà conçu à l'époque de la succession est appelé à cette succession, pourvu qu'il naisse viable (C. civ., 725).

828. Un étranger est-il admis à succéder aux biens que son parent, étranger ou français, possède en France?

L'art. 726 du Code civil qui restreignait le droit des étrangers a été abrogé; en conséquence, les étrangers ont le droit de succéder de la même manière que les Français (L. 14 juillet 1819, art. 1ᵉʳ).

829. Dans le cas où la succession contient des biens situés en France et des biens situés en pays étranger, les droits des cohéritiers français et étrangers sont-ils absolument les mêmes?

Dans ce cas, les cohéritiers français prélèvent, sur les biens situés en France, une portion égale à la valeur des biens situés en pays étranger dont ils sont exclus, à quelque titre que ce soit, en vertu des lois et coutumes locales (*Id.*, art. 2).

830. Les enfants d'une personne reconnue indigne de succéder sont-ils eux-mêmes exclus de la succession ?

Ils ne sont pas exclus pour la faute de leur père, s'ils viennent à la succession de leur chef et sans le secours de la représentation (C. civ., 730).

831. Lorsqu'une succession est échue à des ascendants ou à des collatéraux, comment se divise-t-elle ?

Elle se divise en deux parts égales ; l'une pour les parents de la ligne paternelle, l'autre pour les parents de la ligne maternelle (C. civ., 733).

832. Comment se règlent les droits des parents germains, utérins ou consanguins ?

Les germains prennent part dans les deux lignes ; les utérins ou consanguins ne prennent part que dans leur ligne ; toutefois, s'il n'y a de frères ou sœurs que d'un côté, ils succèdent à la totalité à l'exclusion de tous autres parents de l'autre ligne (C. civ., 733 et 752).

833. Comment comptez-vous les degrés en ligne directe ?

En ligne directe on compte autant de degrés qu'il y a de générations entre les personnes ; ainsi le fils est, à l'égard du père, au 1er degré ; le petit-fils au second ; et réciproquement du père et de l'aïeul à l'égard des fils et petits-fils (C. civ., 737).

834. Et en ligne collatérale ?

En ligne collatérale, les degrés se comptent par les générations depuis l'un des parents jusques et non compris l'auteur commun, et depuis celui-ci jusqu'à l'autre parent.

Ainsi, deux frères sont au 2e degré ; l'oncle et le neveu au 3e ; les cousins germains au 4e, ainsi de suite (C. civ., 738).

835. La représentation, qui a lieu à l'infini dans la ligne directe descendante, est-elle admise en faveur des ascendants ?

La représentation n'a pas lieu en faveur des ascendants ; le plus proche dans chacune des deux lignes exclut toujours le plus éloigné (C. civ., 711).

836. La représentation a-t-elle lieu en ligne collatérale ?

En ligne collatérale, la représentation n'est admise qu'en faveur des enfants et descendants des frères ou sœurs du défunt ; soit qu'ils viennent à sa succession concurremment avec des oncles ou tantes, soit que tous les frères et sœurs du défunt étant prédécédés, la succession se trouve dévolue à leurs descendants en degrés égaux ou inégaux (C. civ., 742).

837. Supposé que le défunt ait laissé un enfant d'un frère décédé et deux enfants d'un autre frère également décédé, ces trois neveux étant au même degré, partageront-ils par tiers ?

La succession se divise en deux moitiés ; l'une pour le neveu qui est fils unique, l'autre pour les deux neveux qui sont frères (C. civ., 742 et 743).

838. Peut-on représenter celui à la succession duquel on a renoncé ?

Oui (C. civ., 744).

839. Peut-on représenter celui qui a renoncé à la succession?

Non, parce qu'on ne représente pas les personnes vivantes (C. civ., 744 et 787).

840. Si le defunt n'a laissé ni postérité, ni frère ni sœur, ni descendant d'eux, mais des ascendants, comment la succession se divise-t-elle?

La succession se divise par moitié entre les ascendants de la ligne paternelle et les ascendants de la ligne maternelle (C. civ., 746).

841. Si les ascendants d'une ligne ne sont pas au même degré, dans quel ordre succèdent-ils?

L'ascendant qui se trouve au degré le plus proche, recueille la moitié affectée à sa ligne, à l'exclusion de tous autres (Ibid. et 741).

842. Et quand les ascendants sont au même degré dans une ligne?

Ils succèdent par tête (Ibid.).

843. Les ascendants n'ont-ils pas un droit de succession particulier sur les choses par eux données?

Les ascendants succèdent, à l'exclusion de tous autres, aux choses par eux données à leurs enfants ou descendants décédés sans postérité, lorsque les objets donnés se retrouvent en nature dans la succession (C. civ., 717).

844. Le donataire est décédé laissant des enfants, lesquels viennent à décéder ensuite sans postérité; l'ascendant donateur peut-il alors exercer son droit de retour dans la succession de ces enfants?

La négative est décidée par la jurisprudence et quelques auteurs (Cass., 18 août 1818, et 30 nov. 1819: S. 18, 1, 370; 20, 1, 107; Chabot, art. 747, n° 12; Merlin, v° Réserve, sect. 2, § 2, n° 3, et v° Success., sect. 2, § 1, n° 1er; Grenier, t. 2, n° 598; Dur., t. 6, n° 216;—Contrd, Vazeille, art. 747, n° 19; Delvincourt, t. 2, p. 40).

845. Un enfant adoptif fait-il obstacle à l'exercice du droit de retour des ascendants?

Oui (Toull., t. 4, n° 210; Dur., t. 6, n° 220).

846. En est-il de même de l'existence d'un enfant naturel?

Oui, suivant les mêmes auteurs (Contrd, Cass., 3 juillet 1832: D. P., 32, 1, 295).

847. Lorsque les enfants du donataire renoncent à la succession, y a-t-il lieu à l'exercice du droit de retour des ascendants?

Oui (Toull., t. 4, n° 211; Dur., t. 6, n° 218).

848. Si l'enfant du donataire a disposé des biens donnés par acte entre-vifs, ou même par testament, les ascendants peuvent-ils encore exercer le droit de retour?

Non, parce que le retour légal est un droit successif et non un droit de réserve (Merlin, *Rép.*, v° *Réversion*, sect. 1re, § 2, art. 2; Toull., t. 4, n° 234; Dur., t. 6, n° 223, 227; Vazeille, Chabot et Grenier; Cass., 16 mars 1830; D. P., 30, 1, 115.)

849. Si les objets donnés ont été aliénés, et que le prix en soit encore dû, quel est le droit des ascendants?

Ils recueillent le prix qui peut en être dû. Ils succèdent aussi à l'action en reprise que pouvait avoir le donataire (C. civ., 717).

850. Le droit de retour existe-t-il au profit de l'ascendant donateur, 1° lorsqu'il a donné de l'argent et qu'il se trouve de l'argent dans la succession; 2° lorsqu'il a donné des obligations, billets ou effets publics, et qu'il se trouve du numéraire dans la succession, ou *vice versâ*; 3° lorsque le donataire a employé l'argent, les obligations, billets ou effets publics à acheter des fonds, ou lorsqu'il a employé le prix des biens donnés à acheter d'autres biens, ou, enfin, lorsqu'il a échangé les biens donnés contre d'autres biens qui se trouvent dans sa succession?

Le droit de retour a lieu dans ces divers cas, pourvu toutefois qu'en cas d'acquisition d'immeubles, l'acte d'acquisition mentionne que le prix en a été payé avec les deniers donnés (Dur., t. 6, n° 234 et s.; Toull., t. 4, n° 215).

851. Les biens que l'ascendant reprend par l'effet du retour légal doivent-ils être imputés sur la réserve à laquelle il a droit?

Oui, parce qu'il les reprend à titre successif (Toull., t. 5, n° 129; Dur., t. 6, n° 223.—*Contrà*, Grenier, *Donat.*, t. 2, n° 598; Vazeille, art. 717, n° 10),

852. L'ascendant qui exerce le droit de retour légal est-il tenu, à ce titre, des dettes de la succession?

Il en est tenu dans la proportion de la valeur qu'il prend dans la succession (Merlin, *Rép.*, v° *Réserve*, sect. 2, § 2, n° 3; Toull., t. 4, n° 236; Dur., t. 6, n° 209).

853. Lorsqu'une personne morte sans postérité a laissé ses père et mère et des frères ou sœurs, ou des descendants d'eux, comment se divise la succession?

La succession se divise en deux parts égales, dont moitié pour les père et mère, qui la partagent entre eux également, et moitié pour ses frères ou sœurs ou descendants d'eux (C. civ., 748).

854. Si le père ou la mère seulement a survécu, la division a-t-elle encore lieu par moitié?

Le père ou la mère survivant prend le quart de la succession et les trois autres quarts sont dévolus aux frères ou sœurs ou descendants d'eux (C. civ., 749 et 751).

855. En cas de prédécès des père et mère, s'il existe des ascendants, partagent-ils avec les frères ou sœurs?

Les frères ou sœurs ou descendants d'eux sont appelés à la succession, à l'exclusion des ascendants (C. civ., 750).

856. Une personne laisse pour héritiers son père ou sa mère et des collatéraux autres que des frères ou sœurs ou descendants d'eux ; dans ce cas, quels seront les droits du père ou de la mère?

Le père ou la mère survivant prend d'abord la moitié afférente à sa ligne, et de plus, il a droit à l'usufruit du tiers des biens auxquels il ne succède pas en propriété (C. civ., 746 et 751).

857. Jusqu'à quel degré peut-on succéder?

Jusqu'au douzième degré inclusivement (C. civ., 755).

858. S'il n'y a pas de parents au degré successible dans une ligne, à qui appartient la moitié afférente à cette ligne?

Aux parents de l'autre ligne (*Ibid.*).

CHAPITRE II.

DES SUCCESSIONS IRRÉGULIÈRES.

859. Comment sont réglés les droits de l'enfant naturel sur les biens de ses père et mère décédés qui l'ont reconnu?

Si le père ou la mère a laissé des descendants légitimes, le droit de l'enfant naturel est du tiers de la portion héréditaire qu'il aurait eue, s'il eût été légitime ; il est de la moitié lorsque les père ou mère ne laissent pas de descendants, mais bien des ascendants ou des frères ou sœurs ; il est des trois quarts lorsque les père ou mère ne laissent ni descendants, ni ascendants, ni frères ou sœurs ; enfin, l'enfant naturel a droit à la totalité des biens, lorsque ses père et mère ne laissent pas de parents au degré successible (C. civ., 757 et 758).

860. Les enfants naturels reconnus ont-ils droit à une réserve légale?

Presque tous les auteurs enseignent l'affirmative, qui est décidée aussi généralement par la jurisprudence.

861. Les enfants ou descendants d'un enfant naturel prédécédé peuvent-ils le représenter dans la succession de ceux qui l'ont reconnu?

Oui (C. civ., 759), pourvu qu'ils soient eux-mêmes légitimes; car la loi n'accorde aux enfants naturels aucun droit sur les biens des parents de leurs père ou mère (C. civ., 756).

862. Les enfants adultérins ou incestueux ont-ils les mêmes droits que les enfants naturels ?

La loi ne leur accorde que des aliments (C. civ., 762).

863. A qui est dévolue la succession de l'enfant naturel décédé sans postérité ?

Au père ou à la mère qui l'a reconnu, ou par moitié à tous les deux, s'il a été reconnu par l'un et par l'autre (C. civ., 765).

864. Et en cas de prédécès des père et mère ?

Les biens que l'enfant naturel avait reçus de ses père et mère passent aux frères ou sœurs légitimes, s'ils se retrouvent en nature dans la succession ; les actions en reprise, s'il en existe, ou le prix des biens aliénés, s'il en est encore dû, retournent également aux frères ou sœurs légitimes. Tous les autres biens passent aux frères et sœurs naturels ou à leurs descendants (C. civ., 766).

865. A défaut de parents au degré successible, à qui revient la succession ?

D'abord au conjoint survivant non divorcé, ensuite à défaut de conjoint survivant à l'Etat (C. civ., 767, 768).

866. La séparation de corps prive-t-elle, comme le divorce, le conjoint survivant du droit de succéder à son conjoint décédé ?

Non (Chabot, art. 767, n° 4 ; Dur., t. 2, n° 636 et t. 3, 6, n° 313).

867. L'époux survivant et l'État, appelés à une succession, n'ont-ils pas des formalités particulières à remplir ?

Ils sont tenus de demander l'envoi en possession et de faire inventaire ; l'époux survivant est en outre tenu de faire emploi du mobilier ou de donner caution (C. civ., 769, 770, 771).

868. En est-il de même pour l'enfant naturel appelé à une succession à défaut de parents ?

L'enfant naturel est soumis aux mêmes obligations que l'époux survivant (C. civ., 773).

CHAPITRE III.

DE L'ACCEPTATION ET DE LA RÉPUDIATION DES SUCCESSIONS.

869. L'acceptation d'une succession peut être expresse ou tacite. Expliquez-nous ce qu'on entend par l'une et par l'autre ?

L'acceptation est expresse, quand on prend le titre ou la qualité d'héritier

8

dans un acte authentique ou privé; elle est tacite quand l'héritier fait un acte
qui suppose nécessairement son intention d'accepter, et qu'il n'aurait droit de
faire qu'en sa qualité d'héritier (C. civ., 778).

870. Une procuration donnée pour les affaires de la succession est-elle un acte d'héritier ?

Il faut distinguer : si dans la procuration, le mandant prend la qualité d'héritier et donne pouvoir de faire un acte qui emporterait lui-même acceptation,
la procuration est considérée comme un acte d'héritier; s'il ne prend que la
qualité d'habile à succéder, et que, dans le nombre des pouvoirs, il donne celui de renoncer, il n'y a pas là acte d'héritier ni intention manifestée d'accepter (Dur., t. 6, n° 339).

871. Le transport de ses droits successifs emporte-t-il acceptation ?

Oui, aussi bien quand il est fait aux cohéritiers ou à l'un d'eux, que quand
il est fait à un étranger (C. civ., 780).

872. La renonciation ne peut-elle pas prendre le caractère
d'acceptation ?

La renonciation emporte acceptation, lorsqu'elle est faite, même gratuitement, au profit d'un ou de plusieurs des cohéritiers; lorsque, faite au profit
de tous les héritiers indistinctement, elle a eu lieu moyennant un prix quelconque (C. civ., 780).

873. L'héritier présomptif fait-il acte d'héritier en louant
ou affermant les biens de la succession ?

Il faut décider en général l'affirmative, parce qu'alors il agit comme propriétaire (Toull., t. 4, n° 331 ; Cass., 27 juin 1837, aff. Cavalier, D. P., 37, 1, 579).

874. En est-il de même d'une vente de meubles aux enchères?

Oui, à moins que l'héritier ne se soit fait autoriser par une ordonnance du
président du tribunal, conformément à l'art. 986 du Code de procédure (C.
civ., 796).

875. Le paiement des frais funéraires est-il un acte d'héri-
ritier ?

Non; car le successible peut agir alors *pietatis causâ* (Toull., t. 4, n° 333;
Dur., t. 6, n° 401).

876. Les actes conservatoires emportent-ils acceptation de
la succession?

Les actes purement conservatoires de surveillance et d'administration
provisoire, ne sont pas des actes d'adition d'hérédité, si l'on n'y a pas pris
le titre ou la qualité d'héritier (C. civ., 779).

877. Faites-nous connaître quelques actes conservatoires que
le successible peut faire sans prendre qualité.

L'héritier présomptif peut, sans prendre qualité, requérir l'apposition des

scellés, en demander la levée, faire procéder à l'inventaire, prendre inscription, former des oppositions, interrompre la prescription par une demande.

878. La renonciation à une succession peut-elle être faite
devant notaire?

La renonciation à une succession ne peut plus être faite qu'au greffe du
tribunal de première instance dans l'arrondissement duquel la succession
s'est ouverte (C. civ., 784).

879. La renonciation est-elle irrévocable?

Tant que la prescription du droit d'accepter n'est pas acquise contre les
héritiers qui ont renoncé, ils ont la faculté d'accepter encore la succession,
si elle n'a pas déjà été acceptée par d'autres héritiers (C. civ., 790).

880. Peut-on renoncer à une succession future?

On ne peut, même par contrat de mariage, renoncer à la succession d'un
homme vivant, ni aliéner les droits éventuels qu'on peut avoir à cette succession (C. civ., 791).

881. La clause d'un contrat de mariage par laquelle il est
stipulé, comme condition d'une constitution de dot faite à un
enfant par ses père et mère, que le survivant d'eux jouira de
l'usufruit des biens du prédécédé sans que l'enfant puisse lui demander ni compte ni partage est-elle valable?

Cette clause est nulle, comme ayant pour objet une succession future;
mais cette nullité n'entraîne pas celle de la donation (Cass., 16 janvier 1838;
D. P., 38, 1, 111).

882. Les héritiers qui ont diverti ou recélé des effets d'une
succession peuvent-ils y renoncer?

Ils sont déchus de la faculté d'y renoncer; ils demeurent héritiers purs et
simples, sans pouvoir prétendre aucune part dans les objets divertis ou re-
célés (C. civ., 792).

883. Le légataire universel, ou à titre universel, a-t-il,
comme l'héritier naturel, le droit de n'accepter que sous bénéfice d'inventaire?

Oui (Toull., t. 4, n° 395).

884. Dans quel délai l'héritier doit-il faire inventaire?

L'héritier a trois mois pour faire inventaire, à compter du jour de l'ouverture de la succession.

Il a de plus, pour délibérer sur son acceptation ou sa renonciation, un
délai de quarante jours qui commencent à courir du jour de l'expiration des
trois mois donnés pour l'inventaire, ou du jour de la clôture de l'inventaire,
s'il a été terminé dans les trois mois (C. civ., 795).

885. Ces délais sont-ils de rigueur?

Après les délais accordés par la loi, l'héritier, en cas de poursuite dirigée
contre lui, peut obtenir un nouveau délai du tribunal, suivant les circonstances (C. civ., 798).

886. Après l'expiration des délais accordés pour faire inventaire et délibérer, l'héritier qui n'a pas renoncé est-il héritier pur et simple ?

Il conserve encore la faculté de se porter héritier bénéficiaire, s'il n'a pas fait d'ailleurs acte d'héritier ou s'il n'existe pas contre lui de jugement passé en force de chose jugée qui le condamne en qualité d'héritier pur et simple (C. civ., 800).

887. Le jugement qui a condamné le successible en qualité d'héritier pur et simple l'empêche-t-il, à l'égard de tous les créanciers, d'accepter bénéficiairement ou de renoncer?

Non; car ce jugement ne peut être invoqué que par celui qui l'a obtenu (Toull., t. 4, nᵒ 331, et t. 10, nᵒ 236, et suiv. ; Dur., t. 7, nᵒ 25).

888. L'héritier bénéficiaire peut-il renoncer à la succession?

Il n'a plus la faculté de renoncer; il peut seulement faire abandon des biens; la règle, *Semel hæres, semper hæres* lui est applicable comme à l'héritier pur et simple.

La jurisprudence et les auteurs sont à peu près unanimes sur cette question.

889. Quel est l'effet du bénéfice d'inventaire ?

C'est de donner à l'héritier l'avantage : 1ᵒ de n'être tenu du paiement des dettes de la succession que jusqu'à concurrence de la valeur des biens qu'il a recueillis, même de pouvoir se décharger du paiement des dettes en abandonnant tous les biens de la succession aux créanciers et légataires;

2ᵒ De ne pas confondre ses biens personnels avec ceux de la succession et de conserver contre elle le paiement de ses créances (C. civ., 802).

890. L'héritier bénéficiaire est-il tenu d'acquitter les droits de mutation par décès?

Il en est tenu personnellement comme l'héritier pur et simple (Cass., 7 avril 1835; 12 juillet 1836; D. P., 35, 1, 215, et 36, 1, 386).

891. Comme administrateur, l'héritier bénéficiaire peut-il vendre les meubles et les immeubles de la succession ?

Il ne peut vendre les meubles que par le ministère d'un officier public, aux enchères et après les affiches et publications accoutumées.

Il ne peut vendre les immeubles que dans les formes prescrites par les lois sur la procédure; il est tenu d'en déléguer le prix aux créanciers hypothécaires qui se sont fait connaître (C. civ., 805 et 806).

892. L'héritier bénéficiaire peut-il se rendre adjudicataire des immeubles de la succession, même lorsque la vente est poursuivie par lui ?

L'affirmative est enseignée par tous les auteurs (Vazeille, sur l'art. 806, nᵒ 7; Duvergier, *Vente*, t. 1ᵉʳ, nᵒ 190).

893. A-t-il capacité pour transiger relativement aux biens de la succession ?

La transaction est valable ; mais elle entraîne pour l'héritier la déchéance du bénéfice d'inventaire (Limoges, 10 mars 1836, D. P., 37, 2, 38).

894. Peut-il payer les créanciers et les légataires à mesure qu'ils se présentent ?

Oui, s'il n'y a pas de créanciers opposants; dans le cas contraire, il ne peut payer que dans l'ordre et de la manière réglés par le juge (C. civ., 808).

895. Les créanciers non opposants qui se présentent tardivement ont-ils un recours contre les créanciers plus diligents qui ont été payés ?

Ils n'ont de recours à exercer que sur le reliquat du compte et contre les légataires (C. civ., 809).

896. Pendant combien de temps ce recours peut-il s'exercer ?

Il se prescrit par le laps de trois ans à compter du jour de l'apurement du compte et du paiement du reliquat (Ibid).

897. Les frais de scellés, d'inventaire et de compte sont-ils à la charge de l'héritier bénéficiaire ?

Ils sont à la charge de la succession (C. civ., 810).

898. Le droit de mutation par décès est-il dû dans le cas où la succession est vacante ?

Le droit est dû, mais si, après avoir fait l'avance de ces droits sous toutes réserves, le curateur établi par le résultat de la liquidation l'insuffisance des valeurs, il y a lieu d'ordonner la restitution de tout ce qui a été perçu en excédant (Cass. 3 déc., 1839; D. P., 40, 1,37).

CHAPITRE IV.

DU PARTAGE.

899. Peut-on, par des conventions, déroger au principe de la loi, d'après lequel nul ne peut être contraint de demeurer dans l'indivision ?

On peut convenir de suspendre le partage pendant un temps limité qui ne peut excéder cinq ans; mais cette convention peut être renouvelée (C.civ.,813).

900. Si la convention d'indivision est faite pour plus de cinq ans, est-elle nulle ?

Non; elle est seulement réductible à ce terme (Arg. de l'art. 1660; C. civ.; Dur., t. 7, n° 81).

901. Un partage verbal est-il valable ?

Il est insuffisant pour empêcher l'action en partage, même lorsque les co-partageants ont joui séparément, à moins que cette jouissance n'ait duré assez longtemps pour acquérir la prescription (C. civ., 816; Toulouse, 30 août 1837; Orléans 16 juillet 1812; D. P., 38, 2, 71 et 13, 2, 15; Cass., 6 juillet 1836).

902. Dans quelle forme doit se faire le partage entre héritiers présents et majeurs ?

. Dans ce cas, le partage peut être fait dans la forme et par tel acte que les parties intéressées jugent convenables (C. civ., 819).

903. Si tous les héritiers ne sont pas présents, ou s'il y a parmi eux des interdits ou des mineurs, même émancipés, comment doit se faire le partage ?

Il doit être fait en justice et ne peut avoir lieu à l'amiable (C. civ., 838).

904. Lorsqu'une femme mariée sous le régime dotal est intéressée au partage, peut-il être fait à l'amiable ?

Oui ; il n'y a pas là aliénation de la dot (Vazeille, sur l'art. 819; Cass., 29 janvier 1838, Contrà, Locré, t. 4, p. 317 ; Dur., t, 7, n° 127).

905. Celui qui est pourvu d'un conseil judiciaire peut-il partager à l'amiable avec l'assistance de son conseil ?

Il le peut, car il n'est pas interdit (Dur., t. 7, n° 107).

906. Devant quel tribunal doit être portée l'action en partage entre cohéritiers ?

Devant le tribunal du lieu de l'ouverture de la succession (C. civ., 822).

907. Est-ce le tribunal lui-même qui procède aux opérations du partage ?

En prononçant sur la demande en partage, le tribunal commet un juge-commissaire et en même temps un notaire, devant lequel il est procédé aux comptes que les copartageants peuvent se devoir, à la formation de la masse générale, à la composition des lots et aux fournissements à faire à chacun des copartageants (C. civ., 828; C. pr. 969, rectifié par la loi du 2 juin 1841).

908. Le notaire commis procède-t-il dans la forme ordinaire des actes notariés ?

Il procède seul sans l'assistance d'un second notaire ou de témoins (C. pr., 977).

909. Sur quel motif est fondée cette exception ?

Sur ce que, dans la circonstance, le notaire n'est que le délégué de la justice, préposé pour agir sous sa surveillance, et que son travail n'a d'autorité que par l'homologation du tribunal.

910. Le concours et les signatures de toutes les parties intéressées sont-ils indispensables pour que le notaire commis puisse procéder aux opérations de liquidation et partage ?

Pas toujours. En effet, si les parties ne sont pas parfaitement d'accord, le poursuivant fait sommation à ses cohéritiers de comparaître devant le notaire au jour indiqué par lui, et si quelques-uns ne comparaissent pas, ce dernier donne défaut contre eux et procède comme s'ils avaient comparu.

911. Si, dans les opérations renvoyées devant un notaire, il s'élève des contestations, que doit-il faire ?

Il doit suspendre son opération, dresser un procès-verbal séparé des difficultés et dires des parties et remettre ce procès-verbal au greffe, pour que le tribunal prononce sur les difficultés (C. civ., 837 ; C. pr., 977).

912. Vous dites que le procès-verbal des difficultés est remis au greffe, c'est sans doute en expédition ?

C'est l'original même de ce procès-verbal qui doit être déposé au greffe où il est retenu (C. pr., 977 ; Pigeau, t. 2, p. 694 ; Carré, sur l'art. 981). L'usage général est cependant de déposer une expédition.

913. Comment se fait l'estimation des meubles pour le partage ?

L'estimation des meubles, s'il n'y a pas eu de prisée dans un inventaire régulier, doit être faite par gens à ce connaissant, à juste prix et sans crue (C. civ., 825).

914. Et celle des immeubles ?

L'estimation des immeubles est faite par des experts choisis par les parties intéressées, ou à leur refus, nommés d'office par le tribunal (C. civ., 824).

915. Les experts peuvent-ils être choisis par les parties, alors même qu'il y a, parmi les héritiers, des mineurs, des interdits ou des absents ?

Dans ce cas, les experts doivent être nommés d'office par le tribunal (Dalloz, v° *Succession* ; ch. 6, sect. 3, art. 4, n° 11 ; Vazeille, art. 824, n° 2 ; Douai, 12 mai 1827 ; D. P., 27, 2, 131. *Contrà* ; Proudhon, *des Personnes*, t. 1er, p. 225 ; Delvincourt, t. 2, p. 351).

916. L'expertise est-elle toujours nécessaire ?

Le tribunal peut déclarer qu'il sera immédiatement procédé soit au partage, soit à la licitation, sans expertise préalable, même lorsqu'il y a des mineurs en cause (C. proc., art. 1970 rectifié).

917. Quelles sont les principales opérations dont le notaire commis se trouve chargé ?

C'est devant lui qu'on procède aux comptes que les copartageants peuvent se devoir, à la formation de la masse générale, à la composition des lots et aux fournissements à faire à chacun des copartageants (C. civ., 828).

918. Par qui doit être faite la formation des lots ?

Les lots sont faits par l'un des cohéritiers, s'ils peuvent convenir entre eux sur le choix, et si celui qu'ils avaient choisi accepte la commission ; dans le cas contraire, les lots sont faits par un expert que le juge-commissaire désigne (C. civ., 834 ; C. proc., 978).

919. La mission de composer les lots peut-elle être donnée à l'un des cohéritiers, lorsqu'il y a parmi eux des mineurs, des interdits ou des absents ?

Dans ce cas, il est nécessaire de recourir au ministère d'un expert nommé par le juge (C. pr., 978 ; Chabot, sur l'art. 834 ; Carré, n° 3201).

920. Par qui doit être rédigé le rapport du cohéritier ou de l'expert chargé de la composition des lots ?

C'est le notaire commis qui reçoit et rédige ce rapport, à la suite des opérations précédentes (C. pr., 979).

921. Suit-on toujours ce mode de procéder ?

Le plus souvent, les experts, chargés de faire l'estimation des biens, font eux-mêmes dans leur rapport la formation des lots, ce qui évite un procès-verbal séparé.

922. Comment se distribuent les lots ?

Ils sont tirés au sort (C. civ., 834).

923. Cette règle est-elle absolue ?

Quand tous les héritiers sont majeurs, présents et d'accord, ils peuvent procéder par voie d'attribution (C. civ., 819).

924. Lors même que tous les intéressés ne sont pas majeurs, présents et d'accord, n'y a-t-il pas quelquefois nécessité de procéder, par voie d'attribution, par exemple, dans le cas où les copartageants ont des droits inégaux ?

Le principe du tirage au sort ne peut recevoir aucune exception (Toull., t. 4, n° 428; Chabot, art. 834, n° 5; Vazeille, art. 834, n° 3; Paignon, *Comment.* de la loi du 3 juin 1841, t. 2, n° 302; Chauveau sur Carré, *Lois de la procéd.*, Quest. 2506 *bis*; Cass., 19 mars 1844, D. p., 44, 1, 119). Lors de la discussion de la loi du 2 juin 1841, on proposa d'introduire le mode de partage par attribution, pour le cas d'inégalité dans les droits des copartageants; mais l'amendement ne fut pas admis.

925. Alors, comment peut-on procéder au tirage des lots en cas d'inégalité. Supposez qu'un père soit en concours pour la succession de son fils, avec deux frères du défunt, le père prenant le quart, et les deux frères chacun moitié des trois quarts ?

On procède à deux tirages successifs. On forme d'abord quatre lots, représentant chacun un quart des biens; ils sont tirés au sort, et l'un d'eux échoit au père. Les trois autres quarts sont ensuite réunis, il en est formé deux lots égaux, et il est procédé à un second tirage entre les deux frères. C'est ainsi qu'on procède en cas de subdivision entre les souches copartageantes (C. civ., 836).

926. Quand les lots ne peuvent pas être composés d'une manière égale, que doit-on faire ?

L'inégalité des lots est compensée par une soulte ou retour, soit en rente, soit en argent (C. civ., 833).

927. Le tirage des lots est-il une opération distincte, ou peut-il se faire simultanément avec les autres opérations du partage ?

Lorsque toutes les parties sont majeures et présentes, elles peuvent procéder de suite au tirage et à la délivrance des lots; mais s'il y a des mineurs, interdits ou absents, le partage ne pouvant être fait qu'en justice, l'homologation préalable est nécessaire. Le jugement d'homologation ordonne le tirage des lots soit devant le juge-commissaire, soit devant le notaire qui en fait la délivrance (C. pr., 982 et 984).

928. Le procès-verbal qui contient ce tirage doit-il être homologué ?

Le procès-verbal de tirage des lots n'est pas susceptible d'entérinement.

929. Lorsque le tuteur a, dans le partage, des intérêts opposés au mineur, comme, par exemple, si le partage doit comprendre la liquidation de la communauté avec le père ou la mère survivant, en même temps que le partage de la succession, le père peut-il, en sa qualité de tuteur, représenter ses enfants mineurs ?

Il doit être nommé un tuteur *ad hoc* aux mineurs par le conseil de famille (Massé, t. 3, p. 313; Dur., t. 3, n° 315). On peut encore faire représenter les mineurs par le subrogé tuteur, en vertu de l'art. 420, C. civ.

930. S'il y a plusieurs mineurs ou interdits qui aient des intérêts opposés, un seul tuteur peut-il les représenter tous ?

Il doit leur être donné à chacun un tuteur spécial et particulier. (C. civ., 838; C. pr., 968.)

931. Quand y a-t-il opposition d'intérêt entre des mineurs ?

Lorsque leurs droits sont inégaux, soit qu'ils aient des legs à prélever, des rapports distincts à faire, soit que leurs droits soient contestés, ou enfin, lorsqu'ils sont de lits différents et qu'il y a des reprises à liquider.

932. Un mineur émancipé a-t-il qualité suffisante pour provoquer le partage d'une succession, soit mobilière, soit immobilière, comme pour y défendre ?

Oui, pourvu qu'il soit assisté de son curateur. Il n'a pas besoin de l'autorisation du conseil de famille (C. civ., 482 et 840).

933. Mais peut-il procéder à un partage amiable ?

Non; le partage doit être fait judiciairement (C. civ., 838).

934. Lorsque le partage est fait en justice, sur la provocation ou à cause de l'incapacité d'un seul des héritiers, les frais en sont-ils à sa charge ?

Ils sont à la charge de tous les héritiers dans la proportion de leurs droits (Proudhon, *État des pers.*, t. 2, p. 228; Chabot, sur l'art. 838, n°s 4 et 5; Vazeille, *Ibid.*, n° 4; Bioche, n° 23).

935. Un étranger à la succession, cessionnaire des droits successifs d'un cohéritier, ne peut-il pas être écarté du partage ?

Les autres cohéritiers ou même un seul d'entre eux, ont le droit de l'écarter du partage en lui remboursant le prix de la cession (C. civ., 841).

936. Comment appelle-t-on ce droit des cohéritiers ?

Le retrait successoral.

937. Il n'y a donc aucune sécurité à acheter quelque chose d'un héritier avant le partage.

Pas précisément. Il n'y a pas lieu au retrait successoral lorsque la cession porte sur un corps ou des immeubles certains et déterminés, et non sur une universalité ou quotité de droits successifs (Toull., t. 4, n° 417; Dur., t. 7, n° 192; Chabot, art. 841, n°ˢ 8 et s.; Vazeille, art. 841, n° 16).

938. Le retrait peut-il être exercé contre le cessionnaire à titre gratuit du donataire ?

Non ; mais il pourrait l'être contre l'acquéreur du donataire (Toull., t. 4, n° 416; Chabot, art. 841, n° 3; Dur., t. 7, n° 191; Vazeille, art. 841, n° 3).

939. Peut-il l'être dans le cas où la cession a été faite moyennant une rente viagère ?

Oui, quand même la rente serait déjà éteinte. Il suffirait alors de rembourser les arrérages déjà payés (Toull., t. 4, n° 198; Chabot, n° 21; Dur., t. 7, n° 198; Vazeille, n° 51).

940. A qui profite le retrait successoral exercé par un seul des cohéritiers ?

A celui qui l'a exercé. Il n'est pas tenu d'en rendre le bénéfice commun à ses cohéritiers (Toull., t. 4, n° 438; Dur., t. 7, n° 199; Chabot, art. 811, n° 16).

941. L'héritier qui veut exercer le retrait successoral est-il tenu de faire des offres réelles ?

Il suffit qu'il se soumette à l'obligation de payer et qu'il satisfasse à cette obligation, lorsqu'il en est requis. (Bourges, 16 déc. 1833; D. P., 34, 2, 99; Bastia, 23 mars 1835; D. P., 35, 2, 58).

942. Le remboursement au cessionnaire ne comprend-il que le prix principal ?

Il doit y être ajouté les intérêts du prix à compter du jour du paiement de ce prix, plus les frais et loyaux coûts de la cession. (Toull., t. 4, n° 450; Dur., t. 7, n° 197 et 202; Chabot, n° 29; Vazeille, n° 29.)

CHAPITRE V.

DES RAPPORTS.

943. Quel est le principe en matière de rapport à succession ?

Tout héritier, venant à une succession, doit rapporter à ses cohéritiers tout ce qu'il a reçu du défunt par donation entre-vifs directement, ou indirectement (C. civ., 843).

944. Cette disposition s'applique-t-elle à l'héritier qui n'a accepté que sous bénéfice d'inventaire?

Oui, car il n'en est pas moins héritier. (*Ibid.*).

945. Les legs sont-ils également sujets à rapport?

Les legs sont sujets à rapport comme les donations (*Ibid.*).

946. N'y a-t-il pas d'exception au principe du rapport?

Lorsque les dons et les legs ont été faits par préciput et hors part, ils sont dispensés du rapport (*Ibid.*).

947. Les expressions de la loi, *par préciput, hors part,* avec *dispense de rapport,* sont-elles indispensables pour donner effet à la disposition?

Ces expressions n'ont rien de sacramentel, il suffit que la dispense de rapport résulte de l'ensemble des dispositions du testament ou de la donation, sans même qu'elle y soit textuellement exprimée. Les auteurs et la jurisprudence sont d'accord sur ce point.

948. L'institution générale d'héritier ou le legs universel fait au profit d'un enfant est-il sujet à rapport?

Il emporte de plein droit disposition par préciput et hors part (Limoges, 26 juin 1822; D. A., t, 5, 372; Montpellier, 9 juillet 1833; D. P., 33, 2, 218; Bastia, 25 mars 1833; D. P., 34, 2, 3).

949. Que doit-on décider au sujet des donations déguisées sous la forme d'un contrat onéreux?

Les opinions sont fort divisées sur cette question; plusieurs auteurs et un grand nombre d'arrêts décident que les donations déguisées sont dispensées du rapport. D'autres auteurs et d'autres arrêts décident le contraire. La Cour de cassation, sans adopter l'une ou l'autre de ces opinions, semble abandonner aux juges le soin de prononcer d'après les circonstances de la cause (Cass., 20 mars 1843; D. P., 43, 1, 145).

950. Le don manuel d'un objet mobile est-il présumé fait par préciput?

Oui, selon Chabot, *Quest. transit.,* vᵒ *Dons manuels,* nᵒ 2; Toull., t. 5, nᵒ 178; Merlin, *Rép.,* vᵒ *Rapp. à success.,* § 1, art. 2, nᵒ 11; Zachariæ, t. 4, § 632, nᵒ 15; Vazeille, art. 843, nᵒ 20. La Cour de cassation est moins absolue; elle n'admet pas que les dons manuels et occultes soient de plein droit et nécessairement dispensés de rapport, mais que cette dispense peut résulter des circonstances dont l'appréciation appartient souverainement aux juges du fond (Cass., 12 août 1844; D. P., 44, 1, 195; *sic,* Rouen, 12 mars 1845; S. V., 45, 2, 464).

951. Dans le cas où un héritier à réserve renonce à la succession, peut-il retenir le don entre-vifs, ou réclamer le legs à lui fait, tout à la fois, jusqu'à concurrence de la quotité disponible, et jusqu'à concurrence de la réserve à laquelle il aurait eu droit comme héritier?

C'est une question fort controversée et encore indécise. Néanmoins, les autorités les plus importantes et les arrêts les plus nombreux sont en faveur du système exclusif du cumul. D'après ce système, la légitime ou la réserve serait attribuée non à la qualité d'enfant, mais à celle d'héritier.

952. Le donataire qui n'était pas héritier présomptif lors de la donation, mais qui se trouve successible au jour de l'ouverture de la succession doit-il le rapport?

Il doit également le rapport, à moins que le donateur ne l'en ait dispensé (C. civ., 846).

953. Les dons et legs faits au profit du fils de celui qui se trouve successible à l'époque de l'ouverture de la succession, sont-ils sujets au rapport?

Il sont toujours censés faits avec dispense de rapport, et le père venant à la succession du donateur n'est pas tenu de les rapporter (C. civ., 847).

954. Le fils venant de son chef à la succession du donateur est-il tenu de rapporter le don fait à son père?

Non; quand même il aurait accepté la succession de son père. Mais si le fils ne vient que par représentation, il doit rapporter ce qui avait été donné à son père, même dans le cas où il aurait répudié sa succession (C. civ., 848).

955. Les dons et legs faits au conjoint d'un époux successible sont-ils sujets à rapport?

Ils sont réputés faits avec dispense de rapport (C. civ., 849).

956. Et si les dons et legs sont faits conjointement aux deux époux?

Dans ce cas, l'époux successible en rapporte la moitié (*Ibid.*).

957. Est-il dû le rapport de ce qui a été employé pour l'établissement d'un des cohéritiers, ou pour le paiement de ses dettes?

Oui (C. civ., 851).

958. En est-il de même de la somme payée par un père pour le remplacement de son fils au service militaire?

Le rapport est dû, encore que le fils fût mineur à l'époque du contrat de remplacement, à moins toutefois que ce remplacement n'ait eu lieu dans l'intérêt du père ou de la famille (Chabot, art. 851, n° 4; Toull., t. 4, n° 483; Dur., t. 7, n° 362; Vazeille, art. 851, n° 5).

959. Les frais de nourriture, d'entretien, d'éducation, d'apprentissage, les frais ordinaires d'équipement, ceux de noces et présents d'usage doivent-ils être rapportés?

Ils sont dispensés de rapport (C. civ., 852), à moins que la dépense ne soit excessive et peu en rapport avec la fortune de celui qui a fait la dépense.

960. Si l'héritier a retiré quelques profits d'une convention passée avec le défunt, en doit-il le rapport?

Il n'en doit pas le rapport, si la convention ne présentait aucun avantage indirect lorsqu'elle a été faite (C. civ., 853).

961. Cette décision est-elle applicable aux associations faites sans fraude entre le défunt et l'un de ses héritiers?

Oui, lorsque les conditions de l'association ont été réglées par un acte authentique (C. civ., 854).

962. Un acte de société sous seing privé, mais enregistré et publié, remplirait-il le vœu de la loi?

Il serait insuffisant (Delvincourt, t. 2, p. 11; Cass., 26 janv. 1842; D. P., 42, 1, 13; *Contrà*, Dur., t. 7, n° 310; Dalloz, t. 12, p. 422; Vazeille, art. 854, n° 3).

963. Un père achète un bien, au nom et pour le compte de l'un de ses enfants, et il en paie le prix de ses deniers. Le rapport sera-t-il dû de l'immeuble acquis, ou seulement des deniers employés pour l'acquérir?

Le rapport n'est dû que du prix, parce que ce n'est pas l'héritage qui a été donné par le père, mais seulement la somme (Toull., t. 8, n° 170; Dur., t. 7, n° 391; Dalloz, t. 12, p. 421, Cass., 20 mars 1843).

964. Les ventes à charge de rente viagère, ou avec réserve d'usufruit, sont-elles sujettes à rapport?

Oui, lorsqu'elles sont faites à l'un des successibles en ligne directe (C. civ., 918).

965. En est-il de même de la remise d'une dette?

C'est là une véritable libéralité sujette à rapport.

966. Mais si la remise n'a eu lieu que par un concordat après faillite?

Le rapport est dû de la dette entière (Merlin, *Rép.*, vᵒ *Rapport à succ.*, § 3, n° 16; Grenier, *Donat.*, n° 522; Dur., t. 7 n° 310; Dalloz, t. 12, p. 422; Paris, 13 août 1839 et 11 janv. 1843, D. P., 40, 2, 3 et 43, 2, 191).

967. Si l'immeuble donné vient à périr par cas fortuit, et sans la faute du donataire, est-il toujours sujet à rapport?

Le rapport n'est pas dû, encore bien, que l'immeuble ait péri entre les mains d'un acquéreur du donataire (C. civ., 855; Toull., t. 4, n° 498; Dur., t. 7, n° 392).

968. Cette disposition s'applique-t-elle aux meubles comme aux immeubles?

Les meubles sont, dans tous les cas, sujets à rapport (Toull., t. 4, n° 490; Vazeille, art. 855, n° 6).

969. L'héritier tenu au rapport doit-il aussi les fruits et intérêts des choses sujettes à rapport ?

Il les doit seulement à compter du jour de l'ouverture de la succession ; ceux dus ou perçus antérieurement ne sont pas sujets à rapport (C. civ., 856).

970. Les intérêts sont-ils dus pour les choses qui ne produisent pas de revenus, comme les meubles ?

Les intérêts sont dus depuis le jour de l'ouverture de la succession, parce que le rapport ne se faisant pas en nature, le donataire le doit en numéraire (C. civ., 868 ; Delvincourt, t. 2, p. 131 ; Dalloz, t. 12, p. 433).

971. S'il s'agit d'une rente ou pension constituée par le défunt à l'héritier, celui-ci peut-il réclamer les arrérages courus jusqu'au jour de l'ouverture de la succession ?

Ces arrérages sont une dette de la succession que le donataire a le droit de réclamer (Toull., t. 4, n° 483 ; Dur., t. 7, n° 369 ; Proudhon, Usuf., n° 2396 ; Cass., 31 mars 1818 ; D. A., t. 12, 431).

972. A qui le rapport est-il dû ?

Le rapport n'est dû que par le cohéritier à son cohéritier ; il n'est pas dû aux légataires ni aux créanciers de la succession (C. civ., 857).

973. Le rapport est-il dû à l'enfant naturel par les héritiers légitimes ?

Oui, et réciproquement par l'enfant naturel aux héritiers légitimes (Chab., art. 857, n° 17 ; Dur., t. 6, n° 298 ; Vazeille, art. 857, n° 4 ; Cass., 11 janv. et 28 juin 1831).

974. Comment se fait le rapport ?

Le rapport se fait en nature ou en moins prenant (C. civ., 858).

975. Quand le donataire a aliéné, avant l'ouverture de la succession, l'immeuble qui lui avait été donné, est-ce le prix de la vente qu'il doit rapporter ?

Le rapport est dû de la valeur de l'immeuble à l'époque de l'ouverture de la succession (C. civ., 860).

976. Lorsque le rapport se fait en nature, les hypothèques et autres charges créées par le donataire, continuent-elles à subsister sur l'immeuble rapporté ?

Non, car les biens rapportés se réunissent à la masse de la succession, francs et quittes de toutes charges créées par le donataire (C. civ., 865). L'effet du rapport en nature est le même que celui d'une condition résolutoire.

977. Mais si l'immeuble rapporté tombe dans le lot du donataire ou lui est adjugé sur licitation, les charges et hypothèques créées par lui sont-elles encore sans effet ?

Elles continuent de subsister en ce cas où elles revivent avec tous leurs effets. L'art. 865 ne dispose qu'en faveur des cohéritiers, et d'après l'art. 883, la propriété n'a pas été réellement résolue (Chabot, art. 865, n° 5; Vazeille, *id.* n° 4; Dur., t. 7, n° 404; Dalloz, t. 12, p. 437).

978. Comment se fait le rapport du mobilier, et pour quelle valeur?

Le rapport du mobilier ne se fait qu'en moins prenant sur le pied de la valeur du mobilier, lors de la donation, d'après l'état estimatif annexé à l'acte; et à défaut de cet acte, d'après une estimation par experts, à juste prix et sans crue (C. civ., 868).

979. L'article 868 est-il applicable aux droits incorporels, tels que rentes et créances?

La question est controversée; néanmoins, il nous paraît plus juste que le donataire qui n'a pas reçu les créances données puisse en rapporter les titres sans être tenu de les garder pour son compte (Roll., v° *Rapp. à success.*, n° 271; Delv., t. 2, p. 133; Dur., t. 7, n° 413; Dalloz, t. 12, p. 440; Vazeille, art. 868, n° 3).

980. Décidez-vous de même pour les effets qui ont un cours public, comme les rentes sur l'Etat et les actions de la banque de France?

On admet que le donataire est devenu cessionnaire pur et simple de ces effets pour leur valeur réelle et commerciale au jour de la donation, et qu'il doit le rapport de cette valeur, soit qu'il ait conservé les effets, soit qu'il les ait aliénés, et sans augmentation ou diminution, en raison des changements survenus dans leur cours (Roll., *eod.*, n° 272; Dall. et Dur. (*Ibid*).

981. Pour quelle valeur se fait le rapport des charges ou offices?

Pour la valeur qu'ils avaient au moment de la donation (Roll., v° *Office*, n°⁵ 470 et suiv.; Merlin, *Rép.*, v° *Rapport à succ.*, § 8, n° 11; Dard, *des Offices*, p. 415 et suiv.).

CHAPITRE VI.

DU PAIEMENT DES DETTES.

982. Dans quelle proportion les dettes et charges de la succession se répartissent-elles entre les héritiers?

Les cohéritiers contribuent entre eux au paiement des dettes et charges de la succession chacun dans la proportion de ce qu'il y prend (C. civ., 870).

983. Y a-t-il solidarité entre eux vis-à-vis des créanciers?

Non; chacun d'eux n'est tenu personnellement que de sa part.

984. Les légataires doivent-ils contribuer au paiement des dettes?

Le légataire à titre universel contribue avec les héritiers au prorata de

9

son émolument, mais le légataire particulier n'est pas tenu des dettes et charges, sauf toutefois l'action hypothécaire sur l'immeuble légué (C. civ., 871).

985. Les légataires particuliers viennent-ils, pour le paiement
de leurs legs, en concurrence avec les créanciers?

Les créanciers du défunt ont, à l'égard des biens de l'hérédité, un droit de
préférence sur les légataires; ceux-ci n'ont de droits qu'après le paiement
des dettes (Grenier, *Donat.*, t. 1er, n° 93, 309, et t. 2, n° 619; Vaz., art. 871,
n° 13; Grenoble, 21 juin 1811, D. p., 42, 2, 156; Rouen, 16 juill. 1811,
S. V., 45, 2, 360).

986. Lorsqu'un immeuble légué est grevé d'une dette, le
légataire particulier de cet immeuble est-il tenu d'acquitter la
dette?

La dette reste à la charge des héritiers, et le légataire a son recours contre
eux s'il l'a acquittée; mais les héritiers ne sont pas tenus de rendre l'immeuble libre avant l'échéance de la dette (C. civ., 874 et 1020).

987. Le cohéritier qui, par l'effet de l'hypothèque, a payé
au delà de sa part dans la dette commune, a bien un recours
contre les autres cohéritiers, pour la part que chacun d'eux doit
personnellement en supporter; mais si l'un des cohéritiers est
insolvable, la perte est-elle pour celui qui a payé?

En cas d'insolvabilité d'un des cohéritiers, sa part dans la dette hypothécaire est répartie sur tous les autres au marc le franc (C. civ. 876).

988. Les titres exécutoires contre le défunt le sont-ils pareillement contre l'héritier personnellement?

Oui; toutefois, les créanciers n'en peuvent poursuivre l'exécution que huit
jours après la signification de ces titres à la personne ou au domicile de l'héritier (C. civ., 877).

989. Quelle précaution les créanciers d'une succession peuvent-ils prendre pour assurer le paiement de leurs créances, de
préférence aux créanciers personnels de l'héritier?

Ils peuvent demander la séparation du patrimoine du défunt d'avec le patrimoine de l'héritier (C. civ. 878).

990. Quels sont les créanciers qui ont le droit de demander
la séparation des patrimoines?

Tous les créanciers de la succession indistinctement, chirographaires,
privilégiés ou hypothécaires, peuvent faire cette demande.

991. Les légataires ont-ils le même droit?

L'art. 2111 le leur accorde comme aux créanciers.

992. Quel est l'effet de la séparation de patrimoines?

C'est d'empêcher les créanciers personnels de l'héritier d'exercer leurs
droits sur les biens de la succession avant que les créanciers ou légataires
du défunt aient été payés.

993. Sur quels biens le privilége de la séparation peut-il s'exercer ?

Sur les biens de toute nature qui dépendent de la succession, soit meubles, soit immeubles (C. civ., 880).

994. Dans quel délai la séparation de patrimoines doit-elle être demandée ?

Dans le délai de trois ans relativement aux meubles.

A l'égard des immeubles, l'action peut être exercée tant qu'ils existent dans les mains de l'héritier (C. civ. 880).

995. Mais si, avant l'expiration des trois ans, les meubles de la succession ont été confondus avec ceux de l'héritier ?

La séparation ne peut plus être demandée à l'égard de ces meubles (Toull., t. 4, n° 539 ; Dur., t. 7, n° 484).

996. Par quelle formalité les créanciers et légataires conservent-ils leur privilége sur les immeubles ?

Par une inscription sur les immeubles de la succession, faite dans les six mois de l'ouverture de la succession (C. civ., 2111).

997. Si les créanciers de la succession n'ont pas pris inscription dans le délai de six mois, sont-ils déchus de leur droit ?

Leur privilége ne remonte plus au jour de l'ouverture de la succession ; ils n'ont plus qu'un droit hypothécaire qui peut être primé par les créanciers de l'héritier inscrits avant eux (C. civ., 2113).

998. L'inscription conserve-t-elle les droits des créanciers de la succession, quoiqu'elle ait été prise après la quinzaine de la transcription de la vente consentie par l'héritier, si d'ailleurs elle l'a été dans les six mois de l'ouverture de la succession ?

Les opinions sont partagées sur cette question : on peut citer pour l'affirmative ; Troplong, t. 1ᵉʳ, n°ˢ 326 et suiv. ; Delvincourt, t. 2, p. 388 ; Dalloz, v° *Hyp.*, p. 15, n° 4 ; Vaz., art. 878, n° 16 ; Colmar, 3 mars 1834 ; D. P., 35, 2, 9 ; pour la négative Grenier, t. 2, n° 432 ; Dur., t. 7, n° 390 et t. 19, n° 221 ; Roll., v° *Sép. de patrimoine*, n° 49.

999. L'inscription, pour conserver le privilége de la séparation, est-elle nécessaire lorsque la succession a été acceptée sous bénéfice d'inventaire ?

L'acceptation bénéficiaire d'une succession entraîne de plein droit, au profit des créanciers de la succession, la séparation de patrimoines, de telle sorte qu'ils sont dispensés de prendre inscription dans les six mois fixés par l'art. 2111, même lorsque l'acceptation bénéficiaire n'a eu lieu que pour une partie des héritiers, ou pour cause de minorité (Trop., t. 3, n° 651 ; Grenier, n° 433 ; Vazeille, art. 806, n° 17 ; Roll., v° *Sép. de patrimoine*, n° 57 ; Cass., 18 juin 1833 ; D. P., 33, 1, 233).

1000. La séparation de patrimoines peut-elle encore être

9*

demandée lorsqu'il a été fait novation dans la créance contre le défunt.

Ce droit ne peut plus être exercé lorsqu'il y a novation par l'acceptation de l'héritier pour débiteur (C. civ., 879).

1001. Les créanciers d'un copartageant peuvent-ils s'opposer à ce que le partage soit fait en fraude de leurs droits ?

Ils peuvent, par une signification, s'opposer à ce qu'il soit procédé au partage hors de leur présence ; ils ont le droit d'y intervenir à leurs frais ; mais ils ne peuvent attaquer un partage consommé, à moins toutefois qu'il n'y ait été procédé sans eux et au préjudice d'une opposition par eux formée (C. civ., 882).

1002. Un partage sous seing privé qui n'a pas acquis date certaine peut-il être opposé aux créanciers ?

Il est sans force contre l'opposition d'un créancier (Delvincourt, t. 2, p. 372 ; Dur., t. 7, n° 511 ; Vazeille, art. 882, n° 7).

CHAPITRE VII.

DES EFFETS DU PARTAGE ET DE LA GARANTIE DES LOTS.

1003. A quelle époque remonte l'effet du partage ?

A l'époque où a commencé l'indivision ; car chaque cohéritier est censé avoir succédé seul et immédiatement à tous les effets compris dans son lot, ou à lui échus sur licitation, et n'avoir jamais eu la propriété des autres effets de la succession (C. civ., 883).

1004. Ce principe est-il applicable à tous les partages autres que celui d'une succession ?

Il a lieu entre communistes aussi bien qu'entre cohéritiers (Dur., t. 7, n° 522 ; Cass., 28 avril 1840 ; D. P., 40, 1, 210).

1005. Quel est l'effet de la fiction de l'art. 883, relativement aux hypothèques consenties par l'un des cohéritiers ?

C'est de résoudre les hypothèques consenties par un cohéritier sur les immeubles qui ne lui échoient pas en partage ou qui ne lui sont pas adjugés sur licitation.

1006. La cession des droits successifs par un cohéritier à son cohéritier opère-t-elle le même effet que le partage ?

Oui, pourvu que, par suite de l'acte intervenu, l'indivision ait cessé entre tous les héritiers ; l'art. 883 n'est pas applicable, lorsque, malgré cet acte, l'indivision a continué de subsister entre quelques-uns des cohéritiers (Dur., t. 20, n° 223 ; Cass., 19 janvier 1841, 6 mai 1844 ; D. P., 41, 1, 83 et 44, 1, 267). *Contrà* Duvergier, *Vente*, t. 2, n° 147 ; Roll., v° *Licitation*, n°s 10 et s. ; Championnière et Rigaud, t. 3, n° 2735 ; Vazeille, art. 883, n° 1).

1007. La soulte stipulée dans un acte de partage peut-elle être considérée comme un prix de vente?

Non, et elle ne peut donner lieu à la résolution du partage à défaut de paiement (Cass., 20 déc. 1829; D. P., 30, 1, 35).

1008. En est-il de même pour le prix d'une licitation?

La licitation entre cohéritiers n'est pas soumise à l'action résolutoire pour défaut de paiement du prix; un tel acte ne peut être assimilé à un acte d'aliénation (Duvergier, t. 1er, n° 115; Troplong, t. 1er, n° 12 et t. 2, n° 876; Dur., t. 16, n{os} 483 et 484; Cass., 11 mai 1833; D. P., 33, 1, 211).

1009. A quelle garantie les cohéritiers sont-ils tenus les uns envers les autres?

Les cohéritiers demeurent respectivement garants, les uns envers les autres, des troubles et évictions qui procèdent d'une cause antérieure au partage (C. civ., 884).

1010. Cette garantie s'applique-t-elle seulement aux partages de succession?

Elle s'applique à tous les partages indistinctement (Chabot et Vazeille, sur l'art. 884; Toull., t. 4, n° 564; Dur., t. 7, n° 523).

1011. N'a-t-elle lieu que pour les immeubles?

Elle a lieu pour les meubles comme pour les immeubles, de même que pour les créances (Vazeille, eod.).

1012. En ce qui concerne les créances, la garantie s'étend-t-elle à la solvabilité du débiteur?

La garantie de la solvabilité du débiteur d'une rente est due, mais elle ne peut s'exercer que dans les cinq ans qui suivent le partage, et elle n'a pas lieu si l'insolvabilité n'est survenue que depuis le partage consommé (C. civ., 886).

1013. Comme l'art. 886 ne parle que des rentes, faut-il en conclure que la garantie de solvabilité n'est pas due pour les autres créances?

La garantie est due pour les créances ordinaires, comme pour les rentes (Dur., t. 7, n° 543; Vaz., sur l'art. 886).

1014. N'y a-t-il pas d'exception à la règle de garantie entre cohéritiers?

La garantie n'a pas lieu, si l'espèce d'éviction soufferte a été exceptée par une clause particulière et expresse de l'acte de partage; elle cesse, si c'est par sa faute que le cohéritier souffre l'éviction (C. civ., 884).

1015. On pourrait donc toujours éviter le recours en garantie par une condition du partage.

Il ne serait pas permis de stipuler, par une clause générale du partage, que l'héritier troublé ou évincé ne sera point indemnisé par ses copartageants.

Il faut que l'espèce d'éviction soit prévue et précisée spécialement (Chabot, art. 881, n° 5; Toull., t. 4, n° 565; Dur., t. 5, n° 531; Vaz., art. 881, n° 7).

1016. Si l'un des cohéritiers soumis à la garantie se trouve insolvable, la part dont il était tenu est-elle perdue pour celui qui a souffert de l'éviction ?

Non ; elle doit être répartie entre le garanti et tous les cohéritiers solvables (C. civ., 885).

1017. L'action en rescision, pour cause de lésion, est-elle admise contre un partage comme contre une vente ?

Il peut y avoir lieu à rescision d'un partage, lorsqu'un des cohéritiers établit, à son préjudice, une lésion de plus du quart ; il n'est pas besoin que cette lésion s'élève aux sept douzièmes, comme pour les ventes (C. civ., 887).

1018. L'action en rescision a-t-elle lieu contre les actes équivalant à partage ?

- Elle est admise contre tout acte ayant pour objet de faire cesser l'indivision entre cohéritiers, encore qu'il fût qualifié de vente, d'échange, et de transaction ou de toute autre manière (C. civ., 888).

1019. En conséquence, la vente de droits successifs doit être soumise à l'action en rescision.

Oui, à moins que la vente ne soit faite sans fraude, à ses risques et périls, à l'un des cohéritiers (C. civ., 889).

TITRE II.

DES DONATIONS ENTRE-VIFS ET DES TESTAMENTS.

CHAPITRE PREMIER.

DISPOSITIONS GÉNÉRALES.

1020. Quel est le principe de la loi en matière de substitutions ?

Les substitutions sont prohibées ; en conséquence, toute disposition par laquelle le donataire, l'héritier institué ou le légataire est chargé de *conserver* et de *rendre* à un tiers est nulle, même à l'égard du donataire, de l'héritier institué ou du légataire (C. civ., 896).

1021. Quel nom donne-t-on, en droit, à ces sortes de substitutions ?

On les appelle *substitutions fidéi-commissaires*.

1022. Comment nomme-t-on les dispositions qui ne constituent pas une substitution prohibée, quoique ayant de l'analogie avec elle?

On les nomme *substitutions vulgaires.*

1023. Quel est le caractère distinctif de la substitution prohibée?

C'est la condition de conserver et de rendre après son décès à un tiers appelé éventuellement à recueillir les biens donnés ou légués; ce qui constitue l'ordre successif.

1024. Définissez-nous la substitution vulgaire.

C'est la disposition par laquelle un tiers est appelé à recueillir le don, l'hérédité ou le legs, dans le cas où le donataire, l'héritier institué ou le légataire ne le recueillerait pas (C. civ., 898).

1025. Cette espèce de disposition est-elle valable?

Elle est valable et n'est pas regardée comme une véritable substitution; en effet, il n'y a pas là ordre successif, ni obligation de conserver et de rendre; il n'y aura toujours qu'un seul appelé, le second n'aura de droits que dans le cas où le premier ne recueillerait pas l'institution ou le legs (*Ibid.*).

1026. Lorsque l'usufruit est donné à l'un, et la nue propriété à l'autre, n'y a-t-il pas ordre successif et obligation de conserver et de rendre?

Sans doute; mais il n'y a pas substitution pour cela. L'usufruitier n'a jamais possédé, ni transmis, par conséquent, la nue propriété; le nu propriétaire l'a recueillie directement, sans intermédiaire, sans éventualité. L'usufruit n'est qu'une charge qui grève temporairement la propriété (C. civ., 899)

1027. N'y a-t-il pas d'exceptions à la prohibition des substitutions?

Il en a été établi plusieurs; d'abord, par les dispositions permises en faveur des petits-enfants du donateur ou testateur, ou des enfants de ses frères et sœurs (C. civ., 1048 et suiv.), et ensuite par la loi du 17 mai 1826, qui a étendu cette faculté aux étrangers et permis la substitution jusqu'au deuxième degré.

1028. Nous reviendrons sur ces dispositions. Voyons ce qui concerne la nullité des substitutions.

L'art. 896 dit que toute disposition renfermant une substitution prohibée est nulle, même à l'égard du donataire, de l'héritier institué ou du légataire. Est-ce à dire que la disposition principale est annulée?

Elle est nulle, pour le tout, dès qu'elles concourent réellement et sont indivisibles, en sorte qu'on ne puisse donner de préférence ni au grevé, ni au substitué.

1029. Mais si une disposition n'était grevée de substitution, que pour une partie des biens qui en sont l'objet, serait-elle nulle pour le tout?

La nullité ne s'appliquerait alors qu'aux biens substitués et ne s'étendrait pas aux autres (Cass., 3 août 1813).

1030. Si la clause de substitution est nulle, comme, par exemple, si elle n'est pas obligatoire, mais purement potestative de la part du grevé, la disposition principale sera-t-elle également nulle?

Dans ce cas, la clause de substitution serait considérée comme non écrite, et la disposition principale aurait tout son effet.

1031. Qu'arriverait-il si le disposant, en établissant une substitution, avait ajouté qu'il entendait que, dans le cas où elle serait attaquée, la disposition principale continue à subsister seule?

La disposition principale devrait être maintenue (Cass., 8 juill. 1834).

1032. Ceci nous conduit à vous demander quel est le sort des conditions impossibles ou contraires aux lois ou aux mœurs, dans les dispositions entre-vifs ou testamentaires?

Ces conditions sont réputées non écrites (C. civ., 900).

1033. Dans ce cas, y a-t-il nullité de la donation ou du legs?

Non. La donation ou le legs subsistent sans condition.

CHAPITRE II.

DE LA CAPACITÉ DE DISPOSER OU DE RECEVOIR PAR DONATION ENTRE-VIFS OU PAR TESTAMENT.

1034. Quelle est la première condition nécessaire pour pouvoir faire une donation entre vifs ou un testament?

Il faut être sain d'esprit (C. civ., 901).

1035. L'art. 504, C. civ., suivant lequel, après la mort d'un individu, les actes faits par lui ne peuvent être attaqués pour cause de démence, qu'autant que son interdiction aurait été prononcée ou provoquée avant son décès, est-il applicable en matière de donation ou de testament?

Non; on peut attaquer les donations ou testaments, après la mort du donateur ou testateur, pour cause de démence, quoique son interdiction n'ait été ni prononcée, ni provoquée (Grenier, *Donat.*, t. 1er, n° 101 et 102; Merlin,

Répert., v° *Testam.*, sect. 1°, art. 1°, n° 1 et 2; Toull., t. 5, n° 56; Dur., t. 3, n° 787, et t. 8, n° 155; Vaz., art. 901, n° 1; Cass., 22 nov. 1827; D. P., 28, 1, 30).

1036. La déclaration faite par un notaire, dans un testament, que le testateur est sain d'esprit, constitue-t-elle un fait contre lequel il soit nécessaire de s'inscrire en faux pour prouver le contraire par témoins?

Le notaire n'est pas juge de la capacité du testateur, et la preuve testimoniale peut être admise contre sa déclaration, sans qu'il soit nécessaire de s'inscrire en faux (Grenier, *eod.*, n° 103; Dur., t. 8, n° 157; Cass., 27 fév. 1821, S. 22, 1, 336).

1037. L'individu pourvu d'un conseil judiciaire peut-il tester?

La loi ne prononce pas d'incapacité à son égard; il peut donc tester (C. civ., 499; Grenier, *eod.*, n° 102; Dur., *eod.*, n° 169; Orléans, 12 août 1819; Lyon, 27 août 1825).

1038. L'état d'ivresse du testateur peut-il être une cause de nullité du testament?

L'état d'ivresse opère l'incapacité actuelle de tester (Grenier, *eod.*, n° 102; Dur., *eod.*, 155; Caen, 9 janv., 1821; S. 21, 2, 265).

1039. Un mineur peut-il disposer par donation ou par testament?

Un mineur ne peut pas disposer par donation entre-vifs, excepté par contrat de mariage; mais il peut tester (C. civ., 903, 901, 1095).

1040. A quel âge un mineur est-il capable de disposer par testament?

A l'âge de 16 ans (C. civ., 904).

1041. Peut-il, à cet âge, disposer de la plénitude de ses biens comme s'il était majeur?

Il ne peut disposer que jusqu'à concurrence de la moitié des biens dont la loi permet au majeur la disposition (*Ibid.*).

1042. Ces dispositions s'appliquent-elles au mineur émancipé ou marié?

La loi n'a pas fait d'exception en leur faveur.

1043. Le mineur âgé de plus de seize ans peut-il disposer par testament au profit de toute personne?

Il ne peut disposer au profit de son tuteur (C. civ., 907).

1044. Cette interdiction existe-t-elle après la majorité?

Oui; tant que le compte de tutelle n'a pas été rendu et apuré, et elle s'applique aux donations comme aux testaments (*Ibid.*).

1045. N'y a-t-il aucune exception ?

Sont exceptés, dans les deux cas ci-dessus, les ascendants des mineurs, qui sont ou qui ont été leurs tuteurs (*Ibid.*).

1046. Une femme mariée peut-elle disposer sans l'autorisation de son mari ?

Elle peut tester sans autorisation, mais elle en a besoin pour donner entre-vifs (C. civ., 905).

1047. Faut-il être déjà né pour être capable de recevoir ?

Pour être capable de recevoir entre-vifs, il faut être conçu au moment de la donation ; mais, pour être capable de recevoir par testament, il suffit d'être conçu à l'époque du décès du testateur (C. civ., 906).

1048. Les enfants naturels peuvent-ils recevoir de leurs père et mère sans restriction ?

Ils ne peuvent par donation ou par testament rien recevoir au delà de ce qui leur est accordé au titre, *des Successions* (C. civ., 908).

1049. La loi n'a-t-elle pas fait des exceptions particulières à la capacité générale de recevoir ?

Les docteurs en médecine ou en chirurgie, les officiers de santé, les pharmaciens, les ministres du culte, qui ont traité ou assisté une personne pendant la maladie dont elle meurt, ne peuvent recevoir d'elle, ni par donation, ni par testament. Sont exceptées les dispositions rémunératoires à titre particulier et les dispositions universelles au profit de parents jusqu'au 4ᵉ degré inclusivement, si le défunt n'a pas d'héritiers en ligne directe, à moins que la disposition ne soit faite au profit de l'un de ces héritiers (C. civ., 909).

1050. La disposition au profit d'un incapable ne devient-elle pas valable si on la déguise sous la forme d'un contrat onéreux, ou si on la fait sous le nom de personnes interposées ?

Dans l'un et l'autre cas elle est également nulle (C. civ., 911).

1051. Quelles sont les personnes que la loi déclare interposées.

Sont réputées personnes interposées, les père et mère, les enfants et ascendants et l'époux de la personne incapable (*Ibid.*).

1052. La présomption d'interposition de personnes a-t-elle lieu au cas de parenté naturelle ?

Oui, comme au cas de parenté légitime (Toull., t. 5, nᵒ 80 ; Dur., t. 8, nᵒ 272).

1053. Peut-on disposer au profit d'un étranger ?

Les étrangers ont le droit de disposer et de recevoir de la même manière que les Français (L. du 14 juillet 1819, qui a abrogé l'art. 912 du Code civil).

CHAPITRE III.

DE LA PORTION DISPONIBLE ET DE LA RÉDUCTION.

1054. Quelle est la quotité disponible pour une personne qui laisse des enfants ?

Elle peut disposer de moitié de ses biens, si elle ne laisse à son décès qu'un enfant légitime ; du tiers, si elle laisse deux enfants ; du quart, si elle en laisse trois ou un plus grand nombre (C. civ., 913).

1055. Les descendants sont-ils comptés comme des enfants ?

Ils ne sont comptés que pour l'enfant qu'ils représentent dans la succession du disposant (C. civ., 914).

1056. Les enfants qui renoncent à la succession doivent-ils être comptés pour la fixation de la quotité disponible et de la réserve ?

La quotité disponible se trouve irrévocablement fixée par le nombre des héritiers à réserve que le disposant laisse à son décès, et elle ne peut recevoir d'accroissement par l'effet de la renonciation ultérieure de l'un des héritiers (Toull., t. 5, n° 109 ; Dur., t. 8, n°˙ 298 et 299 ; Vaz., art. 913, n° 2).

1057. Quelle est la quotité disponible en cas d'existence d'ascendants ?

Elle est de moitié des biens, si, à défaut d'enfant, le défunt laisse un ou plusieurs ascendants dans chacune des lignes paternelle et maternelle, et des trois quarts, s'il ne laisse d'ascendants que dans une ligne (C. civ., 915).

1058. Les ascendants autres que les père et mère ont-ils droit à une réserve lorsqu'il existe des frères et sœurs ou descendants d'eux ?

Ils n'ont droit à aucune réserve à moins que les frères et sœurs du défunt, ou leurs descendants, ne renoncent à la succession (C. civ., 750 ; Dur. t. 8, n°˙ 310 et 311).

1059. Les enfants naturels ont-ils droit à une réserve ?

Oui (V. n° 59).

1060. Les aliénations à charge de rente viagère, ou avec réserve d'usufruit, sont-elles considérées comme des donations ?

Oui ; lorsque ces aliénations sont faites à l'un des successibles en ligne directe, et la valeur en pleine propriété des biens ainsi aliénés est imputée sur la portion disponible ; l'excédant, s'il y en a, est sujet à rapport (C. civ., 918).

1061. Y a-t-il encore lieu au rapport ou à l'imputation si les autres successibles en ligne directe ont consenti aux aliénations ?

L'imputation et le rapport ne peuvent être demandés par ceux des successibles en ligne directe qui ont consenti aux aliénations (C. civ. 918).

1062. Est-il nécessaire, pour cela, que le consentement des autres successibles résulte de l'acte même d'aliénation ?

Ce consentement peut être donné aussi bien par un acte postérieur ; il peut même résulter d'une exécution volontaire (Cass., 30 nov. 1811, D. p., 42.1.736).

1063. L'imputation et le rapport des biens aliénés à charge de rente viagère ou sous réserve d'usufruit, peuvent-ils être demandés par les successibles en ligne collatérale ?

C'est une faculté exclusivement réservée aux successibles en ligne directe ; dans aucun cas, les collatéraux ne peuvent l'exercer (C. civ., 918).

1064. Comment s'opère la réduction des dispositions en usufruit ou en rente viagère dont la valeur excède la quotité disponible ?

Les héritiers à réserve ont l'option, ou d'exécuter la disposition ou de faire l'abandon de la propriété de la quotité disponible (C. civ., 917).

1065. Par qui peut être demandée la réduction des dispositions entre-vifs ?

Par les héritiers à réserve ou leurs ayants cause. Les donataires, les légataires, ni les créanciers du défunt ne peuvent demander cette réduction, ni en profiter (C. civ., 921).

1066. Est-ce à dire que le légataire de la quotité disponible n'a pas le droit de demander le rapport fictif de ce qui a été donné entre-vifs pour calculer l'étendue de la quotité disponible ?

Le légataire, même étranger à la succession, peut demander le rapport fictif ; c'est seulement le rapport réel qu'il ne peut pas exiger (Grenier, n° 597 bis ; Dur., t. 7, n° 294 et s. ; Vazeille, art. 921, n° 1er ; Cass., 8 juillet 1826, 19 août 1829, 8 janv., 1831, D. p. 26, 1, 314 ; 29, 1, 310 ; 31, 1, 75).

1067. Pour quelle valeur les biens donnés doivent-ils être rapportés fictivement ?

Pour leur valeur au temps du décès du donateur ; mais d'après leur état à l'époque des donations (C. civ., 922).

1008. Cette disposition s'applique-t-elle au rapport fictif des objets mobiliers ?

Malgré le texte précis de l'art. 868, il a été décidé que le rapport fictif d'objets mobiliers doit se faire d'après la valeur au jour du décès du donateur (Cass., 14 décembre 1830 ; D. p. 31, 1, 107 ; sic, Toull., t. 5, n° 138 et 139 ; Vaz., n° 14 ; Contrà Dur., n° 342 ; Grenier, n° 637).

1069. La réduction des donations se fait-elle concurremment avec les dispositions testamentaires ?

La réduction porte d'abord sur les dispositions testamentaires et subsidiairement sur les donations (C. civ., 923).

1070. La concurrence existe-t-elle au moins entre les donations ?

La réduction des donations commence par la dernière et ainsi de suite en
remontant des dernières aux plus anciennes (Ibid).

1071. En est-il de même entre les dispositions testamentaires?

La réduction est faite entre les dispositions testamentaires au marc le franc,
sans aucune distinction entre les legs universels et les legs particuliers (C.
civ., 926) à moins que le testateur n'ait déclaré qu'il entend que tel legs soit
acquitté de préférence aux autres (C. civ., 927).

1072. Le donataire soumis au rapport doit-il restituer les
fruits, et depuis quelle époque ?

Il doit restituer les fruits à compter du jour du décès du donateur, si la
demande en réduction a été faite dans l'année; sinon du jour de la demande
(C. civ., 928).

1073. Quel est le sort des dettes et hypothèques créées par le
donataire sur les immeubles à recouvrer par l'effet de la réduction?

Elles s'évanouissent comme le droit du donataire lui-même sur les immeubles (C. civ., 865, 929 et 2125).

1074. Et si les immeubles ont été aliénés par les donataires?

L'action en réduction ou revendication peut être exercée contre les tiers-
détenteurs, de la même manière que contre les donataires eux-mêmes, toutefois après discussion des biens de ces derniers. Cette action s'exerce dans
l'ordre des aliénations en commençant par la plus récente (C. civ., 930).

CHAPITRE IV.

DES DONATIONS ENTRE-VIFS ET DE LEURS FORMES.

1075. Dans quelle forme une donation entre-vifs doit-elle
être faite ?

Tout acte portant donation entre-vifs doit être passé devant notaire et en
minute, à peine de nullité (C. civ., 931).

1076. Est-ce dans la forme ordinaire des contrats notariés?

La présence réelle du notaire en second ou des deux témoins au moment
de la lecture de l'acte par le notaire et de la signature par les parties doit
être mentionnée à peine de nullité (Loi 21 juin 1843, art. 2).

1077. Les procurations pour consentir ou accepter une donation peuvent-elles être faites sous seing privé?

Elles doivent être notariées et sont soumises aux mêmes solennités que la
donation elle-même (même loi; C. civ., 933).

1078. La procuration doit-elle être en minute ?

Aucune loi ne l'exige pour la procuration du donateur ; on a conclu des termes de l'art. 933 que la procuration du donataire doit être en minute (Dur., t. 8, n° 431). Cependant, divers auteurs pensent qu'une procuration en brevet est suffisante (Toull., t. 5, n° 191 ; Vazeille, art. 933, n° 2 ; Dalloz, v° *Disp. entre-vifs*, chap. 4, sect. 1re, art. 2).

1079. La donation peut-elle produire quelque effet avant son acceptation ?

La donation entre-vifs n'engage le donateur et ne produit aucun effet que du jour où elle a été acceptée en termes exprès (C. civ., 932).

1080. La présence du donataire à l'acte de donation suffirait-elle ?

Non ; rien ne peut suppléer l'acceptation en termes exprès.

1081. L'acceptation doit-elle avoir lieu nécessairement dans l'acte de donation ?

Elle peut être faite par un acte postérieur et authentique en minute ; mais alors, la donation n'a d'effet, à l'égard du donateur, que du jour où l'acte constatant cette acceptation lui a été notifié (C. civ., 932).

1082. L'acceptation de la donation peut-elle être faite après le décès du donateur ?

Elle doit être faite de son vivant (*Ibid.*), et même elle ne pourrait plus avoir lieu, si le donateur avait cessé d'être capable de donner (Toull., t. 5, n° 96 et 213 ; Dur., t. 8, n° 165).

1083. L'acte d'acceptation est-il soumis aux mêmes formalités que l'acte de donation ?

La loi du 23 juin 1813 n'a pas compris l'acte d'acceptation au nombre de ceux pour lesquels elle exige la présence réelle du notaire en second ou des témoins. Cependant, je pense qu'il faut étendre à ce cas ses dispositions, puisque l'acceptation est le complément de la donation.

1084. Peut-on suppléer à la notification dont parle l'art. 932 ?

Si le donateur intervient dans l'acte d'acceptation, il est inutile de le lui notifier. De même, s'il déclare dans un acte authentique qu'il a connaissance de l'acceptation et qu'il dispense de la notification.

1085. Par qui doit être acceptée la donation faite à un mineur ou à un interdit ?

Elle doit être acceptée par son tuteur, avec l'autorisation du conseil de famille (C. civ., 463, 935).

1086. Les ascendants n'ont-ils pas aussi le droit d'accepter pour le mineur ?

Les père et mère du mineur émancipé ou non émancipé, ou les autres ascendants, même du vivant des père et mère, quoiqu'ils ne soient ni tuteurs ni curateurs du mineur, peuvent accepter pour lui (C. civ., 935).

1087. L'autorisation du conseil de famille est-elle nécessaire en ce cas ?

Les père et mère ou ascendants en sont dispensés (Exposé des motifs; Toullier, t. 5, n° 197; Grenier, n° 156; Dalloz, t. 5, p. 515; Roll., v° *Accept.*, n° 68).

1088. Le mineur émancipé peut-il accepter une donation ?

Oui, avec l'assistance de son curateur (C. civ., 935).

1089. Le sourd-muet peut-il accepter une donation ?

S'il sait écrire, il peut accepter par lui-même ou par un fondé de pouvoir. S'il ne sait pas écrire, l'acceptation doit être faite par un curateur nommé à cet effet par le conseil de famille (C. civ., 936).

1090. La transcription est-elle nécessaire pour les donations d'immeubles ?

Doivent être soumis à la transcription les actes de donation et d'acceptation ainsi que la notification de l'acceptation quand il s'agit de biens susceptibles d'hypothèques (C. civ., 939).

1091. Dans quel délai la transcription doit-elle être faite ?

Aucun délai n'est fixé pour la transcription, qui peut avoir lieu, même après le décès du donateur (Dur., t. 8, n° 513; Vaz., art. 910, n° 2).

1092. Quel effet produit le défaut de transcription ?

Jusque-là la donation n'est pas, vis-à-vis des tiers, translative de propriété, et les tiers peuvent acquérir des droits sur les biens donnés, au préjudice du donataire.

1093. La donation entre-vifs peut-elle comprendre des biens à venir ?

Elle ne peut comprendre que les biens présents du donateur; si elle comprend des biens à venir, elle est nulle à cet égard (C. civ., 943).

1094. Cette règle s'applique-t-elle à toutes sortes de donations ?

Il y a exception pour les donations faites aux époux par contrat de mariage, et pour celles faites entre époux pendant le mariage, lesquelles peuvent comprendre des biens à venir aussi bien que des biens présents (C. civ., 947, 1081, 1094 et 1096).

1095. Une donation peut-elle être faite sous la condition d'acquitter d'autres dettes et charges que celles qui existaient à l'époque de la donation, ou qui seraient exprimées, soit dans l'acte de donation, soit dans l'état qui devrait y être annexé ?

Une semblable donation serait nulle (C. civ., 945).

1096. Dans le cas où le donateur s'est réservé la liberté de disposer d'un objet compris dans la donation ou d'une somme fixe sur les biens donnés, quel est l'effet de cette réserve?

Si le donateur meurt sans avoir disposé de l'objet ou de la somme réservée, cet objet ou cette somme appartient aux héritiers du donateur, nonobstant toutes clauses et stipulations contraires (C. civ., 916).

1097. Quelle condition particulière la loi impose-t-elle aux donations d'effets mobiliers ?

Un état estimatif doit en être joint à la minute de la donation et signé par le donateur et le donataire (C. civ., 948).

1098. Cet état estimatif peut-il être suppléé ?

Le détail estimatif peut être contenu dans l'acte de donation; il suffirait encore du simple renvoi à un acte authentique antérieur, tel qu'un inventaire dans lequel se trouverait l'état estimatif (Cass., 11 juill. 1831; D. P. 31, 1, 225).

1099. Comment peut-on stipuler le droit de retour des objets donnés ?

Le donateur peut stipuler le droit de retour des objets donnés, soit pour le cas du prédécès du donataire seul, soit pour le cas du prédécès du donataire et de ses descendants (C. civ., 951).

1100. Au profit de qui ce droit peut-il être stipulé ?

Il ne peut l'être qu'au profit du donateur seul (*Ibid.*)

1101. Quel est l'effet de la stipulation du droit de retour pour le cas du décès du donataire sans enfants ?

Dans ce cas, l'existence d'un enfant au décès du donataire purge le droit de retour qui est comme non avenu, lors même que l'enfant viendrait à décéder avant le donateur (Toull., t. 5, n° 286; Dur., t. 8, n° 491; Grenier, n° 31).

1102. Quel est l'effet du droit de retour ?

C'est de résoudre toutes les aliénations des biens donnés et de faire revenir ces biens au donateur, francs et quittes de toutes charges et hypothèques (C. civ., 952).

1103. N'y a-t-il pas une exception pour les donations faites par contrat de mariage ?

Les biens donnés restent grevés de l'hypothèque, de la dot et des conventions matrimoniales, si les biens de l'époux donataire ne suffisent pas, et dans le cas seulement où la donation lui a été faite par le même contrat de mariage duquel résultent ces droits et hypothèque (*Ibid.*).

1104. Quelles sont les causes de révocation de donations entre-vifs ?

Les donations entre-vifs peuvent être révoquées pour cause d'inexécution des conditions sous lesquelles elles ont été faites, pour cause d'ingratitude et pour cause de survenance d'enfants (C. civ., 953).

1105. Dans ces différents cas, la révocation a-t-elle lieu de plein droit ?

Elle n'a lieu de plein droit que pour cause de survenance d'enfants; dans les deux autres cas, elle doit être prononcée en justice (C. civ., 956 et 960).

1106. L'effet de la révocation est-il le même dans tous les cas?

Dans le cas de révocation pour cause d'inexécution des conditions ou de survenance d'enfants, les biens donnés rentrent dans la main du donateur, libres de toutes charges et hypothèques du chef du donataire, même en ce qui concerne la restitution de la dot de sa femme, et le donateur a contre les tiers détenteurs des immeubles donnés tous les droits qu'il aurait contre le donataire lui-même (C. civ., 954 et 963).

Tandis que la révocation pour cause d'ingratitude ne préjudicie point aux aliénations faites par le donataire, ni aux hypothèques et autres charges réelles qu'il a pu imposer sur l'objet de la donation, pourvu que le tout soit antérieur à l'inscription de la demande en révocation faite en marge de la transcription de l'acte de donation (C. civ., 958).

1107. Toutes les donations sont-elles révocables pour cause d'ingratitude?

Les donations en faveur de mariage ne sont pas soumises à cette cause de révocation (C. civ., 959).

1108. Dans quelles circonstances la révocation pour cause de survenance d'enfants a-t-elle lieu?

Toutes les donations entre-vifs faites par personnes qui n'avaient point d'enfants ou de descendants vivants au temps de la donation, à quelque titre qu'elles aient été faites, encore qu'elles fussent mutuelles ou rémunératoires, même celles faites en faveur de mariage, demeurent révoquées de plein droit par la survenance d'un enfant légitime du donateur, même d'un posthume (C. civ., 960).

1109. La légitimation d'un enfant naturel, par mariage subséquent, opère-t-elle la révocation?

Oui; pourvu que l'enfant soit né depuis la donation (*Ibid.*).

1110. Les donations faites par les conjoints l'un à l'autre sont-elles révoquées par survenance d'enfant?

Non (*Ibid.*).

1111. Et les donations à titre onéreux?

Elles sont révoquées comme les autres (Toull., t. 5, n° 185).

1112. Si l'enfant était déjà conçu à l'époque de la donation, la révocation aurait-elle également lieu?

Oui. Il suffit que la naissance de l'enfant soit postérieure à la donation (C. civ., 961).

1113. Les libéralités testamentaires sont-elles, comme les donations, révoquées par survenance d'enfants?

Non (Toull., t. 5, n° 670; Dur., t. 9, n° 474).

1114. L'adoption opère-t-elle la révocation?

L'adoption ne révoque pas les donations comme la survenance d'un enfant

10

légitime (Toull., t. 5, n° 303; Dur., t. 8, n° 581; Proudhon, *des Person.*, t. 2, p. 410; Cass. 2 fév. 1852, aff. Fortier).

1115. Quel serait l'effet de la mort de l'enfant survenu au donateur?

La donation n'en resterait pas moins révoquée définitivement; elle ne pourrait même revivre par aucun acte confirmatif. Si le donateur veut donner les mêmes biens, il ne peut le faire que par une nouvelle disposition (C. civ., 964).

1116. Le donateur pourrait-il renoncer à la révocation de la donation pour survenance d'enfant?

Toute clause ou convention à ce sujet est regardée comme nulle et ne peut produire aucun effet (C. civ., 965).

CHAPITRE V.

DES DISPOSITIONS TESTAMENTAIRES.

1117. Deux ou plusieurs personnes peuvent-elles faire leur testament par un même acte?

Non, lors même que ce serait à titre de disposition réciproque et mutuelle (C. civ., 968).

1118. Quelles sont les formalités du testament olographe?

Il doit être écrit en entier, daté et signé de la main du testateur; il n'est assujetti à aucune autre forme (C. civ., 970).

1119. Par qui doit être reçu le testament par acte public?

Par deux notaires en présence de deux témoins, ou par un notaire en présence de quatre témoins (C. civ., 971).

1120. Quelles sont les formalités particulières au testament notarié?

Il doit être dicté par le testateur aux notaires et écrit par l'un d'eux tel qu'il est dicté; il doit en être donné lecture au testateur en présence des témoins, et il est fait du tout mention expresse (C. civ., 972).

(Pour les formalités des testaments notariés et mystiques, et pour les qualités des témoins, voy. première partie, n°s 401 et suivants).

1121. Qu'entendez-vous par un legs universel?

Le legs universel est la disposition testamentaire par laquelle le testateur donne à une ou plusieurs personnes l'universalité des biens qu'il laissera à son décès (C. civ., 1003).

1122. Comment qualifiez-vous le legs en *nue propriété* de l'universalité des biens, et celui de *l'usufruit* des mêmes biens?

Le legs de la nue propriété de tous les biens est un legs universel; celui de l'universalité en usufruit est un legs à titre universel (Dur., t. 9, n° 189 ; Cass., 7 août 1827; D. p., 27, 1, 101).

1123. Le légataire universel est-il saisi de plein droit par la mort du testateur ?

Oui, si le testateur n'a pas laissé d'héritiers à réserve (C. civ., 1006).

1124. Et s'il y a des héritiers à réserve, qu'a-t-il à faire ?

Il est tenu de leur demander la délivrance des biens compris dans le testament (C. civ., 1004).

1125. Y a-t-il un délai dans lequel la demande en délivrance doive être faite.

Non. Seulement, si elle n'est pas faite dans l'année depuis le décès du testateur, le légataire universel n'a la jouissance des biens légués que du jour de la demande formée en justice, ou du jour que la délivrance a été volontairement consentie (C. civ., 1005).

1126. Dans le cas où il n'existe pas d'héritiers à réserve, si le testament est olographe ou mystique, le légataire universel est-il également saisi de plein droit ?

Il est tenu de se faire envoyer en possession par une ordonnance du président du tribunal de première instance de l'arrondissement dans lequel la succession est ouverte (C. civ., 1008).

1127. Dans quelle proportion le légataire universel, qui est en concours avec un héritier à réserve, est-il tenu des dettes et charges de la succession ?

Il en est tenu personnellement pour sa part et portion et hypothécairement pour le tout (C. civ., 1009).

1128. Dans le même cas, les legs particuliers sont-ils supportés dans la même proportion ?

Le légataire universel est tenu seul d'acquitter tous les legs, sauf réduction, s'il y a lieu (C. civ., 926, 927 et 1009).

1129. Qu'est-ce qu'un legs à titre universel ?

C'est la disposition par laquelle le testateur lègue une quote-part des biens dont la loi lui permet de disposer, telle qu'une moitié, un tiers, ou tous ses immeubles, ou tout son mobilier, ou une quotité fixe de tous ses immeubles ou de tout son mobilier (C. civ., 1010).

1130. A qui le légataire à titre universel est-il tenu de demander la délivrance ?

Aux héritiers à réserve; à leur défaut, au légataire universel ; et à défaut de celui-ci, aux héritiers appelés dans l'ordre des successions (C. civ., 1011).

1131. Depuis quelle époque le légataire à titre universel a-t-il droit aux fruits ?

Du jour du décès, si la demande en délivrance a été faite dans l'année ou du jour de cette demande, si elle est formée après l'année (Toull., t. 5, nᵒ 515; Dur., t. 9, nᵒ 211; Vazeille, art. 1011, nᵒ 2; Grenier, t. 1ᵉʳ, nᵒ 297).

1132. Comment contribue-t-il au paiement des legs particuliers?

Lorsque le testateur n'a disposé que d'une quotité de la portion disponible, le légataire à titre universel est tenu d'acquitter les legs particuliers par contribution avec les héritiers naturels (C. civ., 1013).

1133. A compter de quel jour le légataire particulier a-t-il droit aux fruits ou intérêts de la chose léguée?

A compter seulement du jour de sa demande en délivrance, ou du jour auquel cette délivrance a été volontairement consentie, lors même qu'elle aurait lieu dans l'année du décès du testateur (C. civ., 1014).

1134. Les fruits ou intérêts de la chose léguée ne courent-ils pas au profit du légataire particulier dans certains cas, depuis le jour du décès, sans qu'il ait demandé la délivrance?

Ils courent de plein droit du jour du décès:
1ᵒ Lorsque le testateur a expressément déclaré sa volonté à cet égard dans le testament;
2ᵒ Lorsqu'une rente viagère ou une pension a été léguée à titre d'aliments (C. civ., 1015).

1135. Les intérêts d'une dette léguée par le créancier au débiteur continuent-ils à courir après la mort du testateur jusqu'à la demande en délivrance?

Ils cessent de courir du jour du décès sans qu'il y ait besoin d'une demande en délivrance (Grenier, nᵒ 304; Toull., t. 5, nᵒ 511; Dur., t. 9, nᵒ 252 *bis*).

1136. Le légataire particulier en usufruit n'a-t-il droit aux fruits qu'à partir de la demande en délivrance?

La question est controversée. Selon MM. Delvincourt, Proudhon, Vazeille, Zacharie et Duranton, les fruits ne sont dus qu'à partir de la demande. Selon MM. Merlin, Grenier, Toullier et Coin-Delisle, ils sont dus, au contraire, depuis le décès.

1137. A la charge de qui sont les frais de la demande en délivrance?

A la charge de la succession (C. civ., 1016).

1138. Les légataires particuliers ont-ils un droit d'hypothèque sur les biens de la succession?

Ils peuvent prendre inscription sur les biens de la succession, sans même demander la séparation des patrimoines (C. civ., 1017, 2111).

1139. Les augmentations par acquisition, qui ont été faites depuis le testament à un immeuble légué, font-elles partie du legs?

Ces acquisitions, fussent-elles contiguës, ne sont pas censées faire partie du legs, sans une nouvelle disposition (C. civ., 1019).

1140. En est-il de même des embellissements ou des constructions nouvelles faites sur le fonds légué, ou d'un enclos dont le testateur aurait augmenté l'enceinte?

Dans ces divers cas, les augmentations ou embellissements sont censés faire partie du legs (Ibid).

1141. Si le testateur a légué une chose qui ne lui appartenait pas, ses héritiers sont-ils tenus d'indemniser le légataire?

Le legs est nul en ce cas, soit que le testateur ait su que la chose léguée ne lui appartenait pas, soit qu'il l'ait ignoré (C. civ., 1021).

CHAPITRE VI.

DES EXÉCUTEURS TESTAMENTAIRES.

1142. Quelles sont les personnes qui peuvent être nommées exécuteurs testamentaires?

En général, tout individu capable de s'obliger peut remplir la fonction d'exécuteur testamentaire (C. civ., 1028). D'où il suit qu'un mineur ne peut pas être exécuteur testamentaire, même avec l'autorisation de son tuteur ou curateur (C. civ., 1030).

1143. Une femme peut-elle être chargée de l'exécution testamentaire?

Oui; mais si elle est mariée, elle ne peut accepter l'exécution qu'avec l'autorisation de son mari ou celle de la justice, si elle est séparée de biens (C. civ., 1029).

1144. Les héritiers ou légataires peuvent-ils être nommés exécuteurs testamentaires?

Sans aucun doute (Toull., t. 5, n° 579; Dur., t. 9, n° 395).

1145. Un notaire peut-il être nommé exécuteur testamentaire dans le testament qu'il reçoit?

Il le peut, pourvu que la nomination soit entièrement gratuite (Roll., v° *Exécut. testam.*, n°s 30 et 32); néanmoins il est plus convenable de s'abstenir.

1146. L'exécuteur testamentaire a-t-il de droit la saisine du mobilier?

Il faut qu'elle lui soit conférée par le testateur, qui peut la donner pour tout ou seulement partie du mobilier (C. civ., 1026).

1147. Combien dure cette saisine?

Elle ne peut durer au delà de l'an et jour, à compter du décès du testateur (Ibid).

1148. Quels pouvoirs la saisine donne-t-elle à l'exécuteur testamentaire?

Ceux de toucher les deniers comptants, les revenus même échus depuis le

décès, le prix de la vente du mobilier et le remboursement des capitaux mobiliers (Toull., t. 5, nᵒˢ 585 et s.).

1149. N'a-t-il pas aussi des devoirs à remplir?

Il doit faire apposer les scellés, s'il y a des héritiers mineurs, interdits ou
absents;

Faire faire inventaire en présence de l'héritier ou lui dûment appelé;
provoquer la vente du mobilier, à défaut de deniers suffisants pour acquitter
les legs;

Enfin, veiller à ce que le testament soit exécuté (C. civ., 1031).

1150. Est-il chargé du paiement des dettes de la succession?

Non. On excepte cependant de cette règle certaines dettes privilégiées,
telles que les frais de scellés et d'inventaire, les frais funéraires et ceux de
vente du mobilier.

**1151. L'héritier ne peut-il pas faire cesser la saisine avant
l'expiration du délai de l'an et jour?**

Il le peut en offrant de remettre à l'exécuteur testamentaire somme suffisante pour le paiement des legs mobiliers, ou en justifiant de ce paiement
(C. civ., 1027).

CHAPITRE VII.

DE LA RÉVOCATION DES TESTAMENTS ET DE LEUR CADUCITÉ.

1152. Comment peut-on révoquer un testament?

Par une déclaration expresse dans un testament postérieur, ou dans un
acte devant notaires (C. civ., 1035).

**1153. Dans quelle forme doit être fait l'acte notarié por-
tant révocation?**

Dans la forme ordinaire des actes notariés. Ainsi, un notaire et deux témoins ou deux notaires suffisent; mais la présence réelle du notaire en second ou des témoins est exigée par la loi du 21 juin 1843 et il doit en être
fait mention expresse.

1154. La révocation a-t-elle besoin d'être expresse?

Elle peut être tacite, par exemple, lorsque le testateur fait de nouvelles
dispositions incompatibles avec les premières ou lorsqu'il aliène tout ou
partie de la chose léguée (C. civ., 1036 et 1038).

**1155. Un legs particulier est-il révoqué par un legs univer-
sel fait postérieurement à un autre légataire?**

Non; car ces deux legs ne sont point incompatibles.

1156. En est-il de même d'un legs à titre universel?

La question est controversée, mais l'opinion qui laisse subsister le premier legs paraît mieux fondée.

1157. Une disposition testamentaire, faite sous une condition dépendante d'un événement incertain, devient-elle caduque si le légataire décède avant l'accomplissement de la condition?

Cela dépend de la nature de la condition. Si elle est purement suspensive, le droit à la chose léguée est transmissible par le légataire à ses héritiers; si, au contraire, dans l'intention du testateur, la disposition ne doit être exécutée qu'autant que l'événement prévu arrivera ou n'arrivera pas, le legs est caduc, si le légataire décède avant l'accomplissement de la condition (C. civ., 1040 et 1011).

1158. Qu'entendez-vous par le droit d'accroissement en matière de legs?

C'est le droit, pour un colégataire, d'augmenter sa propre part dans la chose léguée de la portion qui était destinée à son colégataire, lorsque celui-ci ne veut ou ne peut la recueillir.

1159. Quand y a-t-il lieu à accroissement au profit des légataires?

Dans le cas où le legs est fait à plusieurs conjointement (C. civ., 1044).

1160. Mais quand le legs est-il réputé fait conjointement?

Lorsqu'il est fait par une seule et même disposition, et que le testateur n'a pas assigné la part de chacun des colégataires dans la chose léguée (*Ibid*).

1161. L'assignation de parts résulte-t-elle nécessairement de l'indication faite par le testateur d'une division quelconque entre les colégataires?

On distingue assez généralement le cas où l'assignation de parts se trouve dans la disposition même, de celui où l'assignation n'est relative qu'à l'exécution. Au premier cas, l'assignation empêche qu'il y ait accroissement; dans le second cas, elle n'y fait pas obstacle (Merlin, *Rép.*, v° *Accroiss.*; Toullier, t. 5, n° 691 et s.; Dur., t. 9, n° 502 et s. Contrà Proudhon, *Usufr.*, t. 2, n° 704 et s.; Grenier, n° 350; Roll., v° *Accroiss.*, n° 33).

1162. Donnez-nous un exemple de cette distinction.

« Je lègue par portions égales, ma maison à Pierre et à Paul; » cette disposition contient assignation de parts et il n'y a pas lieu à accroissement. Au contraire s'il est dit : « Je lègue ma maison à Pierre et à Paul pour en jouir par portions égales, » il y a lieu à accroissement.

1163. Cette distinction paraît bien subtile, que faut-il faire pour éviter d'y donner lieu?

Exprimer formellement dans le testament, s'il doit y avoir ou non accroissement entre les colégataires.

CHAPITRE VIII.

DES DISPOSITIONS PERMISES EN FAVEUR DES PETITS-ENFANTS DU DONATEUR OU TESTATEUR, OU DES ENFANTS DE SES FRÈRES ET SŒURS.

1164. Les biens dont les pères et mères peuvent disposer peuvent-ils être donnés à un ou plusieurs de leurs enfants, avec la charge de rendre ces biens aux enfants nés et à naître ?

Oui, pourvu que la substitution ne s'étende pas au delà du premier degré (C. civ., 1048; Loi du 7 mai 1819).

1165. Une semblable disposition est-elle permise en ligne collatérale ?

Elle peut avoir lieu au profit d'un ou plusieurs des frères ou sœurs du donataire (C. civ., 1049).

1166. Quelle est la condition essentielle de la validité de semblables dispositions ?

C'est que la charge de restitution soit au profit de tous les enfants nés ou à naître du grevé, sans exception ni préférence d'âge ou de sexe (C. civ., 1050).

1167. Quand des biens ont été donnés, sans charge de restitution, peuvent-ils être grevés de cette charge par une seconde disposition ?

Oui, si le donataire ou légataire accepte la seconde disposition faite sous la condition que les biens précédemment donnés seront grevés de restitution, et dans ce cas, il ne lui est plus permis de diviser les deux dispositions et de renoncer à la seconde pour s'en tenir à la première (C. civ., 1052).

1168. Celui qui fait des dispositions à charge de restitution peut-il lui-même nommer un tuteur chargé de l'exécution de ces dispositions ?

Il le peut soit par l'acte qui contient la disposition, soit par un acte postérieur authentique (C. civ., 1055).

1169. S'il ne l'a pas fait, qui sera chargé du soin de faire nommer le tuteur ?

Le grevé lui-même, ou son tuteur, s'il est mineur, et il est tenu de le faire dans le délai d'un mois, à compter du jour du décès du donateur ou testateur, ou du jour que, depuis cette mort, l'acte contenant la disposition a été connu (C. civ., 1056).

1170. Quelle peine encourt le grevé s'il ne satisfait pas à cette obligation ?

Il est déchu du bénéfice de la disposition et le droit est ouvert au profit des appelés (C. civ., 1057).

1171. Les dispositions par acte entre-vifs ou testamentaires, à charge de restitution, ne doivent-elles pas être rendues publiques ?

Oui, et cette publicité résulte, quant aux immeubles, de la transcription de l'acte au bureau des hypothèques du lieu de la situation ; et quant aux sommes colloquées avec privilége sur des immeubles, par l'inscription sur les biens affectés au privilége (C. civ., 1069).

1172. Par qui peut être opposé le défaut de transcription ?

Par tous ceux qui y ont intérêt, tels que créanciers et tiers-acquéreurs, sauf toutefois les donataires, légataires ou héritiers de celui qui a fait la disposition (C. civ., 1070 et 1072).

CHAPITRE IX.
DES PARTAGES D'ASCENDANTS.

1173. Les père et mère ou autres ascendants peuvent-ils faire, de leur vivant, le partage de leurs biens entre leurs enfants et descendants ?

Ils le peuvent, soit par donation entre-vifs, soit par testament (C. civ., 1075 et 1076).

1174. Ces sortes de partages sont-ils soumis à des formalités particulières ?

Ils doivent seulement être faits avec les formalités, conditions et règles prescrites pour les donations et testaments (C. civ., 1076).

1175. Un partage d'ascendant, fait par acte entre-vifs, peut-il avoir pour objet les biens que l'ascendant laissera à son décès ?

Non, ce serait contraire au principe des donations. Il ne peut comprendre que des biens présents (C. civ., 1076).

1176. Est-il nécessaire que le partage comprenne tous les biens que possède l'ascendant ?

Non ; et les biens qui n'ont pas été compris au partage sont ensuite partagés conformément à la loi (C. civ., 1077).

1177. Faut-il que le partage soit fait entre tous les enfants ou descendants du disposant ?

S'il n'est pas fait entre tous, il est nul pour le tout ; et un nouveau partage peut être provoqué dans la forme légale, même par ceux qui ont été aportionnés (C. civ., 1078).

1178. Les règles ordinaires des partages sont-elles applicables aux partages d'ascendants ?

Oui ; et la principale de ces règles, l'égalité entre les copartageants, doit être observée comme dans les partages ordinaires. Ainsi il convient de faire entrer dans chaque lot, s'il se peut, la même quantité de meubles, d'immeubles, de droits ou de créances de mêmes nature et valeur (Toull., t. 5, n° 806; Dur., t. 9, n° 659; Roll., vᵒ Part. d'ascend., n° 72).

1179. Mais si les immeubles dont l'ascendant dispose ne sont pas susceptibles d'être partagés commodément entre tous ses enfants, l'ascendant peut-il, par une sorte de licitation, attribuer ces biens à quelques-uns des enfants, en les chargeant de donner aux autres des portions en argent?

Il le peut; car la licitation n'est qu'un mode de partage; mais les enfants auraient le droit de faire vérifier par experts si les immeubles sont véritablement indivisibles (Grenier, n° 399; Dur., t. 9, n° 658; Vazeille, sur l'art. 1079, n° 10; Roll., eod., n°ˢ 77 et 78).

1180. Les enfants et descendants sont-ils garants de leurs lots les uns envers les autres?

Oui, comme dans les partages ordinaires (Toull., t. 5, n° 807; Dalloz, t. 6, n° 195; Grenier, n° 394).

1181. Le partage d'ascendant peut-il être attaqué pour cause de lésion?

Il peut l'être pour cause de lésion de plus du quart, et dans le cas où il résulterait du partage et des dispositions faites par préciput, que l'un des copartagés aurait un avantage plus grand que la loi ne le permet (C. civ., 1079).

1182. Pour éviter l'action en rescision, l'ascendant pourrait-il disposer par préciput de la plus-value qui pourrait se trouver dans un lot au profit de celui à qui ce lot est attribué?

Cette clause est valable, et Toullier, t. 5, n° 812, en conseille l'usage dans tous les partages d'ascendants.

1183. Peut-il également déclarer que, dans le cas où un ou plusieurs de ses enfants refuseraient d'exécuter le partage, il les prive de leurs portions dans la quotité disponible, et en fait don, par préciput, à celui ou à ceux des enfants qui consentiront à l'exécution de ses volontés?

Cette condition est également valable (Grenier, n° 399; Roll., eod., n° 87; Cass., 1ᵉʳ mars 1830 et 1ᵉʳ mars 1831).

CHAPITRE X.

DES DONATIONS FAITES PAR CONTRAT DE MARIAGE AUX ÉPOUX ET AUX ENFANTS A NAITRE DU MARIAGE.

1184. Qu'entendez-vous par une institution contractuelle?

C'est la donation faite par contrat de mariage, de tout ou partie d'une succession, au profit des époux, ou de l'un d'eux, et des enfants à naître du mariage (C. civ., 1082).

1185. En quoi diffère-t-elle des donations ordinaires?

En ce qu'elle comprend des biens à venir, qui ne peuvent pas faire l'objet d'une donation entre-vifs ordinaire.

1186. Elle participe du testament en ce qu'elle ne doit avoir son effet qu'au décès de l'instituant ; mais en quoi diffère-t-elle essentiellement des dispositions testamentaires ?

En ce qu'elle est irrévocable de sa nature; en ce qu'elle ne peut pas être réduite par des dispositions postérieures, à titre gratuit, si ce n'est pour sommes modiques, à titre de récompense ou autrement (C. civ., 1083) ; enfin en ce que l'héritier institué est saisi de plein droit comme l'héritier *ab intestat*, sans avoir besoin de demander ni la délivrance ni l'envoi en possession (Merlin, v° *Droits successifs*, p. 437).

1187. L'institution contractuelle, au lieu de comprendre une partie aliquote de la succession, peut-elle ne consister que dans une somme ou dans un objet déterminé ?

Cette disposition est autorisée par l'article 1082, qui permet de disposer *de tout ou partie* des biens à venir; elle est très-habituelle. C'est ce qu'on appelle une donation à cause de mort. (Coin-Delisle, art., 108, n° 11; Marcadé, n° 1er; Roll., v° *Instit. contractuelle*, n° 10).

1188. L'assurance de part héréditaire, faite par contrat de mariage à un enfant par ses père et mère, n'a-t-elle pas quelque analogie avec l'institution contractuelle ?

C'est une véritable institution contractuelle qui prive les instituants du droit de disposer, à titre gratuit, au préjudice de cet enfant (Dur., t. 9, n°s 655, 656 et 698; Dalloz, t. 6, p. 206; Coin-Delisle, n° 65; Roll., *Cod.* n° 50).

1189. *La promesse d'égalité*, c'est-à-dire la clause par laquelle des père et mère assurent à un de leurs enfants, dans leurs successions, une part égale à celle de leurs autres enfants, est-elle aussi une institution contractuelle ?

La promesse d'égalité est assimilée à une institution contractuelle, en ce que les ascendants renoncent par là à la faculté de disposer de la portion disponible au profit de leurs autres enfants, au préjudice de l'institué ; mais ils pourraient disposer au profit d'un étranger ou même de l'un d'eux.

1190. Quelles personnes peuvent faire une institution contractuelle ?

Les père et mère, les autres ascendants, les parents collatéraux des époux, même les étrangers (C. civ., 1082) c'est-à-dire toutes les personnes capables.

1191. Le mineur parvenu à l'âge de seize ans, qui peut disposer par testament, peut-il faire une institution contractuelle ?

Non. Il ne peut absolument disposer que par testament, si ce n'est dans son propre contrat de mariage, et au profit de son conjoint (C. civ., 904 et 1095).

1192. La femme mariée peut-elle faire une institution contractuelle sans l'autorisation de son mari ou de la justice?

Elle ne le peut pas, puisqu'il s'agit ici d'une donation et non d'un testament (C. civ., 905; Dur. t. 9, n° 723; Coin-Delisle, n° 11).

1193. Au profit de qui l'institution contractuelle peut-elle être faite?

Au profit des époux et à celui des enfants à naître de leur mariage, dans le cas où le donateur survivrait à l'époux donataire (C. civ., 1082).

1194. Si les enfants à naître du mariage ne sont pas compris dans l'institution contractuelle, peuvent-ils en profiter?

Oui; car une pareille donation quoique faite au profit seulement des époux ou de l'un d'eux, est toujours présumée faite au profit des enfants et descendants à naître du mariage (C. civ., 1082).

1195. Est-il permis d'instituer contractuellement les enfants à naître du mariage, sans instituer les époux?

Une telle institution serait frappée de nullité, comme contraire au vœu de la loi et au texte de l'art. 1082 (Dur., t. 9, n° 678; Coin-Delisle, n° 27).

1196. Par quel acte l'institution contractuelle peut-elle être faite?

Uniquement par contrat de mariage (C. civ., 1082).

1197. Les institutions contractuelles sont-elles soumises à la formalité de la transcription?

Ces institutions n'étant pas translatives de propriété, en ce sens que l'instituant n'est pas saisi et que l'instituant conserve le droit d'hypothéquer et d'aliéner ses biens, la transcription serait sans objet (Toull., t. 5, n° 815; Grenier, n° 430; Coin-Delisle, art. 939, n° 18).

1198. L'instituant pourrait-il vendre ses biens à rente viagère?

Rien ne s'y oppose, pourvu qu'il n'y ait pas de fraude (Cass., 15 nov. 1836; D. P., 36, 1, 409; Dur., t. 9, n° 711; Coin-Delisle, art. 1083, n° 2; Dalloz, t. 6, p. 208).

1199. Lorsque l'institué y consent, le donateur peut-il disposer, à titre gratuit, des biens compris dans l'institution?

Nous ne le pensons pas. Il y aurait là une stipulation sur une succession future et un changement aux conventions matrimoniales, également interdits par la loi (C. civ., 791 et 1395).

1200. Une institution contractuelle peut-elle être faite cumulativement des biens présents et des biens à venir, en tout ou en partie?

Oui, à la charge qu'il sera annexé à l'acte un état des dettes et charges du donateur existantes au jour de la donation. Dans ce cas, il sera libre au donataire, lors du décès du donateur, de s'en tenir aux biens présents, en renonçant au surplus des biens du donateur (C. civ., 1084).

1201. Si l'état des dettes et charges n'est point annexé, qu'arrivera-t-il?

Le donataire sera obligé d'accepter ou de répudier la donation pour le tout. En cas d'acceptation, il ne pourra réclamer que les biens qui se trouveront existants au jour du décès du donateur, et il sera soumis au paiement de toutes les dettes et charges de la succession (C. civ., 1085).

1202. L'institution contractuelle peut-elle être faite à la condition de payer indistinctement toutes les dettes et charges de la succession du donateur, ou sous d'autres conditions dont l'exécution dépendrait de sa volonté?

La loi le permet par dérogation au principe de l'art. 944; et en ce cas, le donataire est tenu d'accomplir ces conditions, s'il n'aime mieux renoncer à la donation (C. civ., 1086).

1203. Si, dans une institution contractuelle, le donateur s'est réservé la liberté de disposer d'un effet compris dans la donation de ses biens présents, ou d'une somme fixe à prendre sur ces mêmes biens, à qui appartiendra l'effet ou la somme, si le donateur meurt sans en avoir disposé?

Au donataire ou à ses héritiers (C. civ., 1086); c'est une dérogation au principe de l'art. 916.

1204. Les donations faites en faveur du mariage conservent-elles leur effet dans le cas où le mariage ne se réalise pas?

Toute donation en faveur du mariage est caduque, si le mariage ne s'en suit pas (C. civ., 1088).

CHAPITRE XI.

DES DISPOSITIONS ENTRE ÉPOUX, SOIT PAR CONTRAT DE MARIAGE,

SOIT PENDANT LE MARIAGE.

1205. Les donations entre-vifs de biens présents, faites entre époux, par contrat de mariage, sont-elles censées faites sous la condition de survie du donataire?

Non, à moins que cette condition ne soit formellement exprimée (C. civ., 1092).

1206. En est-il de même pour la donation des biens à venir, ou de biens présents et à venir, faite entre époux par contrat de mariage, soit simple, soit réciproque?

Cette donation est soumise à la condition de survie du donataire (C. civ., 1093).

1207. Est-elle transmissible aux enfants issus du mariage, en cas de décès de l'époux donataire avant l'époux donateur?

Non; il n'en est pas ici comme des donations faites par des tiers aux époux par contrat de mariage (C. civ., 1093).

1208. De quelle portion de ses biens un époux peut-il disposer en faveur de son conjoint, pour le cas où il ne laisserait point d'enfants ni descendants?

Il peut disposer, soit par contrat de mariage, soit pendant le mariage, en propriété, de tout ce dont il pourrait disposer en faveur d'un étranger, et en outre de l'usufruit de la totalité de la portion réservée aux ascendants (C. civ., 1094).

1209. Et pour le cas où l'époux donateur laisserait des enfants ou descendants?

Il peut donner à l'autre époux, ou un quart en propriété et un autre quart en usufruit ou la moitié de tous ses biens en usufruit seulement (*Ibid*).

1210. Le nombre plus ou moins grand des enfants modifie-t-il la quotité disponible entre époux?

Cette quotité est la même, quel que soit le nombre des enfants, sauf toutefois, en ce qui concerne les enfants d'un premier mariage.

1211. Il résulte de là qu'en cas d'existence d'un seul enfant, la quotité disponible en faveur d'un étranger est plus élevée que celle en faveur du conjoint, puisqu'aux termes de l'art. 913, il peut être donné au premier moitié en toute propriété, au lieu qu'il ne peut être donné à l'époux, qu'un quart en propriété et un quart en usufruit, ou moitié en usufruit, seulement.

Ces deux quotités peuvent-elles être cumulées? Un époux, par exemple, peut-il disposer, au profit de son conjoint, d'un quart en propriété et d'un quart en usufruit, et, en faveur d'un tiers, d'un quart en nue propriété, ce qui n'excède pas la moitié au total?

Cette question a fait le sujet de beaucoup de controverses;

Si les donations sont simultanées, c'est-à-dire, faites dans le même acte, elles doivent recevoir leur exécution, jusqu'à concurrence de la quotité disponible la plus étendue (Toull., t. 5, 870 et s.; Grenier, n° 581; Delvincourt, t. 2, p. 731; Proudhon, *Usuf.*, t. 1ᵉʳ, nᵒˢ 360 et s.; Dur., t. 9, nᵒˢ 794 et s.; Vazeille, art. 1094, n° 7).

Si les donations sont faites successivement par des actes séparés, on distingue entre le cas où la donation faite au tiers a précédé celle faite à l'époux, et le cas où elle n'est venue qu'après.

Dans la première hypothèse, si la quotité disponible de l'art. 1094 n'est pas encore épuisée par le premier don, on admet sans difficulté que l'époux gratifié par le second acte peut réclamer le complément de cette quotité.

Mais dans la seconde hypothèse, la Cour de cassation décide que la seconde libéralité (celle faite à un tiers) ne peut pas avoir son effet pour la différence qui existe entre la quotité disponible de l'art. 1094 et celle de l'art. 913 (Cass., 21 mars 1837, 24 juill. 1839, 22 nov. 1843; D. P., 37, 1, 151, 39, 1, 289; S. V., 44, 1, 69. Besançon, 7 février 1840; S. V., 40, 2, 105; *Sic*, Duranton, t. 9, n° 796; Proudhon, t. 1er, n° 360; Coin-Delisle, n° 16).

Beaucoup d'arrêts de cours d'appel décident le contraire, qui est soutenu aussi par Toullier, Delvincourt et Vazeille, *ubi suprà*.

1212. Comment doit-être réduite la donation universelle en usufruit faite par un époux à son conjoint, dans le cas où il existe des enfants issus du mariage?

Nonobstant la disposition de l'art. 917, on décide généralement que cette donation doit être réduite à moitié en usufruit, et que l'époux donataire ne peut réclamer un quart en propriété et un quart en usufruit (Proudhon, t. 1er, n° 315; Coin-Delisle, n° 8 ; Toull., t. 5, n° 867; Delv., t. 2, p. 220; Grenier, t. 2, n° 450; Dur., t. 9, n° 790; Vaz., n° 11).

1213. Le mineur peut-il, par contrat de mariage, faire une donation à l'autre époux?

Il peut donner tout ce que la loi permet à l'époux majeur de donner à son conjoint, mais avec le consentement et l'assistance de ceux dont le consentement est requis pour la validité de son mariage (C. civ., 1095).

1214. Le mineur peut-il faire une donation à son conjoint, pendant le mariage?

Il ne peut, hors le contrat de mariage, disposer que par testament et seulement de la moitié des biens dont la loi permet au majeur de disposer (C. civ., 901).

1215. Quel est le caractère des donations faites entre époux pendant le mariage?

Quoique qualifiées entre-vifs, elles sont toujours révocables (C. civ., 1096).

1216. Sont-elles révoquées par la survenance d'enfants?

Non (*Ibid*).

1217. La présence réelle du notaire en second ou des témoins est-elle exigée pour ces sortes de donations?

Oui; la loi du 21 juin 1843 est formelle à ce sujet.

1218. Les époux peuvent-ils se faire, pendant le mariage, une donation mutuelle et réciproque par un seul et même acte?

Non (C. civ., 1097); mais rien n'empêche que les deux actes ne soient passés le même jour et au même moment.

1219. Quelle est la portion que l'homme ou la femme ayant des enfants d'un autre lit, peut donner à son nouvel époux?

Il ne peut lui donner qu'une part d'enfant le moins prenant, sans que, dans aucun cas, cette donation puisse excéder le quart des biens (C. civ., 1098).

1220. Les petits-enfants sont-ils compris sous la dénomination d'enfants?

Oui; mais ils ne doivent compter que pour l'enfant qu'ils représentent (C. civ., 740, 914).

1221. Quel est l'effet d'une donation, entre époux, déguisée ou faite à personnes interposées?

Elle est frappée d'une nullité absolue et non pas seulement réductible à la quotité disponible (C. civ., 1099; Toull., t. 5, n° 901; Grenier, n° 691; Cass., 29 mai 1838; D. P., 38, 1, 225).

1222. Quelles sont les donations réputées faites à personnes interposées?

Les donations de l'un des époux aux enfants ou à l'un des enfants de l'autre époux issus d'un autre mariage, et celles faites aux parents dont cet époux est héritier présomptif au jour de la donation, encore qu'il n'ait point survécu à son parent donataire (C. civ., 1100).

TITRE III.

DES CONTRATS OU DES OBLIGATIONS CONVENTIONNELLES EN GÉNÉRAL.

CHAPITRE PREMIER.

DES CONDITIONS ESSENTIELLES POUR LA VALIDITÉ DES CONVENTIONS.

1223. Quelles sont les conditions essentielles pour la validité d'une convention?

Elles sont au nombre de quatre:
Le consentement de la partie qui s'oblige;
Sa capacité de contracter;
Un objet certain qui forme la matière de l'engagement;
Une cause licite dans l'obligation (C. civ., 1108).

1224. Quoiqu'on ne puisse, en général, stipuler ni s'engager, en son propre nom, que pour soi-même, ne peut-on pas aussi stipuler pour un tiers?

On peut se porter fort pour un tiers en promettant le fait de celui-ci (C. civ., 1120).

1225. Le tiers, dont on s'est porté fort, est-il engagé par une pareille stipulation?

Non; il reste libre d'accepter ou de répudier la convention.

1226. Qu'arrive-t-il s'il refuse de ratifier l'engagement?

Celui qui s'est porté fort est soumis à une indemnité envers celui avec qui il a contracté (C. civ., 1120).

1227. Peut-on se porter fort pour un mineur ou autre incapable?

Oui, tout aussi bien que pour un majeur; le porte fort n'en reste pas moins tenu personnellement.

1228. Celui qui a acheté un objet au nom d'un tiers, dont il s'est porté fort, a-t-il le droit de disposer de cet objet?

Tant que celui dont l'acheteur s'est porté fort n'a pas accepté et ratifié la vente, il n'a aucun droit sur la chose achetée, et l'acheteur peut en disposer (Toulouse, 27 juin 1839; D. P., 39, 2, 251).

1229. De ce que les choses futures peuvent être l'objet d'une obligation, s'ensuit-il qu'on ait le droit de faire une stipulation sur une succession non encore ouverte?

Non. On ne peut renoncer à une succession non ouverte, ni faire aucune stipulation sur une pareille succession, même avec le consentement de celui de la succession duquel il s'agit (C. civ., 1130).

1230. Les intérêts échus d'un capital sont-ils susceptibles de produire eux-mêmes des intérêts?

Ils le peuvent, ou par une demande judiciaire, ou par une convention spéciale, pourvu qu'il s'agisse d'intérêts dus au moins pour une année entière (C. civ., 1154).

1231. En est-il de même pour les arrérages de rentes perpétuelles ou viagères?

Ces arrérages produisent intérêts du jour de la demande ou de la convention, bien qu'ils soient dus pour moins d'un an (C. civ., 1155; Toull., t. 6, n° 274; Dur., t. 10, n° 494).

1232. Et pour les revenus échus, tels que fermages et loyers?

Même décision.

CHAPITRE II.

DES DIVERSES ESPÈCES D'OBLIGATIONS.

1233. Qu'entendez-vous par condition *potestative*?

La condition potestative est celle qui fait dépendre l'exécution de la con-

11

vention d'un événement qu'il est au pouvoir de l'une ou de l'autre des parties contractantes de faire arriver ou d'empêcher (C. civ., 1170).

1234. L'obligation contractée sous une condition potestative est-elle valable ?

Elle est nulle, lorsqu'elle a été contractée sous une condition potestative de la part de celui qui s'oblige (C. civ., 1174).

1235. Peut-on valablement faire une promesse de vente sous la condition qu'elle n'aura effet qu'autant que le promettant ne vendrait pas, dans un délai déterminé, les mêmes objets ?

Une telle condition est valable, parce que la condition n'est pas purement potestative, elle est *mixte*, puisqu'il faut pour la vente le concours d'un tiers (C. civ., 1171 ; Cass., 17 déc. 1828 ; D. P., 29, 1, 67).

1236. Quel est l'effet de la condition d'une chose impossible ou contraire aux bonnes mœurs, ou prohibée par la loi ?

C'est de rendre nulle la convention qui en dépend (C. civ., 1172).

1237. La condition de ne pas faire une chose impossible, produit-elle le même effet ?

Non, elle ne rend pas nulle la convention contractée sous cette condition (C. civ., 1173).

1238. En quoi le terme diffère-t-il de la condition ?

En ce qu'il ne suspend pas l'engagement, dont il retarde seulement l'exécution (C. civ., 1185).

1239. En faveur de qui le terme est-il présumé stipulé ?

Le terme est toujours présumé stipulé en faveur du débiteur, à moins qu'il ne résulte de la stipulation ou des circonstances qu'il a été aussi convenu en faveur du créancier (C. civ., 1187).

1240. Dans quelles circonstances le débiteur peut-il être déchu du bénéfice du terme stipulé ?

Lorsqu'il a fait faillite, ou lorsque par son fait, il a diminué les sûretés qu'il avait données par le contrat à son créancier (C. civ., 1188).

1241. Si le débiteur vient à vendre une partie des biens qu'il avait hypothéqués à la garantie de la dette, est-il déchu du terme ?

Dans ce cas, le créancier peut requérir la déchéance des termes, si l'acquéreur a opéré la purge de l'hypothèque (Cass., 9 janv. 1816 ; Toull., t. 6, n° 667 ; Dur., t. 11, n° 129 ; et t. 19, n° 381 ; Troplong, *Hyp.*, t. 2, n° 511).

1242. Quand y a-t-il solidarité entre les débiteurs ?

Il y a solidarité entre des débiteurs, lorsqu'ils sont obligés à une même chose, de manière que chacun puisse être contraint pour la totalité, et que le paiement fait par un seul libère les autres envers le créancier (C. civ., 1200).

1243. Le créancier peut-il exiger d'un seul des débiteurs solidaires le paiement de toute la dette ?

Le créancier peut s'adresser à celui des débiteurs qu'il veut choisir, sans que celui-ci puisse lui opposer le bénéfice de division (C. civ., 1203).

1244. S'il a commencé des poursuites contre l'un des débiteurs, peut-il en exercer de pareilles contre les autres débiteurs ?

Il est libre de le faire (C. civ., 1204).

1245. Pour interrompre la prescription, faut-il que les poursuites soient faites contre tous les débiteurs solidaires ?

Il suffit qu'elles soient exercées contre un seul des débiteurs (C. civ., 1206).

1246. Quand plusieurs personnes contractent ensemble une obligation, sont-elles censées s'engager solidairement ?

La solidarité ne se présume point ; il faut qu'elle soit expressément stipulée (C. civ., 1202).

1247. Suffit-il que les débiteurs s'obligent *conjointement* ?

Cette expression *conjointement* présente de l'incertitude. Toullier, t. 6, n° 721, pense qu'elle équivaut à celle de *solidairement*; mais d'autres auteurs sont d'un avis contraire, qui paraît plus motivé. L'art. 1222, C. civ., emploie les deux mots *conjointement et solidairement*, par opposition et dans des sens très-différents l'un de l'autre.

1248. La dette contractée par le mari et la femme sans solidarité se divise-t-elle entre eux comme entre des étrangers ?

Il faut distinguer : si le mari et la femme ne sont pas communs en biens, ils ont chacun des intérêts distincts et la dette se divise entre eux ; mais s'ils sont communs en biens, ils sont censés ne stipuler que pour la personne morale de la communauté; le mari est alors tenu de la totalité de la dette (C. civ., 1384).

1249. Dans ce dernier cas, la femme est-elle également obligée à la totalité de la dette ?

Elle ne peut être poursuivie que pour la moitié de la dette, à moins que l'obligation ne soit solidaire (C. civ., 1487).

1250. Une dette contractée solidairement se divise-t-elle entre les héritiers de l'un des débiteurs décédé ?

Chacun des héritiers est bien personnellement obligé à la totalité de la dette, mais seulement pour sa part et portion virile dans la succession (C. civ., 873 et 1220).

1251. Peut-on, dans une obligation, stipuler la solidarité entre les héritiers et représentants ?

Cette stipulation qui est très-habituelle dans la pratique, est formellement autorisée par l'art. 1221 du C. civ.).

1252. Le créancier qui reçoit divisément la part de l'un des débiteurs solidaires, sans réserve, est-il censé renoncer à la solidarité?

Si la quittance donnée au débiteur porte que c'est *pour sa part*, il y a renonciation à la solidarité, mais seulement à l'égard du débiteur qui a payé. Si le créancier reçoit simplement une somme égale à la portion du débiteur, sans dire que c'est *pour sa part*, il n'est pas censé renoncer à la solidarité (C. civ., 1211).

1253. Si le créancier reçoit divisément, et sans réserve, la portion de l'un des codébiteurs dans les arrérages ou intérêts de la dette, perd-il la solidarité?

Il ne la perd que pour les arrérages ou intérêts échus, et non pour ceux à échoir, ni pour le capital à moins que le paiement divisé n'ait été continué pendant 10 ans consécutifs (C. civ., 1212).

1254. Comment se divise entre les débiteurs l'obligation qu'ils ont contractée solidairement?

Ils n'en sont tenus entre eux que chacun pour sa part et portion (C. civ., 1213).

1255. Si l'un d'eux est insolvable, comment se répartit sa part dans la dette, entre les autres codébiteurs?

Elle se répartit par contribution entre tous les autres codébiteurs solvables (C. civ., 1214).

CHAPITRE III.

DE L'EXTINCTION DES OBLIGATIONS.

1256. Comment s'éteignent les obligations?

Les obligations s'éteignent:
Par le paiement,
Par la novation,
Par la remise volontaire,
Par la compensation,
Par la confusion,
Par la perte de la chose,
Par la nullité ou la rescision,
Par l'effet de la condition résolutoire, et par la prescription (C. civ., 1234).

1257. Le débiteur peut-il forcer le créancier à recevoir en partie le paiement d'une dette?

Non, lors même qu'il s'agirait d'une dette divisible (C. civ., 1244).

1258. Ce principe n'est-il pas modifié par le décès du débiteur ou du créancier, à l'égard d'une dette divisible?

Au cas de décès du débiteur, chacun de ses héritiers peut se libérer séparément de la portion dont il est tenu dans la dette, et au cas de décès du créancier, le débiteur a le droit de payer séparément à chaque héritier sa part proportionnelle dans la créance (C. civ., 1220).

1259. Où doit se faire le paiement d'une dette en argent?

Dans le lieu désigné par la convention et à défaut de convention au domicile du débiteur (C. civ., 1247).

1260. Quand la convention indique, comme lieu de paiement, la demeure du créancier, si celui-ci change de domicile, pour aller habiter dans une ville plus éloignée, le débiteur est-il tenu de faire le paiement à ce dernier domicile?

Non. Le débiteur peut forcer le créancier à élire un domicile dans le lieu qu'il a quitté (Pothier, n° 549).

1261. A la charge de qui sont les frais de paiement?

A la charge du débiteur (C. civ., 1248).

1262. Combien distingue-t-on de sortes de subrogations?

Deux; la subrogation conventionnelle et la subrogation légale.

1263. Quand la subrogation est-elle conventionnelle?

La subrogation est conventionnelle :

1° Lorsque le créancier recevant son paiement d'une tierce personne, la subroge dans ses droits;

2° Lorsque le débiteur emprunte une somme à l'effet de payer sa dette, et de faire subroger le prêteur dans les droits du créancier (C. civ., 1250).

1264. Dans le premier cas, la subrogation a-t-elle besoin d'être stipulée?

Le tiers qui paie la dette d'un autre n'est pas subrogé de plein droit; la subrogation doit être expresse et faite en même temps que le paiement (C. civ., 1250).

1265. Est-il nécessaire, dans une quittance contenant subrogation, de constater que le paiement a eu lieu à la vue des notaires?

C'est au moins utile; car il a été décidé qu'une subrogation est nulle lorsqu'il est déclaré dans la quittance que le paiement a eu lieu hors de la vue des notaires (Cass., 28 janv., 1813; D. p., 15, 1, 147).

1266. La subrogation ne peut donc être consentie que pour les sommes payées au moment même de la subrogation.

Elle est nulle pour les paiements faits antérieurement (Cass., 30 juill. 1838; D. p., 38, 1, 311. Limoges, 27 nov. 1841; D. p., 42, 2, 231).

1267. Que faut-il pour que la subrogation ait lieu en faveur de celui qui prête une somme au débiteur pour payer sa dette?

Il faut pour que cette subrogation soit valable, que l'acte d'emprunt et la quittance soient passés devant notaires; que dans l'acte d'emprunt, il soit déclaré que la somme a été empruntée pour faire le paiement, et que, dans la quittance il soit déclaré que le paiement a été fait des deniers fournis à cet effet par le nouveau créancier (C. civ., 1250).

1268. Au profit de qui la subrogation légale a-t-elle lieu ?

La subrogation a lieu de plein droit :

1° Au profit de celui qui étant lui-même créancier, paie un autre créancier qui lui est préférable à raison de ses priviléges ou hypothèques ;

2° Au profit de l'acquéreur d'un immeuble, qui emploie le prix de son acquisition au paiement des créanciers auxquels cet héritage était hypothéqué ;

3° Au profit de celui qui étant tenu avec d'autres ou pour d'autres au paiement de la dette, avait intérêt de l'acquitter ;

4° Au profit de l'héritier bénéficiaire qui a payé de ses deniers les dettes de la succession (C. civ., 1251).

1269. Lorsque le créancier n'est payé qu'en partie, le tiers subrogé vient-il en concurrence avec lui ?

Dans ce cas, le créancier peut exercer ses droits, pour ce qui lui reste dû, par préférence à celui dont il n'a reçu qu'un paiement partiel (C. civ., 1252).

1270. Le débiteur de plusieurs dettes est-il libre d'acquitter l'une de ses dettes de préférence à une autre ?

Il a le droit de déclarer, lorsqu'il paie, quelle dette il entend acquitter (C. civ., 1253).

1271. Comment s'impute le paiement partiel fait sur une dette qui porte intérêt ?

La paiement qui n'est point intégral, s'impute d'abord sur les intérêts et subsidiairement sur le capital (C. civ., 1254).

1272. Lorsqu'un débiteur de plusieurs dettes fait un paiement sans imputation déterminée, sur quelle dette l'imputation doit-elle se faire ?

Le paiement doit être imputé sur la dette que le débiteur avait pour lors le plus d'intérêt d'acquitter, entre celles qui sont pareillement échues; sinon sur la dette échue, quoique moins onéreuse que celles qui ne le sont point (C. civ., 1256).

1273. Et si les dettes sont d'égale nature ?

Dans ce cas, l'imputation se fait sur la dette la plus ancienne, et toutes choses étant égales, elle se fait proportionnellement (*Ibid.*).

1274. Des offres réelles suffisent-elles pour libérer le débiteur et faire cesser le cours des intérêts ?

Non. C'est la consignation seule des sommes offertes qui opère la libération et fait cesser le cours des intérêts (C. civ., 1257; Toullier, t. 7, n°s 221 et s. Dur., t. 12, n°s 223 et s.).

1275. Une personne tierce, étrangère à une obligation, et qui veut en opérer l'extinction, peut-elle valablement faire des offres au créancier ?

Oui, pourvu qu'elle agisse au nom et en l'acquit du débiteur. Mais si elle énonce que le paiement ou les offres proviennent de ses propres deniers, et requiert formellement la subrogation aux droits du créancier, les offres sont nulles (Cass., 12 juillet 1813; D. A., 11, 553).

1276. Si la somme à offrir provient d'un emprunt avec promesse d'emploi, que faut-il faire?

Faire les offres et la consignation au nom du débiteur, avec déclaration de l'origine des deniers. Cette déclaration suffit pour obtenir, en faveur du prêteur, la subrogation aux droits du créancier (C. civ., 1250).

1277. A quel lieu doivent être faites les offres réelles?

Les offres doivent être faites au lieu convenu pour le paiement, et à défaut de convention, ou à la personne du créancier, ou à son domicile, ou au domicile élu pour l'exécution de la convention (C. civ., 1258).

1278. Les notaires ont-ils qualité pour faire les actes d'offres réelles ?

L'affirmative est enseignée par MM. Toullier, t. 7, n° 201; Favard, v° *Offres réelles*, n° 2; Zachariæ, § 322, note 1; Carré, n° 2783, *Sic* Lyon, 14 mars 1827; Bordeaux 30 juin 1836; Agen 17 mai 1836; D. P., 27, 2, 170, 37, 2, 115, 37, 2, 101. *Contrà*, Pigeau, *Proc.*, t. 2, p. 463; Roll., v° *Offres réelles*, n° 25.—Dans l'usage c'est ordinairement le ministère d'un huissier qui est employé pour les offres réelles.

1279. A la charge de qui sont les frais des offres réelles et de la consignation?

A la charge du créancier, si elles sont valables (C. civ., 1260).

1280. Comment s'opère la novation?

La novation s'opère de trois manières:

1° Lorsque le débiteur contracte envers son créancier une nouvelle dette qui est substituée à l'ancienne, laquelle est éteinte;

2° Lorsqu'un nouveau débiteur est substitué à l'ancien qui est déchargé par le créancier;

3° Lorsque, par l'effet d'un nouvel engagement, un nouveau créancier est substitué à l'ancien, envers lequel le débiteur se trouve déchargé (C. civ., 1271).

1281. Lorsqu'un contrat de vente constate que le prix est payé en billets, y a-t-il novation dans la créance?

Il n'y a pas de novation, et le vendeur conserve son privilége en cas de non-paiement des billets, lors même que le contrat ne contient pas de réserve à ce sujet (Troplong, *Hyp.*, n° 199 *bis*; Cass., 14 juill. 1828 et 22 juin 1841; D. P., 28, 1, 351 et 41, 1, 267).

1282. La conversion d'un capital en une rente opère-t-elle la novation?

Cette conversion emporte novation, s'il n'y a pas réserve des garanties attachées à la créance primitive (Toull., t. 7, n°° 280 et 305; Dur., t. 12, n°° 288 et 303). Il y a des arrêts dans le même sens.

1283. La délégation par laquelle un débiteur donne au créancier un autre débiteur qui s'oblige envers le créancier opère-t-elle novation ?

Non, à moins que le créancier n'ait expressément déclaré qu'il entend décharger son débiteur, qui a fait la délégation (C. civ., 1275).

1284. Entre quelles dettes la compensation a-t-elle lieu ?

La compensation n'a lieu qu'entre deux dettes qui ont également pour objet une somme d'argent, ou une certaine quantité de choses fongibles de la même espèce et qui sont également liquides et exigibles (C. civ., 1291).

1285. Les prestations en grains et denrées peuvent-elles se compenser avec des sommes liquides et exigibles ?

Oui, lorsque le prix en est réglé par les mercuriales (C. civ., 1291).

1286. Peut-on opposer la compensation avec une dette qui a pour cause des aliments ?

Non, s'ils sont déclarés insaisissables (C. civ., 1293).

1287. Lorsque les deux dettes ne sont pas payables au même lieu, peut-on également opposer la compensation ?

On le peut, mais à la charge de faire raison des frais de la remise (C. civ., 1296).

1288. Une saisie-arrêt empêche-t-elle la compensation ?

Celui qui étant débiteur est devenu créancier depuis la saisie-arrêt faite par un tiers entre ses mains, ne peut au préjudice du saisissant opposer la compensation (C. civ., 1298). Il ne pourrait même opposer la compensation avec des créances antérieures à la saisie, mais devenues exigibles seulement depuis cette saisie (Dur., t. 12, n°⁵ 437 et 438; Zachariæ, t. 2, § 326, note 30).

1289. Celui qui a payé une dette qui était, de droit, éteinte par la compensation peut-il se prévaloir, contre les tiers, des priviléges et hypothèques attachés à sa créance ?

Il ne le peut pas, à moins qu'il n'ait eu une juste cause d'ignorer la créance qui devait compenser sa dette, par la raison que la compensation s'opère de plein droit, même à l'insu des parties et qu'elle a pour effet d'éteindre les deux dettes, par conséquent les priviléges et hypothèques qui y étaient attachés (C. civ., 1290 et 1299).

1290. Combien dure l'action en nullité ou en rescision d'une convention ?

Elle dure dix ans dans tous les cas où elle n'est pas limitée à un moindre temps par une loi particulière (C. civ., 1304).

1291. Pour les actes passés par les femmes mariées non autorisées, de quel jour court la prescription de dix ans ?

Du jour de la dissolution du mariage (C. civ., *Ibid*).

1292. Et pour les actes faits par les interdits ?

Du jour où l'interdiction est levée (*Ibid*).

1293. Et pour ceux faits par les mineurs?

Du jour de la majorité (*Ibid*).

1294. En est-il de même pour les actes faits illégalement par le tuteur?

Les auteurs, comme la jurisprudence, sont divisés sur cette question. Les uns soutiennent, qu'en ce cas le délai de la prescription est de 30 ans; les autres ne lui accordent que 10 ans. Cette dernière opinion paraît préférable.

1295. Si le mineur a faussement déclaré qu'il était majeur, est-il restituable contre les engagements qu'il a pris en cette qualité?

Cette déclaration ne fait pas obstacle à sa restitution (C. civ., 1307).

1296. L'engagement souscrit par un mineur peut-il être ratifié par lui après sa majorité?

Oui, et alors il n'est plus recevable à revenir contre son engagement, soit qu'il fût nul en sa forme, soit qu'il fût seulement sujet à restitution (C. civ., 1311).

1297. Le mineur qui fait annuler la vente consentie par lui en minorité est-il tenu de restituer le prix qu'il a reçu?

Non, à moins qu'il ne soit prouvé que ce qui a été payé a tourné à son profit, comme si, par exemple, le prix a été employé à payer un créancier légitime (C. civ., 1312).

CHAPITRE IV.

DE LA PREUVE DES OBLIGATIONS ET DE CELLE DU PAIEMENT.

1298. Pour le caractère et les formalités du titre authentique, voyez 1re partie, nos 108 et suivants.

1299. Quelle est la condition imposée par la loi aux actes sous seing privé qui contiennent des conventions synallagmatiques?

Ces actes ne sont valables qu'autant qu'ils ont été faits en autant d'originaux qu'il y a de parties ayant un intérêt distinct, et chaque original doit contenir la mention du nombre des originaux qui ont été faits; mais il suffit d'un original pour toutes les personnes ayant le même intérêt (C. civ., 1325).

1300. L'acte contenant cautionnement ou ratification est-il soumis à la formalité du double?

Non (Cass., 22 nov. 1825; D. P., 26, 1, 9; Dur., t. 13, n° 275; Toull., t. 8, n° 501).

1301. Et le congé en matière de bail?

Le congé doit être fait double, suivant M. Duvergier, *Louage*, t. 1er, n° 492; M. Troplong, *eod.*, t. 2, n° 425, est d'un avis contraire.

1302. Un arrêté de compte doit-il être fait double?

Cela n'est pas nécessaire (Toull., t. 8, n° 351; Roll., v° *Double écrit*, n°° 20 et 21; Orléans 22 août 1810; S. 10, 2, 453).

1303. Est-il indispensable que chacun des deux doubles de l'acte soit revêtu de la signature des deux parties?

Il suffit que le double remis à chacune des parties, porte la signature de l'autre (Toull., t. 8, n° 34; Dur., t. 13, n° 156; Roll., *eod.*, n° 51; Bordeaux, 16 déc. 1811; S., 45, 2, 518).

1304. La mention, dans un acte, qu'il a été fait en *autant d'originaux* qu'il y a de parties intéressées, sans indication du *nombre* de ces originaux est-elle suffisante?

Cette mention remplit le vœu de l'article 1325. (Lyon, 18 fév., 1832; D. P., 33, 2, 265).

1305. La nullité résultant du défaut de double est-elle couverte par le dépôt de l'acte en l'étude d'un notaire?

Sans aucun doute, si le dépôt est fait du consentement de toutes les parties intéressées.

1306. En est-il de même si le dépôt n'a été fait que par l'une des parties?

Dans ce cas, la nullité n'est pas couverte, à moins que le déposant ne fasse notifier le dépôt aux autres parties (Toull., t. 8, n° 325; Roll., v° *Double écrit*., n° 56; Bordeaux 13 mars 1829; D. P., 29, 2, 197).

1307. Le billet ou la reconnaissance sous seing privé d'une somme d'argent n'est-il pas soumis à une formalité particulière?

Il doit être écrit en entier de la main de celui qui le souscrit; ou du moins il faut qu'outre sa signature, il ait écrit de sa main un *bon* ou un *approuvé*, portant en toutes lettres la somme (C. civ., 1326).

1308. Cette règle est-elle sans exception?

Il y a exception dans le cas où l'acte émane de marchands, artisans, laboureurs, vignerons, gens de journée et de service (*Ibid*).

1309. Les actes de cautionnement sont-ils soumis à la formalité du bon ou approuvé?

Oui (Merlin, *Rép.*, v° *Billet*, § 1er; Dur., t. 13, n° 175; Orléans, 14 janv. 1828; D. P., 28, 2, 85. Il y a des arrêts contraires.

1310. Un arrêté de compte est-il nul s'il ne contient pas approbation de la somme de la part de celle des parties qui est constituée reliquataire?

Oui (Merlin, *eod.* § 1er, n° 9; Dur., t. 13, n° 172; Bordeaux, 3 janv. 1832

D. P., 32, 2, 168. Voy. aussi Toullier, t. 8, n° 306 et Roll., v° *Approb. d'écrit.*, n° 18.

1311. L'exception établie à l'égard de certains individus s'applique-t-elle aux femmes de ces individus?

Ces femmes ne sont pas dispensées de la formalité du bon ou approuvé (Toull., t. 8, n° 308; Dur., t. 13, n° 171; Cass., 22 juill., 1828; D. P., 28, 1, 317; Caen, 28 nov. 1813; D. P., 44, 2, 116).

1312. De quel jour les actes sous seing privé ont-ils date certaine contre les tiers?

Du jour où ils ont été enregistrés, du jour de la mort de celui ou de l'un de ceux qui les ont souscrits, ou du jour où leur substance est constatée dans des actes dressés par des officiers publics, tels que procès-verbaux de scellés ou d'inventaire (C. civ., 1328).

1313. Le débiteur d'une créance cédée peut-il opposer au cessionnaire une quittance sous seing privé du cédant, datée d'une époque antérieure à l'acte de cession, bien qu'elle n'ait été enregistrée que postérieurement?

Cette quittance n'est pas opposable au cessionnaire, alors surtout que le débiteur n'a fait aucune protestation lors de la signification du transport. (Troplong, *Hyp.*, t. 2, n° 535; *id.*, *Vente*, t. 2, n° 920; Duvergier, *Vente*, t. 2, n° 224; Cass., 23 août 1811; D. P., 11, 1, 339).

1314. Les actes sous seing privé souscrits par un mandataire font-ils foi de leur date contre le mandant, quoiqu'ils n'aient acquis date certaine que depuis la révocation du mandat?

Oui (Paris, 7 janv., 1834; S. v., 34, 2, 239; Cass., 19 nov., 1834; D. P., 35, 1, 33. Bourges, 17 mai 1842; S. v., 43, 2, 160).

1315. Quel est l'effet de l'écriture mise, par le créancier, à la suite, en marge ou au dos d'un titre qui est toujours resté en sa possession?

Elle fait foi de ce qu'elle contient, quoique non datée ni signée par le créancier, lorsqu'elle tend à établir la libération du débiteur (C. civ., 1332).

1316. En est-il de même de l'écriture mise, par le créancier, au dos, en marge ou à la suite du double d'un titre ou d'une quittance, si ce double est entre les mains du débiteur?

Oui (*Ibid.*).

1317. Pour les copies de titres, voyez 1re partie, n° 272 et suivants.

TITRE IV.

DU CONTRAT DE MARIAGE ET DES DROITS RESPECTIFS DES ÉPOUX.

CHAPITRE PREMIER.

DISPOSITIONS GÉNÉRALES.

1318. La loi a-t-elle laissé beaucoup de liberté aux époux pour le règlement de leurs conventions matrimoniales ?

Les époux peuvent régler les conventions de leur association, quant aux biens, comme ils le jugent à propos, pourvu qu'elles ne soient pas contraires aux bonnes mœurs, ni aux prohibitions spéciales de la loi (C. civ., 1387).

1319. Des époux mariés sans contrat avant la publication du Code civil sont-ils soumis au régime de la communauté établi par ce Code?

Le Code civil ne règle les droits des époux que pour les mariages faits sous son empire; ceux mariés antérieurement doivent être régis par les lois alors existantes; et c'est la loi du domicile conjugal, qui règle, en ce cas, le sort de leurs conventions matrimoniales. Les auteurs et la jurisprudence sont unanimes sur ce point.

1320. Les époux peuvent-ils déroger aux droits résultant de la puissance maritale ou de la puissance paternelle?

Ils ne peuvent ni l'un ni l'autre (C. civ., 1388).

1321. La convention que les filles seront élevées dans la religion de la mère, et les fils dans celle du père, est-elle civilement obligatoire?

Non, c'est une dérogation aux droits d'autorité que le mari tient de la loi (Dur., t. 14, n° 24; Zachariæ, t. 3, § 504, note 4; Roll., vº Contr. de mar., n° 118).

1322. Les époux peuvent-ils faire des conventions dont l'objet est de changer l'ordre légal des successions ?

Ils ne le peuvent pas, soit par rapport à eux-mêmes, dans la succession de leurs enfants ou descendants, soit par rapport à leurs enfants entre eux (C. civ., 1389).

1323. Peuvent-ils stipuler que leur association sera réglée par une ancienne coutume?

Ils ne le peuvent pas d'une manière générale (C. civ., 1390), mais ils le peuvent pour une disposition particulière, par exemple pour la quotité du douaire (Toull., t. 12, n°7; Billot des Minières, t. 1ᵉʳ, p. 20; Roll., n°ˢ 106 et 107).

1324. A défaut de contrat de mariage ou de stipulation spéciale sur le régime que les époux entendent adopter, quel est celui qui fait la loi commune ?

C'est le régime de la communauté légale, tel qu'il est établi par le Code civil (C. civ., 1393 et 1400).

1325. Quelles sont les formalités spéciales du contrat de mariage ?

Toutes les conventions matrimoniales doivent être rédigées, avant le mariage, par acte devant notaire (C. civ., 1394).

1326. Les conventions que les époux feraient postérieurement au mariage seraient donc nulles ?

Oui, d'une nullité absolue, et ceci s'applique, non-seulement au régime que les époux ont adopté, mais à toute reconnaissance d'apport, ou préciput, et à tout ce qui forme une convention de mariage.

1327. La présence réelle du second notaire ou des témoins est-elle nécessaire pour un contrat de mariage ?

Il résulte de la discussion de la loi du 21 juin 1843, que la présence réelle du notaire en second ou des témoins n'est pas nécessaire pour un contrat de mariage, alors même qu'il contient des donations.

1328. Un contrat de mariage sous seing privé, déposé pour minute à un notaire, avant le mariage, par toutes les personnes qui y ont concouru, et avec reconnaissance de leurs signatures, est-il valable ?

La question est controversée, et c'est le cas de s'en tenir à la lettre de la loi.

1329. Les époux peuvent-ils, après le mariage, modifier leurs conventions matrimoniales ?

Ces conventions ne peuvent recevoir aucun changement après la célébration du mariage (C. civ., 1395).

1330. Cette prohibition s'applique-t-elle aux donations faites dans le contrat aux époux par des parents ou des étrangers ?

Oui, en ce sens que les époux ne peuvent renoncer aux avantages qui en résultent pour eux ; mais les donations peuvent recevoir des modifications qui en augmentent les avantages, par exemple le donateur peut renoncer au droit de retour qu'il s'était réservé, dispenser du rapport, donner des garanties non stipulées d'abord (Cass., 19 janv. 1836, D. P., 36, 1, 134).

1331. Des changements peuvent-ils être apportés au contrat avant la célébration ?

Les changements ne sont valables qu'autant qu'ils ont été constatés par acte dans la même forme que le contrat, en présence et avec le consentement de toutes les personnes qui ont été parties dans le contrat de mariage (C. civ., 1396).

1332. Quelles sont les personnes qui sont considérées comme *parties* dans le contrat de mariage ?

Les personnes qui stipulent ou promettent quelque chose en leur nom privé, ou dont l'assistance est nécessaire pour la validité du contrat, et non celles qui n'y assistent que comme conseil, ou par honneur et bienséance, sans rien stipuler (Troplong, n° 239).

1333. N'y a-t-il pas encore des formalités particulières pour les changements et contre-lettres aux contrats de mariage ?

Tous changements et contre-lettres sont sans effet à l'égard des tiers, s'ils n'ont été rédigés à la suite de la minute du contrat de mariage ; et le notaire ne peut, à peine de dommages-intérêts des parties, et sous plus grande peine, s'il y a lieu, délivrer ni grosses ni expéditions du contrat de mariage, sans transcrire à la suite le changement ou la contre-lettre (C. civ., 1397).

1334. Un mineur habile à contracter mariage peut-il stipuler seul dans son contrat de mariage ?

Il faut qu'il soit assisté des personnes dont le consentement est nécessaire à la validité du mariage, et, dans ce cas, les conventions et donations qu'il fait dans le contrat sont valables (C. civ., 1398).

1335. Quand un mineur n'a plus ni père ni mère, ni aïeul, ni aïeule, ou s'ils se trouvent dans l'impossibilité de manifester leur volonté, par qui le mineur doit-il être autorisé pour stipuler dans un contrat de mariage ?

Par une délibération du conseil de famille (C. civ., 169).

1336. Suffit-il que cette délibération soit annexée au contrat ?

Il faut encore que le mineur soit *assisté* de son tuteur ou d'un autre membre du conseil de famille délégué à cet effet (Dur., t. 9, n° 765; Roll., n° 21).

1337. La délibération peut-elle être générale, ou doit-elle spécialiser les principales conventions du contrat ?

Si le contrat doit contenir une donation, la délibération qui est un vrai mandat, doit être expresse (Cass., 19 mars 1838 ; D. P., 38, 1, 101) ; et en général, il est convenable qu'elle s'explique sur les principales stipulations du contrat.

1338. Cette délibération a-t-elle besoin d'être homologuée par le tribunal ?

L'homologation n'est pas nécessaire, excepté dans le cas où il s'agit de l'enfant mineur d'un interdit (C. civ., 511).

1339. Le mineur dûment assisté peut-il, sans exception, faire, dans son contrat de mariage, toutes les stipulations permises à un majeur ?

Il n'y a qu'une seule exception, c'est que la femme mineure ne peut consentir la restriction de son hypothèque légale à certains biens du mari (C.

civ., 2140; Persil, *Rég. hyp.*, art. 2140; Grenier, t. 1er, n° 269; Troplong, n° 637 *bis*; Dur., t. 20, n° 56; Cass., 19 juill. 1820; D. A., 9, 437; Lyon, 30 mai 1844; S. v., 44, 2, 449.

CHAPITRE II.

DU RÉGIME EN COMMUNAUTÉ.

1re PARTIE. — De la Communauté légale.

SECTION Ire.
DE CE QUI COMPOSE LA COMMUNAUTÉ ACTIVEMENT ET PASSIVEMENT.

1340. De quoi se compose activement la communauté légale?

La communauté légale se compose activement :

1° De tout le mobilier que les époux possédaient au jour de la célébration du mariage, et de tout le mobilier qui leur échoit pendant le mariage à titre de succession ou même de donation, si le donateur n'a exprimé le contraire ;

2° De tous les fruits, revenus, intérêts et arrérages, de quelque nature qu'ils soient, échus ou perçus pendant le mariage, et provenant des biens qui appartenaient aux époux lors de sa célébration, ou de ceux qui leur sont échus pendant le mariage à quelque titre que ce soit ;

3° De tous les immeubles qui sont acquis pendant le mariage (C. civ., 1401).

1341. Les offices vénaux tombent-ils dans la communauté?

Oui, puisqu'ils sont mobiliers (Toull., t. 12, n° 112; Dur., t. 14, n° 130; Roll., v' *Communauté*, n° 82; Dard, *des Offices*, p. 260).

1342. Comment se règlent les droits de la communauté sur l'office dont le mari est investi, lors de sa dissolution?

Le mari conserve l'office, et il doit indemniser la communauté de la valeur de l'office au moment de la dissolution de la communauté, et non du prix qu'il en a pu retirer par une vente postérieure (Toull., t. 12, n° 175; Dur., t. 14, n° 150; Dard, p. 381; Paris, 6 avril 1813; S. v., 43, 2, 172; Bordeaux, 6 janv. 1816.)

1343. Les soultes payées à l'un des époux dans un partage d'immeubles, fait pendant le mariage, entrent-elles en communauté?

Non, parce que la soulte représente l'immeuble (Pothier, n° 100; Toull., t. 12, n° 118; Dur., t. 14, n° 118).

1344. En est-il de même pour le prix d'une licitation d'immeuble?

Il y a même raison de décider (Nancy, 3 mars 1837; D. P., 38, 2, 220).

1345. Les coupes de bois et les produits des carrières et mines, tombent-ils dans la communauté?

Oui, pour tout ce qui en est considéré comme revenu d'après les règles établies pour l'usufruit (C. civ., 521, 590 et suiv., 598 et 1103). V. suprà, n° 773 et suiv.

1346. Qu'arriverait-il si les coupes de bois, en suivant le cours des aménagements, pouvant être faites durant la communauté, ne l'avaient point été?

Il serait dû récompense à l'époux non propriétaire du fonds ou à ses héritiers (C. civ., 1103).

1347. Quel est le sort des immeubles que les époux possèdent au jour de la célébration du mariage, ou qui leur échoient pendant son cours, à titre de succession?

Ils n'entrent point en communauté et restent propres à celui des époux qui les a apportés ou recueillis (C. civ., 1404).

1348. En est-il de même pour les immeubles donnés à un seul des époux, pendant le mariage?

Ils restent également propres au donataire, à moins que la donation ne stipule expressément que la chose donnée appartiendra à la communauté (C. civ., 1405).

1349. *Quid,* de l'immeuble donné aux deux époux, *chacun pour moitié?*

Il ne tombe pas dans la communauté (Toull., t. 12, n° 135).

1350. Et si l'immeuble est donné aux deux époux conjointement, sans attribution de parts?

Les auteurs sont divisés sur cette question (MM. Delvincourt, t. 2, p. 97, note 6; Dalloz, v° *Contr. de mar.*, Tropl., *Contr. de mar.*, 614; Dur., t. 14, n° 189, Bugnet sur Pothier, t. 7, p. 121, pensent que l'immeuble ne tombe pas en communauté.—*Sic*, Toulouse, 23 août 1827; D. P., 28, 2, 172;—MM. Toull., t. 12, n° 135; Zachariæ, t. 3, § 507, note 26, soutiennent le contraire).

1351. L'immeuble donné à l'un des époux, en paiement de ce qui lui est dû par un tiers, est-il un acquêt de communauté?

Oui, à moins que l'immeuble n'ait été abandonné ou cédé par père, mère ou autre ascendant. Dans ce cas il est propre à l'époux qui l'a reçu en paiement, sauf récompense envers la communauté (C. civ., 1406).

1352. Et l'immeuble acquis pendant le mariage, à titre d'échange, contre un immeuble appartenant à l'un des époux?

Il n'entre point en communauté et est subrogé aux lieu et place de celui qui a été aliéné, sauf la récompense, s'il y a soulte (C. civ., 1407).

1353. L'acquisition faite pendant le mariage à titre de licitation ou autrement, de portion d'un immeuble, dont l'un des époux était propriétaire par indivis, forme-t-elle un conquêt de communauté ?

Non, sauf à indemniser la communauté de la somme qu'elle a fournie pour cette acquisition (C. civ., 1408).

1354. Dans le cas où le mari est devenu seul, et en son nom personnel, acquéreur ou adjudicataire de portion ou de la totalité d'un immeuble appartenant par indivis à la femme, quel est le droit de celle-ci ?

Lors de la dissolution de la communauté, elle a le choix, ou d'abandonner l'immeuble à la communauté, laquelle devient alors débitrice envers la femme de la portion appartenant à celle-ci dans le prix, ou de retirer l'immeuble, en remboursant à la communauté le prix de l'acquisition (C. civ., 1408).

1355. La présence de la femme au contrat d'acquisition par le mari ne lui enlève-t-elle pas le droit d'exercer le retrait ?

Non ; car la disposition de l'art. 1408 n'est pas restreinte au cas où l'acquisition est faite au nom seul du mari (Dur., t. 11, n° 205; Troplong, n° 664; Colmar, 20 janv. 1831; D. P., 31, 2, 110; Lyon, 20 juill. 1813; D. P., 14, 2, 197).

1356. Le retrait d'indivision peut-il être exercé par les créanciers de la femme ?

Ce droit est exclusivement attaché à la personne de la femme ; elle seule peut l'exercer ou ses héritiers (Cass., 14 juill. 1834 et 8 mars 1837; D. P., 34, 1, 281 et 37, 1, 283; Troplong, n° 677).

1357. Le mari peut-il aliéner ou hypothéquer, seul et sans sa femme, l'immeuble acquis dans les conditions de l'art. 1408 ?

Il ne le peut pas, parce que cet immeuble n'est pas un conquêt de communauté, mais bien un propre de la femme, au moins tant qu'elle n'a pas répudié l'acquisition (Troplong, n° 652 et 654).

1358. La femme a-t-elle encore la faculté de répudier l'acquisition quand elle y a concouru ou acquiescé ?

Non. Elle a par là suffisamment manifesté sa volonté de conserver l'immeuble comme propre (Troplong, n° 670).

1359. De quoi se compose le passif de la communauté ?

Le passif de la communauté se compose :

1° De toutes les dettes mobilières dont les époux étaient grevés au jour du mariage, ou dont se trouvent chargées les successions qui leur échoient durant le mariage ;

2° Des dettes tant en capitaux qu'arrérages ou intérêts, contractées pendant la communauté par le mari, ou par la femme du consentement du mari ;

3° Des arrérages et intérêts seulement des rentes ou dettes passives qui sont personnelles aux époux ;

21

4° Des réparations usufructuaires des immeubles qui n'entrent point en communauté;

5° Des aliments des époux, de l'éducation et entretien des enfants et de toute autre charge du mariage (C. civ., 1409).

1360. Qu'entend-on par *dettes mobilières ?*

Ce sont les dettes qui ont des meubles quelconques pour objet, tels qu'une somme d'argent, une certaine quantité de blé, de vin, un bœuf, un cheval etc., à la différence des dettes immobilières qui ont des immeubles pour objet (Pothier, n° 243; Toullier, t. 12, n° 203).

1361. Si une dette est garantie par une hypothèque, est-elle encore mobilière ?

Oui, car l'hypothèque n'est qu'un accessoire de la dette et n'en change pas la nature (Troplong, n° 713).

1362. Une rente perpétuelle due par l'un des époux est-elle à la charge de la communauté ?

Oui, non-seulement pour les arrérages, mais même pour le capital, puisque toutes les rentes sont déclarées meubles par la loi (C. civ., 529)

1363. Le prix d'un immeuble, propre à l'un des époux et encore dû à l'époque du mariage, est-il une dette de la communauté ?

Quoique étant une dette mobilière, ce prix reste à la charge de l'époux propriétaire par l'application du principe qui veut qu'aucun des époux ne puisse s'enrichir personnellement aux dépens de la communauté (C. civ., 1437; Pothier, n° 239; Toull., t. 12, n° 209; Troplong, n° 704).

1364. En est-il de même à l'égard des sommes dues pour soulte, ou retour d'un partage d'immeubles fait avant le mariage?

Il y a même raison de décider (*Ibid*).

1365. Les dettes d'une succession purement immobilière, qui échoit à l'un des époux pendant le mariage, sont-elles à la charge de la communauté ?

Non, elles restent à la charge de l'époux qui recueille la succession (C. civ., 1412).

1366. Si la succession est en partie mobilière et en partie immobilière, comment se règle le paiement des dettes ?

Les dettes sont à la charge de la communauté, jusqu'à concurrence de la portion contributoire du mobilier dans les dettes, eu égard à la valeur de ce mobilier, comparée à celle des immeubles, et pour le surplus à la charge de l'époux qui recueille la succession (C. civ., 1411).

1367. Qu'est-ce qui doit servir de base au règlement de cette portion contributoire?

L'inventaire auquel le mari doit faire procéder, soit qu'il s'agisse d'une succession à lui échue, soit qu'il s'agisse d'une succession échue à sa femme (*Ibid*).

1368. Le défaut d'inventaire peut-il préjudicier à la femme?

Elle a le droit ainsi que ses héritiers, de faire preuve, tant par titres et papiers domestiques que par témoins et, au besoin, par la commune renommée de la valeur et consistance du mobilier non inventorié. (C. civ., 1415).

1369. Le mari a-t-il le même droit en ce qui concerne les successions à lui échues?

Il n'est jamais recevable à faire cette preuve (*Ibid*).

1370. Les règles qui viennent d'être rappelées sont-elles applicables aux dettes dépendantes d'une donation?

Oui (C. civ., 1418).

1371. Voyons maintenant quels sont les droits des créanciers personnels de la femme, tant sur ses propres biens que sur ceux de la communauté. Et d'abord, faites-nous connaître ces droits pour les dettes antérieures au mariage.

La communauté n'est tenue des dettes mobilières contractées avant le mariage par la femme, qu'autant qu'elles résultent d'un acte authentique antérieur au mariage, ou ayant reçu date certaine avant la même époque (C. civ.,1410).

1372. Quoique l'acte n'ait pas date certaine avant le mariage, la femme n'est pas moins obligée à sa dette; comment alors le créancier peut-il en poursuivre le paiement contre elle?

Uniquement sur la nue propriété de ses immeubles personnels, attendu que les revenus en appartiennent à la communauté (*Ibid*).

1373. Le mari qui a payé une dette de cette nature peut-il s'en faire rembourser sur les biens de sa femme?

Il n'en peut demander la récompense ni à la femme ni à ses héritiers (*Ibid*.)

1374. Les créanciers d'une succession échue à la femme peuvent-ils poursuivre leur paiement sur tous ses biens personnels?

Oui, si la succession a été acceptée du consentement du mari; mais si la succession n'a été acceptée par la femme que comme autorisée en justice au refus du mari, les créanciers en cas d'insuffisance des biens de la succession, ne peuvent se pourvoir que sur la nue propriété des autres biens personnels de la femme (C. civ., 1413).

1375. Pour les dettes que la femme a contractées avec le consentement du mari, quels sont les droits des créanciers?

Ils peuvent poursuivre leur paiement, tant sur les biens de la communauté que sur ceux du mari ou de la femme, sauf la récompense à la communauté ou l'indemnité au mari (C. civ., 1419).

1376. Et si la dette n'est contractée par la femme qu'en vertu de la procuration générale ou spéciale du mari?

Alors, la dette est à la charge de la communauté, et le créancier n'en peut

12*

poursuivre le paiement, ni contre la femme, ni sur ses biens personnels (C. civ., 1420).

SECTION II.

DE L'ADMINISTRATION DE LA COMMUNAUTÉ.

1377. Quels sont les droits du mari sur les biens de la communauté?

Il en a seul l'administration; il peut les vendre, aliéner et hypothéquer, sans le concours de la femme (C. civ., 1421).

1378. Peut-il être stipulé, par contrat de mariage, que le mari n'aura pas l'administration des biens de la communauté?

Cette stipulation ne serait pas valable, elle serait une renonciation à la puissance maritale (C. civ., 1388; Toull., t. 12, n° 307; Dur., t. 14, n°s 266 et 267; Bellot, t. 1er, p. 13; Troplong, n° 64; Roll., v° *Communauté*, n° 225).

1379. Le mari pourrait-il, au moins par le contrat, donner procuration générale à la femme d'administrer les biens de la communauté?

Pas davantage; il faudrait une procuration postérieure au mariage et qui serait alors révocable (*Ibid*).

1380. Peut-il être stipulé que le mari n'aura pas le droit de vendre les acquêts de communauté sans le concours de la femme?

Oui, suivant Toullier, t. 12, n° 309; Duranton, t. 14, n° 266; Roll., n° 351; Zachariæ, t. 3, § 504, note 1re; *Contrà* Bellot, t. 1er, p. 314; Dalloz, t. 10, p. 206; Troplong, *Contrat de mariage*, n° 64).

1381. Le mari peut-il aliéner les biens de la communauté, moyennant une rente viagère constituée sur sa tête seule?

Il le peut; mais, dans le cas de décès de la femme avant le mari, les héritiers de la femme ont droit au partage de la rente, comme formant un bien de communauté (Rennes, 16 juin 1811; D. P., 42, 2, 103).

1382. Le mari peut-il disposer entre-vifs à titre gratuit des biens de la communauté?

Il ne peut disposer ainsi ni des immeubles de la communauté ni de l'universalité, ou d'une quotité de mobilier, si ce n'est pour l'établissement des enfants communs (C. civ., 1422).

1383. Que faut-il entendre par l'établissement des enfants?

Tout ce qui leur procure une existence indépendante, un état dans le monde, un rang comme chefs de ménage (Troplong, n° 897).

1384. Le mari ne peut-il pas au moins disposer des objets mobiliers à titre gratuit et particulier?

Il le peut au profit de toutes personnes, pourvu qu'il ne s'en réserve pas l'usufruit (*Ibid*).

1385. Si le mari a donné par testament un effet de la communauté, le légataire peut-il le réclamer en nature?

Il ne le peut qu'autant que l'effet, par l'événement du partage, tombe au lot des héritiers du mari (C. civ., 1423).

1386. Et si l'effet ne tombe point au lot des héritiers du mari qu'arrive-t-il?

Le légataire a droit à la valeur de l'effet donné, soit sur la part des héritiers du mari dans la communauté, soit sur ses biens personnels (*Ibid*).

1387. La femme a-t-elle l'administration de ses biens personnels?

Cette administration appartient au mari (C. civ., 1428).

1388. Mais ne peut-elle pas, par le contrat de mariage, se réserver l'administration de ses biens en tout ou en partie?

Une semblable convention est parfaitement valable (Toull., t. 12, n° 380; Zachariæ, t. 3, § 510, note 4).

1389. L'administration du mari va-t-elle jusqu'à lui donner le droit de toucher seul le prix des immeubles de la femme aliénés, soit avant, soit depuis le mariage?

Il a ce droit et même celui de donner mainlevée des inscriptions prises pour la sûreté de la créance, ce qui est une conséquence du paiement (Troplong, n° 993).

1390. Le mari peut-il exercer seul les actions qui appartiennent à sa femme?

Seulement les actions mobilières et possessoires (C. civ., 1428).

1391. A-t-il, en conséquence, le droit de faire procéder seul à l'inventaire d'une succession à laquelle elle est appelée?

Oui. (Arg. C. civ., 1414).

1392. En cas de communauté conventionnelle, les créances de la femme, qui n'entrent point dans la communauté, peuvent-elles être aliénées par le mari seul?

Les auteurs et la jurisprudence sont divisés sur cette question; mais dans la pratique des affaires, on exige prudemment le concours de la femme.

1393. Les immeubles personnels de la femme peuvent-ils être, sans son consentement, aliénés par le mari?

Non. (C. civ., 1428).

1394. Il peut au moins les louer ou affermer à son gré?

La loi y met une restriction essentielle, puisque les baux que le mari seul a faits des biens de sa femme pour un temps qui excède neuf ans ne sont, en cas de dissolution de la communauté, obligatoires vis-à-vis de la femme ou de ses héritiers que pour le temps qui reste à courir, soit de la première pé-

riode de neuf ans, si les parties s'y trouvent encore, soit de la seconde, et
ainsi de suite, de manière que le fermier n'ait que le droit d'achever la jouissance de la période de neuf ans où il se trouve (C. civ., 1429).

1395. Pour les renouvellements de baux, les droits du mari
sont-ils également limités par la loi?

Les baux de neuf ans ou, au-dessous, que le mari seul a passés ou renouvelés des biens de sa femme, plus de trois ans avant l'expiration du bail courant, s'il s'agit de biens ruraux, et plus de deux ans avant la même époque,
s'il s'agit de maisons, sont sans effet, à moins que leur exécution n'ait commencé avant la dissolution de la communauté (C. civ., 1430).

1396. Le preneur à qui le mari a fait un bail des biens de sa
femme, pour un temps plus long que celui fixé par la loi, peut-
il réclamer une indemnité contre le mari si le bail n'est pas
exécuté en entier?

Non, à moins que le mari n'ait induit en erreur le preneur sur la propriété
des biens, ou qu'il n'ait contracté quelque obligation à cet égard (Toull.,
t. 12, nos 405 et 406; Proudhon, t. 3, n° 1220; Bellot, t. 1er, p. 499; Dur.,
t. 11, n° 311; Troplong, n° 151).

1397. La femme, qui s'oblige solidairement avec son mari
pour les affaires de la communauté ou du mari, est-elle tenue,
vis-à-vis de celui-ci, de moitié de la dette?

Elle n'est réputée, à l'égard du mari, s'être obligée que comme caution, et
elle doit être indemnisée de l'obligation qu'elle a contractée (C. civ., 1431).

1398. Peut-elle exiger que, dans la liquidation de ses droits,
après la dissolution de la communauté, soient comprises les indemnités des dettes qu'elle a contractées solidairement avec son
mari, bien qu'elle ne les ait pas encore payées?

Sans doute; elle peut même se faire colloquer à un ordre pour ces mêmes
indemnités en vertu de son hypothèque légale; Bourges, 5 mai 1830; D. P.,
30, 2, 215; Cass., 25 mars 1831; D. P., 31, 1, 137, id., 2 janv. 1838; D. P.,
38, 1, 108, id., 7 mars 1842; D. P., 42, 1, 192).

1399. S'il est vendu un immeuble appartenant à l'un des
époux, la communauté devient-elle débitrice du prix?

Il y a lieu au prélèvement de ce prix, sur la communauté, au profit de l'é-
poux propriétaire, si le prix a été versé dans la communauté (C. civ., 1433)
et s'il n'en a pas été fait remploi.

1400. Peut-il être stipulé, dans un contrat de mariage, que
les biens propres d'une femme mariée sous le régime de la communauté ne seront aliénés qu'à la charge de remploi?

Cette condition est valable; elle a tout son effet à l'égard des acquéreurs,
et la vente peut être déclarée nulle pour défaut du remploi stipulé (Merlin,
Quest., v° *Remploi*, § 7; Toull., t. 12, n° 372; Roll., v° *Commun.*, nos 438
et 139; Dur., t. 15, nos 257 et 297; Zachariæ, t. 3, § 504, n° 2; Lyon, 31 mars
1840; D. P., 40, 2, 172. Caen, 21 février 1845; S. v., 42, 2, 553.—M. Trop-

long, n° 81, pense que la condition de remploi n'a d'effet contre les tiers que dans le régime dotal.

1401. Comment se fait le remploi à l'égard du mari ?

Le remploi est censé fait à l'égard du mari toutes les fois que, lors d'une acquisition, il a déclaré qu'elle était faite des deniers provenant de l'aliénation de l'immeuble qui lui était propre et pour lui servir de remploi (C. civ., 1434).

1402. La déclaration du remploi peut-elle être faite postérieurement à l'acquisition ?

Elle doit être faite au moment même de l'acquisition, et le consentement ultérieur de la femme, à cet égard, n'empêcherait pas que l'immeuble acquis, n'eût le caractère d'acquêt de communauté (Toull., t. 12, n° 358; Dur., t. 14, n° 392).

1403. Le remploi peut-il avoir lieu par anticipation et avant l'aliénation des propres ?

Le remploi par anticipation n'est pas régulier et l'immeuble ainsi acquis reste acquêt de communauté (Toull., t. 12, n° 370; Bellot, t. 1er, p. 521; Paris, 27 janv. 1820; S. 20, 2, 293; Bourges, 1er fév. 1831 ; D. p., 31, 2, 133; Id., 1er août 1838; D. p., 38, 2, 235; Angers, 6 mars 1811; D. p., 45, 2, 57). — M. Troplong, n° 1154, soutient que ce remploi est valable.

1404. Pour le remploi des propres de la femme, la déclaration du mari est-elle suffisante ?

Il faut que le remploi ait été formellement accepté par la femme, et si elle ne l'a pas accepté, elle a simplement droit, lors de la dissolution de la communauté, à la récompense de son immeuble vendu (C. civ., 1435).

1405. L'acceptation de la femme peut-elle avoir lieu postérieurement à l'acquisition ?

Oui, mais cette acceptation doit être faite avant la dissolution de la communauté (Bugnet sur Pothier, t. 7, p. 135, n° 2; Merlin, *Rép.*, v° *Remploi*, § 2, n° 5; Troplong, n° 1125 et 1126; Toull., t. 12, n° 300 et 361; Bellot, t. 1er, p. 518; Dur., t. 14, n° 393; Besançon, 11 janv. 1811; D.p., 45, 2, 452).

1406. A la charge de qui sont les frais et loyaux coûts du remploi ?

A la charge de l'époux dont l'immeuble a été aliéné (Troplong, n° 1152).

1407. La femme à qui il est dû récompense d'un immeuble propre aliéné, est-elle recevable à prouver par témoins que le prix véritable a été dissimulé au contrat, et à réclamer la partie du prix qui n'y a pas été portée ?

Oui, lors même que la femme aurait été partie au contrat (Toull., t. 12, n° 315; Cass., 14 fév. 1813; D. p., 43, 1, 137).

1408. Le mari a-t-il le même droit ?

Non.

1409. Des sommes de deniers propres à la femme peuvent-elles être employées en acquisition d'immeubles à son nom, à titre de remploi?

Oui, et les immeubles ainsi acquis sont propres à la femme, si elle a accepté le remploi (Paris, 9 juill. 1811; D. P., 42, 2, 43; Troplong, n° 1155).

1410. D'après le principe de l'art. 1437, qui veut que toutes les fois que l'un des époux a tiré un profit personnel des biens de la communauté il en doive récompense, l'époux qui, à la dissolution de la communauté, reprend ses biens propres *ensemencés*, doit-il récompense des frais de labours et de semences ?

Cette récompense est due; l'art. 585, relatif à l'usufruit, n'est pas applicable en ce cas. (Toull., t. 12, n° 124 et 125; Roll., n° 102; Dalloz, t. 10, p. 186; Bugnet sur Pothier, t. 7, p. 143; Proudhon, t. 5, n° 2685; Troplong, n° 1195; Rennes, 26 janv. 1828; D. P. 30, 2, 250).

1411. Lorsque le mari seul constitue une dot à l'enfant commun, en effets de la communauté, cette dot est-elle à la charge du mari seul?

Elle est à la charge de la communauté et, dans le cas d'acceptation par la femme, elle doit supporter la moitié de la dot, à moins que le mari n'ait expressément déclaré qu'il s'en chargeait pour le tout, ou pour une portion plus forte que la moitié (C. civ., 1439).

1412. Mais si les père et mère ont doté conjointement l'enfant commun, sans exprimer la portion pour laquelle ils entendaient contribuer, comment sont-ils censés avoir doté?

Ils sont censés avoir doté chacun pour moitié, soit que la dot ait été fournie ou promise en effets de la communauté, soit qu'elle l'ait été en biens personnels à l'un des deux époux (C. civ., 1438).

1413. L'époux, dont l'immeuble ou l'effet personnel a été constitué en dot a-t-il un recours quelconque à exercer contre l'autre époux ?

Il a sur les biens de l'autre époux une action en indemnité pour la moitié de la dot, eu égard à la valeur de l'effet donné, au temps de la donation (*Ibid.*).

1414. Si le mari a promis une somme, sans dire : à prendre sur la communauté ou en effets de la communauté, la dot est-elle pour son compte?

Il est évident, en ce cas, qu'il a doté en effets de la communauté, et que la dot est à la charge de la communauté (Bellot, t. 1", p. 555).

1415. Et si le mari avait constitué en dot des biens à lui propres, la dot serait-elle encore à la charge de la communauté ?

Elle resterait pour le compte personnel du mari, sans qu'il puisse prétendre aucune récompense sur les biens de la communauté (Toull., t. 12, n° 316 et 328).

1416. La femme qui a doté, conjointement avec son mari, en effets de la communauté, peut-elle s'affranchir de sa dette en renonçant à la communauté?

Non, c'est pour elle une dette personnelle, dont elle reste tenue, même après sa renonciation (Toull., t. 12, n°ˢ 331 et 332; Bellot, t. 1ᵉʳ, p. 551; Roll., v° *Dot*, n° 29; Troplong, n°ˢ 1220 et suiv.).

1417. En serait-il de même si la femme avait déclaré dans le contrat qu'elle n'entendait doter que sur les biens de la communauté et sur la part qu'elle pourra y avoir un jour?

Dans ce cas, elle n'est obligée que jusqu'à concurrence de sa part dans la communauté, et si elle y renonce, elle se trouve dégagée de toute contribution à la dot.

1418. Peut-on stipuler que l'enfant doté par ses père et mère laissera le survivant d'eux jouir, pendant sa vie, de tous les biens du prédécédé, sans pouvoir demander aucun compte ni partage?

Il a été jugé, que cette stipulation n'est pas valable, attendu qu'elle contient renonciation à une succession future (Cass., 16 janv. 1838).

1419. Mais si l'on ajoute qu'en cas de demande de compte et partage, la totalité de la dot sera imputée sur la succession du prédécédé, cette clause est-elle encore illicite?

Cette clause devient alors valable, parce qu'il n'y a pas renonciation, mais seulement un mode d'imputation (Paris, 11 janv. 1819).

1420. Les intérêts de la dot courent-ils de plein droit, et de quel jour?

Ils courent du jour du mariage, encore qu'il y ait terme pour le paiement, s'il n'y a pas stipulation contraire (C. civ., 1440).

SECTION III.

DE LA DISSOLUTION DE LA COMMUNAUTÉ ET DE QUELQUES-UNES DE SES SUITES.

1421. Comment se dissout la communauté?

La communauté se dissout, 1° par la mort naturelle; 2° par la mort civile; 3° par le divorce; 4° par la séparation de corps; 5° par la séparation de biens (C. civ., 1441).

1422. Le défaut d'inventaire, après la mort naturelle ou civile de l'un des époux, donne-t-il lieu à la continuation de la communauté?

Non; la communauté se trouve dissoute définitivement, depuis le jour de la mort naturelle ou civile des époux (C. civ., 1442; Troplong, n° 1263).

1423. Quand il y a des enfants mineurs, le défaut d'inventaire n'entraîne-t-il pas une pénalité contre l'époux survivant?

Cet époux perd par ce défaut d'inventaire la jouissance légale des biens de ses enfants mineurs (C. civ., 1442).

1424. Y a-t-il aussi une pénalité envers le subrogé tuteur?

Le subrogé tuteur qui n'a point obligé le tuteur à faire inventaire, est solidairement tenu avec lui de toutes les condamnations qui peuvent être prononcées au profit des mineurs (*Ibid.*).

1425. A défaut d'inventaire, quels moyens reste-t-il aux héritiers du prédécédé d'établir la consistance des biens de la communauté?

Ils peuvent en faire la preuve tant par titres que par commune renommée (C. civ. 1442).

1426. Ce droit appartient-il seulement aux héritiers *mineurs* lors de la dissolution de la communauté?

Il appartient également à ceux qui étaient *majeurs* (Troplong, n° 1283).

1427. Dans quel délai doit être fait l'inventaire?

Dans les trois mois du décès (Troplong, n°ˢ 1290 et suiv.).

1428. Une séparation consentie volontairement entre les époux est-elle valable?

Toute séparation volontaire est nulle (C. civ., 1443).

1429. La femme peut-elle demander sa séparation, lorsqu'elle n'a ni dot, ni droits ou reprises à faire valoir contre son mari?

Cette question est résolue affirmativement par les auteurs et par la jurisprudence (Troplong, n° 1319).

1430. Comment la séparation de biens doit-elle être exécutée?

La séparation de biens, quoique prononcée en justice, est nulle si elle n'a point été exécutée par le paiement réel des droits et reprises de la femme, effectuée par acte authentique jusqu'à concurrence des biens du mari, ou au moins par des poursuites commencées dans la quinzaine qui a suivi le jugement et non interrompues depuis (C. civ., 1444).

1431. L'exécution peut-elle se faire volontairement et sans poursuites?

L'exécution résulte suffisamment de la liquidation des droits de la femme, de l'abandon des biens du mari, même d'un paiement partiel, pourvu que le tout soit constaté par un acte authentique, ou au moins enregistré dans la quinzaine (Troplong, n° 1361).

1432. Le mari peut-il, comme les créanciers, demander la nullité de la séparation pour défaut ou retard d'exécution?

Oui ; l'art. 1444 ne fait pas d'exception (Troplong, n° 1371). La femme le peut également (*Id.* 1373).

1433. De quel jour la séparation de biens prononcée par jugement produit-elle son effet?

Elle remonte au jour de la demande (C. civ., 1445).

1434. Le mari conserve-t-il, pendant l'instance en séparation, l'administration des biens de sa femme?

Oui, et les baux qu'il a faits, sans fraude, doivent être exécutés (Troplong, n° 1382).

1435. La femme qui a obtenu la séparation de biens doit-elle supporter une part des frais du ménage et de ceux d'éducation des enfants communs?

Elle doit contribuer à ces frais proportionnellement à ses facultés et à celles du mari ; et s'il ne reste rien au mari, elle doit les supporter entièrement (C. civ., 1448).

1436. Quels sont les droits que la séparation donne à la femme?

La femme séparée, soit de corps et de biens, soit de biens seulement, reprend la libre administration de ses biens; elle peut disposer de son mobilier et l'aliéner (C. civ., 1449).

1437. La femme a-t-elle la libre disposition de ses capitaux?

Elle peut les toucher seule, en donner quittance et décharge, consentir mainlevée d'hypothèque, et même faire cession et transport de ses créances (Dur., t. 15, n° 313; Bellot, t. 1er, p. 366).

1438. Peut-elle également aliéner ses immeubles?

Elle ne peut aliéner ses immeubles sans le consentement du mari, ou sans être autorisée en justice, à son refus (C. civ., 1449).

1439. Si la femme séparée vient à aliéner un immeuble à elle propre, le mari est-il garant du défaut d'emploi ou de remploi?

Il n'est pas garant du défaut d'emploi, si l'aliénation a été faite par la femme sans l'autorisation de la justice, à moins qu'il n'ait concouru au contrat ou qu'il ne soit prouvé que les deniers ont été reçus par lui et ont tourné à son profit.

Mais il est garant du défaut d'emploi, si la vente a été faite en sa présence et de son consentement; il ne l'est point de l'utilité de cet emploi (C. civ., 1450).

1440. La communauté dissoute par la séparation, soit de corps et de biens, soit de biens seulement, peut-elle être rétablie du consentement des deux parties?

Oui; mais elle ne peut l'être que par un acte passé devant notaires en minute, dont une expédition doit être affichée au tribunal de première instance, et de plus au tribunal de commerce, si le mari est commerçant, banquier ou marchand (C. civ., 1451 et 1445).

1441. En cas de rétablissement de la communauté, de quel jour cette nouvelle communauté commence-t-elle ?

Ce n'est point une communauté nouvelle, c'est la première établie par le mariage qui reprend son effet du jour du mariage, de manière que les choses sont remises au même état que s'il n'y avait point eu de séparation (C. civ., 1451).

1442. Les actes que la femme a pu faire comme séparée de biens avant le rétablissement de la communauté, se trouvent donc annulés ?

Ces actes conservent tout leur effet vis-à-vis des tiers, auxquels le rétablissement ne peut préjudicier (*Ibid.*).

1443. En rétablissant la communauté, les époux peuvent-ils en régler les conditions à leur gré ?

La communauté doit être rétablie sous les mêmes conditions qui la réglaient antérieurement, soit par la loi, soit par le contrat de mariage et tout changement à ces conditions est nul (*Ibid.*).

1444. La séparation de corps ou de biens donne-t-elle ouverture aux droits de survie de la femme ?

Non ; mais elle conserve la faculté de les exercer lors de la mort naturelle ou civile du mari (C. civ., 1452).

SECTION IV.

DE L'ACCEPTATION DE LA COMMUNAUTÉ ET DE LA RENONCIATION QUI PEUT Y ÊTRE FAITE.

1445. Peut-on convenir que la femme n'aura pas le droit de renoncer à la communauté ?

Toute convention à ce sujet est nulle, et après la dissolution de la communauté, la femme ou ses ayants cause ont toujours la faculté de l'accepter ou d'y renoncer (C. civ., 1453).

1446. En prenant la qualité de commune dans un acte postérieur à la dissolution de la communauté, la femme perd-elle le droit d'y renoncer ?

Elle ne peut plus y renoncer, ni se faire restituer contre cette qualité, quand même elle l'aurait prise, avant d'avoir fait inventaire, s'il n'y a eu dol de la part des héritiers du mari (C. civ., 1455).

1447. Ceci s'applique-t-il à la femme mineure ?

Non ; elle pourrait se faire restituer contre son acceptation (Arg., C. civ., 1455; Troplong, n° 1528).

1448. Et si elle s'est immiscée dans les biens de la communauté?

Elle ne peut plus y renoncer, l'immixtion est une acceptation tacite. Mais les actes purement conservatoires n'emportent point acceptation (C. civ., 1454).

1449. Quelles formalités la femme a-t-elle à remplir pour conserver la faculté de renoncer?

Elle doit, dans les trois mois du jour du décès du mari, faire faire inventaire de tous les biens de la communauté, contradictoirement avec les héritiers du mari (C. civ., 1456).

1450. Cet inventaire ne doit-il pas contenir, de la part de la femme, une déclaration particulière?

Il doit être par elle affirmé sincère et véritable, lors de sa clôture, devant l'officier public qui l'a reçu (Ibid.).

1451. Dans quel délai la veuve doit-elle faire sa renonciation?

Dans les trois mois et quarante jours après le décès du mari (C. civ., 1457).

1452. Si elle n'a pas fait sa renonciation dans ce délai, est-elle déchue de la faculté de renoncer?

Non, pourvu qu'elle ait fait inventaire et ne se soit pas immiscée dans les biens de la communauté (C. civ., 1459).

1453. Quels sont donc alors les droits des créanciers?

Ils peuvent poursuivre la veuve comme commune jusqu'à ce qu'elle ait renoncé et la forcer ainsi à prendre qualité (Ibid.).

1454. Dans le cas où l'inventaire est fait avant l'expiration du délai de trois mois, les créanciers ne peuvent-ils agir contre la veuve qu'après les trois mois, et encore après les quarante jours accordés à la veuve pour délibérer?

Dans ce cas, la veuve peut être poursuivie après l'expiration des quarante jours depuis la clôture de l'inventaire (Ibid.).

1455. En prescrivant à la femme survivante d'affirmer l'inventaire sincère et véritable, la loi a-t-elle attaché une peine à son infidélité?

La veuve qui a diverti ou recélé quelques effets de la communauté est déclarée commune, nonobstant sa renonciation; il en est de même à l'égard de ses héritiers (C. civ., 1460).

1456. Les dispositions qui viennent d'être rappelées sont-elles applicables à la femme séparée de corps?

Pas entièrement; ainsi, si dans les trois mois et quarante jours après la séparation définitivement prononcée, elle n'a point accepté la communauté, elle est censée avoir renoncé à moins qu'elle n'ait obtenu en justice une prorogation de délai (C. civ., 1463).

1457. Les créanciers de la femme peuvent-ils critiquer sa renonciation ?

Ils peuvent attaquer la renonciation faite par elle ou ses héritiers en fraude de leurs droits et accepter la communauté de leur chef (C. civ., 1461).

1458. Pendant les trois mois et quarante jours accordés à la femme pour faire inventaire et délibérer, n'a-t-elle aucun droit de prélèvement à exercer sur les biens de la communauté ?

Elle a droit, pendant ce temps, de prendre sa nourriture et celle de ses domestiques sur les provisions existantes, et à défaut par emprunt au compte de la masse commune, à la charge d'en user modérément. Elle a aussi le droit d'habiter, sans payer de loyer, soit dans une maison de la communauté, soit dans celle que les époux tenaient à loyer (C. civ., 1465).

1459. La femme a-t-elle droit à ces avantages dans le cas où elle renonce à la communauté ?

Oui, comme au cas d'acceptation (C. civ., *id*).

SECTION V.

DU PARTAGE DE LA COMMUNAUTÉ APRÈS L'ACCEPTATION.

1460. Comment s'opère le partage de la communauté ?

Les époux ou leurs héritiers rapportent à la masse de biens existants tout ce dont ils sont débiteurs envers la communauté, à titre de récompense ou d'indemnité, puis sur la masse des biens, chaque époux ou son héritier prélève : 1° ses biens personnels, qui ne sont point entrés en communauté, s'ils existent en nature ou ceux qui ont été acquis en remploi ; 2° le prix de ses immeubles qui ont été aliénés et dont il n'a point été fait remploi ; 3° les indemnités qui lui sont dues par la communauté ; et, après ces prélèvements, le surplus se partage par moitié entre les époux ou ceux qui les représentent (C. civ., 1468, 1470 et 1474).

1461. Quelle est la peine prononcée contre celui des époux qui aurait diverti ou recélé quelques effets de la communauté ?

Il est privé de sa portion dans lesdits effets, et de plus, la femme est privée de la faculté de renoncer (C. civ., 1460 et 1477).

1462. Dans quel ordre s'exercent les prélèvements des époux sur la communauté ?

Les prélèvements de la femme s'exercent avant ceux du mari. Ils s'exercent, pour les biens qui n'existent plus en nature, d'abord sur l'argent comptant, ensuite sur le mobilier, et subsidiairement sur les immeubles de la communauté ; dans ce dernier cas, le choix des immeubles est déféré à la femme et à ses héritiers (C. civ., 1471).

1463. S'il n'y a pas d'argent comptant pour payer la femme, est-elle obligée d'accepter en paiement des meubles ou des immeubles ?

Elle a le droit d'en exiger la vente pour recevoir les deniers qui lui sont dus (Troplong, n°s 1628 et 1629).

1464. La femme peut-elle exercer ses prélèvements sur les meubles et les immeubles de la communauté par préférence aux tiers créanciers de cette communauté?

Oui, par la raison qu'elle ne fait, en quelque sorte, que reprendre un dépôt (Troplong, n°s 1635 et suiv.). Sauf toutefois les droits d'hypothèque qui doivent subsister (*Ibid.*).

1465. En cas d'insuffisance dans la communauté, sur quoi la femme et ses héritiers exercent-ils leurs reprises?

Sur les biens personnels du mari, à la différence de celui-ci, qui ne peut exercer ses reprises que sur les biens de la communauté (C. civ., 1472).

1466. Les remplois et récompenses dus par la communauté aux époux, et les récompenses et indemnités par eux dues à la communauté, produisent-ils des intérêts?

Ils en produisent de plein droit du jour de la dissolution de la communauté (C. civ., 1473).

1467. Il en est sans doute de même pour les créances personnelles, que les époux ont à exercer l'un contre l'autre?

Non; ces créances ne portent intérêt que du jour de la demande en justice (C. civ., 1479).

1468. Au cas de renonciation par la femme à la communauté, ses reprises devenant une dette personnelle du mari, ne portent-elles intérêt que du jour de la demande en justice?

Elles portent intérêt de plein droit du jour de la dissolution de la communauté (Cass., 3 fév. 1835; D. P., 35, 1, 285; Troplong, n° 1708; Zachariæ, t. 3, § 511, n° 13). L'opinion contraire a ses partisans; mais elle ne paraît fondée, ni en droit, ni en équité.

1469. Le deuil de la femme est-il une charge de la communauté?

Ce deuil est aux frais des héritiers du mari prédécédé (C. civ., 1481).

1470. Est-il dû à la femme, même quand elle renonce à la communauté?

Oui (*Ibid.*).

1471. En cas de liquidation d'une communauté, à la charge de qui sont les frais de scellé, inventaire, vente de mobilier, liquidation, licitation et partage?

Tous ces frais font partie des dettes de la communauté, et sont à sa charge (C. civ., 1482).

1472. Comment la femme est-elle tenue des dettes de la communauté ?

Elle n'en est tenue, soit à l'égard du mari, soit à l'égard des créanciers, que jusqu'à concurrence de son émolument, pourvu qu'il y ait eu bon et fidèle inventaire (C. civ., 1483).

1473. Au cas d'acceptation par la femme, quel effet produit contre elle le défaut d'inventaire ?

Elle n'est pas tenue des dettes de la communauté envers les créanciers, pour la totalité, mais seulement pour la moitié, quel que soit d'ailleurs l'émolument qu'elle a tiré de la communauté (Cass., 29 déc. 1829; D. P., 30, 1, 31; id., 21 déc. 1830; D. P., 31, 1, 325; Troplong, n° 1716).

1474. La femme, personnellement obligée pour une dette de communauté, mais sans solidarité, peut-elle être poursuivie pour la totalité de la dette ?

Elle n'en est tenue que pour moitié (C. civ., 1187).

1475. En est-il de même à l'égard du mari ?

Non ; il est tenu pour la totalité des dettes de la communauté par lui contractées, sauf son recours contre la femme ou ses héritiers, pour la moitié desdites dettes (C. civ., 1484).

SECTION VI.

DE LA RENONCIATION A LA COMMUNAUTÉ ET DE SES EFFETS.

1476. Quel est l'effet de la renonciation de la femme, en ce qui concerne les biens de la communauté ?

Elle perd toute espèce de droits sur ces biens, et même sur le mobilier qui est entré en communauté de son chef (C. civ., 1492).

1477. Ne retire-t-elle rien de ce qui lui est personnel ?

Elle retire seulement les linges et hardes à son usage (*Ibid.*).

1478. Les héritiers de la femme peuvent-ils exercer le même droit ?

Non, ce droit est personnel à la femme (C. civ., 1495).

1479. La femme mineure peut-elle valablement renoncer à la communauté ?

Elle ne peut le faire qu'en suivant les formalités prescrites au mineur émancipé, c'est-à-dire qu'elle doit être assistée de son curateur, et autorisée par une délibération du conseil de famille (C. civ., 461 et 484; Bellot, t. 2, p. 65).

II° PARTIE. — De la Communauté conventionnelle et des conventions qui peuvent modifier ou même exclure la Communauté légale.

SECTION I°°.

DE LA COMMUNAUTÉ RÉDUITE AUX ACQUÊTS.

1480. Quelle est la conséquence de la stipulation d'une communauté d'acquêts ?

Lorsque les époux stipulent qu'il y aura entre eux une communauté d'acquêts, ils sont censés exclure de la communauté les dettes de chacun d'eux, actuelles et futures, et leur mobilier respectif, présent et futur (C. civ., 1498).

1481. Qu'est-ce que comprend alors le partage à faire entre époux ?

Dans ce cas, après que chacun des époux a prélevé ses apports dûment justifiés, le partage se borne aux acquêts faits par les époux, ensemble ou séparément, durant le mariage, et provenant tant de l'industrie commune que des économies faites sur les fruits et revenus des biens des deux époux (Ibid.).

1482. Qu'entend-on par mobilier futur ?

On entend par mobilier futur, celui qui peut arriver à chacun des époux, à titre gratuit, comme par succession, donation ou legs.

1483. Et par dettes futures ?

Ce sont celles qui sont contractées pendant le mariage, par l'un des époux, dans son intérêt personnel, par exemple, pour le remboursement d'une rente, pour le rachat d'une servitude, ou qui sont des charges des biens qu'il a recueillis, comme les dettes d'une succession, les conditions onéreuses d'une donation.

1484. Par ce mot acquêts la loi entend-elle seulement les immeubles acquis pendant le mariage ?

Le mot acquêts comprend les meubles aussi bien que les immeubles.

1485. Comment doit être constaté le mobilier appartenant aux époux lors du mariage, ou qui leur échoit depuis ?

Ce mobilier doit être constaté par inventaire ou état en bonne forme, à défaut de quoi il est réputé acquêt (C. civ., 1499).

1486. Est-il donc nécessaire de joindre au contrat de mariage un état ou inventaire du mobilier existant alors ?

Il suffit que le contrat indique que chaque époux possède telle valeur en objets mobiliers, argent ou créances, sans autre détail (Arg., C. civ., 1502). L'état ne serait nécessaire qu'au cas où le contrat de mariage garderait le silence sur la consistance du mobilier actuel des époux, ou bien pour conserver à chaque époux le droit de reprendre en nature les objets par lui apportés en mariage.

1487. La communauté réduite aux acquêts peut-elle être modifiée par les époux?

La loi leur laisse toute latitude à cet égard; ils peuvent, par conséquent, stipuler le partage inégal des bénéfices de communauté, l'attribution totale de ces bénéfices au survivant, un préciput, etc.

SECTION II.

DE LA CLAUSE QUI EXCLUT DE LA COMMUNAUTÉ LE MOBILIER EN TOUT OU PARTIE.

1488. Quel est l'effet de la clause par laquelle les époux stipulent qu'ils mettront réciproquement dans la communauté leur mobilier, jusqu'à concurrence d'une somme ou d'une valeur déterminée?

Les époux sont, par cela seul, censés se réserver le surplus de leur mobilier présent et futur (C. civ., 1500).

1489. Cette mise en communauté doit-elle être égale de part et d'autre?

Les époux sont libres de faire des mises différentes.

1490. L'exclusion ou la *réalisation* d'une certaine partie du mobilier s'étendent-elles à tout le mobilier.

Non pas. Ainsi, l'exclusion du mobilier *présent* ne renferme pas l'exclusion du mobilier *futur*, et réciproquement.

1491. Comment entendez-vous la clause par laquelle les époux ont exclu leur *mobilier* ou tout *leur mobilier*?

Cette clause ne comprend que le mobilier *présent*, et non le mobilier *futur* (Pothier, n° 317; Toull., t. 13, n° 319; Dur., t. 15, n° 28; Roll., n° 472).

1492. La réalisation du mobilier des époux et son exclusion de la communauté ont-elles pour effet de conserver à chaque époux la propriété de son mobilier, de manière qu'il ne se confonde pas avec celui de la communauté, et que chaque époux puisse faire la reprise en nature de ce qui lui appartient?

Nous pensons que chaque époux reste propriétaire du mobilier qu'il a réalisé, et qu'il peut en faire la reprise en nature, sauf pour les choses fongibles, qui se confondent nécessairement dans la communauté. Ainsi, un fonds de commerce, une créance, restent la propriété de celui qui les a apportés, et s'ils appartiennent à la femme, le mari n'a pas le droit d'en disposer sans son concours (Toull., t. 12, n° 377 et suiv.; t. 13, n° 326; Dur., t. 14, n° 318; Bugnet sur Pothier, t. 7, p. 192; Paris, 15 fév. 1839; S.-V., 40, 2, 212; Cass., 2 juill. 1840; D. P., 40, 1, 211). Il y a des opinions et des arrêts contraires qui sont conformes à notre ancien droit coutumier.

1493. Quel est l'effet de la clause par laquelle on stipule que les deniers apportés par la femme seront employés en immeubles?

Il en résulte l'exclusion de ces deniers de la communauté, et elle a pour effet de faire des propres de convention.

1494. La convention d'emploi donne-t-elle aux tiers le droit d'en exiger l'accomplissement?

Dans le régime de la communauté, la stipulation d'emploi est une affaire entre le mari et la femme; elle ne concerne pas les tiers, qui ne peuvent pas refuser paiement tant que cet emploi n'est pas fait (Troplong, n° 1952).

1495. En cas de renonciation, la femme a-t-elle le droit de reprendre la portion de mobilier qu'elle a mise en communauté?

Non, à moins de stipulation expresse. V. ci-après, n° 1528.

1496. L'exclusion du mobilier ayant pour effet d'exclure les dettes actuelles et futures, qu'arrive-t-il, à cet égard, si l'exclusion n'est que d'une quotité partielle, par exemple, d'un quart ou du mobilier présent, ou du mobilier futur?

Si l'exclusion du mobilier est du quart, la communauté doit supporter les dettes dans la proportion des trois quarts; si les époux ont exclu tout leur mobilier présent, ils doivent supporter toutes leurs dettes actuelles; s'ils ont exclu seulement tout leur mobilier futur, ils supporteront leurs dettes à venir.

1497. Que faut-il décider si la réalisation, au lieu d'une quotité du mobilier, ne comprend que des corps certains, comme une créance, certains immeubles?

Dans ce cas, les dettes restent à la charge de la communauté, d'après le principe que les dettes ne sont des charges que d'une universalité de biens.

1498. De quelle manière l'apport des époux doit-il être justifié?

L'apport est suffisamment justifié, quant au mari, par la déclaration portée au contrat de mariage, que son mobilier est de telle valeur. Il est justifié à l'égard de la femme, par la quittance que le mari lui donne, ou à ceux qui l'ont dotée (C. civ., 1502).

1499. Est-il donc nécessaire qu'indépendamment de la déclaration d'apport par la femme elle justifie d'une quittance ou décharge donnée par son mari postérieurement au mariage?

L'art. 1502 semble en faire une nécessité; aussi, dans les contrats de mariage, a-t-on soin de stipuler que le mari sera chargé de l'apport de la femme, par le seul fait de la célébration du mariage. Cette clause tient lieu de quittance pour le mobilier apporté par la femme (Troplong, n° 1967).

1500. Pour le mobilier qui échoit aux époux pendant le mariage, V. n° 1365 (art. 1415).

13

1501. L'art. 1569 du Code civil, d'après lequel, si le mariage a duré dix ans depuis l'échéance des termes pris pour le paiement de la dot, la femme ou ses héritiers peuvent la répéter contre le mari après la dissolution du mariage, sans être tenus de prouver qu'il l'a reçue, est-il applicable au régime de la communauté?

Cet article ne saurait être étendu au delà du régime dotal pour lequel il a été fait exceptionnellement. La femme commune n'est pas reçue à se prévaloir de simples présomptions; elle doit prouver que le paiement a eu lieu réellement (Troplong, n° 1968).

Cette doctrine nous paraît trop sévère. Le mari est administrateur, chargé de recouvrer les créances de sa femme. Pourquoi ne serait-il pas, comme le tuteur, responsable des fautes ou des négligences de son administration?

L'art. 1504 a bien fait une exception au droit commun, en faveur de la femme, en l'autorisant à prouver la consistance de son mobilier par témoins, et même par commune renommée.

La femme placée sous la puissance de son mari, n'est pas toujours maîtresse de se procurer la preuve écrite du paiement de sa dot.

SECTION III.
DE LA CLAUSE D'AMEUBLISSEMENT.

1502. Qu'entendez-vous par la clause d'ameublissement?

Il y a ameublissement, lorsque les époux, ou l'un d'eux, font entrer en communauté tout ou partie de leurs immeubles (C. civ., 1505).

1503. L'ameublissement peut-il être général?

Rien ne s'oppose à ce que l'ameublissement soit général; et il a ce caractère, lorsque les époux apportent à la communauté une universalité d'immeubles, comme lorsqu'il est dit que les époux seront communs en tous biens (C. civ., 1520).

1504. Quand l'ameublissement est-il déterminé?

Il est déterminé, lorsqu'un époux déclare ameublir et apporter en communauté, tel immeuble, en tout ou partie, ou jusqu'à concurrence d'une certaine somme (C. civ., 1506).

1505. Quand est-il indéterminé?

Quand un époux déclare simplement apporter en communauté ses immeubles, jusqu'à concurrence d'une certaine somme (Ibid.).

1506. Y a-t-il ameublissement lorsqu'il est dit que la somme promise par un époux sera à prendre sur ses meubles et ses immeubles, ou sur ses immeubles seulement?

Non; c'est alors un simple apport, ou mise en communauté.

1507. Un mineur peut-il consentir une clause d'ameublissement?

Sans doute, pourvu qu'il soit assisté des personnes dont le consentement est nécessaire à la validité de son mariage (C. civ., 1398; Troplong, n° 1981).

1508. Quel est l'effet de l'ameublissement déterminé?

C'est de rendre l'immeuble ou les immeubles qui en sont frappés, biens de la communauté, comme les meubles mêmes (C. civ., 1507).

1509. Lorsqu'un immeuble de la femme est ameubli en totalité, quels sont les droits du mari sur cet immeuble?

Il peut en disposer comme des autres effets de la communauté, et l'aliéner en totalité (*Ibid.*).

1510. Si cet immeuble n'est ameubli que pour une certaine somme, peut-il également en disposer?

Le mari ne peut l'aliéner qu'avec le consentement de la femme; mais il peut l'hypothéquer sans son consentement, jusqu'à concurrence seulement de la portion ameublie (*Ibid.*).

1511. L'époux qui a ameubli un immeuble en entier, est-il tenu de faire raison à la communauté les dettes qui grèvent cet immeuble?

Oui, par la raison que l'ameublissement déterminé contient un engagement précis qui ne permet pas d'en diminuer l'importance par le retranchement des dettes (Troplong, n° 1999; C. civ., 1511).

Il est donc nécessaire, en cas d'ameublissement, de régler par le contrat de mariage le sort des dettes qui peuvent grever l'immeuble.

1512. L'ameublissement indéterminé rend-il la communauté propriétaire des immeubles qui en sont frappés?

Non; son effet se réduit à obliger l'époux qui l'a consenti, à comprendre dans la masse, lors de la dissolution de la communauté, quelques-uns de ses immeubles, jusqu'à concurrence de la somme par lui promise (C. civ., 1508).

1513. Le mari peut-il au moins vendre la part ameublie par sa femme, et appartenant à la communauté?

L'art. 1507 ne le permet pas, sans doute pour ne pas donner à un étranger le droit de demander contre la femme le partage ou la licitation de l'immeuble.

1514. Le mari peut-il, en ce cas comme en cas d'ameublissement déterminé, hypothéquer les immeubles de la femme?

Il le peut, jusqu'à concurrence de l'ameublissement (*Ibid.*).

1515. L'époux qui a ameubli un héritage ne conserve-t-il plus aucun droit sur cet immeuble?

Il a, lors du partage, la faculté de le retenir, en le précomptant sur sa part, pour le prix qu'il vaut alors (C. civ., 1509).

1516. Les héritiers ont-ils le même droit?

Oui (*Ibid.*).

1517. La femme peut-elle exercer cette faculté de reprise, même dans le cas où elle renonce à la communauté?

Non. Cette faculté n'appartient qu'à la femme qui accepte la communauté. Lorsqu'elle y renonce, elle perd tout droit sur les choses de la communauté (Troplong, n° 2019).

1518. L'époux peut-il renoncer par le contrat de mariage au droit de reprendre l'immeuble ameubli, en tenant compte de sa valeur?

Ce droit n'est pas une de ces garanties essentielles qui tiennent à l'ordre public; c'est une pure faveur, et rien n'empêche d'en faire le sacrifice par le contrat de mariage (Troplong, n° 2020).

SECTION IV.

DE LA CLAUSE DE SÉPARATION DES DETTES.

1519. Lorsque les époux stipulent qu'ils paieront séparément leurs dettes personnelles, cette clause entraîne-t-elle de droit l'exclusion du mobilier des époux?

Non; à la différence de l'exclusion du mobilier, qui entraîne celle des dettes.

1520. Quel est l'effet de la séparation des dettes?

C'est d'obliger les époux à se faire, lors de la dissolution de la communauté, respectivement raison des dettes qui sont justifiées avoir été acquittées par la communauté, à la décharge de celui des époux qui en était débiteur (C. civ., 1510).

1521. La clause de communauté réduite aux acquêts opère-t-elle de plein droit la séparation des dettes?

La clause de communauté réduite aux acquêts entraîne virtuellement la séparation des dettes (Troplong, n° 2022).

1522. De quelles dettes s'agit-il ici?

Des dettes personnelles antérieures au mariage et non de celles contractées pendant le mariage.

1523. Lorsque les époux apportent dans la communauté une somme certaine ou un corps certain, cet apport peut-il être grevé de dettes antérieures au mariage?

S'il n'est pas parlé de ces dettes dans le contrat, l'apport est censé franc et quitte, et il doit être fait raison par l'époux débiteur, à l'autre, de toutes les dettes qui diminueraient l'apport promis (C. civ., 1511).

1524. En cas de séparation des dettes, l'époux débiteur

reste-t-il tenu des intérêts ou arrérages de ses dettes courus depuis le mariage ?

Ces intérêts ou arrérages sont à la charge de la communauté (C. civ., 1512).

1525. Quelquefois, les père, mère, ascendants ou tuteur de l'un des époux, ou même un étranger, le déclarent franc et quitte de toutes dettes antérieures au mariage : quel effet produit cette clause ?

Il en résulte une garantie qui donne lieu à un recours en indemnité contre le garant, qui peut même être poursuivi par le mari, durant la communauté, si la dette provient de la femme (C. civ., 1513).

1526. L'époux déclaré et garanti franc et quitte est-il personnellement responsable des dettes envers la communauté ?

L'art. 1513 le décide positivement, contrairement à l'ancienne jurisprudence.

1527. Cet époux a-t-il au moins un recours contre les garants ?

Nullement. Cette garantie n'est qu'un cautionnement envers la communauté, et il est de principe que le cautionné n'a pas d'action contre la caution (Troplong, n° 2070).

1528. En est-il de même lorsque les parents d'un époux promettent de payer ses dettes antérieures au mariage, et de l'en acquitter ?

En pareil cas les parents s'obligent réellement ; ils font une véritable donation, et l'époux donataire a action contre eux (Troplong, n° 2071).

SECTION V.

DE LA FACULTÉ ACCORDÉE A LA FEMME DE REPRENDRE SON APPORT FRANC ET QUITTE.

1529. Expliquez-nous ce qu'on entend par la reprise que la femme peut faire de son apport franc et quitte ?

On peut stipuler qu'en cas de renonciation à la communauté, la femme reprendra tout ou partie de ce qu'elle y aura apporté, soit lors du mariage, soit depuis, sans être tenue des dettes de la communauté (C. civ., 1514).

1530. Cette clause peut-elle être stipulée en termes généraux ?

Elle doit être très-précise ; car elle ne s'étend pas au delà des choses formellement exprimées, ni au profit de personnes autres que celles désignées (Ibid.).

1531. La faculté de reprendre le mobilier apporté lors du mariage s'étend-elle à celui qui serait échu pendant le mariage ?

Non (Ibid.).

1532. La clause portant, que la femme est autorisée à reprendre le mobilier qui lui écherra par succession, s'étend-elle au mobilier qui lui est échu par donation ou legs?

Non, de même que la clause portant sur le mobilier échu par donation, ne comprend pas le mobilier échu par succession (Troplong, nº 2095).

1533. La faculté accordée à la femme profite-t-elle à ses héritiers?

Non ; pas même à ses enfants (*Ibid.*).

1534. Mais si la faculté a été accordée à la femme et à ses enfants, les autres héritiers doivent-ils en profiter ?

Dans ce cas, la faculté ne s'étend point aux ascendants ni aux collatéraux (*Ibid.*).

1535. Si la faculté est accordée à la femme et *aux siens*, cette expression, *et aux siens*, comprend-elle tous les héritiers?

Elle ne comprend que les descendants (Troplong, nº 2084).

1536. Et cette autre expression, *ses héritiers*, a-t-elle aussi un sens restreint?

Elle comprend tous ceux qui succèdent à la femme, à titre successif, héritiers naturels, héritiers contractuels et testamentaires.

1537. En exerçant la reprise de son apport franc et quitte, la femme est-elle encore tenue de ses dettes personnelles ?

Elle doit faire déduction, sur ses apports, de ses dettes personnelles que la communauté aurait acquittées, et elle reste chargée de celles qui peuvent être encore dues (C. civ., 1514).

SECTION VI.

DU PRÉCIPUT CONVENTIONNEL.

1538. Qu'est-ce que le préciput dont il est question ici et qui peut être stipulé entre époux par contrat de mariage?

C'est le droit accordé à l'époux survivant de prélever sur les biens de la communauté, avant tout partage, une certaine somme, ou une certaine quantité d'objets mobiliers en nature (C. civ., 1515).

1539. La femme survivante a-t-elle droit à ce prélèvement dans le cas où elle renonce à la communauté ?

Non, à moins que le contrat de mariage ne lui ait réservé ce droit, même en renonçant (*Ibid.*).

1540. Le préciput peut-il s'exercer sur les biens personnels du mari ?

Oui, mais seulement dans le cas où il est accordé à la femme, même en renonçant (*Ibid.*).

1541. Est-il nécessaire que la stipulation du préciput soit réciproque entre les époux ?

Le préciput peut être stipulé au profit d'un seul des époux (Toull., t. 13, n° 390 ; Bellot, t. 3, p. 256).

1542. Le préciput conventionnel est-il regardé comme une donation ?

Il n'est point regardé comme un avantage sujet aux formalités des donations ; mais comme une convention de mariage (C. civ., 1516).

1543. Il n'est donc point sujet à réduction lorsqu'il excède la quotité disponible ?

Non, à moins qu'il ne soit exercé par la femme, en cas de renonciation, parce qu'alors, comme il se prend sur les biens personnels du mari, c'est une véritable donation (Toull., t. 13, n°s 392 et suiv.; Troplong, n° 2121; Dur., t. 15, n° 190 ; Bellot, t. 3, p. 207 ; Roll., v° *Préciput conventionnel*, n°s 2 et 3).

1544. N'est-il pas une circonstance où tout préciput doit être imputé sur la quotité disponible ?

C'est le cas où il existe des enfants d'un précédent mariage (C. civ., 1527).

1545. Peut-on stipuler le préciput pour tous les cas de dissolution de la communauté, même pour le cas de séparation de biens ?

On le peut, malgré les termes de l'art. 1515, qui ne prévoit que le cas de survie (Toull., t. 13, n° 398; Merlin, *Rép.*, v° *Préciput conventionnel*, § 1er, n° 1''; Dur., t. 15, n° 181).

1546. A défaut de convention, le préciput est-il ouvert par la séparation de corps ou de biens seulement ?

En ce cas, il n'y a pas lieu à la délivrance actuelle du préciput ; mais l'époux qui a obtenu sa séparation conserve ses droits au préciput, pour le cas de survie. Si c'est la femme, la somme ou la chose qui constitue le préciput reste toujours provisoirement au mari, à la charge de donner caution (C. civ., 1518 ; Dur., t. 15, n° 194 ; Bellot, t. 3, p. 272).

SECTION VII.

DES CLAUSES PAR LESQUELLES ON ASSIGNE A CHACUN DES ÉPOUX DES PARTS INÉGALES DANS LA COMMUNAUTÉ.

1547. Est-il permis aux époux de déroger au partage égal de la communauté établi par la loi ?

Ils peuvent déroger à l'égalité de partage, soit en ne donnant à l'époux survivant ou à ses héritiers qu'une part moindre que la moitié, soit en ne lui donnant qu'une somme fixe, pour tout droit de communauté, soit en stipulant que la communauté entière, en certains cas, appartiendra à l'époux survivant, ou à l'un d'eux (C. civ., 1520).

1548. Peut-on stipuler que l'époux qui prend une quote-part dans la communauté sera dispensé du paiement des dettes ?

La convention est nulle, si elle oblige l'époux ou ses héritiers, réduits à une certaine part dans la communauté, à supporter dans les dettes une plus forte part, ou si elle les dispense d'en supporter une égale à celle qu'ils prennent dans l'actif (C. civ., 1521).

1549. Lorsqu'il est stipulé que l'un des époux ou ses héritiers ne prendront qu'une certaine somme pour tout droit de communauté, comment se règle le paiement des dettes ?

Cette clause est un forfait qui oblige l'autre époux ou ses héritiers, à payer la somme convenue, même dans le cas où la communauté est insuffisante et, par conséquent, à supporter toutes les dettes (C. civ., 1522 et 1521).

1550. Si c'est la femme survivante qui a droit de retenir la communauté en payant aux héritiers du mari une somme convenue, elle ne peut donc pas renoncer à la communauté ?

La faculté de renoncer est toujours réservée à la femme, et elle a le choix, ou de payer aux héritiers du mari la somme convenue, en demeurant obligée à toutes les dettes, ou de renoncer à la communauté, et d'en abandonner les biens et les charges aux héritiers du mari (C. civ., 1524).

1551. La clause de parts inégales peut-elle être stipulée sous condition ?

Rien ne s'y oppose ; ainsi, il pourrait être convenu que le survivant aura les deux tiers ou la totalité de la communauté, dans le cas seulement où il n'y aurait pas d'enfants du mariage.

1552. Ces sortes de conventions sont-elles sujettes à réduction ?

Elles ne sont point réputées un avantage sujet aux règles relatives aux donations, soit quant au fond, soit quant à la forme, mais simplement une convention de mariage et entre associés, sauf le cas où il existe des enfants d'un précédent mariage (C. civ., 1525 et 1527).

1553. Si l'attribution de la totalité de la communauté au survivant est faite par le contrat de mariage, sous la forme de donation, la même règle doit-elle être suivie ?

Dans ce cas, c'est une véritable donation, et l'avantage qui en peut résulter est imputable sur la portion disponible.

1554. Dans le cas où les enfants d'un premier lit demandent le retranchement des avantages résultant des conventions matrimoniales de leur auteur, les enfants du second lit profitent-ils de ce retranchement ?

Les enfants du premier lit doivent rapporter à la masse les biens retranchés, et les enfants du second lit prennent part à cette masse. Le principe de la loi tend à l'égalité des deux lits (Troplong, n° 2224).

1555. Mais si les enfants du premier lit sont morts depuis le mariage, les enfants du second lit peuvent-ils demander le retranchement de leur chef ?

Non, parce que l'action en retranchement est éteinte par le décès des enfants du premier lit (Troplong, n° 2226).

1556. Supposons maintenant que les enfants du premier lit aient renoncé ; les enfants du second lit pourront-ils demander le retranchement ?

Pas davantage, car le droit de demander le retranchement ne s'est pas ouvert sur la tête des enfants du premier lit, puisqu'ils ont tous renoncé ; d'où il suit que les enfants du second lit n'ont pas même le principe d'un droit (Duranton, t. 15, n° 246 ; Odier, t. 2, n° 930 ; Troplong, n° 2227).

1557. Si les enfants du premier lit, après avoir accepté la succession, s'abstiennent de demander le retranchement, ou en font remise, les enfants du second lit peuvent-ils agir de leur chef ?

Sans aucun doute, parce que le droit est ouvert en ce cas, et qu'ils sont fondés à le faire valoir dans la mesure de leur intérêt (Duranton, t. 15, n° 247 ; Odier, t. 2, n° 929 ; Troplong, n° 2228).

SECTION VIII.

DES CONVENTIONS EXCLUSIVES DE LA COMMUNAUTÉ.

§ 1er. — De la clause portant que les époux se marient sans communauté.

1558. Quelle différence y a-t-il entre la clause exclusive de communauté et la séparation de biens ?

La clause exclusive de communauté diffère principalement de la séparation de biens, en ce que la femme n'a pas l'administration ni la jouissance de ses biens, ni la disposition de son mobilier (C. civ., 1530).

1559. A qui appartiennent les économies que le mari a pu faire sur les revenus des biens de sa femme, ou les acquisitions faites avec ces économies ?

Au mari exclusivement. Il ne doit aucun compte des fruits provenant des propres de sa femme.

1560. L'art. 1534 autorise la femme à se réserver la jouissance d'une partie de ses revenus. Pourrait-elle se réserver la jouissance de la totalité ?

Elle le peut sans doute ; mais alors, ce ne serait plus le régime exclusif de la communauté, ce serait le régime de la séparation de biens.

1561. Les immeubles constitués en dot à la femme, lorsqu'il y a exclusion de communauté, sont-ils inaliénables ?

Ils peuvent être aliénés avec le consentement du mari, ou, à son refus, avec l'autorisation de la justice (C. civ., 1535).

§ 2. — De la clause de séparation de biens.

1562. Suffit-il, pour établir la séparation de biens, de stipuler qu'il n'y aura pas de communauté entre les époux ?

Une semblable clause emporterait seulement exclusion de communauté et non séparation de biens.

1563. Quels droits la séparation de biens, par contrat de mariage, donne-t-elle à la femme ?

La femme conserve l'entière administration de ses biens meubles et immeubles et la jouissance libre de ses revenus (C. civ., 1536).

1564. Peut-elle recevoir ses capitaux, aliéner son mobilier ?

Elle peut, comme la femme séparée judiciairement, recevoir ses capitaux, aliéner son mobilier, donner quittance et décharge, consentir mainlevée d'hypothèque, faire cession et transport de ses créances (C. civ., 1401; Dur., t. 15, n° 313; Bellot, t. 3, p. 366; Toull., t. 13, n° 106; Paris, 12 mars 1811).

1565. A-t-elle également le droit d'aliéner ses immeubles ?

Dans aucun cas, ni à la faveur d'aucune stipulation, la femme ne peut aliéner ni hypothéquer ses immeubles sans le consentement spécial de son mari, ou à son refus, sans être autorisée par justice (C. civ., 1538).

1566. Ce droit est-il sans restriction ?

Si la femme séparée peut disposer de son mobilier sans l'autorisation de son mari, ce n'est que pour les actes d'administration ; mais l'autorisation maritale lui est nécessaire pour les dispositions de mobilier ayant le caractère plus grave d'engagements personnels, de dettes contractées (Troplong, n° 2282).

1567. Mais le mari pourrait donner à sa femme une autorisation générale d'aliéner ses immeubles ?

Toute autorisation générale donnée à ce sujet, soit par le contrat de mariage, soit depuis, est nulle. Il faut une procuration spéciale qui indique les immeubles, en particulier, qu'il s'agit d'aliéner (C. civ., 1538).

1568. Le mari est-il comptable, envers la femme, des revenus dont elle lui a laissé la jouissance ?

Il n'est pas comptable des revenus qui ont été consommés, jusqu'à la dissolution du mariage (C. civ., 1539).

1569. Dans le cas de séparation de biens, les créanciers de la femme ont-ils une action contre le mari pour le paiement des dettes de cette dernière, et réciproquement ?

La séparation de biens a pour but précisément d'empêcher la confusion, et les créanciers n'ont d'action que contre leurs propres débiteurs.

1570. Faut-il, pour cela, qu'il ait été fait inventaire?

Nullement. L'inventaire n'est pas nécessaire pour distinguer des biens qui ne sont pas destinés à se confondre. Seulement, c'est à celui des époux qui résiste à l'action des créanciers de l'autre, à justifier sa propriété aux objets qu'il veut soustraire à leurs poursuites.

1571. Des époux séparés de biens par contrat de mariage peuvent-ils établir entre eux une communauté pendant le mariage?

A la différence de la séparation judiciaire, la séparation de biens établie par contrat de mariage est irrévocable (C. civ., 1395; Troplong, n° 2287).

1572. Les acquisitions faites au nom personnel de la femme séparée, sont-elles, par cela même, censées payées de ses deniers?

Elle peut être tenue de justifier que les deniers lui appartenaient (Bordeaux, 19 mars 1830; D. P., 30, 2, 219; Aix, 21 mars 1832; Troplong, n° 2215).

CHAPITRE III.
DU RÉGIME DOTAL.

1573. Dites-nous ce qui caractérise principalement le régime dotal?

C'est l'inaliénabilité de la dot de la femme.

1574. La stipulation que la femme se constitue, ou qu'il lui est constitué des biens en dot, suffit-elle pour soumettre ces biens au régime dotal?

Le régime dotal, qui est une dérogation au droit commun, ne résulte que d'une déclaration expresse dans le contrat de mariage (C. civ., 1392).

1575. La seule déclaration faite, par les époux, qu'ils se marient sous le régime dotal, suffit-elle pour frapper de dotalité tous les biens de la femme?

En ce cas, il n'y a de dotaux que les biens constitués en dot, et les biens à venir sont paraphernaux (Toull., t. 14, n°° 17 et 18; Dur., t. 15, n° 336; Bellot, t. 4, p. 9 et 14; Bordeaux, 20 janv., 1832; D. P., 32, 2, 136; Caen, 23 juin 1841; D. P., 43, 2, 7; Cass., 16 août 1813; S.-V., 43, 1, 764; C. civ., 1541).

1576. Peut-on modifier le régime dotal établi par la loi?

Les époux peuvent faire à ce régime telles modifications qu'il leur plaît, et toutes leurs conventions sont valables, pourvu qu'elles ne soient contraires ni aux bonnes mœurs, ni aux prohibitions de la loi (C. civ., 1387).

1577. Mais si, en embrassant le régime dotal, les époux ne déterminent pas, par des clauses spéciales, les règles de leur association, quelles seront ces règles?

Ils seront, de plein droit, soumis aux règles tracées par le Code civil, au chapitre, du *Régime dotal*, art. 1540 et suiv. (C. civ., 1391).

SECTION I°.

DE LA CONSTITUTION DE DOT.

1578. La constitution de dot, c'est-à-dire la stipulation de dotalité, frappe-t-elle tous les biens de la femme?

Elle peut frapper, selon la convention, tous les biens présents et à venir de la femme, ou tous ses biens présents seulement, ou une partie de ses biens présents et à venir, ou même un objet individuel (C. civ., 1542).

1579. Quand la constitution est faite en termes généraux, quels sont les biens qu'elle comprend?

Les biens présents seulement; les biens à venir n'y sont pas compris (*Ibid.*).

1580. Si la femme se réserve comme paraphernal un immeuble en particulier, quel est le sort de ses autres biens?

Ils sont dotaux. De même, si la femme se constitue certains biens comme dotaux, tout le reste est paraphernal (Troplong, n°° 3029 et 3018).

1581. Quelle est la nature des biens donnés à la femme dans un contrat de mariage contenant stipulation du régime dotal?

Tout bien, donné en contrat de mariage à la femme est dotal, à moins d'une stipulation contraire (C. civ., 1511).

1582. Quand la constitution dotale porte sur un objet indivis et que la femme a déclaré apporter en dot sa part indivise, la dotalité s'étend-elle à la totalité de l'objet si, plus tard, la femme devient propriétaire du tout?

Il n'y a de dotal que la part que la femme avait dans la chose, à moins que la constitution de dot ne porte sur les biens présents et à venir (Troplong, n° 3050).

1583. Mais si la femme s'est constitué seulement tous ses biens présents, et qu'un partage postérieur lui attribue la totalité de l'immeuble indivis, la dotalité portera-t-elle sur l'immeuble en entier?

Oui, parce que le partage a un effet rétroactif, et que la femme est censée avoir été propriétaire de l'immeuble *ab initio* (Troplong, n° 3051).

1584. La dot peut-elle être constituée pendant le mariage?

C'est le contrat de mariage qui doit déterminer l'étendue de la dot. Elle ne peut pas être constituée, ni même augmentée, pendant le mariage (C. civ., 1513).

1585. La femme mariée sous le régime dotal ne peut donc pas recevoir de donation pendant le mariage ?

Ce n'est pas là le sens de l'art. 1513. La femme peut bien recevoir des donations, comme elle peut recueillir des successions ; mais la loi ne permet pas que, par une convention postérieure au mariage, on étende la dotalité à des biens qui, d'après le contrat de mariage, devaient être paraphernaux.

1586. Le donateur pourrait-il au moins imposer la condition que les biens donnés ne seront pas aliénés pendant le mariage ?

Plusieurs auteurs soutiennent l'affirmative (Duranton, t. 15, n° 360 ; Odier, t. 3, n° 1100). M. Troplong, n°s 3059 et suiv., enseigne au contraire que cette clause n'impose pas de lien de droit, et ne peut pas nuire aux tiers qui auront acheté de la femme.

1587. Si les père et mère constituent conjointement une dot, sans indiquer la part de chacun, dans quelle proportion se trouve-t-elle constituée ?

Par portions égales entre le père et la mère (C. civ., 1544).

1588. Si la dot est constituée par le père seul, pour droits paternels et maternels, la mère en doit-elle la moitié ?

{: En ce cas, la dette est en entier à la charge du père, et la mère, quoique présente au contrat, n'est point engagée (*Ibid.*).

1589. Quand le survivant des père et mère constitue une dot, pour biens paternels et maternels, comment s'en fait l'imputation en l'absence de stipulation à cet égard ?

La dot doit se prendre d'abord sur les droits du futur époux, dans les biens du conjoint décédé, et le surplus, sur les biens du constituant (C. civ., 1545).

1590. Ceux qui ont constitué une dot en doivent-ils les intérêts ?

Les intérêts de la dot courent de plein droit, du jour du mariage, contre ceux qui l'ont promise, encore qu'il y ait terme pour le paiement, s'il n'y a stipulation contraire (C. civ., 1548).

1591. Si une somme est constituée en dot, exigible seulement après le décès du donateur, les intérêts en sont-ils dus à compter du jour du mariage ?

Oui, à moins que le contraire ne soit exprimé (Troplong, n° 3091).

1592. La femme mariée sous le régime dotal peut-elle procéder à un partage amiable ?

Elle le peut, ou plutôt le mari le peut même seul, parce que le partage n'est pas une aliénation ; il est déclaratif et non attributif de propriété (Troplong, n°s 3112 et suiv.).

Il faut toutefois que le partage conserve son caractère de détermination de parts, et qu'il ne cache pas une vente déguisée.

1593. La femme pourrait donc céder à son copropriétaire sa part dans un immeuble indivis, puisque tout acte qui fait cesser l'indivision équivaut à partage?

Elle ne le pourrait, en cas de licitation, qu'avec permission du juge, aux enchères, et après trois affiches. Ainsi le veut l'art. 1558 du C. civ.

SECTION II.

DES DROITS DU MARI SUR LES BIENS DOTAUX ET DE L'INALIÉNABILITÉ DU FONDS DOTAL.

1594. Par qui sont administrés les biens dotaux?

Le mari seul a l'administration des biens dotaux pendant le mariage (C. civ., 1449).

1595. Peut-il, en conséquence, recevoir seul le remboursement de créances dotales?

Oui (*Ibid.*).

1596. Mais est-il tenu de fournir caution?

Non, s'il n'y a pas été assujetti par le contrat de mariage (C. civ., 1550).

1597. Les tiers débiteurs peuvent-ils exiger que le mari fasse emploi des capitaux dotaux qu'il reçoit?

Ils ne peuvent exiger l'emploi, si le mari n'y est pas tenu par le contrat de mariage (Toulouse, 31 juillet 1833; D. P., 34, 2, 147; Cass., 25 janv. 1826; Troplong, n° 3118).

1598. Lorsque le mari reçoit le prix d'un immeuble dotal aliénable sans que l'obligation de remploi lui ait été imposée par le contrat de mariage, l'acquéreur peut-il l'obliger à faire emploi ou à donner caution?

Nullement. Le prix, bien que provenant d'une vente d'immeubles, n'en est pas moins un capital mobilier; le mari a le droit de le recevoir, et aucune restriction ne peut être mise à ce droit par les tiers (Troplong, n° 3118).

1599. S'il y a promesse d'emploi par le contrat de mariage, les débiteurs peuvent-ils exiger l'emploi?

Non-seulement, en ce cas, les débiteurs peuvent exiger l'emploi, mais ils sont tenus de le faire, pour la validité du paiement (Caen, 23 nov. 1812; S.-V., 43, 2, 123; Paris, 23 mars 1811; S.-V., 11, 2, 131; Cass., 9 juin 1811; Troplong, n° 3120 et suiv.).

1600. Le mari a-t-il le droit de donner mainlevée des inscriptions hypothécaires prises pour garantie de la dot ou des créances dotales ?

Oui ; c'est la conséquence du droit de recevoir le remboursement des capitaux (Bellot, p. 186; Troplong, n° 3117).

1601. Quoique le mari, d'après la loi, ait seul l'administration des biens dotaux, et le droit d'en percevoir les fruits et les intérêts, ne peut-on pas laisser à la femme le droit d'en toucher une partie ?

Il peut être convenu, par le contrat de mariage, que la femme touchera annuellement, sur ses simples quittances, une partie de ses revenus pour son entretien et ses besoins personnels (C. civ., 1549).

1602. Lorsqu'il n'a été fait aucune assignation spéciale à la femme, pour la partie de ses revenus qu'elle s'est réservé de toucher sur ses seules quittances, a-t-elle un droit de préférence et le choix des revenus ?

Les charges du ménage doivent être préférées aux besoins personnels de la femme, et il appartient au mari d'assigner à la femme les revenus qu'elle pourra toucher.

1603. Si la dot, ou partie de la dot, consiste en objets mobiliers mis à prix par le contrat, sans déclaration que l'estimation n'en fait pas vente, le mari a-t-il le droit d'en disposer ?

Il en devient propriétaire, et n'est débiteur que du prix donné au mobilier (C. civ., 1551).

1604. En est-il de même des créances sur particuliers ou des rentes sur l'Etat dont le contrat contient l'énonciation sans mise à prix ?

Ces objets restent la propriété de la femme, à moins d'une déclaration expresse (Delvincourt, t. 3, p. 333; Bellot, t. 4, p. 70). Il a été cependant jugé que le mari, étant propriétaire de la dot mobilière de la femme, peut transporter les créances qui en font partie (Agen, 30 nov. 1813; S.-V., 41, 2, 158; Paris, 28 mars 1829). M. Troplong est de cet avis et le soutient par des raisons décisives, n° 3166 et suiv.

1605. L'estimation donnée à un immeuble de la femme constitué en dot, en transporte-t-elle la propriété au mari ?

Non ; à moins qu'il n'y ait dans le contrat une déclaration expresse (C. civ., 1552).

1606. L'immeuble acquis avec des deniers dotaux est-il dotal ?

Non, si la condition de l'emploi n'a pas été stipulée dans le contrat de mariage (C. civ., 1553).

1607. Les époux pourraient-ils convenir, lors du remploi, que l'immeuble acquis avec les deniers dotaux sera dotal ?

Cette convention n'aurait aucune valeur; l'immutabilité du contrat de mariage s'y oppose (Cass., 23 avril 1833; D. P., 33, 1, 286).

11

1608. En cas d'acquisition d'immeubles en remploi des deniers dotaux, est-il nécessaire que la femme accepte le remploi?

La seule déclaration du mari dans l'acte d'acquisition est suffisante (Merlin, *Rép.*, vᵒ *Dot*, § 10; Tessier, t. 1ᵉʳ, p. 221, nᵒ 48; Toull., t. 14, nᵒ 141; Delvincourt, t. 3, p. 335). Il est néanmoins plus convenable de faire intervenir la femme au contrat, pour accepter. M. Troplong, nᵒ 3198, juge l'acceptation, par la femme, nécessaire.

1609. Si l'immeuble est acquis pour une somme supérieure aux deniers dotaux, est-il dotal pour le tout?

Il n'est dotal que jusqu'à concurrence des deniers dotaux à employer (Tessier, t. 1ᵉʳ, p. 221, nᵒ 48; Toull., t. 14, nᵒ 158; Cass., 20 juin 1821; S. 21, 1, 387).

1610. L'immeuble donné en paiement de la dot constituée en argent est-il dotal?

Non (C. civ., 1553).

1611. En ce cas, à qui appartient l'immeuble ainsi donné en paiement?

Il est propre au mari (Toull., t. 14, n. 149; Bellot, t. 4, p. 72; Dur., t. 15, nᵒ 425; Tessier, t. 1ᵉʳ, p. 216).

1612. Cette règle est-elle applicable alors même que l'immeuble est donné en paiement par un ascendant qui avait constitué la dot?

Oui. Ici ne s'applique pas la disposition de l'art. 1406, qui veut que l'immeuble cédé par père, mère, ou autre ascendant, à l'un des époux, pour le remplir de ce qu'il lui doit, reste propre à cet époux (Dur., t. 15, nᵒ 433; Zachariæ, t. 3, § 536, note 6).

1613. L'immeuble abandonné par le mari à la femme, après séparation de biens, en paiement de sa dot constituée en argent est-il dotal?

Non (Dur., t. 15, nᵒ 436; Tessier, t. 1ᵉʳ, p. 216; Zachariæ, t. 3, § 536; Troplong, nᵒˢ 3181 et suiv.; Poitiers, 5 juillet 1839; D. P., 40, 2, 53; Riom, 8 août 1813; D. P., 43, 2, 118).—Il y a des arrêts contraires.

1614. Les immeubles constitués en dot peuvent-ils être aliénés ou hypothéqués pendant le mariage?

Ils ne peuvent être aliénés ou hypothéqués, ni par le mari, ni par la femme, ni par les deux conjointement, sauf les exceptions déterminées par la loi (C. civ., 1554).

1615. Le principe de l'inaliénabilité de la dot reçoit-il exception en cas de délit ou de quasi-délit commis par la femme?

Tous les auteurs, anciens et modernes, à l'exception de M. Tessier, enseignent que les dettes contractées par la femme, par suite de délit ou de quasi-délit, peuvent être poursuivies, même pendant le mariage, sur les biens dotaux. La plupart des arrêts sont conformes à cette opinion.

1616. La dot mobilière est-elle inaliénable aussi bien que la dot immobilière ?

Les auteurs et la jurisprudence sont divisés sur cette question. Pour la négative, *V.* Toull., t. 14, n° 176 ; Dur., t. 15, n° 542 ; Troplong, *Hyp.*, t. 4, n° 923 ; Vaz., *Mariage*, t. 2, n° 320 ; Zachariæ, t. 3, § 535.

1617. La femme mariée sous le régime dotal peut-elle valablement consentir une subrogation dans son hypothèque légale ?

Elle ne le peut pas, bien que sa dot soit purement mobilière.

1618. La femme dotale peut-elle procéder à l'amiable au partage des biens qui lui appartiennent par indivis ?

Il n'y a nulle nécessité, en ce cas, de recourir à des formalités judiciaires ; un partage amiable ne saurait être considéré comme une aliénation.

1619. Après la séparation de biens, la femme peut-elle aliéner ses fonds dotaux ?

La séparation de biens ne change pas la nature de la dotalité des biens de la femme ; elle ne peut pas plus aliéner ses biens qu'auparavant. Elle peut toutefois aliéner sa dot mobilière (Troplong, n° 3262).

1620. En est-il de même après la dissolution du mariage ?

La femme devenue veuve peut s'obliger et aliéner ses immeubles (Troplong, n° 3312).

1621. La femme peut-elle disposer, par testament, de ses biens dotaux ?

Sans aucun doute ; ce n'est pas là un acte d'aliénation dans le sens de la loi.

1622. La femme peut-elle donner ses biens dotaux pour l'établissement des enfants qu'elle aurait eus d'un mariage antérieur ?

Elle le peut, avec l'autorisation de son mari, ou, sur son refus, avec permission de justice ; mais, dans ce dernier cas, elle doit réserver la jouissance à son mari (C. civ., 1555).

1623. Peut-elle également les donner pour l'établissement de leurs enfants communs ?

Elle le peut aussi, avec l'autorisation de son mari (C. civ., 1556).

1624. La femme peut-elle hypothéquer ses biens pour l'établissement de ses enfants, comme elle peut les donner ?

Elle le peut, par la raison que la faculté d'hypothéquer est moins étendue que celle d'aliéner, et que le pouvoir de donner, conféré à la femme par l'art. 1556, peut s'exercer par tous les moyens directs et indirects, de nature à procurer ou à faciliter l'établissement des enfants (Grenier, *Hyp.*, t. 1er, n° 51 ; Duranton, t. 15, n° 492 ; Tessier, n° 576 ; Troplong, n° 3353 ; Cass., 1er avril 1845).

1625. La femme dotale peut-elle s'obliger et engager sa dot pour le remplacement de son fils au service militaire?

Oui; car l'exemption du service militaire est un préalable indispensable pour procurer à l'enfant un établissement dans les carrières civiles (Troplong, n° 3356).

1626. L'aliénation des biens dotaux peut-elle être stipulée par le contrat de mariage?

Oui (C. civ., 1557).

1627. La femme mineure peut-elle faire une semblable stipulation?

Oui, pourvu qu'elle soit assistée des personnes dont le consentement est nécessaire à la validité de son mariage (C. civ., 1398).

1628. La faculté de *vendre*, ou même *d'aliéner* les biens dotaux, emporte-t-elle la faculté d'hypothéquer ces mêmes biens?

Cette question fait difficulté; cependant, la négative est plus généralement admise par les auteurs et même par la Cour de cassation. M. Troplong, n° 3363, soutient énergiquement l'opinion contraire, qui est plus rationnelle. Cela démontre la nécessité de s'expliquer clairement dans le contrat de mariage.

1629. Peut-on stipuler, par contrat de mariage, la faculté d'hypothéquer les biens dotaux?

Oui; car le mot *aliéner*, employé par l'art. 1557, pris dans son sens naturel et non restreint, comprend le droit d'hypothéquer qui est moins étendu et qui est une aliénation indirecte (Troplong, n°ˢ 3364 et suiv.; Cass., 7 juillet 1810; Limoges, 6 décembre 1814).

1630. La faculté d'aliéner emporte-t-elle celle d'échanger?

Oui (Cass., 25 avril 1831; D. P., 32, 1, 54, Troplong, n° 3400).

1631. L'aliénation des biens dotaux, permise par le contrat de mariage, mais avec condition de remploi, peut-elle être critiquée si le remploi n'a pas eu lieu?

En ce cas, l'aliénation est nulle.

1632. Dans ce cas, l'acquéreur est-il responsable du défaut de remploi?

Oui. Aussi, il peut, et doit même se refuser au paiement de son prix, tant qu'il n'y a pas eu remploi.

1633. Si l'aliénation a été permise sans condition de remploi, l'acquéreur peut-il obliger le mari à faire emploi du prix, ou à lui fournir des sûretés?

Non; le mari a alors le droit de toucher le prix, sans être tenu de faire emploi, ni de fournir aucune sûreté (Troplong, n° 3432).

1634. Quand l'aliénation du bien dotal a été permise par le contrat de mariage, à charge de remploi, la vente doit-elle se faire avec les formalités de justice, prescrites par l'art. 1558 du Code civil ?

Cette vente peut se faire à l'amiable (Troplong, n° 432; Cass., 3 mai 1842).

1635. Comment doit se faire le remploi ?

En acquisition d'immeubles au nom de la femme; la nature de la dot ne doit pas être transformée; il faut qu'elle soit remplacée par une chose de même nature, à moins que le contrat de mariage ne contienne une stipulation expresse à ce sujet (Troplong, n° 3416; Toulouse, 7 août 1833).

1636. Des rentes sur l'Etat ou des actions de la banque, lorsqu'elles sont immobilisées, peuvent-elles servir de remploi ?

Oui, parce que ces valeurs deviennent alors des immeubles (Troplong, n° 3422; Caen, 8 mai 1838).

1637. Le remploi doit-il être total ?

Le remploi doit comprendre non-seulement le prix principal, mais encore ses accessoires comme épingles, coiffes, pot de vin, etc. (Troplong, n° 3426).

1638. Les frais et loyaux coûts de l'acquisition en remploi doivent-ils se prendre sur les deniers à employer, de telle sorte que sur 20,000 fr., par exemple, 2,000 fr. servent à payer les frais, et 18,000, seulement, à payer le prix d'acquisition ?

Les frais et loyaux coûts ne constituent pas une perte; ils sont une dépense nécessaire faite dans l'intérêt de la chose; une conséquence inévitable de l'aliénation du bien dotal et du remploi. Ils doivent donc se prélever sur le prix et ne sauraient, en aucun cas, être à la charge du mari (Troplong, n° 3428).

1639. Pour quelles causes déterminées l'immeuble dotal peut-il être aliéné avec permission de justice ?

1° Pour tirer de prison le mari, ou la femme;

2° Pour fournir des aliments à la famille;

3° Pour payer les dettes de la femme ou de ceux qui ont constitué la dot, lorsque ces dettes ont une date antérieure au contrat de mariage;

4° Pour faire de grosses réparations indispensables pour la conservation de l'immeuble dotal;

5° Lorsque cet immeuble se trouve indivis avec des tiers, et qu'il est reconnu impartageable (C. civ., 1558).

1640. Dans les divers cas où les juges sont investis du droit d'autoriser la femme à aliéner des biens dotaux peuvent-ils également l'autoriser à les hypothéquer ?

Oui. La jurisprudence est constante.

1641. Lorsque l'immeuble dotal doit être vendu avec permission du juge, dans les divers cas que vous venez d'indiquer, la vente peut-elle se faire à l'amiable, sans aucune formalité particulière ?

La vente doit avoir lieu aux enchères, après trois affiches (C. civ, 1558).

1642. Si la vente du bien dotal produit plus que la somme pour laquelle l'autorisation a été donnée, que devient l'excédant du prix?

Il reste dotal, et il doit en être fait emploi comme tel, au profit de la femme (*Ibid.*).

1643. En général, l'échange n'est pas une aliénation; en conséquence, la femme doit pouvoir échanger librement le bien dotal?

Elle ne peut cependant l'échanger qu'en obtenant l'autorisation en justice, et d'après une estimation par experts nommés d'office par le tribunal (C. civ., 1559).

1644. Un semblable échange peut-il avoir lieu entre le mari et la femme?

Aucune disposition de la loi ne s'y oppose. D'ailleurs l'intervention obligée de la justice empêche tous les abus (1).

1645. La femme ne peut-elle échanger que contre un immeuble de même valeur que le sien?

L'immeuble reçu en échange par la femme doit avoir les quatre cinquièmes, au moins, de la valeur du sien (*Ibid.*).

1616. Quelle est la nature de la soulte qui serait payée à la femme?

Elle est dotale, et il en doit être fait emploi comme telle, au profit de la femme (*Ibid.*).

1647. Si l'immeuble reçu en échange, par la femme, était d'une valeur supérieure à celui par elle cédé, cet immeuble serait-il dotal pour le tout?

Il ne serait dotal que jusqu'à concurrence de la valeur du fonds cédé par la femme, à moins que la soulte n'ait été payée avec des deniers dotaux (Toull., t. 11, n° 223; Troplong, n° 3508; Tessier, t. 1er, n° 263).

1648. Si, hors les cas d'exception déterminés par la loi, la femme ou le mari, ou tous les deux conjointement, aliènent le fonds dotal, et cette vente étant nulle, par qui la révocation peut-elle en être demandée?

Par la femme ou ses héritiers, après la dissolution du mariage, ou même après la séparation de biens. Elle peut l'être aussi par le mari lui-même, pendant le mariage (C. civ., 1560).

1649. Ainsi, le mari qui a contracté avec un tiers n'est pas tenu de son propre engagement?

Mais, dans ce cas, le mari est sujet aux dommages-intérêts de l'acheteur, à

_____

(1) Cette question s'est présentée pour moi dans une affaire importante. Comme elle était neuve, elle a été soumise à plusieurs auteurs et avocats éminens de Paris, qui tous ont décidé que l'échange du bien dotal contre un immeuble du mari n'a rien de contraire à la loi, et le Tribunal de Paris, 1re chambre, n'a fait aucune difficulté de l'autoriser par jugement du 10 août 1850.

moins qu'il n'ait déclaré, dans le contrat, que le bien vendu était dotal (*Ibid.*).

1650. L'acheteur du bien dotal peut-il devenir propriétaire définitif par prescription?

La prescription ne court pas contre la femme pendant le mariage (*Ibid.*).

1651. La vente du fonds dotal peut-elle être cautionnée, par un tiers ?

Oui, car la nullité d'une telle vente est purement relative (Dur., t. 15, n° 525; Tessier, t. 2, n° 689; Troplong, n° 3517; Cass., 3 août 1825; D. p, 25, 1, 387).

1652. Après la dissolution du mariage, la femme peut-elle ratifier la vente de son bien dotal?

La femme rentre alors dans le droit commun; elle pourrait aliéner l'immeuble jadis dotal; elle peut par conséquent ratifier la vente qui en a été faite (Troplong, n° 3563).

1653. Le pourrait-elle après la séparation de biens?

Non; car la séparation ne rend pas la dot aliénable.

1654. La femme pourrait-elle ratifier la vente par un testament fait pendant le mariage?

Le testament ne disposant que pour une époque postérieure à la mort, pour un temps où la chose devient libre, la ratification contenue dans ce testament doit avoir son exécution (Troplong, n° 3566).

1655. En serait-il de même de la ratification imposée aux enfants dans un partage anticipé ?

Il y a même raison de décider; il s'agit toujours d'une succession future (Troplong, n° 3567; Rouen, 22 mai 1839).

SECTION III.

DE LA RESTITUTION DE LA DOT.

1656. Après la dissolution du mariage, le mari ou ses héritiers ont-ils un délai pour la restitution de la dot?

La restitution de la dot ne peut être exigée qu'un an après la dissolution du mariage, si cette dot consiste en une somme d'argent, ou en meubles mis à prix par le contrat, sans déclaration que l'estimation n'en rend pas le mari propriétaire (C. civ., 1565).

1657. Et la dot consiste en immeubles ou en meubles non estimés par le contrat de mariage, ou bien mis à prix avec déclaration que l'estimation n'en ôte pas la propriété à la femme ?

Dans ce cas, le mari ou ses héritiers peuvent être contraints de restituer la dot, sans délai, après la dissolution du contrat de mariage (C. civ., 1564). C'est alors une restitution en nature.

1658. Si les meubles, dont la propriété reste à la femme, ont dépéri par l'usage et sans la faute du mari, à quoi ce dernier est-il tenu?

Il n'est tenu de rendre que les meubles qui restent, et dans l'état où ils se se trouvent (C. civ., 1566).

1659. La femme a-t-elle au moins le droit de retirer ses linges et hardes?

Elle a, dans tous les cas, le droit de retirer les linges et hardes à son usage actuel, sauf à précompter leur valeur, lorsqu'ils ont été primitivement constitués avec estimation (C. civ., 1566).

1660. Ce droit appartient-il aux héritiers de la femme?

Non. C'est un droit personnel à la femme.

1661. Si la dot comprend des obligations ou constitutions de rentes qui ont péri ou souffert des retranchements sans qu'on puisse l'imputer à la négligence du mari, en est-il responsable?

Il n'est tenu qu'à restituer les contrats (C. civ., 1567).

1662. Comment le mari peut-il se soustraire à la restitution de la dot qui a péri?

En justifiant de poursuites inutilement faites par lui pour s'en procurer le paiement (C. civ., 1569).

1663. Dans quel délai ces poursuites doivent-elles être exercées?

Dans les dix ans depuis l'échéance des termes pris pour le paiement de la dot, et, si le mariage a duré dix ans, depuis l'échéance de ces termes, la femme ou ses héritiers sont dispensés de prouver que la dot a été reçue, à moins que le mari ne justifie de diligences infructueuses (*Ibid.*).

1664. Cette présomption de paiement peut-elle être opposée par les débiteurs de la dot?

Non ; ces débiteurs ne peuvent établir leur libération que selon les règles du droit commun (Troplong, n° 3665).

1665. Les intérêts et les fruits de la dot à restituer sont-ils dus par le mari?

Ces fruits et intérêts courent de plein droit, au profit des héritiers de la femme, depuis le jour de la dissolution (C. civ., 1570).

1666. Pourquoi ne parlez-vous que des héritiers de la femme, et non de la femme elle-même?

C'est que la femme, quand elle survit, a d'autres droits que ses héritiers ; elle peut exiger les intérêts de sa dot, ou se faire fournir des aliments, pendant l'an de deuil, aux dépens de la succession du mari ; et dans les deux cas, l'habitation durant cette année, et les habits de deuil doivent lui être fournis sur la succession, sans imputation sur les intérêts à elle dus (*Ibid.*).

1667. Les reprises paraphernales de la femme produisent-elles des intérêts de plein droit ?

Elles n'en produisent que du jour de la demande (Toulouse, 9 déc. 1833 ; D. P., 34, 2, 139 ; Limoges, 24 déc. 1834 ; D. P., 38, 2, 170).

1668. Le mari étant, d'après la loi (C. civ., 1562), considéré comme usufruitier des biens dotaux de la femme, doit-on lui faire application de l'art. 585, C. civ., d'après lequel les fruits naturels et industriels, pendants par branches ou par racines au moment où finit l'usufruit, appartiennent au propriétaire ?

L'art. 585 n'est pas applicable ici. A la dissolution du mariage, les fruits des immeubles dotaux se partagent entre le mari et la femme ou leurs héritiers, à proportion du temps qu'il a duré pendant la dernière année (C. civ., 1571).

1669. La dernière année se compte-t-elle du 1er janvier ?

L'année commence à partir du jour où le mariage a été célébré (C. civ., 1571).

1670. Le mari a-t-il également des droits proportionnels sur les fruits qui ne se récoltent pas tous les ans, comme les coupes de bois taillis, la pêche des étangs ?

Plusieurs auteurs pensent que le mari a droit à ces fruits en proportion du temps écoulé depuis la dernière récolte (Proudhon, t. 5. n° 2735 ; Odier, t. 3, n° 1107). M. Troplong, au contraire, n° 3675, estime que le mari n'a rien à prétendre dans les coupes qui ne doivent pas se faire dans la dernière année du mariage.

1671. L'art. 1571 s'applique-t-il au cas où la dissolution du mariage a lieu par la séparation de biens ?

Oui. L'art. 1445, C. civ., qui fait remonter l'effet de la séparation de biens au jour de la demande, n'est pas un obstacle à cette solution (Troplong, n° 3678).

1672. La femme est-elle invariablement tenue de rapporter à la succession de son père la dot qu'elle en a reçue ?

Si le mari était déjà insolvable, et n'avait ni art, ni profession lorsque la dot a été constituée, la femme n'est tenue de rapporter à la succession de son père que l'action qu'elle a contre son mari pour s'en faire rembourser (C. civ.,1573).

1673. Mais si le mari n'est devenu insolvable que depuis le mariage, ou s'il avait un métier ou une profession qui lui tenait lieu de bien, que faut-il décider ?

Alors, la perte de la dot tombe uniquement sur la femme, et elle en doit le rapport (*Ibid.*).

1674. Quoique l'art. 1573 ne parle que de la dot constituée par le père, s'applique-t-il également à la dot constituée par la mère ?

Oui (Dur., t. 7, n° 418, et t. 15, n° 576; Vaz., *Succ.*, art. 850, n° 10; Zachariæ, § 320, note 48; Seriziat, n° 315.—*Contrà*, Bellot, t. 4, p. 282).

1675. Ce même article 1573 est-il applicable à la femme mariée sous le régime de la communauté ?

Il n'est applicable qu'à la femme mariée sous le régime dotal (Grenier, *Donat.*, t. 2, n° 529; Dur., t. 7, n° 420, et t. 15, n° 576; Zachariæ, § 540, note 50.—*Contrà*, Vaz., art. 850, n. 8).

SECTION IV.

DES BIENS PARAPHERNAUX.

1676. Quel est le caractère des biens de la femme qui ne sont pas dotaux ?

Tous les biens de la femme qui n'ont pas été constitués en dot sont paraphernaux (C. civ., 1574).

1677. A qui appartient l'administration et la jouissance des biens paraphernaux ?

A la femme (C. civ., 1576).

1678. A-t-elle besoin, pour cette administration, d'une autorisation du mari ?

La femme peut, sans autorisation de son mari ou de la justice, administrer ses biens paraphernaux, en toucher les revenus, recevoir même des capitaux, et donner mainlevée des inscriptions hypothécaires (Bellot, t. 4, p. 400; Benoît, n° 20; Troplong, n° 3692; Grenoble, 19 avril 1842; D. P., 43, 2, 149).

1679. Peut-elle également, sans autorisation, faire des baux de ses immeubles paraphernaux ?

Oui, pourvu qu'ils n'excèdent pas le terme ordinairement fixé aux administrateurs (Bellot, *ibid.;* Benoît, n° 23).

1680. Peut-elle aussi aliéner ces mêmes biens sans autorisation ?

La femme ne peut aliéner ses biens paraphernaux, ni paraître en jugement à raison de ces biens, sans l'autorisation du mari, ou, à son refus, sans la permission de la justice (C. civ., 1576).

1681. La femme qui aliène ses biens paraphernaux est-elle obligée d'en faire remploi ?

Si le contrat de mariage s'explique à cet égard, il faut suivre ses prescriptions; mais s'il est muet, la femme n'est pas tenue de faire remploi, et ses acquéreurs ne peuvent l'y obliger.

1682. Le mari est-il garant du remploi du prix des paraphernaux dont il a permis l'aliénation ?

Oui, comme il le serait en cas de séparation de biens ; l'art. 1150, C. civ., est ici applicable (Bellot, t. 4, p. 301 ; Roll., v° *Paraphernaux*, n° 37 ; Troplong, n° 3160 et 3703 ; Besançon, 17 fév. 1811 ; S. 11, 2, 356 ; Limoges, 22 juin 1828 ; D. P., 29,2,67 ; Bordeaux, 11 mai 1833).

1683. Est-il permis à la femme de stipuler, par son contrat de mariage, qu'elle ne contribuera pas aux charges du mariage?

Rien ne s'y oppose, sauf toutefois l'obligation où elle se trouverait de contribuer aux nécessités du ménage, en exécution de l'art. 203 du Code civil, si les revenus du mari étaient devenus insuffisants (Troplong, n° 3698).

1684. Lorsque la femme a des biens dotaux et des biens paraphernaux, est-elle obligée de contribuer, pour le tiers du revenu de ces derniers biens, aux charges du ménage?

Dans ce cas les biens paraphernaux ne contribuent pas. L'art. 1575 du Code civil n'est applicable de droit qu'au cas où tous les biens sont paraphernaux (Troplong, n° 3699).

1685. Si la femme donne sa procuration au mari pour administrer ses biens paraphernaux, est-il tenu de lui en rendre compte comme tout mandataire ?

Oui, si cette obligation lui est imposée par la procuration ; mais si le mandat se tait à cet égard, ou si le mari a joui des biens paraphernaux de la femme, sans mandat, et néanmoins sans opposition de sa part, il n'est point comptable des fruits qui ont été consommés ; il est tenu seulement à la dissolution du mariage ou à la première demande de la femme, à la représentation des fruits existants (C. civ., 1577 et 1578 ; Toull., t. 14, p. 435 ; Troplong, n° 3707).

1686. Dans le cas où le mari a joui des biens paraphernaux, malgré l'opposition constatée de la femme, est-il tenu à une plus grande responsabilité?

Il est alors comptable de tous les fruits, tant existants que consommés (C. civ., 1579).

1687. La femme a-t-elle besoin d'autorisation pour révoquer la procuration donnée à son mari?

Non (Benoît, n° 138 ; Caen, 15 juill. 1824).

1688. Peut-elle également révoquer la procuration, si elle a été donnée par le contrat de mariage ?

Non ; parce qu'alors elle fait partie des conventions matrimoniales, qui sont irrévocables (Troplong, n° 3712).

1689. La femme a-t-elle hypothèque légale sur les biens de son mari, à raison de ses créances ou reprises paraphernales?

Oui. Ce point est aujourd'hui constant (Troplong, n° 3716).

1690. En se soumettant au régime dotal, les époux peuvent-ils stipuler une communauté entre eux ?

Ils peuvent stipuler une société d'acquêts (C. civ., 1581).

1691. Quels sont les effets de cette société ?

Ils sont réglés par les dispositions de la loi relatives à la communauté réduite aux acquêts (*Ibid.*).

1692. La femme ou ses héritiers peuvent-ils renoncer à la société d'acquêts ?

Oui, comme à la communauté.

TITRE V.

DE LA VENTE.

CHAPITRE PREMIER.

DE LA NATURE ET DE LA FORME DE LA VENTE.

1693. La vente, même d'un immeuble, peut-elle être faite verbalement ?

La loi n'impose pas l'obligation de formuler la vente en un contrat. Les parties peuvent se contenter d'une vente verbale ; et s'il n'y a pas de doute sur le consentement réciproque, la vente est parfaite, quoique non écrite. L'écriture n'est requise que pour la preuve. Autre chose est le contrat, autre chose l'instrument de ce contrat (Troplong, n° 19 ; Duranton, t. 16, n° 31).

1694. La vente doit-elle être faite par acte authentique ?

Elle peut être faite aussi bien par acte sous seing privé que par acte authentique (C. civ., 1582).

1695. Peut-elle avoir lieu par simples lettres missives ?

Oui, car l'écriture n'est pas même nécessaire pour la perfection de la vente (Merlin, *Rép.*, v° *Vente*, § 1", n°s 6, 7 et 11, 164 et s. ; Duvergier t. 1er ; Troplong, t. 1er, n° 21).

1696. Mais cette correspondance qui constate la volonté des parties, qui en est la preuve, le titre, ne peut pas être valable comme acte sous seing privé, puisqu'elle n'est pas faite en double comme le veut l'art. 1325 du Code civil ?

L'art. 1325 doit être renfermé dans son texte littéral. Or, quand il parle d'*actes sous seings privés*, contenant des conventions bilatérales, il n'a évidemment en vue que les actes en forme, destinés à être signés par les deux parties. Il ne se réfère nullement à la correspondance, aux lettres missives, qui ne sont pas des actes en forme (Merlin, *Rép.*, t. 16, vᵒ *Double écrit*; Troplong, nᵒ 21; Cass., 14 frimaire an 11).

1697. Ne faut-il pas au moins qu'il y ait échange de lettres; la demande et la réponse?

Sans aucun doute; toute proposition a besoin d'être acceptée et le contrat ne devient parfait que par la connaissance de cette acceptation donnée à celui qui a fait l'offre ou la demande.

1698. Lorsque, dans une vente sous seing privé, il est dit qu'il en sera passé acte devant notaire, la vente n'est-elle parfaite que du moment où elle a été réalisée devant notaire?

Ce n'est pas là une condition suspensive, et la vente est parfaite du jour de la convention, à moins qu'une volonté contraire ne résulte formellement du contrat.

1699. Mais, s'il est stipulé qu'il sera passé acte authentique dans un certain délai, la vente est-elle nulle, si l'acte authentique n'a pas été dressé dans le délai fixé?

La vente n'est pas résolue par l'expiration de ce délai; elle subsiste dans toute sa force; le vendeur a seulement action contre l'acquéreur pour le contraindre à la réalisation de l'acte authentique, ou demander la résolution de la vente.

1700. La vente sous seing privé, non faite double, et que l'article 1325 du Code civil déclare nulle pour défaut d'accomplissement de cette formalité, peut-elle servir de commencement de preuve par écrit?

Les opinions sont divisées, mais l'affirmative paraît mieux fondée en droit et en équité (Merlin, *Rép.*, t. 16, vᵒ *Double écrit*; Toullier, t. 9, nᵒ 83, t. 8, nᵒˢ 322 et 323; Delvincourt, t. 2, p. 616, note; Troplong, nᵒ 33).

1701. Dans le cas de concours entre deux ventes successives, l'une sous seing privé, n'ayant pas date certaine, et l'autre authentique, à laquelle des deux doit-on donner la préférence?

A la vente authentique; en ce cas, le second acquéreur ne peut être considéré comme l'ayant cause du vendeur (Merlin, *Quest.*, vᵒ *Tiers*, § 2; Du caurroy, *Thémis*, t. 3, p. 49 et s. et t. 5, p. 6; Dur., t. 13, nᵒ 132 et t. 16, nᵒ 20; Grenier, *Hyp.*, nᵒ 354; Duvergier, t. 1ᵉʳ, nᵒˢ 34 et s.; Troplong, t. 2, nᵒˢ 350 et s.; Bugnet, *Encycl. du droit*, vᵒ *Ayant cause*. Toullier est presque le seul qui soutienne le contraire. t. 8, nᵒ 245 et t. 10, Add., p. 576 et s.).

1702. La tradition est-elle au moins nécessaire pour la vente d'un immeuble?

La propriété est acquise de plein droit à l'acheteur, à l'égard du vendeur, dès qu'on est convenu de la chose et du prix, quoique la chose n'ait pas encore été livrée, ni le prix payé (C. civ., 1583).

1703. Entre deux acquéreurs successifs d'un immeuble,

celui qui a été mis en possession a-t-il un droit de préférence, quoiqu'il ait acheté le second?

C'est toujours le premier acquéreur qui est propriétaire et qui doit être préféré.

1704. Ce principe s'appliquerait-il à une vente de meubles?

En fait de meubles la possession vaut titre, et le premier acquéreur ne pourrait les revendiquer contre un second acquéreur auquel ils auraient été livrés (C. civ., 1141).

1705. La vente peut-elle être conditionnelle?

La vente peut être faite purement et simplement, ou sous une condition, soit suspensive, soit résolutoire (C. civ., 1584).

1706. La condition suspensive peut-elle dépendre de la seule volonté de l'une des parties?

La condition potestative est nulle et entraînerait la nullité de la vente (C. civ., 1170 et 1174).

1707. Quel est l'effet de la condition suspensive?

C'est d'empêcher le transport de la propriété jusqu'à l'événement de la condition. Le vendeur reste maître de la chose; elle est à ses risques et périls, et il peut la vendre à un autre, sauf la résolution, si la condition vient à s'accomplir (C. civ., 1181, 1182).

1708. En est-il de même de la condition résolutoire?

L'effet de la condition résolutoire n'est pas de suspendre la vente; le contrat est pur et simple dans son principe; l'acquéreur est propriétaire, il peut aliéner, hypothéquer; mais si la résolution a lieu, elle a un effet rétroactif, et toutes les aliénations faites par l'acquéreur s'évanouissent (C. civ., 1183).

1709. La condition résolutoire pour le cas où l'une des parties ne satisfera point à son engagement, par exemple pour le cas où l'acquéreur ne paiera point son prix, a-t-elle besoin d'être stipulée dans une vente?

Cette condition est toujours sous-entendue, sans qu'il soit besoin d'aucune stipulation (C. civ., 1184, 1654).

1710. La vente peut-elle être subordonnée à la condition que, dans un délai fixé, il ne se présentera pas un nouvel acheteur, offrant un prix supérieur?

Une semblable condition est valable (Troplong, t. 1er, n° 78; Duvergier, t. 1er, n° 77).

1711. Quel est le caractère particulier de la vente faite avec faculté par l'acquéreur de déclarer command?

C'est une vente faite sous une condition résolutoire qui se réalise par la déclaration de command, et par l'acceptation de la personne au profit de qui elle est faite.

1712. La faculté d'élire command est-elle de droit dans toutes les ventes?

Cette faculté est une exception aux règles ordinaires du droit; elle doit être réservée dans le contrat; à défaut de quoi elle produirait vis-à-vis du fisc et des tiers tous les effets d'une revente.

1713. Dans quel délai la déclaration de command doit-elle être faite?

En ce qui concerne la perception des droits d'enregistrement, la déclaration de command doit être faite, acceptée et notifiée dans les 24 heures (Loi du 22 frimaire an 7, art. 68, § 1er, n° 24).

1714. Les parties peuvent-elles stipuler un délai différent?

Entre parties, ce délai peut varier; il peut être de six mois, d'un an, etc. (Toullier, t. 8, n° 174; Troplong, n° 69).

1715. Vous supposez donc qu'une déclaration de command ainsi faite, après six mois ou un an, pourrait être opposée aux créanciers de l'acquéreur primitif?

Sans aucun doute, sauf les cas de fraude qui sont toujours exceptés. En effet, du moment que la vente est affectée d'une condition résolutoire, les créanciers sont bien obligés d'en subir les conséquences, puisqu'ils ne peuvent pas avoir plus de droits que leur débiteur lui-même.

1716. Quel est l'effet de la déclaration de command acceptée?

C'est la réalisation de la condition résolutoire qui efface l'intervention du commandé et subroge dans tous ses droits l'individu au profit de qui l'élection est faite; de telle sorte que les créanciers de l'acquéreur ne conservent aucun droit sur l'héritage vendu.

1717. Sur la tête de qui repose donc la propriété, tant que la déclaration de command n'est pas faite?

Sur la tête de l'acquéreur primitif, qui, dans le temps qui s'écoule entre la vente et la déclaration de command, peut faire des actes de jouissance ou même de propriété, sans être considéré comme acquéreur définitif (Merlin, *Rép.*, v° *Vente*, p. 523; Troplong, n° 74).

1718. La déclaration de command peut-elle contenir des changements dans les conditions de l'achat, sans perdre son caractère résolutoire?

La déclaration de command doit être pure et simple, et si elle renfermait un prix différent, des conditions autres que celles portées au contrat d'acquisition, elle constituerait une véritable revente (Troplong, n° 72).

1719. L'acquéreur pourrait-il néanmoins nommer plusieurs commands au lieu d'un seul?

Il peut, sans inconvénient, distribuer entre chacun d'eux le prix et les parts de la chose. Ce n'est toujours qu'une seule vente (Troplong, n° 73).

1720. Après que la déclaration de command a été acceptée, l'acquéreur primitif est-il encore personnellement obligé à l'exécution du contrat ?

L'acquéreur est totalement délié par la déclaration de command, puisque, d'après les termes mêmes de la loi des 15 septembre-16 octobre 1791, la personne déclarée est subrogée de plein droit à l'acquéreur qui a fait l'élection d'ami. L'acquéreur fait ici l'office d'un mandataire, quoiqu'il en diffère sous plusieurs rapports.

1721. Une simple promesse de vente peut-elle produire quelque effet ?

La promesse de vente vaut vente, lorsqu'il y a consentement réciproque des deux parties sur la chose et sur le prix (C. civ., 1589).

1722. L'art. 1589 semble impliquer l'idée d'un engagement réciproque ; en résulte-t-il que la promesse de vente unilatérale soit nulle, si celui au profit de qui elle est faite ne s'oblige pas à devenir acquéreur ?

Non. La promesse de vendre unilatérale oblige son auteur à l'exécuter si l'autre partie l'exige. C'était la doctrine de Pothier, n° 479 ; elle est suivie par MM. Troplong, n° 116 ; Duvergier, n° 122 et Duranton, t. 16, n° 49.

1723. Mais si le vendeur refuse de tenir sa promesse quel sera le droit de l'acquéreur ?

Il peut obtenir un jugement déclarant et opérant la transmission de propriété aux conditions stipulées dans la promesse (*Ibid*).

1724. Celui à qui la promesse de vente d'un immeuble a été faite sans réciprocité a-t-il une action contre le tiers auquel le promettant aurait vendu l'immeuble avant que la promesse eût produit son effet ?

Non ; il aurait seulement une action en dommages-intérêts contre le promettant (Toull., t. 9, p. 163).

1725. Lorsqu'une promesse de vente est réciproque ou qu'elle a été acceptée par l'acquéreur, a-t-elle l'effet d'une vente parfaite ?

Elle n'opère pas le transport actuel de la propriété, avant sa réalisation par un contrat. à moins que les parties n'aient entendu vendre *dès à présent* et n'ajourner que la réalisation du contrat (Toullier, *loc. cit.* ; Troplong, n°° 125 et suiv.),

1726. Si la promesse a été faite sans fixation d'un délai durant lequel elle pourra être acceptée, le promettant est-il obligé d'attendre indéfiniment le bon plaisir de l'autre partie ?

Le promettant peut obtenir une sentence portant que l'autre partie déclarera dans un certain délai, si elle entend acheter ; faute de quoi la promesse sera considérée comme non avenue (Pothier, Duvergier, n° 127 ; Roll., v°. *Promesse de vente*, n° 14).

M. Troplong, n° 117, pense même qu'il suffit d'une sommation portant que si celui à qui la promesse a été faite, ne se décide pas à en profiter dans un tel délai, le promettant sera dégagé.

1727. La promesse d'acheter est-elle obligatoire?

Elle produit les mêmes effets que la promesse de vendre.

1728. Le prix de la vente doit-il être déterminé et désigné par les parties?

En général, oui; il peut cependant être laissé à l'arbitrage d'un tiers; et si le tiers ne veut ou ne peut faire l'estimation, il n'y a point de vente (C. civ., 1592).

1279. Une vente moyennant une rente viagère inférieure aux revenus des biens vendus est-elle valable?

Cette question divise les auteurs, comme la jurisprudence; mais le plus grand nombre est pour la nullité de la vente, comme faite à vil prix. M. Troplong, n° 150, est d'un avis contraire, il n'accorde que l'action en rescision.

1730. A la charge de qui sont les frais de la vente?

A la charge de l'acheteur (C. civ., 1593).

1731. Que faut-il entendre par les frais d'actes et autres accessoires de la vente que l'art. 1593 met à la charge de l'acheteur?

Ce sont les frais de timbre, les droits d'enregistrement, les honoraires du notaire et même le coût d'une grosse pour le vendeur. Il faut encore ajouter les frais qui sont la suite de la vente, tels que ceux de transcription et de purge légale et ceux de quittances (C. civ., 1248).

1732. N'y a-t-il pas quelques frais qui retombent à la charge du vendeur?

Les frais occasionnés par l'existence des inscriptions, ceux de notification aux créanciers inscrits, et les frais de mainlevée et de radiation de ces inscriptions, sont à la charge du vendeur.

1733. Puisque l'art. 1593 met les frais de la vente à la charge de l'acquéreur, le notaire n'a sans doute aucune action contre le vendeur pour le paiement de ses frais?

Le notaire étant considéré comme le mandataire des deux parties, a son recours contre le vendeur, aussi bien que contre l'acquéreur (Duranton, t. 16, n° 122; Duvergier, t. 1er n°s 171 et 172; Cass., 20 mai 1829; D. P., 29, 1, 247).

CHAPITRE II.

QUI PEUT ACHETER OU VENDRE.

1734. Qui peut acheter ou vendre?

Tous ceux auxquels la loi ne l'interdit pas (C. civ., 1594).

15

1735. Les mineurs peuvent-ils acheter?

Ils ne peuvent ni acheter, ni vendre, puisqu'ils sont incapables de contracter (C. civ., 1124).

1736. Le mineur émancipé peut-il vendre ses immeubles avec l'assistance de son curateur?

Il ne peut aliéner ses immeubles sans observer les formes prescrites au mineur non émancipé (C. civ., 484).

1737. A-t-il du moins le droit d'acheter?

Il a bien, en principe, le droit d'acheter, mais ce droit ne s'étend pas aux immeubles, parce qu'il excéderait les bornes d'une simple administration (C. civ., 484; Troplong, n° 187).

1738. Un père peut-il vendre à l'un de ses enfants?

Un père peut vendre à son fils comme à un étranger; seulement, une telle vente est plus facilement soupçonnée frauduleuse; mais, pour qu'elle soit annulée, il faut prouver la fraude.

1739. La vente peut-elle avoir lieu entre époux?

Oui, mais seulement dans les trois cas suivants:

1° Celui où l'un des deux époux cède des biens à l'autre, séparé judiciairement d'avec lui, en paiement de ses droits;

2° Celui où la cession que le mari fait à sa femme, même non séparée, a une cause légitime; telle que le remploi de ses immeubles aliénés, ou de deniers à elle appartenant, si ces immeubles ou deniers ne tombent pas en communauté;

3° Celui où la femme cède des biens à son mari, en paiement d'une somme qu'elle lui aurait promise en dot, et lorsqu'il y a exclusion de communauté (C. civ., 1595).

1740. Les termes de l'art. 1595, n° 2, sont-ils limitatifs?

Ils sont simplement énonciatifs, et les ventes par un mari à son épouse sont valables, toutes les fois qu'elles ont une cause légitime dont l'appréciation est laissée au pouvoir discrétionnaire des tribunaux (Troplong, t. 1°°, n° 180; Dur., t. 16, n° 149; Duvergier, t. 1°°, n° 179; Cass., 23 août 1825; D. P., 26, 1, 41; Bordeaux, 1°° déc. 1829; D. P., 33, 2, 140).

1741. La vente consentie par un mari à sa femme, même non séparée, pour le remboursement de ses biens paraphernaux est-elle valable?

Une telle vente est valable, comme ayant une cause légitime, encore que le mari ne fût pas obligé au remploi (Duvergier, t. 1°°, n° 180; Bordeaux, 1°° déc. 1829; D. P., 33, 2, 140).

1742. En est-il de même, si la vente est faite à une femme mariée sous le régime dotal et non séparée de biens, en paiement de sa dot?

Nous pensons que oui, malgré l'opinion contraire de M. Troplong, n° 180, et plusieurs arrêts qui ont décidé dans le même sens. Il y a là une cause légitime qui suffit pour valider la vente. Quoique le mari soit maître et seigneur de la dot, il n'en est pas le propriétaire; il devra un jour la restituer. Il peut donc bien légitimement assurer cette restitution par une vente; si la dette n'est pas encore exigible, elle n'en existe pas moins (Duvergier, t. 1er, n° 217; Roll., v° *Vente entre époux*, n° 11).

1743. La vente par le mari à sa femme peut-elle comprendre des biens de la communauté?

Sans doute, le mari ayant le droit absolu d'aliéner les biens de la communauté, doit pouvoir les vendre à sa femme aussi bien qu'à un tiers (Toull., t. 12, n° 366).

1744. Des meubles peuvent-ils, aussi bien que des immeubles, être vendus par le mari à sa femme?

Oui, et cette vente a pour effet de transférer à la femme la propriété *in specie* des meubles à elle cédés, de sorte qu'ils ne peuvent plus être saisis par les créanciers personnels du mari (Cass., 9 mars 1837; D. P., 37,1,273; Paris, 27 mai 1839).

1745. La femme peut-elle également vendre à son mari, lorsqu'elle est débitrice envers lui?

D'après l'art. 1595 du Code civil, cette vente ne peut avoir lieu que lorsqu'il y a séparation judiciaire entre les époux, ou tout au moins exclusion de communauté.

1746. Les ventes entre époux qui ne rentrent pas dans les trois cas d'exception de l'art. 1595, si elles sont nulles, doivent-elles valoir comme donations déguisées?

Il n'est pas possible de décider cette question d'une manière absolue en principe; la solution dépend des circonstances, de l'intention présumée et de la bonne foi des parties, toutes choses qui sont laissées à l'appréciation des tribunaux (Troplong, n° 185).

1747. Un époux peut-il se rendre adjudicataire de biens expropriés sur son conjoint?

Il le peut; car ce n'est pas alors une vente entre époux; ce sont les créanciers saisissants qui sont vendeurs, plutôt que le saisi (Troplong, t. 1er, n° 178, note 5).

1748. Quelles sont les personnes qui ne peuvent se rendre adjudicataires, ni par elles-mêmes, ni par personnes interposées?

Ce sont les tuteurs, pour les biens de ceux dont ils ont la tutelle;

Les mandataires, pour les biens qu'ils sont chargés de vendre;

Les administrateurs, pour ceux des communes ou des établissements publics confiés à leurs soins;

Les officiers publics, pour les biens nationaux dont les ventes se font par leur ministère (C. civ., 1596).

1749. L'incapacité du tuteur s'étend-elle au cas où les biens de son pupille sont vendus en justice?

Oui, même au cas où la vente est poursuivie sur expropriation forcée; les art. 450 et 1596, C. civ., sont absolus et n'admettent aucune distinction (Troplong, n° 187; Carré, n° 2392; Duvergier, t. 1er, n° 187).

15

1750. Mais s'il s'agit de biens indivis entre le tuteur et son pupille, et dont la vente ait lieu sur licitation, le tuteur peut-il s'en rendre adjudicataire ?

Le tuteur rentre alors dans le droit commun, avec d'autant plus de raison que, dans la procédure de licitation, il ne peut plus agir au nom du pupille, qui est représenté par le subrogé tuteur (C. civ., 420).

1751. Le subrogé tuteur peut-il se rendre acquéreur des biens du mineur ?

Il est incapable comme le tuteur, puisqu'il doit être présent à la vente, pour défendre les intérêts du mineur (C. civ., 452, 459; C. pr., 962). Cependant, MM. Troplong, t. 1°, n° 187, et Delvincourt, t. 3, p. 126, pensent que le subrogé tuteur peut se rendre acquéreur, quand il s'agit de ventes *forcées*, parce qu'alors il n'a plus à intervenir et rentre dans le droit commun.

1752. Le curateur peut il se rendre adjudicataire des biens du mineur émancipé ?

Il ne le peut pas, par la raison que le mineur émancipé, pas plus que le mineur ordinaire, n'a capacité d'aliéner seul; que le curateur remplit à cet égard, vis-à-vis de lui, les fonctions de tuteur (Arg. de l'art. 484 du Code civil), et qu'il doit de plus assister le mineur pour la réception des prix de vente et surveiller l'emploi des fonds (art. 482 du Code civil), qu'ainsi, il y a ici une incompatibilité qui supplée au silence de l'art. 1596 (Troplong, n° 187).

1753. L'héritier bénéficiaire peut-il se rendre adjudicataire des biens de la succession ?

Oui ; soit qu'il poursuive lui-même la vente, soit qu'elle soit poursuivie par des créanciers, après saisie immobilière (Delvincourt, t. 2, p. 302; Vazeille, *Success.*, art. 806, n. 7; Duvergier, t. 1°, n° 190).

1754. Celui sur qui l'on poursuit la saisie d'un immeuble, peut-il s'en rendre adjudicataire ?

L'art. 713 du Code de Procédure civile le défend expressément.

1755. La femme du saisi pourrait-elle se rendre adjudicataire, ou bien doit-elle être considérée comme personne interposée ?

D'abord les incapacités étant de droit étroit, on ne doit pas étendre à la femme, une défense limitée à la personne du saisi; ensuite la femme peut être créancière de son mari, et avoir ainsi intérêt et qualité pour enchérir l'immeuble qui lui sert de gage (Troplong, n° 192).

1756. Toute personne peut-elle acquérir des droits et actions litigieux ?

Les juges, leurs suppléants, les magistrats remplissant les fonctions du ministère public, les greffiers, huissiers, avoués, avocats et notaires. ne peuvent devenir cessionnaires des procès, droits et actions litigieux, qui sont de la compétence du tribunal dans le ressort duquel ils exercent leurs fonctions, à peine de nullité et des dépens, dommages et intérêts (C. civ., 1597).

CHAPITRE III.

DES CHOSES QUI PEUVENT ÊTRE VENDUES.

1757. Les ventes de grains en vert et pendants par racines sont-elles permises ?

Ces sortes de ventes sont prohibées par la loi du 6 mess. an 3, qui est encore en vigueur (Toull., t. 6, n° 118; Troplong, t. 1ᵉʳ, n° 223; Duvergier, t. 1ᵉʳ, n° 233).

1758. On ne peut donc point faire de ventes de récoltes sur pied.

L'usage semble avoir prévalu contre la loi du 6 mess. an 3, et la loi du 5 juin 1851, ayant pour objet de décider par quels officiers publics cette espèce de vente devrait avoir lieu, a consacré l'usage.

1759. Peut-on vendre un brevet d'imprimeur et de libraire ?

Rien n'empêche qu'on ne traite avec un libraire ou un imprimeur en titre, pour qu'il donne sa démission : car l'exploitation d'un brevet d'imprimeur ou de libraire est bien plus une entreprise commerciale que l'exercice d'un office (Troplong, n° 221).

1760. Quoique la loi déclare nulle la vente de la chose d'autrui, ne peut-on pas vendre le bien d'une personne dont on se porte fort ?

Sans doute ; mais il faut remarquer que la propriété n'est pas transférée à l'acquéreur, tant que le propriétaire n'a pas ratifié ; il subsiste seulement une obligation de garantie de la part du vendeur, qui peut donner lieu à des dommages-intérêts contre lui.

1761. Celui qui a vendu la chose d'autrui, sans se porter fort, et se croyant propriétaire, est-il passible de dommages-intérêts envers l'acheteur, lorsqu'il a été de bonne foi ?

Oui, par la raison que nul n'est censé ignorer ses droits, et que le vendeur doit s'imputer les suites de son ignorance (Troplong, t. 1ᵉʳ, n° 231).

1762. Y a-t-il également lieu à dommages-intérêts si l'acheteur a su que la chose était à autrui ?

Non (C. civ., 1599).

1763. La vente de la chose d'autrui étant nulle, par qui peut être opposée la nullité ?

Par l'acquéreur et non par le vendeur, qui ne peut aller contre son propre fait (Troplong, n° 238).

1764. Pendant combien de temps l'acquéreur peut-il demander cette nullité ?

Son action à cet égard se prescrit par dix ans, conformément à l'art. 1304 du Code civil, qui est général. Une fois ce délai passé, il doit attendre son

éviction pour agir en garantie, conformément à l'art. 1630 du Code civil
(Troplong, n° 239).

1765. Les ventes consenties par l'héritier apparent sont-elles
valables ?

Oui, lorsque les deux parties sont de bonne foi. Les auteurs et la jurisprudence sont d'accord sur ce point, et décident également que ces ventes ne
peuvent être attaquées par l'héritier véritable.

1766. Qu'est-ce qu'un héritier apparent dans le sens légal ?

C'est celui qui, en qualité de successible, est en possession publique, paisible et notoire de l'hérédité, et l'administre aux yeux de tous.

1767. Ceci s'applique-t-il à un héritier testamentaire ?

Comme à un héritier du sang (Cass., 16 janv. 1813; D. P., 13, 1, 52; Aix,
23 déc. 1813; D. P., 44, 2, 167).

1768. Peut-on vendre la succession d'une personne vivante
lorsqu'elle y donne consentement ?

Cette vente est absolument nulle (C. civ., 791, 1130 et 1600).

1769. Si, au moment de la vente, la chose vendue était périe en totalité, quel serait le sort de la vente ?

Elle serait nulle (C. civ., 1601).

1770. Et si une partie seulement de la chose était périe ?

L'acquéreur aurait le choix d'abandonner la vente, ou de demander la
partie conservée, en faisant déterminer le prix par la ventilation (*Ibid.*).

CHAPITRE IV.
DES OBLIGATIONS DU VENDEUR.

SECTION Ire.
DISPOSITIONS GÉNÉRALES.

1771. Lorsque le contrat est obscur ou ambigu, en faveur de
qui doit-on l'interpréter ?

L'interprétation se fait en faveur de l'acheteur contre le vendeur (C. civ.,
1602).

1772. Quelles sont les principales obligations du vendeur ?

Il a deux obligations principales : celle de délivrer et celle de garantir la
chose qu'il vend (C. civ., 1603).

SECTION II.

DE LA DÉLIVRANCE.

1773. Comment s'opère la délivrance des immeubles?

Par la remise des clefs, s'il s'agit d'un bâtiment, ou par la remise des titres de propriété (C. civ., 1605).

1774. Quels titres le vendeur doit-il remettre à l'acquéreur?

Ceux qui sont en sa possession, il n'est pas tenu de procurer ceux qui lui manquent (Troplong, t. 1", n° 321). C'est à l'acquéreur à stipuler une condition à ce sujet.

1775. Mais si les titres sont communs à un autre immeuble conservé par le vendeur, peut-il les retenir?

Il peut les retenir, sauf à en aider l'acquéreur. Dans ce cas, le vendeur ne pourrait être tenu, sans convention, de fournir à l'acquéreur extraits ou expéditions de ses titres (Troplong, *eod.*).

1776. Si le vendeur n'est pas tenu de fournir à l'acquéreur les titres de propriété remontant à trente ans, est-il au moins obligé de justifier de l'existence de ces titres?

Non; à moins que l'acquéreur ne l'ait expressément stipulé, par la raison que la loi ne lui donne le droit de suspendre le paiement du prix, qu'autant qu'il a juste sujet de craindre d'être troublé par une action, soit hypothécaire, soit en revendication, et que c'est à lui de prouver ce danger.

1777. A quelle époque les titres de propriété doivent-ils être remis à l'acquéreur?

Lors de l'entrée en jouissance de l'acquéreur, à défaut de convention contraire, puisque la remise des titres est le signe de la délivrance, et que les titres sont un accessoire de l'immeuble qui doit être délivré avec lui.

1778. Comment s'opère la délivrance des effets mobiliers?

Par la tradition réelle, ou par la remise des clefs des bâtiments qui les contiennent, ou même par le seul consentement des parties, si le transport ne peut pas s'en faire au moment de la vente, ou si l'acheteur les avait déjà en sa possession à un autre titre (C. civ., 1606).

1779. Comment se fait la tradition des droits incorporels?

Par la remise des titres, ou par l'usage que l'acquéreur en fait, du consentement du vendeur (C. civ., 1607).

1780. Cela suffit-il pour saisir, vis-à-vis des tiers, le cessionnaire d'une créance?

Le cessionnaire d'une créance n'est saisi, à l'égard des tiers, que par la signification du transport faite au débiteur, ou par l'acceptation de celui-ci dans un acte authentique (C. civ., 1690).

1781. Si la vente d'un immeuble a été faite avec indication

de la contenance à raison de tant la mesure, à quoi est obligé
le vendeur?

Il est obligé de délivrer à l'acquéreur, s'il l'exige, la quantité indiquée au
contrat; et si la chose ne lui est pas possible, le vendeur est obligé de souffrir une diminution proportionnelle du prix (C. civ., 1617).

1782. Si, au contraire, dans le même cas, il se trouve une
contenance plus grande que celle exprimée au contrat, quel est
le droit de l'acquéreur?

Il a le choix de fournir le supplément du prix, ou de se désister du contrat, si l'excédant est d'un vingtième au-dessus de la contenance déclarée (C.
civ., 1618).

1783. A la charge de qui sont les frais de mesurage, à défaut
de convention?

A la charge du vendeur (Troplong, n° 334).

1784. Dans le cas où la vente n'est pas faite à tant la mesure, en quoi consiste la garantie de contenance?

L'expression de la mesure ne donne lieu à aucun supplément de prix en
faveur du vendeur, pour l'excédant de mesure, ni en faveur de l'acquéreur,
à aucune diminution de prix, pour moindre mesure, qu'autant que la différence de la mesure réelle à celle exprimée au contrat, est d'un vingtième en
plus ou en moins, eu égard à la valeur de la totalité des objets vendus, s'il
n'y a stipulation contraire (C. civ., 1619).

1785. Les mots *ou environ*, ajoutés à l'énonciation de la contenance, ont-ils pour effet de dégager les parties de l'obligation résultant de l'art. 1619?

Non; il faudrait pour cela une stipulation expresse (Troplong, n° 340; Duvergier, n° 305).

1786. Quel est l'effet de la clause, *sans garantie de la contenance exprimée?*

C'est de décharger le vendeur de la garantie de contenance, lors même
que la différence est de plus d'un vingtième (*Ibid.*, Cass., 18 nov. 1828; D.P.,
29, 1, 18).

1787. Comment doit-on calculer le vingtième, dont la différence en plus ou en moins donne lieu à l'action en supplément ou en diminution de prix?

On prend le vingtième en *valeur*, d'après le prix, et non le vingtième en
étendue (Troplong, t. 1er, n° 343; Duvergier, t. 1er, n° 292; Dur., t. 16,
n° 231).

1788. S'il a été vendu deux fonds par le même contrat, pour
un seul et même prix, avec désignation de la mesure de cha-

cun, et qu'il se trouve moins de contenance en l'un et plus en l'autre, y a-t-il lieu à compensation ?

La compensation s'opère jusqu'à due concurrence (C. civ., 1623).

1789. Dans le cas où, suivant l'article 1619, il y a lieu à augmentation de prix, pour excédant de mesure, l'acquéreur est-il forcé d'exécuter le marché ?

Il a le choix de se désister du contrat ou de fournir le supplément de prix, et ce, avec les intérêts, s'il garde l'immeuble (C. civ., 1620).

1790. Quand l'acquéreur se désiste du contrat, à la charge de qui retombent les frais de ce contrat ?

A la charge du vendeur (C. civ., 1621).

1791. Dans quel délai doivent être intentées l'action en supplément de prix de la part du vendeur, et celle en diminution de prix ou résiliation du contrat de la part de l'acquéreur ?

Dans l'année, à compter du jour du contrat, à peine de déchéance (C. civ., 1622).

SECTION III.

DE LA GARANTIE.

1792. Quelle est la garantie que le vendeur doit à l'acheteur ?

Cette garantie a deux objets : le premier est la possession paisible de la chose vendue ; le second, les défauts cachés de cette chose, ou les vices rédhibitoires (C. civ., 1625).

1793. Est-il nécessaire que cette garantie soit stipulée dans le contrat ?

Elle est de droit, et quoiqu'il n'ait été fait aucune stipulation sur la garantie, le vendeur n'est pas moins obligé à garantir l'acquéreur de l'éviction qu'il souffre dans la totalité ou partie de l'objet vendu, ou des charges prétendues sur cet objet, et non déclarées lors de la vente (C. civ., 1626).

1794. Pourrait-on convenir que le vendeur ne sera soumis à aucune garantie ?

Cette convention est licite ; mais alors, le vendeur demeure néanmoins tenu de la garantie qui résulte d'un fait qui lui est personnel ; toute convention contraire serait nulle (C. civ., 1628).

1795. La convention de non-garantie serait-elle nulle si elle s'appliquait à un fait personnel au vendeur, antérieur au contrat, et qui y serait déclaré ?

Cette stipulation est licite ; elle n'a rien de contraire aux bonnes mœurs. Le fait étant déclaré, il n'y a pas de dol, de tromperie que la morale réprouve ; et l'acquéreur est libre de renoncer à un dédommagement pour une cause qu'il a connue et appréciée à l'avance.

1796. Dans le cas de stipulation de non-garantie, l'acquéreur, s'il est évincé, n'a-t-il aucun recours contre le vendeur ?

Le vendeur, en ce cas, est tenu à la restitution du prix, à moins que l'acquéreur n'ait connu, lors de la vente, le danger de l'éviction, ou qu'il n'ait acheté à ses périls et risques (C. civ., 1629).

1797. La surenchère donne-t-elle ouverture à la garantie de droit ?

Oui, puisque c'est une éviction procédant d'une cause antérieure à la vente (Troplong, t. 1ᵉʳ, n° 426; Duvergier, t. 1ᵉʳ, n° 321; Dur., t. 16, n° 260; Cass., 8 mai 1807).

1798. Cette garantie a-t-elle également lieu si le vendeur a déclaré les hypothèques grevant l'immeuble vendu ?

Non; par la raison que l'acquéreur a connu, lors de la vente, le danger de l'éviction (Troplong, t. 1ᵉʳ, n° 418 et 477; Duvergier, t. 1ᵉʳ, n° 319).

1799. L'acquéreur évincé par l'effet de la prescription commencée avant la vente, mais accomplie depuis, a-t-il un recours contre son vendeur ?

Non; parce qu'une prescription commencée ne confère encore aucun droit, et que c'était à l'acquéreur de veiller à ce qu'elle ne s'accomplît pas (Troplong, t. 1ᵉʳ, n° 425; Duvergier, t. 1ᵉʳ, n° 314).

1800. L'adjudicataire sur expropriation forcée a-t-il, au cas d'éviction, un recours en garantie, et contre qui ?

Le recours en garantie est certain; mais on n'est pas d'accord sur la manière de l'exercer. Les uns accordent ce recours à la fois contre le débiteur saisi, contre le créancier poursuivant, et contre les créanciers colloqués.

D'autres limitent le recours à une action en répétition contre ce dernier (Troplong, t. 1ᵉʳ, n°ˢ 432 et 498).

1801. Si l'acquéreur n'est évincé que d'une partie de la chose vendue, ne peut-il faire résilier la vente ?

Il le peut, si la partie dont il est évincé est de telle conséquence, relativement au tout, qu'il n'eût point acheté sans elle (C. civ., 1636).

1802. Les servitudes non déclarées peuvent-elles être une cause de résiliation ?

Si l'héritage vendu se trouve grevé, sans qu'il en ait été fait de déclaration, de servitudes *non apparentes*, et qu'elles soient de telle importance, qu'il y a lieu de présumer que l'acquéreur n'aurait pas acheté, s'il en eût été instruit, il peut demander la résiliation du contrat, si mieux il n'aime se contenter d'une indemnité (C. civ., 1638).

1803. La clause habituelle par laquelle l'acquéreur est tenu de supporter toutes les servitudes apparentes ou occultes, sauf à lui de s'en défendre à ses risques et périls, sans recours contre le vendeur, suffit-elle pour en décharger ce dernier dans tous les cas?

Cette clause n'aboutit qu'à une stipulation générale de non-garantie qui affranchit le vendeur, s'il est de bonne foi et ignorant la servitude; mais qui laisse subsister l'action *quanti minoris*, c'est-à-dire en diminution du prix, et même une action en dommages et intérêts, s'il a dissimulé une servitude dont il avait connaissance.

1804. Si l'acquéreur avait connaissance de la servitude, lors de la vente, aurait-il un recours contre le vendeur?

Non; lors même que cette servitude n'aurait pas été déclarée dans le contrat (Cass., 20 juin 1813; D. P., 13,1,352).

1805. Quel effet produit la déclaration, par le vendeur, que l'immeuble est franc et exempt de toute servitude?

Le vendeur est alors tenu des dommages-intérêts, soit qu'il ait connu, soit qu'il ait ignoré la servitude.

1806. L'acquéreur menacé d'éviction est-il tenu d'appeler en cause son vendeur?

La garantie pour cause d'éviction cesse, lorsque l'acquéreur s'est laissé condamner par un jugement en dernier ressort, ou dont l'appel n'est plus recevable, sans appeler son vendeur, si celui-ci prouve qu'il existait des moyens suffisants pour faire rejeter la demande (C. civ., 1610).

1807. La garantie pour cause de servitude non déclarée a-t-elle lieu dans les ventes judiciaires?

Non, s'il s'agit d'une vente *forcée*; mais elle est applicable aux ventes publiques *non forcées*, faites devant le tribunal, ou devant un notaire (C. civ., 1649; Troplong, n° 585).

CHAPITRE V.

DES OBLIGATIONS DE L'ACHETEUR.

1808. Quelle est la principale obligation de l'acheteur?

C'est de payer le prix aux jour et lieu indiqués par la vente (C. civ., 1650).

1809. En quel lieu doit se faire le paiement du prix?

Si le contrat ne fixe rien à cet égard, et si la vente n'est pas faite au comptant, le paiement doit se faire au domicile de l'acheteur (C. civ., 1247; Toullier, t. 7, n° 90; Troplong, n° 591).

1810. Le prix de la vente produit-il de plein droit des intérêts?

Les intérêts ne courent de plein droit, sans stipulation, que dans le cas où la chose vendue produit des fruits ou autres revenus (C. civ., 1652).

1811. La clause d'un contrat de vente par laquelle l'acquéreur est dispensé de payer les intérêts de son prix, jusqu'à l'exigibilité du capital est-elle opposable aux créanciers inscrits?

Oui, si cette dispense est entrée en considération pour la fixation du prix, et si elle ne cache pas une dissimulation du prix (Cass., 17 fév. 1820; Bordeaux, 26 juillet 1831, et 19 juin 1835; D. p., 31,2,222, et 35,2, 138; Cass., 24 mars 1841; D. p., 41,1, 209).

1812. Si l'acheteur est troublé, ou a juste sujet de craindre d'être troublé par une action, soit hypothécaire, soit en revendication, peut-il suspendre le paiement de son prix?

Il le peut, jusqu'à ce que le vendeur ait fait cesser le trouble, si mieux n'aime celui-ci donner caution (C. civ., 1653).

1813. Résulte-t-il de là que l'acquéreur qui veut purger les hypothèques est obligé, malgré l'existence d'inscriptions, de verser son prix au vendeur, pourvu que celui-ci fournisse caution?

En ce cas, l'acquéreur peut refuser la caution, et conserver son prix pour être distribué aux créanciers hypothécaires (Troplong, t. 2, n° 619; Duvergier, t. 1er, n° 428).

1814. La juste crainte d'éviction autorise-t-elle l'acquéreur à se refuser au paiement des intérêts de son prix?

Non (Troplong, t. 2, n° 611; Duvergier, t. 1er, n° 422).

1815. Peut-on valablement stipuler que l'acquéreur paiera son prix nonobstant l'existence d'inscriptions grevant le bien vendu?

Une semblable stipulation est valable, et s'il y a convention expresse, l'acquéreur ne peut se refuser au paiement de son prix (C. civ., 1653).

1816. En serait-il de même si la vente avait été faite à *charge des hypothèques existantes?*

Dans ce cas l'acquéreur serait tenu de payer, mais aux créanciers inscrits (Troplong, n° 610).

1817. L'acheteur menacé de trouble peut-il demander la résolution de la vente au lieu de se contenter de retenir le prix par devers lui?

L'art. 1653 n'enlève pas à l'acheteur le droit de demander la nullité de la vente (Troplong, n° 613).

1818. L'acheteur qui, ayant payé son prix, se trouve en péril d'éviction, peut-il forcer le vendeur à le lui restituer?

Non. Tant que l'acheteur, qui a payé, n'est pas dépouillé par un fait d'éviction consommé, toute son action se borne à forcer son vendeur à prendre son fait et cause. Il y a une grande différence entre le droit de rétention et le droit de répétition (Troplong, n° 614).

1819. Quels sont les droits du vendeur dans le cas où l'acquéreur ne paie pas son prix?

Il peut poursuivre par voie de saisie, ou demander la résolution de la vente (C. civ., 1654).

1820. L'action résolutoire a-t-elle lieu pour les ventes de meubles?

Oui, comme pour les ventes d'immeubles (Troplong, *Vente*, t. 2, n° 615, et *Hyp.*, t. 1ʳʳ, n° 195; Duvergier, t. 1ʳʳ, n° 136).

1821. Et pour les ventes ou cessions de créances?

Également (Troplong, t. 2, n° 615).

1822. L'action résolutoire du vendeur continue-t-elle de subsister après que le meuble vendu a été incorporé à un immeuble, et est ainsi devenu immeuble par destination?

Cette question fait difficulté. M. Troplong, t. 2, *add.* au n° 615, enseigne l'affirmative; plusieurs arrêts ont décidé dans le même sens. M. Duvergier, t. 1ʳʳ, n° 139, enseigne au contraire la négative, et quelques arrêts l'ont également décidée.

1823. Lorsque le prix de vente consiste en une rente perpétuelle, le vendeur est-il obligé, pour demander la résolution, d'attendre qu'il y ait eu cessation du service de la rente pendant deux années?

Non; l'art. 1912, relatif au droit d'exiger le remboursement du capital, n'est pas applicable ici (Troplong, n° 649; Dur., t. 4, n° 153, et t. 16, n° 370).

1824. Mais si le prix consiste en une rente viagère, le seul défaut de paiement des arrérages autorise-t-il le vendeur à demander la résolution du contrat?

Non; à moins que les parties n'aient stipulé formellement le contraire (Troplong, n°ˢ 647 et 648; Duvergier, n° 451; Dur., t. 16, n° 371; C. civ., 1978).

1825. La licitation est-elle soumise à l'action résolutoire pour défaut de paiement du prix, lorsque l'un des copropriétaires s'est rendu adjudicataire?

Non; un tel acte ne peut être assimilé à une aliénation (Merlin, *Quest.*, v° *Résolution*, § 6; Duvergier, t. 1ʳʳ, n° 145; Troplong, t. 1ʳʳ, n° 12, et t. 2, n° 876; Dur., t. 16, n°ˢ 483 et 484; Cass., 9 mai 1832, et 14 mai 1833; D. P., 32,1,178, et 33,1,211).

1826. Le cessionnaire de tout ou partie du prix d'une vente peut-il, comme le vendeur lui-même, demander la résolution de la vente?

Il le peut, encore bien que ce droit ne lui ait pas été expressément cédé par le vendeur (Troplong, n° 643; Bordeaux, 16 et 23 mars 1832; D. P., 32, 2, 97 et 164).

1827. En cas de résolution de la vente, le vendeur peut-il conserver ce qu'il a reçu comme à-compte sur le prix?

Il doit rendre ce qu'il a reçu et même les intérêts, car il a droit de répéter les fruits perçus par l'acquéreur.

1828. Mais il peut résulter de là un préjudice contre le vendeur, car les revenus de l'immeuble sont souvent inférieurs aux intérêts du prix. N'y a-t-il aucun moyen de venir au secours du vendeur ?

Il peut lui être alloué des dommages-intérêts qui compensent la différence entre les fruits et les intérêts (Troplong, n° 652).

1829. Lorsque l'immeuble a été revendu pour partie en détail, et que les sous-acquéreurs ont payé le montant de leurs acquisitions entre les mains du vendeur originaire, celui-ci à qui il reste dû une portion du prix, peut-il demander la résolution de la vente pour la partie conservée par cet acquéreur, en déclarant ne pas vouloir inquiéter les tiers acquéreurs ?

Il le peut certainement. L'acquéreur n'a point à se plaindre de la division de la propriété qui est son fait, ni du silence gardé vis-à-vis des sous-acquéreurs, puisqu'il lui évite des recours en garantie de leur part (Troplong, n° 657).

1830. Si un vendeur avait autorisé, par le contrat, les reventes en détail, sous la seule réserve que les tiers garderaient le prix entre leurs mains pour la garantie, et si une portion de l'immeuble était restée entre les mains de l'acquéreur, qui ne se libère pas, le vendeur pourrait-il demander la résolution de la vente, tant contre l'acquéreur que contre les tiers détenteurs ?

Il ne pourrait demander la résolution de la vente que contre l'acquéreur pour la portion qu'il a conservée, mais il devrait respecter les reventes faites de bonne foi et autorisées par lui-même (Troplong, n° 661 ; Cass., 7 sept. 1832 ; D. P. 33, 1, 43).

1831. Un vendeur qui a produit à l'ordre ouvert sur le prix de la revente faite par son acquéreur, peut-il encore demander la résolution de la vente primitive ?

Non ; car il est censé, par sa production à l'ordre, avoir ratifié la transmission de la propriété entre les mains du sous-acquéreur ; il s'y est associé et il serait injuste qu'il vînt ensuite troubler un fait consommé avec son concours (Troplong, de la Vente, n° 659 ; des Hyp., n°* 224 et 225).

1832. L'action résolutoire est-elle purgée par la transcription d'une vente postérieure ?

C'est un droit réel, indépendant de toute inscription, et qui peut être exercé, même après transcription, contre un tiers acquéreur, encore bien que la revente ait été faite en justice (Cass., 30 avril 1827 ; D. P., 27, 1, 224, id., 26 mars 1828 ; D. P., 28, 1, 191).

1833. La résolution de la vente a-t-elle lieu de plein droit à défaut de paiement du prix à son échéance ?

Non, elle doit être prononcée en justice (C. civ., 1655).

1834. Mais s'il a été stipulé que, faute de paiement dans le terme convenu, la vente serait résolue de plein droit, la résolution est-elle définitivement acquise par la seule expiration du terme ?

Non ; l'acquéreur peut encore payer après l'expiration du terme, tant qu'il n'a pas été mis en demeure par une sommation (C. civ., 1656).

1835. Et s'il est dit, dans le contrat, que la vente sera résolue de plein droit, sans qu'il soit besoin de sommation ?

Dans ce cas, la sommation devient inutile, et le juge ne peut se dispenser de prononcer la résolution (Toull., t. 16, n°° 557 et 568; Troplong, n° 668).

1836. Après la sommation, mais avant que la résolution soit prononcée, l'acquéreur est-il encore en droit de se libérer et de conserver l'immeuble vendu ?

Non. Une fois la sommation effectuée, le bénéfice de la résolution est acquis au vendeur qui n'en peut plus être privé que par sa propre volonté. Il ne reste plus au juge qu'à la prononcer (Troplong, n° 669 ; Cass., 19 août 1824; *Contrà*, Duranton, t. 16, n° 377).

CHAPITRE VI.

DE LA NULLITÉ ET DE LA RÉSOLUTION DE LA VENTE.

SECTION Iʳᵉ.

DE LA FACULTÉ DE RACHAT.

1837. Expliquez-nous ce que c'est que la faculté de rachat ou de réméré ?

C'est un pacte par lequel le vendeur se réserve de reprendre la chose vendue, moyennant la restitution du prix principal et des accessoires (C. civ., 1659).

1838. Le vendeur à réméré peut-il rester en possession du bien vendu, à titre de locataire, à la charge de payer l'intérêt du prix ?

Cette circonstance de location changerait la nature du contrat; on ne verrait plus là une vente sérieuse, mais bien un contrat pignoratif, qui ne transporte pas la propriété à l'acquéreur (Troplong, n° 695).

1839. La faculté de rachat constitue-t-elle une action résolutoire ou une condition suspensive ?

La condition est purement résolutoire, et non suspensive ; en conséquence, l'acquéreur devient aussitôt propriétaire; il peut exercer tous les droits de la propriété; c'est sur sa tête que le domaine est fixé; il peut même aliéner, sauf résolution, si le réméré est exercé.

1840. La réserve de réméré peut-elle être stipulée après la vente, et en dehors du contrat?

Elle doit être stipulée dans la vente même; si elle était apposée *ab intervallo* à une vente pure et simple, ce serait une revente ou une promesse de revente (Pothier, nos 413 et 432; Troplong, n° 694; Dur., t. 16, n° 390).

1841. Peut-on stipuler que le réméré sera exercé moyennant un prix plus fort que celui de la vente?

Une semblable convention, si elle n'est pas absolument contraire aux principes du droit, indiquerait un prix usuraire que la morale réprouve et que la loi proscrit (Delvincourt, t. 3, p. 159; Duranton, t. 16, n° 429; Troplong, n° 696).

1842. Le retrait pourrait-il être exercé par les créanciers du vendeur?

Le retrait est transmissible comme tout autre droit appartenant au vendeur; il fait partie de ses biens; dès lors, ses créanciers peuvent l'exercer (Troplong, nos 703 et 710).

1843. Lorsque l'acquéreur meurt avant l'expiration du terme fixé par le réméré, ses héritiers doivent-ils le droit de mutation par décès?

Le droit est dû, par la raison que le domaine repose sur la tête de l'acquéreur à réméré, et lors même que le retrait a été exercé avant la déclaration de succession.

1844. Pendant combien de temps la faculté de rachat peut-elle être exercée?

La faculté de rachat ne peut être stipulée pour un terme excédant cinq années (C. civ., 1660).

1845. Qu'arrive-t-il si elle a été stipulée pour un terme plus long?

Elle est réduite à ce terme (*Ibid.*).

1846. Si les parties, en stipulant le droit de réméré, n'ont pas fixé le délai pendant lequel il peut être exercé, quel est ce délai?

Il doit être de cinq ans (Dur., t. 16, n° 395).

1847. Le terme du réméré peut-il être prolongé par les parties avant son expiration?

Il est permis aux parties de prolonger ce terme, pourvu que le nouveau terme ne dépasse pas cinq années, à compter du jour de la vente. M. Troplong, n° 711, pense, au contraire, que le terme du réméré ne peut pas être

prolongé avant l'expiration du délai stipulé. Il regarde cela comme une renonciation à une prescription non accomplie, ce qui est interdit par l'art.
2220 du Code civil.

1848. Si une prolongation du terme de réméré est consentie
après l'expiration du délai fixé, cette convention produit-elle le
même effet que la réserve faite par le contrat?

C'est une convention nouvelle qui ne prend plus sa source dans le contrat, qui n'en opérera pas la résolution *ab initio*, en effaçant toutes les
charges dont le bien a pu être affecté par l'acheteur. Au contraire, ce dernier
étant devenu propriétaire définitif ne peut transmettre le bien qu'avec les
charges dont il est grevé de son chef. En un mot, il y aurait ici revente et
non résolution.

1849. Dans le cas où le vendeur n'a pas exercé son action
de réméré dans le terme prescrit, conserve-t-il encore des droits
sur le bien vendu ?

Non ; l'acquéreur demeure propriétaire irrévocable (C. civ., 1662).

1850. Le délai court-il contre toutes personnes ?

Oui, même contre le mineur, sauf son recours contre qui de droit (C. civ.,
1663).

1851. Le vendeur est-il obligé, pour conserver son droit de
réméré, de former une demande en justice dans le délai fixé?

Il suffit qu'avant l'expiration de ce délai, l'intention d'exercer le rachat
soit manifestée par un acte, tel qu'une sommation à l'acquéreur, de délaisser, avec offre de le rembourser ; et la consignation, dans ce délai, n'est pas
nécessaire (Troplong, n⁰ˢ 717 et suivants).

1852. Le vendeur à pacte de rachat peut-il exercer son action contre un second acquéreur ?

Oui ; quand même la faculté de réméré n'aurait pas été déclarée dans le
second contrat (C. civ., 1664).

1853. Si l'acquéreur d'une part indivise d'un héritage s'est
rendu adjudicataire de la totalité sur une licitation provoquée
contre lui, le vendeur peut-il toujours exercer le réméré sur la
partie par lui vendue?

L'acquéreur peut, en ce cas, obliger le vendeur à retirer le tout, lorsqu'il
veut user de la faculté de rachat (C. civ., 1667).

1854. Dans le cas où plusieurs ont vendu conjointement, et
par un seul contrat, un héritage commun entre eux, ou bien
dans le cas où le vendeur a laissé plusieurs héritiers, comment s'exerce le réméré?

Chacun d'eux ne peut exercer l'action en réméré que pour sa part ; mais
l'acquéreur peut exiger que tous les covendeurs, ou tous les cohéritiers soient
mis en cause, afin de se concilier entre eux pour la reprise de l'héritage en-

16

tier; et, s'ils ne se concilient pas, il doit être renvoyé de la demande (C. civ., 1668, 1669 et 1670).

1855. Et si c'est l'acquéreur qui a laissé plusieurs héritiers?

L'action en réméré ne peut être exercée contre chacun d'eux, que pour sa part, dans le cas où elle est encore indivise, et dans celui où la chose vendue a été partagée entre eux (C. civ., 1671).

1856. En est-il de même s'il y a eu partage de l'hérédité, et que la chose vendue soit échue en entier au lot de l'un des héritiers?

Dans ce cas, l'action en réméré peut être exercée contre lui pour le tout (C. civ., 1672.)

1857. Si la vente d'un héritage, appartenant à plusieurs, n'a pas été faite conjointement, et de tout l'héritage ensemble, et que chacun n'ait vendu que la part qu'il y avait, comment peut s'exercer l'action en réméré?

Chacun des vendeurs peut l'exercer sur la portion qui lui appartenait, et l'acquéreur ne peut forcer celui qui l'exerce de cette manière à retirer le tout (C. civ., 1671).

1858. Que décidez-vous pour le cas où un héritage a été vendu à deux acquéreurs pour des parts distinctes et séparées?

Le vendeur pourrait rémérer l'une des portions, sans être tenu de retirer l'autre (Troplong, n° 758).

1859. A quoi le vendeur est-il obligé pour exercer la faculté de réméré?

Il doit rembourser à l'acquéreur, non-seulement le prix principal, mais encore les frais et loyaux coûts de la vente, les réparations nécessaires, et celles qui ont augmenté la valeur du fonds, jusqu'à concurrence de cette augmentation (C. civ., 1673).

1860. L'acquéreur a-t-il, sur l'immeuble, un privilège pour ce qui lui est dû?

Non; mais il a le droit de retenir l'immeuble jusqu'à son remboursement, puisque le vendeur ne peut entrer en possession qu'après avoir satisfait à toutes ses obligations (*Ibid.*).

1861. A qui appartiennent les fruits pendants sur l'immeuble lors du réméré?

Le Code civil est muet à cet égard; mais il paraît juste qu'ils se partagent entre l'acheteur et le vendeur, à proportion du temps de l'année déjà écoulé, car le vendeur ayant joui des intérêts du prix, l'acheteur doit avoir la part de fruits qui forme la représentation de ces intérêts (Troplong, n° 770).

1862. Quel est le sort des charges et hypothèques dont l'acquéreur pouvait avoir grevé l'immeuble, lorsque l'action de réméré est exercée?

Elles sont résolues, comme son propre droit (*Ibid.*).

1863. En est-il de même des baux consentis par l'acquéreur?

Non ; le vendeur est tenu de les exécuter lorsqu'ils ont été faits sans fraude (*Ibid.*).

SECTION II.

DE LA RESCISION DE LA VENTE POUR CAUSE DE LÉSION.

1864. Quand le vendeur a-t-il le droit de demander la rescision de la vente d'un immeuble?

Lorsqu'il a été lésé de plus de sept douzièmes dans le prix, quand même il aurait expressément renoncé, dans le contrat, à la faculté de demander la rescision, et déclaré donner la plus-value (C. civ., 1674).

1865. L'action en rescision peut-elle être exercée pour une vente à réméré?

Oui, comme pour une vente ordinaire (Duvergier, t. 2, n° 30).

1866. Et pour une vente faite moyennant une rente viagère?

Quoique plusieurs arrêts aient décidé la négative, cependant, tous les auteurs admettent que la rescision pour lésion doit avoir lieu dans les ventes à rente viagère, si la lésion est évidente, si, par exemple, les arrérages de la rente sont inférieurs aux revenus des biens vendus.

1867. La vente d'une nue propriété peut-elle donner lieu à l'action en rescision?

Quoique ce contrat présente une chance aléatoire, il n'est cependant pas impossible d'estimer la valeur de l'usufruit et de prouver la lésion. L'action en rescision pourrait donc être admise (Troplong, n° 792, Duranton, t. 16, n° 112. Contrà, Montpellier, 6 mai 1831; D. P., 31, 2, 214).

1868. L'art. 1674 du Code civil n'admet pas que le vendeur puisse renoncer, *par le contrat même*, à la faculté de demander la rescision. Mais ne peut-il pas faire cette renonciation postérieurement à la vente?

L'action étant ouverte, le vendeur peut valablement y renoncer et ratifier la vente (Troplong, n° 798; Duranton, t. 16, n° 436).

1869. L'action en rescision est-elle personnelle, ou peut-elle s'exercer même contre un tiers détenteur?

L'article 1681, C. civ., suppose que le tiers détenteur peut être atteint par l'action en rescision, puisqu'il l'autorise à rendre la chose en retirant le prix qu'il a payé, ou à la garder en payant le supplément du juste prix. On est bien d'accord sur ce point, que la décision rétroagit sur le tiers détenteur; mais on se divise sur la question de savoir s'il peut être actionné directement par le vendeur sans appeler le premier acquéreur. Il faut décider que celui-ci doit nécessairement être mis en cause, soit seul, soit avec le tiers détenteur (Troplong, n°ˢ 801 et suiv.).

16*

1870. Pour savoir s'il y a lésion, comment estime-t-on l'immeuble vendu?

Il faut estimer l'immeuble suivant son état et sa valeur, au moment de la vente (C. civ., 1675).

1871. Pendant combien de temps la demande en rescision, pour lésion, peut-elle être faite?

La demande n'est plus recevable après l'expiration de deux années, à compter du jour de la vente (C. civ., 1676).

1872. Ce délai court-il contre les femmes mariées et contre les absents, les interdits et les mineurs, venant du chef d'un majeur qui a vendu?

Oui (C. civ., 1676).

1873. Est-il suspendu pendant la durée du temps stipulé pour le pacte de rachat?

Non (*Ibid.*).

1874. Dans le cas où l'action en rescision est admise, l'acquéreur peut-il conserver l'immeuble?

Il a le choix, ou de rendre la chose, en retirant le prix qu'il a payé, ou de garder le fonds, en payant le supplément du juste prix, sous la déduction du dixième du prix total (C. civ., 1681).

1875. Si l'acquéreur préfère garder l'immeuble, doit-il des intérêts sur le supplément de prix?

Oui, à compter du jour de la demande en rescision (C. civ., 1682).

1876. Et s'il préfère rendre la chose et recevoir le prix qu'il a payé, lui est-il dû des intérêts?

Oui, à compter du jour de la demande, mais à la charge de rendre les fruits du même jour, et les intérêts lui sont dus depuis le jour du paiement s'il n'a touché aucuns fruits (*Ibid.*).

1877. Dans ce cas, les frais d'acquisition doivent-ils être remboursés à l'acquéreur?

Non, car le vendeur ne doit rendre que ce dont il a profité (Troplong, n° 818).

1878. La rescision pour cause de lésion opère-t-elle une nouvelle mutation de propriété soumise au droit proportionnel d'enregistrement?

L'affirmative a été décidée par la Cour de cassation (arrêts des 5 germinal an 13, et 17 décembre 1811). Mais MM. Toullier, t. 7, n°ˢ 511 et suiv., et Troplong, n° 852, combattent cette jurisprudence.

1879. L'acheteur a-t-il également l'action en rescision contre le vendeur?

La rescision n'a pas lieu en faveur de l'acheteur (C. civ., 1683).

1880. A-t-elle lieu pour les ventes faites en justice ?

Non ; à moins que les ventes ne soient volontaires, comme une licitation entre majeurs (C. civ., 1684).

1881. En matière de ventes mobilières, la rescision pour lésion est-elle admise ?

Non (C. civ., 1674).

CHAPITRE VII.

DE LA LICITATION.

1882. Voyez, au titre, des Successions, n°ˢ 899 et suivants.

CHAPITRE VIII.

DU TRANSPORT DES CRÉANCES ET AUTRES DROITS INCORPORELS.

1883. Comment le cessionnaire d'une créance, d'un droit ou d'une action sur un tiers, est-il saisi à l'égard des tiers ?

Par la signification du transport faite au débiteur, ou par l'acceptation de celui-ci, dans un acte authentique (C. civ., 1690).

1884. La cession de droits successifs a-t-elle besoin d'être signifiée pour que le cessionnaire soit saisi, à l'égard des tiers ?

La signification n'est pas nécessaire pour cette sorte de cession (Troplong. t. 2, n° 907; Duvergier, t. 2, n° 351; Rodière, *Rev. de législ.*, t. 4, p. 234; Cass., 16 juin 1829; D. P., 29,1,271 ; Toulouse, 24 nov. 1832; D. P., 33,2,89. Il y a cependant des arrêts contraires).

1885. Et la cession des droits d'un associé dans la société ?

En ce cas, le cessionnaire est saisi du jour où l'acte de cession a acquis date certaine, sans qu'il soit besoin de signification ou d'acceptation (Duvergier, *Sociétés*, n° 378; Troplong, t. 2, n° 765; Delangle, *Soc. comm.*, t. 1ᵉ, n°ˢ 203 et 204).

1886. Sur quoi peut se fonder cette exception ?

Sur le motif que, dans les deux sortes de cessions dont il vient d'être parlé, il s'agit d'un droit de propriété, bien plus que d'une créance.

1887. Un transport de créance peut-il être valablement signifié après la faillite du cédant, ou dans les dix jours qui l'ont précédée ?

Une semblable signification est tardive, et alors, le transport reste sans effet à l'égard des créanciers du failli (Dur., t. 16, n° 502; Troplong, n° 911 ; Duvergier, t. 2, n° 215 ; Cass., 13 juillet 1830 ; D. P., 30,1,319).

1888. Le transport d'une obligation peut-il être fait au domicile élu pour l'exécution de cette obligation ?

Non ; car ce n'est pas là un acte d'exécution.

1889. L'acceptation du transport, faite sous seing privé, par le débiteur, irrégulière à l'égard des tiers, a-t-elle au moins pour effet d'obliger le débiteur envers le cessionnaire ?

En général, le débiteur n'est pas tenu de payer le cessionnaire, dans le cas où la créance se trouve retenue dans ses mains par des oppositions, ou la signification d'un transport postérieur ; mais il peut résulter des termes de l'acceptation, un engagement formel du débiteur envers le cessionnaire.

1890. Si deux significations de cession d'une créance sont faites au débiteur, le même jour, sans indication d'heure, quel sera le cessionnaire préféré ?

Les deux cessionnaires doivent venir par concurrence, quelle que soit la date de la cession de chacun d'eux (Duvergier, t. 2, n°° 187 et 188; Troplong, t. 2, n° 903; Dur., t. 16, n° 503).

1891. Quand il existe, au moment de la signification du transport, une saisie-arrêt pour une somme inférieure au montant de la créance, quels sont les droits du cessionnaire ?

Il est saisi de la portion de la créance qui excède les causes de la saisie, sans que les créanciers saisissant postérieurement puissent prétendre aucun droit sur cette portion et si les saisies antérieures absorbent ou excèdent la somme due, la signification du transport vaut saisie et donne au cessionnaire le droit de venir par contribution avec les créanciers qui ont fait leurs diligences en temps utile (Troplong, t. 2, n°° 921, 926 et 927; Duranton, t. 16, n° 501 ; Duvergier, t. 2, n°° 201 et 202; Cass., 18 juillet 1843; D. P., 43,1, 436 ; Paris, 26 juillet 1843 ; D. P., 43,2,211).

1892. Le débiteur peut-il opposer, au cessionnaire, des quittances n'ayant pas date certaine avant la signification ?

Non ; à moins qu'il ne les ait fait connaître lors de la signification (Troplong, *Hyp.*, t. 2, n° 535, et *Vente*, t. 2, n° 920; Duvergier, t. 2, n° 224; Cass., 23 août 1841 ; D. P., 41,1,339).

1893. Celui qui vend une créance est-il tenu, sans stipulation, d'en garantir le recouvrement ?

Il n'est tenu qu'à la garantie de l'existence de la créance, au temps du transport, de sa légitimité, et de ses droits actuels à cette créance (C. civ., 1693).

1894. Cette obligation cesse-t-elle si le transport est fait sans garantie et sans restitution de deniers ?

Non ; à moins que le cédant n'ait vendu la créance comme litigieuse ou aléatoire, ou aux risques et périls du cessionnaire (C. civ., 1904; Troplong, n°° 935 et 936; Dur., t. 16, n° 511; Cass., 21 fév. 1835; D. P., 35,1,156).

1895. Lorsque le cédant a garanti la solvabilité du débiteur, et a vendu pour une somme inférieure au montant de la créance, est-il garant de l'intégralité de la créance?

Il n'est garant que jusqu'à concurrence du prix qu'il a retiré de la créance (C. civ., 1694).

1896. La garantie de la solvabilité du débiteur s'entend-elle de la solvabilité future comme de la solvabilité actuelle?

Cette garantie ne s'étend pas au temps futur, si le cédant ne l'a expressément stipulé (C. civ., 1695).

1897. Quel est l'effet de la promesse de *fournir* et *faire valoir*?

C'est de rendre le cédant garant de la solvabilité actuelle et future du débiteur (Troplong, t. 2, n° 939; Duvergier, t. 2, n° 275 ; Pothier, n° 561).

1898. Lorsqu'une créance est cédée avec promesse de *fournir et faire valoir*, le cédant peut-il être actionné directement pour le débiteur en retard de payer?

Il n'est obligé qu'après la discussion du débiteur, et sur la preuve de son insolvabilité, à moins qu'il n'ait été stipulé une garantie solidaire, ou la promesse de payer après un simple commandement fait au débiteur.

1899. Une prorogation de terme accordée au débiteur, par le cessionnaire, décharge-t-elle le cédant de l'effet de sa garantie ou promesse de fournir et faire valoir?

Oui, quand elle a été accordée sans la participation du cédant (Troplong, t. 2, n°⁹ 912 et 913; Duvergier, t. 2, n° 279).

1900. A quoi est tenu celui qui vend une hérédité, sans en spécifier, en détail, les objets?

Il n'est tenu de garantie que sa qualité d'héritier (C. civ., 1696).

1901. S'il avait déjà reçu ou vendu quelque créance, ou objet provenant de la succession, est-il tenu d'en faire le remboursement à l'acquéreur?

Oui, s'il n'en a fait réserve expresse lors de la vente (C. civ., 1697).

1902. L'acquéreur doit-il rembourser au vendeur ce que celui-ci a payé pour les dettes et charges de la succession, et lui faire raison de ce dont il était créancier?

Oui, s'il n'y a stipulation contraire (C. civ., 1698).

1903. L'héritier qui n'a accepté que sous bénéfice d'inventaire devient-il héritier pur et simple par la vente de ses droits dans la succession?

Non, s'il a rempli les formalités voulues pour acquérir la qualité d'héritier bénéficiaire, s'il a fait faire inventaire, ou s'il le fait faire par son cessionnaire (Troplong, n° 971).

1904. Qu'entend-on par le retrait de droits litigieux ?

C'est le droit qui appartient à celui contre lequel on a cédé un droit litigieux, de s'en faire tenir quitte par le cessionnaire, en lui remboursant le prix réel de la cession, avec les frais et loyaux coûts, et les intérêts (C. civ., 1699).

1905. Ce retrait peut-il être exercé contre un donataire?

Non (Duvergier, n° 388 ; Delvincourt, t. 3, p. 171; Dur., t. 16, n° 537).

1906. N'y a-t-il pas d'autres exceptions à cette faculté de retrait ?

Elle cesse :

1° Dans le cas où la cession a été faite à un cohéritier ou copropriétaire du droit cédé ;

2° Lorsqu'elle a été faite à un créancier, en paiement de ce qui lui est dû;

3° Lorsqu'elle a été faite au possesseur de l'héritage sujet au droit litigieux (C. civ., 1701) ;

4° Lorsque la cession de droits litigieux est faite à titre gratuit (Troplong, n° 1009).

1907. La vente d'un immeuble dont la propriété est contestée au vendeur doit-elle être considérée comme la cession d'un droit litigieux ?

M. Troplong, n° 1001, enseigne l'affirmative, par la raison qu'une pareille vente est bien moins l'aliénation de la chose même que la cession d'un procès. La Cour de cassation, par arrêt du 24 novembre 1818, D. P., 1, 11, a décidé que l'article 1699 du Code civil n'a pour objet que les droits et créances et autres droits incorporels et qu'il est, par conséquent, inapplicable aux immeubles, ce qui paraît en contradiction avec les termes de l'article 1701, n° 3.

TITRE VI.

DE L'ÉCHANGE.

1908. Quelles sont les règles applicables au contrat d'échange ?

Toutes les règles prescrites pour la vente, auxquelles la loi ne déroge pas, s'appliquent à l'échange (C. civ., 1707).

1909. Pouvez-vous citer un exemple de dérogation aux règles de la vente ?

La rescision, pour cause de lésion, n'a pas lieu dans le contrat d'échange (C. civ., 1706).

1910. L'obligation de garantie existe-t-elle pour l'échange ?

Oui, même en ce qui concerne la contenance (Troplong, n° 31).

1911. Un immeuble dotal peut-il être échangé ?

Sous le régime dotal, la loi permet l'échange (C. civ., 1559), tandis qu'elle interdit la vente (C. civ., 1554).

1912. Les charges réelles, telles que l'hypothèque, passent-elles, par le fait de l'échange, d'un immeuble à l'autre ?

Non ; elles continuent de subsister sur l'immeuble qui en était primitivement affecté.

1913. Quel est le recours du copermutant qui est évincé de la chose qu'il a reçue en échange ?

Il a le choix de conclure à des dommages-intérêts, ou de répéter sa chose (C. civ., 1705).

1914. Cette répétition peut-elle s'exercer contre les tiers acquéreurs ?

Assurément (Troplong, n° 25 ; Duvergier, n° 417 ; Dur., t. 16, n° 516 ; Zachariæ, t. 2, § 360, note 4).

1915. Que deviennent les hypothèques et autres charges consenties par celui contre lequel la répétition est exercée ?

Elles se trouvent anéanties, comme le droit de celui qui les avait créées (Troplong, n° 26, id., Hyp., t. 2, n° 466).

1916. Y a-t-il un privilége pour le paiement de la soulte stipulée dans un échange ?

Le privilége appartient à l'échangiste, auquel la soulte est due, comme au vendeur (Troplong, Hyp., n° 215 ; Dalloz, Rép., v° Hyp., p. 49, n° 9 ; Persil, sur l'art. 2103, § 1er, n° 11 ; Grenier, n° 388).

1917. Par qui sont dus les frais d'échange ?

Ces frais doivent être supportés par moitié, entre les échangistes, puisque chacun d'eux est acquéreur pour l'immeuble qu'il reçoit en échange.

1918. Et les frais de la soulte ?

Par la même raison, les frais de la soulte doivent être supportés par celui qui la paie.

TITRE VII.

DU CONTRAT DE LOUAGE.

CHAPITRE PREMIER.

DISPOSITIONS GÉNÉRALES.

1919. Y a-t-il plusieurs sortes de contrats de louage ?

Il y a deux sortes de contrats de louage : celui des choses et celui de l'ouvrage (C. civ., 1708).

CHAPITRE II.

DU LOUAGE DES CHOSES.

1920. Peut-on louer toutes sortes de biens meubles et immeubles?

Oui, pourvu que ces biens soient dans le commerce, et que leur usage
n'ait rien de contraire aux bonnes mœurs (C. civ., 1713).

1921. Pourrait-on louer les choses fongibles, c'est-à-dire celles dont on ne peut faire usage sans les consommer ?

Non; ce serait alors une autre espèce de contrat, qui s'appelle *prêt de
consommation* (C. civ., 1892).

1922. Les offices ministériels, tels que ceux de notaire ou
d'avoué, peuvent-ils faire la matière d'un contrat de louage?

Non; ces différentes fonctions ne peuvent être remplies que par les titulaires.

1923. Les droits d'usage et d'habitation sont-ils susceptibles
d'être loués?

Ces droits ne peuvent être ni cédés, ni loués (C. civ., 631 et 634).

1924. L'usufruitier peut-il louer les biens soumis à son usufruit?

Oui, mais seulement pour neuf ans et au dessous (C. civ., 595).

SECTION Iʳᵉ.

DES RÈGLES COMMUNES AUX BAUX DES MAISONS ET DES BIENS RURAUX.

1925. Quelles sont les formes du bail?

En général, les baux ne sont assujettis à aucune forme spéciale. On peut
louer verbalement ou par écrit (C. civ., 1714), par acte sous seing privé ou
par acte authentique.

1926. Le preneur a-t-il le droit de sous-louer et de céder
son droit à un autre ?

Il a ce droit; c'est le principe général; mais cette faculté peut lui être interdite pour le tout ou partie (C. civ., 1717).

1927. L'interdiction de sous-louer emporte-t-elle la prohibition de céder le bail?

Oui, par argument à *fortiori*, puisque la faculté de céder est plus étendue
que celle de sous-louer (Troplong, n° 133; Dur., t. 17, n° 92; Duvergier,
n° 375; Zachariæ, t. 3, § 368, note 3; Curasson, *Compét. des juges de paix*,
t. 1ʳ, p. 356, note).

1928. La défense de céder ou transporter le bail contient-elle celle de sous-louer?

Non; à moins que la volonté contraire ne résulte des termes de l'acte, ou des circonstances de la cause. Cela nous paraît évident, malgré l'opinion de M. Troplong, n° 134.

1929. Quel est l'effet de la défense de céder en tout ou en partie?

Elle contient tout à la fois l'interdiction de sous-louer, et celle de céder le bail.

1930. Le mineur émancipé peut-il passer des baux sans l'assistance de son curateur?

Oui, pourvu que ces baux n'excèdent pas neuf ans, attendu que le mineur émancipé n'a qu'un simple droit d'administration (C. civ., 481, 1429, 1430 et 1718).

1931. L'usufruitier peut-il donner à bail, comme le propriétaire, pour tout le temps qui lui convient?

L'usufruitier peut donner à bail, mais en se conformant, pour la durée et le renouvellement des baux, aux règles établies pour le mari à l'égard des biens de la femme (C. civ., 595).

1932. Quelles sont ces règles?

Les baux ne doivent pas excéder neuf ans, ni être renouvelés plus de trois ans avant l'expiration du bail courant s'il s'agit de biens ruraux, et deux ans avant la même époque s'il s'agit de maisons (C. civ., 1429 et 1430).

1933. Le droit de chasse appartient-il au fermier sans stipulation?

Une vive controverse s'est élevée à ce sujet. On doit décider que la chasse n'étant ni un fruit, ni un produit utile, n'appartient pas au fermier de plein droit (Troplong, n°° 161 et suiv.; Toullier, t. 4, n° 19; Zachariæ, t. 3, p. 7, § 366, note 2. — *Contrà*, Duranton, t. 4, n° 285; Duvergier, t. 1, n° 73).

1934. Quelles sont les obligations principales du bailleur?

Le bailleur est obligé par la nature du contrat, et sans qu'il soit besoin d'aucune stipulation particulière: 1° de délivrer au preneur la chose louée; 2° d'entretenir cette chose en état de servir à l'usage pour lequel elle a été louée; 3° d'en faire jouir paisiblement le preneur pendant la durée du bail (C. civ., 1719).

1935. Le bailleur peut-il être tenu de faire des réparations à la chose louée pendant la durée du bail?

Le bailleur est tenu de délivrer la chose louée en bon état de réparations de toute espèce, et il doit y faire, pendant la durée du bail, toutes les réparations qui peuvent devenir nécessaires, autres que les locatives (C. civ., 1720).

1936. Si la chose louée a des vices ou défauts qui en empêchent l'usage, le bailleur en est-il garant?

Oui, quand même il ne les aurait pas connus lors du bail, et s'il résulte de ces vices ou défauts quelque perte pour le preneur, le bailleur est tenu de l'indemniser (C. civ., 1721).

1937. Si le preneur a eu connaissance des vices de la chose louée, lui est-il dû également garantie par le bailleur ?

Non (Troplong, n° 198; Duvergier, t. 1er, n° 343).

1938. Si, pendant la durée du bail, la chose louée est détruite en totalité par cas fortuit, le bail continue-t-il à recevoir son exécution ?

En ce cas, le bail est résilié de plein droit (C. civ., 1722).

1939. Si la chose n'est détruite qu'en partie, le bail est-il également résilié ?

Le preneur peut alors, suivant les circonstances, demander, ou une diminution du prix, ou la résiliation du bail et, dans l'un et l'autre cas, il n'y a lieu à aucun dédommagement (*Ibid.*).

1940. Le preneur d'un immeuble assuré, si cet immeuble vient à être détruit en partie, a-t-il le droit d'exiger que l'indemnité reçue par le bailleur de la compagnie d'assurances soit employée à reconstruire l'immeuble ?

Non; il n'a toujours que le choix de demander une diminution du prix, ou la résiliation du bail (Paris, 5 mai 1826; D. P., 28,2,117). Mais il peut demander que l'immeuble soit réparé pour ce qu'il en conserve (Troplong, n° 220).

1941. Un fonctionnaire public envoyé, par décision du Gouvernement, dans une autre résidence, peut-il se prévaloir de cette cause de *force majeure* pour demander la résiliation de son bail ?

Non, car ce n'est pas là une cause de force majeure absolue, puisque le fonctionnaire est libre de renoncer à son emploi ; ce n'est pas non plus un cas fortuit, puisqu'il pouvait le prévoir et stipuler une clause résolutoire (Troplong, n° 227).

1942. Le locataire d'une auberge située sur une grande route peut-il exiger une diminution de loyer ou la résiliation, si, par suite de l'établissement d'une route nouvelle, l'auberge ne se trouve plus sur la ligne des communications, et perd son achalandage ?

Non, à moins que l'ancienne route ne se trouve totalement supprimée. L'établissement d'une route nouvelle est un fait qui a pu être prévu, surtout dans ce temps où de pareils changements sont très-fréquents (Troplong, n° 232).

1943. Une guerre avec l'étranger, qui apporte des obstacles à la production et aux débouchés d'un établissement industriel, est-elle une cause de résiliation ou de diminution de loyer ?

Non, car ce n'est pas un événement imprévu (Troplong, n° 233).

1944. Que décidez-vous dans le cas où un établissement industriel, loué comme tel, est interdit par décision de l'autorité?

Si l'interdiction ne résulte pas d'un fait personnel au locataire, mais d'une mesure d'intérêt public, d'une insalubrité, par exemple, le preneur pourra demander la résiliation du bail, par la raison que l'élément principal du bail ne subsiste plus (Troplong, n° 231).

1945. Est-il permis au bailleur de changer, pendant la durée du bail, la forme de la chose louée?

Il ne le peut en aucune façon (C. civ., 1723).

1946. Le bailleur pourrait-il, sans le consentement du preneur, élever sa maison d'un étage?

C'est là un changement essentiel dans la forme, qui donnerait au preneur une action en résiliation ou en dommages et intérêts (Troplong, n° 243).

1947. Le preneur est-il tenu de souffrir toutes les réparations qu'il plaît au bailleur de faire à la chose louée?

Le preneur n'est tenu de souffrir que les réparations *urgentes, et qui ne peuvent être différées jusqu'à la fin du bail*; mais il doit supporter celles-là, quelque incommodité qu'elles lui causent, et quoiqu'il soit privé, pendant qu'elles se font, d'une partie de la chose louée (C. civ., 1724).

1948. Est-il dû, dans ce cas, une indemnité au preneur?

Si les réparations ont duré plus de quarante jours, le prix du bail doit être diminué à proportion du temps et de la partie de la chose louée dont le preneur a été privé (*Ibid.*).

1949. Depuis quelle époque doit-on calculer la diminution du loyer?

Depuis le commencement des travaux, suivant M. Duvergier, t. 1", n° 303, et seulement depuis l'expiration du délai de quarante jours accordé par la loi, suivant M. Troplong, n° 253.

1950 Mais si les réparations sont de telle nature qu'elles rendent inhabitable ce qui est nécessaire au logement du preneur et de sa famille, est-il également tenu de les supporter?

Il peut alors faire résilier le bail (C. civ., 1724).

1951. Quelles sont les obligations principales du preneur?

Le preneur est tenu de deux obligations principales : 1° d'user de la chose louée en bon père de famille, et suivant la destination qui lui a été donnée par le bail, ou suivant celle présumée d'après les circonstances, à défaut de convention; 2° de payer le prix du bail aux termes convenus. (C. civ., 1728).

1952. Y a-t-il changement de destination suffisant pour motiver la résiliation du bail, lorsque le preneur convertit en auberge une maison qui n'avait servi qu'à l'habitation bourgeoise?

Oui, car un pareil changement ne peut pas se faire sans le consentement du propriétaire, auquel, en certains cas, il est préjudiciable (Pothier, n° 189 ; Duvergier, t. 1, n° 57 ; Duranton, t. 17, n° 95 ; Troplong, n° 306).

1953. En serait-il de même si un appartement destiné à l'habitation d'une famille était converti en cercle ou casino ?

Oui, par la raison que les dégradations deviennent plus fortes et le voisinage plus incommode (Troplong, n° 305; Aix, 31 janv. 1833; D. p. 33, 2, 163).

1954. Supposez que le local loué a une certaine valeur par l'achalandage qui y est attaché pour un genre de commerce particulier ; dans ce cas, le preneur serait-il libre de changer le genre de commerce établi dans le local, ou de fermer l'établissement sans une nécessité absolue ?

Par ce fait, il déprécierait le local et nuirait au propriétaire, qui pourrait demander la résiliation et des dommages-intérêts (Troplong, n° 309).

1955. Le défaut de paiement du loyer peut-il entraîner la résolution du bail ?

La résolution, pour défaut d'exécution des conditions, est sous-entendue dans tous les contrats, et elle a été spécialement prévue par la loi pour le bail. (C. civ., 1741).

1956. Cette résolution a-t-elle lieu de plein droit par la seule échéance du terme ?

Non ; elle doit être demandée en justice. (C. civ., 1184).

1957. En est-il de même lorsqu'il a été stipulé, dans le bail, qu'à défaut de paiement *le bail serait résilié de plein droit* ?

Cette clause doit être exécutée sans qu'il soit permis aux tribunaux d'accorder au débiteur un délai pour le paiement (Troplong, t. 2, n° 321 ; Duvergier, t. 1ᵉʳ, n° 475).

1958. Suffit-il du défaut de paiement d'un seul terme du prix du bail pour motiver la résiliation ?

Dans l'ancienne jurisprudence, il fallait deux termes, sans compter le courant. Le Code, n'ayant prescrit aucune règle à ce sujet, s'en est rapporté à la prudence des juges, qui se décideront par les circonstances de moralité et de solvabilité du preneur (Troplong, n° 320).

1959. Le preneur peut-il opposer des quittances de loyers n'ayant pas date certaine, à des créanciers saisissants ou à un acquéreur ?

Il le peut toutes les fois qu'il s'agit de loyers échus (Troplong, n° 327; Besançon, 15 fév. 1829 ; D. P., 35, 2, 117 ; Bordeaux, 21 fév. 1826 ; D. P., 26, 2, 210).

1960. En serait-il de même pour des loyers payés par anticipation ?

Oui, si les paiements étaient faits de bonne foi et suivant l'usage (Arg. de l'article 1753, C. civ.).

1961. A la charge de qui sont les contributions de portes et fenêtres ?

A la charge du preneur (Lois du 4 frim. an 7, art. 12, et du 19 avril 1831, art. 6 ; Troplong, n° 331).

1962. S'il n'est pas fait d'état de lieux à l'entrée du bail, quelle présomption en résulte-t-il ?

Le preneur est présumé avoir reçu les lieux en bon état de réparations locatives, et il doit les rendre tels, sauf la preuve contraire (C. civ., 1731).

1963. Le preneur répond-il de l'incendie ?

Oui, à moins qu'il ne prouve que l'incendie est arrivé par cas fortuit, ou force majeure, ou par vice de construction, ou que le feu a été communiqué par une maison voisine (C. civ., 1733).

1964. Si le bail a été fait sans écrit, comment prend-il fin ?

Par le congé que l'une des parties peut donner à l'autre, en observant les délais fixés par l'usage des lieux (C. civ., 1736).

1965. Cet article est-il applicable aux baux des biens ruraux ?

Non ; il y a pour ces baux des règles particulières auxquelles l'art. 1736 n'a pas dérogé (Troplong, n° 405 ; Duvergier, t. 1ᵉʳ, nᵒˢ 486 et 187, et t. 2, n° 210).

1966. Est-il nécessaire de donner congé lorsque le terme du bail a été fixé par écrit ?

Non ; le bail cesse de plein droit à l'expiration du terme fixé, sans qu'il soit nécessaire de donner congé (C. civ., 1737).

1967. Est-il nécessaire que le congé donné par voie amiable soit fait double ?

Le congé n'est pas un acte synallagmatique, il n'est que l'exercice d'une faculté dont chaque partie peut user sans le consentement, et même contre le gré de l'autre. Ainsi, il n'est pas nécessaire qu'il soit fait double (Duvergier, t. 1ᵉʳ, n° 492 ; Troplong, n° 425).

1968. Dans le cas où le locataire, malgré un congé, s'obstine à ne pas vouloir vider les lieux, le propriétaire, au lieu de recourir aux voies judiciaires pour le faire déguerpir, peut-il enlever les portes et les fenêtres de l'appartement en présence d'un huissier requis ?

Ce moyen, pratiqué dans l'antiquité la plus reculée, n'a rien d'illégal (Troplong, nᵒˢ 435 et suiv.).

1969. Si, à l'expiration d'un bail écrit, le preneur reste et est laissé en possession, qu'en résulte-t-il ?

Il s'opère, par tacite réconduction, un nouveau bail dont l'effet est réglé comme pour les locations faites sans écrit (C. civ., 1738).

1970. Lorsqu'il y a un congé signifié, le preneur peut-il invoquer la tacite réconduction ?

Non, parce qu'il y a eu une volonté contraire manifestée (C. civ., 1739).

1971. La caution donnée pour le bail s'étend-elle aux obligations résultant de la prolongation par tacite réconduction ?

Non (C. civ., 1740), pas plus que les hypothèques attachées au bail primitif (Troplong, nᵒˢ 448 et 449; Duvergier, t. 1ᵉʳ, nᵒ 508).

1972. La faillite du preneur est-elle une cause de résiliation du bail ?

Elle ne pourrait devenir une cause de rupture qu'autant que le bailleur perdrait toute garantie de paiement, et les créanciers ont le droit de continuer le bail en offrant une caution suffisante (Troplong, nᵒ 467.).

1973. Mais les créanciers du failli n'ont-ils pas le droit de demander la cessation du bail pour cause de la faillite ?

Ils sont tenus d'exécuter les engagements du failli, et, par conséquent, d'exécuter le bail (Duvergier, t. 1ᵉʳ, nᵒ 538; Troplong, nᵒ 468; Paris, 23 mars 1833 ; S. 34, 2, 122).

1974. Le bail est-il résolu par la mort du preneur ?

Non, ni par la mort du bailleur (C. civ., 1742).

1975. Cependant, si le preneur meurt laissant plusieurs héritiers, ceux-ci peuvent se partager le bail et exposer le propriétaire à des pertes, à des mécomptes ?

C'est à lui à stipuler que le bail sera indivisible entre les héritiers du preneur, et qu'ils seront tenus solidairement à son exécution.

1976. La vente de la chose louée résout-elle le bail ?

Non, à moins que ce droit ne soit réservé par le bail. (C. civ., 1743).

1977. Les baux sous seing privé sont-ils opposables à l'acquéreur ?

L'acquéreur n'est tenu de respecter que les baux authentiques ou dont la date est certaine (Ibid.).

1978. S'il a été convenu, lors du bail, qu'en cas de vente l'acquéreur pourrait expulser le fermier ou locataire, et qu'il n'ait été fait aucune stipulation sur les dommages-intérêts, est-il dû une indemnité à ce dernier ?

Le bailleur doit indemniser le fermier ou locataire de la manière suivante : s'il s'agit d'une maison, appartement ou boutique, l'indemnité est d'une somme égale au prix du loyer, pendant le temps qui, suivant l'usage des lieux, est accordé entre le congé et la sortie; s'il s'agit de biens ruraux, l'indemnité est du tiers du prix du bail pendant le temps qui reste à courir (C. civ., 1745 et 1746).

1979. Et s'il s'agit de manufactures, usines, ou autres établissements qui exigent de grandes avances ?

L'indemnité se règle alors par experts (C. civ., 1747).

1980. En cas de faculté réservée par le bail, l'acquéreur peut-il expulser de suite le locataire ou fermier ?

Il doit avertir le locataire au temps d'avance usité dans le lieu pour les congés, et le fermier de biens ruraux au moins un an à l'avance (C. civ., 1748).

1981. L'acquéreur à pacte de rachat peut-il, comme tout autre acquéreur, user de la faculté d'expulser le preneur ?

Il ne le peut qu'autant qu'il est devenu propriétaire incommutable, par l'expiration du délai fixé pour le réméré (C. civ., 1751).

1982. Lorsque la vente ne fait pas mention de la faculté d'expulsion réservée par le vendeur dans le bail, l'acquéreur a-t-il le droit de s'en prévaloir contre le preneur ?

Nous pensons que l'acquéreur est subrogé aux droits comme aux charges du vendeur, en ce qui concerne l'exécution du bail, et que, s'il se prévaut du droit d'expulser, ce sera à lui, qui en profite, et non au vendeur à payer les indemnités qui seraient dues (*Contrà*, Delvincourt, t. 3, p. 200, notes ; Duranton, t. 17, n° 118 ; Troplong, n° 511).

1983. Lorsque le bailleur s'est réservé la faculté d'expulser le preneur en cas de vente, le preneur peut-il faire résoudre le bail si le bailleur ne le fait pas ?

La réciprocité n'a pas lieu sans stipulation (Troplong, n° 517).

SECTION II.

DES RÈGLES PARTICULIÈRES AUX BAUX A LOYER.

1984. Le locataire d'une maison ou d'un appartement est-il tenu d'y avoir un certain mobilier ?

Il doit garnir les lieux loués de meubles suffisants, à moins qu'il ne donne des sûretés capables de répondre du loyer (C. civ., 1752).

1985. La valeur des meubles doit-elle être égale au total des loyers à échoir pendant la durée du bail ?

Il suffit qu'ils soient d'une valeur propre à répondre du terme courant et du terme à échoir, avec les frais de saisie et de vente (Troplong, n° 531 ; Duvergier, t. 2, n° 15 ; Duranton, t. 17, n° 157).

1986. Le locataire ne peut-il plus disposer d'aucun de ses meubles sans le consentement du propriétaire ?

Il peut en disposer tant qu'il ne porte pas atteinte à la sûreté du locateur (Pothier, n° 268 ; Troplong, n° 532).

17

1987. Le sous-locataire est-il obligé vis-à-vis le propriétaire ?

Il n'est tenu envers lui que jusqu'à concurrence du prix de sa sous-location dont il peut être débiteur au moment de la saisie, et sans qu'il puisse opposer des paiements faits par anticipation (C. civ., 1753).

1988. N'y a-t-il pas, cependant, des paiements par anticipation que le sous-locataire peut opposer au propriétaire ?

Ce sont ceux qu'il a faits, soit en vertu d'une stipulation portée en son bail, soit en conséquence de l'usage des lieux (*Ibid*).

1989. Si le sous-locataire a payé le prix de sa sous-location, mais que le locataire principal ne paie pas ce qu'il doit, le propriétaire peut-il faire prononcer la résiliation, tant à l'égard du sous-locataire qu'à celui du preneur direct ?

La sous-location est une émanation de la location primitive, son sort est lié à celui de celle-ci, et elle doit périr avec elle, en vertu du principe *résoluto jure dantis, resolvitur jus accipientis* (Troplong, n° 514 et suivants; *Contrà*, Duranton, t. 17, n° 159; Duvergier, t. 1er, n° 539.

1990. Le curement des puits et celui des fosses d'aisances sont-ils à la charge du locataire ?

Ils sont à la charge du bailleur, s'il n'y a clause contraire (C. civ., 1756).

1991. Quelle est la durée du bail non écrit des meubles fournis pour garnir une maison entière, un corps de logis entier, une boutique ou tous autres appartements ?

Ce bail est censé fait pour la durée ordinaire des baux de maison, corps de logis, boutiques ou autres appartements, selon l'usage des lieux (C. civ., 1757).

1992. Quelle est la durée présumée du bail d'un appartement meublé ?

Il est censé fait à l'année quand il a été fait à tant par an ; au mois, quand il a été fait à tant par mois ; au jour, s'il a été fait à tant par jour (C. civ., 1758).

1993. Et si rien ne constate que le bail soit fait à tant par an, par mois ou par jour ?

La location est alors censée faite suivant l'usage de lieux (*Ibid.*).

1994. Le bailleur peut-il résoudre la location s'il déclare vouloir occuper, par lui-même, la maison louée ?

Non ; à moins qu'il n'y ait eu une convention contraire (C. civ., 1761).

1995. En cas de convention semblable, le propriétaire peut-il expulser le locataire sans aucun délai ?

Il est tenu de signifier d'avance un congé, aux époques déterminées par l'usage des lieux (C. civ., 1762).

1996. Lorsque le bailleur décède, le bénéfice de la clause d'expulsion passe-t-il à ses héritiers ?

Ce droit n'est pas tellement personnel que les héritiers ne puissent l'exercer aux lieu et place du défunt qu'ils représentent (Troplong, n° 628).

1997. Si, après avoir expulsé le preneur pour occuper par lui-même, le bailleur louait sa maison à un autre, le preneur pourrait-il s'en plaindre ?

Il pourrait réclamer des dommages-intérêts (Troplong, n° 629).

1998. En cas d'expulsion en vertu de la clause autorisée par l'art. 1762, est-il dû des dommages-intérêts au preneur ?

Non ; les dispositions des art. 1715 et suiv. ne sont pas applicables. Ici, le propriétaire n'agit pas dans un but de spéculation, mais plutôt par des considérations de famille (Pothier, n° 337 ; Troplong, n° 626.—*Contrà*, Duvergier, t. 2, n° 10).

SECTION III.

DES RÈGLES PARTICULIÈRES AUX BAUX A FERME.

1999. Celui qui cultive, sous la condition d'un partage de fruits, avec le bailleur, peut-il sous-louer ou céder ?

Non ; si la faculté ne lui en a pas été expressément accordée par le bail (C. civ., 1763).

2000. Si, pourtant, le colon cède son bail ou sous-loue, quel est le droit du bailleur ?

Il a droit de faire résilier le bail et d'obtenir des dommages-intérêts (Duvergier, t. 2, n° 90 ; Troplong, n° 644).

2001. Ce genre de bail, ayant de l'analogie avec le contrat de société, est-il rompu par la mort du preneur ?

Oui, suivant MM. Delvincourt, t. 3, p. 203, et Troplong, n° 645. — Non, selon MM. Duvergier, t. 2, n° 91 ; Duranton, t. 17, n° 178 ; Roll., v° *Bail partiaire*, n° 8.

2002. L'erreur de contenance, dans un bail à ferme, peut-elle donner lieu à une modification du prix ?

Il y a lieu à augmentation ou diminution de prix pour le fermier, dans les cas et suivant les règles déterminées pour la vente (C. civ., 1765.)

2003. Quel sera, en conséquence, le droit du preneur en cas d'excédant de plus d'un vingtième dans la contenance ?

Il pourra fournir un supplément de prix ou bien se désister du contrat (C. civ., 1618).

17*.

2004. Et si, au contraire, il y a déficit de plus d'un vingtième dans la contenance?

Le preneur, en ce cas, aura une action en délivrance du déficit, ou une action en diminution du prix (C. civ., 1617).

2005. Pourra-t-il également se désister du contrat?

Non (Troplong, n° 631.—*Contrà*, Duvergier, t. 2, n° 286; Dur., *Vente*, t. 1, n° 286).

2006. Quelle est la raison de cette différence?

C'est qu'en cas d'excédant de contenance, l'augmentation de prix qui en résulte peut dépasser les facultés du preneur, tandis qu'en cas de déficit, le preneur qui consentait à payer plus peut, à plus forte raison, payer moins, et que, s'il avait besoin d'une contenance déterminée, il est inexcusable de ne pas s'être assuré par avance de la contenance réelle de l'objet qu'il prenait à bail.

2007. Quelles sont les obligations principales du preneur d'un héritage rural?

Il doit garnir les bâtiments des bestiaux et des ustensiles nécessaires à l'exploitation de l'héritage, cultiver en bon père de famille, employer la chose louée à l'usage pour lequel elle a été destinée, engranger dans les lieux à ce destinés, et avertir le propriétaire des usurpations qui peuvent être commises sur les fonds (C. civ., 1766, 1767 et 1768).

2008. Est-il loisible au fermier de laisser incultes les terres qu'il a louées?

Il peut sans doute en laisser reposer une partie, conformément à l'usage des assolements, mais il ne peut pas les laisser dans un abandon préjudiciable (Duvergier, n° 106; Troplong, n° 662).

2009. Un fermier soumis à un bail qui lui défend de dessoler sera-t-il répréhensible s'il met toutes les terres en culture?

Non; pourvu qu'au lieu d'épuiser les terres par la répétition des mêmes produits, il alterne les moissons et entretienne la vigueur du sol par des engrais suffisants. Autrement, ce serait refuser au fermier le moyen de profiter habilement des progrès de la science et des découvertes qui peuvent augmenter la richesse agricole (Troplong, n° 664).

2010. Le fermier est-il libre de vendre les pailles, fourrages et engrais provenant de son exploitation?

Ces choses ne peuvent pas être diverties de la ferme, parce qu'elles sont destinées à faire valoir le domaine. Toutefois, si la ferme en produit plus qu'il n'est nécessaire à son entretien, le preneur peut disposer du surplus. Il faut surtout à cet égard, consulter l'usage des lieux (Pothier, n° 190; Merlin, *Quest. de droit*, v° *Fumier*, § 1ᵉʳ; Troplong, n° 666).

2011. Si le prix de ferme consiste en denrées, le fermier est-il fondé à se libérer en argent contre le gré du propriétaire?

Il doit payer de la manière promise, et non pas en donnant une chose pour une autre (Toull., t. 7, n° 47; Troplong, n° 673).

2012. Certaines faisances et prestations en nature, comme des charrois, sont-elles susceptibles de s'arrérager, c'est-à-dire de se cumuler d'une année à l'autre?

Le fermier peut opposer une déchéance tirée de ce qu'elles n'ont pas été exigées en temps et lieu (Duvergier, t. 2, n° 131 ; Troplong, n°⁵ 330 et 677).

2013. La perte d'une récolte donne-t-elle au fermier droit à une indemnité?

Si le bail est fait pour plusieurs années, et que la totalité ou la moitié au moins d'une récolte soit enlevée par des cas fortuits, le fermier peut demander une remise proportionnelle du prix de sa location, à moins qu'il ne se trouve indemnisé par les récoltes précédentes ou celles qui suivront (C. civ., 1769).

2014. Et si le bail n'est que d'une année?

Alors si la perte est de la totalité des fruits, ou au moins de la moitié, le preneur est déchargé d'une partie proportionnelle du prix de la location (C. civ., 1770).

2015. Est-ce sur la récolte présente qu'il faut calculer le déficit de moitié?

C'est sur une récolte ordinaire, un terme moyen (Duvergier, t. 2, n° 151 ; Zachariæ, t. 3, p. 30 et 31; Troplong, n° 716).

2016. Le déficit doit-il être considéré eu égard à la quantité seulement?

Il faut aussi avoir égard à la valeur vénale qui, par l'élévation du prix, peut compenser la perte matérielle (Troplong, n° 717). Il y a des opinions contraires.

2017. Outre la remise d'une partie de son fermage, le fermier peut-il demander la résolution du bail?

Le contrat doit subsister, parce que le déficit sur une récolte n'est qu'un accident momentané (Troplong, n° 721).

2018. Un fermier indemnisé de ses pertes par une compagnie d'assurances conserve-t-il le droit d'exiger du bailleur un rabais sur son prix?

Oui, car l'assurance est une chose étrangère au bailleur; n'en supportant pas les charges, il ne doit pas en recueillir les avantages (Cass., 4 mai 1831; D. P., 31,1,219).

2019. Le preneur peut-il être chargé des cas fortuits?

Oui, par une stipulation expresse (C. civ., 1772).

2020. Une stipulation générale à cet égard s'étend-elle à tous les genres de cas fortuits?

Elle ne comprend que les cas fortuits ordinaires, tels que grêle, feu du ciel, gelée ou coulure, et il faut une stipulation spéciale pour comprendre les cas fortuits extraordinaires, tels que les ravages de la guerre, ou une inondation auxquels le pays n'est pas ordinairement sujet (C. civ., 1773).

2021. Pour combien de temps est censé fait le bail, sans écrit, d'un fonds rural ?

Pour le temps qui est nécessaire, afin que le preneur recueille tous les fruits de l'héritage affermé. Ainsi le bail d'un pré, d'une vigne, est censé fait pour un an ; le bail des terres labourables divisées par soles ou saisons, est censé fait pour autant d'années qu'il y a de soles (C. civ., 1774).

2022. Si le bail comprend des terres soumises à l'assolement triennal, et des prés ou des vignes, quelle sera la durée du bail ?

De trois ans pour le tout (Troplong, n° 765; Duvergier, n° 205).

2023. Est-il nécessaire de donner congé pour un bail de biens ruraux fait sans écrit, comme pour un bail de maison ?

Non ; ce bail cesse de plein droit à l'expiration du temps pour lequel il est censé fait (C. civ., 1775).

2024. La tacite réconduction a-t-elle lieu pour les baux de biens ruraux ?

Oui ; et, dans ce cas, le nouveau bail est soumis aux règles tracées par la loi pour les baux de biens ruraux faits sans écrit (C. civ., 1776).

2025. Quelles sont les obligations du fermier sortant envers celui qui lui succède ?

Il doit lui laisser les logements convenables et autres facilités pour les travaux de l'année suivante (C. civ., 1777).

2026. Le fermier entrant a-t-il aussi des obligations à remplir envers celui qui sort ?

Il doit lui procurer les logements convenables et autres facilités pour la consommation des fourrages, et pour les récoltes restant à faire (*Ibid.*).

2027. Le fermier sortant peut-il enlever les pailles et engrais de l'année ?

Il doit les laisser, s'il les a reçus lors de son entrée en jouissance ; et quand même il ne les aurait pas reçus, le propriétaire peut les retenir suivant l'estimation (C. civ., 1778).

2028. Le fermier entrant a-t-il le droit de semer sur les blés d'hiver ou sur les mars du fermier sortant, une certaine quantité de trèfle, de sainfoin, et autres graines qui font les prairies artificielles ?

S'il n'y a pas une condition expresse dans le bail, le fermier sortant pourrait réclamer une indemnité (Troplong, n° 779).

CHAPITRE III.

DU BAIL A CHEPTEL.

SECTION Ire.

DISPOSITIONS GÉNÉRALES.

2029. Qu'est-ce que le bail à cheptel ?

C'est un contrat par lequel l'une des parties donne à l'autre un fonds de bétail pour le garder, le nourrir et le soigner, sous les conditions convenues entre elles (C. civ., 1800).

2030. Dans quelle forme doit être fait le bail à cheptel ?

Il n'est assujetti à aucune forme spéciale ; il pourrait même résulter d'une convention verbale (Troplong, n° 1070) ; néanmoins, il peut être nécessaire qu'il ait date certaine pour l'opposer à des tiers. L'art. 1813 en offre un exemple.

2031. Que dit cet article 1813 ?

Que lorsque le cheptel est donné au fermier d'autrui, il doit être notifié au propriétaire de qui tient ce fermier, sans quoi il peut le faire saisir et vendre pour ce que son fermier lui doit.

2032. En thèse générale, les créanciers du preneur peuvent-ils faire saisir et vendre le cheptel ?

Non, puisqu'il demeure la propriété du bailleur (C. civ., 1803 ; Troplong, n°s 1155 et 1156).

2033. Y a-t-il plusieurs sortes de cheptel ?

On distingue le cheptel simple ou ordinaire, le cheptel à moitié, et le cheptel donné au fermier ou au colon partiaire (C. civ., 1801).

2034. Quels sont les animaux qu'on peut donner à cheptel ?

Toute espèce d'animaux susceptibles de croit ou de profit pour l'agriculture ou le commerce (C. civ., 1802).

SECTION II.

DU CHEPTEL SIMPLE.

2035. Qu'est-ce que le bail à cheptel simple ?

C'est un contrat par lequel on donne à un autre des bestiaux à garder, nourrir et soigner à condition que le preneur profitera de la moitié du croit, et qu'il supportera aussi la moitié de la perte (C. civ., 1804).

2036. Est-il nécessaire de faire une estimation du cheptel?

Oui, pour fixer la perte ou le profit qui pourra se trouver à l'expiration du bail (C. civ., 1805).

2037. Si le cheptel périt en entier sans la faute du preneur, pour qui est la perte?

Elle est pour le bailleur (C. civ., 1810).

2038. Et s'il n'en périt qu'une partie?

La perte est alors supportée en commun d'après le prix de l'estimation originaire, et celui de l'estimation à l'expiration du cheptel (*Ibid.*).

2039. Peut-on stipuler que le preneur supportera la perte totale du cheptel, quoiqu'arrivée par cas fortuit et sans sa faute, ou qu'il supportera, dans la perte, une part plus grande que dans le profit, ou que le bailleur prélèvera, à la fin du bail, quelque chose de plus que le cheptel qu'il a fourni?

Toute convention semblable est nulle (C. civ., 1811).

2040. Pourrait-on stipuler que toute la perte sera pour le bailleur?

Oui (Troplong, n° 1115 ; Duvergier, t. 2, n° 401 ; Duranton, t. 17, n° 276).

2041. Les créanciers du bailleur ont-ils le droit de saisir et faire vendre le cheptel entre les mains du preneur?

Le bailleur ne pouvant disposer du cheptel, ses créanciers ne sauraient avoir plus de droit que lui-même. Ils peuvent seulement saisir et faire vendre le droit qu'il aura à la fin du bail.

2042. Les créanciers du preneur ont-ils la faculté de saisir le cheptel?

Bien moins encore que les créanciers du bailleur; car les droits du preneur sur le cheptel sont moins étendus que ceux du bailleur. Le principe de la société est dominant dans ce contrat, et doit être respecté par les créanciers des deux parties.

2043. Quand le cheptel est donné au fermier d'autrui, le propriétaire de la ferme peut-il le saisir et le faire vendre pour ce que son fermier lui doit?

Il le peut, à moins que le cheptel ne lui ait été notifié, auquel cas il ne peut plus saisir (C. civ., 1813).

2044. Quelle est la durée du cheptel s'il n'y a pas de convention à ce sujet?

En ce cas, le cheptel est censé fait pour trois ans (C. civ., 1815).

2045. La tacite réconduction a-t-elle lieu pour le cheptel?

Malgré le silence que la loi garde à cet égard, les auteurs pensent que la réconduction doit avoir lieu.

2046. Quelle est la durée de cette réconduction ?

Elle doit être fixée au terme légal de trois ans, adopté pour le cheptel fait sans écrit (Duvergier, t. 2, n° 424; Troplong, n° 1180).

2047. Comment se fait le partage du cheptel à la fin du bail ?

Il se fait une nouvelle estimation du cheptel. Le bailleur prélève des bêtes de chaque espèce, jusqu'à concurrence de la première estimation, le reste se partage.

S'il n'existe pas assez de bêtes pour remplir la première estimation, le bailleur prend ce qui reste, et les parties se font raison de la perte (C. civ., 1817).

2048. Le cheptel cesse-t-il par la mort du fermier à qui il est confié ?

D'après l'analogie qui existe entre le cheptel et la société, il faut décider, en vertu de l'art. 1865 du Code civil, que le cheptel est dissous par la mort du cheptelier, qui est l'agent principal, nécessaire de la société (Troplong, n° 1186).

2049. En est-il de même dans le cas de mort du bailleur ?

Non, parce que sa mort n'exerce aucune influence sur la gestion de la société, et que sa personne n'a pas été une cause déterminante de sa formation (Troplong, *ibid.*).

SECTION III.

DU CHEPTEL A MOITIÉ.

2050. Qu'entendez-vous par le cheptel à moitié ?

C'est une société dans laquelle chacun des contractants fournit la moitié des bestiaux, qui demeurent communs pour le profit ou pour la perte (C. civ., 1818).

2051. Peut-on stipuler que le bailleur profitera des laitages, du fumier ou des travaux des bêtes, ou qu'il aura droit à plus que la moitié des laines et du croît ?

Non. Toute convention contraire est nulle, à moins que le bailleur ne soit propriétaire de la métairie dont le preneur est fermier ou colon partiaire (C. civ., 1819).

2052. Dans ce genre de cheptel, les mises peuvent-elles n'être pas égales de part et d'autre ?

Rien ne s'y oppose; mais il faut que le partage du croît et des laines soit fait dans la proportion des mises.

2053. Quelles sont les autres règles du cheptel à moitié ?

Elles sont les mêmes que celles du cheptel simple (C. civ., 1820).

SECTION IV.

DU CHEPTEL DONNÉ PAR LE PROPRIÉTAIRE A SON FERMIER OU COLON PARTIAIRE.

2054. Comment s'établit ce genre de cheptel?

Le propriétaire d'une métairie la donne à ferme, à la charge qu'à l'expiration du bail, le fermier laissera des bestiaux d'une valeur égale au prix de l'estimation de ceux qu'il aura reçus (C. civ., 1821).

2055. L'estimation du cheptel en transfère-t-elle la propriété au fermier?

Non ; mais elle le met à ses risques ; tellement que la perte même totale, et par cas fortuit, est en entier à sa charge, s'il n'y a convention contraire (C. civ., 1822 et 1825).

2056. A qui appartiennent les profits pendant la durée du bail?

Au fermier, s'il n'y a convention contraire (C. civ., 1823).

2057. Il peut donc disposer des fumiers?

Non. Ils appartiennent à la métairie, à l'exploitation de laquelle ils doivent être employés (C. civ., 1824).

2058. Dans le cheptel de fer, le bailleur peut-il se réserver une partie des fruits du cheptel, telle qu'une redevance en lait, beurre ou fromage, ou une portion de la laine ou du croît ?

Oui (Troplong, n° 1233; arg. de l'art. 1825, C. civ.).

2059. Dans le cheptel de fer, pour qui est la perte?

Elle est en entier pour le fermier, lors même qu'elle est totale et arrivée par cas fortuit, s'il n'y a convention contraire (C. civ., 1825).

2060. Si le cheptel donné au colon partiaire périt en entier, sans sa faute, pour qui est la perte?

Elle est pour le bailleur (C. civ., 1827).

2061. Et si la perte n'est que partielle ?

Le colon partiaire doit en supporter la moitié (Troplong, n° 1251. V. Duranton, t. 17, n° 306).

2062. Pourrait-on stipuler que le colon entrera pour partie dans la perte totale ?

Oui (Troplong, n° 1251).

2063. Pourrait-on également stipuler qu'il sera tenu de toute la perte ?

Non (C. civ., 1828).

2064. D'où vient la différence pour la perte entre le cheptel de fer et le cheptel donné au colon partiaire ?

C'est que ce dernier cheptel se complique d'un élément d'association qui le rapproche du cheptel simple (Troplong, n° 1216).

TITRE VIII.

DU CONTRAT DE SOCIÉTÉ.

CHAPITRE PREMIER.

DISPOSITIONS GÉNÉRALES.

2065. Quel doit être l'objet d'une société ?

Toute société doit avoir un objet licite, et être contractée pour l'intérêt commun des parties (C. civ., 1833). Ainsi, tout ce qui est prohibé par la loi ou contraire à l'ordre public ou aux bonnes mœurs, ne peut faire l'objet d'une société.

2066. Peut-on former une société pour l'exploitation et le partage des bénéfices d'un office ministériel ?

Non (Décis. min. just. 3 février 1837; Troplong, n°s 88 et s.; Duvergier, n°s 59 et s.; Delangle, t. 1er, n° 108; Nantes, 9 mai 1839; Rennes, 29 décembre 1839; D. P. 40, 2, 96; Rennes, 28 août 1841; S. v. 41, 2, 494; Cassation, 24 août 1841; D. P. 41, 1, 345.)

2067. Chaque associé est-il tenu d'apporter quelque chose à la société ?

Chaque associé doit apporter ou de l'argent, ou d'autres biens, ou son industrie (C. civ., 1833). Sans une mise réciproque, il n'y a point de société.

2068. Les mises doivent-elles être égales ?

Non. L'un des associés peut fournir les deux tiers ou les trois quarts, un autre le tiers ou le quart.

2069. Les mises sociales sont-elles censées faites pour la simple jouissance des apports ou par la propriété avec aliénation au profit de la société ?

A défaut de convention spéciale à ce sujet, la société sera censée avoir la propriété même des choses formant les mises sociales. Il est donc essentiel de s'en expliquer clairement quand elle ne doit en avoir que la jouissance.

2070. Quelles sont les formalités spéciales des sociétés ?

La loi n'en a prescrit aucune; elles peuvent avoir lieu par acte sous seing privé, tout aussi bien que par acte authentique; mais elles doivent être rédigées par écrit lorsque leur objet est d'une valeur de plus de cent cinquante francs (C. civ., 1834).

2071. Ces principes s'appliquent-ils aux sociétés commerciales?

La loi est plus sévère à leur égard; elle exige un acte, et sa publication, même quand l'objet de la société serait d'une valeur inférieure à cent cinquante francs (C. comm., 39 et 42).

CHAPITRE II.

DES ENGAGEMENTS DES ASSOCIÉS ENTRE EUX ET A L'ÉGARD DES TIERS.

2072. Quand commence la société?

A l'instant même du contrat, s'il ne désigne une autre époque (C. civ., 1843).

2073. A défaut de convention, quelle est la durée de la société?

Elle est censée contractée pour toute la vie des associés; ou, s'il s'agit d'une affaire dont la durée soit limitée, pour tout le temps que doit durer cette affaire (C. civ., 1844).

2074. Les sommes qu'un associé a promis d'apporter à la société produisent-elles, de plein droit, des intérêts?

Oui, mais seulement à compter du jour où ces sommes devaient être versées (C. civ., 1846).

2075. Est-il dû des intérêts pour les sommes qu'un associé a prises dans la caisse sociale?

Les intérêts sont dus de plein droit à compter du jour où l'associé a tiré les sommes de la caisse sociale pour son profit particulier (C. civ., 1846).

2076. Les intérêts sont-ils dus de plein droit sur les avances qu'un associé a faites à la société?

L'art. 1852 du Code civil le fait supposer, et l'art. 2001 le décide positivement; car l'associé peut être considéré comme mandataire de la société (Delvincourt, t. 3, notes, p. 229; Dur., t. 17, n° 411; Duvergier, n° 318; Troplong, n° 603).

2077. Un associé peut-il être contraint à fournir des fonds au delà de ce qu'il a promis par l'acte social?

En général, non; et si un supplément de mise devient nécessaire pour la continuation des affaires de la société, chaque associé a le droit de le refuser et de demander la dissolution de la société (Troplong, n° 182; Malpeyre et Jourdain, p. 51; Duvergier, n° 365).

2078. Lorsque l'acte de société ne détermine point la part de chaque associé dans les bénéfices ou les pertes, quelle est cette part ?

La part de chacun est en proportion de sa mise dans le fonds de la société (C. civ., 1853).

2079. Comment décideriez-vous à l'égard de celui qui n'a apporté que son industrie ?

Sa part dans les bénéfices ou dans les pertes doit être réglée comme si sa mise eût été égale à celle de l'associé qui a le moins apporté (*Ibid.*).

2080. Et s'il a apporté tout à la fois son industrie et une somme en argent ou autres objets ?

Il doit prendre dans les bénéfices une portion correspondante à la somme réellement apportée, augmentée d'une valeur égale à la plus petite mise attribuée aux autres associés (Duvergier, n° 232; Duranton, t. 17, n° 313; Troplong, n° 619).

2081. Peut-on laisser le règlement des parts à l'arbitrage ultérieur d'un tiers ?

Oui. (C. civ., 1854). Mais il est indispensable que l'arbitre soit désigné par l'acte social, autrement la société serait nulle (Troplong, n° 626).

2082. La part dans les bénéfices doit-elle être exactement mesurée sur les parts dans le capital ?

Cette répartition proportionnelle n'est pas de rigueur. Tel qui a apporté plus de capitaux, peut avoir dans les bénéfices moins que celui dont la mise est plus faible (Pothier, n° 17; Troplong, n° 631).

2083. Peut-on stipuler que l'un des associés aura la totalité des bénéfices ?

Une semblable convention est nulle (C. civ., 1855).

2084. Est-il au moins permis de stipuler que l'un des associés sera affranchi de toute contribution aux pertes ?

Une semblable stipulation est également nulle (*Ibid.*).

2085. Vous pensez donc qu'on ne pourrait pas convenir que l'associé qui fournit son industrie aura droit à une somme fixe, ·lles que soient les pertes sociales, et une part dans les béné- ·, s'il y en a.

Cette convention est licite, par la raison qu'en ce cas, la société est mélangée d'un contrat de louage, et que l'associé reste soumis à des chances, en ce sens qu'il peut perdre la partie de son travail que les bénéfices devaient récompenser (Delvincourt, t. 3, p. 225, note n° 4; Dur., t. 17, n° 420; Troplong, n° 651; Duvergier, n°s 262, 263; Zachariæ, t. 3, p. 57).

2086. Peut-on convenir que la part d'un associé dans les bénéfices ne sera pas la même que la part pour laquelle il doit contribuer aux pertes?

On peut établir une proportion différente; par exemple, accorder à l'un des associés les deux tiers des bénéfices, et ne lui faire supporter que le tiers des pertes (Troplong, n° 633; Duranton, n° 122; Duvergier, n°° 14 et 260). Mais si la proportion était dérisoire par son exiguité, on tomberait sous la prohibition de l'art. 1855 du Code civil.

2087. Au lieu de convenir que l'un des associés prendra le quart, le tiers, etc., des bénéfices, peut-on stipuler qu'il prendra une somme fixe, 10,000 francs, par exemple, et que le surplus appartiendra à l'autre associé?

L'usage et la loi approuvent également cette convention. Il y a là une chance qui met l'équilibre dans la convention (Troplong, n° 637).

2088. Mais cette assignation d'une somme fixe pourrait-elle avoir lieu avec cette condition aggravante, que la somme devrait être payée, encore bien que la société vînt à ne pas faire de bénéfices?

Cette convention est valable, puisqu'elle n'est pas prohibée par la loi, et qu'elle renferme une chance aléatoire qui peut tourner, tantôt au profit d'un associé, tantôt au profit de l'autre (Troplong, n°° 638 et suiv.; Cass., 7 déc. 1836; D. p., 37,1,219).

2089. Pourrait-on convenir que l'un des associés aura, à son choix, ou une somme fixe annuelle, ou une quote-part dans les bénéfices?

Il y a même raison de décider (*Ibid.*).

2090. Est-il licite de stipuler que la totalité des bénéfices de la société appartiendra à celui des associés qui survivra?

Il n'y a pas là de pacte léonin; c'est un avantage aléatoire et commutatif (Delvincourt, t. 3, n° 225, note 3; Malpeyre et Jourdain, n° 134; Championnière et Rigaud, t. 3, n° 2769; Troplong, n° 646).

2091. Comment s'administre une société?

Une entière liberté est laissée aux contractants pour l'organisation du pouvoir chargé de diriger et d'administrer les affaires sociales. Habituellement les associés chargent un ou plusieurs d'entre eux de l'administration de la société, et l'acte règle l'étendue des pouvoirs qui leur sont donnés.

2092. Si les fonctions du gérant n'ont pas été déterminées, en quoi consistent-elles?

Elles consistent dans l'exercice de tous les actes que, d'après la nature et l'objet de la société, on peut considérer comme nécessaires, pour que la société reçoive son exécution.

2093. Le gérant a-t-il le pouvoir de transiger et compromettre?

Oui, sur les intérêts relatifs au commerce de la société (Pardessus, n° 1014,

Duvergier, n° 320), M. Troplong, n° 690, restreint ce pouvoir aux choses dont le gérant a la disposition.

2094. Peut-il, quand il n'y a pas d'interdiction précise dans l'acte social, emprunter au nom de la société?

Il le peut pour les fins légitimes de son administration, mais il ne peut pas hypothéquer (Troplong, n°⁵ 684 et 686; Cass., 21 avril 1841; D. P., 41, 1, 222).

2095. Peut-il vendre les immeubles de la société?

Oui, si les immeubles sont destinés à être vendus (Troplong, n° 683, même arrêt).

2096. Le gérant doit-il être nécessairement un des associés?

Il peut être pris hors de la société. Dans ce cas, il administre sous la responsabilité des associés dont il n'est que le mandataire.

2097. Le gérant peut-il être révoqué?

Il ne peut pas être révoqué sans cause légitime, tant que dure la société, s'il a été nommé par une clause spéciale du contrat de société (C. civ., 1856).

2098. Quelle est la raison de cette irrévocabilité?

C'est que la nomination du gérant a été une condition du pacte social.

2099. En est-il de même si le gérant a été nommé par un acte postérieur au contrat de société?

En ce cas il est révocable comme un simple mandataire (C. civ., 1856).

2100. La société est-elle responsable de tous les engagements contractés par l'un des associés?

Lorsque l'un des associés contracte seul, en son privé nom, il s'oblige seul, et ses coassociés ne sont pas obligés; si, au contraire, l'associé a contracté au nom et pour le compte de la société dont il avait pouvoir suffisant, la société se trouve obligée (C. civ., 1862 et 1864).

2101. La solidarité a-t-elle lieu entre tous les associés pour les engagements de la société?

Dans les sociétés civiles, les associés ne sont pas tenus solidairement des dettes sociales; ils sont tenus chacun pour une somme et part égales, encore que la part de l'un d'eux dans la société fût moindre (C. civ., 1862 et 1863). Dans les sociétés commerciales, la solidarité a lieu entre les associés en nom collectif, mais non à l'égard des associés commanditaires, ni dans les sociétés anonymes ou en participation.

2102. Tous les associés autres que les commanditaires ayant un droit égal à l'administration de la société, l'acte social peut-il restreindre cette faculté à un ou plusieurs des associés, ou limiter l'étendue des engagements que ces associés peuvent contracter au nom de la société?

Le mandat réciproque que l'association collective attribue de plein droit à chaque associé pour obliger la société, peut être limité par une clause expresse du contrat de société à l'un d'eux, et lorsque ce contrat a été publié, les tiers qui contracteraient avec un associé n'ayant pas la signature sociale, n'auraient pas d'action contre la société. Il en est de même pour la restriction qui peut être apportée aux pouvoirs du gérant. Les tiers avertis par la publicité ne peuvent contracter que dans la mesure des pouvoirs conférés au gérant.

CHAPITRE III.

DES DIFFÉRENTES MANIÈRES DONT FINIT LA SOCIÉTÉ.

2103. La mort naturelle ou civile de l'un des associés, son interdiction ou sa déconfiture, opèrent-t-elles la dissolution de la société?

En général, oui (C. civ., 1865). Il y a cependant exception pour la société en commandite par actions et pour la société anonyme.

2104. Si la société n'est pas divisée par actions, le décès d'un commanditaire entraîne-t-il la dissolution de la société?

Oui (Malpeyre et Jourdain, n° 471 ; Troplong, n° 888; Persil fils, p. 311).

2105. Un seul des associés peut-il dissoudre la société par sa seule volonté?

Oui, si la durée de la société est illimitée (C. civ., 1865 et 1869).

2106. Si la société a un terme fixe, la dissolution de la société peut-elle être demandée par l'un des associés avant le terme convenu ?

Oui, mais seulement lorsqu'il y a pour cela de justes motifs dont la légitimité et la gravité sont laissées à l'arbitrage des juges (C. civ.,1871).

2107. Pouvez-vous nous citer des exemples de ces motifs?

Lorsqu'un associé manque à ses engagements, ou qu'une infirmité habituelle le rend inhabile aux affaires de la société (*Ibid.*).

2108. Comment doit s'établir la prorogation d'une société à temps limité?

Par un écrit revêtu des mêmes formalités que l'acte de société (C. civ., 1866).

2109. Comment doit-on procéder à la liquidation et au partage de la société?

Dans les formes réglées pour le partage des successions (C. civ., 1872), à défaut de convention qui les règle autrement.

2110. S'il n'y a pas de liquidateur nommé par le pacte social, à qui appartient la liquidation de la société?

A tous les associés.

2111. Lorsqu'il y a des mineurs parmi les associés d'une société de commerce, les scellés peuvent-ils être apposés sur les effets de la société?

Non, parce que la société pourrait avoir gravement à souffrir de ces entraves à ses affaires, et que d'ailleurs, c'est la personne civile de la société qui possède plutôt que les associés (Troplong, n° 1005).

2112. Dans le même cas, le partage doit-il être judiciaire?

Nullement. Les usages et les nécessités du commerce dérogent ici au droit commun (Troplong, n° 1007; Vincens, p. 366).

2113. Quels sont les pouvoirs du liquidateur d'une société?

Ses pouvoirs sont ceux d'un mandataire général pour une certaine affaire; il ne peut les dépasser, à moins que des clauses expresses et des pouvoirs particuliers n'en étendent le cercle.

Il est chargé d'apurer le commerce et ses suites, de finir ce qui est commencé, il peut vendre ce qui existe en magasin; mais il ne peut acheter pour revendre encore. Ce ne serait pas liquider le commerce, ce serait le continuer (Troplong, n° 1010).

2114. Peut-il souscrire des effets, emprunter au nom de la société?

La négative est certaine (Frémery, p. 70; Horson, p. 11; Troplong, n° 1012).

2115. Peut-il endosser des effets de commerce?

En principe, il faudrait répondre qu'il n'a pas ce pouvoir, par la raison qu'il pourrait se servir de ce moyen pour se procurer de l'argent et engager la société. Mais dans l'usage constant du commerce, le liquidateur endosse les valeurs ou effets de la société qu'il n'aurait pas la possibilité de recouvrer lui-même directement.

2116. Le liquidateur a-t-il le droit de vendre les immeubles de la société?

Chargé de réaliser tous les biens de la société, il a le pouvoir de vendre les immeubles dont la conservation n'est pas dans les vues des associés ou le but du partage.

2117. Peut-il transiger et compromettre?

Il ne peut ni transiger ni compromettre, suivant M. Troplong, n° 1023, et un arrêt de cassation du 15 janv. 1812. D'autres auteurs lui reconnaissent ce droit et invoquent en sa faveur les usages du commerce (Dalloz, t. 5, p. 622; Vincens, p. 363; Horson, p. 49, l'ardessus, t. 4, n° 1075).

2118. L'associé nommé liquidateur est-il ou non révocable?

S'il a été nommé par l'acte de société, il est irrévocable, à moins de stipulation contraire; il peut être révoqué lorsqu'il a été nommé après la dissolution (Malpeyre et Jourdain, n° 520; Troplong, n° 1034 et 1036).

18

CHAPITRE IV.

DES SOCIÉTÉS COMMERCIALES.

2119. Les dispositions du Code civil sur les sociétés sont-elles applicables aux sociétés de commerce ?

Seulement dans les points qui n'ont rien de contraire aux lois et usages du commerce (C. civ., 1873).

2120. Qu'est-ce qui distingue les sociétés commerciales ?

C'est leur but qui leur imprime le caractère commercial ; ainsi, les sociétés sont commerciales lorsqu'elles sont formées pour exercer un commerce ou pour faire des actes de commerce.

2121. Les associations pour acheter et vendre des immeubles sont-elles des sociétés commerciales ?

Ce sont des sociétés civiles par la raison que cette opération n'a pas été qualifiée acte de commerce par l'art. 632, C. comm. (Troplong, n° 319 ; Pardessus, t. 1ᵉʳ, n° 10 ; Cass., 11 déc. 1819).

2122. Les sociétés formées pour l'exploitation des mines sont-elles civiles ou commerciales ?

Elles sont civiles d'après la loi du 21 avril 1810, art. 32 ; et elles ne deviennent pas de plein droit commerciales quand le concessionnaire appelle des capitalistes à lui prêter leur concours (Troplong, n° 326 ; Cass., 7 février 1826 ; D. p., 26, 1, 157 ; id. 24 juin 1829 ; D. p., 29, 1, 280 ; id. 15 avril 1831 ; D. p., 31, 1, 95 ; id. 10 mars 1811 ; Décis. cons. d'état, 7 juin 1836 ; D. p., 37, 3, 135).

2123. Les sociétés de chemins de fer sont-elles civiles ou commerciales ?

Elles sont commerciales, du moment qu'elles exploitent le transport des voyageurs et marchandises (Troplong, n° 352).

2124. Des propriétaires qui s'associeraient pour mettre en commun les produits de leurs fonds, et se partager les bénéfices des ventes, auraient-ils une société de commerce ?

Non, parce que les spéculations des propriétaires sur leurs produits, et les opérations qui en sont l'auxiliaire ne sont point des actes de commerce (Pardessus, t. 1ᵉʳ, n°ˢ 7, 12, 13 ; Troplong, n° 322 ; Cass., 11 janv. 1820).

2125. Les sociétés civiles, dans leur principe, peuvent-elles devenir commerciales ?

Oui ; d'abord par la volonté des parties, résultant soit d'une manifestation expresse, soit de l'ensemble de certaines dispositions spéciales aux sociétés de commerce, comme la publication de l'acte social, la soumission à l'arbitrage imposé par le Code de commerce ; ensuite lorsque la société se complique d'opérations commerciales qui absorbent le caractère primitif de la société (Troplong, 229, 230, 231).

2126. Combien distingue-t-on de sociétés commerciales?

Il y en a quatre espèces: la société en nom collectif, la société en commandite, la société anonyme et celle en participation.

SECTION Ire.

DE LA SOCIÉTÉ EN NOM COLLECTIF.

2127. Qu'entend-on par la société en nom collectif?

La société en nom collectif est celle que contractent deux personnes ou un plus grand nombre, et qui a pour objet de faire le commerce sous une raison sociale (C. comm., 20).

2128. Tous les associés en nom collectif sont-ils également responsables des engagements de la société?

Ils sont tous engagés solidairement, encore qu'un seul d'entre eux ait signé, pourvu que ce soit sous la raison sociale (C. comm., 22), et sans que les associés non signataires puissent, par l'abandon de leur intérêt dans la société, s'affranchir de la solidarité.

2129. Pourrait-on stipuler, dans l'acte social, qu'il n'y aura pas de solidarité entre les associés?

Une semblable clause serait sans effet, quoique rendue publique par la publication de l'acte social; parce que la solidarité est de l'essence même de la société en nom collectif. (Pardessus, n° 1022; Malpeyre et Jourdain, p. 128; Cass., 26 avril 1836; D. P., 36, 1, 195).

2130. Qu'est-ce que la raison sociale?

C'est le symbole de la société; c'est le nom de ce corps moral que l'on distingue des associés pris isolément (Troplong, n° 360).

2131. Quels noms peuvent entrer dans la composition de la raison sociale?

Les noms des associés peuvent seuls faire partie de la raison sociale (C. comm., 21); mais il n'est pas nécessaire qu'ils y soient tous compris, un seul peut y figurer avec l'addition de ces mots : et compagnie.

2132. Est-il nécessaire qu'il y ait une raison sociale pour une société en nom collectif?

Elle est de l'essence même de cette société, à tel point que, sans la raison sociale, la société cesserait d'être en nom collectif.

2133. Dans quelle forme une société en nom collectif doit-elle être contractée?

Elle doit être constatée par un acte public, ou sous signature privée (C. comm., 39).

2134. Faut-il que l'acte de société soit publié?

Un extrait des actes de société doit être remis dans la quinzaine de leur date au greffe du tribunal de commerce de l'arrondissement dans lequel est établie la maison du commerce social, pour être transcrit sur le registre et affiché pendant trois mois dans la salle des audiences (C. comm., 42).

2135. Si la société a plusieurs maisons de commerce situées dans différents arrondissements, où doit se faire le dépôt d'un extrait de l'acte social?

Le dépôt doit être fait au tribunal de commerce de chaque arrondissement (*Ibid.*).

2136. Y a-t-il une pénalité attachée au défaut de l'accomplissement de ces formalités?

Ces formalités doivent être observées, à peine de nullité, à l'égard des intéressés; mais le défaut d'aucune d'elles ne peut être opposé à des tiers par les associés (*Ibid.*).

2137. La publication des actes de société se borne-t-elle au dépôt d'un extrait au greffe du tribunal de commerce?

Suivant la loi du 31 mars 1833, il faut encore que l'extrait soit inséré dans l'un des journaux spécialement désignés par le tribunal de commerce, et l'exemplaire du journal, certifié par l'imprimeur et légalisé par le maire, doit être enregistré dans les trois mois de sa date; le tout à peine de nullité (Cass., 30 janv. 1839; D. P., 39, 1, 90).

2138. Quelles énonciations doit contenir l'extrait destiné à la publication?

L'extrait doit contenir, 1° les noms, prénoms, qualités et demeures des associés, autres que les actionnaires ou commanditaires, 2° la raison de commerce de la société; 3° la désignation de ceux des associés autorisés à gérer, administrer et signer pour la société; 4° le montant des valeurs fournies ou à fournir par actions ou en commandite; 5° l'époque où doit commencer la société et celle où elle doit finir (C. comm., 43).

2139. Par qui l'extrait doit-il être signé?

L'extrait doit être signé, pour les actes publics, par les notaires, et pour les actes sous seing privé, par tous les associés, si la société est en nom collectif, et par les associés solidaires ou gérants, si la société est en commandite, soit qu'elle se divise ou ne se divise pas en actions (C. comm., 44).

2140. Si la société continue après son terme expiré, ou s'il y est fait quelque changement, faut-il une nouvelle publication?

Toute continuation de société, tous actes portant dissolution de société avant le terme fixé pour sa durée, tout changement ou retraite d'associés, toutes nouvelles stipulations ou clauses, tout changement à la raison sociale sont soumis aux mêmes publications que l'acte de société (C. comm., 46 et C. civ., 1866).

2141. Le défaut de publicité de ces changements peut-il

être opposé par les associés entre eux comme par les tiers ?

Oui, mais les associés ne sauraient argumenter de l'omission des formalités de l'art. 46 du Code de commerce contre les tiers qui auraient un intérêt contraire (Troplong, n° 910).

SECTION II.

DE LA SOCIÉTÉ EN COMMANDITE.

2142. Pouvez-vous nous donner une définition de la société en commandite ?

La société en commandite se contracte entre un ou plusieurs associés responsables et solidaires, et un ou plusieurs associés simples bailleurs de fonds, que l'on nomme commanditaires ou associés en commandite. Elle est régie sous un nom social qui doit être nécessairement celui d'un ou plusieurs des associés responsables et solidaires (C. comm., 23).

2143. Le nom d'un associé commanditaire peut-il faire partie de la raison sociale ?

Non (C. comm., 25).

2144. Dans quelle mesure un associé commanditaire est-il passible des pertes de la société ?

Jusqu'à concurrence seulement des fonds qu'il a mis ou dû mettre dans la société (C. comm., 26).

2145. Cet associé peut-il prendre part à la gestion de la société ?

Il ne peut faire aucun acte de gestion, ni être employé pour les affaires de la société, même en vertu de procuration (C. comm., 27).

2146. Quelle est la conséquence d'une contravention à cette prohibition ?

C'est que l'associé commanditaire se trouve par là obligé solidairement avec ses associés en nom collectif, pour toutes les dettes et engagements de la société (C. comm., 28).

2147. Les commanditaires font-ils acte d'immixtion en donnant des conseils ou des autorisations au gérant, et en surveillant ses opérations ?

Non, car gérer c'est administrer par soi-même, exercer les fonctions du gérant, et il y a une différence essentielle entre l'autorisation et l'action. Les délibérations d'un conseil de famille en offrent l'exemple (Troplong, n°s 423 et suiv.).

2148. En est-il de même à l'égard des transactions commerciales que la maison commanditée peut faire pour son compte avec le commanditaire, et, réciproquement, le commanditaire

avec la maison commanditée, comme avec toute autre maison
de commerce?

Oui, et le commanditaire peut être banquier, commissionnaire ou fournisseur de la société (Avis du conseil d'État, du 29 août 1809).

2149. Le gérant peut-il se prévaloir contre les commanditaires de la solidarité prononcée par l'art. 28 du Code de commerce, pour le cas de participation aux actes de gestion?

Cette solidarité n'est établie qu'au profit des tiers, et le commanditaire a son recours contre le gérant pour tout ce qu'il paie au delà de sa mise sociale (Malpeyre et Jourdain, p. 167; Troplong, n°s 440 et 441).

2150. La société en commandite est-elle soumise aux formalités de la publication?

Oui, comme la société en nom collectif.

SECTION III.

DE LA SOCIÉTÉ ANONYME.

2151. En quoi la société anonyme diffère-t-elle de celle dont nous venons de parler?

En ce qu'elle n'a point de raison sociale, qu'elle est qualifiée simplement par la désignation de l'objet de son entreprise, et que les gérants ou administrateurs ne contractent, à raison de leur gestion, aucune obligation personnelle ni solidaire relativement aux engagements de la société; ils ne sont considérés que comme des mandataires (C. comm., 29, 30 et 32).

2152. Ce genre de société est-il assujetti à des formes particulières?

La société anonyme ne peut être formée que par acte public et avec l'autorisation du Gouvernement (C. comm., 37 et 40).

2153. Les administrateurs doivent-ils être choisis parmi les associés?

Des étrangers peuvent être administrateurs comme des associés (C. comm., 31).

, **2154.** Ces administrateurs sont-ils irrévocables?

Ils sont essentiellement révocables (C. comm, 31), et la clause du contrat qui les déclarerait irrévocables serait nulle (Troplong, n° 467).

2155. Puisque les administrateurs ne sont pas responsables des engagements de la société, cette responsabilité pèse donc sur tous les associés.

Non pas; les associés ne sont passibles que de la perte du montant de leur intérêt dans la société (C. comm., 33), et les créanciers n'ont pour garantie que le capital social et toutes les valeurs de la société.

2156. Les tiers créanciers de la société ont-ils qualité pour agir directement contre les associés qui n'auraient pas versé le montant de leur action ?

Oui, car la mise de chaque associé est la garantie des tiers ; elle leur est acquise (Malpeyre et Jourdain, n° 339 ; Troplong, n° 437).

2157. L'action des créanciers va-t-elle jusqu'à faire rapporter, par l'associé, les bénéfices qu'il a reçus ?

Non (Troplong, n° 458).

2158. Les actionnaires d'une société anonyme peuvent-ils recevoir des intérêts avant que la société ait fait des profits suffisants?

En principe, ils ne le peuvent pas, parce que ce serait une diminution du capital social qui est la garantie des créanciers ; et ceux-ci auraient le droit de faire rapporter ces intérêts (Malpeyre et Jourdain, p. 2163 ; Troplong, n°s 190 et 192).

2159. On ne peut donc pas stipuler dans un acte de société que le montant des actions produira des intérêts depuis le jour du versement, si la société n'a pas encore de produits ?

Ce prélèvement d'intérêts sur le capital social, du moment qu'il est prévu par l'acte de société, n'a plus rien de contraire au principe de l'art. 1843 du Code civil et de l'art. 26 du Code de commerce.

C'est comme s'il avait été convenu que le capital social ne consisterait que dans la somme restant après les prélèvements convenus (Troplong, n°s 191 et 515).

2160. Un actionnaire peut-il être obligé de fournir de nouveaux fonds au-delà du capital de son action ?

Il ne peut y être obligé même en vertu d'une délibération prise par la majorité des actionnaires, à moins de clause contraire dans l'acte de société.

2161. La société anonyme est-elle dissoute par la mort ou la faillite de l'un des associés ?

Non ; attendu qu'elle n'est pas une association de personnes, mais seulement de capitaux (Troplong, n° 886 ; Cass., 12 janv. 1812).

2162. La société anonyme doit-elle être publiée ?

L'acte du Gouvernement qui autorise les sociétés anonymes doit être affiché avec l'acte d'association, et pendant le même temps que les sociétés en nom collectif et en commandite (C. comm., 45).

SECTION IV.

DE L'ASSOCIATION EN PARTICIPATION.

2163. Qu'est-ce qu'une association en participation ?

C'est une association relative à une ou plusieurs opérations de commerce (C. comm., 48).

2164. Cette définition peut s'appliquer à toutes les sociétés commerciales ; n'y a-t-il pas d'autres caractères qui distinguent la société en participation ?

Elle est essentiellement occulte, exempte de toute publicité ; elle peut être constatée par la représentation des livres, de la correspondance ou même par la preuve testimoniale ; enfin, les associés ne confondent pas leurs mises, et en conservent au contraire la propriété distincte et séparée (C. comm., 49 et 50 ; Troplong, n°ˢ 499 et 500 ; Vincens, t. 1ᵉʳ, p. 379, n° 4).

SECTION V.

DES ACTIONS.

2165. Dans quelles sociétés le capital peut-il être divisé par actions ?

Dans les sociétés anonymes (C. comm., 34), dans les sociétés en commandite (C. comm., 38) et même dans les sociétés civiles (Troplong, n° 143).

2166. Il peut donc n'y avoir que de simples actionnaires dans une société en commandite ?

Il est indispensable que, parmi les sociétaires, il y en ait qui soient responsables et solidaires (C. comm., 38).

2167. Quelle est la nature des actions ?

L'action est toujours un meuble, lors même que des immeubles dépendent de la société (C. civ., 529).

2168. Peuvent-elles être immobilisées ?

Oui, par un acte du Gouvernement ; alors elles deviennent susceptibles de priviléges et d'hypothèques, et sont soumises aux mêmes conditions que les immeubles.

2169. Quelle est la forme des actions ?

Elles sont nominales ou au porteur.

2170. Dans une société en commandite, les actions peuvent-elles être au porteur ?

Cette question a soulevé de graves difficultés ; néanmoins, elle a été décidée pour l'affirmative, par la raison que l'art. 38 du Code de commerce ne contient aucune limitation à ce sujet, et que l'usage en est constant (Dalloz, 12, p. 135 ; Malpeyre et Jourdain, p. 143, n° 235 ; Troplong, n°ˢ 147 et suiv. ; Paris, 7 fév. 1832 ; D. P. 32, 2, 107, id. 14 fév. 1832 ; D. P. 32, 2, 123).

2171. Comment s'opère la cession des actions ?

Les actions au porteur peuvent se transmettre par la simple tradition du titre ; les actions nominatives par la voie de transferts, qui sont constatés par déclarations inscrites sur un registre spécial, et signé du gérant et des parties intéressées (Comm. c., 35 et 36).

2172. Si le montant de l'action est encore dû en partie à la société, le cédant en reste-t-il responsable?

Lors même que l'action serait au porteur, le cédant n'en reste pas moins garant envers la société du paiement intégral de l'action pour laquelle il a souscrit (Troplong, n° 176 et suiv. *Contrà*, Malpeyre et Jourdain, n° 320).

2173. Les porteurs intermédiaires par les mains desquels l'action au porteur est passée sans laisser de traces sont-ils également responsables, envers la société, du paiement de ce qui peut rester dû sur l'action?

Ils sont à l'abri des recherches de la société, parce qu'ils n'ont contracté aucun engagement envers elle (Troplong, n° 177).

2174. En est-il de même en ce qui concerne les actions nominatives?

Non, car, par l'effet du transfert de l'action, le cessionnaire succède à tous les droits comme à toutes les obligations de son vendeur (Troplong, n° 181).

2175. Peut-on stipuler, dans un acte de société, que les souscripteurs qui ne paieraient pas les fractions de leurs actions aux époques convenues seront déchus de leurs droits, et que les versements déjà faits seront acquis à la société?

Cette convention est valable, et permet au souscripteur de sortir de la société en renonçant aux sommes par lui déjà versées (Troplong, n° 179).

TITRE IX.

DU PRÊT.

CHAPITRE PREMIER.

DU PRÊT A USAGE OU COMMODAT.

2176. Expliquez-nous ce que c'est que le prêt à usage.

Le prêt à usage ou commodat est un contrat par lequel une personne livre gratuitement à une autre, pour s'en servir, une chose qui ne se consomme pas par l'usage, dont le prêteur reste propriétaire, et dont l'emprunteur est responsable, en cas de perte par sa faute (C. civ., 1875 et s.).

2177. Quelle différence y a-t-il entre le commodat et le louage des choses?

Le prêt à usage est essentiellement gratuit, tandis que le louage est un contrat intéressé de part et d'autre, et ne peut subsister qu'à la condition d'un prix. Le prêt à usage n'engendre pas non plus la même obligation de garantie que le louage.

2178. Le commodat peut-il s'appliquer aux immeubles?

Rien n'empêche de prêter un immeuble, une maison de campagne, un appartement, tout aussi bien qu'un meuble (Troplong, n° 36).

2179. Les engagements qui se forment par le commodat passent-ils aux héritiers des deux parties?

Ils sont transmissibles à ces héritiers, à moins que le prêt n'ait été fait en considération de l'emprunteur et à lui personnellement (C. civ., 1879).

2180. Quels sont les engagements de l'emprunteur lorsqu'il s'agit d'un prêt à usage?

L'emprunteur est tenu de veiller en bon père de famille à la garde et à la conservation de la chose prêtée; il ne peut s'en servir qu'à l'usage déterminé par sa nature ou par la convention, le tout à peine de dommages et intérêts s'il y a lieu (C. civ., 1880).

2181. Ce genre de prêt peut-il se prouver par témoins?

La preuve testimoniale n'est pas admissible toutes les fois que la chose prêtée excède 150 fr. (C. civ., 1341; Toullier, t. 9, n° 20; Duranton, t. 17, n° 198; Duvergier, n° 51; Troplong, n°s 58 et suiv.).

2182. L'emprunteur est-il responsable de la perte de la chose prêtée?

Le prêteur reste propriétaire de la chose prêtée (C. civ., 1877), et c'est le cas d'appliquer la maxime : *Res perit domino*. Mais l'emprunteur devient responsable, si la chose prêtée périt par sa faute, et s'il l'a employée à un autre usage ou pour un temps plus long qu'il ne le devait, il est tenu de la perte arrivée même par cas fortuit (C. civ., 1881).

2183. Si la chose a été estimée en la prêtant, la responsabilité de l'emprunteur est-elle la même?

Dans ce cas, la perte qui arrive, même par cas fortuit, est pour l'emprunteur, s'il n'y a convention contraire (C. civ., 1883).

2184. Résulte-t-il de là que l'emprunteur a le choix de rendre le prix ou la chose?

Il est débiteur de la chose même, et doit la rendre quand elle existe, sans détérioration.

2185. La détérioration de la chose prêtée est-elle à la charge de l'emprunteur?

Si la chose se détériore par le seul effet de l'usage pour lequel elle a été empruntée, et sans aucune faute de l'emprunteur, il n'est pas tenu de la détérioration (C. civ., 1884).

2186. Le prêteur peut-il retirer la chose prêtée avant le terme convenu, ou, à défaut de convention, avant qu'elle ait servi à l'usage pour lequel elle a été empruntée?

Non. Cependant s'il survient au prêteur un besoin pressant et imprévu de la chose, le juge peut, suivant les circonstances, obliger l'emprunteur à la lui rendre (C. civ., 1888 et 1889).

CHAPITRE II.

DU PRÊT DE CONSOMMATION OU SIMPLE PRÊT.

2187. En quoi le prêt de consommation diffère-t-il du prêt à usage ?

En ce qu'il consiste en une certaine quantité de choses qui se consomment par l'usage, et que l'emprunteur devenant propriétaire de la chose prêtée, c'est pour son compte qu'elle périt, de quelque manière que la perte arrive (C. civ., 1892 et 1893).

2188. Quelle est la nature d'un prêt d'argent ?

C'est un prêt de consommation.

2189. Le prêt de marchandises est-il aussi un prêt de consommation ?

Oui. La chose est devenue fongible par sa destination.

2190. Si, dans l'intervalle du prêt à l'époque du paiement, les monnaies ont subi une augmentation ou une diminution, comment le débiteur doit-il se libérer ?

Il doit rendre la somme numérique énoncée au contrat, et dans les espèces ayant cours au moment du paiement (C. civ., 1895).

2191. Cependant, on stipule souvent, dans les obligations, que le remboursement ne pourra avoir lieu qu'en espèces d'or ou d'argent, aux mêmes titres et poids que celles ayant cours au moment du prêt ?

Cette clause est sans valeur, et n'empêcherait pas le débiteur de se libérer dans les espèces ayant cours au moment du paiement, et, par exemple, en billets de banque dont le cours serait forcé.

2192. Mais si le prêt était fait en lingots ou en denrées, qu'en résulterait-il ?

Que le débiteur devrait rendre la même quantité et qualité de lingots ou de denrées, quelle que fût l'augmentation ou la diminution de leur prix (C. civ., 1896 et 1897).

2193. A quelle époque le remboursement doit-il être fait ?

A l'époque convenue par le contrat, et que les parties sont libres de fixer comme elles l'entendent.

2194. Quelles sont les causes qui peuvent faire perdre au débiteur le bénéfice du terme convenu ?

Son état de faillite, ou la diminution par son fait des sûretés données par le contrat (C. civ., 1188).

2195. Peut-on convenir que le débiteur remboursera quand il voudra ?

Non ; ce serait une condition *potestative* dont la loi prononce la nullité (C. civ., 1170 et 1174) ; et, dans ce cas, le créancier pourrait faire fixer un délai par le juge, suivant les circonstances (C. civ., 1901),

2196. S'il n'a été fixé aucun terme pour la restitution, quand le créancier a-t-il le droit d'exiger son remboursement ?

Quand il lui plaît ; mais le juge peut accorder à l'emprunteur un délai suivant les circonstances (C. civ., 1900).

2197. Et s'il a été seulement convenu que l'emprunteur paierait quand il le pourrait ou quand il en aurait les moyens ?

Sur la demande du prêteur, le juge fixe un terme de paiement suivant les circonstances (C. civ., 1901).

2198. L'emprunteur peut-il se libérer par anticipation ?

Il est libre de devancer le terme convenu, à moins qu'il ne résulte de la stipulation ou des circonstances que le terme a été aussi convenu en faveur du créancier (C. civ., 1187).

2199. Peut-il se libérer par parties ?

Le débiteur ne peut point forcer le créancier à recevoir en partie le paiement d'une dette, même divisible, à moins de stipulation expresse (C. civ., 1244).

2200. Quelles sont les choses que l'emprunteur est tenu de rendre ?

Il doit rendre les choses prêtées en même quantité et qualité (C. civ., 1902), s'il a reçu, par exemple, dix hectolitres de blé de première qualité, il doit rendre la même quantité de blé en première qualité.

2201. Mais il peut se trouver dans l'impossibilité de satisfaire à cette obligation, à quoi est-il tenu dans ce cas ?

Il est tenu de payer la valeur de la chose prêtée, eu égard au temps et au lieu où la chose devait être rendue d'après la convention (C. civ., 1903).

2202. Si ce temps et ce lieu n'ont pas été réglés, comment doit se faire le paiement ?

Le paiement se fait au prix du temps et du lieu où l'emprunt a été fait (*Ibid.*).

2203. Le prêt de consommation produit-il de plein droit des intérêts ?

Il faut pour cela une stipulation expresse, à défaut de quoi les intérêts ne sont dus que du jour de la demande en justice (C. civ., 1904).

CHAPITRE III.

DU PRÊT A INTÉRÊT.

2204. Peut-on stipuler des intérêts pour toute espèce de prêt?

Il est permis de stipuler des intérêts pour simple prêt, soit d'argent, soit de denrées ou autres choses mobilières (C. civ., 1905).

2205. A quel taux les intérêts peuvent-ils être stipulés?

A cinq pour cent en matière civile, et à six pour cent en matière commerciale (C. civ., 1907; loi du 3 sept. 1807, art. 2).

2206. Cette loi s'applique-t-elle aux prêts de choses fongibles et aux constitutions de rente perpétuelle?

Il y a une distinction à faire : la constitution de rente est classée par le Code civil comme une des variétés du prêt à intérêt; la loi du 3 septembre 1807 lui est par conséquent applicable. Il n'en est pas de même pour le prêt de denrées. Les lois qui ont réglé le taux de l'intérêt ne s'en sont pas occupées. Il n'y aurait donc rien d'illicite à stipuler que l'emprunteur de 100 mesures d'huile, de vin ou autres denrées, en rendra 110 ou 115 à la récolte suivante (Dalloz, v° *Usure*, p. 820; Rolland de Villargues, v° *Prêt à intérêt*, n° 29; Troplong, n° 361).

2207. Vous avez dit que le taux de l'intérêt est de six pour cent en matière commerciale, mais comment distinguer ici les matières civiles des matières commerciales?

Lorsque deux négociants traitent ensemble, les intérêts peuvent être stipulés à 6 p. 100, alors même que les sommes prêtées devraient être employées à une opération qui ne rentrerait pas dans leur commerce habituel (Troplong, n° 362; Rouen, 4 avril 1813; D. P. 44, 2, 8).

2208. En est-il de même quand c'est un particulier qui prête à un négociant pour son commerce?

L'emprunteur fait ici une affaire de commerce; les fonds peuvent lui rapporter plus qu'ils ne feraient dans une opération civile, et puis ils sont soumis à toutes les chances du négoce. Il est donc juste d'accorder à un prêt de cette nature la faveur du 6 p. 100 (Troplong, *ibid.*; Cass, 10 mai 1837; D. P. 37, 1, 388, *id.*, 18 fév. 1844).

2209. Mais si un négociant prête à un non-négociant, l'opération conserve-t-elle le caractère commercial?

L'intérêt peut encore être fixé à 6 p. 100 toutes les fois que le négociant retire des fonds de son commerce pour les prêter, surtout si le prêt se lie à des actes de son commerce, comme par exemple quand un commissionnaire fait des avances à un particulier, sur des denrées que ce dernier lui a confiées pour être vendues (Troplong, *ibid.*; Bordeaux, 17 janv. 1839; D. P. 39, 2, 114).

Mais si un négociant prête un capital qui est en dehors de ses affaires commerciales, il rentre dans la classe des particuliers, et ne peut pas stipuler plus de 5 p. 100.

2210. Lorsqu'un banquier ouvre un crédit à un de ses correspondants, peut-il stipuler un droit de commission en sus de l'intérêt des sommes avancées ?

Cette commission est autorisée par l'usage et la jurisprudence, lorsque l'opération est bien une opération de banque ou de change. Elle est l'indemnité accordée au banquier, pour l'obligation où il est d'avoir un capital à la disposition de l'emprunteur, et pour ses frais de bureau (Troplong, nᵒˢ 382 et suiv.; Cass., 14 juillet 1810; S., 10, 1, 898).

2211. Les intérêts échus des capitaux peuvent-ils produire des intérêts?

Oui, par une demande judiciaire ou par une convention spéciale, pourvu qu'il s'agisse d'intérêts dus au moins pour une année (C. civ., 1150).

2212. Dans le commerce, les intérêts du reliquat d'un compte peuvent-ils être capitalisés pour produire eux-mêmes des intérêts, quoiqu'il s'agisse de moins d'une année?

C'est un usage qui a force de loi (Troplong, nᵒ 396; Grenoble, 16 février 1836; S., 57, 2, 361; Dijon, 21 août 1832; S., 35, 2, 331; Cass., 14 juillet 1810; S., 40, 1, 198).

2213. Quand l'emprunteur s'engage simplement à payer des intérêts, sans en exprimer le taux, à quel taux sont-ils dus ?

Au taux légal.

2214. Lorsqu'une obligation porte que le paiement aura lieu à telle époque, *sans intérêts jusqu'alors*, les intérêts courent-ils à partir de l'expiration du terme ?

Sur cette question les décisions judiciaires sont contradictoires; ce qui montre la nécessité d'apporter une grande précision dans la rédaction des stipulations d'intérêts.

2215. La quittance du capital, donnée sans réserve, suffit-elle pour libérer le débiteur des intérêts?

Elle fait présumer le paiement des intérêts, et en opère la libération (C. civ., 1908).

2216. Peut-on stipuler qu'une rente perpétuelle ne sera point rachetable?

Non; la rente perpétuelle est essentiellement rachetable. Les parties peuvent seulement convenir que le rachat ne sera pas fait avant un certain délai qui ne peut excéder dix ans (C. civ., 1911).

2217. Ce terme de dix ans s'applique-t-il à toutes les rentes perpétuelles?

Il ne concerne que les rentes constituées. Quant aux rentes foncières, c'est-à-dire, celles qui sont établies pour le prix de la vente d'un immeuble, ou comme condition de la cession à titre onéreux ou gratuit d'un fonds immobilier, on peut stipuler qu'elles ne seront rachetables qu'après un délai de trente ans (C. civ., 530).

2218. Si la convention s'étend au delà du maximum fixé par la loi, est-elle nulle?

Elle est seulement réductible à ce maximum (Arg., C. civ., 1660).

2219. Le débiteur d'une rente perpétuelle ne peut-il pas être contraint au rachat de la rente?

Oui, dans trois cas particuliers:
1° S'il cesse de remplir ses obligations pendant deux années;
2° S'il manque à fournir au prêteur les sûretés promises par le contrat;
3° En cas de faillite ou de déconfiture du débiteur (C. civ., 1912 et 1913).

2220. Ces dispositions sont-elles applicables aux rentes foncières ou rentes constituées pour le prix de la vente d'un immeuble?

Non; ni aux rentes constituées à titre gratuit, ou par forme de donation (Delvincourt, t. 3, p. 413; Troplong, nos 486 et 488; Duvergier, nos 364 et 365).

2221. Le droit d'exiger le rachat est-il acquis de plein droit par la seule échéance d'une seconde année d'arrérages?

Il faut distinguer: si la rente est *portable*, c'est-à-dire payable au domicile du créancier, le défaut de paiement des arrérages pendant deux années rend le capital exigible de plein droit, sans qu'il soit besoin d'une mise en demeure; si, au contraire, la rente est *quérable*, c'est-à-dire payable au domicile du débiteur, le capital ne peut être exigé qu'après une mise en demeure (Toullier, t. 6, n° 559; Duranton, t. 17, n° 620; Troplong, nos 474 et suiv.; Zachariæ, t. 3, p. 102; Cass., 25 nov. 1839; D. P., 40, 1, 27).

2222. Lorsque le capital de la rente est devenu exigible par suite du défaut de paiement de deux années d'arrérages, le débiteur peut-il purger la demeure en offrant les arrérages échus?

En principe, aucun délai de grâce ou de faveur ne peut être accordé au débiteur, à moins de circonstances particulières qui soient de nature à restreindre le droit strict du créancier.

2223. La disposition de l'art. 1912 du Code civil est-elle applicable aux rentes constituées avant le Code?

Oui, par la raison que cet article ne fait que qualifier des faits d'exécution postérieurs au contrat, et qu'il est de principe que l'exécution des contrats se règle par la loi vivante à l'époque où l'exécution est demandée (Merlin, *Rép.* v° *Rente constituée*, § 12, n° 3, et *Effet rétroactif*, t. 16, p. 260 et 261; Toullier, t. 6, n° 250; Delvincourt, t. 3, p. 413, notes). La jurisprudence de la Cour de cassation est constante.

Il y a cependant des opinions contraires (Chabot, *Quest. transit.*, v° *Rente constituée*, § 2; Duranton, t. 17, n° 615; Proudhon, *des Personnes*, t. 1, p. 64 et 65).

TITRE X.

DU DÉPOT ET DU SÉQUESTRE.

La matière de ce titre trouvant peu d'application dans l'exercice des fonctions de notaire, nous avons jugé à propos de ne pas nous en occuper ici.

———————————◇————···— —

TITRE XI.

DES CONTRATS ALÉATOIRES. —DU CONTRAT DE RENTE VIAGÈRE.

2224. Dans quelle forme la rente viagère doit-elle être constituée ?

Elle peut être constituée par acte sous seing privé aussi bien que par acte notarié.

2225. Est-ce un contrat unilatéral ou un contrat synallagmatique?

Il faut distinguer : si le contrat de constitution de rente viagère a pour prix un capital en argent, il est unilatéral ; il n'y a que le constituant qui s'oblige. Il suffit alors que le contrat soit signé par lui, et il n'est pas nécessaire qu'il soit fait double. Mais le contrat devient synallagmatique lorsque la rente viagère n'est que le prix d'un immeuble ou d'objets mobiliers (Troplong, n°⁵ 223 et 237 ; Angers, 18 fév. 1837 ; D. p. 39, 2, 138).

2226. La rente viagère doit-elle être nécessairement constituée sur la tête de celui qui en fournit le prix ?

Elle peut être constituée aussi bien sur la tête d'un tiers qui n'a aucun droit d'en jouir (C. civ., 1971).

2227. Pourrait-elle être constituée sur la tête du débiteur lui-même ?

Sans aucune difficulté (Troplong, *Contr. aléat.*, n° 241 ; Rolland de Villargues, v° *Rente viagère*, n° 28 ; Pothier, n° 226 ; Duranton, t. 18, n° 130 ; Zachariæ, t. 3, p. 82).

2228. Lorsque la rente viagère est constituée au profit d'un tiers, quoique le prix en soit fourni par une autre personne, quel caractère prend le contrat ?

Il prend les caractères d'une libéralité, de la personne qui fournit le prix de la rente viagère envers le tiers au profit duquel elle est constituée (Code civ., 1973).

2229. Dans ce cas, le contrat doit-il revêtir les formes requises pour les donations ?

Il n'est point assujetti à ces formes spéciales ; mais la rente viagère est réductible si elle excède ce dont il est permis de disposer ; elle est nulle si elle est au profit d'une personne incapable de recevoir (C. civ., 1970 et 1973).

2230. Cette libéralité a-t-elle besoin d'être acceptée par le tiers qui en profite ?

L'acceptation est nécessaire en ce sens que, tant que le tiers n'a pas accepté, la personne qui a fourni le prix peut révoquer sa libéralité (Code civ., 1121).

2231. Dans quelle forme doit avoir lieu l'acceptation ?

Elle n'est soumise à aucune formalité particulière ; la perception seule d'un terme d'arrérages suffirait pour témoigner d'une acceptation définitive, et pour lier irrévocablement le donateur (Duranton, t. 18, n° 139; Troplong, n° 250).

2232. Pourrait-on trouver le caractère d'une donation dans la rente achetée à frais communs par deux personnes, à la condition qu'elle continuera sur la tête du survivant ?

En principe, cette clause ne doit pas être considérée comme contenant un avantage fait par le prédécédé au survivant. C'est plutôt un pacte de société, un contrat aléatoire, où la chance de gain est subordonnée à une éventualité, dont l'un ou l'autre profitera, suivant que le sort en décidera (Arg., C. civ., 1525; Dur., t. 18, n° 136; Troplong, n° 253).

2233. Cette décision s'applique-t-elle à une rente viagère acquise, par un mari pendant le mariage, des deniers de la communauté, avec stipulation que la rente passera sans diminution sur la tête de l'époux survivant?

Les avis sont partagés sur cette question. La Cour de Rennes, par un arrêt du 15 fév. 1810 (Devill., 10, 2, 226), a décidé que le mari prédécédé était censé avoir fait, à sa femme, une libéralité sujette aux limites de la quotité disponible. Son raisonnement ne saurait s'appliquer au cas où le mari survivrait, car il ne saurait se faire une donation à lui-même. Un autre système est proposé ; c'est que la rente acquise avec des deniers de la communauté reste un conquêt, et se partage entre l'époux survivant et les héritiers du prédécédé. M. Troplong, au contraire, n° 254 et suivants, voudrait que la loi du contrat fût respectée, et que dans tous les cas, le survivant profitât de toute la rente, à moins de circonstances particulières, qui enlèveraient au contrat la réciprocité de l'*alea*.

2234. Que doit-on décider, dans le cas où la femme survivante répudie la communauté ?

La rente viagère appartient à la femme survivante ; mais alors elle prend tous les caractères d'une donation, car l'événement prouve qu'elle n'a rien fourni dans le capital, et l'on se trouve dans le cas de l'art. 1973, C. civ. (Troplong, n°° 256 et 257; Cass., 15 mai 1844; Devill., 44, 1, 409).

2235. Lorsqu'une rente viagère est constituée sur la tête de deux personnes, s'éteint-elle pour moitié au décès du premier mourant ?

A défaut de convention, elle passe tout entière sur la tête du survivant (Troplong, n°° 245 et s.; Roll., n°° 21 et 22; Cass., 18 janv. 1830; D. P., 30, 1, 79.—*Contra*, Duranton, t. 18, n° 131).

19

2236. Le contrat de rente viagère produit-il son effet si la personne sur la tête de laquelle elle est constituée vient à décéder dans un délai rapproché ?

Le contrat ne produit aucun effet si cette personne meurt, dans les vingt jours de la date du contrat, de la maladie dont elle était déjà atteinte lors du contrat (C. civ., 1975).

2237. Lorsque la rente viagère est constituée sur deux têtes, et que l'une d'elles vient à mourir dans les circonstances prévues par l'art. 1975, le contrat est-il frappé de nullité ?

Non, par le motif que la disposition de l'art. 1975, étant une exception au droit commun, doit être renfermée dans ses limites (Troplong, n° 275; Cass. 22 fév. 1820; Grenoble, 22 juin 1822).

2238. Si le contrat de rente viagère est sous seing privé, et n'a pas acquis date certaine avant les vingt jours qui précèdent le décès du rentier, ses héritiers peuvent-ils être admis à en contester la date ?

L'art. 1322 du Code civil qui veut que les actes sous seing privé aient, entre ceux qui les ont souscrits, et entre leurs héritiers et ayants cause, la même foi que l'acte authentique, ne fait pas obstacle à ce que les héritiers soient admis à prouver l'antidate (Troplong, nᵒˢ 277 et suiv.; Cass., 19 janv. 1814; Devill., 4, 1, 515, id., 15 juillet 1821; D. p. 24, 1, 371, id., 5 avril 1842; D. p. 42, 1, 199).

2239. Les parties pourraient-elles renoncer à se prévaloir de la nullité prononcée par l'art. 1975 ?

Non; car cet article est conçu en termes absolus et impératifs (Troplong, n° 269; Cass., 15 juillet 1824; D., t. 11, 574).

2240. A quel taux la rente viagère peut-elle être constituée ?

Au taux qu'il plaît aux parties contractantes de fixer (C. civ., 1976). En conséquence, quel que soit le taux d'une rente viagère, il ne peut être réputé usuraire.

2241. Le contrat est-il également valable si la rente constituée pour prix d'un immeuble est inférieure au revenu de cet immeuble ?

Les auteurs et la jurisprudence sont divisés sur cette question. M. Troplong, *Vente*, t. 1ᵉʳ, n° 150, soutient la validité du contrat; MM. Duranton, t. 16, n° 100; Duvergier, *Vente*, t. 1ᵉʳ, n° 149, pensent, au contraire, que la vente peut être annulée pour défaut ou vilité du prix.

2242. Le seul défaut de paiement des arrérages de la rente autorise-t-il celui en faveur de qui elle est constituée à demander le remboursement du capital ?

Non; il n'a que le droit de faire vendre les biens de son débiteur, et de faire ordonner ou consentir, sur le produit de la vente, l'emploi d'une somme suffisante pour le service des arrérages (C. civ., 1978).

2243. L'art. 1978 est-il applicable à une rente viagère constituée pour le prix d'un immeuble vendu?

Cet article contient une disposition spéciale qui doit avoir la préférence sur l'art. 1654, qui dispose en général, qu'à défaut de paiement du prix, le vendeur peut demander la résolution de la vente (Troplong, n° 315 ; Cass., 13 juin 1837 ; Devill., 38, 1, 45).

2244. En est-il de même à l'égard de la rente viagère constituée par une donation entre-vifs?

L'art. 1978 n'est pas applicable ici, puisqu'il parle d'une rente viagère constituée moyennant un prix. Il y a d'ailleurs des motifs d'équité et de moralité pour s'en tenir à la disposition de l'art. 953 du Code civil, qui autorise la révocation de la donation pour cause d'inexécution des conditions (Cass., 18 juill. 1836 ; D. P. 36, 1, 423).

2245. Mais peut-on valablement stipuler qu'à défaut de paiement des arrérages de la rente viagère, le contrat sera résolu?

Rien ne s'y oppose; l'article 1978 n'est pas prohibitif d'une telle convention (Troplong, n° 310 ; Delvincourt, t. 3, p. 419 ; Rolland de Villargues, n° 72 ; Cass., 22 août 1843 ; D. P., 43, 1, 385 ; Caen, 16 déc. 1843 ; D. P. 44, 2, 90).

2246. Dans ce cas, le créancier de la rente est-il tenu de restituer la portion d'arrérages par lui reçus, excédant le taux de l'intérêt légal?

Non. En effet, le débiteur a couru les chances favorables de l'extinction de la rente, et les arrérages qu'il a payés ou dû payer ont été le prix de ces chances (Pothier, n° 230 ; Merlin, v° *Rente viagère*, n° 4 ; Troplong, n° 316 ; Caen, 16 fév. 1843 ; Devill., 44, 2, 98.—*Contrà*, cass., 23 août 1843 ; Devill., 43, 1, 893).

2247. Si le créancier de la rente n'a pris inscription que pour le capital par lui fourni, comment doit-il être colloqué à un ordre?

Il a droit d'être colloqué pour un capital au denier vingt, de manière à assurer le service de la rente (C. civ., 1798; Paris, 10 mars 1832; D. P., 32, 2, 105 ; Riom, 18 janvier 1844; S. V., 44, 2, 166).

2248. S'il arrive que le capital à distribuer soit insuffisant pour assurer le service de la rente, qu'arrivera-t-il?

Le créancier a le droit de prélever annuellement sur le capital la somme nécessaire, pour parfaire avec les intérêts le montant des arrérages de la rente (Metz, 15 novembre 1843 ; S. V., 44, 2, 85; Agen, 3 janvier, 1844; S. V., 45, 2, 405.—*Contrà*, Troplong, *Hyp.*, t. 4, n° 459 *quater*; Grenier, *Hyp.*, t. 1er, n° 186).

19*

2249. En cas de faillite du débiteur, ses créanciers peuvent-ils éteindre la rente en offrant le capital?

Ils n'ont pas plus ce droit que le débiteur lui-même.

2250. Le débiteur de la rente viagère est-il libre de se libérer du paiement de la rente en offrant de rembourser le capital, et en renonçant à la répétition des arrérages payés ?

Il est tenu de servir la rente pendant toute la vie de la personne, ou des personnes, sur la tête desquelles elle a été constituée, quelle que soit la durée de la vie de ces personnes, et quelque onéreux qu'ait pu devenir le service de la rente (C. civ., 1979).

2251. Ne pourrait-on pas, par une clause spéciale, laisser au débiteur la faculté de rembourser ?

Cette clause est valable (Pothier, n° 258; Troplong, n°' 324 et s.).

2252. Pourrait-on stipuler que le prix à rendre par le constituant sera moindre que le prix reçu ?

Rien ne s'y oppose, et on comprend que le prix soit diminué en proportion des années écoulées (Troplong, n° 327).

2253. Lorsque la rente viagère est payable d'avance, le terme échu et encore dû lors du décès de la personne sur la tête de laquelle la rente est constituée peut-il être exigé en entier sans diminution pour le nombre de jours qui restent à courir sur le terme?

Le terme d'avance est acquis du jour où le paiement a dû être fait (Code civ., 1980).

2254. Si la rente est payable d'avance, le premier janvier, par exemple, le terme est-il dû si la personne sur la tête de laquelle repose la rente vient à mourir ce jour-là même ?

Le terme n'est dû qu'autant que cette personne a vécu tout le jour fixé pour le paiement, d'après le principe qu'une dette à jour fixe ne peut être exigée qu'après que ce jour est écoulé (Troplong, n° 336; Zachariæ, t. 3, p. 84, note).

2255. Quand la rente n'est pas payable d'avance, doit-on comprendre le jour de la mort dans le décompte des arrérages ?

Ce jour ne passe pas en compte, parce qu'il n'est pas complet, et que les arrérages s'acquièrent jour par jour et non par heures, d'après l'art. 586 du Code civil et par argument des articles 2260 et 2261. Le dernier dispose que la prescription n'est acquise que lorsque le dernier jour du terme est accompli (Proudhon, *Usufruit*, t. 2, n° 910; Toullier, t. 11, n° 290; Troplong, n° 335; Zachariæ, t. 3, p. 84, note).

2256. Peut-on stipuler que la rente viagère sera insaisissable?

Oui, mais seulement lorsque la vente a été constituée à titre gratuit (C. civ., 1981).

TITRE XII.

DU MANDAT.

CHAPITRE PREMIER.

DE LA NATURE ET DE LA FORME DU MANDAT.

2257. Comment le mandat peut-il être donné ?

Par acte public ou par écrit sous seing privé, même par lettre. Il peut aussi être donné verbalement, mais la preuve testimoniale n'en est reçue, pour une somme excédant cent cinquante francs, qu'autant qu'il y a un commencement de preuve par écrit (C. civ., 1985, 1347).

2258. Une procuration sous seing privé est-elle suffisante pour toute espèce d'acte ?

Il est des actes pour lesquels la loi exige une procuration authentique ; tels sont les actes de l'état civil (C. civ., 36), les oppositions au mariage (C. civ., 66), les donations (Loi du 21 juin 1843), leur acceptation (C. civ., 933).

2259. La procuration, pour consentir une hypothèque, faire mainlevée d'une inscription, doit-elle être authentique ?

Nous pensons que, pour tous les actes qui ont besoin d'être authentiques, la procuration devrait l'être également, car c'est elle qui renferme le véritable consentement ou du moins l'élément principal dont il est formé. Plusieurs auteurs ne partagent pas cette opinion.

2260. Comment se fait-il que souvent on laisse, dans une procuration, le nom du mandataire en blanc, contrairement à la loi du 25 ventôse an 11, art. 13, qui veut que les actes notariés soient écrits sans blanc, lacune ni intervalle ?

C'est un usage fort ancien en France, qui n'est fondé sur aucun texte de loi, mais qui est reconnu par tous les auteurs et par quelques arrêts (Troplong, *Mandat,* n° 103; Dalloz, *Mandat,* art. 4, n° 2).

2261. Le mandat a-t-il besoin d'être accepté ?

Le mandat est valable sans aucune acceptation ; seulement le contrat qui se forme entre le mandant et le mandataire n'a lieu que par l'acceptation de ce dernier, qui peut être expresse ou tacite, et résulter de l'usage qu'il a fait du mandat (C. civ., 1984 et 1985).

2262. Est-il dû des honoraires au mandataire ?

Le mandat est gratuit de sa nature, mais on peut stipuler une indemnité ou des honoraires en faveur du mandataire (C. civ., 1986 et 1999).

2263. Quand le mandat est salarié, ne devient-il pas un louage d'ouvrage ?

Le mandat peut conserver son caractère propre, malgré l'indemnité qui y est attachée.

2264. En quoi donc le louage diffère-t-il du mandat salarié ?

Des distinctions subtiles et nombreuses ont été faites à ce sujet dans le droit romain et le droit français. Il serait difficile de les énumérer toutes, et encore plus de les concilier. On peut seulement indiquer trois points principaux qui serviront à distinguer les deux contrats :

1° Non-seulement le prix est de l'essence du louage, mais il faut encore que ce prix soit en rapport avec la valeur de l'ouvrage, qu'il en soit l'estimation exacte. Dans le mandat, au contraire, qui est gratuit de sa nature, la récompense peut n'être pas l'équivalent du service rendu ;

2° Toutes les fois que le fait est de ceux dont on peut tirer un profit pécuniaire, un émolument en argent, il est plus susceptible de location que de mandat ;

3° Enfin il y a des faits dont la dignité, l'honneur, la gravité, ne permettent pas qu'ils tombent en louage, tandis qu'ils sont susceptibles de mandat, comme il y a entre les professions une égalité de mérite et de considération qui rend le louage applicable aux unes et le mandat aux autres.

2265. Pouvez-vous signaler les différences qui existent entre le mandat et le louage, quant à leurs conséquences et à leur exécution ?

Lorsque le mandat est donné par plusieurs personnes pour une affaire commune, chacune d'elles est tenue solidairement envers le mandataire pour les effets du mandat (C. civ., 2002). La même solidarité n'a pas lieu dans le louage de services.

Le mandataire qui n'a pas encore commencé la gestion de l'affaire peut se désister, si les choses sont entières ; au contraire, l'ouvrier ou tout autre locateur d'ouvrage n'a pas la faculté de se dégager.

Enfin le louage d'ouvrage n'est pas dissous par la mort du maître, tandis que le mandat expire par la mort du mandant (C. civ., 2003).

2266. Le principe de la gratuité du mandat est-il applicable au droit commercial ?

En matière de commerce, le mandat est salarié, à moins de convention contraire (Delamarre et Lepoitvin, t. 1, n° 101; Carré, *Compétence*, t. 7, p. 185; Vincens, t. 2, p. 142; Troplong, n° 229 et suiv.; Cass., 18 mars 1818).

2267. Qu'entendez-vous par un mandat *spécial* ?

Le mandat est spécial, quand il est donné pour une ou plusieurs affaires désignées nominativement, par exemple, pour recevoir une ou plusieurs créances déterminées, ou toutes les créances dépendant de telle succession, pour vendre un ou plusieurs immeubles déterminés ou tous les immeubles situés dans telle localité.

2268. Qu'est-ce qu'un mandat *général* ?

C'est celui qui est donné pour la généralité des affaires du mandant ou pour la généralité de ses affaires d'un certain genre ; ainsi pour recueillir toutes successions, pour vendre ses immeubles, pour recouvrer toutes ses créances.

2269. Et le mandat *exprès* ?

Pour être exprès, le mandat doit exprimer, le genre d'affaires pour lequel il est donné, sans avoir besoin de spécifier aucune affaire en particulier.

2270. Une femme mariée peut-elle valablement donner pouvoir de contracter, en son nom, des emprunts illimités ?

Non, parce que cette procuration ne peut être donnée qu'en vertu d'une autorisation du mari également illimitée ou générale et conséquemment nulle (C. civ., 223; Toullier, t. 2, n° 643; Proudhon, *des Personnes*, t. Iᵉʳ, p. 267; Bellot des Minières. *Contrat de mariage*, t. 1ᵉʳ, p. 304; Amiens, 1ᵉʳ mars 1839; D. P., 40, 2, 36; Cass., 18 mars 1840; D. P. 40, 1, 424).

2271. Quelle est l'étendue d'un mandat conçu en termes généraux ?

Il n'embrasse que les actes d'administration. S'il s'agit d'aliéner ou hypothéquer, ou de quelque autre acte de propriété, le mandat doit être exprès (C. civ. 1988).

2272. Est-il nécessaire qu'une procuration exprime, en détail, tous les actes que le mandataire peut être appelé à faire pour exécuter son mandat ?

Les pouvoirs principaux suffisent, et entraînent avec eux les pouvoirs accessoires, qui n'en sont que l'exécution. Celui de recevoir une créance comporte de plein droit la faculté de donner quittance et mainlevée.

2273. Le mandat de toucher une ou plusieurs créances comprend-il celui de poursuivre les débiteurs à l'échéance ?

Non. Le mandant peut vouloir user de ménagements (Troplong, n° 325).

2274. Le pouvoir de transiger renferme-t-il celui de compromettre ?

Non (C. civ., 1989).

2275. Le pouvoir de recueillir une succession renferme-t-il celui d'y renoncer ?

Non.

2276. Celui de vendre contient-il le pouvoir de toucher le prix de la vente ?

Il semblerait naturel de décider l'affirmative, cependant plusieurs auteurs ne sont pas de cet avis, et c'est avec raison (Toullier, t. 7, n° 23; Troplong, n° 323; Cass., 18 nov. 1824; Rouen, 9 nov. 1829; D. P., 40, 2, 80).

2277. Une femme mariée, un mineur émancipé, peuvent-ils être choisis pour mandataires ?

Oui (C. civ., 1990).

2278. Pour agir en qualité de mandataire, la femme a-t-elle besoin de l'autorisation de son mari, le mineur émancipé doit-il être assisté de son curateur ?

Non (Arg. C. civ., 1990).

2279. Dans ce cas, quelle responsabilité ces mandataires peuvent-ils offrir au mandant ?

Les obligations qui naissent de l'acceptation et de l'exécution du mandat sont soumises à la nullité ou à la restitution inséparable des engagements contractés par les personnes incapables (C. civ. 1990).

CHAPITRE II.

DES OBLIGATIONS DU MANDATAIRE.

2280. Est-on obligé d'accepter un mandat ?

Non ; mais le mandataire est tenu d'accomplir le mandat, tant qu'il en demeure chargé, et il répond des dommages-intérêts qui pourraient résulter de son inexécution (C. civ., 1991).

2281. Quelles sont les obligations principales du mandataire ?

Elles peuvent se résumer de la manière suivante :

1° Accomplir le mandat accepté, tant qu'il n'est pas révoqué, et lors même qu'il prend fin par le décès du mandant, terminer ce qui est commencé, s'il y a péril en la demeure ;

2° Accomplir le mandat sans dol, sans faute, en bon père de famille ;

3° Rendre compte au mandant (C. civ., 1991 et suiv.).

2282. Le mandataire est-il responsable des fautes qu'il peut commettre dans sa gestion ?

Oui ; néanmoins, la responsabilité est moins rigoureuse quand le mandat est gratuit que quand il est salarié (C. civ., 1992).

2283. Le mandataire qui ne veut pas se charger d'une procuration est-il tenu de faire connaître son refus au mandant, et, s'il garde le silence, encourt-il quelque responsabilité ?

En général, le mandataire n'est pas tenu de faire connaître son refus, et tant qu'il a gardé le silence il est censé ne pas avoir accepté (Troplong, n° 314).

2284. Cette règle est-elle applicable aux mandataires de profession, tels que les avoués et les notaires ?

Ceux-là sont censés accepter le mandat par cela seul qu'ils en ont reçu l'avis, sans donner de réponse (Pothier, *du Mandat* n° 33 ; Merlin, *quest. de droit*, v° *Compte courant* ; Troplong, n° 314 et suiv.).

2285. Peut-on convenir que le mandataire sera dispensé de rendre compte de sa gestion ?

Cette clause fait perdre au mandat ses caractères propres et naturels ; elle le convertit en une libéralité et à ce titre elle peut être maintenue (Troplong, n° 415 ; Cass., 21 août 1831, S. 31, 1, 316). Ou bien encore elle n'est que l'exécution d'un traité particulier qui rend le mandataire propriétaire des choses pour lesquelles le mandat a été donné. Dans ce cas, elle est également valable, le mandataire n'ayant pas de compte à rendre de ce qui lui appartient.

2286. Le mandataire, qui est tenu, par la loi, de compter au mandant tout ce qu'il a reçu pour lui, est-il également comptable de ce qu'il aurait dû recevoir ?

Si le mandataire n'est pas en faute, il n'est comptable que de ce qu'il a réellement reçu. On ne doit pas, par exemple, le charger des fruits qu'un immeuble aurait dû produire, si, en fait, il ne les a pas produits (Troplong, n° 452 ; Cass., 21 janvier 1845).

2287. Lorsque les choses que le mandataire a reçues ont péri par force majeure, sans sa faute, est-il tenu d'en faire compte ?

La force majeure ne saurait être imputable au mandataire ; et, lorsque la chose a péri sans sa faute et avant la demeure, elle périt pour le mandant (Arg. C. civ., 1302 et 1303 ; Troplong, n° 370 et 431).

2288. Cette décision serait-elle applicable au cas où une somme, touchée par le mandataire, lui serait enlevée par des voleurs ou périrait dans un incendie ?

Oui, à moins qu'il n'eût manqué de prendre toutes les précautions pour se garantir des voleurs ou de l'incendie. Il faudrait encore que les espèces n'aient pas pu se confondre avec d'autres appartenant au mandataire ou à des tiers (Troplong, n° 435 et suiv. ; Delamarre et Lepoitvin, t. 2, n° 233).

2289. Par cela seul que les sommes reçues par le mandataire sont entrées dans sa caisse et n'ont pas été employées pour le mandant, le mandataire est-il censé les avoir employées à son profit ?

Il faut que le mandant prouve cet emploi, ou qu'au moins le mandataire n'a pas tenu à sa disposition les sommes reçues.

De ce qu'il a pu s'en servir, il ne s'ensuit pas qu'il s'en soit servi réellement. Il suffit que le mandataire ait été constamment en mesure de rendre, non pas les mêmes écus, mais la même somme.

2290. Le mandataire a-t-il le droit de se substituer quelqu'un, si la procuration est muette à cet égard ?

Oui ; mais dans ce cas, il répond de celui qu'il s'est substitué (C. civ., 1994).

2291. Si le pouvoir de substituer a été conféré au mandataire, sans désignation de personne, est-il également responsable?

Non ; à moins que la personne dont il a fait choix, ne soit notoirement incapable ou insolvable (*Ibid*).

2292. Quand il y a plusieurs fondés de pouvoirs établis par le même acte, y a-t-il solidarité entre eux ?

La solidarité n'existe qu'autant qu'elle est exprimée (C. civ., 1995).

2293. Peuvent-ils agir séparément, ou doivent-ils concourir à tous les actes faits en vertu de la procuration ?

Chacun d'eux peut faire séparément les actes qui se rapportent à l'exécution du mandat, si la procuration ne règle rien à ce sujet (Troplong, n° 495 ; Delvincourt, t. 3, p. 242, note 12).

2294. Le mandataire doit-il les intérêts des sommes qu'il a reçues pour son mandant ?

Il doit les intérêts des sommes qu'il a employées à son usage, à dater de cet emploi, et de celles dont il est reliquataire, à compter du jour qu'il est mis en demeure (C. civ., 1996).

2295. Le mandataire qui agit en vertu de pouvoirs insuffisants est-il personnellement obligé pour ce qu'il a fait au delà de ses pouvoirs?

Il n'est tenu d'aucune garantie envers le tiers avec qui il contracte, s'il ne s'y est personnellement soumis, et s'il lui a donné connaissance suffisante de ses pouvoirs (C. civ., 1997).

CHAPITRE III.

DES OBLIGATIONS DU MANDANT.

2296. Quelles sont les obligations principales du mandant ?

Il est tenu d'exécuter les engagements contractés par le mandataire conformément aux pouvoirs qui lui ont été donnés, et de lui rembourser les avances et frais qu'il a faits pour l'exécution du mandat (C. civ., 1998 et 1999).

2297. Le mandant peut-il être tenu de ce qui a été fait au delà du pouvoir qu'il a donné?

Il n'en est tenu qu'autant qu'il l'a ratifié expressément ou tacitement (*Ibid*.). Dans ce cas son approbation efface la faute, elle équivaut à un mandat tant à l'égard des tiers qu'à l'égard du mandataire.

2298. Si le mandataire, abusant d'une procuration qui lui donne pouvoir d'emprunter une somme, empruntait cette somme à une personne, puis l'empruntait encore à un ou deux autres prêteurs, le mandant serait-il responsable des trois emprunts?

On décide que le mandant sera obligé envers les trois prêteurs, s'ils ont été de bonne foi. C'est sa faute s'il a mal placé sa confiance (Pothier, *Mandat*, n° 89, *Oblig.* n° 79; Delamarre et Lepoitvin, t. 2, n° 354; Troplong, n°s 601 et suiv.). Pour tempérer cette doctrine, on peut dire que le premier prêteur devrait retenir la procuration à l'appui de son prêt; mais ce défaut de précaution ne saurait nuire au prêteur suivant qui a trouvé la procuration aux mains du mandataire, et a pu ignorer le premier prêt.

2299. Les actes sous seing privé souscrits par le mandataire font-ils foi de leur date contre le mandant?

Oui, même lorsqu'ils n'ont acquis date certaine que depuis la révocation du mandat.

2300. Si le mandataire a fait des avances pour le mandant, a-t-il droit à des intérêts?

L'intérêt est dû au mandataire, à dater du jour des avances constatées (C. civ., 2001).

2301. Les notaires ont-ils droit à l'intérêt des déboursés par eux faits pour les actes qu'ils ont reçus?

Cet intérêt n'est dû qu'à partir du jour de la demande judiciaire, et non du jour où les déboursés ont été faits. La jurisprudence paraît fixée en ce sens. A cet égard, les notaires ne sont pas réputés mandataires de leurs clients dans le sens de l'art. 2001. Ils sont obligés personnellement envers le fisc au paiement des droits, sauf leur recours contre les parties. C'est donc une obligation personnelle qu'ils acquittent et non une simple avance qu'ils font en exécution du mandat (Cass., 24 juin 1840; Devill., 40,1,503) (1).

_____

(1) Malgré tout mon respect pour la Cour de cassation, et pour le savant auteur (M. Troplong) sur le rapport duquel l'arrêt a été rendu, je ne puis m'empêcher de critiquer sa décision.

En fait, les droits d'enregistrement sont dus par les parties; ils sont leur dette propre et non celle du notaire. La loi du 22 frimaire an 7 elle-même ne permet pas de doute à cet égard. Cela est si vrai que, quand il y a lieu à la perception d'un supplément de droit, pour insuffisance ou omission, le fisc n'a plus d'action contre le notaire, mais seulement contre les parties (Délib., 6 octobre 1815 et 11 février 1831; Cass., 12 février 1835, D.P.35,1,411; inst. génér., n° 386); et cependant, il s'agit d'une partie de la dette primitive. Si elle était celle du notaire, elle le serait pour le tout. Mais non, le notaire n'est pas débiteur envers le fisc à titre d'obligé principal; il est simplement garant du paiement des droits à percevoir sur l'acte, par la raison que c'est lui qui est chargé de le présenter à la formalité, qu'il peut exiger la consignation préalable des droits et s'abstenir, si elle n'a pas lieu.

Si donc la dette est au fond celle des parties, le notaire qui l'acquitte fait réellement une *avance* pour elles et en sa qualité de mandataire.

Je ne comprends pas qu'on lui conteste ici cette qualité et qu'on la lui impose avec tant de rigueur lorsqu'il s'agit de faire peser sur lui une responsabilité souvent ruineuse.

Que le notaire ne soit pas un simple mandataire vis-à-vis du fisc, je l'accorde, puisque ce dernier a une action directe contre lui. Mais en quoi cela altère-t-il les rapports du notaire avec les parties? Il en résulte seulement que le notaire joint à sa qualité de mandataire des

2302. Peut-on stipuler que le mandataire ne recevra, pour l'indemnité de ses déboursés, qu'une somme fixe, et que, s'il dépense davantage, le surplus sera à sa charge?

Ce pacte n'affecte pas l'essence du mandat; il est licite et usuel dans le commerce.

2303. Est-il loisible de convenir que le salaire ou l'indemnité ne sera dû au mandataire, qu'autant que l'affaire aura été conduite à bonne fin?

Cette convention est également licite et très-habituelle, quoique le mandataire ne soit pas responsable du succès de l'opération qui lui est confiée.

2304. Si le mandataire a essuyé des pertes à l'occasion de sa gestion, le mandant doit-il l'indemniser de ces pertes?

Oui, si les pertes ont eu lieu sans imprudence qui soit imputable au mandataire (C. civ., 2000).

2305. Lorsque le mandataire a été constitué par plusieurs personnes, pour une affaire commune, chacune d'elles n'est-elle tenue, envers lui, que pour sa quote-part?

Chacune d'elles est tenue solidairement envers le mandataire de tous les effets du mandat (C. civ., 2002).

2306. Les notaires ont-ils une action solidaire contre chacune des parties pour le paiement de leurs déboursés et honoraires?

Oui, parce qu'ils sont censés mandataires des parties. La jurisprudence et les auteurs sont d'accord sur ce point.

parties celle de caution envers le fisc, ce qui donne contre le débiteur principal l'action *mandati contraria* (Troplong, n°° 17, 33 et 315; Delvincourt, 4, 3, p. 145, et les notes; Caen, 7 août 1810). A ce titre, il ne fait toujours qu'une *avance* pour laquelle des intérêts lui sont dus. L'art. 30 de la loi du 22 frimaire an 7, en parlant du recours que le notaire a contre les parties, se sert précisément de cette expression *avance*. On objecte que cet article, en accordant aux officiers publics une action directe contre les parties, n'a pas parlé des intérêts qui leur seraient dus de plein droit, et qu'ainsi il est censé les repousser par son silence. Cette objection me touche peu. La loi du 22 frimaire an 7 est une loi purement fiscale qui n'avait pas à régler les principes du droit civil.

Elle pouvait assurément parler des intérêts dus sur les avances en même temps qu'elle en réglait le mode exceptionnel de recouvrement. Mais conclure de son silence qu'elle a voulu refuser ces intérêts, n'est-ce pas aller trop loin dans le système d'interprétation? Une dérogation à un principe constant comme celui de l'art. 2001 du Code civil, et qui était le même dans le droit antérieur, doit être explicite, au lieu de s'induire seulement du silence gardé par une loi fiscale.

Déjà plusieurs arrêts ont prononcé dans le sens de mon opinion.

Je m'empresse d'ajouter que la stipulation du paiement de l'intérêt des déboursés est parfaitement valable et exécutoire.

CHAPITRE IV.

DES DIFFÉRENTES MANIÈRES DONT LE MANDAT FINIT.

2307. Comment finit le mandat?

Par la révocation du mandataire;

Par la renonciation de celui-ci au mandat;

Par la mort naturelle, ou civile, l'interdiction ou la déconfiture, soit du mandant, soit du mandataire (C. civ., 2003).

2308. Le mandat donné tout à la fois dans l'intérêt du mandataire et du mandant, et comme condition d'un contrat passé entre eux, peut-il être révoqué?

Un semblable mandat est essentiellement irrévocable.

2309. La procuration donnée au mari, par contrat de mariage, à l'effet de recevoir et quittancer les sommes dues à sa femme, est-elle révocable?

Elle est irrévocable, comme toute autre convention matrimoniale.

2310. La femme a-t-elle besoin d'autorisation pour révoquer le mandat qu'elle a donné à son mari pendant le mariage?

Elle peut faire cette révocation sans autorisation du mari ni de la justice.

2311. Le mandat donné par une femme non mariée est-il révoqué par son mariage?

Oui, à moins que la femme n'ait conservé, par son contrat, la capacité de faire seule la chose pour laquelle le mandat a été donné (Pothier, n° 111; Troplong, n° 749; Duranton, t. 18, n° 286).

2312. En cas de substitution, le mandat conféré au substitué est-il révoqué par le décès du délégant ou substituant?

Il faut distinguer : ou le mandat portait le pouvoir de se substituer *un tel*, ou il ne contenait qu'une autorisation vague de substituer, sans désignation de personne.

Dans le premier cas la mort du délégant n'est d'aucune considération, ce n'est pas lui qui a fait le choix, c'est le mandant primitif, et le délégué est censé son mandataire direct. Dans le second cas il n'en est pas ainsi. C'est le délégant qui a choisi, c'est lui qui a donné le mandat; c'est lui qui en doit compte; son décès entraîne donc la révocation de ce sous-mandat (Pothier, n° 105; Troplong, n° 758.—*Contrà*, Delamarre et Lepoitvin, t. 2, n° 445).

2313. Une révocation notifiée au seul mandataire est-elle opposable aux tiers?

Non, s'ils ont traité dans l'ignorance de cette révocation, sauf au mandant son recours contre le mandataire (C. civ., 2005).

2314. La constitution d'un nouveau mandataire, pour la même affaire, vaut-elle révocation du premier?

Oui, à compter du jour où elle a été notifiée au premier mandataire (C. civ., 2006).

2315. Lorsqu'une procuration est générale, la procuration spéciale donnée à un autre mandataire déroge-t-elle à la procuration générale?

Oui, mais en ce qui concerne seulement la spécialité pour laquelle la dernière procuration est donnée, et la procuration générale subsiste pour le surplus (Pothier, n° 115; Troplong, n° 791).

2316. La procuration spéciale pour telle affaire, est-elle révoquée par une procuration générale postérieurement donnée à un autre mandataire?

Non, car rien n'empêche les deux mandats de subsister (Pothier, n° 115; Troplong, n° 792).

2317. Le mandataire est-il libre de renoncer au mandat?

Il peut y renoncer, en notifiant au mandant sa renonciation; mais il doit indemniser le mandant du préjudice que lui cause cette renonciation, à moins qu'il ne se trouve dans l'impossibilité de continuer le mandat, sans en éprouver lui-même un préjudice considérable (C. civ., 2007).

2318. Si le mandataire ignore la mort du mandant, ou l'une des causes qui font cesser le mandat, les actes qu'il fait dans cette ignorance sont-ils absolument nuls?

Ces actes sont valides à l'égard des tiers qui sont de bonne foi (C. civ., 2008 et 2009).

2319. En cas de mort du mandataire, ses héritiers ont-ils des obligations à remplir envers le mandant?

Ils doivent lui donner avis du décès et pourvoir, en attendant, à ce que les circonstances exigent pour l'intérêt du mandant (C. civ., 2010).

TITRE XIII.

DU CAUTIONNEMENT.

CHAPITRE PREMIER.

DE LA NATURE ET DE L'ÉTENDUE DU CAUTIONNEMENT.

2320. Les actes de cautionnement sont-ils soumis à la formalité du bon ou approuvé?

Oui (Duranton, t. 13, n° 175, et t. 18, n° 293; Favard, v° *Acte sous seing privé*, sect. 1re, § 3, n° 8. Paris, 14 mai 1816. S. v., 46, 2, 299).

2321. Doivent-ils être faits doubles?

Le cautionnement sous seing privé ne doit pas nécessairement être fait double, à moins qu'il ne se rattache à d'autres conventions qui nécessitent cette formalité (Troplong, n° 20; Duranton, t. 18, n° 298).

2322. Peut-on cautionner toute espèce d'obligation?

Le cautionnement ne peut exister que sur une obligation valable (C. civ., 2012).

2323. On ne peut donc pas cautionner la vente d'un bien dotal, l'obligation contractée par un mineur ou par une femme non autorisée?

Ces différents actes peuvent être valablement cautionnés, et en général toutes les obligations qui sont susceptibles d'être annulées par une exception purement personnelle à l'obligé (C. civ., 2012; Tessier, *de la Dot*, n° 689; Duranton, t. 5, n° 525; Troplong, n°s 69 et suiv., 82 et 87).

2324. Est-il nécessaire que le débiteur consente au cautionnement?

Non; le cautionnement peut même être contracté à son insu (C. civ., 2014).

2325. Le cautionnement sans réserve d'une obligation principale s'étend-il à tous les accessoires de la dette, tels que les intérêts et les frais?

En général, oui; mais, comme le cautionnement doit être exprès et ne s'étend pas d'une chose à une autre, si les intérêts ne résultaient que d'une convention postérieure au cautionnement, la caution n'en serait pas tenue (C. civ., 2015 et 2016).

2326. Quelles qualités doit avoir la caution qu'un débiteur est obligé de fournir?

Le débiteur doit présenter une caution qui ait la capacité de contracter, qui ait un bien suffisant pour répondre de l'objet de l'obligation, et dont le domicile soit dans le ressort de la Cour d'appel où elle doit être donnée (C. civ., 2018).

2327. Où doit être le domicile de la caution que le légataire d'un usufruit est obligé de fournir d'après l'art. 601 du Code civil?

Dans le ressort de la Cour d'appel où la succession s'est ouverte (Proudhon, nᵒˢ 849 et 850; Troplong, nᵒ 196; arg. de l'art. 993 du Code de proc.).

2328. Le domicile de la caution peut-il être aussi bien un domicile d'élection qu'un domicile réel?

Le domicile d'élection remplit le même but que le domicile réel; il place la caution sous la main du créancier, il détermine le siége des poursuites et la compétence judiciaire (C. civ., 111; C. proc., 59; Duranton, t. 18, nᵒ 325; Troplong, nᵒ 199).

2329. Celui qui s'est engagé à donner une caution peut-il être admis à donner, à sa place, des gages suffisants?

Non, d'après la maxime : *aliud pro alio, invito creditori, solvi non potest.* Le créancier peut avoir des raisons pour préférer une caution à tout autre genre de sûretés. Il n'en est pas ici comme dans le cas de l'art. 2011, C. civ., qui permet au débiteur, obligé par la loi ou la justice à fournir une caution et qui n'en peut trouver, de donner à sa place un gage ou un nantissement suffisant.

2330. Les biens mobiliers servent-ils à l'appréciation de la solvabilité de la caution?

La solvabilité d'une caution ne s'estime qu'eu égard à ses propriétés foncières excepté en matière de commerce ou lorsque la dette est modique (C. civ., 2019).

2331. Si la caution reçue par le créancier, volontairement ou en justice, devient ensuite insolvable, le débiteur est-il tenu d'en fournir une autre?

Oui, à moins que, par convention, le créancier n'ait exigé nominativement pour caution la personne qui est devenue insolvable (C. civ., 2020).

2332. Lorsque la caution vient à mourir, le débiteur est-il tenu d'en fournir une autre, comme dans le cas d'insolvabilité?

Non, puisque l'art. 2017, C. civ., transmet à l'héritier la charge du cautionnement.

CHAPITRE II.

DE L'EFFET DU CAUTIONNEMENT.

2333. La caution est-elle obligée et peut-elle être poursuivie comme le débiteur lui-même?

La caution n'est obligée envers le créancier à le payer, qu'à défaut du débiteur, qui doit être préalablement discuté dans ses biens, à moins que la caution n'ait renoncé au bénéfice de discussion, ou ne se soit obligée solidairement avec le débiteur (C. civ., 2021).

2334. Toutes les cautions peuvent-elles opposer le bénéfice de discussion ?

La caution judiciaire n'a pas cette faculté (C. civ., 2042).

2335. Pierre doit 10,000 francs, Jacques le cautionne pour 5,000 francs. On discute les biens de Pierre qui ne produisent que 5,000 francs. Le créancier aura-t-il recours contre Jacques pour les 5,000 francs qui restent dus ?

L'affirmative est certaine. La caution s'est engagée précisément pour la partie de la dette qui ne serait pas payée (Troplong, n° 217).

2336. A quelle époque la caution doit-elle réclamer le bénéfice de discussion ?

Sur les premières poursuites dirigées contre elle (C. civ., 2022).

2337. Dans ce cas quelle obligation la caution a-t-elle à remplir ?

Elle doit indiquer au créancier les biens du débiteur principal et avancer les deniers suffisants pour faire la discussion (C. civ., 2023).

2338. Quelle espèce de biens la caution doit-elle indiquer ?

Cette indication peut porter sur des meubles comme sur des immeubles ; mais il faut qu'ils soient situés dans le ressort de la Cour d'appel du lieu où le paiement doit être fait (C. civ., Ibid.).

2339. Lorsque plusieurs personnes se sont rendues cautions d'un même débiteur pour une même dette, comment sont-elles obligées ?

Chacune d'elles est obligée à toute la dette ; néanmoins elle peut exiger que le créancier divise préalablement son action et la réduise à la part et portion de chaque caution (C. civ., 2025 et 2026).

2340. Lorsque, dans le temps où l'une des cautions a fait prononcer la division, il y en avait d'insolvables, cette caution est-elle tenue de ces insolvabilités ?

Elle en est tenue proportionnellement, mais elle ne peut plus être recherchée à raison des insolvabilités survenues depuis la division (Code civ., 2026).

2341. Si l'acte de cautionnement porte simplement que les cautions se sont obligées solidairement, peuvent-elles réclamer le bénéfice de discussion ?

Elles sont censées y avoir renoncé (Pothier, n° 417 ; Duranton n° 343 et 315 ; Troplong, n° 301).

20

2342. Les cautions judiciaires ont-elles droit au bénéfice de division ?

L'art. 2013, par son silence à cet égard, les a maintenues dans le droit commun.

2343. Qu'arrive-t-il si le créancier a divisé lui-même et volontairement son action ?

Il ne peut revenir contre cette division, quoiqu'il y eût, même antérieurement au temps où il l'a consentie, des cautions insolvables (C. civ., 2027).

2344. La caution qui a payé la dette peut-elle exercer les droits du créancier pour son recours contre le débiteur ?

Dans ce cas, la caution est subrogée de plein droit à tous les droits qu'avait le créancier contre le débiteur (C. civ., 2029).

2345. Les intérêts sont-ils dus de plein droit à la caution sur toutes les sommes par elle avancées ?

L'affirmative est certaine. L'action qu'exerce le fidéjusseur est l'action *mandati contraria*. Or, l'art. 2001 dit que le mandataire a droit aux intérêts, de plein droit, sur ses avances, à compter du jour où elles sont constatées (Duranton, t. 18, n° 352; Delvincourt, t. 3, p. 115, et les notes; Troplong, n° 315; Caen, 7 août 1810).

2346. Les intérêts avancés par la caution se prescrivent-ils par cinq ans ?

Quand la caution exerce de son chef l'action qui lui appartient pour le recouvrement de ses avances, elle a trente ans pour son recours (Troplong, n° 364, et *Prescription*, t. 2, n° 1031).

2347. La caution de l'acquéreur qui paie le vendeur est-elle subrogée, non-seulement à son privilége, mais encore à son droit de demander la résolution du contrat ?

Elle est subrogée, *dans tous les droits du créancier*, dit l'art. 2029, par conséquent dans l'action résolutoire comme dans tous les autres droits (Troplong, n° 373; Amiens, 9 nov. 1825; D. P., 26, 2, 156).

2348. Si le fidéjusseur n'a cautionné que l'un des débiteurs solidaires et n'a pas cautionné les autres, le paiement qu'il a fait au créancier lui donne-t-il le droit d'agir pour le total contre les débiteurs qu'il n'a pas couverts de son cautionnement ?

L'art. 2030 du Code civil ne lui accorde le recours, pour le total de la dette contre chacun des débiteurs solidaires, qu'autant qu'il les a cautionnés tous (Zachariæ, t. 3, p. 162; Troplong, n° 379).

2349. Si le débiteur paie lui-même la dette après que la caution l'a déjà payée de son côté, la caution a-t-elle également son recours contre le débiteur ?

Non, lorsqu'elle ne l'a point averti du paiement par elle fait, sauf son action en répétition contre le créancier (C. civ., 2031).

2350. La caution peut-elle quelquefois agir contre le débiteur avant d'avoir payé la dette ?

Oui, lorsqu'elle est poursuivie en justice pour le paiement; lorsque le débiteur a fait faillite ou est en déconfiture; lorsque la dette est devenue exigible par l'échéance du terme (C. civ., 2032).

2351. Quand la dette n'a point de terme fixe d'échéance, dans quel temps la caution peut-elle agir contre le débiteur pour obtenir sa décharge ?

Au bout de dix années, à moins que l'obligation principale, telle qu'une tutelle, ne soit pas de nature à pouvoir être éteinte avant un temps déterminé (*Ibid.*).

2352. Lorsque plusieurs personnes ont cautionné un même débiteur pour une même dette, la caution qui a acquitté la dette a-t-elle un recours contre les autres cautions ?

Elle a un recours contre chacune des cautions pour sa part et portion, mais seulement lorsqu'elle a payé dans l'un des cas énoncés en l'art. 2032 du Code civil (C. civ., 2033).

2353. Faut-il, pour motiver ce recours, que les cautionnements aient été donnés simultanément ?

Peu importe qu'ils aient été donnés par actes séparés et successifs. L'article 2033 est général et ne fait pas de distinction.

2354. Lorsque la caution qui a payé, ne se contentant pas de la subrogation légale, s'est fait expressément subroger aux droits du créancier, a-t-elle, dans ce cas, contre les autres cautions, l'action solidaire qu'avait le créancier cédant ?

Elle n'a toujours qu'un recours partiel.

CHAPITRE III.

DE L'EXTINCTION DU CAUTIONNEMENT.

2355. Comment s'éteint l'obligation qui résulte du cautionnement ?

Par les mêmes causes que les autres obligations (C. civ., 2034).

2356. Ainsi la caution peut opposer au créancier toutes les exceptions qui appartiennent au débiteur principal et qui sont inhérentes à la dette ?

Oui, sauf toutefois les exceptions qui sont purement personnelles au débiteur (C. civ., 2036).

20*

2357. Les remises concédées à un failli par un concordat, libèrent-elles la caution ?

Non. On considère que les remises ne forment qu'une exception personnelle au failli et qu'elles laissent subsister naturellement la dette pour le surplus (C. comm., 515; Pothier, n° 381; Troplong, n° 504).

2358. La chose jugée en faveur du débiteur est-elle une exception dont la caution peut argumenter contre le débiteur ?

Cela dépend des circonstances. Par exemple, la sentence qui décide que le débiteur est libéré, ou que l'obligation est radicalement nulle, porte sur la chose même, et elle profite au fidéjusseur sans qu'il ait été appelé au procès (Pothier, n° 381).

2359. Mais le créancier peut-il tourner contre la caution la chose jugée contre le débiteur principal ?

Le jugement rendu contre le débiteur principal réagit contre la caution. C'est ce qui lui donne le droit d'appeler du jugement, lors même que le débiteur ne voudrait pas user de ce moyen, et aurait acquiescé au jugement (Troplong, n°° 511 et suiv.).

2360. Si le créancier a renoncé en tout ou en partie aux garanties qui assuraient sa créance, conserve-t-il également son recours contre la caution ?

Non. La caution est déchargée, lorsque la subrogation aux droits, hypothèques et priviléges du créancier, ne peut plus, par le fait de ce dernier, s'opérer en faveur de la caution (C. civ., 2037).

2361. En est-il de même, si, au lieu de faire mainlevée de son inscription, le créancier a simplement omis de le renouveler en temps utile ?

Oui (Troplong, n° 565; Duvergier, *Vente*, t. 2, n° 276; Duranton, t. 18, n° 382). Il y a cependant des arrêts contraires.

2362. Le fidéjusseur solidaire peut-il invoquer l'art. 2037, de même que le fidéjusseur simple ?

Contrairement à l'opinion de MM. Ponsot, n° 529; Zachariæ, t. 3, p. 166, note 4; Duranton, t. 18, n° 382, et en opposition avec un grand nombre d'arrêts, notamment de la Cour de cassation (14 juin 1811; Devill., 41, 1, 465 et 20 mars 1813, D. p., 43, 1, 455). M. Troplong, n° 557 et suiv., soutient que la caution solidaire ne peut pas invoquer le bénéfice de l'art. 2037, par la raison que la caution solidaire n'a pas le bénéfice de discussion (C. civ., 2021), et que ce droit est le principe fondamental de la disposition de l'article 2037. Différents arrêts des Cours d'appel ont prononcé dans le même sens.

2363. L'art. 2037 doit-il profiter à celui qui, sans être obligé personnellement comme caution, n'a fait qu'hypothéquer ses biens pour la sûreté de l'engagement du débiteur ?

Non, par le même motif que celui qui a hypothéqué spécialement sa chose ne peut opposer le bénéfice de discussion au créancier (Troplong, n° 561).

2364. Que faut-il décider à l'égard du tiers détenteur qui possède des biens hypothéqués?

Si le créancier n'a qu'une hypothèque spéciale, le tiers détenteur ne pouvant lui opposer l'exception de discussion, ne pourra par voie de conséquence lui opposer l'art. 2037. Mais si l'hypothèque est générale, l'article 2037 appartiendra au tiers détenteur, puisqu'il jouit du bénéfice de discussion (C. civ., 2170; Troplong, n° 562).

2365. L'art. 2037 peut-il être étendu à deux débiteurs principaux qui ont contracté solidairement?

Non, car le bénéfice de discussion n'appartient pas à des débiteurs solidaires (Troplong, n° 563; Cass., 5 sept. 1843; D. P., 44, 1, 58).—*Contrà*; Pothier, *Oblig.*, n°s 275, 280, 520; Zachariæ, t. 2, p. 273, note 40; Duranton, t. 18, n° 382 (note); Toullier, t. 7, n° 172.

2366. L'article 2037 est-il applicable au cas où les droits ou hypothèques n'ont été acquis par le créancier que postérieurement au cautionnement?

Oui (Troplong, n°s 570 et 571; Duranton, t. 18, n° 382).

2367. Quand la subrogation aux droits du créancier n'est devenue impossible que pour partie, la caution est-elle libérée pour le tout?

L'art. 2037 ne distingue pas; mais évidemment il n'affranchit la caution qu'à titre d'indemnité, et la peine ne doit pas excéder le dommage. Donc, la caution n'est libérée que dans la proportion des garanties abandonnées par le créancier (Pothier, n° 557; Zachariæ, t. 3, p. 166; Troplong, n° 572; Ponsot, n° 334).

2368. Ne doit-on pas regarder comme une renonciation à une partie de ses droits la prorogation du terme accordée par le créancier au débiteur principal?

La simple prorogation de terme ne décharge point la caution, qui peut, en ce cas, poursuivre le débiteur pour le forcer au paiement (C. civ., 2039), ou à lui rapporter sa décharge.

TITRE XIV.

DES TRANSACTIONS.

2369. Qu'entend-on par une transaction?

La transaction est un contrat par lequel les parties terminent une contestation née ou préviennent une contestation à naître (C. civ., 2044), moyennant quelque chose que l'on promet, que l'on donne ou que l'on retient.

2370. Est-elle assujettie à des formes particulières?

En général, non; elle doit seulement être rédigée par écrit (*Ibid.*).

2371. La transaction est-elle un titre translatif ou un titre déclaratif?

En principe la transaction est purement déclarative ; elle reconnaît un droit préexistant et ne le crée pas. Mais elle devient translative lorsque le véritable propriétaire abandonne une partie d'un droit certain, moyennant la concession que lui fait le contrat.

2372. Toute personne peut-elle faire une transaction?

Pour transiger, il faut avoir la capacité de disposer des objets compris dans la transaction. Ainsi le tuteur ne peut transiger, pour le mineur ou l'interdit, que conformément à l'art. 407 du Code civil (C. civ., 2045).

2373. Suffit-il au mineur émancipé de l'assistance de son cu-rateur pour transiger sur un capital mobilier?

Il doit remplir les formalités prescrites par l'art. 407, C. civ. Il n'a pas la libre disposition de son capital mobilier, puisque, d'après l'art. 482, le cura-teur en doit surveiller l'emploi. D'un autre côté, l'art. 481 veut que tout ce qui excède les bornes de l'administration soit soumis aux conditions qui pro-tègent la minorité, et il s'agit ici de quelque chose de plus que d'un acte d'administration.

2374. Pourrait-on transiger sur une question d'aliments?

Si les aliments sont dus par suite des liens de parenté, cette créance est inaliénable tout aussi bien que le titre dont elle est l'attribut. Une transac-tion ne pourrait donc éteindre le droit du créancier pour l'avenir (Cass., 22 fév. 1831 ; Douai, 1er fév. 1813). Mais si les aliments sont dus par contrat, testament ou donation, la transaction peut avoir lieu (Troplong, n° 97; Cass., 21 mai 1826; D. P., 26, 1, 292).

2375. Les communes et les établissements publics sont-ils libres de transiger?

Ils ne peuvent le faire qu'avec l'autorisation expresse du Gouvernement (C. civ., 2045).

2376. Cette autorisation est-elle nécessaire aux communes pour toutes les transactions?

Aux termes de l'art. 59 de la loi municipale du 18 juill. 1837, il suffit d'un arrêté du préfet, en conseil de préfecture, pour l'homologation des transac-tions intéressant les communes, quand il s'agit d'objets mobiliers de 3,000 francs et au-dessous.

2377. Peut-on transiger sur toutes choses?

On ne peut transiger sur un délit, mais seulement sur l'intérêt civil qui en résulte (C. civ., 2046). On ne peut pas transiger sur une question d'état (Duranton, t. 18, n° 399; Troplong, n° 63).

2378. La transaction doit-elle avoir un objet déterminé?

Les parties peuvent transiger généralement sur toutes les affaires qu'elles pouvaient avoir ensemble. Néanmoins la transaction ne s'entend que de ce qui est relatif au différend qui y a donné lieu (C. civ., 2048, 2049 et 2057).

2379. Dans ce cas la transaction s'applique-t-elle à des titres alors inconnus des parties et qui auraient été postérieurement découverts ?

Oui, à moins que les titres n'aient été retenus par le fait de l'une des parties (*Ibid.*).

2380. Si la transaction, comme c'est l'ordinaire, exprime l'objet sur lequel les parties transigent, la renonciation qui y est faite à tous droits, actions et prétentions, s'applique-t-elle à toutes les affaires que les parties peuvent avoir ensemble ?

Cette renonciation ne s'entend que de ce qui est relatif au différend qui a donné lieu à la transaction (C. civ., 2048).

2381. La transaction faite par l'un des intéressés est-elle commune avec les autres intéressés ?

Elle ne les lie point, et ne peut être opposée par eux (C. civ., 2051). Néanmoins, la transaction faite avec le débiteur profite à la caution, comme celle faite avec l'un des débiteurs solidaires profite aux autres (Duranton, t. 18, n° 420; Troplong, n°ˢ 126 et 128).

2382. Si la solidarité existe entre plusieurs créanciers ou débiteurs, la transaction faite par l'un d'eux peut-elle être opposée aux autres ?

Non, par la raison qu'un coassocié peut bien faire meilleure la condition de ses coassociés, mais qu'il ne peut la rendre plus mauvaise.

2383. Les transactions peuvent-elles être attaquées pour cause d'erreur de droit, ou pour cause de lésion ?

Non, à moins qu'il n'y ait eu erreur dans la personne ou sur l'objet de la contestation, ou en cas de dol ou de violence (C. civ., 2052 et 2053).

2384. Y a-t-il lieu à l'action en rescision lorsque la transaction a été faite en exécution d'un titre nul ?

Oui, à moins que les parties n'aient expressément traité sur la nullité (C. civ., 2054).

2385. Si, au moment de la transaction sur un procès, ce procès était terminé par un jugement passé en force de chose jugée, dont les parties, ou l'une d'elles, n'avaient point connaissance, la transaction doit-elle, nonobstant, recevoir son exécution ?

Dans ce cas, la transaction est nulle; mais si le jugement était susceptible d'appel, la transaction serait valable (C. civ., 2056).

2386. Un héritier *ab intestat* transige sur la succession avec l'héritier testamentaire ; mais il ignorait que le testament avait été révoqué par un acte postérieur. Dans ce cas la transaction doit-elle être maintenue ?

La transaction tombera, parce que le testament, qui faisait la base de la transaction, est sans valeur, et que l'héritier n'a traité que par suite d'une erreur de fait (Troplong, n° 147). On peut dire aussi qu'il y a erreur sur la personne ou tout au moins sur sa qualité.

2387. Mais si le testament était seulement nul pour vice de forme, en serait-il de même ?

Non, parce qu'il n'y aurait là qu'une erreur de droit, et que personne n'est censé ignorer la loi.

2388. Si les pièces sur lesquelles a été faite la transaction sont, depuis, reconnues fausses, la transaction doit-elle être maintenue ?

Elle est entièrement nulle (C. civ., 2055).

2389. Et s'il était découvert postérieurement des titres constatant que l'une des parties n'avait aucun droit ?

Elle serait nulle, si elle n'avait pour objet que les droits auxquels ces titres se rapportent (C. civ., 2057).

2390. Une erreur de calcul entraîne-t-elle la nullité d'une transaction ?

Non, mais l'erreur doit être réparée (C. civ., 2058).

TITRE XV.

DE LA CONTRAINTE PAR CORPS EN MATIÈRE CIVILE.

2391. Vous savez que la loi prononce la contrainte par corps pour le stellionat ; quand y a-t-il stellionat ?

Il y a stellionat :

Lorsqu'on vend ou qu'on hypothèque un immeuble dont on sait n'être pas propriétaire ;

Lorsqu'on présente comme libres des biens hypothéqués, ou que l'on déclare des hypothèques moindres que celles dont ces biens sont grevés (C. civ., 2059).

2392. Y a-t-il stellionat au cas où le propriétaire par indivis vend ou hypothèque l'immeuble commun comme s'il en était seul propriétaire ?

Oui (Coin-Delisle, n° 7 ; Duranton, t. 18, n° 448 ; Zachariæ, t. 4, § 586, n° 11 ; Rolland de Villargues, v° *Stellionat*, n° 5).

2393. Celui qui vend un immeuble hypothéqué sans avertir l'acquéreur de l'existence des hypothèques, commet-il un stellionat ?

Non, parce qu'il n'y a pas fausse déclaration.

2394. Des époux qui, frauduleusement, présentent comme libres d'hypothèques des biens dotaux, se rendent-ils, par là, coupables de stellionat?

Non ; ce fait ne rentre pas dans les termes de la loi ; mais l'action résultant du dol peut être exercée (Coin-Delisle, n° 8 ; Troplong, n° 62 ; Zachariæ, § 586, note 17 ; Rolland de Villargues, n° 13. Paris, 14 fév. 1829, D. P., 29, 2, 77).

2395. Les maris et les tuteurs qui hypothèquent leurs biens sans déclarer expressément que ces immeubles sont affectés à l'hypothèque légale des femmes et des mineurs sont-ils réputés stellionataires ?

Oui, lorsqu'ils ont négligé de faire inscrire l'hypothèque légale des femmes et des mineurs (C. civ., 2136).

2396. L'acquéreur à qui le vendeur a transféré comme franche une chose hypothéquée peut-il exercer l'action en stellionat tant qu'il n'est pas inquiété par les créanciers?

C'est le cas d'appliquer la disposition pénale de l'art. 2059, car cet acquéreur est toujours exposé à un danger d'éviction, et il ne peut pas disposer librement de sa chose.

2397. Lorsque le saisi est lui-même constitué gardien des meubles saisis sur lui, devient-il contraignable par corps pour la représentation de ces objets?

Oui, puisqu'il est un véritable dépositaire judiciaire, un vrai gardien dans le sens de l'art. 2060 (Merlin, *Quest. de droit*, v° *Contrainte par corps*, § 8 ; Troplong, n° 111 ; Cass., 23 brumaire an 10).

2398. Lorsque le débiteur est soumis à la contrainte par corps, sa caution y est-elle également soumise de plein droit?

La caution n'est contraignable par corps qu'autant qu'elle y a expressément consenti par son engagement, et dans le cas où le débiteur principal est lui-même soumis à la contrainte par corps (C. civ., 2060).

2399. N'y a-t-il pas des cautions qui sont de plein droit soumises à la contrainte par corps ?

D'abord les cautions judiciaires (C. civ. 2060), ensuite les cautions des comptables de deniers appartenant à l'État, aux communes et aux établissements publics, les cautions des entrepreneurs qui ont passé des marchés intéressant l'État, les communes ou les établissements publics, les cautions des redevables des droits de douane, octrois et autres contributions indirectes qui ont obtenu crédit (Loi du 17 avril 1832, art. 8, 9, 10 et 11) ; les cautions des adjudicataires de coupes de bois de l'Etat et les cautions des fermiers de la pêche des rivières navigables et flottables (Code forestier, art. 28 et 46, *id*. de la pêche fluviale, art. 22).

2400. La caution d'un commerçant est-elle comme lui soumise à la contrainte par corps?

Pas plus qu'en matière civile, à moins qu'elle ne s'y soit expressément soumise ou qu'elle n'ait donné son consentement par un acte qui, de sa nature, entraîne la contrainte par corps, comme un aval, un endossement (C. com., 142).

2401. Pour quelle cause les notaires peuvent-ils être contraignables par corps?

Pour la représentation de leurs minutes, quand elle est ordonnée;

Pour la restitution des titres à eux confiés et des deniers par eux reçus pour leurs clients, par suite de leurs fonctions (C. civ., 2060).

2402. Les notaires peuvent-ils être contraints par corps à la délivrance des expéditions de leurs actes?

Oui, aux termes de l'art. 839 du Code de procédure civile.

2403. La contrainte par corps peut-elle être prononcée contre un notaire pour la remise des fonds déposés entre ses mains pour en opérer le placement?

Il faut décider l'affirmative, quoiqu'il y ait des opinions et des arrêts contraires. C'est bien en effet par suite de leurs fonctions que des fonds sont déposés aux notaires pour en opérer le placement.

2404. Les contractants peuvent-ils valablement stipuler la contrainte par corps pour l'exécution de leurs engagements?

Non, hors les cas déterminés par la loi, et il est même interdit aux notaires de recevoir des actes contenant semblable stipulation (C. civ., 2063).

2405. N'est-il pas des causes pour lesquelles la contrainte par corps peut avoir lieu contre les fermiers, sans stipulation?

Les fermiers et les colons partiaires peuvent être contraints par corps, faute par eux de représenter à la fin du bail le cheptel de bétail, les semences et les instruments aratoires qui leur ont été confiés, à moins qu'ils ne justifient que le déficit de ces objets ne procède point de leur fait (C. civ., 2062).

2406. La contrainte par corps peut-elle être stipulée par un acte postérieur au bail?

Elle doit être stipulée par le bail même sous peine de nullité (Coin-Delisle, p. 28, n° 2; Troplong, n° 206).

2407. Est-il nécessaire que le bail soit authentique?

Le bail qui stipule la contrainte par corps peut être sous seing privé (Troplong, n° 207.

2408. La clause de contrainte par corps est-elle autorisée contre les simples colons partiaires ?

Non, l'art. 2063 ne l'autorise que contre les fermiers.

2409. N'y a-t-il pas un contrat dans lequel la contrainte par corps peut être stipulée ?

La contrainte par corps peut être stipulée dans un bail pour le paiement des fermages de biens ruraux (C. civ., 2062).

2410. Les héritiers bénéficiaires et les envoyés en possession provisoire sont-ils soumis à la contrainte par corps pour la restitution de ce qu'ils doivent rendre ?

Non, par la raison qu'ils ne sont pas des comptables dont le droit émane de la justice ; ils tiennent leurs droits de leur qualité (Troplong, n°° 239 et 240; Carré, n° 537 ; Coin-Delisle, p. 26, n° 16).

2411. Les comptables ordinaires peuvent-ils être contraints par corps ?

Ils ne le peuvent pas pour le paiement des sommes dont ils sont reliquataires, mais on peut les contraindre par corps à rendre leur compte, lorsqu'un délai leur ayant été assigné pour le présenter, ils ont laissé expirer ce délai (C. proc., 531).

2412. Quel serait l'effet d'une stipulation qui soumettrait une personne à la contrainte par corps, hors des cas prévus par la loi ?

Elle serait nulle comme contraire à la loi naturelle et à l'ordre public, en portant atteinte à la liberté qui est inaliénable (C. civ., 2063).

2413. Quelle pourrait être la conséquence d'une pareille convention pour le notaire qui l'aurait insérée dans un acte ?

Il pourrait être passible de dommages et intérêts envers la partie qui se serait indûment soumise à la contrainte par corps (C. civ., 2063).

2414. Pour quelle somme la contrainte par corps peut-elle être prononcée en matière civile ?

Elle ne peut être prononcée pour une somme moindre de 300 fr. (C. civ., 2065).

2415. Est-il nécessaire que la créance atteigne le chiffre de 300 francs en capital ?

Les intérêts peuvent être ajoutés au capital de la dette pour compléter la somme de 300 fr. (Troplong, n° 287).

2416. La contrainte par corps peut-elle être exercée en vertu de la grosse seule du titre ?

Il faut qu'elle soit prononcée par jugement (C. civ., 2067).

2417. Les arbitres peuvent-ils prononcer la contrainte par corps ?

Oui, les arbitres volontaires aussi bien que les arbitres forcés.

Leurs décisions sont de véritables jugements (Carré, n°s 3327 et 3331 ; Pardessus, n° 1406 ; Troplong, n° 322 ; Cass., 5 nov. 1811 ; Devill., 3, 1, 419 et 1er juillet 1823 ; Devill., 7, 1, 280).

2418. Est-il nécessaire de discuter les biens du débiteur avant d'exercer contre lui la contrainte par corps ?

L'exercice de la contrainte par corps n'empêche ni ne suspend les poursuites et les exécutions sur les biens (C. civ., 2069). On peut donc exercer simultanément ces divers genres de poursuites.

2419. Les individus non négociants sont-ils soumis à la contrainte par corps, pour signatures apposées à des lettres de change ?

Oui, parce que la création d'une lettre de change est un acte de commerce (Loi du 17 avril 1832, art. 3).

2420. En est-il de même pour l'endossement des lettres de change ?

L'endossement suit la nature de la lettre de change.

2421. Les lois sur la contrainte par corps s'appliquent-elles aux étrangers ?

Tout jugement qui intervient au profit d'un Français contre un étranger *non domicilié en France* emporte la contrainte par corps, à moins que la somme principale de la condamnation ne soit inférieure à 150 fr. sans distinction entre les dettes civiles et les dettes commerciales (Loi du 17 avril 1832, art. 11).

2422. La parenté est-elle un obstacle à l'exercice de la contrainte par corps ?

La contrainte par corps n'est jamais prononcée contre le débiteur au profit :

1° De son mari ou de sa femme ;

2° De ses ascendants, descendants, frères ou sœurs ou alliés au même degré (même loi, art. 19).

2423. Jusqu'à quel âge la contrainte par corps peut-elle être exercée ?

La contrainte par corps cesse, si le débiteur a commencé sa 70e année, et s'il n'est pas stellionataire (Loi 17 avril 1832, art. 4 et 6 ; C. civ., 2066).

2424. Combien dure l'emprisonnement en matière civile ?

Il doit être fixé par le jugement de condamnation d'un an à dix ans ; mais s'il s'agit de fermages de biens ruraux, ou de l'exécution des condamnations intervenues dans le cas où la contrainte par corps n'est pas obligée, et où la loi attribue seulement aux juges la faculté de la prononcer, la durée de l'emprisonnement est d'un an au moins et de cinq ans au plus (même loi, art. 7).

2425. La contrainte par corps pour stellionat pendant le mariage peut-elle être exercée contre les femmes mariées ?

Oui, seulement lorsqu'elles sont séparées de biens, ou lorsqu'elles ont des biens dont elles se sont réservé la libre administration, et à raison des engagements qui concernent ces biens (C. civ., 2066).

TITRE XVI.

DU NANTISSEMENT.

CHAPITRE PREMIER.

DU GAGE.

2426. Qu'est-ce que la loi entend ici par le gage?

C'est le nantissement d'une chose mobilière que le débiteur remet à son créancier pour sûreté de la dette (C. civ., 2071 et 2072).

2427. Quelles choses peuvent être données en gage?

Tous les objets mobiliers qui sont dans le commerce, et les droits incorporels, tels que les créances.

2428. Le créancier devient-il propriétaire du gage?

Le gage n'est dans les mains du créancier qu'un dépôt assurant son privilège, et jusqu'à l'expropriation du débiteur, s'il y a lieu, ce dernier reste propriétaire du gage (C. civ., 2079).

2429. La chose donnée en gage est donc aux risques et périls du débiteur?

Certainement; mais le créancier répond de la perte ou détérioration du gage qui serait survenue par sa négligence (C. civ., 2080).

2430. S'il s'agit d'une créance hypothécaire, le créancier doit-il veiller à son inscription et au renouvellement de l'inscription déjà prise ?

Oui, et il serait responsable du défaut d'accomplissement de ces formalités (Proudhon, *Usuf.*, nº 2231).

2431. Un gage peut-il être valablement donné dans les dix jours qui précèdent la faillite ?

Si l'emprunt a été contracté, et le gage, qui en était la condition, réalisé par la tradition, dans les dix jours qui précèdent la faillite, le contrat doit subsister pour le tout. Mais si le nantissement est consenti pour une dette antérieure, ou si la tradition n'est réalisée que dans les dix jours qui précèdent la faillite, le prêteur ne peut réclamer aucun privilège au détriment de la masse des créanciers (C. comm., 446; Renouard, t. 1er, p. 354; Troplong, n°° 257 etsuiv.).

2432. Quel droit le gage donne-t-il au créancier sur la chose remise entre ses mains ?

Le gage confère au créancier le droit de se faire payer sur la chose qui en est l'objet par privilège et préférence aux autres créanciers (C. civ., 2073).

2433. A défaut de paiement le créancier peut donc disposer du gage à sa volonté ?

Non pas : il doit faire ordonner en justice que ce gage lui demeurera en paiement, et jusqu'à due concurrence, d'après une estimation faite par experts, ou qu'il sera vendu aux enchères (C. civ., 2078).

2434. Mais il peut au moins être convenu que le créancier pourra s'approprier le gage ou en disposer sans formalités de justice ?

Toute stipulation semblable dans le contrat de gage est nulle (*Ibid.*).

2435. L'autorisation d'aliéner donnée au créancier par le débiteur, postérieurement à l'acte constitutif du gage, serait-elle valable ?

Oui, car la prohibition de la loi ne s'applique qu'à l'autorisation donnée dans l'acte même (Cass., 25 mars 1835; D. p., 35, 1, 266).

2436. Le débiteur pourrait-il également, depuis le contrat de gage, vendre au créancier les objets à lui remis en gage ?

Oui (Delvincourt, p. 670; Duranton, t. 18, n° 537; Zachariæ, § 434, note 6).

2437. Quelles sont les formalités du gage ?

Il doit être constaté par un acte public ou sous seing privé, dûment enregistré, contenant la déclaration de la somme due, ainsi que l'espèce et la nature des choses remises en gage, ou un état annexé de leurs qualité, poids et mesure (C. civ., 2074).

2438. S'il ne s'agit que d'une somme minime, ces formalités sont-elles également exigées ?

Elles ne sont prescrites qu'en matière excédant la valeur de cent cinquante francs (*Ibid.*).

2439. Ces règles sont-elles applicables au nantissement commercial ?

Les règles du droit civil, relatives au nantissement, ne sont applicables en matière de commerce que dans le cas prévu par l'art. 95 du Code de commerce, c'est-à-dire au seul cas d'une consignation et d'un dépôt fait par un individu résidant dans le lieu du domicile du commissionnaire (Cass., 8 avril 1845; Devill., 45, 1, 503; *Id.*, 6 mai 1815; Devill., 45, 1, 503).

2440. Comment le créancier est-il saisi des choses qui lui sont remises en gage ?

S'il s'agit de meubles incorporels, tels que les créances mobilières, il faut que l'acte de gage soit signifié au débiteur de la créance donnée en gage (C. civ., 1690 et 2075).

2441. Et s'il s'agit de meubles corporels?

Le privilége ne subsiste qu'autant que le gage a été mis et est resté en la possession du créancier, ou d'un tiers convenu entre les parties(C. civ., 2076).

2442. Quelle est la valeur d'une signification faite par le créancier après la faillite du cédant ?

Cette signification serait tardive et ne produirait aucun effet (Cass., 11 juin 1816; Devill., 46, 1, 444; *id.* 4 janvier 1817; Devill., 47, 1, 167).

2443. En est-il de même si la signification a été faite dans les dix jours qui précèdent la faillite?

La Cour de cassation, par un arrêt du 4 janvier 1817 (Devill., 47, 1, 175), a décidé que la disposition de l'art. 446 du Code de commerce ne doit pas être étendue au cas où le nantissement a été stipulé en même temps que la créance à une époque non suspecte, et que la signification faite après la cessation de paiement, mais avant le jugement déclaratif de la faillite, est valable. Cette décision est combattue par les meilleurs auteurs (Troplong. n° 276).

2444. Est-il nécessaire, pour la validité ou le complément du nantissement d'une créance, que le titre qui la constate soit remis au créancier ?

La remise du titre est indispensable pour saisir le créancier vis-à-vis du débiteur qui, sans cela, ne serait pas dessaisi. Le gage manquerait ainsi d'une de ses conditions substantielles (C. civ., 2076; Lyon, 31 janvier 1839; Devill., 39, 2, 538; Aix, 21 juillet 1842; Devill., 43, 2, 199; Cass., 11 juin 1816; Devill., 46, 1, 444).

2445. Le nantissement d'effets négociables est-il assujetti aux formes prescrites par l'article 2074 du Code civil ?

L'endossement de ces valeurs suffit sans signification. C'est la forme de cession propre à ce genre de négociation (C. comm., 136 et s.; C. civ., 2084; Cass., 17 mars 1859; Devill., 9, 1, 253; 10 juin 1835; D. P., 35, 1, 272; 6 août 1845; D. P., 45, 1, 392).

2446. Que décidez-vous relativement aux effets ou actions au porteur?

La simple remise de ces valeurs en opère le dessaisissement et fait passer immédiatement le gage et tous les droits du débiteur entre les mains du créancier.

2447. Faut-il absolument que le gage soit remis en la possession du créancier ?

Il peut aussi être remis dans les mains d'un tiers convenu entre les parties (C. civ., 2076).

2448. La convention peut-elle établir qu'à défaut de paiement à l'époque indiquée, le gage restera au créancier *à dire d'experts ?*

Cette convention est valable, elle n'est pas contraire au véritable sens de l'art. 2078, puisque le débiteur n'est pas à la merci de son créancier, et qu'il se trouve protégé par l'expertise.

2449. Si postérieurement à la mise en gage, le débiteur contracte une nouvelle dette envers le créancier, ce dernier a-t-il quelque droit sur le gage pour cette nouvelle dette ?

Il ne peut être tenu de se dessaisir du gage avant d'être entièrement payé de l'une et de l'autre dette, lors même qu'il n'y aurait eu aucune stipulation pour affecter le gage au paiement de la seconde (C. civ., 2082).

2450. Ce droit de rétention peut-il être exercé pour toute dette nouvelle sans distinction ?

Il faut que la seconde dette soit devenue exigible avant le paiement de la première (*Ibid.*).

2451. Le droit de rétention confère-t-il au créancier les mêmes droits que le nantissement ?

Il en diffère sous quelques rapports. Les autres créanciers peuvent faire saisir la chose retenue, mais le créancier détenteur doit être payé par préférence sur le prix.

2452. L'héritier du débiteur qui a payé sa portion de la dette peut-il demander la restitution de sa portion dans le gage ?

Le gage est indivisible et il ne peut être retiré tant que la dette n'est pas entièrement acquittée (C. civ., 2083).

CHAPITRE II.

DE L'ANTICHRÈSE.

2453. Qu'entendez-vous par l'antichrèse ?

C'est le contrat par lequel un débiteur remet une chose immobilière à son créancier pour sûreté de la dette.

2454. Dans quelle forme l'antichrèse doit-elle être consentie ?

Elle doit être constatée par écrit (C. civ., 2085), et elle ne peut être opposée aux tiers qu'autant que l'écrit a date certaine (Duranton, t. 18, n° 558; Zachariæ, t. 3, p. 175, § 437 ; Troplong, n° 511).

2455. Par qui l'antichrèse peut-elle être constituée ?

Par le propriétaire de l'immeuble et par ceux qui ont droit aux fruits, comme l'usufruitier, le mari pour le bien dotal de sa femme, sauf, pour ces derniers, la résolution dans le cas de cessation de leurs droits.

2456. Celui qui n'a que le pouvoir de faire des actes d'administration a-t-il capacité pour constituer une antichrèse ?

Non. Ce contrat est en effet plutôt une vente, un acte de disposition qu'un acte d'administration (Troplong, n° 519).

2457. La femme séparée de biens, qui, d'après l'art. 1449 du Code civil, peut disposer de son mobilier, mais avec l'autorisation de son mari, peut-elle donner son bien à antichrèse ?

La négative a été décidée par la raison que l'antichrèse sort des bornes d'une simple administration (Cass., 21 nov. 1811 ; D. P., 12, 1, 45).

2458. Quels droits le créancier acquiert-il par là sur l'immeuble ?

Le droit d'en percevoir les fruits et revenus, à la charge de les imputer annuellement sur les intérêts, s'il lui en est dû, et subsidiairement sur le capital de sa créance (C. civ., 2085).

2459. Le créancier n'a-t-il pas aussi des charges à supporter ?

Il est tenu, s'il n'en est autrement convenu, de payer les contributions et les charges annuelles de l'immeuble, qu'il tient en antichrèse. Il doit aussi, sous peine de dommages-intérêts, pourvoir à l'entretien et aux réparations utiles et nécessaires de l'immeuble, sauf à prélever sur les fruits toutes les dépenses relatives à ces divers objets (C. civ., 2086).

2460. Est-il obligé de conserver cette administration jusqu'au paiement de la dette ?

Le créancier peut toujours, à moins qu'il n'ait renoncé à ce droit, contraindre le débiteur à reprendre la jouissance de son immeuble (C. civ., 2087).

2461. Le créancier est-il tenu de jouir par lui-même de l'immeuble remis en antichrèse ?

Il a le droit de le louer, pour en tirer les revenus, et d'en passer bail, comme usufruitier, pour un temps limité.

2462. D'après tout ce que vous venez de dire, l'antichrèse ressemble beaucoup à la vente à réméré.

L'antichrèse diffère essentiellement de la vente à réméré, en ce qu'elle ne transmet au créancier qu'un droit de jouissance, et non de propriété.

2463. Mais on pourrait stipuler que le créancier deviendra propriétaire de l'immeuble par le seul défaut de paiement au terme convenu.

Une semblable clause est nulle; le créancier peut seulement poursuivre l'expropriation de son débiteur par les voies légales (C. civ., 2088).

2464. Le débiteur ne pourrait-il pas convenir que la chose serait mise en vente après affiches, publicité et concurrence,

mais sans recourir nécessairement aux formes dispendieuses de
la saisie réelle ?

Ce serait la clause de *voie parée*, qui a été interdite par le nouvel art. 742
du Code de procédure civile.

2465. Cette convention serait-elle valable si, au lieu d'être
stipulée dans l'acte même de prêt ou d'engagement, elle n'inter-
venait qu'après l'expiration des délais pour le paiement ?

M. Troplong, n° 564, t. 19, enseigne l'affirmative.

2466. Pourrait-on stipuler que les fruits de l'immeuble se
compenseront avec les intérêts de la dette, ou totalement ou jusqu'à une certaine concurrence ?

Cette convention est permise par la loi (C. civ., 2089).

2467. Il serait facile alors de dissimuler, au moyen de cette
clause, un prêt usuraire.

L'art. 2082 a dû être modifié par la loi du 3 sept. 1807, qui règle le taux
de l'intérêt.

2468. Que doit-on donc faire pour rendre la condition valable ?

Obliger le créancier à faire compte des revenus, et à imputer sur le capital ce qui excède les intérêts (Troplong, *Prêt.*, n° 389; Proudhon, n°° 73,
82 et 83; Duranton, t. 18, n° 556).

2469. Un immeuble hypothéqué peut-il être remis en antichrèse ?

Oui, mais l'antichrèse ne peut nuire aux créanciers inscrits antérieurement
qui conservent le droit de saisir et de faire vendre l'immeuble (C. civ., 2091).

2470. En est-il de même à l'égard des créanciers postérieurs ?

Cette question divise les meilleurs auteurs. MM. Proudhon, t. 1, n°° 90 et
suiv.; Zachariæ, t. 3, p. 177, et Duranton, t. 18, n° 560, enseignent que le
créancier postérieur à l'antichrèse n'a pas le droit de retirer la chose des
mains de l'antichrésiste.

M. Troplong, n°° 576 et suiv., soutient au contraire que ce créancier a les
mêmes droits que s'il était antérieur à l'antichrèse.

2471. Les créanciers chirographaires peuvent-ils faire saisir
les fruits entre les mains de l'antichrésiste ?

Ces créanciers n'ont aucun droit réel, ni sur l'immeuble, ni sur ses fruits ;
ils ne peuvent donc pas dépouiller l'antichrésiste d'un droit qui lui appartient
légitimement et qui constitue le *jus in re.*

TITRE XVII.

DES PRIVILÉGES ET HYPOTHÈQUES.

———

CHAPITRE PREMIER.

DISPOSITIONS GÉNÉRALES.

2472. Tous les biens d'un débiteur sont-ils affectés à l'exécution de ses engagements ?

Quiconque s'est obligé personnellement est tenu de remplir son engagement sur tous ses biens mobiliers et immobiliers présents et à venir (C. civ., 2092).

2473. Tous les créanciers ont-ils les mêmes droits sur les biens du débiteur ?

Les biens du débiteur sont le gage commun de ses créanciers, et le prix s'en distribue entre eux par contribution, à moins qu'il n'y ait entre les créanciers des causes légitimes de préférence (C. civ., 2093).

2474. Quelles peuvent-être les causes de préférence ?

Les causes légitimes de préférence sont les priviléges et les hypothèques (C. civ., 2094).

— — — —◦— — —

CHAPITRE II.

DES PRIVILÉGES.

2475. Qu'est-ce qu'un privilége ?

Le privilége est un droit que la qualité de la créance donne à un créancier d'être préféré aux autres créanciers, même hypothécaires (C. civ., 2095).

2476. Par quelles conventions un débiteur peut-il créer un privilége en faveur d'un créancier ?

Il ne dépend pas de la volonté des parties d'attacher un privilége à une créance; le privilége résulte uniquement des dispositions de la loi et de la qualité de la créance.

2477. Les priviléges donnent-ils tous les mêmes droits et viennent-ils au même rang ?

Non. Entre les créanciers privilégiés, il y a des préférences qui se règlent par les différentes qualités des priviléges (C. civ., 2096).

21*

2478. Comment les créanciers privilégiés qui sont dans le même rang exercent-ils leurs droits?

Ils sont payés par concurrence (C. civ., 2097).

SECTION Iʳᵉ.

DES PRIVILÉGES SUR LES MEUBLES.

§ 1ᵉʳ. — Des Privilèges généraux sur les meubles.

2479. Quelles sont les créances privilégiées sur la généralité des meubles ?

Ce sont :

1º Les frais de justice ;

2º Les frais funéraires ;

3º Les frais quelconques de la dernière maladie, concurremment entre ceux à qui ils sont dus ;

4º Les salaires des gens de service, pour l'année échue, et ce qui est dû sur l'année courante ;

5º Les fournitures de subsistances faites au débiteur et à sa famille, savoir : pendant les six derniers mois, par les marchands en détail, tels que boulangers, bouchers et autres, et, pendant la dernière année, par les maîtres de pension et marchands en gros (C. civ., 2101).

2480. Toutes ces créances viennent-elles au même rang ?

Elles s'exercent dans l'ordre réglé par l'art. 2101, et qui vient d'être rappelé (*Ibid.*).

2481. Les frais de scellés et d'inventaire sont-ils compris dans les frais de justice ?

Oui, même lorsqu'ils sont faits par un héritier bénéficiaire (Troplong, *Priv.*, nº 124 ; Persil, *Rég. hyp.*, art. 2101, nº 6 ; Duranton, t. 19, nº 40).

2482. Tous les frais de justice sont-ils également privilégiés à l'égard de tous les créanciers ?

Les frais qui sont faits dans l'intérêt particulier d'un créancier, tels que ceux d'obtention de jugement, ne sont pas privilégiés. Il faut, pour que les frais de justice soient privilégiés, qu'ils aient été faits dans l'intérêt des créanciers, pour la conservation ou la réalisation de leur gage commun (Troplong, nº 122 ; Persil, art. 2101, nº 7 ; Duranton, t. 19, nº 39).

2483. Le deuil de la veuve est-il compris dans les frais funéraires privilégiés ?

Cette question est controversée entre les auteurs. On peut citer pour l'affirmative, MM. Persil, *Rég. hyp.*, art. 2101, § 2, nº 4, et *Quest.*, t. 1ᵉʳ, p. 23 ; Duranton, t. 19, nº 48 ; Proudhon, *Usufruit*, nº 212 ; pour la négative, MM. Troplong, nº 136 ; Grenier, t. 2, nº 301 ; Merlin, *Rép.*, vº *Deuil* ; Rolland de Villargues, vº *Frais funéraires*, nº 4 ; Bellot des Minières, *Contr. de mar.*, t. 1ᵉʳ, nº 302 ; Zachariæ, t. 2, § 260, note 8.

2484. Quelle est la dernière maladie dont les frais sont privilégiés ?

Il faut entendre par là non-seulement la maladie dont meurt le débiteur, mais encore celle qui a précédé sa faillite ou sa déconfiture (Troplong, n° 137; Duranton, t. 19, n° 54; Grenier, n° 302; Pigeau, t. 2, p. 183).

§ 2.—Des Priviléges sur certains meubles.

2485. Quelles sont les créances privilégiées sur certains meubles ?

Ce sont :

1° Les loyers et fermages des immeubles sur les fruits de la récolte de l'année et sur le prix de tout ce qui garnit la maison louée ou la ferme, et de tout ce qui sert à l'exploitation de la ferme ;

2° La créance sur le gage dont le créancier est saisi ;

3° Les frais faits pour la conservation de la chose ;

4° Le prix d'effets mobiliers non payés, s'ils sont encore en la possession du débiteur ;

5° Les fournitures d'un aubergiste sur les effets du voyageur, qui ont été transportés dans son auberge ;

6° Les frais de voiture et les dépenses accessoires sur la chose voiturée ;

7° Les créances résultant d'abus et prévarication commis par les fonctionnaires publics dans l'exercice de leurs fonctions, sur les fonds de leur cautionnement et sur les intérêts qui en peuvent être dus (C. civ., 2102).

2486. Le privilége du propriétaire pour loyers ou fermages s'exerce-t-il sur l'argent comptant, les billets et créances ?

Non (Troplong, n° 151 ; Grenier, t. 2, n° 306; Persil, art. 2102, § 1er, n° 4; Duranton, t. 19, n° 79).

2487. Des meubles garnissant les lieux loués, mais n'appartenant pas au locataire, sont-ils soumis à ce privilége ?

Non, dès que le propriétaire a acquis la connaissance que ces meubles, au moment de leur entrée, n'appartenaient pas à son locataire.

2488. Si le locataire a cédé son bail, le propriétaire a-t-il les mêmes droits sur les meubles de celui à qui la rétrocession est faite ?

Oui. La raison en est que le privilége est fondé sur l'occupation des meubles et non sur le bail. Par cela seul que les meubles occupent la maison, ils sont affectés au droit du propriétaire (C. proc., 820).

2489. Les meubles du sous-locataire répondent-ils des loyers dus par celui qui lui a sous-loué ?

Le sous-locataire n'est tenu que de ses propres engagements. Ainsi, s'il n'a passé qu'un bail de 600 fr. avec un locataire qui avait un bail de 1,200 fr. avec le propriétaire, ce dernier ne pourra poursuivre le sous-locataire que jusqu'à concurrence de 600 fr. (Troplong, n° 151 bis).

2490. Le principal locataire, quoique n'étant pas propriétaire, peut-il néanmoins prétendre un privilége sur les meubles
de celui à qui il a sous-loué?

Le privilége n'est pas attaché à la personne ; il dérive de la nature de la
créance et il passe à tous ceux à qui appartiennent les loyers.

2491. Pour quelles créances le propriétaire peut-il exercer
son privilége?

Pour les loyers et fermages échus et tous ceux à échoir, si le bail est
authentique, ou si, étant sous signature privée, il a une date certaine ; et à
défaut de bail authentique, ou lorsque étant sous signature privée, il n'a
pas une date certaine, pour une année, à partir de l'expiration de l'année
courante (C. civ., 2102).

2492. Comment entendez-vous ces dernières expressions :
pour une année à partir de l'expiration de l'année courante?

Cela signifie qu'en cas de bail sous signature privée, sans date certaine,
le privilége ne peut comprendre qu'une année à échoir en sus de l'année
courante, quelle que soit la durée du bail, à la différence de ce qui a lieu
pour le bail authentique, ou ayant date certaine, puisque, en ce cas, le privilége s'exerce pour toutes les années à échoir.

2493. Le propriétaire a-t-il privilége pour les avances qu'il
fait au fermier afin de le mettre en état de se livrer à l'exploitation?

Ce privilége existe surtout lorsque les avances ont été faites, même postérieurement au bail, en grains ou autres espèces, et qu'on ne peut douter
qu'elles ont été faites pour faire valoir la métairie (Pothier, *Louage*, n° 254 ;
Troplong, n° 154). Quelques auteurs exigent au contraire que ces avances
soient établies par l'acte de bail, sans quoi le titre ultérieur qui les consta-
terait devrait être assimilé à un contrat de prêt ordinaire (Grenier, t. 2,
n° 309 ; Delvincourt, t. 3, p. 273, notes ; Dalloz, *Hyp.* Voir p. 35, n° 13).

2494. Au cas de bail sans date certaine, le privilége s'applique-t-il aux loyers échus dont l'art. 2102 ne parle pas?

Il nous paraît impossible de refuser le privilége aux loyers échus, quand
on l'accorde à ceux à échoir (Troplong, n° 156 ; Duranton, t. 19, n° 92 ;
Zachariæ, t. 2, § 261, note 12 ; Rolland de Villargues, v° *Privilége*, n° 65 ;
Cass., 26 juill. 1824, S. 25, 1, 54 ; *Id.* 6 mai 1835 ; D. P., 35, 1, 318.)

Il y a cependant des opinions contraires (Persil, art. 2102, n° 14 et 15 ;
Valette, n° 63 ; Grenier, t. 2, n° 309 ; Tarrible, *Rép.*, v° *Privilége*, section 3,
§ 2, n° 5).

2495. Les indemnités qui peuvent être dues au propriétaire
par le locataire ou fermier sont-elles également privilégiées?

Le même privilége a lieu pour les réparations locatives, et pour tout ce
qui concerne l'exécution du bail (C. civ., 2102) : par conséquent, pour les
indemnités ou dommages-intérêts, résultant de l'inexécution des clauses
du bail.

2496. N'y a-t-il pas une certaine nature de créances qui prime le propriétaire ?

Les sommes dues pour les semences ou pour les frais de la récolte de l'année sont payées sur le prix de la récolte, et celles dues pour ustensiles sur le prix de ces ustensiles, par préférence au propriétaire, dans l'un et l'autre cas (C. civ., 2102).

2497. Le propriétaire n'a-t-il pas un droit de suite sur les meubles qui garnissent sa maison ou sa ferme ?

Il peut les saisir lorsqu'ils ont été déplacés sans son consentement, et il exerce sur eux son privilége, pourvu qu'il ait fait la revendication, savoir : lorsqu'il s'agit du mobilier qui garnissait une ferme, dans le délai de quarante jours ; et dans le délai de quinzaine, s'il s'agit de meubles garnissant une maison (C. 2102).

2498. Peut-on revendiquer les fruits de la ferme comme le mobilier ?

En général, oui, puisqu'ils garnissent la ferme comme le mobilier, mais si les fruits ont été vendus, ils ne peuvent plus être revendiqués. Leur destination naturelle étant d'être livrés au commerce pour acquitter le canon du bail, le propriétaire est censé avoir acquiescé d'avance à la vente.

2499. Résulte-t-il, d'une manière absolue, de l'art. 2102, que le locataire ou le fermier ne peuvent enlever, sans le consentement du propriétaire, aucun des objets qui garnissent la maison ou la ferme ?

Ce serait pousser la rigueur au-delà de l'intention de la loi, et le locataire ou le fermier ont le droit d'enlever quelques meubles, lorsque ce qui reste est plus que suffisant pour assurer le paiement des loyers échus et à échoir (Troplong, n° 164 ; Duvergier, *Louage*, t. 2, n° 17 ; Persil, art. 2102, § 1ᵉʳ, n° 4 ; Duranton, t. 19, n° 103).

2500. Lorsque des terres sont données à ferme sans bâtiments d'exploitation, le bailleur des terres peut-il revendiquer les récoltes comme déplacées sans son consentement ?

Les récoltes sont affectées au privilége du propriétaire des bâtimens où elles sont renfermées, par préférence au privilége du bailleur des terres (Troplong, n° 165 *bis*).

2501. Le privilége du propriétaire lui donne-t-il le droit de s'opposer à la vente des meubles saisis par un autre créancier du preneur ?

Non ; il ne peut exercer son privilége que sur le prix des meubles.

2502. Le privilége pour prix d'effets mobiliers s'applique-t-il aux meubles incorporels, tels qu'une créance ?

Le cédant d'une créance, s'il n'est pas payé, a privilége sur les sommes provenant de la créance cédée (Troplong, n° 187 ; Duranton, t. 19, n° 126 ; Cass., 28 nov. 1827 ; D. P., 28,1,36).

2503. S'applique-t-il également aux offices ?

Le privilége de vendeur doit s'étendre aux cessions d'offices, puisque l'article 535 du Code civil, combiné avec l'art. 529, place les offices dans la classe des meubles. Un grand nombre d'auteurs et d'arrêts l'ont ainsi décidé (V. Dalloz, 30, 3, 14 et 15; Troplong, n° 187).

2504. Si le vendeur avait reçu des billets en paiement du prix, serait-il non recevable dans sa demande en privilége ?

Le paiement en billets est toujours subordonné à la condition de l'encaissement, et la novation ne se suppose pas. Ainsi le privilége reste acquis au vendeur jusqu'au paiement des billets (Merlin, *Rép.*, v° *Novation ;* Pardessus, t. 2, p. 158; Troplong, n° 199 *bis ;* Cass. , 3 mai 1837; D. P., 37, 1, 314).

2505. Si les objets mobiliers ont été incorporés à un immeuble et sont ainsi devenus immeubles par destination, le vendeur de ces objets peut-il exercer son privilége au préjudice des créanciers hypothécaires, soit antérieurs, soit postérieurs à la vente ?

Les objets vendus ont, dans ce cas, changé de nature ; dès lors, le privilége du vendeur cesse d'exister par la transformation de la chose en une autre espèce (Troplong, n°° 109, 114 et suiv.; Cass., 22 janv. 1833; D. P., 33,1, 151 ; Paris, 24 nov. 1845 ; D. P., 45,2,690; *Id.* 23 juillet 1846 ; S.-V. 46, 2,358).

2506. Si la vente d'effets mobiliers a été faite sans terme, le vendeur n'a-t-il pas un droit particulier à exercer ?

Il peut revendiquer ces effets tant qu'ils sont en la possession de l'acheteur, et en empêcher la vente, pourvu que la revendication soit faite dans la huitaine de la livraison, et que les effets se trouvent dans le même état dans lequel cette livraison a été faite (C. civ., 2102).

2507. Le privilége du vendeur d'effets mobiliers est-il préféré à celui du propriétaire de la maison ou de la ferme ?

Le privilége du vendeur ne s'exerce qu'après celui du propriétaire de la maison ou de la ferme, à moins qu'il ne soit prouvé que le propriétaire avait connaissance que les meubles et autres objets garnissant sa maison ou sa ferme n'appartenaient pas au locataire (*Ibid.*).

2508. Indépendamment du privilége accordé, pour faits de charge, sur le cautionnement des fonctionnaires publics, ne peut-il pas exister un autre privilége sur ce cautionnement ?

La loi accorde le privilége de second ordre au prêteur de fonds d'un cautionnement, qui a rempli les formalités qu'elle prescrit.

2509. Quel est l'effet de ce privilége ?

C'est d'attribuer au bailleur de fonds, sur le cautionnement, un droit de préférence aux autres créanciers du titulaire, excepté toutefois ceux pour faits de charge.

2510. Lorsque le bailleur de fonds a été remboursé par le titulaire du cautionnement, celui-ci peut-il consentir le privilége de second ordre en faveur d'un nouveau prêteur ?

En ce cas, le privilége est éteint, et il ne pourrait être transmis au nouveau prêteur que par une subrogation aux droits du bailleur de fonds primitif (Dard., *des Offices*, p. 58; Paris, 4 mars 1834; D. P., 34,2,115; Bourges, 8 mars 1844; S.-V. 45,2,491).

SECTION II.

DES PRIVILÉGES SUR LES IMMEUBLES.

2511. Quels sont les créanciers privilégiés sur les immeubles ?

Ce sont :

1° Le vendeur, sur l'immeuble vendu, pour le paiement du prix ;

2° Ceux qui ont fourni les deniers pour l'acquisition d'un immeuble ;

3° Les cohéritiers, sur les immeubles de la succession, pour la garantie des partages faits entre eux, ou des soultes ou retours de lots ;

4° Les architectes, entrepreneurs, maçons et autres ouvriers employés pour édifier, reconstruire ou réparer des bâtiments, canaux ou autres ouvrages quelconques ;

5° Ceux qui ont prêté les deniers pour payer ou rembourser les ouvriers (C. civ., 2103).

2512. S'il y a plusieurs ventes successives dont le prix soit dû en tout ou en partie, dans quel ordre les vendeurs exercent-ils leur privilége ?

Le premier vendeur est préféré au second, le deuxième au troisième, et ainsi de suite (C. civ., 2103).

2513. L'échangiste a-t-il un privilége comme le vendeur, pour la soulte stipulée en sa faveur ?

Oui, car cette soulte constitue un véritable prix de vente (Troplong, n°° 200 et 215; Grenier, t. 2, n° 387; Persil, art. 2103, § 1er, n. 11; Duranton, t. 19, n° 55).

2514. L'acquéreur à réméré a-t-il privilége, pour ce qui peut lui être dû en cas d'exercice du rachat ?

Il n'a pas de privilége, mais simplement le droit de rétention de l'immeuble jusqu'à remboursement (Troplong, n° 214; Grenier, n° 390; Duranton, n° 157; Duvergier, *Vente*, t. 2, n° 52).

2515. Le donateur a-t-il privilége à raison de l'exécution des charges de la donation ?

La négative est enseignée par MM. Troplong, n° 216; Grenier, *Hyp.*, n° 391; Duranton, t. 19, n° 156.

2516. Le cessionnaire du vendeur jouit-il du même privilége que le vendeur lui-même ?

D'après les principes du droit, tous les priviléges attachés à la créance passent de plein droit à celui qui en devient cessionnaire.

2517. Combien le privilége du vendeur conserve-t-il d'années d'intérêts ?

Ce privilége s'étend à la totalité des intérêts échus; il n'est pas restreint à deux années et à l'année courante (Troplong, nᵒ 219; Dur., t. 16, nᵒ 312, et t. 19, nᵒ 160 *bis*; Zachariæ, t. 2, p. 200; Cass., sect. réunies, 1ᵉʳ mai 1817; S.-V. 17,1,199; *Id.* 8 juillet 1834; S.-V. 34,1,501).

2518. Le privilége a-t-il lieu aussi pour les frais et loyaux coûts du contrat payés par le vendeur en l'acquit de l'acquéreur ?

Oui (Troplong, nᵒ 220; Grenier, t. 2, nᵒ 384; Limoges, 9 janv. .-V. 12, 2, 270; Bordeaux, 6 janv. 1844; S.-V. 44, 2, 216).

2519. Lorsque le vendeur s'est présenté à l'ordre pour être colloqué par privilége sur le prix de l'immeuble vendu ou adjugé, peut-il ensuite rétracter cette demande et exercer l'action en résolution de la vente ?

Le vendeur, en se présentant à l'ordre, ratifie la revente faite par son acquéreur; il s'interdit par conséquent le droit de faire résoudre ce qu'il a approuvé (Troplong, nᵒ 221; Cass., 16 juillet 1818).

2520. Quelles sont les formalités à remplir, pour que le prêteur de deniers soit subrogé au privilége du vendeur ?

Il faut qu'il soit authentiquement constaté par l'acte d'emprunt que la somme était destinée à payer le prix de l'immeuble, et par la quittance du vendeur, que ce paiement a été fait des deniers empruntés (C. civ., 2103 et 1250).

2521. Faut-il que l'emprunt et le paiement soient faits simultanément, ou peut-il s'écouler un délai entre eux ?

Le Code n'a rien prescrit à cet égard. La présomption sera en faveur de l'emploi des fonds empruntés, quand même cet emploi n'aurait eu lieu qu'après un certain délai, à moins qu'il ne résulte des circonstances que le paiement a été fait avec d'autres fonds.

2522. Lorsque plusieurs prêteurs successifs se trouvent ainsi subrogés au privilége du vendeur, comment la préférence entre eux se règle-t-elle ?

Ils viennent au marc le franc sur le prix, sans égard à la date de leurs diverses subrogations, par la raison qu'ils sont tous subrogés dans un même droit (Troplong, nᵒˢ 335 et 379; Persil, art. 2103, § 2, nᵒ 8, et *Quest.*, t. 1ᵉʳ, p. 97).

2523. Le vendeur vient-il aussi au marc le franc avec les prêteurs subrogés, pour ce qui lui reste dû sur le prix ?

La loi lui réserve la préférence pour ce qui lui reste dû (C. civ., 1252).

2524. Dans ce cas, comment un prêteur pourrait-il être subrogé au droit de préférence qui appartient au vendeur ?

Ce droit peut être transmis par voie de *cession*, et non de subrogation légale (Troplong, n° 379).

2525. Le privilége pour la garantie des partages et les retours de lots est-il restreint aux seuls cohéritiers ?

Il appartient aux différents communistes qui procèdent à un partage (Troplong, n° 238; Grenier, t. 2, n° 407 ; Persil, art. 2103, § 3, n° 2).

2526. Un cohéritier évincé de son lot ou d'une partie de son lot a-t-il privilége pour l'exercice de l'action en garantie qu'il a contre ses cohéritiers ?

Oui, l'art. 2103 est formel.

2527. En cas de licitation, les cohéritiers non adjudicataires ont-ils privilége pour le prix sur l'immeuble adjugé ?

Le prix d'une licitation est assimilé à une soulte de partage (C. civ., 2109).

2528. Lorsqu'un héritier est chargé par le partage de payer les dettes de la succession, ses cohéritiers ont-ils un privilége pour la garantie de ce paiement ?

Oui, sans doute : car, autrement, il n'y aurait plus d'égalité dans le partage, et la charge de payer les dettes est une véritable soulte.

2529. Quelles formalités les entrepreneurs et ouvriers ont-ils à remplir pour conserver leur privilége ?

Il faut que, par un expert nommé d'office par le tribunal de première instance dans le ressort duquel les bâtiments sont situés, il ait été dressé préalablement un procès-verbal, à l'effet de constater l'état des lieux, relativement aux ouvrages que le propriétaire a dessein de faire, et que les ouvrages aient été, dans les six mois au plus de leur perfection, reçus par un expert également nommé d'office (C. civ., 2103).

2530. Sur quoi s'exerce le privilége des entrepreneurs et ouvriers ?

Le montant de leur privilége ne peut excéder les valeurs constatées par le second procès-verbal, et il se réduit à la plus-value existante à l'époque de l'aliénation de l'immeuble et résultant des travaux qui y ont été faits (*Ibid.*).

2531. Les entrepreneurs et ouvriers ont-ils privilége pour les intérêts de leur créance ?

Cette créance ne produit pas de plein droit des intérêts, et quand même ils seraient stipulés dans la convention, ils ne peuvent avoir de privilége : car la loi ne donne de privilége que pour les travaux pris en eux-mêmes, sans qu'ils puissent excéder la plus-value (Troplong, n° 246).

SECTION III.

DES PRIVILÉGES QUI S'ÉTENDENT SUR LES MEUBLES ET LES IMMEUBLES.

2532. Quels sont les priviléges qui s'étendent sur les meubles et les immeubles ?

Ce sont ceux énoncés en l'art. 2101 du Code civil (C. civ., 2101).

2533. En cas de concours des priviléges généraux sur les meubles et de priviléges spéciaux sur certains meubles, à quelle espèce de privilége faut-il donner la préférence ?

Ce point est fort controversé ; toutefois, suivant l'opinion du plus grand nombre d'auteurs, les priviléges généraux priment les priviléges spéciaux.

2534. Lorsqu'à défaut de mobilier, les privilégiés sur les meubles et les immeubles se présentent, pour être payés sur le prix d'un immeuble avec les créanciers privilégiés sur l'immeuble, dans quel ordre doivent se faire les paiements ?

Les paiements se font dans l'ordre qui suit :

1° Les frais de justice et autres énoncés dans l'art. 2101 ;

2° Les créances privilégiées sur les immeubles, et énoncées dans l'art. 2103 (C. civ., 2103).

2535. Les créanciers privilégiés sur la généralité des meubles peuvent-ils, à leur choix, exercer leur privilége sur les immeubles ou sur les meubles ?

Ils ne peuvent exercer leur privilége sur les immeubles qu'après avoir discuté le mobilier, et s'ils ont négligé de se présenter à la distribution du prix du mobilier, ils ne peuvent plus exercer leurs droits sur les immeubles (Troplong, nᵒˢ 251 et 251 *bis*; Grenier, t. 2, nᵒ 371 ; Persil, art. 2104, nᵒ 3).

2536. Si ces créanciers se présentent à l'ordre ouvert pour la distribution du prix des immeubles, sans avoir discuté le mobilier, doivent-ils être rejetés de la collocation ?

Il y a lieu de les colloquer éventuellement pour le montant de leurs créances, à la charge par eux de discuter le mobilier dans un délai fixé, et pour leur collocation être réduite à ce qui leur restera dû, après la discussion du mobilier (Troplong, nᵒ 251).

SECTION IV.

DU PRIVILÉGE DU TRÉSOR PUBLIC.

2537. Quels sont les priviléges qui appartiennent au trésor public ?

Le trésor public a privilége sur les biens des comptables de deniers publics (Loi du 5 sept. 1807).

Il a encore privilége :

Pour les contributions directes (Loi 12 nov. 1808);
Pour les droits de mutation (Loi 22 frim. an 7, art. 32);
Pour les contributions indirectes (Loi 1er germ. an 13, art. 47);
Pour les droits de douanes (Lois 22 août 1791 et 4 germ. an 2);
Pour les frais de justice criminelle (Loi 5 sept. 1807).

2538. Quels sont les biens des comptables de deniers publics affectés au privilége du trésor ?

Les meubles et les immeubles, et plus spécialement leur cautionnement (Loi 5 sept. 1807, art. 1).

2539. Dans quel ordre s'exerce ce privilége sur les meubles?

Il ne s'exerce qu'après les priviléges généraux sur les meubles, énoncésen l'art. 2101, et les priviléges sur certains meubles, énoncés en l'art. 2102 (Même loi, art. 2).

2540. Le privilége du trésor frappe-t-il tous les immeubles des comptables ?

Ce privilége frappe seulement :

1° Les immeubles acquis par les comptables à *titre onéreux*, postérieurement à leur nomination ;

2° Ceux acquis au même titre et depuis cette nomination, par leurs femmes, même séparées de biens, à moins que ces dernières ne justifient légalement que les deniers employés à l'acquisition leur appartenaient (Même loi, art. 4).

2541. Les immeubles acquis avant la nomination, mais payés depuis, sont-ils frappés du privilége du trésor ?

Non (Troplong, n° 92 *bis*).

2542. Le privilége du trésor sur les immeubles des comptables s'exerce-t-il par préférence à tous autres créanciers ?

Il ne peut préjudicier:

1° Aux créanciers privilégiés sur les immeubles désignés dans l'art. 2103 ;

2° Aux créanciers privilégiés sur la généralité des meubles désignés en l'art. 2101 ;

3° Aux créanciers du précédent propriétaire, qui auraient sur le bien acquis des hypothèques légales existantes indépendamment de l'inscription, ou toute autre inscription valablement inscrite (Loi 5 sept. 1807, art. 5).

2543. Le privilége du trésor sur les immeubles des comptables est-il dispensé de l'inscription ?

Il doit être inscrit dans les deux mois de l'enregistrement de l'acte translatif de propriété (Même article).

2544. Quels sont les droits du trésor en matière de contributions directes ?

Le trésor a un privilége, pour la contribution foncière, sur les récoltes, fruits, loyers et revenus des biens immeubles soumis à la contribution, mais seulement pour l'année échue et l'année courante.

Pour les contributions mobilières des portes et fenêtres, des patentes, et toute autre contribution directe et personnelle, sur les meubles et autres effets mobiliers appartenant aux redevables, mais seulement pour l'année échue et l'année courante (Loi 15 nov. 1808).

2545. Dans quel ordre s'exerce le privilége du trésor ?

Avant tout autre (*Ibid.*).

2546. Quelle est la garantie accordée au trésor pour les droits de mutation par décès ?

La régie a action *sur les revenus* des biens à déclarer, en quelques mains qu'ils se trouvent, pour le paiement des droits (L. 22 frim. an 7, art. 32).

2547. Cette action constitue-t-elle un privilége ?

Elle s'exerce sur les revenus, par privilége et préférence à tous autres créanciers de la succession (Troplong, n° 97; Grenier, t. 2, n° 418; Persil, art. 2098, n° 21).

2548. Le même privilége existe-t-il pour les droits qui peuvent être dus à titre d'amende ?

Le privilége n'existe que pour le droit de mutation, et ne s'étend pas à l'amende, qui n'est plus une contribution ordinaire, mais une *peine*. Cette décision est conforme au droit romain et à l'ancien droit français (Troplong, n° 97).

2549. Résulte-t-il des dispositions de la loi du **22** frimaire an **7**, qui accorde un droit de suite sur les revenus de l'immeuble héréditaire, en quelques mains qu'il ait passé, que le tiers acquéreur est sujet à l'action de la régie, pour les droits de mutation par décès dus par ces biens ?

La question avait d'abord été décidée affirmativement par la Cour de cassation, les 29 août 1807 et 3 janv. 1809; mais un avis du conseil d'Etat du 4 sept. 1810, approuvé par le chef du Gouvernement, le 21 du même mois, a décidé que, dans tous les cas quelconques, le tiers acquéreur est à l'abri de toute recherche.

2550. Les droits de la régie peuvent-ils préjudicier aux créanciers inscrits sur les immeubles de la succession ?

La régie ne peut exercer sur le prix d'un immeuble sujet au droit de mutation aucune action au préjudice des créanciers hypothécaires inscrits avant le décès (Troplong, n° 97; Cass., 6 mai 1816; S. 16,1,121).

2551. Quels sont les droits du trésor pour les contributions indirectes ?

La régie a privilége sur les meubles et effets mobiliers des redevables, par préférence à tous créanciers, à l'exception des frais de justice, et autres priviléges, et de ce qui est dû pour six mois de loyer seulement (Loi 1er germ. an 13, art. 47).

2552. Cette disposition, en ce qui concerne le privilége du propriétaire, ne se trouve-t-elle pas abrogée par l'art. 2102 du Code civil et par l'art. 2 de la loi du 5 septembre 1807?

Non. C'est une disposition spéciale qui n'est point abrogée par une disposition générale postérieure (Troplong, n° 99; Cass., 11 mars 1835; D. P., 35,1,197; *Id.* 28 août 1837; D. P., 37,1,160).

2553. Quels sont les droits du trésor en ce qui concerne les douanes?

La régie des douanes a privilége sur les meubles et effets mobiliers des redevables, pour tous droits, confiscations et amendes, par préférence à tous créanciers, à l'exception des frais de justice et autres privilégiés, et de ce qui est dû pour six mois de loyer (Loi 22 août 1791, tit. 13, art. 22, et 4 germ. an 11, tit. 6, art. 4).

2554. Dites-nous quels sont les frais de justice pour lesquels le trésor a privilége.

Ce sont les frais de justice criminelle, correctionnelle et de police (Loi 5 sept. 1807).

2555. Ce privilége s'étend-t-il aux amendes prononcées par les condamnations judiciaires?

Non, par la raison que le privilége n'est accordé que pour le recouvrement des frais avancés (Lettre du ministre de la justice, 19 mars 1808).

2556. Dans quel ordre s'exerce ce privilége?

Il ne s'exerce sur les meubles et effets mobiliers qu'après: 1° les priviléges désignés aux art. 2101 et 2102, C. civ.; 2° et les sommes dues pour la défense personnelle des condamnés (Loi 5 sept. 1807, art. 2).

2557. Ce privilége est-il limité aux meubles et effets mobiliers?

Il s'exerce aussi sur les immeubles du condamné (même loi, art. 4).

2558. Et dans quel ordre?

Il ne vient qu'après les droits suivants:

1° Les priviléges désignés en l'art. 2101, C. civ., dans le cas prévu par l'art. 2105;

2° Ceux désignés en l'art. 2103;

3° Les hypothèques légales, pourvu qu'elles soient antérieures au mandat d'arrêt, dans le cas où il en aurait été décerné un, et dans les autres cas, au jugement de condamnation;

4° Les autres hypothèques, pourvu que les créances aient été inscrites au bureau des hypothèques avant le privilége du trésor, et qu'elles résultent d'actes ayant une date antérieure au mandat d'arrêt ou au jugement de condamnation;

5° Les sommes dues pour la défense personnelle du condamné (*Ibid.*).

2559. Le trésor peut-il, à son choix, exercer son privilége sur les meubles ou sur les immeubles?

Le privilége sur les immeubles n'est que *subsidiaire*, c'est-à-dire qu'il ne

peut être exercé qu'après l'épuisement des meubles, et si le trésor néglige de
faire valoir son privilége sur le mobilier, il ne peut plus l'exercer sur les
immeubles, au détriment des créanciers hypothécaires (Troplong, n° 94 *ter*;
Cass., 22 août 1836; D. p., 36,1,447).

2560. Le privilége du trésor sur les immeubles du condamné
est-il sujet à l'inscription?

Il doit être inscrit dans les deux mois à dater du jour du jugement de condamnation, passé lequel délai le privilége serait réduit à la condition de
simple créance hypothécaire, conformément à l'art. 2113 du Code civil (Loi
5 sept. 1807, art. 3).

2561. Si des aliénations avaient été faites par le condamné
depuis le mandat d'arrêt ou le jugement, mais avant le paiement des frais, le privilége du trésor s'évanouirait-il?

Le privilége n'en continuerait pas moins à subsister.

2562. Mais si l'acquéreur avait fait transcrire plus de quinze
jours avant le jugement, qu'arriverait-il?

Dans ce cas, le trésor serait privé du droit de surenchérir; mais il conser-
verait un droit de préférence sur le prix, en prenant inscription dans les
deux mois à compter du jour du jugement (Arg. de l'art. 834, C. proc.; Troplong, n° 95 *bis*).

SECTION V.
COMMENT SE CONSERVENT LES PRIVILÉGES.

2563. Y a-t-il des formalités à remplir pour conserver l'effet
des priviléges?

Entre les créanciers, les priviléges ne produisent d'effet à l'égard des immeubles, qu'autant qu'ils sont rendus publics par inscription sur les registres
du conservateur des hypothèques, *et à compter de la date de cette inscription*
(C. civ., 2106).

2564. Si, comme le dit l'article 2106, les priviléges ne produisent d'effet qu'à compter de la date de l'inscription, ils ne
sont donc pas plus favorisés que les simples créances hypothécaires?

Ce n'est pas en ce sens qu'il faut entendre l'art. 2106. Il n'a pas voulu
dire que le privilége prend rang à compter de la date de son inscription, mais
seulement que c'est de ce moment qu'il peut se mettre en action et produire
son effet contre les tiers (Troplong, n° 266 *bis*; Grenier, t. 2, n° 202 et 203;
Cass., 26 janv. 1813).

2565. Le vendeur peut-il être primé par l'hypothèque légale
de la femme de l'acquéreur ou d'un mineur remontant à une
époque antérieure à la vente?

Le privilége du vendeur primera l'hypothèque légale, parce qu'il est de principe que le privilége est préférable aux hypothèques existantes même avant sa naissance.

2566. Dans le cas où le créancier privilégié n'a pas fait inscrire, dans le délai fixé par la loi, les créanciers chirographaires ont-ils qualité pour contester au privilégié le défaut d'inscription ?

Oui, car si le privilégié n'est plus à temps de prendre inscription comme simple hypothécaire, par exemple, dans le cas de faillite, il se trouve descendu à la condition des créanciers chirographaires et ne peut plus prétendre à une préférence (Grenier, t. 1er, n° 60 ; Dalloz, *Hyp.*, p. 242 ; Troplong, n° 268 ; Cass., 11 juin 1817).

2567. N'y a-t-il pas d'exception à la nécessité de l'inscription pour les priviléges ?

Sont exceptées de la formalité de l'inscription les créances énoncées en l'art. 2101 (C. civ., 2107).

2568. En cas de vente de l'immeuble, ces priviléges ne sont-ils pas purgés par la transcription du contrat ?

Sans doute ; et si les créanciers n'ont pas inscrit leur privilége dans la quinzaine de la transcription, ils sont déchus du droit de surenchérir (Code proc., 834 ; Troplong, n° 273).

2569. Dans ce cas perdent-ils tout le bénéfice de leur privilége ?

Ils peuvent encore l'exercer sur le prix et produire à l'ordre (Troplong, n° 274).

2570. Comment se conserve le privilége du vendeur ?

Le vendeur privilégié conserve son privilége par la transcription du titre qui a transféré la propriété à l'acquéreur (C. civ., 2108), ou par une inscription qu'il peut prendre, même en vertu d'un acte sous seing privé (Troplong, n° 285 *bis* ; Grenier, n° 386 ; Cass., 6 juillet 1807 ; S. V., 1, 42 ; *id.*, 7 mars 1811 ; S. 11, 1, 225).

2571. Dans quel délai le privilége du vendeur doit-il être inscrit ?

La loi ne fixe aucun délai fatal pour l'inscription du privilége du vendeur. A quelque époque qu'il inscrive, il prime toujours les créanciers hypothécaires de l'acquéreur, quoique inscrits auparavant (Troplong, n°° 266 *bis* et 279).

2572. En cas de revente de l'immeuble, le vendeur primitif conserve-t-il également son privilége par une inscription postérieure ?

Le privilége du vendeur doit être inscrit dans la quinzaine de la transcription de la revente, à défaut de quoi il est éteint et purgé (Tarrible, v° *Transcription*, p. 108 ; Duranton, t. 19, n° 208 ; Troplong, n°° 280 et suiv.).

22

2573. Le vendeur conserve t-il au moins un droit de préférence sur le prix de la revente, et peut-il se faire colloquer à l'ordre?

Non, son privilége est éteint, tant à l'égard du sous-acquéreur que des créanciers hypothécaires. Il ne profite pas de l'exception admise pour les priviléges auxquels la loi accorde des délais de faveur (Troplong, n° 282 et 283; Cass., 12 juill. 1824).

2574. Lorsqu'il y a eu plusieurs ventes successives d'un même immeuble, la transcription du dernier contrat conserve-t-elle, sur le prix, le privilége des vendeurs précédents?

Le privilége du vendeur ne se conserve que par la transcription du contrat dont il résulte, et non par celle des contrats postérieurs. C'est l'opinion commune des auteurs (Sic, Cass., 14 janv. 1818; S. 18, 1, 360).

2575. L'inscription d'office doit-elle mentionner les droits d'usufruit, d'usage et d'habitation réservés par le vendeur?

Ce sont là des droits réels qui se conservent indépendamment de toute inscription (Décision des min. de la justice et des fin. des 7 et 22 mars 1808).

2576. De quelle manière le cohéritier ou copartageant conserve-t-il son privilége?

Par l'inscription faite à sa diligence, dans soixante jours, à dater de l'acte de partage ou de l'adjudication par licitation (C. civ., 2109).

2577. La transcription de l'acte de partage ou de licitation suffirait-elle pour la conservation du privilége?

Non, à moins que le conservateur n'eût pris inscription d'office (Troplong n° 290).

2578. Pour quelles causes le cohéritier ou copartageant doit-il prendre inscription?

L'art. 2109 ne parle que des soultes ou retours de lot et du prix de la licitation, mais il faut y ajouter la garantie d'éviction et du paiement des dettes pour laquelle l'inscription n'est pas moins nécessaire (Troplong, n° 291).

2579. Le cohéritier qui a cédé sa portion d'un immeuble à un seul de ses cohéritiers est-il tenu à l'inscription dans les soixante jours, pour la conservation de son privilége?

La solution de cette question dépend du point de savoir si la cession doit être considérée comme une vente ou comme un partage. Dans le premier cas, c'est le privilége de vendeur qui appartient au cédant; dans le second, c'est le privilége du copartageant, avec nécessité de l'inscription dans les soixante jours.

2580. Pourrait-on prendre inscription en vertu d'un partage sous seing privé?

Il suffit qu'il soit enregistré, car, d'après l'art. 819 du Code civil, le partage entre parties majeures peut être rédigé dans la forme qu'elles jugent convenable (Troplong, n° 292; Tarrible, v° *Priv.*, sect. 5, n° 7; Persil, art. 2109, n° 1er; Grenier, t. 2, n° 102; Duranton, t. 19, n° 180).

2581. Dans la supputation des soixante jours accordés pour l'inscription du privilége, le jour du partage ou de la licitation doit-il être compté?

Non. C'est ici le cas d'appliquer la maxime : *Dies à quo non computatur in termino* (Troplong, n°s 293 et suiv.).

2582. Si l'acte de partage est sous seing privé, le délai court-il à compter du jour de l'enregistrement, ou à compter de la date de l'acte?

C'est à compter de la date de l'acte, qui peut toujours être opposée au copartageant qui y a été partie, ou à ses ayants cause.

2583. Lorsqu'il s'agit d'un partage d'ascendants, depuis quelle époque court le délai de soixante jours?

Si le partage est fait par acte entre-vifs, le délai court du jour de l'acceptation; s'il est fait par testament, c'est du jour du décès (Troplong, n° 315; Grenier, t. 2, n° 107; Persil, *Quest.*, t. 1, ch. 6, 3, 8).

2584. Si le copartageant ne prend pas d'inscription dans la quinzaine de la transcription de la vente consentie par son copartageant, est-il privé de tous ses droits?

Il sera bien privé du droit de surenchère; mais il conserve son droit de privilége à l'égard des autres créanciers de son cohéritier, pourvu qu'il prenne inscription dans les soixante jours (C. pr., 834 et 835; Troplong, n°s 315 *bis* et suiv., Persil, art. 2109, n° 9; Grenier, t. 2, n° 100).

2585. Lorsque les opérations du partage qui règle les droits des cohéritiers dans le prix d'une licitation nes ont pas terminées dans le délai de soixante jours, le privilége peut-il être inscrit utilement dans les soixante jours qui suivent le partage ou la liquidation?

Même dans ce cas, le privilége doit être inscrit dans les soixante jours de l'adjudication par licitation; l'art. 2109 est positif et rien n'empêche les cohéritiers de prendre inscription avant le règlement de leurs droits sur le prix de la licitation.

2586. Comment les architectes, entrepreneurs, maçons et ouvriers conservent-ils leur privilége?

Par la double inscription, 1° du procès-verbal qui constate l'état des lieux; 2° du procès-verbal de réception (C. civ., 2110).

2587. A quelle date ce privilége est-il ainsi conservé?

A la date de l'inscription du premier procès-verbal (*Ibid.*).

2588. Les créanciers et légataires qui demandent la sépara-

22*

tion du patrimoine du défunt, conformément à l'art. 878 du Code, civil, ont-ils quelque formalité à remplir pour conserver leurs droits sur les immeubles de la succession ?

Ils doivent prendre inscription sur chacun de ces biens, dans les six mois à compter de l'ouverture de la succession (C. civ., 2111).

2589. Faut-il nécessairement que la demande en séparation soit aussi formée dans les six mois ?

Lorsque le créancier de la succession a fait inscrire son privilége dans les six mois, son droit est garanti pour l'avenir, et il peut demander la séparation tant que les immeubles restent dans les mains de l'héritier (C. civ., 880; Troplong, n° 3z5).

2590. Au cas d'acceptation bénéficiaire de la succession, l'inscription est-elle nécessaire ?

Non, parce que l'acceptation bénéficiaire entraîne de plein droit, au profit des créanciers de la succession, la séparation de patrimoines (Troplong, n° 651 ; Grenier, n° 133; Persil, art. 2111).

2591. Si un immeuble de la succession vient à être vendu avant l'expiration du délai de six mois, les créanciers et légataires du défunt qui n'ont pas encore pris inscription sont-ils déchus de leur privilége ?

Ils perdent bien *leur droit de suite* sur l'immeuble, mais ils conservent *leur droit de préférence* sur le prix qui le représente, pourvu qu'ils s'inscrivent dans les six mois, par la raison que l'art. 2111 déclare sans effet, à l'égard des créanciers ou légataires, les hypothèques prises par des tiers pendant ce délai (Troplong, n° 326).

2592. Quel est le sort des créances privilégiées soumises à la formalité de l'inscription, à l'égard desquelles les conditions prescrites par la loi n'ont pas été accomplies ?

Elles ne cessent pas d'être hypothécaires; mais l'hypothèque ne date, à l'égard des tiers, que de l'époque de l'inscription (C. civ., 2113).

2593. Le privilége appartient-il aux cessionnaires des créances privilégiées ?

Les cessionnaires des diverses créances privilégiées exercent tous les mêmes droits que les cédants, en leur lieu et place (C. civ., 2112).

2594. Pour opérer cette subrogation, la cession a-t-elle besoin d'être signifiée ?

Le cessionnaire qui voudrait se présenter à un ordre sans avoir fait signifier son titre au débiteur, en serait repoussé avec avantage par les tiers créanciers. Il n'est pas saisi à leur égard (Code civ., 1090).

2595. Est-il également nécessaire que la subrogation soit inscrite au bureau des hypothèques ?

La loi n'exige pas cette inscription ; elle n'est faite que dans l'intérêt du cessionnaire pour éviter que le cédant puisse donner une mainlevée qui nuirait au premier.

CHAPITRE III.

DES HYPOTHÈQUES.

2596. Donnez-nous une définition de l'hypothèque.

L'hypothèque est un droit réel sur les immeubles affectés à l'acquittement d'une obligation.

Elle est de sa nature indivisible et subsiste en entier sur tous les immeubles affectés, sur chacun et sur chaque portion de ces immeubles.

Elle les suit dans quelques mains qu'ils passent (C. civ., 2114).

2597. Combien y a-t-il de sortes d'hypothèque ?

Trois : l'hypothèque légale, l'hypothèque judiciaire et l'hypothèque conventionnelle (C. civ., 2116).

2598. Quels sont les biens qui peuvent être hypothéqués ?

Sont seuls susceptibles d'hypothèque :

1° Les biens immobiliers qui sont dans le commerce, et leurs accessoires réputés immeubles ;

2° L'usufruit des mêmes biens et accessoires pendant le temps de sa durée (C. civ., 2118).

2599. Les objets mobiliers, devenus immeubles par destination, peuvent-ils être hypothéqués ?

Ils peuvent être hypothéqués avec le fonds auquel ils sont attachés, mais non séparément.

2600. Si les meubles par destination sont vendus à part du fonds, le prix en est-il affecté aux créanciers hypothécaires ?

Non, car la vente, en séparant l'accessoire du principal, a détruit la fiction qui transformait le meuble en chose immobilière ; elle a rendu le meuble à sa nature originaire, qui s'oppose à ce que les meubles aient une suite par hypothèque (Troplong, n° 399 et 414 bis. — Contrà, Cass., 4 fév. 1817. S. 17, 1, 359.

2601. Les servitudes sont-elles susceptibles d'hypothèque ?

Les servitudes ne sont pas susceptibles d'hypothèque lorsqu'elles sont prises séparément du fonds dominant.

2602. Et les droits d'usage et d'habitation ?

Pas davantage : car ils manquent de ce qui fait le nerf de l'hypothèque, puisqu'ils sont inaliénables et incessibles (C. civ., 631).

2603. Quid de l'emphytéose ?

Un immeuble possédé à titre d'emphytéose peut être hypothéqué. La plupart des auteurs sont d'accord sur ce point.

2604. En est-il de même des actions qui tendent à la revendication d'un immeuble, et qui sont des droits immobiliers?

Non, parce qu'une action est un droit incorporel sans base solide (Troplong, n° 106).

2605. Les actions de la banque peuvent-elles être hypothéquées?

Oui, lorsqu'elles ont été immobilisées (Décret 16 janv. 1808, art. 7).

2606. Quand un immeuble a été saisi, peut-il encore être hypothéqué?

L'art. 692 du Code de procédure civile, qui interdit à la partie saisie la faculté *d'aliéner* les immeubles à compter du jour de la dénonciation à elle faite, à peine de nullité, n'a pas pour effet de l'empêcher de les hypothéquer (Troplong, n° 113 *bis;* Grenier, t. 1, n° 111).

SECTION 1ʳᵉ.
DES HYPOTHÈQUES LÉGALES.

2607. Quels sont les droits et créances auxquels l'hypothèque légale est attribuée?

Ce sont : ceux des femmes mariées, sur les biens de leur mari;
Ceux des mineurs et interdits, sur les biens de leur tuteur;
Ceux de l'État, des communes et des établissements publics, sur les biens des receveurs et administrateurs comptables (C. civ., 2121).

2608. Le subrogé tuteur est-il, comme le tuteur, soumis à l'hypothèque légale du mineur?

Non, par la raison qu'il n'administre pas et que la loi ne l'a pas assujetti à l'hypothèque légale du mineur.

2609. Et le conseil judiciaire, et le curateur?

Par la même raison, ils ne sont pas soumis à cette hypothèque.

2610. Mais le père qui administre, durant le mariage, les biens personnels de ses enfants mineurs, est sans doute soumis à l'hypothèque légale.

Pas davantage, parce qu'il n'y a pas de tutelle pendant le mariage et que l'administration du père procède du droit de puissance paternelle (Troplong, n° 121).

2611. Que faut-il décider par rapport au tuteur officieux dont parlent les articles 361 et suiv. du Code civil?

Il est soumis à l'hypothèque légale pour ce qui concerne sa gestion (*Ibid.*, n° 425).

2612. La mère tutrice qui se remarie sans s'être fait maintenir dans la tutelle reste-t-elle soumise à l'hypothèque légale ?

Elle y reste soumise pour la tutelle qu'elle conserve indûment.

2613. Dans ce cas le second mari est-il passible de la même hypothèque ?

Oui, puisqu'il est responsable de toutes les suites de la tutelle indûment conservée, d'après l'art. 395, C. civ.

2614. Sur quels biens porte l'hypothèque légale de l'État, des communes et des établissements publics ?

Sur les immeubles que les comptables possédaient avant leur nomination, et sur ceux acquis depuis, autrement qu'à titre onéreux, le tout à charge d'inscription (Loi 5 sept. 1807, art. 6).

2615. Pourquoi ne frappe-t-elle pas sur les autres biens des comptables ?

Parce qu'ils sont déjà frappés d'un privilége au profit de l'État, des communes et des établissements publics (v° *suprà*, n°˙ 2537 et suiv.).

2616. Les percepteurs des contributions directes sont-ils des comptables soumis à l'hypothèque légale ?

Non. La loi du 5 septembre 1807, qui, dans son article 7, désigne ceux que l'on doit considérer comme comptables, ne parle pas des percepteurs. Ils ne sont, en effet, que de simples collecteurs préposés des receveurs généraux et sans compte avec le Trésor (Troplong, n° 130 *bis* ; Colmar, 10 juin 1820).

2617. Le légataire a-t-il une hypothèque légale sur les biens de la succession pour le paiement de son legs ?

Cette hypothèque résulte des art. 1009, 1012 et 1017 du Code civil.

2618. Sur quels biens frappe en général l'hypothèque légale ?

Sur tous les immeubles appartenant au débiteur et sur ceux qui pourront lui appartenir dans la suite (C. civ., 2122).

2619. L'hypothèque légale de la femme peut-elle frapper sur les immeubles que le mari a acquis pendant la communauté et qu'il a ensuite revendus en sa qualité de chef de cette communauté ?

Si la femme accepte la communauté, elle ne peut pas exercer son hypothèque légale sur le conquêt vendu par son mari seul, parce que, dans ce cas, il est censé avoir traité aussi pour elle ; mais si la femme renonce à la communauté, elle peut exercer son hypothèque légale sur le conquêt vendu par son mari, attendu que tous les biens présents et à venir de celui-ci sont soumis à cette hypothèque et qu'elle est censée n'avoir jamais été copropriétaire, et, par conséquent, n'avoir jamais contracté par l'organe de son mari (Troplong, n° 133 *ter* ; Toullier, t. 12, n° 305 ; Duranton, t. 15, n° 516, et t. 19, n° 330 ; Grenier, t. Iᵉʳ, n° 218 ; Zacharie, t. 2, § 234, note 20 ; Rouen, 11 mars 1816 ; S. V. 16, 2, 503).

2620. Au c. d'échange d'un immeuble frappé d'hypothèque légale, l'hypothèque s'étend-elle à la fois sur l'immeuble donné en échange et sur celui reçu en échange?

Elle frappe sur les deux immeubles. En effet, l'hypothèque qui grevait l'immeuble aliéné l'a suivi entre les mains du tiers acquéreur et n'a pu disparaître qu'autant que ce dernier l'aurait purgée. Quant à l'immeuble reçu en échange, du moment qu'il est entré dans le domaine du débiteur, il a été saisi par l'hypothèque qui frappe ses immeubles à venir (Troplong, n° 434 *bis*; Cass., 9 nov. 1815; S. 16, 1, 151).

2621. La femme dont le mari est membre d'une société de commerce a-t-elle hypothèque sur les immeubles sociaux?

Tant que dure la société, les immeubles n'appartiennent pas au mari, mais à la société; lorsque la société se dissout, les biens sociaux qui entrent, par le partage, dans le domaine exclusif du mari, deviennent soumis à l'hypothèque légale de la femme.

2622. L'hypothèque légale s'étend-elle à l'immeuble sur lequel le débiteur n'a qu'un droit de réméré?

Non: car l'immeuble appartient à l'acquéreur; le vendeur n'y a qu'un droit éventuel, et c'est seulement lorsque le rachat est effectué que l'hypothèque peut venir frapper l'immeuble.

SECTION II.

DES HYPOTHÈQUES JUDICIAIRES.

2623. De quels titres résulte l'hypothèque judiciaire?

Des jugements contradictoires ou par défaut, définitifs ou provisoires, en faveur de celui qui les a obtenus, et des reconnaissances ou vérifications, faites en jugement, des signatures apposées à un acte obligatoire sous seing privé (C. civ., 2123).

2624. Les décisions arbitrales emportent-elles hypothèque?

Oui, lorsqu'elles sont revêtues de l'ordonnance judiciaire d'exécution (*Ibid*).

2625. Et les jugements rendus en pays étranger?

Oui, lorsque ces jugements ont été déclarés exécutoires par un tribunal français (*Ibid.*).

2626. Sur quels biens l'hypothèque judiciaire peut-elle s'exercer?

Sur les immeubles actuels du débiteur, et sur ceux qu'il pourra acquérir (*Ib.*).

2627. Une seule inscription suffit-elle pour frapper les biens présents et à venir, ou bien faut-il prendre inscription à mesure des acquisitions faites par le débiteur?

Une seule inscription prise en vertu d'un jugement comprend tous les biens présents et à venir situés dans l'arrondissement du bureau (Cass., 3 août 1819).

2628. L'hypothèque judiciaire résultant d'un jugement rendu contre le mari frappe-t-elle les conquêts de communauté, de manière à suivre, après la dissolution du mariage, l'immeuble échu par le partage dans le lot de la femme?

Il faut distinguer : s'il s'agit d'une dette contractée par le mari durant la communauté, l'immeuble échu à la femme, pour son lot, est soumis à l'hypothèque : car le mari a pu aliéner et hypothéquer, et la femme, en acceptant la communauté, est censée avoir participé à tout ce qu'a fait son mari. Mais si la dette avait été contractée par le mari avant le mariage, quoique la condamnation fût postérieure, l'hypothèque, à la dissolution de la communauté, devrait se restreindre aux biens du mari (Pothier, *Communauté*, n°⁵ 752 et suiv.; Troplong, n° 436 *ter*).

2629. Quels sont les jugements qui emportent hypothèque?

Tout jugement qui condamne à l'obligation de donner ou de faire quelque chose ou qui déclare légitime une semblable obligation préexistante.

2630. Le jugement qui ordonne la reddition d'un compte confère-t-il hypothèque?

La question est vivement controversée. La négative est soutenue par MM. Pigeau, t. 2, p. 398, et Troplong, n° 398; mais l'affirmative est adoptée par MM. Grenier, t. 1ᵉʳ, n° 201, et Duranton, t. 19, n° 337 *bis*, et par la Cour de cass., 16 fév. 1842 (D. P., 42,1,93).

2631. *Quid* à l'égard d'un jugement qui nomme un curateur à une succession vacante?

Il n'emporte pas hypothèque, parce qu'il ne prononce pas de condamnation, et n'impose pas même l'obligation d'accepter les fonctions de curateur (Troplong, n° 410).

2632. Et du jugement qui prononce l'envoi en possession des biens d'un absent?

Il n'en résulte pas non plus hypothèque : car il ne prononce pas de condamnation, surtout contre l'envoyé en possession, puisque c'est en sa faveur qu'il ordonne l'envoi en possession. D'ailleurs l'envoyé est tenu de fournir caution pour la sûreté de sa gestion (C. civ., 130). Dès lors l'hypothèque générale devient inutile.

2633. En est-il de même d'un jugement qui reçoit une caution judiciaire?

Oui, il ne prononce pas non plus de condamnation.

2634. Et d'un jugement d'adjudication?

Il n'emporte pas hypothèque; ce n'est pas là un jugement de condamnation; ce n'est pas même un jugement rendu sur contestation; c'est plutôt une formalité judiciaire requise pour donner à un acte une plus grande solennité (Troplong, n° 411 *ter*).

2635. Un bordereau de collocation délivré dans un ordre ouvert sur le prix des biens du débiteur confère-t-il hypothèque judiciaire contre l'adjudicataire ?

Le règlement d'ordre ne prononce pas de condamnation contre l'adjudicataire ; il ne fait que constater le rang des créanciers et diviser le prix entre eux. Il ne saurait en résulter une hypothèque judiciaire contre l'acquéreur qui est sans intérêt dans cette procédure, qui ne conteste rien, et qui reste spectateur passif de la répartition de son prix (Troplong, n° 442 *quater ;* Grenoble, 28 mai 1831 ; D. p. 32, 2, 63).

2636. Les jugements qui portent reconnaissance ou vérification de signatures apposées à des actes sous seing privé donnent-ils naissance à l'hypothèque judiciaire ?

Oui, mais il ne peut être pris inscription en vertu de ce jugement, tant que l'échéance de la dette n'est pas arrivée (Loi 3 sept. 1807).

2637. L'hypothèque judiciaire peut-elle être inscrite avant la signification du jugement ?

Il est vrai qu'en vertu de l'art. 147 du Code de proc. civ., un jugement ne peut, en général, être exécuté qu'après avoir été signifié ; mais l'inscription n'est qu'un acte conservatoire, et non pas un acte d'exécution.

2638. En est-il de même s'il s'agit d'un jugement rendu par défaut ?

Oui. La jurisprudence est très-positive à cet égard.

2639. Mais si on laisse périmer le jugement par défaut, faute d'exécution dans les six mois, quel est le sort de l'inscription ?

Elle est comme non avenue.

2640. Quel est l'effet hypothécaire d'un jugement obtenu par un créancier chirographaire contre la succession de son débiteur ?

Il faut distinguer : si la succession est acceptée sous bénéfice d'inventaire, ou si elle demeure vacante, un créancier chirographaire ne peut pas obtenir contre elle un jugement portant hypothèque (C. civ., 2146), mais si la succession est acceptée purement et simplement, l'hypothèque judiciaire frappe sur les biens de la succession et sur ceux personnels des héritiers, chacun pour sa part et portion.

2641. En serait-il de même si les créanciers de la succession avaient demandé la séparation des patrimoines ?

Dans ce cas, le jugement rendu au profit d'un créancier chirographaire ne lui conférerait aucune hypothèque sur les biens de la succession, mais il donnerait un droit d'hypothèque sur les biens personnels des héritiers.

SECTION III.

DES HYPOTHÈQUES CONVENTIONNELLES.

2642. Par qui les hypothèques conventionnelles peuvent-elles être consenties?

Seulement par ceux qui ont la capacité d'aliéner les immeubles qu'ils y soumettent (C. civ., 2124).

2643 La femme séparée de biens peut-elle hypothéquer ses immeubles?

Elle le peut avec le concours ou le consentement de son mari (C. civ., 217).

2644. La femme mariée sous le régime dotal le peut-elle également?

Elle peut bien hypothéquer ses biens paraphernaux, mais elle ne peut pas hypothéquer ses biens dotaux (C. civ., 1554).

2645. Ne le peut-elle pas dans le cas où elle a obtenu la séparation de biens?

Pas davantage : car la dot n'en conserve pas moins son caractère et reste inaliénable.

2646. La faculté stipulée dans le contrat de mariage d'*aliéner* l'immeuble dotal comprend-elle, de droit, la faculté de l'hypothéquer?

Il a été décidé que c'est une exception qu'il faut renfermer dans les termes de la stipulation (Cass., 22 juin 1836; D. P., 36, 1, 202; *id.*, 31 janv. 1837; D. P., 37, 1, 101). Mais M. Troplong, *Cont. de mar.*, n 363, soutient avec énergie que la faculté d'aliéner comprend celle d'hypothéquer.

2647. Lorsqu'une femme a hypothéqué ses immeubles sans autorisation de son mari, ses créanciers ont-ils comme elle, ou son mari, le droit d'opposer la nullité de cette hypothèque?

Oui (Troplong, n° 462; Toullier, t. 7, p. 679, n° 1; Merlin, *Quest.*, v° *Hyp.*, p. 414).

2648. Ceux qui n'ont sur l'immeuble qu'un droit suspendu par une condition, ou résoluble dans certains cas, ou sujet à rescision, peuvent-ils valablement l'hypothéquer?

Oui, mais l'hypothèque qu'ils consentent reste soumise aux mêmes conditions, ou à la même rescision (C. civ., 2125), d'après la maxime *resoluto jure dantis, resolvitur jus accipientis.*

2649. Dans le cas où une donation est révoquée pour cause d'ingratitude, les hypothèques consenties précédemment par le donataire sont-elles annulées?

Non ; elles continuent de subsister (C. civ., 958).

2650. Les hypothèques consenties par l'héritier apparent continuent-elles de subsister lorsque le véritable héritier se présente ?

Non, malgré la bonne foi de l'héritier apparent et du créancier (Troplong, n° 468 ; Arg. de l'art. 1696, C. civ.; Cass., 26 août 1833; D. P., 33, 1, 307; Orléans, 27 mai 1826; D. P., 36,2,119). Il y a des décisions contraires.

2651. Une donation déguisée sous la forme d'une vente est ensuite réduite ou annulée. Les hypothèques consenties par le donataire ou acquéreur suivront-elles le sort de la donation ?

La Cour de cassation, par arrêt du 14 déc. 1826, D. P., 27,1,96, a décidé que les hypothèques devaient subsister; mais M. Troplong, n° 468 bis, s'élève avec force contre cette décision.

2652. Pierre est propriétaire d'un immeuble sous la condition de le rendre à Jacques, si ce dernier parvient à sa majorité. Dans cette position quel est celui des deux qui a le droit d'hypothéquer ?

Tous les deux ; seulement, le droit de Pierre est soumis à une *condition résolutoire*, et celui de Jacques à une *condition suspensive* (Troplong, n° 468 quat.).

2653. Celui qui a vendu un immeuble sous réserve de réméré, et qui est encore dans le délai du réméré, peut-il hypothéquer cet immeuble ?

Il le peut sous la condition suspensive de l'exercice du droit de réméré (Troplong, n° 469.—*Contrà*, Besançon, 22 nov. 1823; D. P., 26,1,11).

2654. Un cohéritier ou copropriétaire peut-il donner hypothèque sur des immeubles qu'il ne possède que par indivis ?

Il le peut sans aucun doute; mais l'hypothèque ne frappera que la portion qui reviendra définitivement au débiteur dans l'immeuble ou dans le prix; elle s'évanouira même, si, par un partage postérieur, le débiteur se trouve aportionné en autres valeurs (C. civ., 883).

2655. Le débiteur sur lequel on a saisi un immeuble peut-il encore l'hypothéquer ?

Il le peut même après la transcription de la saisie; la défense d'aliéner contenue dans l'art. 686, C. proc., ne s'étend pas à l'hypothèque (Grenier, t. 1ᵉʳ, n° 111; Zachariæ, t. 2, § 266, note 12; Troplong, n° 413 bis; Duranton, t. 19, n° 319 ter; Pigeau, Proc. civ., t. 2, p. 219).

2656. Lorsqu'un immeuble indivis est adjugé sur licitation à un des copropriétaires autre que le débiteur, qui l'a hypothéqué, cette hypothèque ne peut-elle pas s'exercer sur la portion du prix qui est attribuée à ce débiteur ?

Non, parce qu'il n'a pas pu grever d'hypothèque un immeuble dont il est censé n'avoir jamais été propriétaire (C. civ., 883).

2657. On ne peut donc donner une garantie valable sur un immeuble indivis.

L'hypothèque consentie par un seul des copropriétaires présente en effet des éventualités qui diminuent beaucoup la sécurité du gage.

2658. Que peut-on faire, en pareil cas, pour rendre la garantie plus certaine ?

Dans l'acte par lequel le débiteur donne hypothèque sur l'immeuble indivis, il doit s'engager à ne procéder à aucune licitation ni partage sans y appeler le créancier, pour qu'il veille à ce que rien ne soit fait en fraude de ses droits ; la signification de cet acte aux copropriétaires équivaut alors à une opposition à partage (C. civ., 882).

2659. Mais le créancier n'aura toujours aucun droit de préférence sur la portion du prix de la licitation ou la soulte attribuée à son débiteur.

Il faut encore que le débiteur transporte en garantie à son créancier soit la portion du prix de la licitation, soit la soulte qui lui sera attribuée par un partage.

2660. Lorsqu'il s'agit de faire ce transport, ni la licitation ni le partage n'ayant eu lieu, on ne saurait céder valablement une créance qui n'existe pas encore.

Cette cession est valable, par la raison que l'art. 883 a un effet rétroactif qui remonte jusqu'au jour où a commencé l'indivision, et que de même que le débiteur est censé n'avoir jamais eu de droits sur l'immeuble dont il s'agit, de même il est censé avoir été propriétaire *ab initio* de la portion du prix ou de la soulte qui lui est attribuée.

2661. Si au contraire c'est le débiteur qui a hypothéqué sa portion dans l'immeuble indivis, qui en devient adjudicataire pour le tout sur la licitation, l'hypothèque frappe-t-elle sur la totalité de cet immeuble ?

L'hypothèque consentie sur une quote-part de l'immeuble ne frappera toujours que cette portion affectée spécialement (Cass., 6 décembre 1826 ; D. P., 27, 1, 82). Mais si le débiteur avait donné hypothèque sur la totalité de l'immeuble dont il n'était propriétaire indivis que pour une partie, cette hypothèque, après la licitation, grèverait la totalité de l'immeuble en vertu du principe posé par l'art. 883, C. civ.

2662. Dans quelle forme l'hypothèque conventionelle peut-elle être consentie ?

L'hypothèque conventionnelle ne peut être consentie que par acte passé en forme authentique, devant deux notaires ou devant un notaire et deux témoins (C. civ., 2127).

2663. L'hypothèque conférée par un acte sous seing privé, reconnu par toutes les parties et déposé par elles chez un notaire, devient-elle valable par le fait de ce dépôt ?

Il ne saurait y avoir de difficulté, car le dépôt et la reconnaissance par toutes les parties donnent à l'acte sous seing privé le caractère d'authenticité exigé par la loi.

2664. Quel serait le sort d'une hypothèque consentie dans un acte notarié, mais non enregistré dans les délais ?

L'hypothèque doit toujours remonter à la date de l'acte public, pourvu que, dans un délai quelconque, cet acte soit présenté à l'enregistrement. La date d'un acte ne dépend pas de son enregistrement ; c'est le notaire qui, par le caractère dont il est revêtu, assure aux actes la fixité de leurs dates (Troplong, n° 507 ; Zachariæ, t. 2, § 266, n° 13).

2665. Le mandataire qui n'a qu'une procuration sous seing privé peut-il constituer une hypothèque valable sur les biens de son mandant, ou bien faut-il que sa procuration soit authentique ?

La majorité des auteurs et la jurisprudence reconnaissent que la procuration sous seing privé suffit, puisque la loi n'a pas exigé qu'elle fût authentique (Troplong, n° 510 ; Persil. art. 2127. n° 6 ; Delvincourt. t. 3, p. 106, n 6 ; Rolland de Villargues, v° *Hyp.*, p. 137 ; Cass., 27 mai 1819, L. 19, 1, 324 ; *id.* 5 juillet 1827 ; D. P., 27, 1, 295). Néanmoins, dans la pratique, par une prudence louable, on suit plutôt le sentiment de Merlin (*Rép.*, t. 16, v° *Hyp.*, 394, col. 1), qui pense qu'une procuration authentique est nécessaire, parce que c'est dans le mandat qu'est le consentement et que c'est de lui que l'hypothèque tire toute sa force.

2666. Une affectation hypothécaire a-t-elle besoin, pour être valable, d'être acceptée par le créancier au profit de qui elle est consentie ?

En principe, la reconnaissance d'une dette constitue un engagement unilatéral qui n'a pas besoin d'être accepté, et l'hypothèque n'est qu'un accessoire de la dette. Néanmoins, plusieurs auteurs et des arrêts regardent l'acceptation, au moins ultérieure, du créancier, comme nécessaire vis-à-vis des tiers.

La question est donc controversée. Aussi les notaires, qui ont en quelque sorte mission de prévenir les difficultés, sont-ils dans l'usage de faire accepter les actes conférant hypothèque, soit par le créancier lui-même ou son fondé de pouvoirs, soit par un tiers qui agit pour lui sans mandat spécial.

2667. Les contrats passés en pays étranger peuvent-ils conférer hypothèque sur des biens situés en France ?

Non, à moins qu'il n'y ait des stipulations contraires à ce principe dans les lois politiques ou dans les traités (C. civ., 2128).

2668. Le créancier ne peut-il pas, en ce cas, faire apposer à son contrat le *pareatis* par un tribunal français pour obtenir hypothèque ?

Non, car l'art. 2128 prive absolument les contrats passés en pays étranger de la faculté de produire hypothèque en France. Le créancier doit faire assigner le débiteur devant un tribunal français pour obtenir jugement contre lui et l'hypothèque judiciaire (Dalloz, v° *Hyp.*, p. 195, n° 12 ; Troplong, n° 512 *bis*).

2669. Dans les actes constitutifs d'hypothèque est-il nécessaire de désigner les biens sur lesquels elle doit être assise?

La spécialité est une condition indispensable de la constitution de l'hypothèque conventionnelle. Aussi la loi veut-elle que l'acte déclare spécialement
la nature et la situation des immeubles sur lesquels le débiteur consent l'hypothèque de la créance (C. civ., 2129).

2670. Faut-il, pour l'exécution de la loi, que le contrat contienne une désignation particulière de chacun des immeubles
hypothéqués?

Dans son véritable esprit, la loi n'a pas cette exigence minutieuse, qui serait, du reste, sans intérêt pour les tiers. Il suffit, par exemple, que le débiteur déclare hypothéquer *tous les immeubles qu'il possède dans telle commune ou dans tel arrondissement* (Troplong, n° 536 *bis*; Cass., 15 juin 1815;
id. 10 févr. 1829; D. p., 29, 1, 11; *id.* 15 fév. 1835; D. p., 36, 1, 81;
Nancy, 30 mai 1843; D. p., 43, 2, 209).

2671. Peut-on hypothéquer ses biens à venir?

Les biens à venir ne peuvent pas être hypothéqués. Néanmoins, si les biens
présents et libres du débiteur sont insuffisants pour la sûreté de la créance, il
peut, en exprimant cette insuffisance, consentir que chacun des biens qu'il
acquerra par la suite y demeure affecté à mesure des acquisitions (C. civ.,
2129 et 2130,.

2672. Celui qui n'a aucun immeuble actuel peut-il hypothéquer ses biens à venir?

Il faut décider qu'il le peut. Interpréter autrement l'art. 2130, ce serait
aller contre l'intention du législateur qui a voulu favoriser le débiteur dont
les facultés présentes sont trop faibles, en lui permettant d'utiliser, pour son
crédit, l'espérance d'un avenir meilleur (Grenier, t. 1er, n° 63; Troplong,
n° 538 *bis*; Rolland de Villargues, v° *Hyp.*, n° 274; Besançon, 29 août 1811;
D. A., 9, 209). Il existe néanmoins un grand nombre d'opinions et de décisions contraires.

2673. L'hypothèque conventionnelle sur des biens à venir
frappe-t-elle ces biens à la date de l'inscription prise avant leur
acquisition?

L'hypothèque conventionnelle sur des biens à venir ne frappe ces biens
qu'à la date de l'inscription prise sur chacun d'eux après son acquisition (C.
civ., 2130; Troplong, n° 540, et autres auteurs).

2674. L'art. 2130 ne parlant que des *acquisitions* de biens à
venir, ceux qui arrivent au débiteur par succession ou donation
se trouvent-il compris dans l'hypothèque comme ceux acquis à
titre onéreux?

Sans aucun doute, car l'art. 2130 ne distingue pas et il emploie le mot *acquisition* dans un sens générique; mais il y aurait pacte sur une succession future
et nullité, si le débiteur hypothéquait les immeubles qu'il attend de la succession de telle personne.

2675. Dans le cas où les immeubles hypothéqués ont péri ou sont devenus insuffisants par suite de dégradation, quels sont les droits du créancier ?

Il peut poursuivre dès à présent son remboursement ou obtenir un supplément d'hypothèque (C. civ., 2131).

2676. A qui appartient l'option du remboursement ou du supplément d'hypothèque ?

Au débiteur, à moins que les sûretés n'aient été diminuées par son fait (C. civ., 1188).

2677. Est-il nécessaire que la somme pour laquelle l'hypothèque est consentie soit certaine et déterminée par l'acte ?

En général, oui ; mais si la créance est conditionnelle pour son existence, ou indéterminée dans sa valeur, le créancier ne peut requérir inscription que jusqu'à concurrence d'une valeur estimative par lui déclarée, et que le débiteur a le droit de faire réduire s'il y a lieu (C. civ., 2132).

2678. Une hypothèque peut-elle être valablement conférée pour sûreté d'un crédit ouvert à celui qui consent hypothèque ?

Une semblable hypothèque est valable, bien qu'on puisse voir là une condition potestative de la part du débiteur, qui peut user ou ne pas user du crédit qui lui est ouvert. La nullité prononcée par l'art. 1174 du Code civil n'est pas radicale et absolue. Si la condition est remplie, le contrat a toute sa force, et la nullité est couverte (Troplong, nº 480 ; Toullier, t. 6, nº 516 ; Grenier, t. 1ᵉʳ, nº 26 ; Duranton, t. 19, nº 244 ; Zachariæ, t. 2, § 266, note 21).

2679. Dans ce cas l'hypothèque prend-elle rang à la date de l'inscription ou seulement du jour de la réalisation du crédit ?

Cette question fait difficulté. On est d'accord que l'inscription prise avant la réalisation du crédit est valable et qu'il n'est pas nécessaire d'en prendre une nouvelle après cette réalisation. Mais les uns veulent que l'hypothèque ait tout son effet vis-à-vis des tiers, à la date de l'inscription prise avant même la réalisation, c'est-à-dire alors que la créance n'existait pas encore (Grenier, t. 1ᵉʳ, nº 296 ; Persil, art. 2114, nº 3, et *Quest.*, t. 1ᵉʳ, p. 244 ; Favart, vº *Hyp.*, section 2, p. 734 ; Pardessus, *Dr. com.*, nº 1137 ; Douai, 17 déc. 1833 ; D. P., 38, 2, 201 ; Paris, 20 août 1844 ; D. P., 44, 2, 235), tandis que d'autres soutiennent que l'inscription n'a son effet que du jour des versements effectués, en sorte que ces créanciers inscrits avant ces versements, quoique postérieurement à l'inscription prise en vertu de l'acte de crédit, seraient préférés au créditeur (Troplong, nᵒˢ 478 et s. ; Merlin, vº *Hyp.*, § 3, nº 2 ; Toullier, t. 6, nº 516).

2680. Alors il serait nécessaire de prouver les versements par acte authentique ou ayant date certaine.

Non ; les livres et la correspondance des parties suffiraient (Troplong, nᵒˢ 474 et 508 ; Douai, 17 décembre 1833 ; D. P., 38, 2, 201).

2681. L'hypothèque acquise s'étendant, d'après l'art. 2133, à toutes les améliorations survenues à l'immeuble hypothéqué, si le débiteur élève des constructions sur un terrain hypothéqué, ces constructions deviennent-elles soumises à l'hypothèque ?

Oui : car une construction ajoutée au sol est une *amélioration* dans le sens de l'article 2133; elle s'incorpore avec lui pour ne former qu'un seul tout, elle en suit le sort suivant l'adage : *œdificium solo cedit* (Troplong, n°ˢ 551 et 889 *bis*; Grenier, t. 1ᵉʳ, n° 147).

2682. Les nouvelles acquisitions ajoutées à un domaine sont-elles soumises à l'hypothèque consentie sur ce domaine ?

Non. Ce n'est plus là une amélioration, mais une augmentation de consistance.

SECTION IV.

DU RANG QUE LES HYPOTHÈQUES ONT ENTRE ELLES.

2683. Comment l'hypothèque acquiert-elle un rang, c'est-à-dire un droit de préférence entre les créanciers ?

Par le fait et à compter du jour de l'inscription prise par le créancier sur les registres du conservateur (C. civ., 2134).

2684. Cet article n'entend sans doute parler que des créanciers hypothécaires, et régler entre eux le sort de leurs créances respectives, en sorte que les créanciers chirographaires seraient sans droit pour opposer à un créancier hypothécaire le défaut d'inscription.

L'art. 2134 ne distingue pas entre les créanciers; ses termes sont généraux et ne comportent pas d'exception. D'ailleurs, suivant l'art. 2113, C. civil, l'hypothèque ne prend naissance, ne produit son effet, ne confère un droit de préférence à *l'égard des tiers* que du jour de son inscription. Jusque-là elle n'est qu'un corps inerte, privé de la faculté de se mouvoir et de se produire. Les créanciers sont des tiers vis-à-vis les uns des autres et peuvent réciproquement se prévaloir du défaut d'inscription.

2685. N'y a-t-il pas d'exception à la règle de la nécessité de l'inscription de l'hypothèque ?

L'hypothèque existe indépendamment de toute inscription :

1° Au profit des mineurs et interdits, sur les immeubles appartenant à leur tuteur, à raison de sa gestion ;

2° Au profit des femmes, pour raison de leurs dot et conventions matrimoniales, sur les immeubles de leur mari (C. civ., 2135).

2686. De quelle époque l'hypothèque légale en faveur des mineurs prend-elle naissance ?

Du jour de l'acceptation de la tutelle (C. civ., 2135).

2687. Ceci ne saurait s'appliquer aux faits postérieurs à

23

l'entrée en exercice du tuteur, par exemple, à l'aliénation des biens du mineur ?

?: La disposition de l'art. 2135 est générale et ne comporte pas d'exception. Ainsi l'hypothèque du mineur date, non pas du jour de la vente, mais bien du jour de l'acceptation de la tutelle, qui est le point de départ de la responsabilité du tuteur.

2688. Quelle est l'époque de l'acceptation pour les tuteurs légaux ?

C'est le jour même de l'ouverture de la tutelle. Ils ne peuvent pas ignorer la loi qui les saisit.

2689. Et pour les tuteurs testamentaires ?

C'est le jour où ils ont eu connaissance du testament.

2690. Si la nomination du tuteur datif n'a pas eu lieu en sa présence, quelle est l'époque de l'acceptation ?

C'est le jour de la notification qui lui est faite de sa nomination (C. civ., 418).

2691. L'hypothèque légale accordée à la femme profite-t-elle, après la dissolution du mariage, à ses héritiers et représentants ?

Oui, et ils sont, comme elle, dispensés de l'inscription.

2692. Quels sont les droits des femmes qui sont garantis par l'hypothèque légale ?

Ce sont tous les droits et toutes les créances de la femme, tels que dot, reprises, remploi, indemnité de dettes, gains nuptiaux, biens paraphernaux (Troplong, n° 418 et 574).

2693. Appliquez-vous cette décision à la donation en usufruit faite par le mari à sa femme dans le contrat de mariage, pour le cas de survie ?

Oui : car c'est là une convention matrimoniale (Cass., 19 août 1810; D. P., 40, 1, 313).

2694. De quel jour l'hypothèque légale de la femme prend-elle date ?

Du jour du mariage pour les dot et conventions matrimoniales (C. civ., 2135).

2695. Est-ce du jour du contrat de mariage ou seulement du jour de la célébration ?

Les opinions sont fort divisées sur cette question. Néanmoins, il faut dire avec M. Troplong, n° 578 et s., que c'est du jour du contrat de mariage (V. art. 1401, 2191 et 2193, C. civ.).

2696. La femme a-t-elle hypothèque depuis le même jour

pour les sommes qui proviennent de successions à elle échues, ou de donations à elle faites pendant le mariage ?

Cette hypothèque ne date que de l'ouverture des successions ou du jour que les donations ont eu leur effet (C. civ., 2135).

2697. Qu'entendez-vous par ces expressions *du jour que la donation a eu son effet ?* Faut-il que les sommes données aient été recouvrées par le mari ?

L'hypothèque doit dater du jour de l'acceptation de la donation ; c'est le moment où le droit est ouvert (Tarrible, *Répert.*, v° *Inscript.*, p. 204; Troplong, n° 586; Persil, art. 2135, § 2, n° 7).

2698. Que décidez-vous pour une donation de biens à venir faite à la femme par son contrat de mariage ?

En ce cas, l'hypothèque date du jour du décès du donateur (Duranton, t. 20, n° 27).

2699. Depuis quelle époque la femme a-t-elle hypothèque pour l'indemnité des dettes qu'elle a contractées avec son mari, et pour le remploi de ses propres aliénés ?

A compter du jour de l'obligation ou de la vente (C. civ., 2135).

2700. S'il s'agit d'une dette contractée par acte sous seing privé, l'hypothèque prend-elle naissance à la date de cet acte ?

Non, mais seulement au jour où cet acte a acquis date certaine, conformément à l'art. 1328, C. civ. (Cass., 5 févr. 1851 ; D. p., 51, 1, 11).

2701. La femme mariée sous le régime de la communauté peut-elle valablement subroger à son hypothèque légale un créancier de son mari ou renoncer à cette hypothèque ?

Elle le peut, sans être tenue de remplir les formalités prescrites par les art. 2144 et 2145 du Code civil (Duranton, t. 20, n° 71; Troplong, n° 613 *bis*; Zachariæ, t. 2, § 281, note 19).

2702. Cette subrogation doit-elle être expresse ?

Elle peut être tacite, et elle résulte, sans stipulation, de tout acte contenant affectation hypothécaire par le mari, et dans lequel la femme s'oblige solidairement avec lui (Troplong, n° 603; Duranton, t. 12, n° 145, et t. 19, n° 273; Zachariæ, t. 2, § 288, note 8).

2703. L'effet de cette subrogation tacite est-il le même que celui de la subrogation expresse ?

Il n'y a pas ici une subrogation réelle, mais plutôt une renonciation, de la part de la femme, à exercer son hypothèque légale, au préjudice du créancier envers lequel elle s'est obligée. Cette renonciation n'a d'effet que relativement à l'immeuble hypothéqué par le mari, tandis que la subrogation expresse s'étend à tous les immeubles du mari.

2704. Le créancier qui a une subrogation *tacite* de la femme

23.

est-il primé par les créanciers postérieurs qui ont une subrogation *expresse* ?

Il a la préférence sur tout autre créancier postérieur, parce que la femme
s'étant dépouillée de son hypothèque légale en faveur de ce premier créancier, ne peut ultérieurement la céder à d'autres au préjudice de ce créancier
(Troplong, n° 605; Cass., 4 fév. 1839; D. p., 39, 1, 262).

2705. L'obligation purement personnelle de la femme, qui
s'oblige solidairement avec son mari, sans affectation hypothécaire des biens de ce dernier, emporterait-elle subrogation tacite
au profit du créancier dans l'hypothèque légale de la femme ?

Cette subrogation tacite n'a lieu qu'autant qu'il y a, de la part du mari,
hypothèque sur ses propres biens (Troplong, n° 603; Grenier, t. 1, n° 251).

2706. La subrogation tacite ou expresse à l'hypothèque légale de la femme est-elle soumise à la formalité de l'inscription
pour produire effet vis-à-vis d'autres créanciers subrogés plus
tard à la même hypothèque ?

Les créanciers subrogés aux droits de la femme ont le même bénéfice
qu'elle, et, puisqu'elle est dispensée de faire inscrire son hypothèque, ils sont
également dispensés d'inscription.

La différence entre les créanciers subrogés se règle uniquement d'après
la date des subrogations, sans égard aux inscriptions par eux prises. Les auteurs et la jurisprudence sont d'accord sur ce point.

2707. On admet que la femme qui vend un immeuble avec
son mari renonce, par l'effet de la garantie à laquelle elle est
tenue, à exercer son hypothèque légale sur cet immeuble au
préjudice de l'acquéreur. Mais s'il y avait des subrogations antérieures, cette renonciation pourrait-elle leur nuire ?

L'acquéreur devrait respecter les subrogations antérieures, et il ne pourrait s'en affranchir qu'en purgeant (Troplong, n° 609 *bis*).

2708. Les maris et les tuteurs sont-ils tenus de faire inscrire
les hypothèques légales dont leurs biens sont grevés ?

L'art. 2136 du Code civil leur en fait une obligation et ne leur accorde
pour cela aucun délai.

2709. A quelle peine sont-ils exposés s'ils ne remplissent pas
cette obligation ?

Ils sont réputés stellionataires, et comme tels, contraignables par corps,
s'ils ont consenti des hypothèques sur leurs immeubles, sans déclarer expressément que ces biens étaient affectés à l'hypothèque légale des femmes
et des mineurs (C. civ., 2136).

2710. Les subrogés tuteurs sont-ils chargés de prendre inscription sur les biens du tuteur ?

Ils sont tenus, sous leur responsabilité personnelle, de veiller à ce que l'inscription soit prise sans délai, ou de la faire faire eux-mêmes (C. civ., 2137).

2711. La femme peut-elle par son contrat de mariage restreindre son hypothèque légale contre son mari ?

Il peut être convenu qu'il ne sera pris inscription que sur un ou certains biens du mari; dans ce cas, ses autres immeubles sont libres et affranchis de l'hypothèque légale (C. civ., 2140).

2712. Pourrait-elle convenir qu'il ne sera pris aucune inscription ?

Non. Elle peut bien limiter son hypothèque légale à certains biens, mais elle ne peut pas y renoncer entièrement (*Ibid.*).

2713. Toutes les femmes peuvent-elles consentir cette limitation ?

Celles qui sont mineures ne le peuvent pas (*Ibid.*).

2714. L'hypothèque légale sur les biens du tuteur peut-elle également être limitée à certains immeubles ?

Oui, en vertu d'une délibération du conseil de famille (C. civ., 2141).

2715. Lorsque l'hypothèque légale n'a point été restreinte par l'acte de nomination du tuteur, celui-ci peut-il obtenir cette restriction pendant la tutelle ?

Oui, par un jugement obtenu après une délibération du conseil de famille (C. civ., 2143).

2716. Pendant le mariage le mari peut-il également obtenir la restriction de l'hypothèque légale de la femme ?

L'hypothèque légale de la femme peut être restreinte aux immeubles suffisants pour la conservation entière de ses droits, du consentement de la femme, et en vertu d'un jugement rendu par le tribunal, d'après l'avis des quatre plus proches parents de celle-ci réunis en assemblée de famille (C. civ., 2144).

2717. Cet article s'applique-t-il à la femme mariée sous le régime dotal, aussi bien qu'à la femme commune en biens ?

La loi ne fait pas d'exception. Ainsi le droit est le même à l'égard de la femme dotale (Troplong, n°° 635 et 640).

CHAPITRE IV.
DU MODE DE L'INSCRIPTION DES PRIVILÉGES ET HYPOTHÈQUES.

2718. Dites-nous quel est, d'après le Code civil, le sort des inscriptions prises contre un débiteur en faillite.

Ces inscriptions ne produisent aucun effet si elles sont prises dans le délai pendant lequel les actes faits avant l'ouverture des faillites sont déclarés nuls (C. civ., 2146).

2719. Quel est ce délai dont parle l'article 2146 ?

Il est de dix jours avant l'ouverture de la faillite, d'après l'art. 443 du Code de commerce.

2720. Cette nullité prononcée contre les inscriptions prises dans les dix jours qui précèdent la faillite s'applique-t-elle aux privilèges comme aux hypothèques, par exemple, au privilège du vendeur ?

L'art. 443 du Code de commerce défend d'acquérir *privilège* ou hypothèque sur les biens du failli, dans les dix jours antérieurs à l'ouverture de la faillite.

Quoiqu'on s'accorde généralement à considérer cette disposition comme n'ayant pas de sens relativement à l'inscription des privilèges, néanmoins la jurisprudence, s'attachant au texte de la loi, a décidé que le vendeur ne peut faire inscrire son privilège dans les dix jours qui précèdent l'ouverture de la faillite (Troplong, n° 650 ; Cass., 16 juillet 1818 et 12 juillet 1824).

2721. N'a-t-il pas été introduit des changements à ces dispositions ?

D'après le nouvel art. 448 du Code de commerce, les droits d'hypothèque et de privilège valablement acquis peuvent être inscrits jusqu'au jour du jugement déclaratif de la faillite.

2722. Cette faculté est-elle sans restriction ?

Les inscriptions prises après l'époque de la cessation de paiements ou dans les dix jours qui précèdent peuvent être déclarées nulles, s'il s'est écoulé plus de quinze jours entre la date de l'acte constitutif de l'hypothèque ou du privilège et celle de l'inscription (C. comm., 448).

2723. Ce délai est-il le même pour tous les créanciers ?

Il est augmenté d'un jour à raison de cinq myriamètres de distance entre le lieu où le droit d'hypothèque a été acquis et le lieu où l'inscription est prise (*Ibid.*).

2724. Que résulte-t-il de la combinaison des dispositions du Code civil et du Code de commerce relativement aux hypothèques sur les biens des faillis ?

Toute hypothèque conventionnelle consentie et toute hypothèque judiciaire obtenue dans les dix jours qui ont précédé l'ouverture de la faillite sont nulles et sans effet. Mais l'hypothèque acquise avant cette époque peut être inscrite après et jusqu'au jugement déclaratif de la faillite, pourvu que ce soit dans les quinze jours de l'acte constitutif de l'hypothèque.

2725. Peut-on prendre inscription contre une succession acceptée sous bénéfice d'inventaire ?

Les inscriptions ne produisent aucun effet entre les créanciers d'une succession, si elles n'ont été faites par l'un d'eux que depuis l'ouverture et dans le cas où la succession n'est acceptée que sous bénéfice d'inventaire (C. civ., 2146).

2726. Cette disposition s'applique-t-elle au cas où la succession ne peut être acceptée que sous bénéfice d'inventaire, par exemple, si des mineurs sont appelés à la succession ?

La disposition de l'art. 2116 est générale, et il n'y a pas lieu de distinguer (Troplong, n° 659 ; Duranton, t. 20, n° 82 ; Persil, art. 2116, n° 13).

2727. Que faut-il décider relativement à une succession vacante ?

La loi ne s'en explique pas, mais il est généralement reconnu que la prohibition de l'art. 2116 doit s'appliquer aux successions vacantes.

2728. La prohibition de l'article 2116 empêche-t-elle de renouveler les inscriptions prises antérieurement à l'ouverture de la faillite ou de la succession ?

Non-seulement l'inscription peut être renouvelée, mais elle doit l'être pour conserver les droits du créancier (Troplong, n° 660 bis ; Grenier, t. 1er, n° 114, et t. 2, n° 362).

2729. Les dispositions de l'article 2146 s'appliquent-elles au cas où un individu non commerçant tombe en déconfiture ?

Non : car l'article 2146 parle seulement des faillis, et le mot failli ne s'applique qu'aux négociants (Troplong, n° 661 ; Merlin, t. 16, p. 471 ; Duranton, t. 20, n° 80 ; Grenier, t. 1er, n° 123 ; Cass., 11 fév. 1813 ; S. 13, 1, 121).

2730. Nous avons vu que l'hypothèque n'a de rang entre les créanciers que du jour de son inscription. Comment déterminerait-on le rang entre plusieurs inscriptions faites le même jour ?

Tous les créanciers inscrits le même jour exercent en concurrence leurs droits d'hypothèque, sans distinction entre l'inscription du matin et celle du soir, quand même cette différence serait marquée par le conservateur (C. civ., 2147).

2731. Que faut-il faire pour opérer l'inscription ?

Le créancier représente, soit par lui-même, soit par un tiers, au conservateur des hypothèques, l'original en brevet ou une expédition authentique du jugement ou de l'acte qui donne naissance au privilége ou à l'hypothèque. Il y joint deux bordereaux écrits sur papier timbré, dont l'un peut être porté sur l'expédition du titre (C. civ., 2148).

2732. Un tiers a-t-il besoin d'une procuration pour requérir une inscription au nom du créancier ?

L'art. 2148 ne l'exige pas ; le conservateur ne serait pas non plus en droit de l'exiger. L'usage est d'ailleurs constant à ce sujet.

2733. Est-il nécessaire que les bordereaux soient signés du requérant ?

La loi ne le dit pas, mais, en général, les conservateurs l'exigent pour leur propre responsabilité.

2734. Que doivent contenir les deux bordereaux ?

Les bordereaux doivent contenir :

1° Les nom, prénoms, domicile du créancier, sa profession, s'il en a une, et l'élection d'un domicile pour lui dans un lieu quelconque de l'arrondissement du bureau ;

2° Les nom, prénoms, domicile du débiteur, sa profession, s'il en a une connue, ou une désignation individuelle et spéciale, telle que le conservateur puisse reconnaître et distinguer dans tous les cas l'individu grevé d'hypothèque ;

3° La date et la nature du titre ;

4° Le montant du capital des créances exprimées dans le titre ou évaluées par l'inscrivant, pour les rentes et prestations ou pour les droits éventuels, conditionnels ou indéterminés, dans le cas où cette évaluation est ordonnée, comme aussi le montant des accessoires de ces capitaux et l'époque de l'exigibilité ;

5° L'indication de l'espèce et de la situation des biens sur lesquels il entend conserver son privilége ou son hypothèque (C. civ., 2148).

2735. On conçoit que pour une hypothèque conventionnelle l'indication des biens soit exigée ; mais, pour les hypothèques légales ou judiciaires, cette indication n'est pas toujours possible.

Aussi cette indication n'est-elle pas nécessaire pour les hypothèques légales ou judiciaires ; à défaut de convention, une seule inscription pour ces hypothèques frappe tous les immeubles compris dans l'arrondissement du bureau (Ibid.).

3736. Toutes ces énonciations sont-elles exigées à peine de nullité ?

La loi ne prononce pas de nullité ; néanmoins, il est admis qu'elle doit être suppléée pour donner une sanction à l'art. 2148. Dans les premiers temps qui suivirent la publication du Code civil, la jurisprudence et les auteurs se montraient fort sévères et attachaient la peine de nullité à l'omission de chacune des formalités prescrites par l'art. 2148. Mais on est revenu à des idées plus modérées, plus équitables, et à ne considérer comme substantiel dans une inscription que ce qui est destiné à éclairer le prêteur de fonds ou l'acquéreur sur la position du débiteur, c'est-à-dire l'indication du débiteur, du montant de la créance et des immeubles hypothéqués. La peine de nullité serait attachée à l'omission de l'une de ces énonciations. Quant aux autres énonciations exigées par l'article 2148, elles ne sont considérées que comme des formalités *secondaires* dont l'omission n'entraînerait pas la nullité (V. Troplong, n° 665 et s).

2737. On peut donc se dispenser de comprendre dans les inscriptions les énonciations que vous considérez comme purement secondaires.

Elles ont leur utilité dans bien des circonstances, et il est toujours prudent de se conformer le plus possible aux prescriptions de la loi. D'ailleurs, les tribunaux ne suivent pas, en cette matière, une règle uniforme et absolue, et la Cour de cassation n'a pas encore entièrement abdiqué une sévérité qui est aussi contraire à la raison que nuisible à la diffusion du crédit.

2738. L'omission des prénoms du créancier, ou une erreur dans ses prénoms, entraînerait-elle la nullité de l'inscription ?

Il n'y aurait pas nullité s'il ne pouvait pas s'élever de doute sur l'identité du créancier.

2739. L'inscription est-elle nulle à défaut d'élection de domicile dans l'arrondissement du bureau des hypothèques ?

L'omission d'un domicile élu ne peut réellement préjudicier qu'au créancier qui a pris l'inscription ; il n'y a donc pas de motifs pour en faire une cause de nullité (Troplong, n°ˢ 679 et s. ; Tarrible, Merlin, Grenier, Toullier, Rolland de Villargues). Néanmoins, la Cour de cassation continue à prononcer la nullité en pareil cas (6 janvier 1835 ; D. P., 35, 1, 49 ; 12 juillet 1836 ; D. P., 36, 1, 419).

2740. Vous avez dit que la désignation du débiteur est une formalité substantielle de l'inscription ; résulte-t-il de là que, s'il s'agit d'inscrire contre une société, l'inscription doive renfermer tous les noms des associés ?

L'énonciation de la raison sociale est suffisante (Cass., 13 juin 1841 ; D. P., 41, 1, 295).

2741. Lorsque l'immeuble hypothéqué a été vendu, est-ce contre le débiteur originaire ou contre l'acquéreur que l'inscription doit être prise ?

L'inscription doit être prise contre le débiteur qui a constitué l'hypothèque, tant que la propriété n'a pas été purgée (Grenier, n° 87 ; Duranton, n° 110 ; Cass., 27 mai 1816 ; S., 16, 1, 265 ; Metz, 5 août 1819 ; S., 21, 2, 7).

2742. Lorsque le débiteur est décédé, est-on obligé, pour prendre inscription contre sa succession, de désigner individuellement chacun de ses héritiers ?

L'inscription peut être faite sur la simple désignation du défunt (C. civ., 2149).

2743. L'énonciation du titre est-elle une formalité substantielle ?

Suivant la jurisprudence de la Cour de cassation et l'opinion de plusieurs auteurs, la date du titre doit être énoncée dans l'inscription à peine de nullité (Cass., 3 fév. 1819 ; 12 déc. 1821 ; 19 juin 1833 ; D. P., 33, 1, 240). Quant à la *nature* du titre, la Cour de cassation n'en considère pas l'énonciation comme substantielle (11 mars 1816 ; S., 16, 1, 407 ; 2 août 1820 ; S., 20, 1, 353).

2744. Un cessionnaire qui renouvelle en son nom l'inscription prise par son cédant est-il tenu d'énoncer l'acte de cession ?

Non ; l'énonciation du titre qui donne naissance à l'hypothèque suffit (Cass., 11 août 1819 ; S., 19, 1, 450).

2745. La mention de l'époque d'exigibilité de la créance est-elle nécessaire à peine de nullité ?

M. Troplong, nᵒˢ 685 et s., fait très-bien comprendre que la mention de l'exigibilité importe peu aux tiers, et que son omission ne leur préjudiciant pas, ne devrait pas être une cause de nullité ; néanmoins la Cour de cassation considère cette énonciation comme une formalité substantielle et prononce la nullité en cas d'omission (Cass., 9 août 1832 ; D. P., 32, 1, 352 ; 28 mars 1838 ; D. P., 38, 1, 164 ; 19 août 1840 ; D. P., 40, 1, 325).

2746. Cette mention peut-elle avoir lieu en termes équipollents ?

Oui, et même les erreurs sur l'époque d'exigibilité ne sont pas une cause de nullité lorsqu'elles ne sont pas préjudiciables aux tiers.

2747. Que doit-on décider lorsque l'inscription recule, par erreur, l'époque de l'exigibilité ; qu'elle déclare, par exemple, exigible dans six ans une créance qui l'est dans six mois ?

Dans ce cas, l'inscription ne devrait pas être annulée, mais les tiers créanciers peuvent exiger que l'inscrivant s'en tienne à l'époque d'exigibilité énoncée dans l'inscription et non pas à celle du titre (Troplong, nᵒ 687).

2748. L'indication de l'espèce et de la situation des biens est-elle nécessaire pour toutes les inscriptions ?

Elle n'est pas nécessaire dans le cas des hypothèques légales ou judiciaires ; à défaut de convention, une seule inscription, pour ces hypothèques, frappe tous les immeubles compris dans l'arrondissement du bureau (C. civ., 2148).

2749. Pour ces hypothèques générales, l'inscription originaire suffit-elle pour frapper les biens à venir, ou bien le créancier doit-il prendre des inscriptions successives au fur et à mesure des acquisitions ?

Une seule inscription suffit pour frapper les biens à venir, à mesure des acquisitions (Troplong, nᵒ 691 ; Merlin, Rép., vᵒ Inscript., p. 240 ; Grenier, t. 1ᵉʳ, nᵒ 193 ; Cass., 3 août 1819 ; Dal., Hyp., p. 181 ; Lyon, 18 févr. 1829 ; D. P., 29, 2, 109 ; Paris, 23 févr. 1835 ; D. P., 35, 2, 163).

2750. Quelle est la somme d'intérêts ou d'arrérages qui se trouve conservée par l'inscription ?

Le créancier inscrit pour un capital produisant intérêts ou arrérages a droit d'être colloqué pour deux années seulement et pour l'année courante, au même rang d'hypothèque que pour son capital (C. civ., 2151.

2751. S'il est dû au créancier plus de deux années d'intérêts ou d'arrérages et l'année courante, que doit-il faire ?

Il doit prendre des inscriptions particulières pour les arrérages autres que ceux conservés par la première inscription, et ces nouvelles inscriptions ne prennent rang qu'à compter du jour de leur date (Ibid.).

2752. Quelle est l'année courante dont parle l'article 2151 ? est-ce, par exemple, l'année de la collocation ?

Selon M. Troplong, n° 698 *bis*, il faut distinguer : s'il s'agit d'une vente volontaire, l'année courante est celle qui avait cours lors de la notification du contrat; les intérêts postérieurs sont dus personnellement par l'acquéreur, qui est devenu débiteur de la somme principale et des intérêts depuis les offres qu'il a faites en vertu de l'art. 2183 du Code civil.

Dans le cas où l'immeuble est vendu par expropriation forcée, l'année courante est celle qui a cours au moment de la dénonciation faite au saisi, en vertu de l'art. 689 du Code de procédure civile, qui immobilise les fruits depuis cette dénonciation (Cass., 3 juillet 1827; D. P., 27, 1, 296).

2753. L'année courante doit-elle être allouée en entier, quand il est dû trois ans ou plus d'intérêts ?

Oui, l'année courante est une année pleine (Troplong, n° 698 *ter*; Persil, art. 2151, n° 3.—*Contrà*, Dalloz, Duranton, Tarrible).

2754. L'article 2151 doit-il être appliqué aux arrérages de rentes viagères, qui n'ont pas de capital exigible ?

Oui. L'art. 2151, en parlant *d'arrérages*, semble précisément avoir voulu trancher la question, comme l'avait fait précédemment l'art. 14 de la loi du 9 messidor an 3 (Troplong, n° 700; Cass., 13 août 1828; D. P., 28, 1, 381).

2755. Doit-on étendre l'article 2151 aux intérêts produits par les créances des femmes et des mineurs ayant hypothèque légale ?

Non : car cet article n'a été conçu que pour les créances dont l'hypothèque est soumise à l'inscription, et de tout temps les intérêts de la dot ont été colloqués au même rang que le principal (Troplong, n° 701; Grenier, t. 1er, n° 101; Paris, 5 mars 1831; D. P., 31, 2, 218).

2756. Et au vendeur ?

Le privilége du vendeur s'étend à la totalité des intérêts échus. La jurisprudence est fixée en ce sens.

2757. Les dépens ou frais de mise à exécution sont-ils conservés de plein droit par l'inscription, comme un accessoire de la créance ?

Non. Il faut qu'ils soient évalués dans l'inscription ; alors ils sont conservés par elle, quoiqu'ils ne soient faits qu'ultérieurement (Troplong, n° 702 *bis*).

2758. En quoi diffèrent les inscriptions d'hypothèques légales des autres inscriptions ?

Pour ces inscriptions, il n'est pas nécessaire de représenter ni d'énoncer le titre, d'évaluer les droits conditionnels, éventuels ou indéterminés ; de mentionner l'époque d'exigibilité, ni de désigner les biens soumis à l'hypothèque (C. civ., 2153).

2759. Combien de temps dure l'effet des inscriptions ?

Les inscriptions conservent l'hypothèque et le privilége pendant dix années, à compter du jour de leur date ; leur effet cesse si ces inscriptions n'ont pas été renouvelées avant l'expiration de ce délai (C. civ., 2154).

2760. Toutes les inscriptions sont-elles soumises à la nécessité du renouvellement ?

La nécessité du renouvellement s'applique à toutes les inscriptions, même à celles qui conservent un privilége ou une hypothèque légale, en ce sens que l'inscription cesse de produire son effet si elle n'est pas renouvelée dans le délai de dix ans. Mais les droits d'hypothèque et de privilége subsistent et peuvent être inscrits de nouveau tant qu'ils ne sont pas purgés ou prescrits (Avis du conseil d'État, 15 déc. 1807 et 22 janvier 1808 ; Troplong, n° 716 ; Duranton, n° 173).

2761. Dans le calcul du délai de dix ans fixé pour le renouvellement des inscriptions, doit-on comprendre le jour où l'inscription a été prise et le jour de l'expiration du délai ?

On ne doit pas faire entrer dans la supputation du délai le jour de l'inscription (*dies à quo*), mais on doit y comprendre le jour du terme (*dies ad quem*). Ainsi, l'inscription prise le 12 mai peut et doit être renouvelée le 12 mai (Troplong, n°° 303 et 714 ; Grenier, n° 107 ; Duranton, n° 160 ; Zachariæ, t. 2, § 280, note 5 ; Rolland de Villargues, v° *Inscript. hyp.*, n° 360).

2762. Que doit-on décider si le jour du terme est férié ?

Dans ce cas, le délai n'est pas prorogé au jour suivant (mêmes auteurs).

2763. La représentation du titre de créance est-elle nécessaire pour le renouvellement d'une inscription ?

Non : car ce titre a dû être déjà représenté au conservateur, lors de l'inscription primitive. Il y a cependant une instruction de la Régie en sens contraire, du 11 sept. 1806.

2764. Le renouvellement d'une inscription, pour être valable, doit-il rappeler la date de l'inscription primitive ?

A défaut de cette énonciation, l'inscription en renouvellement n'a d'effet que comme inscription première, et laisse tomber en péremption l'inscription primitive (Merlin, *Rép.*, v° *Hyp.*, § 8 *bis* ; Zachariæ, t. 2, § 280, note 15 ; Cass., 14 juin 1831 ; D. P., 31, 1, 230, et 29 août 1838 ; D. P., 38, 1, 374 ; Lyon, 10 janv. 1844 ; S. V., 44, 2, 208.—*Contrà*, Troplong, n° 715).

2765. L'inscription de renouvellement doit-elle contenir les mêmes énonciations que la première inscription ?

Il faut distinguer : si la nouvelle inscription se réfère à l'ancienne, il n'est pas nécessaire qu'elle soit accompagnée de toutes les formalités et énonciations exigées par l'art. 2148 (Cass., 3 fév. 1819 ; D. A., *Hyp.*, p. 276 ; *id.* 22 fév. 1825 ; D. P. 25, 1, 55). Mais si l'inscription nouvelle ne se réfère pas à l'ancienne, alors elle doit contenir toutes les énonciations exigées par l'article 2148.

2766. Quand le renouvellement de l'inscription n'est-il plus nécessaire ?

Le renouvellement cesse d'être nécessaire quand l'inscription a produit tout son effet.

2767. Quand l'inscription a-t-elle produit tout son effet?

1° Lorsque l'immeuble hypothéqué est vendu sur expropriation forcée et à partir du jour de l'adjudication (Troplong, n° 720 ; Duranton, t. 20, n°ˢ 163 et 164 ; Cass., 14 juin 1831 ; D. P., 31, 1, 230).

2° Dès que l'acquéreur a notifié son contrat avec offre de payer son prix (Troplong, n° 723 ; Duranton, n° 167 ; Paris, 16 janvier 1810 ; D. P., 40, 2, 111).

2768. La faillite du débiteur dispense-t-elle les créanciers de renouveler leurs inscriptions?

Non (Troplong, n°ˢ 660 et 727 *ter* ; Grenier, t. 1ᵉʳ, n° 111 ; Duranton, t. 20, n° 168 ; Zacharia·, t. 2, § 280, n° 10 ; Cass., 15 décemb. 1829 ; D. P., 30, 1, 6: Paris, 19 août 1811 ; D. P., 12, 2, 164).

2769. Et l'acceptation d'une succession sous bénéfice d'inventaire?

Pas davantage (Troplong, n° 727 *ter* ; Cass., 29 juin 1830 ; D. P., 30, 1, 310).

2770. Le créancier qui se rend acquéreur de l'immeuble hypothéqué à sa créance est-il dispensé de renouveler son inscription?

Non, tant qu'il n'a pas purgé (Troplong, n° 726 *bis* ; Duranton, n° 167 *bis* ; Cass., 5 fév. et 1ᵉʳ mai 1828 ; D. P., 28, 1, 112 et 236).

2771. La dispense du renouvellement de l'inscription après l'adjudication sur saisie ou la notification d'une vente volontaire est-elle tellement absolue qu'en aucun cas le défaut de renouvellement ne puisse être préjudiciable au créancier qui a laissé périmer son inscription?

Quand on dit que l'inscription a produit tout son effet, cela ne s'entend que vis-à-vis l'acquéreur et pour la distribution de son prix, en ce sens que les créanciers sont dispensés de renouveler leurs inscriptions pour se faire colloquer à l'ordre ; mais, si l'acquéreur n'a pas payé ou déposé son prix et qu'il vienne à revendre l'immeuble, le créancier perdra son droit de suite contre le sous-acquéreur, s'il n'a pas pris inscription dans la quinzaine de la transcription de la revente (Troplong, n°ˢ 722 et s.)

2772. Que faut-il conclure de la distinction que vous établissez?

Qu'il n'est jamais prudent de laisser périmer une inscription par défaut de renouvellement.

2773. Si, après la notification d'une vente volontaire ou l'adjudication sur saisie, il y a surenchère et adjudication à un autre que le premier acquéreur, à quelle époque les inscriptions sont-elles censées avoir produit tout leur effet et n'avoir plus besoin d'être renouvelées?

Dans ce cas, la première vente est censée n'avoir pas eu lieu ; l'adjudication se trouve résolue, et la véritable adjudication étant celle qui est faite au surenchérisseur, c'est elle qu'il faut prendre pour point de départ, à l'effet de savoir si les inscriptions ont atteint leur but (Troplong, n° 720).

2774. En est-il de même, si c'est le premier acquéreur qui reste adjudicataire sur la surenchère ?

Non, car la condition résolutoire qui grevait son premier contrat se trouve évacuée ; ce contrat est purifié, et l'acquéreur est censé être propriétaire pur et simple du jour de cette première acquisition (Troplong, *ibid.*).

2775. A la charge de qui sont les frais des inscriptions ?

A la charge du débiteur, s'il n'y a stipulation contraire (C. civ., 2155).

2776. Et ceux de la transcription ?

A la charge de l'acquéreur (*Ibid.*)

2777. Dans les frais de transcription à la charge de l'acquéreur, faut-il comprendre ceux occasionnés par l'existence des inscriptions trouvées à la transcription ?

L'acquéreur ne doit que les *frais ordinaires* de transcription, et tous les frais occasionnés par l'existence des inscriptions sont à la charge du vendeur. L'acquéreur peut retenir ces frais par privilége sur son prix (C. proc., 777).

CHAPITRE V.

DE LA RADIATION ET RÉDUCTION DES INSCRIPTIONS.

2778. En vertu de quoi se font les radiations d'inscriptions ?

Les inscriptions sont rayées du consentement des parties intéressées et ayant capacité à cet effet, ou en vertu d'un jugement en dernier ressort ou passé en force de chose jugée (C. civ., 2157).

2779. Suffit-il de représenter au conservateur l'acte de main-levée ou le jugement qui la prononce ?

Il est nécessaire de déposer au bureau du conservateur l'expédition de l'acte portant consentement ou celle du jugement (C. civ., 2158).

2780. Un créancier qui consent à la radiation de son inscription est-il toujours censé, pour cela, avoir nécessairement renoncé à son droit d'hypothèque ?

L'extinction de l'hypothèque et la radiation sont deux choses très-différentes. Le créancier peut, par divers motifs, consentir à lever momentanément son inscription, mais tant qu'il n'a pas renoncé à son hypothèque, il peut la faire revivre par une inscription nouvelle (Tarrible, *Répert.*, v° *Radiation*, p. 585, vol. 1, n° 5 ; Troplong, n° 737).

2781. Le créancier qui a donné mainlevée de son inscription peut-il rétracter son consentement ?

Il ne le pourrait que pour dol ou pour fraude, et les créanciers inscrits postérieurement à sa mainlevée pourraient faire radier son inscription, encore bien qu'il voulût se rétracter (Troplong , n° 738; Cass., 4 janv. 1831 ; D. p., 31, 1, 82; Agen, 19 mai 1836 ; D. p., 36, 2, 114).

2782. Il est entendu qu'une femme mariée ne peut consentir mainlevée sans l'autorisation de son mari ; mais cette autorisation lui suffirait-elle pour donner mainlevée de son inscription prise contre son mari et grevant un immeuble que ce dernier aurait vendu à un tiers, conjointement et solidairement avec elle ?

Il est bien certain que, lorsque la femme contracte avec des tiers, elle peut renoncer, en faveur de ces tiers, à son hypothèque légale, et par conséquent leur donner mainlevée de son inscription. Dans ce cas, l'autorisation du mari suffit. C'est seulement quand la femme veut donner la mainlevée uniquement dans l'intérêt du mari, que les formalités prescrites par les articles 2144 et 2145 du Code civil sont nécessaires.

2783. Une femme séparée de biens peut-elle donner mainlevée d'une inscription sans l'autorisation de son mari?

L'art. 1449 permet à la femme séparée de biens de disposer de son mobilier et de l'aliéner : elle peut donc donner mainlevée des inscriptions qui lui servent de garantie (Troplong, n° 738 *bis;* Delvincourt, t. 3, p. 186, n° 6; Duranton, n° 190 ; Dalloz, v° *Hyp.,* p. 441). Il y a des opinions contraires (Tarrible, Grenier et Persil).

2784. La femme mariée sous le régime dotal peut-elle faire mainlevée d'une inscription garantissant une créance qui lui appartient?

Sans doute, mais le conservateur est fondé à se refuser à la radiation, alors même que la créance a été remboursée à la femme , si le remboursement n'a pas été accompagné des conditions de remploi imposées par le contrat de mariage (Cass., 9 juin 1841 ; S.V., 41, 1, 468).

2785. Un tuteur peut-il, sans l'autorisation du conseil de famille, donner mainlevée des inscriptions hypothécaires prises au nom du mineur ou de l'interdit ?

Il le peut, comme conséquence forcée du remboursement , et lorsque le paiement est constaté. Cela rentre dans ses pouvoirs d'administration, mais il ne pourrait pas faire mainlevée sans recevoir le montant de la dette. Ce serait là une transaction ou une renonciation qu'il ne peut faire sans l'autorisation du conseil de famille (C. civ., 467; Troplong, n° 738 *bis;* Grenier, n° 521; Persil, art. 2157, n° 7 ; Cass., 22 juin 1818; D. A., 9, 447).

2786. Le mineur émancipé a-t-il capacité pour donner seul mainlevée d'une inscription?

Le mineur émancipé, ne pouvant donner décharge d'un capital mobilier sans l'assistance de son curateur, ne peut non plus, sans ce dernier, donner mainlevée de l'inscription qui protège ce capital (C. civ., 482).

2787. Un associé en nom collectif a-t-il qualité pour donner mainlevée, au nom de la société et sous la raison sociale, d'une inscription prise au nom de la société?

L'associé en nom collectif ayant la signature sociale, peut aliéner les valeurs mobilières de la société et même transiger : par conséquent, à moins de restriction dans l'acte de société, il a qualité pour faire mainlevée d'une inscription (Cass., 19 août 1845 ; D. p., 45, 1, 357).

2788. Dans quelle forme doit-être donné le consentement à la radiation d'une inscription?

L'acte de mainlevée doit être authentique (C. civ., 2158).

2789. La mainlevée peut-elle être donnée en vertu d'une procuration sous seing privé?

La procuration pour donner mainlevée doit être authentique (Arg. de l'article 2158; Merlin, *Rép.*, v° *Hyp.*; Rolland de Villargues, v° *Mainlevée*, n° 33; Cass., 21 juin 1830; D. p., 30, 1, 376).

2790. Une simple mainlevée suffit-elle pour faire radier l'inscription de privilège faite d'office au profit du vendeur?

Il faut que le paiement du prix soit constaté ou que le vendeur renonce à son privilège (Dijon, 17 juillet 1839; D. p., 40, 2, 175; Cass., 24 juin 1841; D. p., 44, 1, 310).

2791. Lorsqu'une radiation a été faite à tort et a été déclarée nulle, l'inscription reprend-elle son existence et sa date?

L'inscription sera censée, vis-à-vis des créanciers antérieurs, n'avoir jamais cessé d'exister; mais son rétablissement ne pourra pas nuire à ceux qui ont contracté dans le moment de son absence légale et sur la foi de sa radiation (Troplong, n° 746 *bis*; Duranton, n° 23; Cass., 26 janv. 1841; Douai, 10 janv. 1842; D. A., 12, 899; Paris, 12 juin 1845; D.A., 9, 445).

2792. Le débiteur est-il obligé de souffrir une hypothèque générale, lorsqu'elle porte sur plus de domaines différents qu'il n'est nécessaire pour la sûreté de la créance?

Il peut demander la réduction ou la radiation des inscriptions en ce qui excède une proportion convenable (C. civ., 2161).

2793. Cette faculté s'applique-t-elle à toutes les hypothèques?

Elle n'est accordée que pour les hypothèques légales et judiciaires, et nullement pour les hypothèques conventionnelles (*Ibid.*).

2794. Si l'hypothèque conventionnelle porte sur les biens présents et à venir, la réduction n'en peut-elle pas être demandée?

Non. La loi est positive, et la convention doit être respectée (Troplong, n° 749; Persil, art. 2161, n° 9; Duranton, n° 207; Zachariæ, t. 2, § 281, note 5).

2795. Dans quel cas les inscriptions sont-elles réputées excessives?

Sont réputées excessives les inscriptions qui frappent sur plusieurs domaines, lorsque la valeur d'un seul ou de quelques-uns d'entre eux excède de plus d'un tiers, en fonds libres. le montant des créances en capital et accessoires légaux (C. civ., 2162).

2796. Si l'hypothèque porte sur un seul domaine, mais d'une valeur libre, double ou triple du montant de la créance, la réduction peut-elle être demandée?

La loi n'autorise la demande en réduction que lorsque l'inscription porte sur plusieurs domaines différents (C. civ., 2161 et 2162; Troplong, n° 769; Persil, *Quest.*, t. 2, p. 33).

2797. Qu'entend-on ici par *domaine?* Est-ce une ferme, une métairie, en un mot, une agrégation de propriétés diverses soumises à un centre d'exploitation?

Le législateur a voulu désigner sous le nom de domaine non-seulement un corps de ferme, mais encore un bois, ou une maison, ou un jardin, en un mot, un immeuble unique et distingué des immeubles environnants (Troplong, n° 770; Tarrible, v° *Radiation*, p. 593; Dalloz, v° *Hyp.*, p. 455, n° 18).

2798. Sur quelle base peut-on déterminer la valeur des immeubles?

La valeur des immeubles est déterminée par quinze fois la valeur du revenu déclaré par la matrice du rôle de la contribution foncière, ou indiqué par la cote de contribution sur le rôle, pour les immeubles non sujets à dépérissement, et dix fois cette valeur pour ceux qui y sont sujets (C. civ., 2165).

CHAPITRE VI.

DE L'EFFET DES PRIVILÉGES ET HYPOTHÈQUES CONTRE LES TIERS DÉTENTEURS.

2799. Quel est l'effet des priviléges et hypothèques contre les tiers détenteurs?

Les créanciers ayant privilége ou hypothèque inscrite sur un immeuble le suivent en quelques mains qu'il passe, pour être colloqués et payés suivant l'ordre de leurs créances ou inscriptions (C. civ., 2166).

2800. Si le débiteur aliène l'usufruit de l'immeuble hypothéqué, quel sera, en ce cas, le droit du créancier hypothécaire?

Il pourra poursuivre l'usufruit en main tierce, car l'usufruit est une portion de la chose qui, par elle-même, est susceptible d'hypothèque, et en demeure frappée lors même qu'elle se sépare du principal.

2801. Mais s'il avait été vendu des choses qui peuvent se sé

24

parer du sol, comme des futaies pour être abattues, des bâtiments pour être démolis, le créancier conserverait-il son droit
de suite après l'enlèvement ?

Le créancier ne pourrait alors exercer son droit de suite sur ces choses qui
retombent dans la classe des meubles lorsqu'elles sont détachées de l'immeuble dont elles étaient l'accessoire, et auquel elles empruntaient le caractère
immobilier qu'elles n'ont pas par elles-mêmes (Troplong, n° 777; Cass., 9
août 1825; D. P., 26, 1, 1).

2802. La constitution d'un droit d'usage, d'habitation ou de
servitude, peut-elle donner lieu au droit de suite ?

Non, parce que ces choses ne sont pas susceptibles d'expropriation forcée,
ce qui est la vraie fin du droit de suite (Troplong, n°s 401, 403 et 777 bis).

2803. Le créancier peut-il exercer son droit de suite contre
le fermier auquel l'immeuble hypothéqué a été donné à bail ?

Le droit de suite ne s'exerce que contre le tiers détenteur, et un fermier n'est pas un tiers détenteur. D'ailleurs, le droit d'hypothèque n'empêche pas le propriétaire de recueillir les fruits de sa chose, et par conséquent
de les céder à d'autres (Troplong, n° 777 ter).

2804. Il résulte donc de là que les créanciers sont tenus de
souffrir et d'exécuter les baux que le propriétaire a pu faire ?

Si le bail n'a pas date certaine avant le commandement à fin de saisie, les
créanciers hypothécaires peuvent le faire annuler (C. pr., 691). Mais s'il a
date certaine, les créanciers doivent le respecter et l'entretenir.

2805. En serait-il de même, si le bail dépassait la durée des
baux ordinaires, et qu'il restât encore un grand nombre d'années à courir ?

La loi n'a pas limité la durée des baux que le propriétaire peut faire,
et un bail, quelque long qu'il soit, s'il est fait de bonne foi, doit être respecté
par les créanciers hypothécaires (Troplong, n° 777 ter).

2806. Les créanciers peuvent-ils faire annuler les paiements
faits par anticipation par le preneur au débiteur ?

Ils ne le pourraient qu'en prouvant la fraude, car aucune disposition de la
loi ne prohibe les paiements anticipés de loyers ou de fermages (Ibid.)

2807. Un débiteur pourrait-il céder, par anticipation, plusieurs années de loyers ou de fermages au préjudice des créanciers hypothécaires ?

Une semblable cession ne peut pas être opposée aux créanciers hypothécaires dès le moment que l'hypothèque a immobilisé les fruits par son action,
par exemple, depuis la dénonciation de la saisie (C. proc., 691).

2808. Le tiers détenteur est-il obligé de remplir les formalités nécessaires pour purger sa propriété ?

La purge est une mesure facultative et non obligatoire pour le tiers détenteur.

2809. A quoi s'expose l'acquéreur qui ne purge pas?

Il est tenu de délaisser l'immeuble hypothéqué, sans aucune réserve, ou de rester obligé au paiement de toutes les dettes hypothécaires en capitaux et intérêts (C. civ., 2167 et 2168).

2810. Quel est le résultat du délaissement?

C'est de donner aux créanciers le moyen de saisir l'immeuble et de le faire vendre par adjudication pour se faire payer sur le prix (C. civ., 2169).

2811. Le tiers détenteur qui ne délaisse pas sur la sommation qui lui en est faite est-il obligé de payer de suite aux créanciers inscrits le prix de son acquisition?

Il jouit des termes et délais accordés au débiteur originaire (C. civ., 2167).

2812. Est-il tenu au paiement de tous les intérêts qui peuvent être dus?

Il ne doit que les intérêts conservés par l'inscription (Troplong, n° 788 ; Dalloz, *Hyp.*, p. 320, n° 5).

2813. S'il y a plusieurs tiers détenteurs, comment sont-ils tenus au paiement des dettes hypothécaires?

Ils en sont tenus, chacun au prorata de son acquisition, et celui qui a payé une dette en entier a son recours contre les autres tiers détenteurs (Troplong, n° 788 *ter*).

2814. Le tiers détenteur qui n'est pas personnellement obligé à la dette est-il néanmoins tenu de la payer en entier, alors même qu'il existe d'autres biens hypothéqués à la même dette?

Il peut s'opposer à la vente de l'héritage hypothéqué qui lui a été transmis, s'il est demeuré, dans la possession du principal ou des principaux obligés, d'autres immeubles hypothéqués à la même dette, et en requérir la discussion préalable. Pendant cette discussion, il est sursis à la vente de l'héritage hypothéqué (C. civ., 2170).

2815. Cette exception de discussion pourrait-elle être opposée par un héritier ou légataire, tiers détenteur d'un immeuble hypothéqué?

Il le peut lorsqu'il a payé la part à laquelle il était tenu personnellement dans la dette (Troplong, n° 798; Duranton, t. 20, n° 244 ; Grenier, n° 173).

2816. Le tiers détenteur peut-il obliger le créancier hypothécaire à discuter les autres immeubles du débiteur, quels qu'ils soient?

Il faut que ces immeubles paraissent d'une valeur suffisante pour désintéresser le créancier, et qu'ils ne soient pas situés hors du ressort de la Cour d'appel où le paiement doit être fait (Arg., C. civ., 2023 ; Troplong, n° 801 et 802).

24.

2817. L'exception de discussion peut-elle être opposée à toute espèce de créanciers?

Elle ne peut être opposée ni au créancier privilégié ni à celui qui a hypothèque spéciale sur l'immeuble (C. civ., 2171).

2818. Mais si l'hypothèque spéciale ou conventionnelle comprenait, outre l'immeuble aliéné, d'autres immeubles encore en la possession du débiteur, ou tous ses immeubles, est-ce que l'exception de discussion ne devrait pas être admise?

Non, car la loi a formellement excepté les hypothèques conventionnelles et limité l'exception de discussion aux hypothèques générales.

2819. Quels sont ceux qui peuvent délaisser par hypothèque?

Tous les tiers détenteurs qui ne sont pas personnellement obligés à la dette et qui ont la capacité d'aliéner (C. civ., 2172).

2820. Que doit-on décider si, dans un contrat de vente, il y a une simple délégation du prix, ou indication de paiement au profit des créanciers inscrits, mais hors leur présence?

Dans ce cas, le créancier peut s'adresser directement à l'acquéreur qui, par le contrat, s'est obligé à payer entre ses mains; il ne fait qu'exercer les actions de son débiteur qui pourrait contraindre l'acquéreur à payer suivant la convention. D'où il suit que l'acquéreur n'a pas alors la faculté de délaisser (Troplong, n°° 798 et 813; Persil, art. 2172, n°° 2 et 3).

2821. Si une personne a hypothéqué son immeuble pour garantir la dette d'un autre, mais sans entendre contracter aucune obligation personnelle, doit-elle être admise à délaisser?

Ce cas de délaissement doit être admis, bien qu'il ne soit pas prévu par la loi, puisque le débiteur purement hypothécaire n'est pas un tiers détenteur (Troplong, n° 816; Loiseau, du *Déguerp.*, liv. 4, ch. 3, n° 16).

2822. L'acquéreur qui a notifié son contrat aux créanciers inscrits avec offre de payer le prix de la vente peut-il encore délaisser?

Non (Paris, 9 déc. 1833; D. P., 34, 2, 161; Cass., 14 mars 1838; D. P., 38, 1, 100).

2823. L'héritier bénéficiaire peut-il délaisser sans remplir les formalités dont parlent les articles 806 du Code civil et 987 du Code de procédure civile?

Oui, car ces formalités ne concernent que la *vente*, et le délaissement n'est pas une vente, quoiqu'il soit une aliénation indirecte (Troplong, n°° 817 et 818). Il peut, d'ailleurs, abandonner tous les biens aux créanciers de la succession et aux légataires (C. civ., 802).

2824. Le curateur à une succession vacante peut-il délaisser?

Non. Il n'est qu'un simple administrateur et doit laisser les créanciers procéder par voie d'expropriation forcée (Troplong, n° 819).

2825. En cas de faillite, par qui le délaissement peut-il être consenti?

Par les syndics définitifs.

2826. Le tuteur peut-il délaisser au nom du mineur?

Oui, avec l'autorisation du conseil de famille.

2827. Est-il nécessaire que cette autorisation soit homologuée par le tribunal?

Les auteurs sont divisés sur ce point. Les uns regardent l'homologation comme nécessaire; les autres la jugent inutile; cette dernière opinion paraît préférable.

2828. S'il s'agit d'un immeuble dotal, la femme peut-elle délaisser?

Elle ne le peut qu'avec l'autorisation de la justice, conformément à l'article 1558 du C. civil.

2829. Lorsque les créances inscrites sont inférieures au prix d'acquisition, l'acquéreur est-il admis à délaisser?

Les créanciers peuvent, en ce cas, exercer l'action qui appartient à leur débiteur contre l'acquéreur, pour obtenir le paiement de son prix qu'il ne peut refuser; mais s'ils l'actionnent en paiement de leur chef, en vertu de leur droit d'hypothèque ou en délaissement, l'acquéreur peut alors délaisser (Troplong, n° 823).

2830. Le tiers détenteur qui a délaissé peut-il ensuite reprendre l'immeuble?

Il le peut jusqu'à l'adjudication en payant toute la dette et les frais (C. civ., 2173).

2831. Si ce sont, au contraire, les créanciers qui renoncent au délaissement, l'acquéreur est-il obligé de conserver l'immeuble?

Oui, attendu que, jusqu'à l'adjudication, il ne cesse pas d'être propriétaire, et que son contrat n'est pas rompu (Troplong, n° 926).

2832. Comment se fait le délaissement?

Par acte dressé au greffe du tribunal de la situation des biens (C. civ., 2174).

2833. Contre qui la vente est-elle poursuivie après le délaissement?

Contre un curateur nommé sur la requête du plus diligent des intéressés (Ibid.).

2834. Le tiers détenteur est-il responsable des détériorations que l'immeuble a éprouvées?

Les détériorations qui procèdent du fait ou de la négligence du tiers détenteur, au préjudice des créanciers hypothécaires ou privilégiés, donnent lieu contre lui à une action en indemnité (C. civ., 2175).

2835. Mais, s'il a fait des améliorations, peut-il en réclamer la valeur ?

Il ne peut répéter ses impenses et améliorations que jusqu'à concurrence de la plus-value résultant de l'amélioration (*Ibid.*).

2836. Le tiers détenteur doit-il rendre compte des fruits de l'immeuble ?

Les fruits de l'immeuble hypothéqué ne sont dus par le tiers détenteur qu'à compter du jour de la sommation de payer ou de délaisser, et si les poursuites commencées ont été abandonnées pendant trois ans, à compter de la nouvelle sommation qui est faite (C. civ., 2176).

2837. Que deviennent les servitudes et droits réels, tels que l'hypothèque, que le tiers détenteur avait avant sa possession, et qui se sont éteints par la confusion ?

Ils renaissent après le délaissement ou après l'adjudication faite sur le tiers détenteur (C. civ., 2177).

2838. Le délaissement a-t-il pour effet d'éteindre les hypothèques créées par le délaissant ?

Ces hypothèques conservent tout leur effet sur le bien délaissé ou adjugé, pour venir à leur rang après tous ceux qui sont inscrits sur les précédents propriétaires (C. civ., 2177).

2839. Le tiers détenteur qui a payé la dette hypothécaire, ou délaissé l'immeuble hypothéqué, ou subi l'expropriation de cet immeuble, a-t-il un recours contre son vendeur ?

Il a le recours en garantie tel que de droit contre le débiteur principal (C. civ., 2178).

2840. A quoi s'étend ce recours du tiers détenteur ?

Il peut répéter ce qu'il a payé de son prix, les loyaux coûts de son acquisition, toutes les dépenses qu'il a faites sur l'héritage délaissé et tous dommages-intérêts.

CHAPITRE VII.

DE L'EXTINCTION DES PRIVILÉGES ET HYPOTHÈQUES.

2841. Comment s'éteignent les priviléges et hypothèques ?

Les priviléges et hypothèques s'éteignent :

1° Par l'extinction de l'obligation principale ;

2° Par la renonciation du créancier à l'hypothèque ;

3° Par l'accomplissement des formalités et conditions prescrites aux tiers détenteurs pour purger les biens par eux acquis ;

4° Par la prescription (C. civ., 2180).

2842. Le consentement donné à la radiation d'une inscription emporte-t-il renonciation à l'hypothèque?

Non, à moins de stipulation expresse, et le créancier peut prendre une nouvelle inscription, tant qu'il n'est pas payé et que l'immeuble n'est pas purgé (Cass., 2 mars 1830; D. p. 30. 1. 118).

2843. La renonciation à l'hypothèque peut-elle être tacite?

Il y a renonciation tacite de la part du créancier qui donne son consentement à la vente de l'immeuble hypothéqué, ou même qui signe l'acte de vente sans faire aucune réserve (Malleville, t. 4, p. 314; Persil, art. 2180, n° 25; Troplong, n° 868 et 869).

2844. Et celui qui consent à ce que l'héritage à lui hypothéqué soit donné en hypothèque à un autre renonce-t-il à son hypothèque?

Il est censé ne renoncer qu'à son rang d'hypothèque (Grenier, t. 2, n° 505; Persil, art. 2180, n° 26; Troplong, n° 871).

2845. Comment la prescription des priviléges et hypothèques est-elle acquise au débiteur?

La prescription est acquise au débiteur, quant aux biens qui sont dans ses mains, par le temps fixé pour la prescription des actions qui donnent l'hypothèque ou le privilége (C. civ., 2180).

2846. En est-il de même à l'égard d'un tiers détenteur?

Pour les biens qui sont dans la main d'un tiers détenteur, la prescription est acquise par le laps de temps réglé pour la prescription de la propriété à son profit (*Ibid.*).

2847. Quel est le temps réglé pour cette prescription?

Le délai est de dix ans pour celui qui a acquis de bonne foi et par un juste titre, si le véritable propriétaire habite dans le ressort de la Cour d'appel dans l'étendue de laquelle l'immeuble est situé, et de vingt ans, s'il est domicilié hors dudit ressort (C. civ., 2265).

2848. La prescription court-elle du jour même du contrat d'acquisition?

Dans le cas où elle suppose un titre, la prescription ne commence à courir que du jour où il a été trancrit sur les registres du conservateur (C. civ., 2180).

2849. A défaut de titre quel est le délai pour la prescription?

Trente ans (C. civ., 2262).

2850. Dans ce cas, à partir de quelle époque la prescription de l'hypothèque commence-t-elle à courir?

Du jour de la possession, comme pour la prescription de la propriété.

2851. Y a-t-il bonne foi, comme l'exige l'article 2180, si l'acquéreur a eu connaissance des inscriptions qui frappent sur l'immeuble ?

Si l'acquéreur a connaissance des inscriptions, au moment de la vente, par exemple, si elles sont déclarées dans le contrat, il n'y a pas bonne foi dans le sens de l'art. 2180, et le tiers détenteur ne peut pas se prévaloir de la prescription de dix ou vingt ans. Mais la connaissance qu'il a eue des inscriptions, depuis la vente, ne peut lui être opposée (Troplong, nᵒˢ 879 et suiv.). D'autres auteurs pensent que la connaissance des inscriptions, au moment de la vente, n'exclut pas la bonne foi de l'acquéreur (Persil, art. 2180, nᵒ 32 ; Grenier, nᵒˢ 514 et 515 ; Delvincourt, t. 3, p. 615 ; Duranton, t. 20, nᵒ 315. — *Sic*, Bourges, 31 déc. 1830 ; D. P., 31, 2, 122 ; Bordeaux, 15 janv. 1835, D. P., 35, 2, 104).

2852. Le tiers détenteur qui notifie son contrat aux créanciers inscrits, conformément à l'article 2183, peut-il encore opposer la prescription de dix ou vingt ans ?

Il ne peut plus prescrire, à compter de cette notification, que par trente ans, attendu que la bonne foi cesse d'exister à son égard, qu'il a reconnu l'existence des hypothèques, et qu'il contracte avec elles en s'obligeant à les payer (Troplong, nᵒ 883 *bis* ; Grenier, t. 2, nᵒ 516 ; Dalloz, *Hyp.*, p. 424, nᵒ 20.—*Contrà*, Cass., 6 mai 1810 ; D. P. 40, 1, 217).

2853. La prescription court-elle au profit du tiers détenteur contre le créancier hypothécaire mineur ?

Non (C. civ., 2252 ; Troplong, nᵒˢ 884 et 886).

2854. Et contre la femme mariée, pendant le mariage, pour raison de son hypothèque sur les biens de son mari ?

Pas davantage (C. civ., 2253 et 2256).

2855. La prescription est-elle suspendue jusqu'au jour de l'exigibilité de la créance, ou jusqu'au jour de l'accomplissement de la condition ?

Non, car le créancier peut faire des actes conservatoires et interruptifs de la prescription, notamment actionner le tiers détenteur en déclaration d'hypothèque (Troplong, nᵒˢ 789 et 886 ; Grenier, t. 2, nᵒ 518 ; Toullier, t. 6, nᵒˢ 527 et 528).

2856. Les inscriptions prises par le créancier interrompent-elles le cours de la prescription ?

Elles ne sont une cause d'interruption ni à l'égard du débiteur, ni à l'égard du tiers détenteur (C. civ., 2180).

CHAPITRE VIII.

DU MODE DE PURGER LES PROPRIÉTÉS DES PRIVILÉGES ET HYPOTHÈQUES.

2857. Par quel moyen arrive-t-on à purger de priviléges et hypothèques les immeubles ou droits réels immobiliers ?

Les contrats translatifs de la propriété d'immeubles ou droits immobiliers doivent être transcrits en entier par le conservateur des hypothèques dans l'arrondissement duquel les biens sont situés, sur un registre à ce destiné (C. civ., 2181).

2858. Quels sont les actes qu'on doit faire transcrire ?

On doit faire transcrire tous les actes d'aliénation, à titre de vente, d'échange ou de donation.

2859. Doit-on faire transcrire les testaments contenant des legs immobiliers ?

Les testaments contenant des *legs particuliers* d'immeubles doivent être transcrits, parce qu'ils sont translatifs de propriété, quoiqu'ils ne soient pas des *contrats* (Troplong, n° 9.3).

2860. Faut-il également transcrire les testaments qui renferment un legs universel ou à titre universel ?

Non, par la raison qu'en ce cas le légataire se trouve personnellement obligé à la dette hypothécaire, et qu'il ne peut purger sur lui-même.

2861. Un acte de vente sous seing privé et enregistré peut-il être transcrit ?

Oui (Av. Cons. d'Etat, 3-12 flor. an 13).

2862. L'adjudication sur expropriation forcée est-elle soumise à la transcription ?

Non, par la raison que l'expropriation se fait avec la plus grande publicité et que les créanciers y sont appelés par des notifications spéciales.

La rubrique des art. 832 et suiv. du Code de procédure civile indique que les formalités du purgement ne s'appliquent qu'aux *ventes volontaires*.

Il a d'ailleurs été reconnu, de tout temps, que l'adjudication sur expropriation forcée purge par elle-même les priviléges et hypothèques établis sur l'immeuble (Merlin, v° *Transcrip.*, n° 7 ; Persil, art. 2181, n° 21 ; Grenier, n° 492 ; Troplong, n° 905 ; Duranton, n° 357 ; Dalloz, *Hyp.*, p. 375, n° 43 ; Carré, quest. 2479).

2863. En est-il de même des adjudications par surenchère à la suite d'une vente volontaire ?

Cette adjudication purge aussi par elle-même, puisqu'il y a publicité et notification aux créanciers (Tarrible, v° *Transcription*, § 6, n° 3 ; Grenier, n° 472 ; Troplong, n° 908 et 965). Il y a cependant des opinions contraires.

2864. Faut-il décider de même pour les autres ventes qui se font sous autorité de justice, telles que celles qui ont lieu sur conversion de saisie en vente sur publications volontaires ; celles des biens de mineurs, d'interdits, de faillis, ou de succession bénéficiaire ou vacante, les licitations et autres ?

Ces différentes adjudications ne purgent pas parce que les créanciers n'y sont pas appelés spécialement. n'y sont pas parties (Troplong, n° 909; Tarrible, § 33, n° 7; Grenier, n° 366; Dalloz, *Hyp.*, p. 376, n° 44).

2865. Les hypothèques légales non inscrites sont-elles purgées par la transcription ou par une adjudication non soumise à la transcription ?

Non. Les art. 2193 et suiv. du Code civil tracent les formalités spéciales nécessaires pour purger les hypothèques légales.

2866. Vous avez dit que les actes translatifs de propriété immobilière doivent être transcrits en entier : il suit donc de là que lorsqu'un contrat contient vente de différents immeubles à différents acquéreurs, celui d'entre eux qui veut purger sur son acquisition est obligé de faire transcrire le contrat en entier, même pour la partie qui concerne les autres acquéreurs ?

Dans ce cas, l'acquéreur qui veut purger peut ne faire transcrire que la partie de l'acte qui se réfère aux immeubles par lui acquis, car les différentes ventes, quoique contenues dans un même acte, n'en sont pas moins indépendantes les unes des autres (Troplong, n° 911; Grenier, n° 569; Championnière et Rigaud, *Traité d'enreg.*, t. 4, n° 4035).

2867. On peut donc alors faire transcrire un simple extrait ?

Un extrait analytique ne suffirait pas, il faut un extrait littéral qui reproduise la copie complète de tout ce qui se rapporte à la vente sur laquelle on veut purger (Troplong, n° 911; Paris, 28 juin 1840; D. P., 41, 2, 2).

2868. Lorsqu'un immeuble a été l'objet de plusieurs ventes successives, le dernier acquéreur qui veut purger doit-il faire transcrire non-seulement son contrat, mais encore tous ceux qui ont précédé le sien, et qui n'ont pas été transcrits, ou bien la loi se contente-t-elle de la transcription de l'acte qui l'investit de la propriété?

La transcription du dernier contrat suffit, pourvu qu'il rappelle la nomenclature de tous les précédents vendeurs. Les divers créanciers sont alors suffisamment avertis (Troplong, n° 913; Grenier, n° 365; Persil, art. 2181, n° 20; Delvincourt, t. 3, p. 363; Merlin, *Rép.*, v° *Transcrip.*, § 3, n° 2). La Cour de cassation a même décidé que la transcription du dernier contrat est suffisante, lors même qu'il ne contient pas l'indication des précédents propriétaires (27 mai 1807; 13 déc. 1813 et 14 janv. 118 ; D. A., 9, 94, 88 et 306).

2869. Quel est l'effet de la transcription vis-à-vis des créanciers du vendeur ?

Elle a pour effet d'arrêter le cours des inscriptions, en ce sens que les créanciers du vendeur, ayant un titre antérieur à la vente, ne peuvent plus prendre inscription après la transcription.

2870. Est-ce bien du jour de la transcription que les créanciers perdent le droit de s'inscrire ?

D'après l'art. 834 du Code de procédure civile, ils peuvent encore prendre inscription pendant la quinzaine qui suit la transcription.

2871. Lorsque l'acquéreur a fait transcrire son contrat et arrêté le cours des inscriptions, n'a-t-il plus rien à faire pour régulariser sa position ?

Il doit notifier son contrat aux créanciers inscrits pour faire courir les délais de surenchère (C. civ., 2183).

2872. Y a-t-il un délai de rigueur pour faire cette notification ?

Tant que l'acquéreur n'a pas reçu de sommation de la part d'un créancier, il est toujours à temps de notifier. La loi n'a fixé pour ce cas aucun délai.

2873. Et quel est le délai en cas de sommation ?

Le délai est d'un mois, à partir de la première sommation (C. civ., 2183).

2874. Quelle est cette sommation dont parle l'art. 2183 ?

C'est la sommation de payer ou de délaisser que tout créancier, ayant privilége ou hypothèque, a droit de faire à l'acquéreur en vertu de l'art. 2169 du Code civil. Elle doit être accompagnée d'un commandement de payer fait au débiteur originaire.

2875. Qu'arrivera-t-il si, dans le délai d'un mois, l'acquéreur n'a pas notifié son contrat ?

Il sera déchu de la faculté de purger et obligé, soit à payer toutes les dettes hypothécaires, soit à délaisser l'immeuble.

2876. A qui la notification doit-elle être faite par l'acquéreur ?

A tous les créanciers inscrits aux domiciles par eux élus dans leurs inscriptions (C. civ., 2183).

2877. Cette notification doit-elle être faite aux créanciers ayant privilége ou hypothèque, dispensés de l'inscription et qui ne se sont pas fait inscrire ?

Non. L'acquéreur n'est tenu de notifier qu'aux créanciers *inscrits*. Il est censé ne pas connaître ceux qui ne se sont pas révélés par l'inscription.

2878. Doit-on notifier aux créanciers qui ont pris inscription dans la quinzaine de la transcription ?

D'après l'art. 835 du Code de procédure civile, le nouveau propriétaire n'est tenu de notifier qu'aux créanciers dont l'inscription est antérieure à la transcription de l'acte.

2879. Les créanciers inscrits dans la quinzaine n'ont donc pas les mêmes droits que ceux inscrits antérieurement à la transcription ?

Ils ont comme eux le droit de surenchérir et de se présenter à l'ordre (C. proc., 835).

2880. La notification devant énoncer le prix de l'immeuble, comment le donataire pourra-t-il remplir cette condition ?

Par une évaluation de la chose donnée (C. civ., 2183).

2881. Et le légataire ? et l'échangiste ?

Egalement par une évaluation.

2882. Si l'aliénation a été faite moyennant certaines charges d'une valeur indéterminée, comme une rente viagère, le tiers détenteur peut-il se contenter, dans la notification, d'indiquer le prix tel qu'il est stipulé au contrat ?

Il doit évaluer le capital de la rente, car, sans un capital fixe, la notification n'aurait plus d'objet, et la surenchère ne pourrait pas avoir lieu parce qu'elle manquerait de la base sur laquelle elle doit s'établir (Troplong, n° 925; Grenier, t. 2, n° 311; Persil, t. 2, p. 278; Delvincourt, t. 3, p. 213 et 214.—*Contrà*, Cass., 11 mars 1829; D.P., 29, 1, 174).

2883. En notifiant son contrat aux créanciers inscrits, le tiers détenteur peut-il profiter des délais stipulés dans son contrat ou dans les titres des créanciers ?

Le tiers détenteur doit déclarer, par la notification, qu'il est prêt à acquitter *sur-le-champ* les dettes et charges hypothécaires, jusqu'à concurrence seulement du prix, sans distinction des dettes exigibles ou non exigibles (C. civ., 2184).

2884. Quel délai les créanciers ont-ils pour surenchérir ?

Quarante jours depuis la notification, en y ajoutant deux jours par cinq myriamètres de distance entre le domicile élu et le domicile réel de chaque créancier requérant (C. civ., 2185).

2885. Quelle augmentation de prix le créancier surenchérisseur doit-il offrir ?

Le créancier doit faire soumission de porter ou de faire porter le prix à un dixième en sus de celui qui a été stipulé dans le contrat ou déclaré par le nouveau propriétaire (*Ibid.*).

2886. La quotité de la surenchère est-elle la même pour toute espèce de vente ?

Elle est du dixième en cas de vente volontaire, et du sixième pour toutes les ventes qui se font en justice (C. proc., 708, 965, 973, 988 et 1001).

2887. Y a-t-il, pour ces dernières ventes, un délai particulier ?

La surenchère doit être faite dans la huitaine de l'adjudication (*Ibid.*).

2888. Qui peut faire cette surenchère du sixième ?

Toutes personnes, qu'elles soient ou non créancières (*Ibid.*).

2889. La surenchère du sixième est-elle, dans tous les cas, exclusive de la surenchère du dixième ?

Les ventes faites par autorité de justice et qui conservent le caractère de ventes volontaires, relativement au purgement des priviléges et hypothèques, sont soumises à la surenchère du sixième qui peut être faite par toutes personnes dans la huitaine de l'adjudication, et à la surenchère du dixième qui peut être faite par les créanciers inscrits dans les quarante jours de la notification (Cass., 4 août 1835, S., 35, 1, 791 ; Troplong, n° 931, à la note).

2890. Sur quoi doit porter la surenchère ?

Sur le prix principal et sur tout ce qui en forme un accessoire, comme pot de vin, épingles et autre charges qui ne sont pas des charges ordinaires de la vente.

2891. Quelles sont les ventes susceptibles de surenchère ?

Toutes les ventes immobilières, sauf l'adjudication qui a lieu par suite de surenchère (C. proc., 838).

2892. En matière d'expropriation pour cause d'utilité publique, les créanciers inscrits sont-ils admis à surenchérir ?

Ils sont privés de cette faculté par la loi du 3 mai 1841, art. 17.

2893. Quelles sont les formalités principales de la surenchère ?

La réquisition de surenchère doit être signifiée, tant au nouveau propriétaire qu'au précédent propriétaire. L'original et les copies de ces exploits doivent être signés par le créancier requérant ou par son fondé de procuration expresse, lequel est tenu de donner copie de sa procuration. Enfin, le requérant doit offrir de donner caution jusqu'à concurrence du prix et des charges (C. civ., 2185).

2894. Dans quel délai la caution doit-elle être fournie ?

L'acte de réquisition de surenchère doit contenir l'indication de la caution, avec assignation à trois jours devant le tribunal, pour sa réception, à laquelle il est procédé comme en matière sommaire (C. proc., 832).

2895. La caution peut-elle être remplacée par quelque équivalent ?

Le surenchérisseur peut donner un nantissement en argent ou en rentes sur l'Etat (*Ibid.*, et C. civ., 2041).

2896. Le surenchérisseur serait-il admis à remplacer la caution par une hypothèque sur ses propres biens ?

On décide généralement que non, à cause des lenteurs et des difficultés de réalisation d'un semblable gage (Bourges, 15 juill. 1836; S. 37, 2, 61; Paris, 26 fév. 1829; D. P., 29, 2, 129; *Id.*, 5 mars 1831; D. P., 31, 2, 106; *Id.*, 11 mars 1811; S.V., 45, 2, 19; Cass., 16 juill. 1815; D. P., 45, 1, 332).

2897. Le créancier qui a formé une surenchère peut-il s'en désister?

Il ne peut pas se désister au détriment des autres créanciers, qui ont le droit de se faire subroger à la poursuite, aux risques et périls du surenchérisseur, s'il ne donne pas suite à l'action dans le mois de la surenchère, et, dans ce cas, la caution reste obligée (C. proc., 833; C. civ., 2190).

2898. Quelle est la conséquence du défaut de surenchère par les créanciers dans le délai prescrit?

La valeur de l'immeuble demeure définitivement fixée au prix stipulé dans le contrat ou déclaré par le nouveau propriétaire, lequel est, en conséquence, libéré de tout privilège et hypothèque en payant ledit prix aux créanciers qui sont en ordre de recevoir, ou en le consignant (C. civ., 2186).

2899. Si l'acquéreur ou le donataire se trouve dépossédé par suite de la surenchère, perd-il les frais qu'il a payés?

L'adjudicataire est tenu, au delà du prix de son adjudication, de restituer à l'acquéreur ou au donataire dépossédé les frais et loyaux coûts de son contrat, ceux de la transcription, ceux de la notification, et ceux faits par lui pour parvenir à la revente (C. civ., 2188).

2900. En est-il de même pour les impenses et améliorations qu'a pu faire l'acquéreur ou le donataire?

L'acquéreur évincé doit sortir absolument indemne, et l'adjudicataire doit lui rembourser les impenses et améliorations qui ont donné une plus-value à l'immeuble (Grenier, t. 2, n° 471; Delvincourt, t. 3, p. 604; Persil, art. 2188, n° 3; Carré, t. 3, p. 185; Troplong, n° 962).

2901. L'adjudication sur surenchère doit-elle être transcrite?

La transcription est inutile, soit que l'acquéreur ou le donataire aient conservé l'immeuble (C. civ., 2189), soit qu'il ait été adjugé à un tiers (Troplong, n° 909, 963 et suiv.; Tarrible, v° *Transcription*, § 6, n° 3; Grenier, t. 2, n° 472).

2902. Si l'acquéreur primitif se rend adjudicataire sur la surenchère, est-il tenu de payer l'augmentation du prix qui en résulte, sans recours contre son vendeur?

Il a son recours, tel que de droit, contre son vendeur pour le remboursement de ce qui excède le prix stipulé par son titre, et pour l'intérêt de cet excédant, à compter du jour de chaque paiement (C. civ., 2191). C'est la conséquence naturelle de la garantie promise par le vendeur.

2903. Mais si l'acquéreur est évincé par la surenchère, peut-il également exercer un recours contre son vendeur?

Il peut réclamer contre lui la différence entre la valeur de l'immeuble, lors de la vente, et la valeur lors de l'adjudication sur surenchère. L'éviction, dans ce cas, produit garantie pleine, car elle procède d'une cause antérieure à la vente, et personnelle au vendeur, qui devait faire cesser le trouble (Troplong, *Vente*, n° 416; *Hyp.*, n° 967; Tarrible, *Rép.*, v° *Transcription*, § 6, n° 4; Grenier, t. 2, p. 380).

2904. Le vendeur peut-il se mettre à l'abri de ce recours ?

Oui, par des stipulations qui modifient la garantie légale.

2905. Dans le cas où le titre du nouveau propriétaire comprendrait des immeubles et des meubles, ou plusieurs immeubles, les uns hypothéqués, les autres non hypothéqués, aliénés pour un seul et même prix, comment la notification doit-elle être faite ?

Le nouveau propriétaire doit déclarer, dans sa notification, le prix de chaque immeuble frappé d'inscriptions particulières et séparées, par ventilation du prix total exprimé dans le titre (C. civ., 2192).

2906. Et si les biens vendus, quoique soumis à la même hypothèque, sont situés dans différents arrondissements, y a-t-il lieu encore à la ventilation du prix ?

La ventilation doit être faite pour chaque arrondissement et notifiée séparément aux créanciers aux domiciles élus dans leurs inscriptions.

La raison en est qu'il faut faire autant de procédures en purgement qu'il y a d'arrondissements différents (C. civ., 2192; Troplong, n° 972; Tarrible, *Rép.*, v° *Transcription*, p. 127; Dalloz, *Hyp.*, p. 372, n° 27).

2907. Sur quoi doit porter la surenchère en cas de ventilation ?

Le créancier surenchérisseur ne peut, en aucun cas, être contraint d'étendre sa soumission ni sur le mobilier, ni sur d'autres immeubles que ceux qui sont hypothéqués à sa créance et situés dans le même arrondissement (Code civ., 2192).

2908. Mais la division des objets compris dans l'acquisition ou celle des exploitations peut être préjudiciable à l'acquéreur.

Il a son recours contre ses auteurs pour l'indemnité du dommage qu'il peut éprouver (*Ibid.*).

CHAPITRE IX.

DU MODE DE PURGER LES HYPOTHÈQUES QUAND IL N'EXISTE PAS D'INSCRIPTION SUR LES BIENS DES MARIS ET DES TUTEURS.

2909. Quelle est la première formalité à remplir pour purger les hypothèques légales non inscrites ?

C'est le dépôt d'une copie dûment collationnée du contrat translatif de propriété au greffe du tribunal civil du lieu de la situation des biens (Code civ., 2194).

2910. Par qui peut être fait ce dépôt?

Il est fait ordinairement par le ministère d'un avoué ; mais les avoués ne sont investis d'aucun droit exclusif à cet égard. Le dépôt peut donc être fait par la partie ou par son fondé de pouvoirs.

2911. Est-il nécessaire de notifier ce dépôt aux parties intéressées?

L'acquéreur est obligé de notifier le dépôt par acte signifié tant à la femme ou au subrogé tuteur, qu'au procureur de la République près le tribunal (C. civ., 2194).

2912. Lorsqu'il existe, à la connaissance de l'acquéreur, des mineurs non pourvus de tuteur, à qui doit-il faire la notification pour eux?

Il doit provoquer la nomination d'un subrogé tuteur, pour lui faire ensuite la notification prescrite par l'art. 2194 (Cass., 8 mai 1844 ; D. P., 44, 1, 103).

2913. Lorsque, soit la femme ou ses représentants, soit le subrogé tuteur, ne sont pas connus de l'acquéreur, comment doit-il remplacer la notification à leur faire?

Il doit déclarer, dans la notification à faire au procureur de la République, qu'il fera publier ladite notification dans les formes prescrites par l'art. 696 du Code de procédure civile; puis il doit faire cette publication (Avis du conseil d'État, 9 mai-1er juin 1807).

2914. Comment doit se faire cette publication?

Par une insertion dans un journal publié dans le département où sont situés les biens (C. proc., 696).

2915. Quelle autre formalité y a-t-il à remplir devant le tribunal?

Un extrait du contrat doit rester affiché pendant deux mois dans l'auditoire du tribunal (C. civ., 2194).

2916. Dans quel but ce délai de deux mois a-t-il été ainsi fixé?

C'est pour laisser aux femmes, aux maris, tuteurs, subrogé tuteurs, mineurs, interdits, parents ou amis, et au procureur de la République, le temps de requérir et de faire faire au bureau du conservateur des hypothèques les inscriptions nécessaires sur l'immeuble aliéné (*Ibid.*).

2917. De quel jour commence le délai de deux mois?

Du jour de la publication de la notification dans un journal du département (Avis du conseil d'État, 9 mai-1er juin 1807).

2918. Passé ce délai, les hypothèques légales peuvent-elles encore être inscrites utilement?

Si, dans le cours des deux mois, il n'a pas été fait d'inscription du chef des femmes, mineurs ou interdits, sur les immeubles vendus, ils passent à l'ac-

quéreur sans aucune charge, à raison des dot, reprises et conventions matrimoniales, ou de la gestion du tuteur (C. civ., 2195).

2919. Les femmes, mineurs ou interdits, pour lesquels il a été
pris inscription dans les deux mois, ont-ils le droit de surenchérir ?

Oui, pendant le délai de deux mois accordé pour prendre inscription (Tarrible, v° *Transcription*, p. 116, col. 2; Grenier, t. 2, p. 350; Troplong,
n° 982).

2920. Les femmes, mineurs ou interdits, pour lesquels il n'a
pas été pris d'inscription dans les deux mois, sont-ils déchus de
de tout droit, même sur le prix de la vente ?

Ils peuvent encore se présenter à l'ordre et y réclamer collocation, tant
que l'ordre n'est pas clos. Leurs droits sont bien éteints sur l'immeuble, mais
ils continuent de subsister sur le prix. Les formalités de purge légale sont
établies en faveur de l'acquéreur seul; les créanciers hypothécaires ne peuvent en profiter, et l'hypothèque légale conserve son rang à leur égard sans
le secours de l'inscription. Les auteurs et la jurisprudence sont fort divisés
sur cette question importante.

2921. L'expropriation forcée purge-t-elle de plein droit
l'hypothèque légale non inscrite de la femme ou du mineur ?

Cette question est vivement controversée.

L'opinion du purgement complet par l'expropriation forcée était défendue
par de puissantes raisons et d'imposantes autorités. Mais l'opinion contraire
semble prévaloir depuis un arrêt solennel de la Cour de cassation du 22 juin
1833; D. P., 33, 1, 234, et la discussion de la loi du 2 juin 1841 sur les ventes
judiciaires.

CHAPITRE X.

DE LA PUBLICITÉ DES REGISTRES ET DE LA RESPONSABILITÉ DES CONSERVATEURS.

2922. En quoi consiste la publicité des registres du conservateur des hypothèques ?

En ce que les conservateurs sont tenus de délivrer, à tous ceux qui le requièrent, copie des actes transcrits sur leurs registres, et celle des inscriptions subsistantes, ou certificat qu'il n'en existe aucune (C. civ., 2196).

2923. Le conservateur auquel on demande l'état des inscriptions grevant les biens d'un individu doit-il comprendre dans
son état les inscriptions périmées ?

Non-seulement ce serait inutile, puisque les inscriptions périmées sont
sans aucun effet, mais encore ce serait contraire à l'art. 2196, qui ne parle
que des inscriptions *subsistantes*.

2924. A-t-on un recours contre le conservateur s'il a omis

25

de faire sur ses registres une transcription ou une inscription
requise en ses bureaux, ou s'il n'a pas compris dans son état
une ou plusieurs inscriptions existantes ?

Dans ces différents cas, le conservateur est responsable du préjudice qu'il
a pu causer, à moins que l'erreur ne provienne de désignations insuffisantes
qui ne pourraient lui être imputées (C. civ., 2197).

2925. Le conservateur est-il responsable de la radiation
d'une inscription indûment faite ?

Oui, et c'est pour cela qu'il est juge du mérite d'un acte de mainlevée qui
lui est présenté.

2926. Lorsque le conservateur refuse de faire une radiation,
en vertu de l'acte de mainlevée qui lui est présenté, que doit-
on faire ?

Assigner le conservateur devant le tribunal, qui décide si la radiation doit
ou non avoir lieu

2927. Le conservateur est-il tenu de rectifier les erreurs ou
omissions qui peuvent se trouver dans les bordereaux d'inscription qui lui sont remis ?

Il peut sans doute avertir officieusement le créancier ; mais il n'est tenu
qu'à transcrire le bordereau tel qu'il lui a été présenté.

2928. Mais si c'est le conservateur qui a lui-même commis
une erreur ou une omission en transcrivant le bordereau sur son
registre, comment peut-il rectifier l'inscription ?

L'inscription elle-même ne peut pas être rectifiée ; mais le conservateur
peut porter sur son registre, *à la date courante*, une nouvelle inscription
plus conforme aux bordereaux remis par le créancier, en relatant que cette
inscription est prise pour rectifier la première, afin d'éviter tout double emploi. La rectification ainsi opérée n'a d'effet que pour l'avenir (Av. Cons.
d'Etat, 11-26 déc. 1810).

2929. Si une inscription a été omise dans le certificat délivré
sur la transcription d'un acte de vente, quel est le sort de cette
inscription ?

L'immeuble se trouve affranchi de cette inscription dans les mains du
nouveau possesseur ; mais le créancier conserve le droit de se faire colloquer
suivant le rang qui lui appartient, tant que le prix n'a pas été payé par l'acquéreur ou tant que l'ordre fait entre les créanciers n'a pas été homologué
(C. civ., 2198).

2930. En cas d'omission d'une inscription dans un état délivré sur transcription, le conservateur qui est responsable doit-
il indemniser le créancier de la totalité de sa créance ?

L'indemnité est limitée aux sommes pour lesquelles le créancier aurait été
utilement colloqué.

2931. Quel moyen a-t-on de constater le retard ou le refus apporté par un conservateur à la transcription d'un acte de mutation, à l'inscription de droits hypothécaires ou à la délivrance d'un certificat requis?

Il faut faire dresser procès-verbal du retard ou du refus par un juge de paix, par un huissier ou par un notaire, assisté de deux témoins, et assigner le conservateur en dommages-intérêts (C. civ., 2199).

TITRE XVIII.

DE L'EXPROPRIATION FORCÉE.

2932. A quels créanciers appartient le droit de poursuivre l'expropriation forcée des biens du débiteur?

A tous les créanciers chirographaires aussi bien qu'hypothécaires (Grenier, *Hyp.*, t. 2, n° 478; Pigeau, *Comm.*, t. 2, p. 271 ; Persil fils, t. 2, n° 57; Chauveau sur Carré, quest. 2198, p. 416).

2933. Si les biens du débiteur ont été vendus et que la vente n'ait pas été notifiée, contre qui les poursuites d'expropriation doivent-elles être dirigées?

Contre le tiers détenteur (Troplong, *Hyp.*, n° 795 ; Chauveau, t. 5, p. 399).

2934. De quels biens peut-on poursuivre l'expropriation?

1° Des biens immobiliers et de leurs accessoires réputés immeubles, appartenant en propriété au débiteur;

2° De l'usufruit appartenant au débiteur sur les biens de même nature (Code civ., 2204).

2935. Les actions qui tendent à revendiquer un immeuble, telles que l'action en rescision, l'action en réméré, etc., sont-elles susceptibles d'expropriation?

Non. Tous les auteurs sont d'accord sur cette question.

2936. Peut-on poursuivre l'expropriation de l'usufruit légal attribué aux pères et mères sur les biens de leurs enfants?

Non, parce que cet usufruit est grevé des frais de nourriture, éducation et entretien des enfants (Chauveau, quest. 2198, p. 409).

2937. Lorsqu'un cohéritier a hypothéqué sa part indivise, dans les immeubles de la succession, le créancier peut-il poursuivre l'expropriation de cette part indivise?

L'expropriation ne peut pas être poursuivie avant le partage ou la licitation des biens indivis, que les créanciers ont le droit de provoquer eux-mêmes (C. civ., 2205).

25*

2938. Cette disposition est-elle applicable au cas d'indivision entre copropriétaires autres que des cohéritiers ?

Oui (Pigeau, *Comm.*, t. 2, p. 270, n° 5 ; Grenier, t. 1er, n° 158 ; Persil père, t. 2, p. 195 ; Berriat, p. 572 ; Persil fils, t. 1er, n° 11 ; Chauveau, q. 2198, p. 410). Il y a cependant des opinions contraires assez nombreuses.

2939. L'expropriation peut-elle être poursuivie contre un mineur ou contre un interdit ?

Oui ; mais seulement après la discussion du mobilier (C. civ., 2206).

2940. Dans le cas où les immeubles sont possédés par indivis entre un majeur et un mineur ou interdit, la discussion préalable du mobilier est-elle également nécessaire ?

Non, si la dette leur est commune (C. civ., 2207).

2941. Si les poursuites d'expropriation ont été commencées contre un majeur, ou avant l'interdiction, doivent-elles être interrompues pour discuter le mobilier ?

Dans ce cas la discussion du mobilier n'est pas nécessaire (*Ibid.*).

2942. Quel est le mobilier qui doit être discuté ; est-ce seulement le mobilier corporel ?

Les dettes actives sont également soumises à la discussion (Duranton, t. 21, n° 18 ; Berriat, tit. *de la Saisie immob.*, note 25 ; Bordeaux, 20 janv. 1812).

2943. Le créancier peut-il poursuivre la vente des biens qui ne lui sont pas hypothéqués ?

Il ne le peut que dans le cas d'insuffisance des biens qui lui sont hypothéqués (C. civ., 2209), à moins qu'ils ne fassent, avec ceux-ci, partie d'une même exploitation (C. civ., 2211).

2944. Peut-on provoquer simultanément la vente forcée de biens situés dans différents arrondissements ?

Cette vente ne peut être provoquée que successivement, à moins que les biens ne fassent partie d'une seule et même exploitation (C. civ., 2210), ou que la valeur totale desdits biens ne soit inférieure au montant réuni des sommes dues tant au saisissant qu'aux autres créanciers inscrits (Loi du 14 nov. 1808, art. 1er).

2945. Le débiteur peut-il empêcher les poursuites d'expropriation, s'il a des revenus suffisants pour acquitter la dette ?

Si le débiteur justifie par baux authentiques que le revenu, net et libre de ses immeubles pendant une année, suffit pour le paiement de la dette en capital, intérêts et frais, et s'il en offre la délégation au créancier, la poursuite peut être suspendue par les juges, sauf à être reprise s'il survient quelque opposition ou obstacle au paiement (C. civ., 2212).

2946. En vertu de quel titre la vente forcée peut-elle être poursuivie?

En vertu d'un titre authentique et exécutoire pour une dette certaine et liquide (C. civ., 2213).

2947. Le cessionnaire d'un titre exécutoire peut-il poursuivre l'expropriation?

Oui, mais seulement après que la signification du transport a été faite au débiteur (C. civ., 2214).

2948. Une cession par acte sous seing privé est-elle suffisante?

Oui (Persil, *Quest.*, t. 2, p. 180; Cass., 16 nov. 1810, D. P., 41, 1, 8. — *Contrà*, Tarrible, *Rép.*, v° *Saisie immob.*, § 5, n° 2; Grenier, t. 2, n° 483; Berriat, *Cours de proc.*, p. 510 et 568).

TITRE XIX.

DE LA PRESCRIPTION.

CHAPITRE PREMIER.

DISPOSITIONS GÉNÉRALES.

2949. Peut-on renoncer d'avance à la prescription?

Non; on peut seulement renoncer à une prescription acquise (Code civ., 2220).

2950. Est-il toujours besoin d'un acte pour renoncer à la prescription?

La renonciation peut être tacite et résulter d'un fait qui suppose l'abandon du droit acquis (C. civ., 2221).

2951. Un tuteur peut-il, au nom du mineur, renoncer à la prescription acquise?

En principe, celui qui ne peut aliéner ne peut renoncer à une prescription acquise (C. civ., 2222).

Ainsi le tuteur, même avec l'autorisation du conseil de famille, ne peut pas faire une semblable renonciation pour le mineur.

2952. La renonciation par un débiteur solidaire peut-elle être opposée à ses codébiteurs?

La dette prescrite ne revit pas à l'égard de ces derniers (Troplong, n° 74 et 629; Vazeille, n° 241).

2953. Les créanciers peuvent-ils opposer la prescription acquise à leur débiteur?

Ils le peuvent, même malgré la renonciation qu'aurait faite leur débiteur (C. civ., 2225).

2954. Peut-on acquérir par prescription toute espèce de biens?

On ne peut prescrire le domaine des choses qui ne sont point dans le commerce (C. civ., 2226), telles que les routes, les places publiques, etc.

2955. Peut-on prescrire contre l'Etat, les établissements publics et les communes?

Ils sont soumis aux mêmes prescriptions que les particuliers, et peuvent également les opposer (C. civ., 2227).

CHAPITRE II.

DE LA POSSESSION.

2956. Pour pouvoir prescrire, quel genre de possession faut-il avoir?

Une possession continue et non interrompue à titre de propriétaire (Code civ., 2229).

2957. Est-on obligé de prouver qu'on possède à titre de propriétaire?

On est toujours présumé posséder pour soi et à titre de propriétaire, s'il n'est prouvé qu'on a commencé de posséder pour un autre (C. civ., 2230).

2958. Après avoir d'abord possédé pour un autre, ne peut-on pas être censé posséder pour soi?

Quand on a commencé à posséder pour un autre, on est toujours présumé posséder au même titre, s'il n'y a preuve du contraire (C. civ., 2231).

2959. Doit-on prouver sa possession continue pendant tout le temps nécessaire à la prescription?

Le possesseur actuel, qui prouve avoir possédé anciennement, est présumé avoir possédé dans le temps intermédiaire, sauf la preuve contraire (C. civ., 2234).

2960. La possession ancienne fait-elle présumer la possession présente?

Non (Troplong, n° 423).

2961. Peut-on ajouter à sa possession celle de son auteur?

Pour compléter la prescription, on peut joindre à sa possession celle de son auteur, de quelque manière qu'on lui ait succédé, soit à titre universel ou particulier, soit à titre lucratif ou onéreux (C. civ., 2235).

CHAPITRE III.

DES CAUSES QUI EMPÊCHENT LA PRESCRIPTION.

2962. Par quel laps de temps le fermier ou l'usufruitier pourraient-ils prescrire la propriété des biens dont ils jouissent?

Ils ne peuvent jamais prescrire par quelque laps de temps que ce soit, parce qu'ils sont dans la catégorie de ceux qui possèdent pour autrui et détiennent précairement la chose du propriétaire (C. civ., 2236).

2963. En est-il de même de leurs héritiers?

Ils ne peuvent non plus prescrire (C. civ., 2237).

2964. N'est-il aucune circonstance qui puisse donner au détenteur précaire le moyen de prescrire?

Oui, c'est l'interversion de son titre de possession, soit par une cause venant d'un tiers, comme une vente, soit par la contradiction opposée au droit du propriétaire (C. civ., 2238).

2965. Mais celui qui aurait acheté d'un fermier ou autre détenteur précaire pourrait-il prescrire?

Oui, parce que la prescription se fonderait sur un titre translatif de propriété (C. civ., 2239).

2966. Si le fermier a le droit de créer à un tiers un titre suffisant pour prescrire, ne pourrait-il pas changer pour lui-même son titre de possession?

Non. On ne peut pas prescrire contre son titre, en ce sens que l'on ne peut point se changer à soi-même la cause et le principe de sa possession (C. civ., 2240).

CHAPITRE IV.

DES CAUSES QUI INTERROMPENT OU QUI SUSPENDENT LA PRESCRIPTION.

2967. N'y a-t-il pas plusieurs genres d'interruption de la prescription?

La prescription peut être interrompue ou naturellement ou civilement (C. civ., 2242).

2968. Quand y a-t-il interruption naturelle?

Lorsque le possesseur est privé pendant plus d'un an de la jouissance de la chose, soit par l'ancien propriétaire, soit même par un tiers (C. civ., 2243).

2969. Q'est-ce qui forme interruption civile ?

Une citation en justice, un commandement ou une saisie signifiés à celui qu'on veut empêcher de prescrire (C. civ., 2244).

2970. La simple signification faite au débiteur du transport de la créance interrompt-elle la prescription de la créance ?

Non (Troplong, n°° 571 et 572; Vazeille, n° 205).

2971. La citation en conciliation suffit-elle à elle seule pour interrompre la prescription ?

Il faut encore qu'elle soit suivie d'une assignation en justice donnée dans les délais de droit (C. civ., 2245).

2972. Quels sont ces délais ?

La demande doit être formée dans le mois, à dater du jour de la non-comparution ou de la non-conciliation (C. proc., 57).

2973. Si l'assignation est nulle par défaut de forme, si le demandeur se désiste de sa demande, s'il laisse périmer l'instance ou si sa demande est rejetée, la prescription est-elle également interrompue ?

Dans ces différents cas, l'interruption est regardée comme non avenue (C.civ., 2247).

2974. L'obligation imposée à l'acquéreur d'un immeuble de payer une dette grevant cet immeuble, interrompt-elle la prescription, lors même que le créancier n'a pas assisté à l'acte et n'a pas déclaré accepter la stipulation?

Oui, attendu que la prescription est interrompue par la reconnaissance que le débiteur ou le possesseur fait du droit de celui contre qui il prescrivait (C. civ., 2248; Toulouse, 13 août 1833; D. P., 34, 2, 76).

2975. L'interpellation faite à l'un des débiteurs solidaires, ou sa reconnaissance, interrompt-elle la prescription contre tous les autres ?

Oui, même contre leurs héritiers (C. civ., 2249).

2976. Après la prescription acquise de la dette, la reconnaissance d'un débiteur solidaire préjudicie-t-elle à ses codébiteurs ?

Non; la dette est éteinte et elle ne peut revivre contre chacun des cooblijés que par sa propre reconnaissance (Troplong, n° 629; Vazeille, n° 241; Limoges, 19 déc. 1842; S.V. 43, 2, 495).

2977. L'interpellation faite à l'un des héritiers d'un débiteur solidaire, ou la reconnaissance de cet héritier, suffit-elle pour interrompre la prescription pour le tout à l'égard des autres codébiteurs?

Non, il faut que l'interpellation soit faite à tous les héritiers du débiteur décédé, ou que la reconnaissance soit faite par tous ces héritiers ; autrement la prescription n'est interrompue que pour la part dont l'héritier interpellé est tenu (C. civ. 2249).

2978. Au moins, l'interpellation faite à l'un des héritiers d'un débiteur solidaire, ou la reconnaissance de cet héritier, interrompt la prescription à l'égard des autres cohéritiers.

Non, quand même la créance serait hypothécaire, à moins que l'obligation ne soit indivisible (*Ibid.*).

2979. Quel est, à l'égard de la caution, l'effet de l'interpellation faite au débiteur principal, ou de sa reconnaissance ?

L'une ou l'autre interrompt la prescription contre la caution (C. civ., 2250).

2980. Et si l'interpellation est adressée à la caution ou la reconnaissance donnée par elle ?

La prescription est interrompue à l'égard du débiteur principal (Troplong, n°° 635 et 636).

2981. La prescription court-elle contre les mineurs et les interdits ?

Non, excepté dans des cas particuliers déterminés par la loi (C. civ., 2252).

2982. Dans le cas d'indivision entre majeurs et mineurs, la prescription est-elle suspendue contre les majeurs comme contre les mineurs, tant que dure la minorité ?

La prescription court, en ce cas, contre les majeurs, pour les parts qu'ils prennent dans les biens indivis, à moins qu'il ne s'agisse de choses indivisibles (Troplong, n° 739 ; Cass., 14 août 1810 ; D. P., 40, 1, 321).

2983. L'absence suspend-elle la prescription ?

Non (Troplong, n° 709).

2984. Et la faillite ?

Pas davantage (Troplong, n° 713).

2985. La prescription est-elle suspendue contre les militaires pendant la durée de la guerre ?

Dans l'état actuel de la législation, il n'y a pas de suspension pour les militaires à la guerre (Troplong, n° 708 ; Grenoble, 22 déc. 1824, D. P., 26, 2, 70).

2986. Les époux peuvent-ils prescrire l'un contre l'autre ?

La prescription ne court point entre époux (C. civ., 2253).

2987. Peut-on prescrire contre une femme mariée, ou commune, ou séparée de biens ?

Oui, à l'égard des biens dont le mari a l'administration, sauf le recours de la femme contre ce dernier (C. civ., 2254).

2988. Si la prescription d'un bien de la femme, acquise pendant le mariage, avait commencé auparavant, le mari en est-il encore responsable?

Oui, à moins qu'il ne prouve qu'il n'a pas été en son pouvoir d'interrompre la prescription (Toullier, t. 12, nᵒˢ 414 et suiv.).

2989. La prescription court-elle pendant le mariage, à l'égard de l'aliénation d'un fonds dotal?

Non (C. civ., 2255).

2990. Dans le cas où l'action de la femme ne pourrait être exercée qu'après une option à faire sur l'acceptation ou la renonciation à la communauté, la prescription peut-elle courir contre elle?

En ce cas, la prescription est suspendue pendant le mariage (C. civ., 2256).

2991. En est-il de même dans le cas où le mari, ayant vendu le bien propre de la femme, sans son consentement, est garant de la vente, et dans tous les autres cas où l'action de la femme réfléchirait contre le mari?

Oui (*Ibid.*).

2992. Pour une créance qui dépend d'une condition, de quelle époque peut courir la prescription?

A partir du jour où la condition est arrivée (C. civ., 2257).

2993. Et pour une créance à terme fixe?

Du jour de l'échéance (*Ibid.*).

2994. Et à l'égard d'une action en garantie?

Du moment où l'éviction a eu lieu (*Ibid.*).

2995. La prescription court-elle contre un héritier bénéficiaire, à l'égard des créances qu'il a contre la succession?

Non (C. civ., 2258).

2996. Court-elle contre une succession vacante?

Oui, quoiqu'elle ne soit pas pourvue de curateur (*Ibid.*).

2997. Pendant les trois mois et quarante jours accordés par la loi pour faire inventaire et délibérer, c'est-à-dire avant que l'héritier ait pris qualité, la prescription est-elle suspendue?

Non (C. civ.; 2259).

CHAPITRE V.

DU TEMPS REQUIS POUR PRESCRIRE.

2998. Dans les prescriptions d'un ou plusieurs mois, comment le temps se compte-t-il ?

De quantième à quantième, et non par le nombre de trente jours (Troplong, n° 815).

2999. Le premier jour du terme, ou *dies à quo*, doit-il être compris dans l'espace de temps requis pour l'accomplissement de la prescription ?

Non. Ainsi, la prescription qui a commencé le 1er mai n'est accomplie que le 1er mai, et non le 30 avril (Troplong, n° 812; Vazeille, n° 317; Toullier, t. 13, n° 54).

3000. Quel est le temps le plus long requis pour la prescription ?

Toutes les actions, tant réelles que personnelles, se prescrivent par trente ans (C. civ., 2262).

3001. Celui qui allègue cette prescription est-il obligé d'en rapporter un titre ?

Non (*Ibid.*).

3002. On peut au moins lui opposer l'exception déduite de la mauvaise foi.

La loi ne le permet pas (*Ibid.*).

3003. Le créancier d'une rente est exposé à voir son titre prescrit, si, pendant trente ans, il n'a pas eu l'occasion de faire des actes interruptifs de la prescription, peut-il s'en garantir ?

La loi lui fournit un moyen de parer à cet inconvénient. Après vingt-huit ans de la date de son titre, le créancier peut contraindre le débiteur à lui fournir, à ses frais, un titre nouvel (C. civ., 2263).

3004. Peut-on contraindre un tiers détenteur à fournir au créancier un titre nouvel ?

Quand le tiers détenteur a été chargé par son contrat du service de la rente, c'est-à-dire quand il est obligé personnellement, sans aucun doute il est contraint à fournir un titre nouvel ; mais il en est autrement s'il n'est pas obligé personnellement au service de la rente (Troplong, n° 812.—*Contrà*, Nancy, 14 juin 1837, D. P., 38, 2, 221).

3005. S'il faut trente ans pour prescrire sans titre, ne faut-il pas un temps moindre pour prescrire avec un titre ?

Celui qui acquiert de bonne foi et par juste titre un immeuble, en prescrit la propriété par dix ans, si le véritable propriétaire habite dans le ressort de la Cour d'appel, dans l'étendue de laquelle l'immeuble est situé, et par vingt ans s'il est domicilié hors dudit ressort (C. civ., 2265).

3006. Il peut donc prescrire également par dix ou vingt ans l'obligation de payer le prix de son acquisition.

Cette obligation est soumise à la prescription de trente ans, et l'art. 2265 ne s'applique qu'à la propriété de l'immeuble (Troplong, n° 850 ; Grenoble, 19 mars 1829; D. P., 29, 2, 260).

3007. Peut-on considérer comme ayant agi de bonne foi celui qui achète, du mari seul, des biens qu'il sait être des propres de la femme ?

Non (Rennes, 11 juin 1811, S.V., 41, 2, 573).

3008. Et celui qui achète du mari seul, après le décès de sa femme, un acquêt de communauté, si, d'après les énonciations de l'acte, il lui a été possible de reconnaître la nature de l'immeuble vendu ?

Pas davantage (Troplong, n° 930).

3009. Si l'immeuble appartient par indivis à deux propriétaires, dont l'un demeure dans le ressort de la Cour d'appel, et l'autre dans un autre ressort, comment la prescription peut-elle s'acquérir ?

Le tiers détenteur acquerra par dix ans la part de celui qui est domicilié dans le ressort, et par vingt ans celle de l'autre ; mais si la chose est indivisible, la prescription ne pourra s'accomplir pour le tout que par vingt ans (Troplong, n° 868).

3010. Si le véritable propriétaire a eu son domicile en différents temps dans le ressort et hors du ressort, comment s'établit la prescription ?

Il faut ajouter à ce qui manque aux dix ans de présence un nombre d'années d'absence double de celui qui manque pour compléter les dix ans de présence (C. civ., 2266).

3011. Un titre nul par défaut de forme peut-il servir de base à la prescription ?

Non (C. civ., 2267).

3012. Comment l'acquéreur doit-il établir sa bonne foi ?

La bonne foi est toujours présumée, et c'est à celui qui allègue la mauvaise foi à la prouver (C. civ., 2268).

3013. Quand l'acquéreur, postérieurement à son acquisition, vient à en découvrir les vices, on ne peut plus dire qu'il soit de bonne foi, alors il ne doit plus pouvoir prescrire par dix ou vingt ans ?

Il suffit que la bonne foi ait existé au moment de l'acquisition (C. civ., 2269).

3014. Quelles sont les actions qui se prescrivent par six mois ?

Celles des maîtres et instituteurs des sciences et arts, pour les leçons qu'ils donnent au mois ;

Celles des hôteliers et traiteurs, à raison du logement et de la nourriture qu'ils fournissent ;

Celles des ouvriers et gens de travail, pour le paiement de leurs journées, fournitures et salaires (C. civ., 2271).

3015. Quelles sont les actions qui se prescrivent par un an ?

Celles des médecins, chirurgiens et apothicaires, pour leurs visites, opérations et médicaments ;

Celles des huissiers, pour le salaire des actes qu'ils signifient et des commissions qu'ils exécutent ;

Celles des marchands, pour les marchandises qu'ils vendent aux particuliers non marchands ;

Celles des maîtres de pension, pour le prix de la pension de leurs élèves, et des autres maîtres, pour le prix de l'apprentissage ;

Celles des domestiques qui se louent à l'année, pour le paiement de leur salaire (C. civ., 2272).

3016. La prescription de deux ans, établie par l'article 2273 pour le paiement des frais et salaires dus aux avoués, est-elle applicable aux notaires ?

Non ; leurs frais d'actes ne se prescrivent que par trente ans (Troplong, n° 984).

3017. A quoi s'applique la prescription de cinq ans ?

Aux arrérages de rentes perpétuelles et viagères ;

A ceux des pensions alimentaires ;

Aux loyers des maisons et aux fermages des biens ruraux ;

Aux intérêts des sommes prêtées et généralement à tout ce qui est payable par année ou à des termes périodiques plus courts (C. civ., 2277).

3018. La prescription quinquennale est-elle opposable à la caution solidaire qui a payé des intérêts ou arrérages non prescrits ?

Non, pas plus qu'au débiteur solidaire qui, ayant acquitté la totalité des arrérages ou intérêts, réclame de son codébiteur la portion à la charge de ce dernier (Troplong, n° 1034).

3019. Cette prescription court-elle entre cohéritiers, à l'égard des intérêts des sommes ou des fruits des biens dont ils doivent le rapport ?

Non (Troplong, n° 1032 ; Vazeille, n° 616).

3020. Est-elle applicable aux intérêts du reliquat d'un compte de tutelle ?

Non, tant qu'il n'y a pas eu de reddition du compte (Troplong, n° 1027 ; Vazeille, n° 613).

3021. Les intérêts de la dot ou des reprises dotales se prescrivent-ils par cinq ans?

Oui (Troplong, nᵒˢ 1025 et 1080; Duranton, t. 15, nᵒ 383).

3022. Et les intérêts d'un prix de vente d'immeubles?

L'affirmative est décidée par M. Troplong, nᵒ 1023, et un grand nombre d'arrêts; mais la prescription serait de trente ans, suivant MM. Vazeille, nᵒ 612; Duranton, t. 16, nᵒˢ 342 et 343, t. 19, nᵒ 161, et t. 21, nᵒ 433, et plusieurs arrêts.

TROISIÈME PARTIE.

DE L'ENREGISTREMENT, DU TIMBRE ET DES HYPOTHÈQUES.

PREMIÈRE SECTION.

De l'Enregistrement.

RÈGLES GÉNÉRALES.

3023. Comment se divisent les droits d'enregistrement?

En deux catégories principales : les droits fixes et les droits proportionnels.

3024. Quand y a-t-il lieu au *droit fixe?*

Le droit fixe est dû sur les actes qui contiennent simplement mandat ou déclaration, sans aucun mouvement de valeurs mobilières ou immobilières (Loi du 22 frimaire an 7, art. 3).

3025. Sur quoi s'établit le *droit proportionnel?*

Le droit proportionnel est dû, quand il y a une chose quelconque qui change de main, soit une créance, soit une somme d'argent, soit un objet mobilier, soit un immeuble, en un mot, lorsque l'acte contient *obligation, libération, collocation, liquidation de sommes* ou *transmission* de biens meubles et immeubles. (*Ibid.* art. 4).

3026. Les droits ne sont-ils dus que sur les actes ou jugements?

Les droits sont dus, lors même qu'aucun écrit ne les constate, sur les transmissions entre-vifs de biens immeubles en propriété, usufruit ou jouissance, et sur celles qui s'opèrent par décès, de toute espèce de biens (Loi du 22 frimaire an 7, art. 4). C'est ce qu'on appelle *droit de mutation.*

3027. Le droit fixe est-il invariable, quelle que soit la valeur à l'occasion de laquelle l'acte a été passé?

Oui. Ainsi une mainlevée d'inscription, une renonciation à succession, ne donnent toujours lieu qu'au même droit fixe, quelle que soit l'importance, soit de la créance pour laquelle la mainlevée est donnée, soit de la succession à laquelle la renonciation est faite.

3028. Un acte ne donne-t-il lieu qu'à un seul et même droit fixe, quel que soit le nombre des personnes qui y stipulent?

Il est dû un droit fixe par chaque contractant ou stipulant, excepté pour les copropriétaires, cohéritiers ou cointéressés, qui ne sont comptés que pour une seule personne. (*Ibid.*, art. 68, § 1ᵉʳ, n° 30).

3029. Est-il dû un droit particulier, fixe ou proportionnel, sur chaque disposition d'un acte?

Lorsque dans un acte il y a plusieurs dispositions *indépendantes* ou ne dérivant pas nécessairement les unes des autres, il est dû pour chacune d'elles, et selon son espèce, un droit particulier (Loi du 22 frim. an 7, art. 11).

3030. Lorsque le prix d'une vente est payé comptant, la quittance qu'en donne le vendeur dans le contrat est-elle passible du droit de libération?

Il n'est pas dû de droit particulier sur cette quittance, parce que le paiement du prix est une condition essentielle de la vente (*Ibid.* art. 10).

3031. En est-il de même si un tiers intervient au contrat, pour garantir le paiement du prix?

Non. Ce n'est plus là une disposition dérivant nécessairement de la vente; c'est une disposition indépendante de la convention principale, et il est dû, en ce cas, le droit de cautionnement.

3032. Lorsque deux dispositions dérivent l'une de l'autre, que l'une est la conséquence naturelle de l'autre, le droit doit-il être perçu sur la disposition principale?

Par exemple, sur une quittance de somme contenant mainlevée d'inscription, le droit est-il dû seulement sur la quittance, quoique moins élevé que celui qui serait dû pour une simple mainlevée?

Le droit, dans ce cas, est dû sur la quittance, et la mainlevée est exempte de tout droit, comme étant la conséquence rationnelle du paiement (Inst. gén., 28 juillet 1808, n° 390, § 8).

3033. Doit-on faire application de ce principe aux donations à titre onéreux, lorsque le droit à percevoir sur les charges serait plus élevé que celui de la donation?

La régie a bien la prétention de choisir la perception la plus avantageuse au trésor (Solution, 1ᵉʳ décembre 1831); mais elle est contraire aux vrais principes.

La perception est nécessairement déterminée par la nature du contrat qui est unique et ne peut varier au gré de la régie. Une donation, par exemple, ne saurait perdre son véritable caractère, pour devenir une vente (Cass., 6 janvier 1834, Dalloz, *Jurisp. gén.*, t. 21, p. 62).

DE L'EXIGIBILITÉ.

3034. Tous les actes sont-ils sujets à la formalité de l'enregistrement ?

En principe, oui. Il y en a cependant qui en sont dispensés par une disposition expresse de la loi.

3035. Quelle règle doit-on suivre lorsqu'un acte ou une convention ne se trouve pas dénommé dans le tarif ?

Aucun droit proportionnel ne doit être perçu qu'en vertu d'une disposition expresse de la loi ; quant au droit fixe, il est dû au taux uniforme de 2 fr., à moins d'exception spéciale (Loi du 18 mai 1850, art. 8).

3036. Comment peut-on déterminer la classe particulière à laquelle appartient un contrat ?

Par la nature et la qualification de la convention et par l'effet qu'elle doit produire selon l'intention des parties, d'après les règles tracées dans les art. 1156 et suiv. du C. civ.

3037. La seule dénomination donnée par les parties au contrat suffit-elle pour en déterminer la nature ?

Il faut encore que l'effet produit par le contrat soit en rapport avec la qualification qui lui a été donnée : car c'est ce que les parties ont voulu obtenir en exécution qui détermine l'espèce de la convention (Proudhon, *Usuf.*, t. 1, n° 104).

3038. Lorsqu'il existe deux moyens d'obtenir le même résultat, par exemple, un bail au lieu d'une cession de jouissance ou d'une vente de coupe de bois, les parties peuvent-elles choisir le mode qui leur convient ?

Elles sont libres de traiter à titre de bail ou à titre de vente, et les droits doivent être perçus en conséquence, pourvu que le contrat ne renferme que les caractères propres à son espèce, et ne présente pas ceux d'une autre espèce.

3039. Les conventions verbales sont-elles soumises à l'impôt de l'enregistrement ?

En général, l'impôt n'atteint que les conventions écrites, le droit ne se perçoit que sur les *actes* et les *titres*, sauf en ce qui concerne les transmissions de propriété ou de jouissance immobilière.

3040. Le droit est-il exigible sur un acte imparfait ?

Une convention n'existe que par la réunion des divers éléments nécessaires à sa perfection. En conséquence, si le consentement de l'une des parties contractantes manque au contrat, la convention n'existe pas réellement, et ne peut pas donner lieu à la perception d'un droit.

3041. Lorsqu'une personne agit comme mandataire d'une

26

autre personne, sans mandat ou en vertu d'un mandat insuffisant, la régie est-elle autorisée à percevoir le droit de la convention ?

La déclaration d'un mandat suffit pour faire présumer l'existence de la convention à l'égard de la régie et l'autoriser à percevoir le droit, sans qu'elle ait à en vérifier l'exactitude.

3042. Mais, si on stipule pour un tiers, sans se dire mandataire ni se porter fort, le droit peut-il être perçu ?

En principe, on ne peut pas stipuler pour autrui (C. civ., 1119). Le tiers pour lequel on agirait ainsi sans mandat ne se trouve pas engagé, et le lien de droit manque à la convention, qui dès lors, restant incomplète, ne peut pas donner lieu à la perception du droit.

3043. En est-il de même dans le cas où quelqu'un se *porte fort* pour un tiers ?

L'art. 1120, C. civ., autorise une semblable stipulation, qui oblige celui qui l'a faite et crée le lien de droit dans le contrat. L'obligation qui en résulte est reconnue par la loi civile : elle doit donc être atteinte par la loi fiscale. C'est du moins la règle générale.

3044. Les causes de nullité qui se trouvent dans un acte font-elles obstacle à la perception du droit d'enregistrement ?

Il y a lieu de distinguer entre la nullité radicale ou absolue et la nullité purement relative. La première, qui vicie le contrat dans son essence, qui a lieu de plein droit sans avoir besoin d'être demandée ni prononcée en justice, forme un obstacle complet à la perception du droit, puisqu'il n'y a réellement pas de contrat. Tel serait l'engagement contracté pour une cause illicite.

Il en est autrement d'une nullité relative. Cette nullité a besoin d'être prononcée, et ceux au profit desquels elle est établie peuvent ne pas l'exercer dans les délais de la loi et vouloir exécuter une obligation, sinon légale, du moins naturelle. Jusqu'à la demande en nullité, l'exécution provisoire appartient donc au contrat, et le droit d'enregistrement doit être perçu. Tel serait un engagement contracté par un mineur, par une femme non autorisée, un acte ne contenant pas la mention de fait double.

3045. La jurisprudence admet-elle ces distinctions ?

Les arrêts de cassation décident tous que la nullité *simplement relative* ne fait point obstacle à la perception du droit ; mais il s'en faut beaucoup qu'il y ait le même accord dans les décisions judiciaires, en ce qui concerne l'effet des nullités radicales ou absolues. Les principes de la loi civile ne sont pas toujours respectés.

3046. Pensez-vous que le droit doive être perçu immédiatement sur un engagement conditionnel ?

Lorsque la condition a pour résultat de suspendre l'effet, l'existence même de l'engagement jusqu'à l'accomplissement de cette condition, le droit ne saurait être perçu, parce que la cause qui peut y donner lieu n'existe pas encore. Il n'y a là qu'un droit éventuel qui peut ne pas se réaliser.

CHAPITRE PREMIER.

DES DROITS FIXES.

3047. Y a-t-il, pour tous les actes qui ne donnent pas ouverture au droit proportionnel, un droit fixe, uniforme et invariable ?

La loi du 22 frimaire an 7 avait établi deux catégories principales, l'une comprenant un grand nombre d'actes dont elle contenait la nomenclature, et l'autre comprenant les actes *innommés*, c'est-à-dire non dénommés dans le tarif. Les lois postérieures, notamment celle du 28 avril 1816, avaient déjà modifié soit la nomenclature, soit la quotité du droit, et, en dernier lieu, la première catégorie était assujettie au droit fixe de 2 fr., et la seconde à celui de 1 fr. Mais la loi du 18 mai 1850, art. 8, a fait disparaître cette différence en soumettant les actes *innommés*, comme ceux expressément tarifés, au droit uniforme de 2 fr.

3048. Il n'y a donc, d'après la nouvelle loi, qu'un seul droit fixe uniforme de 2 fr.

Il s'en faut de beaucoup que les choses soient aussi simples. La dernière loi a fait quelques exceptions à la règle générale, et elle en a laissé subsister un plus grand nombre établies précédemment.

3049. Quels sont les droits fixes autres que celui de 2 fr., qui est comme un type fondamental ?

Ces droits sont de 1 fr., 3 fr., 5 fr.

3050. A quels actes s'appliquent principalement ces droits fixes exceptionnels ?

Aux certificats de vie, renonciations, donations éventuelles, contrats de mariage, actes de société.

3051. Voyons maintenant quelques-unes des difficultés qui peuvent se présenter au sujet des droits fixes.

ARTICLE 1er.

DES RENONCIATIONS.

3052. A quel droit est soumise la renonciation à une succession, à un legs, à une communauté ?

Au droit de 3 fr., si la renonciation est faite au greffe, et à celui de 2 fr., si elle a lieu par acte notarié (Cass. 11 août 1825).

3053. Quelle condition doit remplir une renonciation pour ne donner lieu qu'au droit fixe ?

Elle doit être *pure et simple* et profiter à tous les cohéritiers ou autres

26*

intéressés sans distinction ni préférence entre eux : autrement, elle perd son caractère de renonciation, et peut devenir, selon les circonstances, ou une cession ou une donation, passible du droit proportionnel (C. civ. 780 ; loi du 22 frim. an 7, art. 68, § 1er, n° 1 et § 2, n° 6).

3054. Si la renonciation à succession est tardive, c'est-à-dire si elle est faite après que l'héritier a accepté la succession ou fait des actes qui supposent la qualité d'héritier, n'est-il toujours dû que le droit fixe ?

Dans ce cas, on ne peut pas dire que les héritiers qui recueillent la part du renonçant la tiennent directement par la seule force de la loi, puisque cette part ayant fait partie du patrimoine du renonçant par l'effet de son acceptation, il y a nécessairement de lui aux autres héritiers une transmission soumise au droit proportionnel (Cass. 22 juin 1837 ; Dalloz, *Jur. gén.* t. 21, p. 121).

3055. La renonciation faite par un héritier bénéficiaire aurait-elle le même caractère ?

Sans doute, car l'héritier bénéficiaire, pas plus que l'héritier pur et simple, ne peut renoncer à la succession après l'avoir acceptée, d'après la maxime : *Semel hæres, semper hæres.*

3056. Un mari, légataire universel de sa femme, peut-il valablement renoncer, du chef de celle-ci, à la communauté de biens qui a existé entre eux, et par là s'affranchir du droit de mutation sur la moitié des biens de cette communauté ?

Une telle renonciation demeure sans effet, et ne peut être opposée même au fisc (Dalloz, t. 21, p. 131 ; Rodière et Pont, *Traité du contrat de mariage*, t. 1er, n° 897 ; Cass. 9 mars 1842).

3057. La renonciation à se prévaloir d'une prescription acquise engendre-t-elle un droit proportionnel ?

Elle ne donne ouverture qu'au droit fixe (Solut. 5 juin 1816, 21 fév. 1821).

3058. Quel est le caractère de la renonciation à la révocation d'une donation pour cause de survenance d'enfant ?

C'est une donation refaite, passible seulement du droit fixe (Délib. 16 février 1837).

3059. *Quid* de la renonciation gratuite à un usufruit ?

C'est une consolidation de propriété, passible du droit fixe (Loi du 22 frim. an 7, art. 15, n° 7 ; Délib. 28 juillet 1829).

ARTICLE II.
DES ACTES CONTENANT EXÉCUTION.

3060. À quel droit sont soumis les actes qui ne contiennent que l'exécution, le complément et la consommation d'actes antérieurs enregistrés?

A un simple droit fixe (Loi 22 frim. an 7, art. 68, § 1er, n° 6).

3061. Lorsque le nantissement de valeurs mobilières, stipulé dans une obligation notariée, est réalisé par un acte subséquent, est-il dû un droit proportionnel?

Il n'est dû qu'un simple droit fixe comme acte de complément (Délib. 15 février 1827).

3062. Lorsque, dans le traité d'acquisition de son office, un notaire a promis de faire obliger solidairement avec lui la femme qu'il épouserait, l'acte par lequel cette condition est accomplie ultérieurement est-il passible du droit de cautionnement?

Il n'est également dû qu'un droit fixe, parce que l'obligation de la femme n'est que l'exécution d'une condition du traité.

ARTICLE III.
DE LA PLURALITÉ DES DROITS.

3063. N'est-il dû qu'un seul droit fixe sur un acte, quel que soit le nombre des personnes qui y concourent, ou le nombre des dispositions qu'il renferme?

Il n'est dû qu'un seul droit sur les différentes dispositions d'un acte, lorsqu'elles sont dépendantes et dérivent nécessairement les unes des autres, sans avoir égard au nombre des parties contractantes (Loi du 22 frim. an 7, art. 11).

3064. Mais dans les actes de simple consentement, qui ne contiennent pas de conventions réciproques, plusieurs droits ne doivent-ils pas être perçus, en raison du nombre des parties?

Dans ce cas, un droit est dû par chaque partie, à moins que les parties n'agissent dans un intérêt commun, ou en qualité de cohéritiers, copropriétaires ou cointéressés.

3065. Supposez, par exemple, que plusieurs cohéritiers renoncent à la succession par un même acte, n'est-il dû qu'un seul droit?

« Il est dû un droit par chaque renonçant (Loi 22 frim. an 7, art. 68, § 1er, n° 1). Chaque héritier fait ici un acte tout personnel et indépendant de la renonciation des autres héritiers.

3066. Et si la renonciation est faite à plusieurs successions?

Il est dû un droit pour chaque succession à laquelle on renonce (Ibid). Ce sont bien là, en effet, des dispositions indépendantes l'une de l'autre.

3067. L'acte par lequel plusieurs cohéritiers donnent mandat de recueillir une succession, de l'accepter ou d'y renoncer, est-il passible de plusieurs droits?

La régie soutient qu'il est dû autant de droits qu'il y a de mandants (Délib. 29 mai 1829). Mais c'est confondre la procuration, acte commun à tous les héritiers, et fait dans un intérêt collectif, avec l'acceptation ou la renonciation qui en est l'objet. Cela se concevrait si la procuration ne contenait que le pouvoir de renoncer; mais, quand elle renferme aussi celui d'accepter, la régie n'a pas le droit de trancher la question dans le sens de la renonciation (Trib. Château-Thierry, 2 déc. 1835).

3068. Le dépôt d'une seule procuration donnée par plusieurs personnes ayant des intérêts distincts n'est-il soumis qu'à un seul droit?

Selon la régie, il serait dû un droit par chaque mandant (Délib. du conseil d'administration du 8 mars 1833).

Cette décision est contraire au principe général que le droit est dû pour l'acte même, et non en raison du nombre des personnes qui y sont intéressées. Un dépôt de pièces est essentiellement un fait unique et indivisible. La plupart des décisions des tribunaux sont dans ce sens.

3069. Quel est le droit à percevoir sur une mainlevée donnée à un seul débiteur, par plusieurs créanciers ayant des intérêts distincts?

Il est dû un droit par chaque créancier (Solut. du 6 fév. 1837).

3070. Et si l'acte contient mainlevée de deux inscriptions contre deux débiteurs non solidaires?

Il est dû un droit par chaque débiteur.

3071. Est-il dû un droit de libération, si, dans l'acte de mainlevée, le créancier renonce à tout droit de privilége ou hypothèque?

Il n'est dû que le droit fixe, parce que la renonciation aux droits de privilége et hypothèque ne suppose pas nécessairement l'extinction de la créance. Mais le droit de libération serait dû si le créancier se désistait de tous droits et actions résultant de l'obligation, ou énonçait autrement que la créance ne subsiste plus.

3072. Dans quels cas une ratification peut-elle donner lieu à la pluralité des droits?

Il y a lieu à plusieurs droits lorsqu'un individu, par un même acte, ratifie plusieurs autres actes distincts, intéressant diverses personnes et ne dérivant pas les uns des autres (Cass. 20 fév. 1839).

ARTICLE IV.
DES RÉSILIATIONS DE CONTRATS.

3073. En principe, les résiliations des contrats opèrent une transmission passible du droit proportionnel ; mais n'est-il pas une sorte de résiliation, qui, par exception, ne donne ouverture qu'au droit fixe ?

C'est la résiliation d'un contrat faite *dans les vingt-quatre heures* de ce contrat (Loi 22 frim. an 7, art. 68, § 1er, n° 10, et loi du 28 avril 1816, art. 43, 2°).

3074. Si le contrat n'indiquait pas l'heure de la signature, comment compterait-on le délai ?

La journée du lendemain devrait être laissée tout entière pour limite à la résiliation.

3075. Pour jouir du bénéfice de l'exception, la résiliation ne doit-elle pas encore remplir certaines conditions ?

Elle doit être pure et simple et faite par acte authentique (Mêmes art.).

3076. Dans ce cas, l'acte résilié est-il, comme l'acte de résiliation, exempté du droit proportionnel ?

La raison répond oui, puisque, pendant le délai de vingt-quatre heures, les choses demeurent entières, *rebus integris*, en sorte que, par le résiliement, le premier contrat est complétement effacé. Mais la jurisprudence est contraire à cette opinion (Cass. 9 avril 1811).

ARTICLE V.
DES DÉLIVRANCES DE LEGS.

3077. Les actes de délivrance de legs, quoique ayant un caractère libératoire, sont-ils passibles d'un droit proportionnel ?

Ils ne sont soumis qu'au droit fixe de 2 fr. (Lois 22 frim. an 7, art. 68, § 1er, n° 25, et du 28 avril 1816, art. 43, n° 8).

3078. Quelle en est la raison ?

C'est que la délivrance de la chose léguée n'opère pas transmission, le légataire tenant du testateur, directement, un droit de propriété, *jus in re*, et qu'ainsi l'héritier ne donne rien *de suo*, et ne fait qu'accomplir un mandat.

3079. Il n'y a pas de difficulté lorsque la chose léguée se trouve en nature dans la succession ; mais si cette chose, une somme d'argent, par exemple, n'y existe pas réellement, la délivrance ne serait-elle également soumise qu'au droit fixe ?

Il n'est également dû que le droit fixe, par le motif que la disposition de l'art. 68, qui tarife les délivrances pures et simples, est générale et embrasse toutes les délivrances de legs, quels que soient la nature et l'objet de ces libéralités, et que, si les héritiers n'ont pas trouvé la somme léguée en nature dans la succession, ils l'ont trouvée en valeurs représentatives (Cass. 7 août 1826; Inst. gén. 23 déc. 1826, n° 1201, §§ 2 et 3).

3080. Si le légataire reçoit une somme d'argent au lieu de rentes qui lui ont été léguées, ou bien des créances au lieu d'une somme d'argent, est-ce encore le droit fixe qui est dû?

Ce ne serait plus alors une simple délivrance, mais une libération ou une dation en paiement qui donnerait lieu à un droit proportionnel suivant la nature de l'objet donné.

3081. En est-il de même lorsqu'il s'agit d'un legs alternatif d'une somme d'argent ou de créances de la succession?

Dans ce cas, la délivrance des créances ne donne lieu qu'au droit fixe (Délib. 30 déc. 1828).

ARTICLE VI.

DES DÉPOTS.

3082. Dans quels cas les dépôts de sommes ne sont-ils soumis qu'au droit fixe de 2 fr.?

Lorsqu'ils sont faits chez des officiers publics et qu'ils n'opèrent pas la libération du déposant (Lois 22 frim. an 7, art. 68, § 1ᵉʳ, n° 27, et du 28 avril 1836, art. 43, n° 11).

3083. Tout dépôt de sommes fait à un notaire est-il nécessairement affranchi du droit proportionnel?

Pour cela, il faut que le dépôt soit fait au notaire, en sa qualité d'officier public, et constaté par acte authentique. Si le notaire n'agissait pas en cette qualité, le dépôt serait censé fait à un simple particulier et passible du droit proportionnel d'obligation à 50 centimes pour cent (Délib. 3 janv. 1829 et 8 décembre 1835).

3084. Si le dépositaire reçoit comme créancier lui-même, ou au nom d'un créancier, le dépôt est-il affranchi du droit proportionnel?

Dans ce cas, ce n'est point un dépôt qui s'opère, mais un véritable paiement qui entraîne un droit de libération.

3085. La remise de la somme déposée faite par l'officier public au déposant est-elle soumise au droit de quittance?

Ce n'est qu'une simple décharge passible du droit fixe de 2 fr. (Lois du 22 frim. an 7, art. 68, § 1ᵉʳ, n° 27, et du 28 avril 1816, art. 43, n° 11).

3086. En est-il de même lorsque la somme déposée est remise à un tiers pour le compte du déposant?

Cette remise constitue ou un paiement ou un prêt et se trouve passible d'un droit proportionnel.

3087. Lorsque le prix d'une vente déposé par le contrat au notaire est remis ensuite au vendeur, la décharge donnée par ce dernier opère-t-elle libération ?

Si le contrat de vente constate que l'acquéreur s'est libéré par le dépôt du prix, la décharge donnée par le vendeur ne doit que le simple droit de décharge.

ARTICLE VII.
DU MANDAT OU PROCURATION.

3088. Quel est le droit à percevoir sur les mandats ou procurations ?

Les procurations et pouvoirs pour agir, ne contenant aucune stipulation ni clause donnant lieu au droit proportionnel, sont assujettis au droit fixe de 2 fr. (Lois du 22 frim. an 7, art. 68, § 1'', n° 36, et du 28 avril 1816, art. 43, n° 17).

3089. Les clauses qui tiennent à la nature du mandat peuvent-elles donner ouverture à un droit particulier ?

Non, car elles sont nécessairement comprises dans la détermination du droit établi pour le contrat.

3090. Ainsi, l'obligation prise par le mandant de rembourser au mandataire le montant de ses avances ou de lui payer un salaire ne donne pas ouverture à un droit particulier ?

Non, puisque cette obligation dérive naturellement du mandat.

3091. Mais si, dans l'acte contenant le pouvoir, le mandataire reconnaît avoir reçu du mandant une somme pour l'exécution du mandat, n'est-il pas dû un droit d'obligation ?

Il n'est encore dû, dans ce cas, que le droit fixe. L'obligation de rendre les sommes reçues du mandant ou d'en justifier l'emploi est essentielle au mandat, comme celle de rendre les sommes recouvrées sur des tiers.

3092. Lorsque le mandat est contenu accessoirement dans un contrat, donne-t-il lieu à un droit particulier ?

Il faut distinguer : si le mandat est une conséquence en quelque sorte obligée de la convention, il n'est point dû de droit pour ce mandat ; mais s'il forme lui-même une clause ou convention indépendante, le droit est dû.

3093. Donnez-nous un exemple de la première espèce ?

Dans un transport de créance, il est donné au cessionnaire tout pouvoir de faire signifier l'acte au débiteur ou de se faire remettre la grosse du titre. Dans un acte de société il est donné pouvoir à l'un des associés de faire les publications nécessaires. Il est évident que ces pouvoirs découlent naturellement de la convention principale et sont en quelque sorte surabondants.

3094. Un contrat de vente porte que le prix sera payé entre les mains de l'un des vendeurs ; le droit de procuration est-il dû ?

Il n'y a point là de mandat proprement dit : c'est un mode de paiement stipulé par le contrat.

3095. Et si le notaire est chargé de recevoir le prix ?

Il y a alors un véritable mandat passible du droit.

3096. Peut-on assimiler le mandat au contrat qu'il a pour objet, par exemple, le pouvoir de vendre à une vente véritable ?

La distinction est ici essentielle et toute naturelle. Le mandat ne contient que l'intention de contracter, intention révocable comme le mandat lui-même, et par conséquent, il n'offre pas matière à la perception d'un droit proportionnel. Il faudrait, pour cela, que la procuration contînt pouvoir de réaliser une convention précédemment formée et reconnue par le mandant.

3097. Il arrive souvent qu'une procuration est donnée comme moyen d'exécution d'une convention, d'une vente, par exemple, non produite à l'enregistrement. Dans quelles circonstances la procuration peut-elle donner ouverture au droit de la convention ?

Toutes les fois que la procuration révèle suffisamment l'existence de la convention. Par exemple, le mandant, en donnant pouvoir de vendre un immeuble, moyennant un prix déterminé, abandonne au mandataire ce qu'il pourra obtenir au delà de ce prix ; ou bien, le mandataire devra conserver pour son compte les immeubles qu'il n'aura pu vendre. Dans ces cas et autres analogues, le droit de vente pourrait être perçu.

ARTICLE VIII.

DES RATIFICATIONS.

3098. N'y a-t-il pas plusieurs sortes de ratifications ?

Il existe en droit deux sortes de ratifications : celle par laquelle une personne approuve ce qui a été fait en son nom, et celle par laquelle une personne approuve un contrat ou un acte auquel elle a été partie, mais qui est susceptible d'être attaqué pour des vices de nature à en faire prononcer la nullité ou la rescision (C. civ., 1120 et 1338).

3099. Quel est le droit à percevoir sur ces deux espèces de ratifications ?

Un simple droit fixe de 2 fr. lorsque les ratifications sont *pures et simples* (Loi du 22 frim. an 7, art. 68, § 1ᵉʳ, n° 38, et loi du 18 mai 1850, art. 8).

3100. La loi n'exige-t-elle pas encore une condition pour que la ratification ne donne lieu qu'au droit fixe?

Il faut qu'elle ait pour objet *un acte en forme* (Loi du 22 frim. an 7, art. 68, § 1ᵉʳ, n° 38).

3101. Qu'entendez-vous ici par un acte en forme? Est-ce un acte notarié?

Cette expression signifie un acte qui a reçu la formalité de l'enregistrement. Ainsi, un acte sous seing privé peut être ratifié comme un acte notarié, moyennant un droit fixe, pourvu qu'il soit enregistré.

3102. On ne peut donc pas ratifier une *convention verbale?*

On le peut sans doute; mais alors il sera dû, au lieu du droit fixe de ratification, le droit sur la convention, selon sa nature.

3103. Si le droit de la convention n'a pas été perçu sur l'acte ratifié, peut-il être perçu sur la ratification?

Il faut distinguer :

Si le droit n'a pas été perçu parce que la convention n'était pas parfaite, le droit proportionnel peut être perçu sur la ratification qui la complète et forme le lien de droit ; si, au contraire, le droit était exigible sur l'acte ratifié, sa ratification ne saurait servir de base ni de prétexte à la perception.

C'est seulement sur le premier acte que le droit de la convention peut être exigé, s'il en est encore temps (Championnière et Rigaud, t. 1ᵉʳ, n°ˢ 216 et 218).

3104. Lorsque la ratification contient des dispositions ou obligations nouvelles, lorsque, par exemple, la ratification d'une vente contient quittance du prix, n'est-il toujours dû que le droit fixe?

Une telle ratification n'est pas *pure et simple*, et elle donne ouverture à un nouveau droit selon la nature de la convention.

ARTICLE IX.
DES TESTAMENTS.

3105. Quel est le droit à percevoir sur les testaments?

Les testaments qui ne contiennent que des dispositions soumises à l'événement du décès sont assujettis au droit fixe de 5 fr. (Lois du 22 frim. an 7, art. 68, § 3, n° 5, et du 28 avril 1816, art. 45, n° 4).

3106. Est-il dû un droit fixe pour chaque legs que contient le testament?

Il n'est dû qu'un seul droit fixe pour un testament, quel que soit le nombre des legs qu'il contient (Instr. gén. 290, n° 1).

3107. Ce droit fixe de 5 fr. doit-il s'imputer sur le droit proportionnel de mutation dû sur le montant des legs, et payable dans les six mois de l'ouverture de la succession?

Le droit fixe de 5 fr. est dû pour la formalité de l'acte; il est indépendant du droit proportionnel dû pour la mutation.

3108. Dans quel délai les testaments doivent-ils être enregistrés?

Les testaments *déposés* chez les notaires, ou par eux *reçus*, doivent être enregistrés dans les trois mois du décès des testateurs (Loi du 22 frim. an 7, art. 21).

3109. Si l'enregistrement n'a pas lieu dans le délai de trois mois, quelle en est la conséquence?

A défaut d'enregistrement dans le délai de trois mois, les testaments sont passibles du double droit (*Ibid.*, art. 38).

3110. Les notaires sont-ils personnellement responsables du défaut d'enregistrement des testaments dans le délai prescrit?

Cet enregistrement doit avoir lieu à la diligence des héritiers, légataires ou exécuteurs testamentaires (Même loi, art. 21). En effet, les notaires peuvent ignorer le décès et ils ne sauraient être responsables d'un retard qui ne proviendrait pas de leur fait.

3111. Le délai est-il le même pour l'enregistrement des testaments olographes?

Aucun délai n'est fixé pour l'enregistrement des testaments olographes dont un notaire ne serait pas dépositaire.

3112. Ils ne sont donc pas soumis au double droit?

Ils ne peuvent être assujettis au double droit à, quelque époque qu'on les fasse enregistrer (*Dict. d'Enreg.*, v° Testament, n°s 51, 58 et 59).

3113. Un testament peut-il être enregistré avant le décès du testateur?

Les testaments peuvent être enregistrés du vivant même des testateurs, s'ils le requièrent (Instr. gén. 132, n° 3).

3114. Peut-il être délivré expédition d'un testament avant son enregistrement?

Les notaires peuvent délivrer aux testateurs des expéditions de leurs testaments, avant de les avoir fait enregistrer. Ces expéditions doivent porter la date de leur délivrance et indiquer qu'elles sont délivrées au testateur sur sa demande (Décis. min. fin. 25 avril 1809).

3115. A quel bureau doivent être enregistrés les testaments faits en pays étranger?

Les testaments faits en pays étranger doivent être enregistrés au bureau du domicile du testateur, s'il en a conservé un, sinon, au bureau de son dernier domicile connu en France, et dans le cas où le testament contiendrait des dispositions d'immeubles qui y seraient situés, il doit être, en outre, enregistré au bureau de la situation de ces immeubles, sans qu'il puisse être exigé un double droit (C. civ., art. 1000).

3116. Un testament peut-il donner lieu à des droits proportionnels indépendamment du droit fixe ?

Les dispositions d'un testament qui ne sont pas faites à cause de mort, comme la reconnaissance d'une dette, sont passibles du droit proportionnel, s'il n'est pas justifié que ce droit ait été payé sur un acte précédemment enregistré (Instr. gén. 28 juin 1829, n° 1282, § 9).

3117. Dans ce cas, ces dispositions sont-elles sujettes au double droit, à défaut d'enregistrement du testament dans le délai de trois mois ?

Non (*Dict. d'Enreg.*, v° Testament, n° 71).

3118. Si le testament contient partage des biens du testateur, est-il dû un droit fixe pour ce partage, indépendamment du droit fixe sur le testament ?

Il n'est dû qu'un seul droit,
Le partage n'est qu'une des dispositions du testament.

3119. Est-il dû un droit particulier pour la révocation d'un testament contenue dans un testament postérieur ?

Non. La révocation n'est également qu'une disposition du testament.

3120. Le legs d'immeuble à charge de restitution devant être transcrit pour produire son effet à l'égard des tiers, est-il dû un droit particulier d'enregistrement pour ce legs ?

Le testament contenant un semblable legs n'est toujours soumis qu'au droit fixe d'enregistrement, mais le droit proportionnel de transcription est dû, lors de cette formalité (Instr. gén., n° 1150, § 16).

3121. Est-il dû un droit proportionnel sur le legs fait à un exécuteur testamentaire pour l'indemniser de ses peines et soins ?

Ce legs est une libéralité et non un marché ; ainsi le droit de mutation est dû sur la déclaration de succession, mais non un droit proportionnel sur le testament (Délib. 24 déc. 1830 ; Championnière et Rigaud, t. 3, n° 2105).

3122. Des actes ou billets sous seing privé, non enregistrés, peuvent-ils, sans contravention, être mentionnés dans un testament notarié ?

Les notaires peuvent, sans contravention, faire mention, dans les testaments reçus par eux, d'actes ou billets sous seing privé non enregistrés ; mais, lors du décès du testateur, si ces actes devaient être enregistrés dans un délai déterminé (comme un bail ou une vente), la régie pourrait poursuivre le paiement des droits (Déc. min. fin., 14 juin 1808 ; Instr. gén., n° 390, § 16).

3123. Le notaire qui présente à l'enregistrement un testament qu'il a reçu est-il tenu de produire un certificat d'existence du testateur ou son acte de décès?

Il n'est tenu de produire ni l'un ni l'autre (Déc. min. fin., 16 nov. 1812). C'est à la régie à prouver la contravention, si elle existe.

3124. Le testament qui reste sans exécution doit-il être néanmoins enregistré?

Le droit d'un testament révoqué ou non exécuté, ou caduc, ne peut être exigé ni du notaire ni du légataire (Championnière et Rigaud, n° 2421).

3125. Un codicille peut-il être écrit à la suite du testament et sur la même feuille de papier timbré?

Oui (Solut. 11 juin 1823).

3126. En est-il de même pour les révocations de testament?

Oui (Décret du 15 juin 1812; Instr. gén. 591).

ARTICLE X.

DES INVENTAIRES.

3127. Quel est le droit d'enregistrement dû sur les inventaires?

Il est dû pour les inventaires un droit fixe de 2 fr. par chaque vacation (Loi du 22 frim. an 7, art. 68, § 2, n° 1).

3128. Comment se comptent les vacations?

Chaque vacation est de trois heures; elle ne peut pas être de plus de quatre heures (Loi du 27 mars 1791, tarif., art. 168; Déc. du 10 brum. an 14, art. 4).

3129. Lorsqu'un inventaire a duré quatre heures, y a-t-il plus d'une vacation?

Quatre heures ne comptent que pour une vacation; mais lorsque la séance excède quatre heures, il est dû autant de droit qu'il y a de fois trois heures dans le temps employé (Déc. min. fin., 25 oct. 1808; Instr. gén., 406, n° 2).

3130. Le délai pour l'enregistrement court-il seulement du jour de la clôture de l'inventaire?

Le délai de l'enregistrement court du jour de chaque vacation, qui est considérée comme un acte séparé (Déc. du 10 brum. an 14).

3131. Les notaires de première classe peuvent être appelés à faire des inventaires assez loin de leur résidence, sans qu'il leur soit quelquefois facile de faire enregistrer à leur bureau ordinaire toutes les vacations qui ont lieu dans le courant d'un inventaire. Ont-ils un moyen de suppléer à cette difficulté?

Les notaires de première classe sont admis à faire enregistrer les inventaires qu'ils font aux bureaux des lieux où ils ont instrumenté, dans les dix ou quinze jours de chaque vacation, suivant que la commune où l'opération a été faite se trouve ou non chef-lieu de bureau (Déc. min. fin., 12 therm. an 12; Instr. gén., 3 frim. an 13, n° 230).

3132. Dans ce cas, les notaires n'ont-ils pas des formalités particulières à remplir?

Ils doivent: 1° soumettre la dernière séance, contenant la clôture de l'inventaire, à la formalité, au bureau de leur résidence, dans les quinze jours de sa date; 2° porter les inventaires sur leurs répertoires, avec mention des jours qu'ils ont duré, des divers enregistrements dans chaque bureau, de leur date et de la désignation de ces bureaux (*Ibid*).

3133. Lorsqu'un inventaire n'est pas enregistré dans les délais voulus, est-il dû une seule amende, quel que soit le nombre des séances ou vacations?

Une amende est due pour chaque vacation, c'est-à-dire chaque séance non présentée à l'enregistrement dans le délai (Cass., 13 mess. an 13).

3134. Certaines parties de l'inventaire ne donnent-elles pas lieu à un droit particulier, telles que les nominations d'experts et leur prestation de serment, l'établissement d'un gardien du mobilier et des papiers?

Ces différentes opérations font partie essentielle de l'inventaire, et ne sont, par cette raison, soumises à aucun droit particulier (Déc. min. fin., 25 mai 1821; Solut. 9 mai 1835).

3135. Mais le dépôt, entre les mains d'un héritier des valeurs ou espèces de la succession, donne au moins lieu à un droit d'obligation?

Ce dépôt est aussi une conséquence, une nécessité de l'inventaire, et il n'engendre aucun droit particulier (Délib. 25 janvier 1833).

3136. L'ordonnance de référé portée sur un inventaire, est-elle sujette à un droit particulier d'enregistrement?

Elle donne lieu à un droit de 3 fr.

3137. A quel bureau doit-elle être enregistrée?

Dans les villes où il existe plusieurs bureaux, l'ordonnance sur référé doit recevoir la formalité au bureau destiné à l'enregistrement des actes judiciaires.

3138. A quelle date les inventaires contenant plusieurs vacations doivent-ils être inscrits au répertoire?

Les inventaires doivent être inscrits sur les répertoires à leur première date (Instr. gén. 596).

3139. Est-il nécessaire que l'acte de nomination d'un tuteur ou subrogé tuteur soit enregistré, avant qu'il puisse être procédé à l'inventaire ?

Un notaire peut, sans contravention, procéder à un inventaire et énoncer l'acte de nomination d'un tuteur ou subrogé tuteur, avant que cet acte ait été enregistré (Instr. gén., 30 juin 1827, n° 1210, § 4).

3140. Un notaire pourrait-il également énoncer dans un inventaire un testament avant son enregistrement ?

Oui (Solut. 8 nov. 1834).

3141. Pourrait-il aussi continuer l'inventaire avant l'enregistrement de l'ordonnance sur référé ?

Oui, pourvu que les deux actes fussent enregistrés en même temps (Déc. min., 29 déc. 1807 et 26 déc. 1818).

3142. Peut-on, sans contravention, énoncer dans un inventaire des actes sous seing privé, non timbrés ni enregistrés ?

Cette énonciation est permise (Carré sur l'art. 943; Arrêté du directoire exécutif, 22 vent. an 7; Solut. 15 mars 1807 et 15 juin 1822; Cass. 25 avril 1819 et 26 fév. 1851).

3143. Lorsqu'il s'agit de billets ou de reconnaissances de sommes écrits sur papier non timbré au timbre proportionnel, le notaire peut-il également les énoncer dans l'inventaire, sans contravention ?

Il le peut, pourvu qu'il déclare, en exécution de l'art. 49 de la loi du 5 juin 1850, que ces billets et reconnaissances sont écrits sur papier non timbré (Délib. du conseil d'admin., 13, 19 juin 1851).

3144. Résulte-t-il de là que le notaire doit indiquer le timbre des billets et reconnaissances qu'il énonce dans un inventaire ?

C'est une conséquence forcée de la disposition que nous venons de rappeler.

3145. Est-il dû un droit d'enregistrement sur les déclarations de dettes passives faites dans les inventaires ?

Il n'est dû aucun droit sur ces déclarations, qui ne sont faites qu'à titre de renseignement sur l'état de l'hérédité, et ne sont point constitutives de droits (Instr. gén., n° 290, 3 frim. an 13; Cass. 25 avril 1819 et 26 fév. 1850. D. p. 49, 1, 107, et 50, 1, 215).

3146. En est-il de même pour les déclarations par lesquelles un ou plusieurs héritiers présents se reconnaissent personnellement débiteurs envers la succession ?

Ces déclarations sont aussi de l'essence de l'inventaire, elles n'ont pour but que de constater la consistance de la succession et elles ne sont pas sou-

mises au droit proportionnel (mêmes arrêts; délib., 28 octob. 1822 et 9 janvier 1851).

3147. Ces décisions s'appliquent-elles à la déclaration faite
par un tuteur de ce qu'il doit à la succession à laquelle son pupille est appelé?

Oui, par la raison que le tuteur est partie à l'inventaire et qu'il a pour
premier devoir de faire constater l'actif de la succession (mêmes délibérations).

CHAPITRE II.

DES DROITS PROPORTIONNELS.

ARTICLE Iᵉʳ.

DES LIBÉRATIONS.

3148. A quel droit sont tarifés les actes portant libération
de sommes et valeurs mobilières?

Au droit proportionnel de 25 cent. par 100 fr. (Loi du 7 août 1850).

3149. Comment distinguez-vous la libération de la simple
décharge qui ne donne lieu qu'à un droit fixe, bien que souvent
elle constate la remise de deniers?

La décharge diffère essentiellement de la quittance, en ce qu'elle constate
la remise d'une somme qui n'appartient pas à celui qui l'a remet mais bien
à celui qui la reçoit, tandis que celui qui fait un paiement libératoire verse
des deniers qui lui appartiennent. Il y a dans ce dernier cas une aliénation,
une transmission de deniers qui n'existe pas dans le premier.

3150. On conçoit l'application de ce principe à la remise
d'un objet ou d'une somme déposée, mais en est-il de même
du versement par un mandataire de sommes qu'il a reçues pour
son mandant?

Le mandataire, pas plus que le dépositaire, n'est propriétaire des sommes
qu'il reçoit, car il les a reçues pour le mandant et en son nom : cette remise
n'est donc pas une aliénation : dès lors le droit proportionnel ne saurait être
exigible.

3151. Est-il nécessaire, pour qu'une décharge donnée au
mandataire soit valable, de justifier l'existence du mandat par
un acte enregistré?

La régie avait d'abord soutenu la nécessité d'un acte antérieurement enregistré, mais elle a fini par reconnaître que, d'après la loi, le mandat peut

27

être verbal, et qu'en principe, la décharge est soumise au droit fixe seulement, que le mandat soit ou non enregistré (Délib., 19 fév. 1828).

3152. Le paiement fait par un tuteur, curateur ou autre administrateur légal, du reliquat de son compte, opère-t-il libération ou une simple décharge?

Tout comptable est réellement mandataire : en conséquence, la remise des
sommes qu'il a reçues, en cette qualité, n'opère que le droit de décharge (Inst.
gén., 22 mars 1828, n° 1236, § 2; Délib., 27 oct. 1832; Cass., 1er mars 1836).

3153. La remise de sommes faite par le mandataire ou le
comptable, change-t-elle de caractère lorsqu'il tient compte de
l'intérêt des sommes recouvrées par lui?

Dans une telle circonstance, le mandataire s'est approprié les sommes recouvrées, il est devenu débiteur et non plus simplement dépositaire; ce sont
ses propres deniers qu'il remet, dès lors il y a transmission et libération sujette au droit proportionnel (Inst. gén., 8 juin 1830, n° 5320).

3154. Ainsi, lorsqu'un tuteur tient compte à son pupille de
l'intérêt des sommes dont il n'a point fait emploi dans le délai
voulu, est-il dû un droit proportionnel?

Le défaut d'emploi ne change pas le caractère du tuteur, qui ne cesse pas,
pour cela, de tenir les deniers à titre de mandataire. Le paiement des intérêts, dans ce cas, est la peine d'une négligence infligée par la loi, et ne suppose pas nécessairement que le tuteur ait usé à son profit des deniers du pupille (mêmes inst. gén.).

3155. Le remboursement au mandataire des avances qu'il
a faites dans l'intérêt du mandant opère-t-il un droit de quittance?

Oui, par la raison que le mandant rembourse avec ses propres deniers et
qu'il y a réellement transmission.

3156. L'acte de partage par lequel des cohéritiers reconnaissent que l'un d'eux a rapporté à la succession les sommes qu'il
avait reçues du défunt en avancement d'hoirie et lui en donnent
quittance, est-il un acte libératoire soumis au droit proportionnel?

Le cohéritier ne fait, par ce rapport, que remettre à la succession ce qui,
par la fiction de la loi et d'après le sens de l'art. 883 du Code civil, est considéré comme n'ayant jamais cessé d'en faire partie; d'où il suit que cette remise n'est en réalité qu'un des éléments, une partie intégrante du partage, et
ne donne pas lieu, par conséquent, à un droit particulier d'enregistrement
Cass., 2 mai 1826).

3157. Que faut-il décider relativement au rapport dans le
partage des sommes reçues du défunt, à titre de prêt?

Par des motifs analogues, il n'est pas dû non plus de droits particuliers sur
ce rapport (Délib., 5 juin 1838).

3158. Lorsque, dans une vente, le prix est payé comptant, est-il dû un droit de quittance?

L'art. 10 de la loi du 22 frimaire an 7 dispose expressément que, dans les cas de transmission de biens, la quittance donnée pour tout ou partie du prix, entre les contractants, ne peut être sujette à un droit particulier d'enregistrement.

3159. En est-il de même si le prix est touché par des créanciers du vendeur?

Non. Il y a là une libération des créanciers au vendeur, qui forme une disposition particulière et indépendante de la vente et qui doit acquitter le droit de quittance.

3160. L'art. 10 est-il applicable aux loyers payés d'avance dans un bail?

Oui (Décis., 10 août 1815).

3161. Le droit d'enregistrement peut-il être perçu sur une libération verbale ou celle qui n'est établie que par induction?

Le droit de quittance est un droit d'acte : il faut donc qu'un acte soit produit pour qu'il y ait lieu à la perception; il faut de plus qu'il fasse par lui-même titre de libération.

3162. Il semblerait résulter de là que l'énonciation, dans un compte, de sommes reçues d'un débiteur qui n'est pas partie à l'acte, quoique l'oyant approuve ce compte, ne fasse pas un titre suffisant de libération, et ne soit point passible du droit de quittance?

C'est en effet ce qui a été décidé positivement par la Cour de cassation, le 16 mars 1825, et implicitement le 11 février 1828. Le droit ne serait dû que s'il était fait mention de quittances non revêtues de l'enregistrement.

3163. Un notaire chargé de recevoir le prix d'une adjudication en détail peut donc rendre compte au vendeur des sommes par lui recouvrées sur les adjudicataires, sans que l'énonciation des paiements faits par ceux-ci entraîne un droit de libération?

Suivant un arrêt de la Cour de cassation du 5 mai 1810, un semblable compte est tout à la fois une décharge pour le notaire et une preuve écrite de la libération des acquéreurs, ayant la même force qu'une quittance qui leur aurait été directement délivrée par le vendeur.

3164. Lorsqu'un tiers paie pour le débiteur, en son absence et sans subrogation, quel droit est-il dû sur l'acte qui constate ce paiement?

Le droit de quittance, par la raison que la dette est éteinte (Délib. cons. d'adm., 28 déc. 1832).

27*

3165. S'il résulte du paiement une subrogation légale, en vertu de l'art. 1251 du Code civil, dans l'un des cas qu'il prévoit, n'y a-t-il pas lieu au droit de transport de créance?

La subrogation n'est par elle-même passible d'aucun droit; c'est dans le caractère de l'acte qui la contient qu'il faut chercher le motif de la perception. Or, la quittance donnée par un créancier à un autre créancier postérieur en hypothèque, ou à un codébiteur, que la subrogation soit ou non consentie, n'a pas les caractères d'un contrat de transport ni de cession. Dès lors, il n'est dû que le droit de quittance (Cass., 21 déc. 1839 et 27 juin 1842).

3166. Mais si un tiers non intéressé paie pour le débiteur et se fait subroger, quel droit est à percevoir?

Le droit de transport. C'est ici une subrogation conventionnelle qui n'éteint pas la dette et qui a tous les caractères de la cession (Délib. cons. d'adm., 28 déc. 1832).

3167. L'acte par lequel deux créanciers reconnaissent que la compensation s'étant opérée entre leurs créances réciproques, ils sont quittes l'un envers l'autre, donne-t-il lieu à deux droits de quittance?

La compensation dérive de la loi elle-même, elle a lieu à l'insu des parties (C. civ., 1290). Elle n'est pas tarifée et la reconnaissance du fait par les parties n'ajoute rien au fait lui-même. Il n'est donc dû qu'un droit fixe. La régie résiste à ce raisonnement, mais elle l'a reconnu implicitement en plusieurs occasions.

3168. Un acquéreur paie le prix de la vente aux créanciers inscrits de son vendeur, en présence et du consentement de ce dernier, sans qu'il y ait en délégation du prix dans la vente. Est-il dû deux droits de libération?

Dans cette espèce, il y a deux dispositions : le paiement par l'acquéreur aux créanciers et le consentement donné par le vendeur; la première seule peut donner lieu à un droit de quittance et la seconde à un droit fixe (Inst. gén., 18 juin 1838, n° 1562, § 24).

ARTICLE II.

DES OBLIGATIONS DIVERSES.

3169. De quel droit sont passibles les obligations de sommes, les cessions, transports et délégations de créances?

Du droit de 50 cent. par 100 fr. (Loi du 22 frim. an 7, art. 69, § 3, et loi du 7 août 1850).

3170. Ce droit ne peut-il pas être modifié par la cause de l'obligation?

Lorsque l'obligation est le prix d'une transmission de meubles ou d'immeubles, le droit est dû sur cette transmission, selon sa nature.

3171. Dans un compte de tutelle ou autre, le reliquat passif à la charge de l'une ou l'autre des parties est-il seul soumis au droit d'obligation, ou bien est-il encore dû un droit proportionnel sur les sommes portées en recette et dont le rendant compte se trouve déchargé par la compensation qui s'établit avec les dépenses ?

Il n'est dû que le droit d'obligation sur le reliquat non payé comptant (Inst. gén., 27 mars 1830).

3172. Le droit d'obligation est-il dû, sur le reliquat, dans le cas où le compte a été précédé d'un acte enregistré servant de titre à la dette ou contenant le principe de la dette?

Non, à moins que l'arrêté de compte ne fasse novation dans l'obligation.

3173 Les déclarations de dettes passives dans les inventaires, sans énonciation de titres enregistrés, et hors la présence des créanciers, donnent-elles lieu au droit d'obligation ?

Ces déclarations sont de l'essence de l'inventaire, elles en forment partie intégrante et ne constituent pas un titre suffisant au profit des créanciers, mais une simple présomption. En conséquence, elles ne donnent pas ouverture au droit d'obligation (Décis. min. 30 flor. an 13; inst. gén. 3 fruct. an 13, 290, n° 18; Cass., 22 mars 1811).

3174. Que doit-on décider relativement aux dettes déclarées dans une donation et non appuyées de titres enregistrés?

Le droit d'obligation n'est pas dû, par le même motif (Délib., 6 avril 1827).

3175. Le prêt constitue en général l'une des obligations que la loi a voulu tarifer, mais s'il s'agit du prêt à usage ou commodat défini par l'art. 1875 du Code civil, le droit d'obligation est-il dû?

Ce genre de contrat n'a été tarifé ni par la loi du 22 frim. an 7, ni par aucune autre loi sur l'enregistrement; il ne peut être assimilé ni à une vente, ni à une donation, ni à une obligation de sommes: il rentre, par conséquent, dans la catégorie des actes innommés, soumis au droit fixe de 2 fr.

3176. En est-il de même du prêt de consommation de choses fongibles autres que de l'argent, telles que du vin, du blé et autres denrées susceptibles d'être évaluées en argent?

Dans ce contrat, on pouvait penser qu'il y a vente ou marché d'objets mobiliers, car l'emprunteur devient propriétaire et peut disposer de la chose qui lui est livrée; mais ce n'est réellement pas une vente, puisqu'il n'y a aucun prix stipulé et que l'emprunteur s'oblige seulement à rendre une chose pareille à celle qu'il a reçue, de même nature et de même valeur. On a en définitive rangé le prêt de consommation dans la catégorie des obligations de sommes, par la raison qu'il y a transmission, et que les denrées sont susceptibles d'être évaluées en argent (Délib. 10 mars 1828; Dalloz, v° Enregist., n° 1318).

3177. Dans quelle catégorie rangez-vous les prêts sur gages ou nantissements ?

Dans la catégorie des obligations de sommes passibles du droit de 50 cent. par 100 fr.

3178. Connaissez-vous à cela quelque exception ?

La loi du 8 sept. 1830 dispose que les actes de prêts sur dépôts ou consignations de marchandises, fonds publics français ou étrangers et actions des compagnies de finances ou d'industrie, seront admis à l'enregistrement moyennant le droit fixe de 2 fr. Une disposition analogue résulte du décret des 23-26 août 1818.

3179. Tous les prêts sur dépôts participent-ils au bénéfice de cette exception ?

La loi du 8 sept. 1830 ne s'applique qu'en matière commerciale, et nullement aux prêts ordinaires (Cass., 17 nov. 1831 ; 5 déc. 1837).

3180. La promesse de prêter, désignée sous le nom d'ouverture de crédit, forme-t-elle une convention réciproque qui doive être assujettie au droit d'obligation ?

Le caractère éventuel et suspensif de la convention empêche que le droit proportionnel d'obligation puisse être perçu avant la réalisation, et l'acte d'ouverture de crédit n'est passible que du droit fixe de 2 fr. (Cass., 29 avril 1844).

3181. La circonstance que l'ouverture de crédit est accompagnée d'une garantie hypothécaire ou d'une cession de créance doit-elle modifier la perception ?

Il n'est toujours dû que le droit fixe, attendu qu'il n'y a pas de transmission actuelle (Délib., 27 avril 1838).

3182. Mais, si un tiers intervient pour cautionner le crédit, il est au moins dû le droit de cautionnement ?

Le cautionnement, en ce cas, participant du caractère éventuel de l'obligation principale, ne donne pas plus qu'elle-même, lieu à aucun droit proportionnel (Délib., 3 juill. 1838).

3183. A quel droit est assujetti le cautionnement en général ?

Au droit de 50 cent. par 100 fr. (Loi du 22 frim, an 7, art. 69, § 2, n° 8).

3184. La réduction de moitié sur le droit d'obligation, établie par la loi du 7 août 1850, s'applique-t-elle au droit de cautionnement ?

La loi du 7 août 1850 ne parlant pas du cautionnement, il reste assujetti au droit de 50 cent. par 100 fr.

3185. Le droit à percevoir sur un cautionnement de bail est-il de 50 cent. par 100 fr. ?

Il est seulement de 10 cent. par 100 fr. sur le prix cumulé des années du bail (Loi du 16 juin 1824, art. 1er).

3186. La garantie mobilière, qui a quelque similitude avec le cautionnement, est-elle assujettie à un droit proportionnel?

Elle doit, comme lui, 50 cent. par 100 fr. (Loi du 22 frim. an 7, art. 69, § 2, n° 8).

3187. Qu'entend-on, en matière fiscale, par garantie mobilière?

C'est l'engagement contracté par un tiers de faire exécuter l'obligation prise par une autre personne, ou de mettre celui envers qui elle s'est obligée à l'abri d'une action quelconque.

3188. Ceci ne s'applique pas sans doute aux engagements qui ont des immeubles pour objet?

Peu importe que la garantie soit donnée au sujet d'un immeuble ou d'une action immobilière ; on la considère comme mobilière parce qu'elle se résout d'ordinaire en dommages-intérêts.

3189. La dation d'hypothèque, consentie par le débiteur lui-même, par un acte postérieur à l'obligation, est-elle soumise à un droit proportionnel?

Non, soit que l'hypothèque ait été promise ou ne l'ait pas été par le titre constitutif de la créance (Cass., 20 fév. 1837; Inst. gén., 7 juin 1837, n° 1539, § 1er).

3190. Mais, si la dation d'hypothèque est consentie par un tiers, que faut-il décider?

Elle est soumise au droit de 50 cent. par 100 fr., comme constituant une sorte de cautionnement (Cass., 10 août 1826 et 7 août 1837).

1391. Une affectation hypothécaire est consentie par le souscripteur pour garantir le paiement d'un billet à ordre ou d'une lettre de change : quel droit percevra-t-on sur cet acte?

Le droit d'obligation, sans imputation du droit qui aurait déjà été perçu à 50 cent. sur le billet ou à 25 cent. sur la lettre de change (Cass., 30 mars 1835). Cette décision, qui résulte d'une jurisprudence constante de la Cour de cassation, est fort contestable en principe.

3192. La novation dans une dette donne-t-elle lieu à un droit particulier?

Elle est passible du droit d'obligation, comme formant un titre nouveau.

3193. Y a-t-il novation dans l'acte par lequel le débiteur d'une rente perpétuelle s'oblige envers le créancier à en rembourser le capital à un jour fixé?

Un semblable engagement ne constitue pas la novation passible d'un droit proportionnel, si d'ailleurs les droits résultant du titre primitif sont conservés par le créancier (Cass., 11 août 1836).

3194. Pensez-vous qu'il faille décider de même à l'égard de la conversion d'une rente viagère en un capital exigible?

Cette conversion présente le caractère évident de la novation, puisqu'un capital est substitué à une simple créance d'arrérages.

3195. La reconnaissance par un débiteur qu'il doit plusieurs années d'intérêts sur une obligation enregistrée doit-elle acquitter le droit proportionnel?

Non, parce que l'obligation de payer ces intérêts résulte du titre primitif (Solut. du 5 oct. 1832; Championnière et Rigaud, t. 2, n° 989).

3196. La délégation de créance est-elle soumise à un droit particulier?

Elle est passible du droit de 50 cent. par 100 fr. (Lois du 22 frim. an 7, art. 69, § 3, et du 7 août 1850).

3197. Les délégations de prix dans un contrat sont-elles assujetties à ce droit?

Elles en sont affranchies lorsqu'il est énoncé un titre enregistré au profit du créancier en faveur de qui la délégation est faite (Même article de la loi de frimaire).

3198. Si la délégation est acceptée par le créancier, soit dans l'acte même, soit postérieurement, ne peut-on pas dire qu'il en résulte une novation sujette au droit proportionnel?

C'était la prétention de la régie, mais elle a été abandonnée et il est reconnu que la délégation faite dans un contrat de vente en faveur d'un créancier, porteur d'un titre enregistré, n'est pas passible du droit proportionnel, lors même qu'elle est acceptée (Cass., 2 avril 1828; Délib. cons. d'adm., 9 déc. 1828; Inst. gén. 6 mars 1829, n° 1270).

3199. L'exemption de droit sur les délégations de prix stipulées dans un contrat est-elle réservée aux ventes seulement?

Elle s'applique à toutes espèces de conventions, telles que le bail, l'échange, la transaction même.

2200. Quel est le sort d'une délégation de prix qui n'est pas faite dans le contrat même, mais par acte séparé?

Elle rentre dans la catégorie des délégations ordinaires, et elle est passible du droit proportionnel (Cass., 26 mai 1834; Inst. gén., 6 mars 1829, n° 1270).

3201. Est-il nécessaire que la délégation de prix soit acceptée dans le contrat même par les créanciers, pour jouir de l'exemption du droit proportionnel?

Une simple indication de paiement suffit, et l'acceptation ultérieure par les créanciers, qui rend complète la délégation, n'est assujettie qu'au droit fixe de 2 fr.

3202. En serait-il de même, si le vendeur s'était simplement réservé la faculté de déléguer ultérieurement le prix à des créanciers non dénommés au contrat ?

La simple intention de déléguer ne suffit pas: il faut qu'il y ait délégation actuelle par le contrat même, mais elle peut n'être pas complète: il suffit, par exemple, que le vendeur stipule que le prix sera payé pour lui aux créanciers inscrits sur l'immeuble, sans les dénommer, en se réservant de faire connaître ultérieurement leurs noms et les sommes à leur payer. Dans ce cas, la désignation ultérieure n'est que le complément, l'exécution de la délégation (Cass., 27 avril 1810; Inst. gén., 30 déc. 1844, n° 1723, § 2).

3203. A quel droit sont tarifés les transports ou cessions de créances à terme ?

Au droit de demi pour 100 (Lois du 22 frim. an 7, art. 69, § 3, n° 3, et du 7 août 1850).

3204. L'endossement d'une obligation à ordre passée devant notaire doit-il jouir de l'exemption établie en faveur des lettres de change et des billets à ordre par l'art. 70, § 3, n° 15, de la loi du 22 frimaire an 7 ?

Cet endossement est considéré comme un transport ordinaire soumis au droit proportionnel (Cass., 5 pluv. an 11).

3205. La cession de créance faite dans une ouverture de crédit, à titre de garantie de ce crédit, donne-t-elle lieu à un droit proportionnel ?

Cette cession participe de la nature conditionnelle, éventuelle du crédit, et, comme lui, elle n'est assujettie qu'à un droit fixe (Cass., 29 avril 1844).

3206. A quel droit sont assujetties les cessions d'actions et coupons d'actions mobilières de compagnies et sociétés d'actionnaires ?

Au droit de 50 cent. par 100 fr. (Loi du 22 frim. an 7, art. 69, § 2, n° 6).

3207. Ces cessions ne profitent donc pas de la réduction de droit accordée par la loi du 7 août 1850 ?

Non, par la raison que la réduction du droit de 50 cent. à 25 cent. par 100 fr. ne s'applique qu'aux actes ou écrits portant libération de sommes ou valeurs mobilières.

3208. Quelles sont les cessions d'actions qui ne doivent acquitter que le droit de 50 cent. par 100 fr. ? Sont-ce, par exemple, celles qui ont lieu par voie d'endossement ?

Ce sont les cessions d'actions faites par acte particulier (Cass., 8 fév. et 6 juin 1837; 29 janv. 1841; Inst. gén., 7 juin 1837).

3209. Est-il au moins nécessaire que les actions soient négociables ?

La disposition de la loi de frimaire s'applique aux cessions de toutes espèces d'actions négociables ou non négociables (Ibid.).

3210. Si la société n'est pas divisée en actions, mais en parts d'intérêts ou en deniers, la solution sera-t-elle la même?

Peu importe le nom donné aux divisions du fonds social : il suffit qu'il y ait des parts distinctes, ou un fractionnement en quotités de valeurs égales.

3211. A supposer qu'il dépende des immeubles de la société, dans ce cas, le droit de cinq et demi pour 100 est-il dû sur la cession d'actions dans cette société?

Il ne sera toujours dû que le droit de 50 cent. par 100 fr., les actions dans une semblable société étant meubles, d'après l'art. 529, C. civ.

3212. Dans le cas d'une société établie en nom collectif, et dont le capital n'est pas divisé en actions, quel droit y aurait-il à percevoir sur la cession de sa part faite par un associé?

Le droit de 2 pour 100 comme vente mobilière (Cass., 14 déc. 1842; 11 janv. 1813).

3213. Quel est le droit à percevoir sur les constitutions de rentes perpétuelles ou viagères, à titre onéreux?

Un droit de 2 fr. par 100 fr. (Loi du 22 frim. an 7, art. 69, § 5, nᵒ 2). La loi du 7 août 1850 n'a pas modifié ce droit.

3214. Est-il dû plusieurs droits, si la rente viagère est constituée sur plusieurs têtes?

Quel que soit le nombre de têtes sur lesquelles la rente viagère est constituée, il n'est dû qu'un droit (Dict. d'Enreg., vᵒ Constit. de rente, nᵒ 36).

3215. Quel droit doit-on percevoir sur la constitution d'une rente viagère dont le prix est fourni par un tiers?

Selon la règle, il y a lieu de percevoir deux droits : le droit de donation sur la rente viagère et le droit de constitution sur le capital aliéné (Délib. cons. d'adm., 25 août 1833). Cette solution est contestée par le motif que les deux dispositions sont dépendantes l'une de l'autre, et que la constitution de la rente n'est qu'un mode d'exécution de la donation (Trib. de la Seine, 30 déc. 1840).

3216. Si, dans une constitution de rente viagère, au profit de celui qui en fournit le capital, il est stipulé qu'après lui la rente sera continuée au profit d'un tiers, quel est le droit à percevoir?

Outre le droit de constitution, il sera perçu un droit de 5 fr. comme donation éventuelle, à supposer que le système de la régie doive être suivi et non celui du tribunal de la Seine.

3217. De quel droit sont passibles les cessions de rentes perpétuelles ou viagères?

Du droit de 2 fr. par 100 fr. (Loi du 22 frim. an 7, art. 69, § 5, nᵒ 2).

3218. Cette disposition s'applique-t-elle à la simple cession d'arrérages de rentes échus ou à échoir ?

Dans ce cas, il n'est dû que le droit de 50 cent. par 100 fr., comme cession de créance ordinaire.

ARTICLE III.

DES CESSIONS D'OFFICES.

3219. A quel droit sont assujetties les cessions d'offices ?

Au droit de 2 pour 100 sur le prix exprimé et le capital des charges qui peuvent ajouter au prix (Loi du 25 juin 1841, art. 7 et 11).

3220. Lorsque des recouvrements sont cédés avec l'office et pour un prix distinct, est-ce le droit de cession de créance qui doit être perçu sur cette partie du prix ?

Les recouvrements sont considérés comme des objets dépendant de l'office, et leur cession donne lieu au droit de 2 pour 100 (Inst. gén., 15 juillet 1841).

3221. Si les recouvrements étaient cédés par un acte ultérieur, cette cession rentrerait-elle dans la catégorie des cessions de créances ordinaires ?

Le droit serait encore dû à 2 pour 100, par la raison que les recouvrements forment un des éléments de l'office.

3222. Le prix exprimé dans l'acte de cession, doit-il être pris pour base de la perception, quelque modique qu'il soit ?

Le droit à percevoir ne peut, dans aucun cas, être inférieur au dixième du cautionnement attaché à la fonction ou à l'emploi (Loi du 25 juin 1841, art. 10).

3223. En cas de création nouvelle de charges ou offices, ou en cas de nomination de nouveaux titulaires sans présentation, par suite de destitution du titulaire, ou par tout autre motif, y a-t-il un droit à payer par le titulaire nommé ?

Les ordonnances de nomination sont, dans ces divers cas, assujetties à un droit d'enregistrement de 20 pour 100 sur le montant du cautionnement attaché à la fonction ou à l'emploi (*Ibid.*, art. 12).

3224. Et si le nouveau titulaire est soumis, comme condition de sa nomination, à payer une somme déterminée pour la valeur de l'office, est-il dû un droit sur cette somme ?

Il est dû un droit d'enregistrement de 2 pour 100 sur cette somme, sauf l'application du minimum de perception établi par l'art. 10 de la loi du 25 juin 1841 (*Ibid*).

3225. Y a-t-il un délai de rigueur pour le paiement de ce droit ?

Le droit doit être acquitté avant la prestation de serment du nouveau titulaire, sous peine du double droit (*Ibid*).

3226. Lorsque la cession d'un office n'a été suivie d'aucun effet, le droit perçu sur la cession doit-il être remboursé ?

Oui, pourvu que la demande en restitution soit faite dans les deux ans à compter du jour de l'enregistrement du traité (*Ibid.*, art. 14).

3227. Mais, s'il y a seulement une réduction ordonnée sur le prix, y a-t-il encore lieu à restitution ?

Tout ce qui a été perçu sur l'excédant du prix doit être également restitué (*Ibid.*).

ARTICLE IV.
TRANSMISSIONS IMMOBILIÈRES EN PROPRIÉTÉ OU EN USUFRUIT.

§ 1ᵉʳ. — Ventes d'immeubles.

3228. Quel est le droit dû sur les ventes d'immeubles ?

Le droit proportionnel de cinq et demi pour 100, sur le prix exprimé dans l'acte de vente, en y ajoutant toutes les charges en capital, ou sur le montant d'une estimation d'experts dans les cas autorisés par la loi (Lois du 22 frim. an 7, art. 14 et 15, n° 6, et du 28 avril 1816, art. 52).

3229. Est-il dû en outre un droit proportionnel de transcription ?

Non. Le droit proportionnel de transcription a été réuni au droit de vente, pour ne former qu'un seul droit; et lors de la transcription, il n'est plus dû qu'un simple droit fixe pour la formalité (Loi du 28 avril 1816, art. 52).

3230. Le double droit, à défaut d'enregistrement dans le délai voulu, porte-t-il sur la totalité du droit de cinq et demi pour cent, ou seulement sur les quatre pour cent qui forment réellement le droit d'enregistrement, indépendamment du droit de transcription ?

Les deux droits d'enregistrement et de transcription, distincts et séparés d'après la loi du 22 frimaire an 7, ayant été confondus par la loi du 28 avril 1816 en un seul droit exigible lors de l'enregistrement de l'acte, le double droit porte nécessairement sur le droit entier et s'élève par conséquent à 11 fr., non compris le dixième à titre de subvention (Délib. cons. d'adm., 3 juillet 1829; Cass., 11 juillet 1836; 21 nov. 1836).

3231. Dans la vente, comme dans tous les contrats, la perfection de la convention est nécessaire pour fournir un élément à la perception. Ainsi, un simple projet de vente n'est pas soumis au droit proportionnel. Mais en est-il de même de la promesse de vente?

La promesse de vente vaut vente, d'après l'art. 1589, Code civil, mais à la condition que l'acheteur aura donné son consentement, son acceptation, qu'il y aura par conséquent engagement réciproque (Troplong, *Vente*, n° 116). D'après cela, lorsqu'une promesse de vente ne lie pas celui en faveur de qui elle est faite, lorsque la propriété n'est pas transmise, cette promesse n'est point passible du droit de mutation (Délib., 26 août 1828).

3232. Peut-on voir un simple projet de vente dans un acte sous seing privé qui contient toutes les choses nécessaires à la perfection du contrat, avec transmission actuelle de la propriété, mais fait sous la clause de le convertir en acte public à première réquisition?

Dans ce cas, l'acte sous seing privé est absolu et définitif par lui-même ; sa réalisation par acte public n'ajoute aucune force nouvelle à la convention. Dès lors, le droit est actuellement exigible et l'amende du double droit serait encourue, s'il était présenté à la formalité après l'expiration du délai de trois mois (Cass., 12 therm. an 13).

3233. Le droit de mutation est-il dû actuellement sur une vente conditionnelle?

Cela dépend de la nature de la condition. Si elle est suspensive, c'est-à-dire, si elle dépend d'un événement futur ou incertain ou d'un événement actuellement arrivé, mais encore inconnu des parties (C. civ., 1181), il n'est dû que le droit fixe, sauf perception ultérieure du droit proportionnel, lorsque la condition vient à se réaliser (Cass., 13 nov. 1815). Mais si la condition est simplement résolutoire, la vente est parfaite, la transmission actuelle, et le droit proportionnel est exigible (Cass., 20 nov. 1811).

3234. Dans quelle catégorie rangez-vous la vente faite avec faculté de réméré?

Dans la catégorie des ventes faites sous condition résolutoire ; c'est pour cette raison que le droit proportionnel est dû sur une pareille vente.

3235. En est-il de même de la vente des biens d'une commune, qui a besoin d'être approuvée par le préfet?

Ici l'approbation ultérieure du préfet est une condition suspensive, et le droit ne peut être perçu qu'après cette approbation (Délib., 19 avril 1811).

3236. Lorsqu'un acte translatif de propriété ou d'usufruit comprend des meubles et des immeubles, comment le droit d'enregistrement est-il perçu?

Il est perçu sur la totalité du prix, au taux réglé pour les immeubles, à moins qu'il ne soit stipulé un prix particulier pour les objets mobiliers, et que ces objets ne soient désignés et estimés, article par article, dans le contrat (Loi du 22 frim. an 7, art. 9).

3237. S'il est vendu avec un immeuble des objets mobiliers

en dépendant, et ayant le caractère d'immeubles par destination, sera-t-il perçu le droit de vente mobilière sur la partie du
prix affectée à ces objets, désignés et estimés article par article ?

Le droit sera perçu au taux réglé pour les immeubles, sur la totalité du
prix, par la raison que les objets mobiliers dont il s'agit, vendus avec l'immeuble auquel ils sont attachés, ont un caractère immobilier que ne leur enlève ni la distinction dans le prix ni l'estimation détaillée.

3258. Dans le cas où il est vendu par un même acte des immeubles et des créances ou des rentes, est-il nécessaire qu'il en
soit fait un état détaillé et estimatif ?

La simple énonciation des rentes et créances suffit avec la distinction d'un
prix particulier (Inst. gén., 9 juin 1827, n° 1209, § 1er, et 5 juin 1837, n° 1537,
section 2, § 52).

3239. Le vœu de la loi est-il rempli si les objets mobiliers
ont été désignés et estimés, article par article, sans qu'il ait été
stipulé pour eux un prix particulier ?

Le total des estimations équivaut à la stipulation d'un prix particulier pour
le mobilier (Solut., 6 octobre 1837). *Contrà*, cass., 26 août 1811; D. P. 44,
1, 361.

3240. La stipulation d'un prix particulier, pour les objets
mobiliers, supplée-t-elle l'estimation article par article ?

Cette simple stipulation ne suffit pas, en ce qu'elle ne présente pas assez de
garantie contre la fraude.

3241. Lorsque l'usufruit d'un immeuble est réservé par le
vendeur, le droit d'enregistrement est-il perçu simplement sur
le prix stipulé ?

Il est ajouté au prix moitié pour l'évaluation de l'usufruit, et le droit est
perçu sur le tout (Loi du 22 frim. an 7, art. 15, n° 6).

§ 2. — Du pacte à réméré et des retraits.

3242. Quel est le droit à percevoir sur une vente à réméré ?
Le droit de cinq et demi pour cent, comme sur les ventes pures et simples.

3243. N'est-ce pas plutôt un contrat pignoratif, un simple
prêt avec engagement d'immeubles ?

Non. Dans la vente à réméré, une transmission réelle et actuelle,
soumise seulement à une condit. tutoire (Cass., 9 juillet 1839; D. P. 39,
1, 253; 8 nov. 1813; D. P. 14, 1

3244. Puisqu'il y a t smission réelle dans la vente à réméré, il se fait, lors du rait, une nouvelle mutation qui doit
être sujette au droit ordinaire de cinq et demi pour cent ?

D'après la loi du 22 frimaire an 7, art. 69, § 2, n° 11, les retraits exercés en vertu de réméré, dans les délais stipulés, ne sont passibles que du droit de libération. La loi considère le retrait comme l'exécution d'une convention qui a supporté l'impôt.

3245. Pour que le retrait jouisse de cette faveur, il est nécessaire qu'il ait été stipulé comme condition de la vente : mais faut-il que cette stipulation soit faite dans la vente même ?

La faculté de réméré, stipulée dans un acte postérieur à la vente, donnerait au retrait le caractère d'une rétrocession passible du droit de mutation.

3246. Comment les retraits doivent-ils être exercés ?

Les retraits en vertu de réméré doivent être exercés par actes publics, dans les délais stipulés, ou faits sous signatures privées et présentés à l'enregistrement avant l'expiration de ces délais (Loi du 22 frim. an 7, art. 69, § 2, n° 11).

3247. Résulte-t-il de ces termes de la loi que l'acte authentique, constatant le retrait, doive être enregistré avant l'expiration du délai accordé pour le réméré ?

Il suffit que le retrait soit exercé dans le délai, et l'acte authentique qui le constate, faisant foi de sa date, peut être enregistré après l'expiration du délai.

3248. Quel est le droit à percevoir sur le retrait exercé après l'expiration du délai convenu par le contrat de vente sous faculté de réméré ?

Il y a, dans ce cas, une rétrocession ordinaire, passible du droit de mutation (Loi du 22 frim. an 7, art. 69, § 7, n° 6).

3249. Le retrait peut-il être exercé par parties et successivement ?

Les retraits partiels jouissent du bénéfice de la loi, pourvu que le vendeur soit remis en possession du tout avant l'expiration du délai (Décis. min., 30 janvier 1818).

3250. Le réméré peut-il être exercé par un autre que le vendeur, par exemple, par un cessionnaire ?

Dans ce cas, l'immeuble est transmis du vendeur au cessionnaire et le droit de mutation est exigible sur le retrait, s'il n'a pas déjà été perçu sur l'acte de cession (Cass., 21 germ. an 12 ; 5 août 1806 et 16 avril 1815).

3251. Mais si le retrait est exercé par un héritier ou un donataire du vendeur, il n'est sans doute pas dû le même droit ?

Il y a toujours là une mutation qui doit acquitter le droit selon le degré de parenté.

3252. Supposons maintenant que le retrait est exercé, non plus contre l'acquéreur primitif, mais contre un tiers acquéreur, que le contrat de ce dernier renferme ou non la faculté de réméré, le retrait, dans ce cas, n'opère-t-il pas une double mutation soumise, au moins pour une partie, au droit de vente?

L'action ne change pas de nature pour être dirigée contre un autre que l'acquéreur primitif; par cela même, les bases de la perception ne doivent pas être modifiées, et le droit de libération est seul dû dans l'espèce proposée (Inst. gén., 9 therm. an 12; C. civ., 1664).

3253. Vous savez que la faculté de rachat ne peut être stipulée pour un terme excédant cinq années (C. civ. 1660). Qu'arrive-t-il si le retrait est exercé après cinq années, ou après le délai moindre stipulé par le contrat?

L'acquéreur étant devenu propriétaire incommutable (C. civ., 1662), le retrait n'est plus alors qu'une rétrocession ordinaire, passible du droit de mutation (Loi du 22 frim. an 7, art. 69, § 7, n° 6).

3254. Lorsque, par le contrat, la faculté de rachat a été stipulée pour moins de cinq ans, les parties peuvent-elles ensuite proroger ce délai?

Elles le peuvent, pourvu que le nouveau délai, ajouté à celui convenu d'abord, n'excède pas cinq années pour le tout, et pourvu encore que l'acte qui le constate ait acquis date certaine avant l'expiration du délai primitif (Délib., 23 déc. 1834; Cass., 9 juillet 1839).

3255. Ne résulte-t-il pas de cette prorogation une convention nouvelle donnant ouverture au droit de mutation sur le retrait qui est exercé en conséquence?

La prorogation n'est que la continuation de la convention de réméré pendant le délai accordé par la loi, et le retrait exercé en vertu de cette prorogation n'est passible que du droit de libération (Av. cons. fin., 13 janv. 1830, app. le 22 fév. suiv.; Cass., 9 juill. 1839).

3256. Sur quoi doit être établi le droit de libération?

Sur la somme remboursée à l'acquéreur. Ainsi, si l'acquéreur n'a pas encore payé son prix, le droit de quittance ne sera dû que sur le montant des frais et loyaux coûts (Cass., 26 août 1823).

§ 3. — Des déclarations de command.

3257. Sous quelles conditions les déclarations de command ne sont-elles assujetties qu'au droit fixe?

Sous la condition que la faculté d'élire un command a été réservée dans l'acte d'adjudication ou le contrat de vente, et que la déclaration est faite par acte public et notifiée dans les vingt-quatre heures de l'adjudication ou du contrat (Loi du 22 frim. an 7, art. 68, § 1, n° 24).

3258. Lorsque ces conditions ne sont pas remplies, quel est le droit à percevoir?

Le droit ordinaire de mutation immobilière à cinq et demi pour cent (Loi du 22 frim. an 7, art. 69, § 7, n° 3; Délib. cons. d'adm., 14 juin 1833).

3259. Si, en l'absence d'une réserve spéciale, la déclaration de command est faite dans le contrat même de vente, jouira-t-elle de l'affranchissement du droit proportionnel ?

L'affirmative ne saurait être douteuse. Les dispositions diverses d'un contrat forment un tout qui ne peut être divisé, et la déclaration de command en est une condition essentielle, dès qu'elle est renfermée dans le contrat. Une réserve est inutile ou tout au moins suffisamment sous-entendue quand elle s'exécute à l'instant. La régie, qui avait d'abord adopté cette interprétation, a élevé ensuite une prétention contraire que les tribunaux n'admettent pas (Trib. d'Angers, 5 août 1836 ; Trib. de la Seine, 11 avril 1846).

3260. Est-il nécessaire, dans ce cas, que l'acte renfermant la déclaration de command soit notifié dans les vingt-quatre heures ?

Il semble qu'ici on pourrait s'écarter de la loi, puisque la fraude n'est pas possible. Néanmoins il a été décidé qu'en ce cas même, la notification doit avoir lieu dans les vingt-quatre heures (Cass., 11 janv. 1849 ; D. P. 47, 1, 96).

3261. Le command qui a été désigné peut-il, à son tour, faire une déclaration au profit d'un autre, dans le délai de vingt-quatre heures ?

Non, car la faculté d'élire se trouve épuisée par la première déclaration (Cass., 22 août 1829 ; Trib. de la Seine, 13 juillet 1815).

3262. Les avoués qui se rendent adjudicataires devant le tribunal sont-ils tenus de faire la déclaration en faveur de l'adjudicataire dans le délai de vingt-quatre heures ?

Ils ont pour cela un délai de trois jours (C. pr., 707).

3263. Cette déclaration doit-elle être notifiée à la régie dans le délai de vingt-quatre heures ?

Cette déclaration est un acte et une conséquence de la procédure, et sa notification n'est pas nécessaire (Cass., 30 sept. 1810 ; Id. 9 avril 1811).

3264. L'adjudicataire au profit duquel l'avoué a fait sa déclaration peut-il lui-même déclarer command en faveur d'une autre personne ?

Oui, si la réserve en a été faite dans les conditions ou au moment de l'adjudication (Cass., 24 avr. 1811).

3265. La faculté, pour les avoués, de déclarer l'adjudicataire dans le délai de trois jours, s'applique-t-elle aux ventes volontaires faites devant notaires ?

Elle s'applique seulement aux ventes faites devant notaires sur le renvoi du tribunal (Cass., 13 mars 1838 ; D. P., 3 ,1,387).

3266. Une déclaration de command par acte sous seing privé,

28

notifiée à la régie dans les vingt-quatre heures, est-elle valable ?

D'après le texte de la loi de frimaire, la déclaration de command doit-être faite par acte public, et le droit proportionnel serait exigible sur une déclaration sous seing privé (Délib., 28 avril 1826). La jurisprudence des tribunaux est conforme à cette décision, bien qu'elle soit assez peu fondée en raisonnement.

3267. La déclaration de command peut-elle contenir des changements aux conditions de la vente ?

La déclaration de command doit être pure et simple, et si elle contenait des modifications, notamment dans le prix, elle serait passible du droit de mutation (Cass., 31 janv. 1814 ; *Id.* 18 fév. 1839 ; Délib., 4 nov. 1842).

3268. Mais l'acquéreur ne peut-il pas déclarer command pour une partie des biens par lui acquis, et s'en réserver une partie, ou bien faire déclaration au profit de plusieurs personnes, en divisant le prix entre elles ?

Cette division est licite et n'enlève pas à la déclaration son caractère de pure et simple (Cass., 26 nov. 1834 ; *Id.* 18 fév. 1839 ; *Id.* 19 août 1835).

3269. Pourrait-il également se réserver l'usufruit et déclarer command pour la nue propriété ?

Oui (Délib., 6 fév. 1827 ; Cass., 18 fév. 1839).

3270. Lorsqu'après avoir déclaré command, l'adjudicataire reste, en vertu du cahier des charges, solidairement obligé au paiement du prix, cette solidarité donne-t-elle lieu à un droit particulier ?

Elle constitue un cautionnement soumis au droit proportionnel établi par l'art. 69, § 2, n° 8, de la loi du 22 frimaire an 7 (Cass., 20 août 1850 ; D. P. 5 0, 1, 276, et d'autres arrêts antérieurs).

3271. Lorsqu'une vente a lieu la veille d'un jour férié, quel jour la déclaration de command peut-elle être faite valablement ?

La déclaration, en ce cas, peut être faite le lendemain du jour férié (Inst. gén., 31 déc. 1838, n° 1577, § 5 ; Cass., 7 nov. 1815).

3272. La notification de la déclaration de command, prescrite par la loi dans les vingt-quatre heures, peut-elle être suppléée par des équipollents ?

Elle peut être remplacée par l'enregistrement de la déclaration dans les vingt-quatre heures ; mais elle ne le serait pas par le visa du répertoire sur lequel cette déclaration serait inscrite (Inst. gén., 1er mars 1841).

§ 4. — Des échanges.

3273. Quel est le droit d'enregistrement à percevoir sur les échanges d'immeubles ?

Le droit est de 2 fr. 50 cent. par 100 fr. sur l'une des deux parts, y compris le droit de transcription, et de 5 fr. 50 cent. par 100 fr. sur le montant de la soulte (Lois du 22 frim. an 7, art. 69, § 5, n° 3; du 28 avril 1816, art. 54; du 16 juin 1824, art 2, et du 24 mai 1834, art. 16).

3274. Lorsque des meubles sont donnés en échange d'immeubles, comment se calcule le droit à percevoir?

Le droit d'échange n'est établi que sur les échanges d'immeubles contre d'autres immeubles. Si donc, en retour d'immeubles, il est donné des meubles, la convention sera, pour la perception, considérée comme une vente d'immeubles, dont les meubles forment le prix (Délib., 2 mars 1811).

3275. Comment se détermine la valeur des immeubles échangés?

Elle se détermine par l'évaluation qui se fait en capital, d'après le revenu actuel, multiplié par vingt, sans distraction des charges (Loi 22 frim. an 7, art. 15, n° 4).

3276. Quelle influence peuvent exercer sur la perception les charges imposées par l'échange à l'une des parties?

Ces charges doivent être évaluées et leur montant considéré comme une soulte sur laquelle le droit de vente est perçu.

3277. D'après cela, si l'une des parties est chargée de payer seule les frais de l'échange, il y aurait lieu de percevoir un droit sur cette disposition?

Il a été décidé que cette condition n'est point considérée comme une soulte (Solut., 13 janv. 1829; 17 sept. 1839).

§ 5. — Des donations.

NOTA. *Nous ne nous occuperons pas ici des donations par contrat de mariage, auxquelles il sera consacré un article particulier. Il en est de même pour les donations contenant partage.*

3278. Les donations sont divisées en plusieurs catégories pour la perception des droits d'enregistrement. Combien distinguez-vous de catégories différentes?

Six.

3279. Quelles sont-elles?

1° Les donations en ligne directe;
2° Celles entre époux;
3° Celles entre frères et sœurs, oncles et tantes, neveux et nièces;
4° Celles entre grands-oncles et grand'tantes, petits-neveux et petites-nièces, cousins germains;
5° Celles entre parents au delà du 4° degré jusqu'au 12°;
6° Celles entre personnes non parentes.

3280. Quels sont les droits d'enregistrement pour chacune de ces catégories?

Pour la première catégorie, 2 fr. 50 cent. par 100 fr. sur les meubles et 4 fr. sur les immeubles;

28

Pour la 2°, 3 fr. sur les meubles et 4 fr. 50 cent. sur les immeubles;
Pour la 3°, 6 fr. 50 cent. sur les meubles et les immeubles;
Pour la 4°, 7 fr. également sur les meubles et les immeubles;
Pour la 5°, 8 fr. sur les meubles et les immeubles;
Pour la 6°, 9 fr. sur les meubles et les immeubles.

(Lois du 22 frim. an 7, art. 69, § 4, n° 1, et § 6, n° 2; du 28 avril 1816, art. 64; du 21 avril 1832, art. 38, et du 18 mai 1850, art. 10.)

3281. Est-il dû en outre le droit de transcription?

Le droit de transcription est compris dans les droits qui viennent d'être énoncés.

3282. Les donations de rentes sur l'Etat ne sont-elles pas affranchies de tout droit d'enregistrement?

Il en était ainsi avant la loi du 18 mai 1850; mais l'art. 7 de cette loi a assujetti les donations d'inscriptions de rentes sur le grand-livre de la dette publique aux droits établis pour les donations d'autres biens.

3283. Et les donations de fonds publics et d'actions des compagnies ou sociétés d'industrie et de finances étrangers?

Elles sont assujetties aux mêmes droits lorsqu'elles sont faites au profit d'un Français (Loi du 18 mai 1850, art. 7).

3284. Comment détermine-t-on le capital servant de base à la perception du droit sur ces différentes valeurs?

Par le cours moyen de la bourse au jour de la transmission (*Ibid*).

3285. Et s'il s'agit de valeurs non cotées à la bourse?

Le capital est alors déterminé par la déclaration estimative des parties, conformément à l'art. 11 de la loi du 22 frim. an 7, sauf l'application de l'art. 39 de la même loi, si l'estimation est reconnue insuffisante (*Ibid*).

3286. Les dons manuels sont-ils soumis au droit d'enregistrement?

Les dons manuels de valeurs mobilières sont bien, par eux-mêmes, affranchis du droit d'enregistrement; mais les actes renfermant soit la déclaration par le donataire ou ses représentants, soit la reconnaissance judiciaire d'un don manuel, sont sujets au droit de donation (Loi du 18 mai 1850, art. 6).

3287. Les donations d'immeubles situés en pays étrangers sont-elles assujetties à un droit proportionnel?

Il n'est dû qu'un droit fixe de 10 fr., sans que, dans aucun cas, ce droit fixe puisse excéder le droit proportionnel qui serait dû, s'il s'agissait de biens situés en France (Loi du 16 juin 1824, art. 4).

3288. En ce qui concerne le droit à percevoir sur les donations, les alliés sont-ils considérés comme des parents?

Les donations faites à des alliés sont passibles des mêmes droits que celles faites entre personnes non parentes (Décis., 1er mai et 21 juill. 1820; Cass., 22 déc. 1829).

3289. Distingue-t-on, pour la perception du droit d'enregistrement, entre les donations à titre onéreux et celles à titre purement gratuit ?

Non. Il n'y a pas lieu de déduire, sur la valeur des choses données, les charges de la donation ni de les ajouter à l'estimation des biens (Loi du 22 frim. an 7, art. 15, n° 7 et 8; Inst. gén., 2 juin 1810, n° 476; Délib., 8 janv. 1823 et 1ᵉʳ sept. 1824; Cass., 28 janv. 1818 et 19 juin 1829).

3290. Sur quoi se liquide le droit d'enregistrement des donations d'objets mobiliers ?

Sur la déclaration estimative des parties (Loi du 22 frim. an 7, art. 15, n° 8).

3291. Pour les immeubles, est-ce aussi sur la déclaration estimative des parties ?

S'il s'agit d'immeubles, l'évaluation doit être faite et portée, pour la propriété entière, à vingt fois le produit des biens ou le prix des baux courants, et, pour l'usufruit, à dix fois ce produit, le tout sans distraction des charges (Même article, n° 78).

3292. Comment calcule-t-on pour les rentes et pensions créées sans expression de capital ?

Le droit se liquide à raison d'un capital formé de vingt fois la rente perpétuelle, et de dix fois la rente viagère ou la pension, quel que soit le prix stipulé pour l'amortissement (Loi du 22 frim. an 7, art. 14, n° 11).

3293. La nue propriété n'est-elle comptée, comme l'usufruit, que pour la moitié de la valeur entière ?

La donation de la nue propriété, soit que l'usufruit soit réservé au donateur, soit qu'il appartienne à un tiers, donne lieu au droit proportionnel d'enregistrement sur la valeur entière (Lois du 22 frim. an 7 et du 21 vent. suiv.; Délib., 29 oct. 1827).

3294. Les donations faites au profit des départements, arrondissements, communes, séminaires, hospices et autres établissements publics autorisés, sont-elles passibles du droit proportionnel ?

Elles sont passibles du droit établi sur les donations faites entre personnes non parentes (Loi du 18 avril 1831).

3295. Une donation non acceptée rend-elle exigible le droit proportionnel ?

Il est dû seulement le droit fixe de 2 francs, attendu que, sans l'acceptation du donataire, le contrat n'est pas parfait (Cass., 9 avril 1828). Mais, dans ce cas, le droit proportionnel est perçu lors de l'acceptation.

3296. Suffirait-il qu'une donation faite à un établissement public fût acceptée provisoirement ?

Le droit proportionnel n'est dû que sur l'acceptation régulière qui en est faite après l'autorisation du Gouvernement (Solut., 7 janv. 1832; 11 juill. 1837).

3297. Quel est le droit exigible sur les donations faites à un enfant naturel reconnu, par son père ou sa mère, et réciproquement par lui à ceux-ci?

Ce droit est celui fixé pour la ligne directe (Solut., 5 nov. 1834).

3298. Et pour celles faites à un enfant adoptif?

C'est encore le droit établi pour la ligne directe (Cass., 2 déc. 1822).

3299. Les donations qui n'opèrent pas transmission actuelle et irrévocable sont-elles sujettes au droit proportionnel?

Comme donations éventuelles, elles ne sont soumises qu'au droit fixe de 5 francs (Loi du 28 avril 1816, art. 45, n° 4).

3300. Le droit de retour stipulé dans une donation lui enlève-t-il son caractère d'irrévocabilité?

Le droit de retour comme toute autre condition résolutoire, n'empêche pas que la donation ne soit actuelle, et ne fait pas obstacle à l'exigibilité du droit proportionnel.

3301. Y a-t-il transmission actuelle dans la donation d'une somme payable après le décès du donateur, sans intérêts jusque-là, et sans garantie qui assure ce paiement?

Dans ce cas, le donateur est lié irrévocablement; l'époque de son décès n'est indiquée que comme terme de paiement. Dès lors, le droit est exigible (Inst. gén., 19 mai 1824, n° 1132, § 6; Cass., 15 mars 1825; Id., 28 janv. 1839).

3302. En est-il de même de la donation d'une somme à prendre sur les biens du donateur après son décès?

Il y a une distinction à faire.

Si la somme est à prendre sur les biens que possède le donateur, il y a dessaisissement actuel, et le droit est exigible; mais si la somme est à prendre sur les biens que le donateur laissera à son décès, la donation est incertaine, éventuelle, puisque le donateur reste libre de disposer, de vendre, de donner, de ne rien laisser à son décès. Il n'est dû, dans ce cas, que le droit fixe (Même inst., Cass., 5 nov. 1839).

ARTICLE VI.

DES DÉMISSIONS DE BIENS OU PARTAGES D'ASCENDANTS.

3303. Quel est le droit dû sur les démissions de biens ou donations portant partage, faites par actes entre-vifs, conformément aux articles 1075 et 1076 du Code civil, par les père et mère ou autres ascendants, à leurs enfants et descendants ?

Ce droit est de 1 franc par 100 francs, sur les meubles comme sur les immeubles (Lois du 16 juin 1824, art. 3, et du 18 mai 1850, art. 10).

3304. Ne doit-on pas ajouter le droit de un et demi pour cent, pour transcription, sur les démissions de biens immeubles ?

Le droit de transcription n'est perçu sur ces donations que lorsque la transcription en est requise au bureau des hypothèques (Loi du 16 juin 1824, art. 3).

3305. Si le partage est fait par un ascendant, entre son enfant et les enfants de ce dernier, doit-il profiter de la modération de droit accordée par la loi du 16 juin 1824 ?

Non, parce qu'un tel acte n'offre pas les caractères d'un partage anticipé qui doit avoir lieu entre les héritiers présomptifs (Cass., 5 juin 1848 et 12 mars 1849).

3306. Que doit-on décider relativement à une donation faite à un enfant unique du donateur ?

La modération du droit n'est pas applicable à cette donation, par la raison que cette modération n'est accordée qu'aux donations portant partage, et qu'il ne saurait y avoir partage là où il n'y a pas de division à opérer (Inst. gén., 18 déc. 1824, n° 1150, § 5; Cass., 20 janv. 1840; Inst. gén., 29 sept. 1840, n° 1618, § 1).

3307. Mais lorsque l'ascendant a plusieurs enfants, l'abandon qu'il fait de ses biens doit-il être fait en faveur de tous les héritiers, pour qu'il participe au bénéfice de la loi de 1824.

Un partage d'ascendant doit nécessairement, à l'image de la succession dont il anticipe l'ouverture, être fait entre tous les héritiers présomptifs, et n'existe pas comme partage, s'il ne remplit cette condition. On ne saurait donc lui faire l'application du droit spécial auquel le partage de présuccession est soumis (Cass., 8 juin 1841).

3308. S'ensuit-il que tous les enfants doivent nécessairement être présents à l'acte ?

Ils peuvent y être représentés, soit par les autres enfants, soit par un tiers qui consente pour eux et à leur place. Bien plus, l'acte ne perdrait pas le caractère de partage anticipé, si l'un des enfants n'était ni présent, ni représenté, pourvu qu'une part lui ait été réservée dans les biens donnés.

3309. Est-il nécessaire que la démission de biens contienne tous les biens du donateur ?

L'acte peut ne comprendre qu'une partie des biens du donateur, sans cesser d'être un partage anticipé.

3310. Le partage est-il de l'essence de cette donation ?

Il n'est pas indispensable que la donation contienne partage, ni même assignation de parts, pour qu'elle constitue la disposition prévue par l'art. 1075, C. civ.

La jurisprudence de la Cour de cassation ne laisse aucun doute à ce sujet.

3311. Les soultes et retours de lots stipulés dans les donations portant partage sont-ils affranchis du droit proportionnel ?

La Cour de cassation s'était prononcée pour l'affirmative; mais l'art. 5 de la loi du 18 mai 1850 a assujetti ces soultes aux règles ordinaires de perception, de manière qu'elles sont aujourd'hui passibles du droit proportionnel de 2 p. 100 sur les biens meubles, et de 4 p. 100 sur les immeubles.

3312. Si des époux, en faisant donation à leurs enfants de leurs biens propres et des biens de communauté, réservent, au profit du survivant d'eux, l'usufruit de tous ces biens, cette réserve donne-t-elle lieu à un droit particulier ?

Il est dû sur le contrat un droit fixe de donation éventuelle entre époux, et à l'avénement un droit de mutation, à raison de la transmission d'usufruit au survivant, par rapport aux propres du défunt (Cass., 15 juin 1846; D. P., 46, 1, 266; Délib., 21 oct. 1831).

ARTICLE VII.

DES BAUX ET CESSIONS DE BAUX.

3313. A quel taux sont tarifés les baux de biens meubles et immeubles et les cessions de baux ?

Lorsque la durée en est limitée, ils sont passibles du droit de 20 centimes par 100 francs sur le prix cumulé de toutes les années (L. du 16 juin 1824, art. 1er).

3314. Nous ne nous occuperons ni du bail à rente perpétuelle, ni du bail à vie, ni du bail à durée illimitée, qui se rencontrent peu dans la pratique. Voyons ce qui concerne les baux ordinaires, puis nous parlerons des baux emphytéotiques. Dites-nous d'abord quelle est la plus longue période de temps pour laquelle un bail puisse être fait.

La durée des baux ne peut pas excéder quatre-vingt-dix-neuf années (Loi 18-20 déc. 1790, tit. 1er, art. 1er). Au delà de ce terme la convention prend le caractère d'une aliénation.

3315. Lorsqu'un bail est fait, sans que la durée de la location soit déterminée dans le contrat, doit-on considérer ce bail comme fait pour une durée illimitée et assujetti, en conséquence, au droit ordinaire des mutations ?

Non, car la durée des baux faits sans fixation de terme est réglée par la loi ou par l'usage des lieux (C. civ., art. 1758; Cass., 19 juin 1828).

3316. Sur les baux de trois, six ou neuf années, le droit est-il dû seulement sur les trois premières années qui seules sont obligatoires ?

Sont considérés, pour la liquidation et le payement du droit, comme baux de neuf années, ceux faits pour trois, six ou neuf années (Loi du 22 frim. an 7, art. 69, § 3, n° 2).

3317. Si le prix du bail est payable en denrées, comment se règle le droit d'enregistrement?

L'évaluation des denrées est faite au taux des mercuriales du marché le plus voisin, d'après une moyenne établie sur les quatorze années antérieures à celle de l'ouverture du droit, et dont on retranche les deux plus fortes et les deux plus faibles (Loi du 18 mai 1818, art. 75).

3318. Cette disposition s'applique-t-elle aux baux à colonage ou à portions de fruits?

Pour ces baux l'évaluation des denrées doit être faite d'après les dernières mercuriales du canton de la situation des biens, à la date de l'acte, conformément à la loi du 22 frim. an 7 (Cass., 9 mai 1826; D. P., 26, 1, 276).

3319. Le prix du bail est-il le seul élément de la perception du droit d'enregistrement?

Il faut ajouter à ce prix les charges imposées au preneur (Loi du 22 frim. an 7, art. 15).

3320. Quelles sont les charges qu'il faut ainsi ajouter au prix du bail?

Ce sont notamment la contribution foncière, les grosses réparations, et généralement toutes les obligations que le bailleur doit ordinairement supporter, d'après les lois générales ou locales, et qui sont mises à la charge du preneur en sus du fermage annuel.

3321. La contribution mobilière, celle des portes et fenêtres, les réparations locatives sont-elles des charges qui augmentent le prix du bail?

Non, parce que le preneur en est naturellement tenu par la loi ou les usages, et sans qu'il soit besoin de les stipuler.

3322. Lorsque, dans un bail, il est stipulé que les constructions que le preneur *pourra faire* seront laissées par lui, à la fin de sa jouissance, sans indemnité de la part du bailleur, ou à la charge par lui de payer une indemnité quelconque, y a-t-il lieu à un droit particulier?

Non, attendu que cette stipulation ne renferme point d'obligation précise, point de charge réelle imposée au preneur; il peut faire ou ne pas faire des constructions, à sa volonté.

3323. Mais si le bail impose au preneur l'obligation de faire des constructions et de les laisser au bailleur, quel droit en résulte-t-il?

C'est une charge à ajouter au prix du bail, soit que les constructions restent au bailleur sans indemnité, soit qu'il ait à payer une indemnité réglée d'avance ou qui doit être fixée à la fin du bail (Délib., 21 mars 1833; D. P., 33, 3, 77; et 14 mars 1834, D. P., 34, 3, 55). Il avait été décidé précédemment que, dans ce dernier cas, il y avait un marché soumis au droit de 1 pour 100.

3324. Lorsque le preneur est chargé de payer la contribution foncière en sus du prix du bail, sans évaluation par les parties, ou sans la représentation d'un extrait du rôle, sur quelle base le receveur doit-il établir sa perception ?

Il doit être ajouté au prix du bail, y compris les charges, un quart en sus pour la contribution, sauf restitution du trop-perçu, s'il est représenté, après l'enregistrement, un extrait du rôle, établissant que la contribution est inférieure à la somme ajoutée (Délib., 9 brum. an 7; 20 fév. 1820).

3325. Le paiement, par avance et comptant, de la totalité ou d'une partie du prix du bail, ne donne-t-il pas lieu à un droit particulier?

Non, pas plus que l'obligation prise par le preneur de payer, à une certaine époque, une partie du loyer d'avance (Délib., 18 août 1815; 6 déc. 1820 et 3 sept. 1833). Il y a même raison de décider que pour le prix d'une vente payé comptant, qui n'est pas assujetti à un droit particulier (Loi du 22 frim. an 7, art. 10).

3326. Si le propriétaire fait des avances en numéraire, grains, fourrages, engrais, etc., au fermier, qui est obligé d'en rendre l'équivalent à la fin de son bail, est-il dû un droit particulier d'obligation ?

Il faut distinguer: si l'avance consiste en grains, fourrages, engrais ou autres choses de ce genre, tous ces objets font partie de la chose louée et ne peuvent donner lieu à un droit particulier (Délib., 15 sept. 1820). Mais si l'avance est faite en numéraire, elle est considérée comme un prêt et sujette au droit d'obligation.

3327. Quel est le droit dû sur le cautionnement des baux ?

Le droit de cautionnement des baux est de moitié de celui fixé pour les baux (Loi du 16 juin 1824, art. 1ᵉʳ).

3328. De quel droit est passible le bail emphytéotique pour quatre-vingt-dix-neuf ans et au-dessous?

Du droit de 5 et demi pour 100, comme acte translatif de propriété immobilière (Cass., 1ᵉʳ avril 1840; Id., 18 mai 1817; D. P., 47, 1, 176).

3329. Y a-t-il un droit d'enregistrement spécial pour les sous-baux et cessions de baux ?

Le droit est le même que pour les baux (Loi du 22 frim. an 7, art. 69, § 3, n° 2). Seulement le droit n'est perçu que sur les années qui restent à courir.

ARTICLE VIII.

VENTES MOBILIÈRES.

3330. A quel droit sont assujetties les ventes ou les adjudications de meubles et objets mobiliers ?

Au droit de 2 p. 100 sur le prix de la vente (Loi du 22 frim. an 7, art., 69, § 5, n° 1).

3331. Dans les adjudications de meubles, le droit est-il liquidé sur chaque article en particulier, comme il l'est sur chaque lot dans les adjudications d'immeubles ?

Le droit se liquide sur le montant des sommes que contient cumulativement le procès-verbal des séances à enregistrer dans le délai prescrit par la loi (Loi du 22 pluv. an 7).

3332. Les ventes de fruits et récoltes pendants par racines, et des coupes de bois taillis et de futaies, sont-elles considérées comme des ventes immobilières et passibles du droit de cinq et demi pour cent ?

Il n'est dû sur ces ventes que le droit de 2 p. 100 (Loi du 22 frim. an 7, art. 69, § 5, n° 1).

3333. Une ordonnance royale du 1er mai 1816 prescrit de comprendre au procès-verbal d'adjudication les objets retirés par le propriétaire : le droit d'enregistrement est-il dû sur la valeur de ces objets ?

Le droit d'enregistrement ne doit pas être perçu sur les objets exposés en vente, mais retirés faute d'adjudication, même après enchères (Inst. gén., 25 mars 1819, n° 882).

3334. Dans une vente publique de meubles dépendants d'une succession, si l'un des héritiers achète une partie de ces meubles, comment le droit se liquide-t-il sur le prix de cette acquisition ?

Le droit entier est perçu sur le prix des objets achetés par l'un des cohéritiers, lors même que ce prix n'excède pas la part qui lui revient dans la valeur totale du mobilier vendu (Délib., 13 nov. 1822; Cass., 9 mai 1832).

3335. Lorsqu'il est stipulé que les adjudicataires paieront des centimes additionnels pour frais d'enregistrement, publications, honoraires, etc., doit-on percevoir le droit sur cette charge ?

Le droit n'est perçu sur les centimes additionnels que pour ce qui excède 5 centimes par franc (Délib., 19 avril 1826; Inst. gén., n° 1200, § 21).

3336. Quelle est la formalité préalable à remplir pour une vente publique et aux enchères d'objets mobiliers ?

L'officier public chargé de la vente doit en faire préalablement la déclaration au bureau de l'enregistrement dans l'arrondissement duquel la vente doit avoir lieu (Loi du 22 pluv. an 7, art. 7).

3337. Si la vente n'a pas lieu au jour indiqué, peut-il y être procédé un autre jour, sans nouvelle déclaration ?

Une nouvelle déclaration est indispensable pour faire connaître le jour où il sera procédé à la vente (Délib., 18 avril 1817).

3338. Mais si la vente est remise ou continuée à jour fixe, une nouvelle déclaration est-elle encore nécessaire ?

Non, lors même que le procès-verbal de la remise n'est pas encore enregistré, le jour où la vente est continuée (Délib., 24 mars 1820, et plusieurs décisions judiciaires).

3339. A quel bureau doit être enregistré un procès-verbal de vente de meubles aux enchères ?

Au bureau où la déclaration a été faite (Loi du 22 pluv. an 7, art. 6).

3340. Dans quel délai cet enregistrement doit-il avoir lieu pour une vente à laquelle un notaire a procédé hors du ressort du bureau dont il dépend ?

Dans le délai de quinze jours (Circul., 1er vent. an 7).

CHAPITRE III.

DES ACTES OU SE RÉUNISSENT LE DROIT FIXE ET LE DROIT PROPORTIONNEL.

ARTICLE Ier.

DES CONTRATS DE MARIAGE.

§ 1er.—Conventions matrimoniales.

3341. Abstraction faite des avantages que les futurs époux peuvent se faire entre eux et de ceux qui peuvent leur être faits par d'autres personnes, à quel droit sont assujettis les contrats de mariage ?

Au droit fixe de 5 fr. (Lois du 22 frim. an 7, art. 68, § 3, n° 1, et du 28 avril 1816, art. 45, n° 2).

3342. Dites-nous ce qui constitue principalement le contrat de mariage ?

Ce sont les déclarations des apports des époux, les stipulations de régime et les conditions qui en découlent, lesquelles ne donnent lieu à aucun droit particulier.

3343. La clause qui assigne la totalité ou une portion plus grande que la moitié des biens de la communauté au survivant ne donne-t-elle pas lieu à un droit particulier?

D'après l'art. 1525, C. civ., cette clause n'est pas considérée comme un avantage sujet aux règles ordinaires, ce n'est qu'une convention de mariage, dès lors elle ne donne pas ouverture à un droit particulier (Cass., 6 mars 1822; Inst. gén., 8 janv. 1824, n° 1113, § 1er; Délib., 20 sept. 1826).

3344. En est-il de même pour la clause de préciput en faveur du survivant?

Oui, et par les mêmes raisons, si le préciput est à prendre sur les biens de la communauté; mais il serait dû un droit fixe de donation éventuelle si le préciput était à prendre sur les biens personnels du prémourant, ou si la femme avait le droit de le prélever, même en renonçant à la communauté, parce que, dans ce cas, il ne pourrait s'exercer que sur les biens personnels du mari (Inst. gén., 26 sept. 1828, n° 1256, § 4).

3345. A quel droit donne lieu la clause d'ameublissement qui transfère à la communauté un droit réel?

A aucun droit particulier, pas même celui de transcription. C'est là une condition du mariage (Délib., 15 mars 1823; 28 août 1827; 1er août 1843).

3346. La reconnaissance, de la part du futur, d'avoir reçu la dot apportée par la future, ne constitue-t-elle pas une obligation passible du droit proportionnel?

La loi a affranchi de tout droit cette reconnaissance (Loi du 22 frim. an 7, art. 68, § 3, n° 1). C'est, en effet, une disposition dépendante du contrat de mariage, et un des éléments essentiels dont il se compose.

3347. Que doit-on décider relativement à certaines conditions particulières qui se rencontrent dans les contrats de mariage, telles que celles-ci:

La femme (séparée de biens) contribuera, jusqu'à concurrence de telle somme ou de telle portion de ses revenus, aux dépenses du ménage;

La femme est autorisée à prélever une certaine somme pour sa toilette;

L'enfant d'un premier mariage sera élevé et nourri aux frais de la communauté?

Toutes ces dispositions sont accessoires du contrat de mariage; elles dérivent des stipulations principales et sont, comme elles, exemptes de droits particuliers (Championnière et Rigaud, t. 1, n° 3020 et suiv.; Inst. gén., 28 mars 1807, n° 1205, § 4; Délib., 25 mars 1823; 7 mai 1823; 8 déc. 1824; 14 déc. 1825).

§ 2. — Avantages entre époux.

3348. Les donations actuelles ou éventuelles sont-elles des dispositions dépendantes du contrat de mariage ?

Ces donations sont des dispositions indépendantes du contrat de mariage, et donnent lieu à un droit particulier, fixe ou proportionnel.

3349. Lorsque les dispositions de libéralité, entre les futurs époux, sont soumises à l'événement du décès, à quel droit donnent-elles lieu ?

Au droit fixe de 5 fr. comme donations éventuelles (Loi du 22 frim. an 7, art. 68, § 3, n° 5 ; Loi du 28 avril 1816, art. 45, n° 4).

3350. S'il y a plusieurs dispositions de cette nature, est-il dû un droit sur chacune d'elles ?

Il n'y a lieu qu'à un seul droit pour toutes ces dispositions, en quelque nombre qu'elles soient, encore qu'elles soient mutuelles (Décis. min. fin., 21 juill. 1820).

3351. Quel est le droit dû sur les donations *actuelles*, entre époux, par contrat de mariage ?

Il est dû 1 fr. 50 cent. par 100 fr. sur les meubles et 3 fr. par 100 fr. sur les immeubles, y compris le droit de transcription (Loi du 18 mai 1850, art. 10).

§ 3. — Conventions et donations auxquelles des tiers sont parties.

3352. Les conventions particulières entre les époux et des tiers, contenues dans le contrat de mariage, doivent-elles être soumises à des droits distincts ?

Ces conventions ne sont pas de l'essence du contrat de mariage, et elles donnent lieu à des droits distincts, selon leur nature.

3353. Mais les constitutions de dot faites au profit des époux par leurs parents ou même des étrangers sont bien des conventions essentielles du contrat de mariage.

Elles ne sont pas inhérentes à ce contrat, en ce sens qu'il peut exister sans elles : en conséquence, elles sont passibles de droits particuliers (Loi du 22 frim. an 7, art. 68, § 3, n° 1).

3354. Quel est le droit dû sur les donations faites aux époux par le contrat de mariage ?

En ligne directe, 1 fr. 25 cent. par 100 fr. sur les meubles, et 2 fr. 75 cent. sur les immeubles ;

Entre frères et sœurs, oncles et tantes, neveux et nièces, 4 fr. 50 cent. sur les meubles comme sur les immeubles ;

Entre grands-oncles et grand'tantes, petits-neveux et petites-nièces, cousins germains, 5 fr. sur les meubles et les immeubles ;

Entre parents au delà du 4° degré jusqu'au 12°, 5 fr. 50 cent. ;

Entre personnes non parentes, 6 fr. (Loi du 18 mai 1850, art. 10).

3355. Est-il dû en outre le droit de transcription sur les immeubles ?

Le droit de transcription est compris dans les droits qui viennent d'être indiqués.

3356. Les donations de rentes sur l'Etat ne sont-elles pas exemptes de tout droit de mutation ?

Il en a été longtemps ainsi, mais, d'après l'art. 7 de la loi du 18 mai 1850, les donations de rentes sur l'Etat sont assujetties au même droit que toutes autres valeurs mobilières.

3357. Les reconnaissances d'un don manuel peuvent-elles être passibles d'un droit proportionnel ?

Toute déclaration, par le donataire ou ses représentants, d'un don manuel, est sujette au droit de donation (Loi du 18 mai 1850, art. 6).

3358. Est-il dû un droit sur les promesses d'égalité ?

Il est dû un droit fixe de 5 fr. comme donation éventuelle (Inst. gén., 21 juin 1836, nᵒ 1511, § 1).

3359. Un droit proportionnel est-il exigible sur la constitution de dot faite par un ascendant, lorsque cette dot a pour objet des biens qui appartiennent en propre à l'époux doté, soit comme les ayant recueillis dans la succession de son père ou de sa mère prédécédé, soit comme les tenant d'ailleurs ?

Il n'y a là ni obligation, ni libération, ni transmission de la part de l'ascendant, qui puisse autoriser la perception d'un droit proportionnel : c'est une stipulation qui se confond en quelque sorte avec la déclaration d'apport qui est affranchie de tout droit par la loi.

3360. Cela se conçoit quand il est justifié par des actes authentiques que la dot constituée se compose en entier d'effets mobiliers ou de sommes existant dans la succession de l'ascendant prédécédé ; mais si l'ascendant survivant fournit la dot de ses propres deniers, la décision est-elle toujours la même ?

Dans ce cas, il y a lieu au droit de donation.

3361. N'est-ce pas plutôt là une cession de droits successifs, surtout si l'enfant doté renonce à demander à l'ascendant survivant compte et partage de la succession du conjoint prédécédé ?

Une semblable cession ne s'établit pas par induction, elle doit résulter de termes exprès qui manifestent la commune intention des parties. Ainsi, lorsque la renonciation par l'enfant est pure et simple, elle n'opère par elle-même aucune cession ; elle n'exprime que l'ajournement du compte, les droits de l'enfant, soit sur les revenus, soit sur la propriété de la succession, subsistant dans leur intégrité. Mais si la renonciation de l'enfant est conçue dans des termes qui la convertissent en un abandon de droits successifs, s'il en résulte d'une manière explicite que l'ascendant survivant fera les fruits siens, ou qu'il pourra disposer de la propriété des biens de la succession du prédécédé, il y a lieu de percevoir le droit proportionnel de transmission soit d'usufruit, soit de propriété (Inst. gén., 12 sept. 1830, n° 1333).

3362. Si la dot, au lieu d'être constituée par le père ou la mère, était constituée par un frère ou par un autre héritier, pour remplir le futur de ses droits dans la succession de l'auteur prédécédé, à quel droit serait soumise cette constitution ?

Cette constitution produirait l'effet d'une cession de droits successifs, l'art. 1515, Code civil, ne s'appliquant qu'aux père et mère (Même inst. gén.).

3363. Est-il dû le droit de bail à vie ou de cession d'usufruit sur la clause par laquelle le père ou la mère du futur lui promet une somme annuelle pour lui tenir lieu des revenus auxquels il a droit dans la succession du prédécédé ?

Il est admis par la régie qu'une semblable stipulation n'a le caractère de cession qu'autant qu'elle emporte renonciation à demander compte et partage.

3364. Les changements et additions qui sont faits au contrat de mariage, avant la célébration du mariage, jouissent-ils de la même faveur que ce contrat ?

Oui, ils sont censés faire partie du contrat lui-même : ainsi, les donations qu'ils peuvent renfermer ne sont assujetties qu'au droit réglé pour les donations par contrat de mariage. Il en est autrement de celles qui sont faites avant le contrat (Cass., 7 nov. 1842).

3365. Pour les donations de sommes à prendre sur la succession du donateur, voyez ci-dessus, n° 3302 et suiv.

§ 4.—Restitution de droits.

3366. Y a-t-il lieu à la restitution des droits perçus sur un contrat de mariage, lorsque la célébration ne s'accomplit pas ?

Cette restitution est due, sauf la retenue du droit fixe, lorsqu'il est établi que la célébration n'a point eu lieu (Inst. gén., 28 juin 1808, n° 386 ; Délib., 12 janv. 1836).

3367. Peut-on également exiger la restitution du droit proportionnel perçu sur une disposition d'un contrat de mariage, lorsque cette disposition a été révoquée ou annulée par un acte postérieur au contrat ?

Oui, pourvu que l'annulation ait eu lieu avant la célébration (Solut., 21 sept. 1812 ; Délib., 12 janv. 1844).

3368. Dans quel délai la demande en restitution doit-elle être formée ?

Dans les deux ans du jour de l'enregistrement du contrat (Cass., 10 déc. 1838 ; Inst. gén., 30 sept. 1833, n° 1437, § 5).

3369. Quelle justification faut-il faire pour obtenir la restitution ?

Il suffit de justifier d'un acte notarié qui constate la résiliation du contrat (Délib., 3 oct. 1837) ou du mariage de l'un des futurs avec une autre personne que celle dénommée au contrat (Délib., 25 fév. 1838).

ARTICLE II.

DES PARTAGES ET LICITATIONS.

3370. Quel est le droit établi sur les partages ?

Les partages purs et simples de biens meubles et immeubles sont soumis au droit fixe de 5 fr. (Lois du 22 frim. an 7, art. 68, § 3, n° 2, et du 28 av. 1816, art. 45, n° 3).

3371. Cette disposition s'applique-t-elle seulement aux partages qui ont lieu entre cohéritiers ?

Elle s'applique à tous les partages entre copropriétaires, à quelque titre que ce soit, pourvu qu'il en soit justifié (Même art. de la loi de l'an 7).

3372. Pourquoi la loi exige-t-elle qu'il soit justifié du titre de copropriété ?

Par la raison qu'à défaut de titre antérieur de copropriété, il ne saurait y avoir un partage véritable, mais une transmission passible d'un droit proportionnel.

3373. Le nu propriétaire et l'usufruitier sont-ils des copropriétaires dans le sens de la loi ?

Non, il n'y a pas indivision entre eux; leur propriété respective est parfaitement distincte : si donc il intervient un acte qui attribue à l'usufruitier des droits en propriété au lieu de son usufruit, il y a là un échange passible du droit proportionnel.

2374. Supposez, au contraire, deux copropriétaires ayant les mêmes droits, et un acte qui détermine les parts de chacun en attribuant à l'un la nue propriété et à l'autre l'usufruit : est-ce là un simple partage ?

Cet acte constitue réellement un partage, une division de la chose, et il n'est dû que le droit fixe (Décis. min. fin., 25 fév. 1817; Inst. gén., 28 avril 1817, n° 775; Id. 30 sept. 1833, n° 1437, § 8).

3375. Un partage partiel peut sans doute avoir lieu entre tous les cohéritiers, en ce sens qu'ils se divisent les meubles ou les immeubles, ou même une partie de ces biens, et laissent le surplus dans l'indivision. Mais peut-on considérer comme un partage l'acte par lequel il est fait abandon à l'un des cohéritiers d'un bien de l'hérédité pour un prix rapportable à la masse héréditaire ?

Cet acte constitue une vente passible du droit de mutation, sur ce qui excède la part du cohéritier, et non une simple attribution provisoire de lot, et qui ne serait susceptible que d'un droit fixe (Cass., 19 nov. 1815; D. P., 15, 1, 231).

3376. Est-il dû plusieurs droits, lorsqu'il est procédé par un même acte au partage de plusieurs successions ?

Il n'est dû qu'un seul droit, quel que soit le nombre des successions partagées, pourvu que le partage en soit fait entre les mêmes cohéritiers (Délib., 8 germ. an 8).

3377. Mais, si l'acte contient partage de communauté et de succession, est-il dû deux droits ?

Il n'est également dû qu'un seul droit (Solut., 23 fév. 1835).

3378. A quel droit est soumis l'état de liquidation dressé par le notaire commis ?

Au droit fixe de 2 fr. comme acte innommé.

3379. Et le procès-verbal de tirage des lots ?

Au même droit de 2 fr.

3380. Lorsqu'un héritier rapporte à la masse de la succession les sommes qu'il a reçues en avancement d'hoirie et paie à ses cohéritiers l'excédant de ces sommes sur sa part héréditaire, quel droit est-il dû ?

Aucun droit particulier. Ce n'est là qu'une opération essentielle du partage et l'exécution de l'acte de donation (Délib., 16 mars 1822; Cass., 2 mai 1829).

3381. Si le cohéritier qui fait le rapport, au lieu de se libérer par l'acte de partage, reste débiteur d'une partie de la somme rapportée par lui, est-il dû le droit d'obligation ?

Non, par la raison que le titre existe déjà dans l'acte de donation (Délib. du 27 août 1833).

3382. Peut-on, dans un partage, énoncer des actes non enregistrés, sans encourir une amende ?

Les notaires peuvent énoncer dans les inventaires et aussi dans les partages des billets et actes sous seing privé non enregistrés, sans être passibles d'amende, toutes les fois que les actes sont destinés à faire connaître l'importance de la succession (Cass., 26 fév. 1850; D. P., 50, 1, 215).

3383. Les déclarations de dettes passives donnent-elles lieu à un droit d'obligation ?

Le droit d'obligation n'est pas dû si la déclaration de dettes est faite en l'absence du créancier. Cependant la régie a décidé que, si la dette est comprise dans un partage, il y a là une reconnaissance suffisante de la dette qui fait titre et doit opérer le droit d'obligation (Délib., 9 janv. 1851).

3384. Les liquidations de reprises qui se rencontrent fréquemment dans les partages donnent-elles lieu à un droit particulier?

Non, parce qu'elles forment un des éléments du partage.

3385. A quel droit les soultes de partage sont-elles soumises?

Au droit de 2 pour 100 sur les meubles et à celui de 4 pour 100 sur les immeubles (Loi du 22 frim. an 7, art. 69, § 7, nᵒˢ 5 et 7).

3386. N'y a-t-il pas lieu d'ajouter à ce droit, pour les immeubles, le droit de transcription?

Les partages n'étant pas de nature à être transcrits, l'on ne doit pas ajouter au droit principal le droit de transcription (Cass., 14 juill. 1824; Inst. gén., nᵒ 1151, § 8).

3387. En est-il encore de même si l'acte est présenté à la formalité?

Dans ce cas, le droit proportionnel de transcription est dû.

3388. Y a-t-il soulte passible du droit proportionnel, par cela seul que, dans un partage de biens mobiliers et immobiliers, il est abandonné à l'un des copartageants une portion d'immeubles plus forte que sa quote part dans chaque nature de biens?

Toutes les fois que le copartageant est aportionné en valeurs de l'hérédité, il n'y pas retour de lot. Bien mieux, l'un des copartageants peut être aportionné entièrement en immeubles et l'autre en meubles, sans qu'il en résulte un droit de soulte.

3389. Si l'un des héritiers reçoit en paiement de ses propres créances, sur la succession, une part plus considérable dans les biens héréditaires, y a-t-il là une soulte passible du droit proportionnel?

Cette attribution a le caractère de soulte en ce qui excède la part de l'héritier dans la dette.

3390. Voyez-vous également une soulte dans le partage par lequel l'un des héritiers a obtenu, dans les biens communs, une part plus forte que les autres, sous la condition de payer une plus grande partie des dettes?

Il y a, dans ce cas, mutation de propriété pour la partie de dettes dont l'héritier se trouve chargé au delà de sa part virile (Délib., 19 mai et 1ᵉʳ juin 1835; Cass., 20 déc. 1813 et 2 juin 1814; D. p., 44, 1, 77 et 317).

3391. Lorsqu'un des copartageants est chargé de vendre un

29.

immeuble ou de recouvrer une créance, à charge d'employer les sommes en provenant à acquitter des dettes communes, le droit de soulte est-il également dû ?

Ce n'est ici qu'un simple mandat, sans transmission de propriété.

3392. Considérez-vous comme une soulte l'obligation imposée à l'un des copartageants de souffrir un usufruit ou une servitude ?

Non : car il n'y a vraiment soulte qu'autant que l'héritier est tenu de débourser des deniers qu'il paie à son copartageant ou qu'il emploie pour lui à l'acquittement de sa part de dettes.

3393. Lorsqu'un immeuble est rapporté en nature, s'il est conservé par le donataire, à la charge de payer une soulte, est-il dû un droit sur cette soulte ?

Il n'est dû aucun droit, le droit ayant été déjà acquitté sur le tout pour la donation (*Dict. enreg.*, n° 122; Solut., 12 juin 1832).

3394. Lorsqu'il existe des valeurs mobilières et immobilières dans la succession, sur quelle nature de biens doit-on faire porter la soulte stipulée dans le partage ?

D'abord sur les créances à terme, ensuite sur les capitaux de rentes et les meubles, enfin, sur les immeubles. C'est dans ce sens et avec cette distinction que doit être perçu le droit de soulte, suivant la nature des biens (Inst. gén., 22 sept. 1807, n° 342; Cass., 6 mars 1813; D. P., 43, 1, 263).

3395. Si, pour remplir une femme du montant de ses reprises, il lui est abandonné des immeubles de la communauté et non des deniers ou du mobilier, selon l'indication de la loi, est-il dû un droit particulier ?

Il n'est pas dû de droit particulier, les parties étant libres de changer l'ordre d'opérer établi par la loi (Solut., 12 mars 1828; Inst. gén., 31 juillet 1835, n° 1490, § 12; Délib., 19 mars et 10 avril 1844).

ARTICLE III.

DES ACTES DE FORMATION ET DE DISSOLUTION DE SOCIÉTÉ.

3396. Quel est le droit à percevoir sur les actes de société ?

Les actes de société civile ou commerciale qui ne portent ni obligation, ni libération, ni transmission de biens meubles ou immeubles entre les associés ou autres personnes, sont soumis au droit fixe de 5 fr. (Loi du 22 frim. an 7, art. 68, § 3, n° 4; Loi du 28 avril 1816, art. 47, n° 2).

3397. Il résulte bien de ces expressions de la loi que les transmissions, obligations et quittances par un ou plusieurs des associés en faveur d'un ou de plusieurs de leurs coassociés individuellement, donnent ouverture au droit proportionnel de la convention qu'elles établissent : mais en est-il de même pour les dispositions de cette nature faites pour le compte et dans l'intérêt général de la société ?

Il est de principe que toutes obligations et stipulations contractées dans l'intérêt de la société sont de l'essence même des actes de société et n'engendrent aucun droit particulier (Inst. gén., 3 fruct. an 13, nᵒ 290, § 9).

3398. Ainsi, les apports en société de sommes ou valeurs mobilières sont exempts de tout droit proportionnel. Cette exemption s'applique-t-elle à l'apport d'un immeuble qui opère transmission en faveur de la société ?

Cette transmission n'est pas non plus sujette au droit de mutation (Décis. min. fin. et just., 8 déc. 1807 ; Inst. gén., nᵒ 360 ; Délib., 29 oct. 1822 ; 3 oct. 1828 ; Inst. gén., nᵒ 1272, § 3 ; Délib., 14 sept. et 13 nov. 1838).

3399. Cette exemption s'applique-t-elle même au droit de transcription ?

Il y a là une mutation de nature à être transcrite, et le droit de transcription est perçu sur la valeur entière, sans déduction de la part de l'associé propriétaire dans la société (Décis. min. fin., 20 janv. 1813 ; Inst. gén., 11 fév. 1813, nᵒ 1686 ; Cass., 9 mai 1837 ; 15 juin 1810 ; 13 déc. 1843).

3400. Ne vous semble-t-il pas qu'il y a vente et non apport social, lorsqu'un des associés abandonne un immeuble à la société en échange d'un certain nombre d'actions ?

Il n'y a pas vente toutes les fois qu'un associé reçoit de la société, en échange de ce qu'il apporte, des droits, actions ou intérêts sociaux (Cass., 8 mars 1812 ; D. p., 42, 1, 126 ; Solut., 17 août suivant ; Inst. gén., 30 sept. 1812, nᵒ 1675, § 7).

3401. Si, par exemple, un associé ayant à fournir 50,000 fr. pour sa part dans le capital social, apporte à la société un immeuble valant 60,000 fr., et reçoit en espèces 10,000 fr., quel droit est-il dû ?

Il est dû 4 pour 100 sur 10,000 fr., comme vente, et 1 et demi pour 100 sur 60,000 fr., pour droit de transcription.

3402. Que doit-on décider lorsque, au lieu d'un apport en propriété, l'un des associés apporte à la société la jouissance d'un immeuble ?

Il faut appliquer la règle générale d'après laquelle les apports en société sont exempts du droit proportionnel (Délib., 2 avril 1823).

3403. En est-il de même lorsqu'il s'agit d'un bail consenti par l'un des associés à la société ?

En ce cas le droit de bail est exigible au même titre que s'il avait été consenti par un étranger à la société (Cass., 3 janv. 1827).

3404. Indépendamment des conventions d'apport, l'acte de société peut contenir des stipulations particulières. Ces stipulations sont-elles également comprises dans le droit fixe de 5 fr. établi sur les actes de société ?

A cet égard, on doit suivre les principes généraux du droit fiscal, et décider en conséquence que le droit de 5 fr. couvre ces conventions, si elles peuvent être considérées comme clauses dépendantes de l'acte de formation de société, et qu'au contraire un droit particulier est exigible, si elles constituent des dispositions indépendantes.

3405. Par exemple , le traitement du gérant , son logement aux frais de la société, donnent-ils lieu à un droit particulier ?

Non, car ce sont là des conventions de société dépendantes de l'acte même de formation.

3406. Déciderez-vous de même à l'égard de l'obligation de nourrir et de loger l'un des associés, stipulée dans le contrat ?

Il faut distinguer. L'obligation constitue une convention indépendante donnant ouverture à un droit particulier si l'un des associés s'oblige à loger, nourrir un autre associé moyennant une indemnité déterminée. Mais, si d'après le contrat, l'un des associés doit loger et nourrir l'autre, sans qu'il soit stipulé d'indemnité, ou si l'indemnité doit être prélevée sur le fonds de la société, il n'est dû aucun droit particulier.

3407. De quel droit sont passibles les actes d'adhésion à une société déjà établie ?

Du droit fixe de 5 fr., mais il n'est dû qu'un seul droit, quel que soit le nombre des individus qui acquiescent par le même acte (Décis. min. fin., 28 frim. an 8; Délib., 22 fév. 1828).

3408. Et les actes de continuation ou prorogation de société ?

Du même droit de 5 fr., comme formant une nouvelle société (Solut. , 1ᵉʳ avril 1826).

3409. A quel droit sont assujettis les actes de dissolution de société ?

Au droit fixe de 5 fr., pourvu que l'acte de dissolution ne contienne ni obligation, ni libération, ni transmission de biens meubles ou immeubles entre les associés ou autres personnes (Lois du 22 frim. an 7, art. 68, § 3, n° 4; 28 avril 1816, art. 45).

3410. Les partages entre associés donnent-ils lieu au même droit que les partages entre cohéritiers ?

Oui, puisque la loi a tarifé d'une manière générale les partages de biens meubles et immeubles entre copropriétaires, à quelque titre que ce soit (Loi du 22 frim. an 7, art. 68, § 3, n° 2).

3411. Si un immeuble, apporté en société par l'un des associés, est attribué, dans le partage, à un autre associé, n'est-il toujours dû que le droit fixe ?

Malgré l'opinion d'un grand nombre d'auteurs, la Cour de cassation décide qu'en ce cas le droit proportionnel est dû, par la raison que la transmission, qui n'était que provisoire par l'apport en société, devient définitive par le partage et doit acquitter le droit qui n'a pas été perçu sur l'acte de société (Cass., 9 nov. 1842 ; 6 juin 1843).

CHAPITRE IV.

DES EXEMPTIONS.

3412. En matière d'enregistrement, la règle générale est que tous les actes civils ou judiciaires sont soumis à l'enregistrement. Néanmoins, cette règle a ses exceptions à différents titres. Combien distingue-t-on de catégories d'exemptions ?

Trois catégories principales : dans la première, les actes sont enregistrés en *débet* ; dans la seconde, ils sont enregistrés *gratis* ; et dans la troisième, ils sont exempts de la formalité de l'enregistrement.

3413. La première catégorie d'exemptions comprend, en général, les actes, procès-verbaux et jugements qui ont lieu dans un intérêt public de répression, dont nous n'avons pas à nous occuper ici. N'est-il pas toutefois quelques actes notariés qui s'enregistrent *en débet* ?

D'après la loi du 20 janvier 1851, sur l'assistance judiciaire, les actes et titres produits par l'assisté, pour justifier de ses droits et qualités, sont visés pour timbre et enregistrés *en débet* (art. 14). Cette disposition s'applique aux actes de notoriété et autres que peuvent recevoir les notaires.

3414. Quelle justification doit faire le notaire pour obtenir l'enregistrement *en débet* ?

Il doit mentionner dans son acte la date de la décision qui admet au bénéfice de l'assistance.

3415. Quand il y a lieu ultérieurement au recouvrement des droits d'enregistrement, est-ce contre le notaire que ce recouvrement est poursuivi ?

Ces droits sont recouvrés contre l'adversaire de l'assisté dans le cas où cet adversaire est condamné aux dépens (Même loi, art. 17).

3416. Quels sont les actes qui doivent être enregistrés *gratis* ?

Ce sont en général les actes qui intéressent particulièrement l'État, comme les acquisitions et les échanges au profit de l'État, les actes d'expropriation pour cause d'utilité publique, les actes de poursuite pour le recouvrement des contributions, enfin, les actes portant purement et simplement quittance et décharge de la part des parties prenantes au profit de la caisse des dépôts et consignations; les actes de notoriété et de consentement; les reconnaissances d'enfants naturels, nécessaires pour le mariage des enfants indigents et la légitimation de leurs enfants.

3417. A quels actes s'applique l'exemption absolue d'enregistrement?

D'abord à tous les actes d'administration publique qui ne sont pas spécialement soumis à l'enregistrement (Loi du 22 frim. an 7, art. 70, § 3, n° 2). Tels sont les décrets et arrêtés rendus par le chef de l'État et les ministres; les actes de l'état civil; les autorisations données par les préfets aux communes, hospices et autres établissements publics, les quittances des droits payés à la nation.

3418. Parmi les actes notariés, quels sont ceux qui sont exempts d'enregistrement?

Les certificats de vie pour toucher des rentes et pensions à la charge de l'État, pour la caisse Lafarge et toutes les tontines légalement autorisées et dont les fonds sont employés en rentes sur l'État (Inst. gén., 16 oct. 1812 et 20 fév. 1822, n°ˢ 604 et 1021). Les certificats de propriété à produire par les héritiers des pensionnaires de l'État, pour le recouvrement d'arrérages après décès (Inst. gén., 22 nov. 1842, n° 1679).

CHAPITRE V.

DES DROITS DE MUTATION PAR DÉCÈS.

§ 1ᵉʳ.—Dispositions générales.

3419. Toute mutation de biens par décès, soit en propriété, soit en usufruit, donne-t-elle ouverture au droit proportionnel?

Oui. C'est le principe posé par la loi du 22 frimaire an 7, art. 15, n° 7. Il n'y a d'exception que pour l'usufruit légal appartenant aux pères et mères survivants, sur les biens de leurs enfants mineurs jusqu'à l'âge de 18 ans (Délib., 20 juin 1828; Proudhon, de l'Usuf., t. 2, p. 331).

3420. Les envoyés en possession provisoire, après déclaration d'absence, doivent-ils acquitter un droit de mutation, quoiqu'ils ne soient point propriétaires définitifs?

Ils doivent acquitter, dans les six mois de l'envoi en possession, les droits auxquels ils seraient rigoureusement tenus si le décès était prouvé, sauf restitution si l'absent vient à reparaître, déduction faite des droits auxquels aura donné lieu la jouissance des envoyés en possession (Loi du 28 avril 1816, art. 40).

3421. La régie peut-elle exiger le paiement des droits contre un héritier qui n'a pas pris qualité et ne s'est pas mis en possession de l'hérédité ?

La régie n'a pas à prouver que la succession a été acceptée par l'héritier, c'est à ce dernier à prouver qu'il a renoncé (Cass., 11 fév. 1807; *Id.* 7 mars 1812).

3422. Il n'en est sans doute pas de même à l'égard du légataire, qui n'a pas la saisine, qui n'a pas formé la demande en délivrance, qui peut même ignorer l'existence du testament ?

L'action de la régie est la même contre les légataires, c'est également à eux à prouver qu'ils ont renoncé (Cass., 16 janv. 1811; 4 fév. 1812; 26 fév. 1823).

3423. La renonciation doit-elle être faite avant l'expiration du délai de six mois depuis le décès ?

Elle peut être faite, tant que les choses sont entières, *rebus integris*, suivant cette règle : N'est héritier qui ne veut (Cass., 23 frim. an 11).

3424. Une acceptation sous bénéfice d'inventaires de la part de l'héritier équivaudrait-elle, sous ce rapport, à une renonciation ?

L'héritier bénéficiaire est tenu, comme l'héritier pur et simple, d'acquitter, dans les délais, le droit de mutation par décès, lors même qu'il n'y a pas de fonds disponibles dans la succession, ou même qu'elle n'est pas solvable (Cass., 21 avril 1806; 28 oct. 1806; 12 , ' 1836; 28 août 1837).

3425. Mais l'héritier bénéficiaire peut au moins renoncer à la succession pour s'affranchir du paiement des droits ?

L'héritier bénéficiaire, pas plus que l'héritier pur et simple, ne peut renoncer à la succession, après l'avoir acceptée, suivant la maxime : *Semel hæres, semper hæres.*

3426. L'héritier bénéficiaire qui a payé les droits de succession peut-il en réclamer la restitution contre la régie, s'il établit que la succession est insolvable ?

Le bénéfice de n'être tenu des charges que jusqu'à concurrence des forces de la succession peut bien lui ouvrir une action récursoire sur les revenus ou capitaux de ladite succession, mais non une action en restitution de droits légitimement perçus (Cass., 3 fév. 1829).

3427. Ces principes doivent-ils être suivis également à l'égard des successions vacantes ?

Il est dû un droit de mutation par décès sur les biens dépendant d'une succession vacante, et ce droit doit être acquitté sans déduction des dettes (Cass., 3 niv. an 13; 15 juillet 1806).

3428. Dans ce cas, le droit est-il perçu au taux réglé pour les successions entre étrangers ?

Le droit se règle au taux fixé pour le degré de parenté de l'héritier renonçant, par le motif que la qualité d'héritier repose sur sa tête, nonobstant sa renonciation, jusqu'à la prescription du droit d'accepter ou jusqu'à l'acceptation par d'autres héritiers (C. civ., 790 ; Trib. de la Seine, 7 juill. 1811).

3429. Le curateur à une succession vacante est-il tenu personnellement du paiement des droits de mutation ?

Il est bien tenu de faire sa déclaration dans le délai prescrit, mais le droit est dû par les biens de l'hérédité, non par lui personnellement, puisqu'il ne recueille rien et n'est qu'un simple administrateur.

3430. Mais, s'il a fait l'avance du droit, et que les valeurs de la succession ne suffisent pas pour en opérer le paiement, a-t-il une action en restitution contre la régie ?

Il peut se faire restituer, pourvu qu'il établisse l'insuffisance des valeurs de la succession (Cass., 3 déc. 1839).

3431. Lorsque la déclaration n'a pas été faite dans le délai de six mois, l'amende du demi-droit en sus est-elle due par le curateur personnellement ?

La peine du demi-droit en sus ne serait à la charge du curateur que si, en réalité, il existait dans la succession des valeurs suffisantes pour acquitter le droit de mutation.

§ 2.—De la quotité des divers droits.

3432. Quelle est la quotité des divers droits dus pour les mutations par décès ?

En ligne directe,	par 100 fr.	1 fr.	» »
Entre époux,		3	» »
Entre frères et sœurs, oncles et tantes, neveux et nièces,		6	50
Entre grands-oncles, grand'tantes, petits-neveux et petites-nièces et cousins germains,		7	» »
Entre parents au delà du 4ᵉ degré,		8	» »
Entre étrangers,		9	» »

(Lois du 22 frim. an 7 ; du 28 avril 1816 et du 18 mai 1850, art. 10).

3433. Vous ne faites aucune distinction entre les meubles et les immeubles. Les droits sont-ils donc les mêmes sur ces deux natures de biens ?

Les meubles ont été assimilés aux immeubles, pour la perception des droits d'enregistrement, sur les mutations par décès (Loi du 18 mai 1850, art. 10).

3434. Quel droit doit payer l'époux qui succède à son conjoint, à défaut de parents, en vertu de l'art. 767 du Code civil ?

. En ce cas, l'époux est considéré, pour le paiement du droit, *comme personne non parente :* il doit, par conséquent, acquitter le droit à raison de 9 fr. par 100 fr. (Loi du 28 avril 1816, art. 53).

3435. Mais si, dans le même cas de non-existence de parents au degré successible, l'époux recueille la succession de son conjoint, en vertu d'un testament ou d'une donation, est-il dû le même droit de 9 fr. par 100 fr.?

Dans ce cas, il n'est dû que le droit de mutation entre époux, c'est-à-dire 3 fr. par 100 fr.

3436. Lorsque les enfants naturels recueillent la totalité de la succession, à défaut de parents au degré successible, en vertu de l'art. 758 du Code civil, quel est le droit à payer par eux?

Ils sont considérés alors, pour le paiement du droit, comme personnes non parentes et doivent, par conséquent, le droit de 9 fr. par 100 fr. (Loi du 28 avril 1816, art. 53).

3437. Ne doit-on pas au moins, dans ce cas, faire distraction de la part à laquelle l'enfant naturel aurait eu un droit dans la succession, s'il y avait eu des parents?

Il n'est fait aucune distraction (Cass., 12 avril 1817).

3438. A quel taux les enfants naturels reconnus, qui sont appelés à recueillir une succession, concurremment avec d'autres héritiers, doivent-ils acquitter les droits de mutation?

Au taux réglé pour la ligne directe, c'est-à-dire à 1 fr. par 100 fr. (Déc. min. fin., 7 mess. an 12).

3439. Les alliés jouissent-ils de la modération de droit établie en faveur des parents?

Les alliés sont considérés comme personnes non parentes, et assujettis aux mêmes droits que ces personnes.

3440. Dans quelle catégorie rangez-vous les enfants adoptifs, pour le paiement des droits de succession?

Dans la catégorie des enfants légitimes : en conséquence, ils ne doivent que le droit réglé pour la ligne directe (Cass., 2 déc. 1822, aff. Baduel).

3441. Si le legs a été fait à un enfant, soit d'un enfant naturel, soit d'un enfant adoptif, par le père ou la mère de ce dernier, quel droit est-il dû?

Le droit en ligne directe (Cass., 2 déc. 1822; délib., 17 juin 1834 et 27 sept. 1843).

3442. Lorsque des parents, ascendants ou collatéraux, héritiers dans une ligne, recueillent la totalité de la succession, à défaut de parents dans l'autre ligne, sont-ils considérés comme étrangers pour la part afférente à cette dernière ligne?

Ils ne sont tenus de payer les droits sur la totalité de la succession qu'au taux réglé pour leur degré de parenté (*Dict. d'enreg.*, v° *Succession*, n° 169).

3443. Le legs fait au profit de l'exécuteur testamentaire ne doit-il pas être considéré plutôt comme une indemnité de ses soins que comme une libéralité, et, par conséquent, affranchi du droit proportionnel ?

Aucune rétribution n'étant accordée par la loi à l'exécuteur testamentaire, le legs qui lui est fait rentre dans la catégorie des libéralités par décès, et doit acquitter le droit proportionnel (Délib. cons. d'adm., 24 déc. 1831).

§ 3.—Évaluation des biens meubles et immeubles.

3444. Sur les biens d'une succession, est-il fait distraction des charges, de manière que le paiement du droit ne porte que sur le net des valeurs recueillies ?

La liquidation et le paiement du droit proportionnel sont établis sur la totalité des biens de la succession, *sans distraction des charges* (Loi du 22 frim. an 7, art. 14, nº 8).

3445. Les legs particuliers sont-ils des charges de la succession dans le sens de la disposition de la loi que vous venez de rappeler ?

Ce sont plutôt des prélèvements sur la succession, et le droit auquel ils sont assujettis exonère d'autant, ou les héritiers ou le légataire universel, par la raison qu'une même valeur ne doit pas acquitter deux droits.

3446. Quelles sont les charges dont la distraction ne doit pas être faite sur la valeur des biens ? Sont-ce seulement les charges annuelles d'entretien, de contributions et autres ?

Ce sont toutes les dettes de la succession sans exception (Cass., 13 niv. an 11; *Id.* 19 prair. suivant).

3447. Les reprises que les époux ont à exercer sur la communauté forment-elles une dette dont il ne doit pas être fait distraction ?

Les reprises s'exercent par prélèvement et diminuent ainsi l'actif à déclarer. Mais si la femme a renoncé à la communauté, ses reprises deviennent une dette du mari, et ne doivent pas être déduites sur les biens de la succession (Cass., 11 août 1830; Inst. gén., 1834, § 5).

3448. Comment doit-on déclarer les droits ou intérêts dans une *société commerciale ?*

Ce n'est point la part du décédé dans l'actif brut de la société que l'on doit déclarer, mais seulement sa part dans la valeur excédant le passif, c'est-à-dire l'émolument net (Cass., 3 mars 1829; Inst. gén., 1293, § 6).

3449. Lorsque la *nue propriété* d'une chose a été léguée à une personne, et l'*usufruit* à une autre, sur quelle valeur le droit de mutation est-il dû ?

Celui qui recueille la nue propriété doit acquitter le droit sur la valeur entière, et l'usufruitier sur la moitié de cette valeur (Cass., 11 sept. 1811 et 18 déc. suiv.).

3450. En est-il de même pour les biens dont la nue propriété seule est transmise et dont l'usufruit appartient à un tiers ?

Dans ce cas, le droit est dû sur la valeur entière des biens (Décis., 24 sept. 1830 ; Inst. gén., 1210, § 9).

3451. Comment se fait la déclaration des biens meubles ?

Les héritiers doivent remettre, à l'appui de leur déclaration, un inventaire ou état estimatif, article par article, par eux certifié, s'il n'a pas été fait par un officier public (Loi du 22 frim. an 7, art. 47).

3452. Si l'inventaire est authentique, les héritiers sont-ils tenus d'en fournir un extrait ou une expédition pour l'annexer à la déclaration ?

Non. Il suffit de le représenter et de l'énoncer dans la déclaration (Décis. min. fin., 22 prair. an 7).

3453. Les rentes sur l'Etat sont-elles assujetties à un droit de mutation ?

Elles ont été longtemps affranchies de tout droit, mais la loi du 18 mai 1850, art. 7, a soumis aux droits établis pour les successions ou donations les mutations par décès et les transmissions entre-vifs, à titre gratuit, des inscriptions sur le grand-livre de la dette publique.

3454. Cette disposition ne s'applique pas sans doute aux fonds publics étrangers ?

Sont soumises aux mêmes droits les mutations, par décès, de fonds publics et d'actions des compagnies ou sociétés d'industrie et de finances étrangers, dépendant d'une succession régie par la loi française (Ibid.).

3455. Sur quelle valeur s'établit la liquidation du droit, pour les fonds publics, et les actions de banque, de finances ou d'industrie ?

Le capital servant à la liquidation du droit est déterminé par le cours moyen de la bourse au jour de la transmission (Ibid.).

3456. Et s'il s'agit de valeurs non cotées à la Bourse ?

Dans ce cas, le capital est déterminé par la déclaration estimative des parties, conformément à l'art. 14 de la loi du 22 frimaire an 7, sauf l'application de l'art. 39 de la même loi, qui prononce une amende du demi-droit en sus, si l'estimation est reconnue insuffisante (Ibid.).

3457. Pour quel capital doivent être déclarées les rentes perpétuelles sur particuliers ?

Pour le capital constitué, et à défaut de capital exprimé dans le contrat, pour un capital formé de vingt fois la redevance annuelle (Cass., 28 mess. an 13 et 4 mai 1807).

3458. Et les rentes viagères ?

Les rentes viagères sont déclarées pour un capital formé de dix fois la rente annuelle (Arg. Loi du 22 frim. an 7, art. 14, n° 11).

3459. Sur quelle base doit être assis le droit pour les mutations, par décès, des offices dont la transmission est autorisée par l'art. 71 de la loi du 28 avril 1816 ?

Le droit est dû sur la valeur estimative de l'office, d'après les quotités fixées selon le degré de parenté. Néanmoins, lorsque l'office transmis par décès passe à l'un des héritiers ou à l'héritier unique du titulaire, le droit d'enregistrement est dû à 2 pour 100 sur le prix du traité ou une déclaration estimative, sauf imputation, jusqu'à due concurrence, sur le droit de mutation par décès (Loi du 25 juin 1841, art. 7 et 9).

3460. Comment détermine-t-on la valeur pour les immeubles ?

Pour les immeubles, c'est le revenu qu'il faut déclarer et non la valeur vénale. Le capital est formé en multipliant par 20 le revenu, sans distraction des charges (Loi du 22 frim. an 7, art. 15, n° 7).

3461. Les parties sont-elles libres de déclarer le revenu comme elles l'entendent ?

Lorsqu'il existe, lors du décès, un bail *courant* et non contesté, c'est le revenu constaté par ce bail qui doit servir de base à la déclaration, et l'administration ne peut pas demander l'expertise, lorsque les parties produisent un bail régulier et faisant preuve de son existence à l'égard des tiers (Championnière et Rigaud, t. 4, n° 3425 ; Cass., 18 août 1829 ; D. P. 29, 1, 337 ; Inst. gén., 1303, § 8).

3462. La régie pourrait-elle se prévaloir d'un bail passé antérieurement, mais qui n'aurait pas commencé à courir au jour du décès ?

Elle ne le pourrait pas, parce que ce n'est pas un bail *courant* lors du décès ; comme elle ne pourrait pas non plus opposer une augmentation du prix du bail consentie avant la déclaration, mais depuis le décès (Décis. min. fin., 12 germ. an 13 ; Inst. gén. 290, n° 69).

3463. Si le fermier paie la contribution foncière, en sus du prix du bail, faut-il en tenir compte ?

Le montant de la contribution foncière doit être ajouté au prix du bail ; elle s'évalue au quart du loyer, à moins qu'il ne soit justifié par un extrait du rôle à quelle somme elle s'élève (Délib., 18 avril 1828).

3464. S'il s'agit de bois, de quelle manière peut-on en fixer le revenu ?

Lorsque les bois sont aménagés en coupes réglées, on cumule les revenus de la vente ou de la location pendant toutes les années de l'aménagement, et la moyenne forme le revenu à déclarer. S'il n'y a ni coupes réglées, ni aménagement, on divise le prix de la coupe des bois exploités en une seule fois par le nombre des années de leur croissance (Délib., 31 juill. 1827; Inst. gén., 15 déc. suiv., n° 1229, § 2).

3465. L'héritier de l'acquéreur, sous faculté de rachat, doit-il acquitter les droits de mutation sur les biens compris dans la vente ?

Oui, si le retrait n'en à point encore été exercé lors du décès de l'acquéreur, lors même qu'il le serait depuis le décès, mais avant la déclaration (Délib., 15 juill. 1834; Déc. min., 20 août suiv.).

3466. L'héritier du vendeur, sous faculté de réméré, doit-il les droits de mutation par décès sur les biens vendus ?

Non, lors même qu'il exercerait le retrait après le décès de son auteur (*Ibid.*).

§ 4. — Bureaux où la déclaration doit être faite, par qui et dans quel délai.

3467. Veuillez nous expliquer à quels bureaux les déclarations de succession doivent être faites et les droits acquittés.

Les mutations par décès, de propriété ou d'usufruit des *biens immeubles*, sont enregistrées au bureau de la situation des biens. S'il s'agit d'une mutation, au même titre, de *biens meubles*, la déclaration doit en être faite au bureau dans l'arrondissement duquel ils se sont trouvés au décès de l'auteur de la succession. Les rentes et les autres *biens meubles sans assiette déterminée*, lors du décès, sont déclarés au bureau du domicile du décédé (Loi du 22 frim. an 7, art. 27).

3468. Qu'entendez-vous par ces mots : biens meubles sans assiette déterminée ?

Ce sont les créances résultant d'obligations, avec ou sans hypothèque, les reconnaissances, billets à ordre, lettres de change, les actions de commerce et d'industrie, les intérêts dans des entreprises, les rentes sur l'État, etc.

3469. Si la succession est ouverte en pays étranger ou dans les colonies, où doit-on déclarer les rentes et créances qui en dépendent, et qui sont payables en France ?

La déclaration doit en être faite au bureau du domicile du débiteur (Cass , 27 juill. 1810, et 20 août 1837; Avis, cons. fin., 11 fév. 1829).

3470. Par qui la déclaration de succession doit-elle être faite ?

Par les héritiers, donataires ou légataires, leur tuteurs ou curateurs (Loi du 22 frim. an 7, art. 27).

3471. Les héritiers doivent-ils tous concourir à la déclaration ?

La déclaration peut se faire par un seul d'entre eux, attendu qu'ils sont solidaires pour le paiement des droits de succession, d'après l'art. 32 de la loi du 22 frim. an 7.

3472. Chacun d'eux peut sans doute être admis à faire la déclaration et à acquitter les droits pour sa portion.

La déclaration ne peut pas se diviser; elle doit comprendre toute la succession, en vertu de la solidarité qui existe entre les héritiers.

3473. Les légataires particuliers sont-ils solidaires entre eux ?

Les légataires particuliers ne sont tenus à aucune solidarité entre eux, ils ne sont pas non plus solidaires avec les héritiers. Il en résulte que chacun d'eux peut faire isolément sa déclaration (Avis du conseil d'Etat, 21 sept. 1810).

3474. Y a-t-il solidarité entre l'usufruitier et le nu proprié-taire ?

Non. En conséquence, l'un d'eux ne peut faire la déclaration pour l'autre sans procuration (Délib., 27 janv. 1826).

3475. L'exécuteur testamentaire a-t-il qualité pour faire la déclaration de succession ?

Il n'a ni qualité, ni obligation pour faire cette déclaration, lors même qu'il a la saisine (Dict. d'Enreg., v° Succession, n° 327, et v° Exécut. testam., n° 5; Championnière et Rigaud, t. 4, n° 3851).

3476. Le mari peut-il faire seul une déclaration pour sa femme?

Oui, quand il y a communauté entre eux, ou lorsqu'il a l'administration des biens échus.

3477. Le cessionnaire de droits successifs a-t-il qualité suf-fisante pour faire la déclaration de succession ?

Sa déclaration devrait être admise, quoique l'administration n'ait contre lui aucune action pour le paiement des droits (Dict. d'Enreg., v° Succession, n° 323).

3478. Si la déclaration est faite par un mandataire, dans quelle forme doit être donnée la procuration ?

Le pouvoir peut être sous seing privé; il doit être sur papier timbré, mais il n'est pas sujet à l'enregistrement (Art. 38 des ordres gén. de la régie; Inst. gén., n° 433).

3479. Quand la procuration est reçue en minute par un no-taire, ou déposée en son étude, faut-il en annexer une expédi-tion ou un extrait à la déclaration ?

Il suffit de la représenter au receveur qui l'énonce dans la déclaration.

3480. Un héritier qui ne sait pas signer est-il obligé de se faire représenter par un mandataire ?

Il peut faire lui-même sa déclaration ; le receveur fait mention de la cause qui l'empêche de signer, et son attestation fait preuve suffisante (Inst. gén., 22 mai 1832).

3481. Dans quel délai la déclaration de succession doit-elle être faite ?

Dans le délai de six mois, à compter du jour du décès, lorsque celui dont on recueille la succession est décédé en France; dans le délai de huit mois, s'il est décédé dans toute autre partie de l'Europe ; dans le délai d'une année, s'il est mort en Amérique ; et dans celui de deux années, si c'est en Asie ou en Afrique (Loi du 22 frim. an 7, art. 24).

3482. Les envoyés en possession provisoire sont-ils tenus de faire une déclaration de succession, et dans quel délai ?

Ils sont tenus de faire, dans les six mois du jour de l'envoi en possession provisoire, la déclaration à laquelle ils seraient tenus s'ils étaient appelés par l'effet de la mort, et d'acquitter les droits sur la valeur entière des biens ou droits qu'ils recueillent (Loi du 28 avril 1816, art. 40).

3483. Lorsqu'un legs est fait par un testament olographe, le délai, pour la déclaration du legs, court-il nécessairement du jour de l'ouverture de la succession ?

Le délai ne court que du jour de l'ouverture du testament, ou, à défaut d'ouverture, du jour du dépôt chez un notaire, ou enfin du jour de son enregistrement. Il faut bien que le légataire et la régie aient pu connaître le legs (Décis. min. fin., 11 oct. 1808; Inst. gén. 1200, § 14).

3484. Lorsque des héritiers ou légataires universels renoncent avant d'avoir fait la déclaration et que la succession est acceptée par d'autres héritiers, depuis quel jour le délai court-il pour la déclaration de ces derniers ?

Toujours depuis le jour du décès.

3485. Quelle est la peine encourue pour défaut de déclaration dans les délais prescrits ?

Il est dû, à titre d'amende, un demi-droit en sus du droit dû sur la mutation (Loi du 22 frim. an 7, art. 39).

3486. Et pour les omissions reconnues avoir été faites dans les déclarations ?

L'amende est d'un droit en sus de celui qui se trouvera dû pour les objets omis (*Ibid.*).

3487. En est-il de même pour les insuffisances constatées dans les estimations des biens déclarés ?

La peine est également d'un droit en sus (*Ibid.*).

3488. Lorsque des biens meubles ont été déclarés pour l'estimation qui en a été faite, par exemple, dans un inventaire, si la vente qui en est faite postérieurement produit une somme plus élevée, y a-t-il là une insuffisance d'estimation passible d'amende ?

Non, par le motif que la vente se rapporte à une époque postérieure au décès et que, pour prouver l'insuffisance de l'estimation, il faut fournir la preuve d'une valeur plus grande au jour de l'ouverture de la succession (Championnière et Rigaud, t. 4, n° 3876; Délib., 12 mai 1835).

3489. La régie peut-elle provoquer une expertise pour faire constater l'insuffisance d'estimation des objets mobiliers ?

La loi n'accorde ce remède que pour les mutations d'immeubles (Loi du 22 frim. an 7, art. 19).

3490. Les tuteurs et curateurs peuvent-ils être responsables des amendes encourues pour retard, omission ou insuffisance ?

Les tuteurs et curateurs supportent personnellement l'amende lorsqu'ils ont négligé de passer les déclarations dans les délais, ou qu'ils ont fait des omissions ou des estimations insuffisantes (Loi du 22 frim. an 7, art. 39).

3491. L'héritier bénéficiaire, qui n'a pas fait la déclaration dans le délai prescrit, peut-il être recherché pour la peine du demi-droit en sus ?

Cette peine est à sa charge personnellement, et il peut être poursuivi pour l'amende encourue comme pour le droit simple (Cass., 1ᵉʳ fév. 1830; Inst. gén., 1320, § 5).

3492. Dans le cas où il a omis de déclarer, dans les délais, les biens échus à sa femme, le mari peut-il répéter contre elle, outre le simple droit, l'amende du demi-droit en sus ?

Il est personnellement responsable de cette amende, à moins que la succession n'ait été acceptée par la femme que comme autorisée par justice (*Dict. gén.* de Dalloz, vᵒ *Enreg.*, nᵒ 2327).

3493. Pendant combien de temps la régie peut-elle demander un supplément de droits pour insuffisance d'évaluation dans une déclaration ?

Pendant deux années, à compter du jour de l'enregistrement de la déclaration; passé ce délai, la prescription est acquise aux héritiers et légataires (Loi du 22 frim. an 7, art. 61).

3494. Y a-t-il également un délai pour la demande en restitution de droits indûment perçus ?

Les parties sont non recevables, après le même délai de deux années, pour toute demande en restitution de droits perçus (*Ibid.*).

3495. Le délai est-il le même s'il s'agit d'une omission de biens dans une déclaration faite après décès ?

Le délai de la prescription, pour le cas d'omission, est étendu à cinq années (Loi du 18 mai 1850, art. 11).

3496. Et s'il s'agit d'une succession non déclarée ?

En ce cas, la prescription est de dix années à compter du jour du décès (*Ibid.*).

DEUXIÈME SECTION.

Du Timbre.

---

§ 1er.—Principes généraux.

3497. Qu'est-ce que la contribution du timbre ?

C'est une contribution établie sur tous les papiers destinés aux actes civils et judiciaires et aux écritures qui peuvent être produits en justice et y faire foi, sauf les exceptions nommément exprimées dans la loi (L. 13 brum. an 7, art. 1er).

3498. Combien distinguez-vous de sortes de timbre ?

Deux sortes : le timbre de dimension et le timbre proportionnel (Lois 13 brum. an 7, art. 2; 6 prair. an 7, art. 9; 5 juin 1850, art. 1, 14, 20, 21).

3499. Qu'entendez-vous par le timbre à l'extraordinaire ?

C'est le timbre qui s'applique sur les papiers présentés par les particuliers eux-mêmes, ou sur les actes venant des colonies et de l'étranger (Loi 13 brum. an 7, art. 7).

3500. Et par le visa pour timbre ?

Le visa pour timbre est une formalité destinée à suppléer l'empreinte matérielle du timbre qu'il n'est pas possible de faire appliquer ailleurs qu'aux chefs-lieux de département (Circ. 7 juin 1806).

§ 2.—Des droits de timbre de dimension.

3501. Combien comptez-vous de sortes de papiers au timbre de dimension ?

Cinq sortes : la demi-feuille de petit papier, qui se paie 35 cent.; la feuille du même, 70 cent.; la feuille de moyen papier, 1 fr. 25 cent. ; la feuille de grand papier, 1 fr. 50 cent.; et la feuille de dimension supérieure, 2 fr. (Loi du 28 avril 1816, art. 62).

3502. A quels actes, en général, s'applique le timbre de dimension ?

A tous actes et écritures, soit publics, soit privés, devant ou pouvant faire titre, ou être produits pour obligation, décharge, justification, demande ou défense (L. 13 brum. an 7, art. 12, n° 1er).

3503. Ne s'applique-t-il qu'à ces actes et écritures ?

Il s'applique également à tous livres, registres et minutes de lettres qui sont de nature à être produits en justice, et dans le cas d'y faire foi, ainsi qu'aux extraits, copies et expéditions qui sont délivrés desdits livres et registres (Ibid.).

30°

3504. N'y a-t-il pas certains actes et registres non soumis à la formalité du timbre ?

Oui; ce sont : 1° les actes du Gouvernement, les minutes de tous les actes, arrêtés, décisions, délibérations de l'administration publique en général, et de tous les établissements publics, dans tous les cas où aucun de ces actes n'est sujet à l'enregistrement sur la minute et les extraits, copies ou expéditions qui en sont délivrés, les quittances des contributions payées à l'Etat, etc.;

2° Les registres de toutes les administrations publiques et des établissements publics, pour ordre et administration générale (*Ibid.*).

3505. Ainsi, une ordonnance du chef de l'Etat peut, sans contravention, être annexée à un acte notarié, quoique non timbrée ?

Sans doute.

3506. Parmi les actes notariés, n'y en a-t-il pas qui sont exempts de la formalité du timbre ?

Oui ; ce sont d'abord les certificats de vie délivrés par les notaires pour pensions militaires, de veuves de militaires, de donataires, pensions à titre de récompenses nationales, et encore les procurations pour vendre les rentes sur l'Etat, provenant de consolidation faite par les caisses d'épargnes.

3507. Les pièces à l'appui de leur procuration que les propriétaires de ces rentes peuvent avoir à produire pour en opérer la vente sont-elles également exemptes du timbre ?

La loi du 21 novembre 1848, qui a affranchi du droit de timbre ces sortes de procurations, a aussi dispensé du timbre les pièces à produire, tels que certificats de propriété, intitulés d'inventaires, etc.

3508. Le registre que les notaires sont obligés de tenir, en exécution de l'art. 5 du décret du 21 août 1806, et destiné à recevoir l'indication des noms, prénoms, dates de naissance et domiciles des rentiers viagers et pensionnaires auxquels ils délivrent des certificats, est-il soumis au timbre ?

Non, ce registre n'est pas sujet au timbre.

3509. Les affiches sont-elles assujetties au timbre ?

Toutes les affiches, autres que celles émanées de l'autorité publique, sont sujettes à un timbre spécial, quel que soit leur objet (Loi 9 vendém. an 6 art. 56).

3510. Quel est le tarif des droits de timbre pour les affiches ?

D'après la loi du 28 avril 1816, art. 65, la feuille de 25 décim. carrés est frappée d'un timbre de 10 cent., et la demi-feuille d'un timbre de 5 cent.

3511. Le papier pour affiches est-il débité par la régie ?

Jusqu'à la loi du 15 mai 1818, le papier pour affiches avait été fourni par la régie; mais cette loi a décidé que les particuliers feraient timbrer le papier dont ils voudraient faire usage, et ce papier doit être présenté au timbre avant l'impression.

3512. La loi du 15 mai 1818 ne s'occupe que des affiches imprimées ; les affiches manuscrites sont-elles dispensées du timbre ?

Certaines affiches manuscrites sont exemptes du timbre. Ce sont celles que les particuliers appliquent sur leur demeure pour annoncer une location, un genre de commerce ou d'industrie (Déc. min. 7 brum. an 6 ; Circ., 13 même mois, n° 1121).

Mais il en serait autrement s'il s'agissait d'une affiche ayant pour objet d'annoncer une vente de meubles ou d'immeubles, et il a été jugé que les affiches manuscrites, apposées dans des lieux publics pour annoncer une vente dans l'étude d'un notaire, ne sont pas affranchies du timbre (Cass., 18 janv. 1842).

3513. N'y a-t-il pas certaines affiches qui doivent être sur timbre de dimension ?

Les affiches ou placards prescrits par le Code de procédure, pour l'annonce des ventes judiciaires, sont assujettis au timbre de dimension à peine de 20 fr. (autrefois 100 fr.) d'amende (Cass., 2 avril 1818).

3514. Peut-on indifféremment se servir, pour affiches, de papier de couleur ou de papier blanc ?

Les affiches ne peuvent être de couleur blanche, et il est prononcé, pour cette contravention, une amende de 20 fr. à la charge de l'imprimeur (Loi du 25 mars 1817, art. 77 ; Loi 15 mai 1818, art. 76).

Les affiches apposées par ordre de l'autorité publique peuvent seules être de couleur blanche (*Ibid.*).

3515. Le décime par franc est-il perçu, sur les droits de timbre, comme sur les droits d'enregistrement ?

La subvention du décime par franc, créée par la loi du 6 prairial an 7, pour les droits de timbre comme pour ceux d'enregistrement, ne se perçoit plus aujourd'hui sur les droits de timbre (Loi 28 avril 1816, art. 57).

3516. Le mode de recouvrement des droits d'enregistrement et des amendes y relatives, l'instruction des instances et la prescription, s'appliquent-ils également à l'impôt du timbre ?

Oui (Loi 28 avril 1816, art. 76 ; Loi 16 juin 1824, art. 14).

3517. Par quel tribunal doit être jugée l'instance à laquelle donne lieu une contrainte décernée pour contravention aux lois du timbre ?

Par le tribunal dans l'arrondissement duquel est situé le bureau dont la contrainte est émanée, et non par le tribunal du domicile du contrevenant (Cass., 30 mai 1826).

§ 3.—Des amendes de contravention au timbre.

3518. Quelle est l'amende prononcée contre les particuliers et les fonctionnaires publics qui ne se seraient pas servis de papier timbré pour des actes soumis au timbre?

Cette amende est de 5 fr. contre les particuliers, et de 20 fr. contre les fonctionnaires publics (Loi 16 juin 1824, art. 10).

3519. Les notaires, huissiers, greffiers, peuvent-ils faire timbrer à l'extraordinaire le papier destiné aux actes de leur ministère ?

Ils ne peuvent employer que le papier timbré débité par la régie, à peine de 20 fr. d'amende (Loi 13 brum. an 7, art. 18 et 26 ; Loi 16 juin 1824). Ils peuvent néanmoins faire timbrer du parchemin à l'extraordinaire, lorsqu'ils sont dans le cas d'en employer (Même loi de brum., art. 18).

3520. Y a-t-il lieu à l'amende, lorsque l'empreinte du timbre a été couverte d'écriture ou altérée ?

L'empreinte du timbre ne peut être ni couverte d'écriture, ni altérée, à peine de 5 fr. d'amende (*Ibid.*).

3521. Mais y aurait-il contravention, si le *verso* des empreintes du timbre était couvert d'écriture ou de traits de plume?

Non (Déc. min. fin., 16 juin 1807).

3522. Un notaire peut-il, sans encourir d'amende, porter des chiffres sur l'empreinte des timbres de son répertoire, pourvu que cette empreinte ne soit pas maculée ?

Oui (Décision de la régie du 6 août 1832, portant désistement de toute poursuite).

3523. Les notaires peuvent-ils employer, pour leurs actes et expéditions, toute espèce de timbre de dimension ?

Ils ne peuvent employer, pour les expéditions, du papier inférieur à celui appelé *moyen papier*, dont le prix est de 1 fr. 25 c., sans se rendre passibles d'une amende de 10 fr. (Loi 16 juin 1824, art. 10).

Mais ils peuvent employer, pour les minutes et brevets, le timbre de dimension qu'ils jugent à propos.

3524. Quelle est l'amende prononcée contre le notaire qui aurait délivré une expédition contenant plus de vingt-cinq lignes à la page, compensation faite d'une feuille à l'autre?

Cette amende est de 5 fr. (*Ibid.*).

3525. Deux actes peuvent-ils, sans contravention, être faits ou expédiés, à la suite l'un de l'autre, sur la même feuille de papier timbré ?

En règle générale, non. La loi ne fait d'exception que pour les ratifications des actes passés en l'absence des parties, les quittances de prix de vente et celles de remboursement de contrats de constitution ou obligation, les inventaires, procès-verbaux et autres actes qui ne peuvent être consommés dans un même jour et dans la même vacation. Il peut aussi être donné plusieurs quittances sur une même feuille de timbre, pour à-compte d'une seule et même créance ou d'un seul terme de fermage ou loyer ; toutes autres quittances, qui sont données sur une même feuille de papier timbré, n'ont pas plus d'effet que si elles étaient sur papier non timbré (L. 13 brum. an 7, art. 23).

3526. Y aurait-il contravention de la part du notaire qui rédigerait, à la suite d'un acte de dépôt du cahier des charges, pour parvenir à une vente, quelques modifications à ce cahier, et le renvoi de l'adjudication à un autre jour que celui primitivement fixé ?

L'acte de dépôt formant un acte séparé de ces modifications et renvoi, il ne peut, sans contravention, être mis à la suite (Cass., 24 mars 1829).

3527. Une prorogation de délai peut-elle être écrite à la suite du titre de la créance dont le terme est prorogé ?

Une décision du ministre des finances du 11 août 1831 avait décidé la négative ; mais il a été jugé, et le jugement a été acquiescé par l'administration, qu'un notaire pouvait, sans contravention, rédiger, à la suite d'un acte d'atermoiement, et sur la même feuille de papier timbré, les actes constatant l'acceptation des créanciers et les paiements faits par le débiteur (Trib. de la Flèche, 14 fév. 1838 ; Délib., 24 avril 1838).

3528. Un partage pourrait-il être rédigé à la suite d'un inventaire qui a été clos ?

Non. L'inventaire une fois clos, tout acte subséquent, quoique se rattachant à la même succession, doit être écrit sur une feuille séparée (Délib. de la régie du 12 août 1831, appr. le 14 sept. suiv.).

3529. Mais ne peut-on pas écrire, à la suite d'un acte de donation, l'acceptation de cette donation ?

Pas davantage. L'acceptation doit être faite sur une feuille séparée (Trib. de Valogne, 14 mars 1846 ; D. P., 47, 4, 464 ; Conf. trib. de Guingamp, 30 sept. 1847 ; D. P., 48, 5, 343).

3530. En serait-il de même de la quittance délivrée au débiteur par le donataire d'une créance à terme ?

Cette quittance ne peut non plus être rédigée à la suite de l'acte de donation (Déc. min., 10 juill. 1832).

3531. Un notaire se rendrait-il passible de l'amende en rédigeant l'acte de dépôt d'un procès-verbal d'arpentage à la suite de l'acte d'adjudication, et un acte d'adjudication à la suite de l'acte de dépôt du cahier des charges ?

Oui (Trib. de Château-Thierry, 29 août 1833). La Cour de cassation s'est prononcée, dans le même sens, par arrêts du 25 janv. 1836, du 8 janv. 1838 et du 5 nov. 1839).

3532. Un notaire contreviendrait-il à la loi sur le timbre en écrivant sur la même feuille de papier timbré le transport d'une créance et l'acceptation par le débiteur de ce même transport ?

Un notaire peut bien, dans l'acte de transport même, faire intervenir le débiteur pour l'accepter, mais il ne peut, sans contravention, rédiger sur la même feuille de papier timbré l'acceptation faite par le débiteur après la passation de l'acte de transport (Trib. de Dreux, 27 juin 1838; Cass., 16 juill. 1838; Inst. gén., 31 déc. 1838, n° 1577. — *Contrà*, plusieurs jugements de tribunaux). Mais les notaires doivent, pour éviter toutes difficultés, écrire sur des feuilles séparées le transport et l'acte d'acceptation.

3533. Les codicilles peuvent sans doute être écrits à la suite des testaments.

Les codicilles étant partie intégrante des testaments, et ne formant avec eux qu'un seul et même acte de dernière volonté, peuvent, sans contravention, être écrits à la suite des testaments (*Dict. de l'Enreg.*, v° *Codicille*).

3534. Les révocations de testaments peuvent-elles être expédiées sur la même feuille que les testaments ?

Oui (Décret du 15 juin 1812). Il en est de même pour les révocations de procurations.

3535. Les quittances et décharges de prix de ventes mobilières, faites par les notaires et autres officiers publics, peuvent-elles être mises à la suite des procès-verbaux de vente ?

Les quittances et décharges peuvent être mises à la suite ou en marge des procès-verbaux de vente (Av. cons. d'Etat, 21 oct. 1809, n° 2958).

3536. La réquisition de l'acte respectueux et sa notification à l'ascendant peuvent, sans contravention, être écrites sur la même feuille de papier timbré ; mais en est-il de même pour les deuxième et troisième notifications ?

Il a été décidé que ces notifications ne peuvent, sans contravention, être écrites à la suite de la première (Délib., 3 fév. 1832, appr. le 18).

3537. Un notaire peut-il, sans contravention, rédiger sur la même feuille de papier timbré, et à la suite de l'acte de présentation d'un compte de tutelle, l'acte d'arrêté de ce même compte portant décharge du reliquat ?

Oui (Trib. de Chartres, 5 mai 1838; Conf. délib. du 8 sept. 1838, acquiesçant à ce jugement).

3538. Les décharges de sommes déposées entre les mains des officiers publics peuvent-elles être rédigées à la suite de l'acte de dépôt ?

Il a été décidé que ces décharges peuvent, sans contravention, être rédigées à la suite de l'acte de dépôt (Déc. min. fin., 23 fév. 1826).

3539. Les expéditions des procurations annexées à un acte peuvent-elles être délivrées sur la même feuille que l'acte auquel elles sont annexées ?

Une décision ministérielle du 11 octobre 1808, transmise par l'instruction générale du 27 du même mois, autorise les fonctionnaires publics à délivrer sur la même feuille expédition des actes ou extraits d'actes et des procurations annexées.

3540. Quelle est l'amende prononcée contre les officiers et fonctionnaires publics qui se servent d'un papier frappé d'un timbre hors d'usage ?

Cette amende est de 20 fr. (Loi 16 juin 1824, art. 10).

3541. Alors un notaire ne peut pas, sans encourir d'amende, rédiger, à la suite d'un acte, un autre acte, dans les cas permis par la loi, si le papier sur lequel est écrit le premier acte se trouve hors d'usage ?

Dans ce cas il n'y a pas lieu à l'amende (Déc. min. 4 brum. an 2; Inst. gén. du 22 prair. suiv., n° 137).

3542. Y a-t-il lieu de distinguer entre la minute et l'expédition d'un acte à la suite duquel la loi permet d'en écrire un autre ?

Non. Ainsi, la quittance d'un prix de vente, par exemple, peut être mise en marge ou à la suite de l'expédition du contrat, comme en marge ou à la suite de la minute.

3543. A quelle amende s'exposent les particuliers et les officiers et fonctionnaires publics qui font usage de papier timbré ayant déjà servi pour un autre acte ?

Le papier timbré qui aura été employé à un acte quelconque ne pourra plus servir pour un autre acte, quand même le premier n'aurait pas été achevé, sous peine de 5 fr. d'amende contre les particuliers, et de 20 fr. contre les officiers et fonctionnaires publics (Loi 16 juin 1824, art. 10), outre le droit de timbre.

3544. Mais si quelques lignes d'écriture ne portant aucune des indications, soit de date, soit de faits, soit d'objets de convention qui puissent constituer un acte quelconque, avaient été mises sur une feuille de papier timbré, puis bâtonnées par un notaire qui aurait écrit à la suite un acte de son ministère, ce dernier serait-il passible de l'amende ?

Il a été décidé qu'en ce cas le notaire n'encourt pas l'amende (Cass., 27 janv. 1836).

3545. Un notaire se rend-il passible d'une amende en rédigeant un acte de son ministère, en conséquence d'actes ou effets de commerce non écrits sur papier timbré du timbre prescrit ou non visé pour timbre ?

La loi du 13 brumaire an 7, art. 26, prononce, dans ce cas, une amende de 100 fr., réduite à 20 fr. par la loi du 28 avril 1816.

§ 4.—Des droits de timbre proportionnel.

3546. A quels actes s'applique le timbre proportionnel ?

Il s'applique non-seulement à tous les effets négociables ou de commerce, tels que billets à ordre ou au porteur, lettres de change, rescriptions, etc. (Loi 13 brum. an 7, art. 11), mais encore aux simples billets et obligations non négociables, aux mandats à terme ou de place en place (L. 6 prair. an 7, art. 6), et depuis la loi récente des 5-14 juin 1850, aux actions dans les sociétés, et aux obligations négociables des départements, communes, établissements publics et compagnies, et aux polices d'assurance.

3547. Quel est le droit de timbre proportionnel sur les effets de commerce ?

Ce droit est fixé : à 5 cent. pour les effets de 100 fr. et au-dessous ; à 10 c. pour ceux au-dessus de 100 fr. jusqu'à 200 fr.; à 15 cent. pour ceux au-dessus de 200 fr. jusqu'à 300 fr.; à 20 cent. pour ceux au-dessus de 300 fr. jusqu'à 400 fr.; à 25 cent. pour ceux au-dessus de 400 fr. jusqu'à 500 fr.; à 50 cent. pour ceux au-dessus de 500 fr. jusqu'à 1,000 fr.; à 1 fr. pour ceux au-dessus de 1,000 fr. jusqu'à 2,000 fr.; à 1 fr. 50 c. pour ceux au-dessus de 2,000 fr. jusqu'à 3,000 fr. ; à 2 fr. pour ceux au-dessus de 3,000 fr. jusqu'à 4,000 fr. ; et ainsi de suite en suivant la même proportion et sans fraction (L. 5-14 juin 1850, art. 1ᵉʳ).

3548. Y a-t-il du papier au timbre proportionnel pour les sommes excédant 20,000 fr. ?

Non; au-dessus de 20,000 fr. les papiers sont visés pour timbre à raison de 50 cent. par 1,000 fr. sans fraction (Loi 13 brum. an 7, art. 2 ; L. 21 mai 1831, art. 18 ; L. 20 juill. 1837, art. 16 ; L. 5 juin 1850, art. 21).

3549. A quelle énonciation la loi du 5 juin 1850 assujettit-elle les notaires et autres officiers publics, relativement aux effets de commerce, certificats d'actions, titres, et généralement tous autres actes sujets au timbre et non enregistrés mentionnés dans les actes publics, judiciaires ou extrajudiciaires ?

Ils doivent déclarer s'ils sont ou ne sont pas timbrés, à peine de 10 francs d'amende par chaque contravention (Loi 5 juin 1850, art. 49).

3550. Quelle amende encourt le notaire en employant, pour transcrire les polices d'assurances maritimes faites par son ministère, un registre en papier non timbré ?

Une amende de 50 fr. (*Ibid.*, art. 47).

3551. Et lorsque les notaires ou courtiers rédigent des polices d'assurances maritimes ou en délivrent des expéditions ou extraits sur papier non timbré, de quelles amendes se rendent-ils passibles ?

D'une amende de 500 fr. (*Ibid.*, art. 48).

3552. En cas de récidive, de combien est l'amende?

De 1,000 fr. (*Ibid.*).

3553. De quelle amende sont frappés les billets simples ou obligations non négociables, écrits sur papier libre ou sur papier frappé d'un timbre autre que celui voulu par la loi ?

D'une amende de 6 fr. par 100 fr., sans que l'amende puisse être au-dessous de 5 fr. (Loi 24 mai 1834, art. 19).

3554. N'y a-t-il que le souscripteur qui soit passible de cette amende ?

Indépendamment de l'amende due par le souscripteur, une amende de même quotité est due par le premier cessionnaire du billet simple ou obligation non négociable (*Ibid.*).

3555. Cette amende s'applique-t-elle aux lettres de change, billets à ordre ou au porteur, mandats, et tous autres effets négociables ou de commerce, sur papier non timbré ou non visé pour timbre ?

Oui, et non-seulement le souscripteur est passible de l'amende, mais l'accepteur, le bénéficiaire ou premier endosseur de l'effet sont passibles chacun d'une amende de même quotité (Lois 24 mai 1834, art. 19, et 5 juin 1850, art. 4).

3556. Et un effet négociable venant, soit de l'étranger, soit des colonies, dans lesquelles le timbre n'est point établi, et payable en France, et qui aurait été accepté, négocié ou acquitté en France, sans avoir été soumis au visa pour timbre, serait-il frappé de la même amende de 6 p. 100 ?

Oui, et l'accepteur, le premier endosseur résidant en France, et, à défaut d'endossement en France, le porteur, s'il a encaissé ou fait encaisser l'effet avant le paiement du droit de timbre, sont passibles chacun de l'amende (*Ibid.*; Inst., 7 sept. 1850, n° 1865).

TROISIÈME SECTION.

Des Hypothèques.

§ 1er.—Des droits d'inscription des priviléges et hypothèques.

3557. Quel est le droit proportionnel dû sur les inscriptions de créances hypothécaires ou privilégiées ?

Ce droit est de 1 fr. pour 1,000 fr. du capital des créances, quelle que soit la date de l'hypothèque (Loi du 28 avril 1816, art. 60).

3558. Vous parlez seulement du capital des créances, le droit n'est donc pas dû sur les intérêts ?

Le droit n'est pas dû sur les intérêts ou arrérages à échoir, lors même qu'ils seraient liquidés dans le bordereau ; mais ceux échus sont sujets au droit, dès que le bordereau en fait mention, avec ou sans liquidation (Déc. min. fin., 10 sept. 1823).

3559. Comment se liquide le droit sur l'inscription prise pour une rente viagère ?

Le droit est exigible sur le capital porté dans le bordereau (Solut., 27 juill. 1824 ; Inst. gén., n° 1150, § 14), et non pas seulement sur un capital formé de dix fois la rente viagère (Délib. cons. d'adm., 11 juin 1833).

3560. Les accessoires qui peuvent être compris dans le bordereau, tels que frais et mise à exécution, sont-ils passibles du droit proportionnel ?

Il faut distinguer ceux qui sont déjà faits et acquis au créancier de ceux qui sont à faire et qui sont portés éventuellement au bordereau : les premiers sont soumis au droit, les seconds en sont exempts (Inst. gén., n° 1146, § 14).

3561. Si les biens hypothéqués par un débiteur sont situés dans plusieurs arrondissements, et que le créancier soit contraint de requérir ainsi plusieurs inscriptions, le droit proportionnel est-il dû sur chacune de ces inscriptions ?

Le droit proportionnel n'est perçu qu'une fois, sur la première inscription, et pour les autres, il n'est dû que le salaire du conservateur (Loi du 21 vent. an 7, art. 22).

3562. Doit-il être pris autant d'inscriptions qu'il y a de créanciers ou de débiteurs ?

La régie soutient que s'il n'y a pas solidarité ou indivisibilité dans la dette ou la créance, il y a autant de créances distinctes qu'il y a de débiteurs ou de créanciers, et qu'il doit être fait une inscription pour chaque créance. Mais on soutient d'autre part qu'en vertu de la loi du 21 ventôse an 7, une seule inscription suffit pour les créances résultant d'une même obligation, quoique au profit de plusieurs créanciers (Trib. de Senlis, 25 mai 1852).

3563. Les renouvellements d'inscriptions sont-ils assujettis au droit proportionnel ?

Le droit proportionnel est dû sur chaque renouvellement d'inscription, à quelque époque qu'il ait lieu (Inst. gén., 21 janv. 1811).

3564. Est-il dû un droit proportionnel pour l'inscription faite d'office par le conservateur, lors de la transcription d'un contrat de vente, aux termes de l'art. 2108 du Code civil ?

Puisque, d'après la loi, la transcription vaut inscription pour le vendeur et que cette transcription est soumise à un droit de un et demi pour 100, il n'est pas dû un droit distinct pour l'inscription d'office; mais le conservateur a droit au salaire.

3565. Mais, si le contrat de vente n'avait point été transcrit, l'inscription qui serait requise par le vendeur, pour sûreté du prix, serait-elle également affranchie du droit proportionnel ?

Dans ce cas le droit proportionnel est dû, parce qu'il ne s'agit plus ici de l'inscription d'office qui est une suite nécessaire de la transcription.

3566. L'inscription prise par un acquéreur, pour garantie de la restitution du prix de vente, en cas d'éviction, est-elle passible du droit proportionnel ?

Il n'est pas dû de droit proportionnel, attendu que l'inscription ne conserve ici qu'un droit éventuel, sans créance actuellement existante (Loi du 6 mess. an 7, art. 1 et 2; Inst. gén., 13 août 1810, n° 487; Cass., 23 août 1830; Délib., 7 mai 1833).

3567. Le droit proportionnel est-il dû sur les inscriptions d'hypothèque légale, prises au profit des femmes ou des mineurs, contre leurs maris ou tuteurs ?

Il n'est dû que le droit fixe, attendu que l'inscription est *indéfinie*, c'est-à-dire que la créance qui en forme l'objet est indéterminée, quant à la somme qui sera due (Loi du 6 mess. an 7, art. 1 et 2).

3568. Quel est le droit à percevoir sur l'inscription prise pour sûreté d'un crédit ouvert ?

Il n'est également dû que le droit fixe, si la créance n'est pas encore actuellement existante, le crédit réalisé (Délib., 24 sept., 13 oct. et 11 déc. 1832).

3569. Les subrogations mentionnées en marge des inscriptions donnent-elles lieu à un droit proportionnel ?

Il n'est dû que le salaire du conservateur (Circ., n° 1529; Solut. 31 juill. 1824).

3570. Quel est le salaire dû au conservateur pour les inscriptions ?

Le salaire est de 1 fr. pour l'inscription de chaque droit d'hypothèque ou de privilége, quel que soit le nombre des créanciers, si la formalité est requise par le même bordereau. Ce droit est dû pour chaque inscription faite d'office par le conservateur, en vertu d'un acte translatif de propriété soumis à la formalité (Décret du 21 sept. 1810).

3571. Quel est le salaire dû pour les mentions de subrogation ou de changement de domicile ?

Le salaire est de 50 cent. pour chaque déclaration soit de changement de domicile, soit de subrogation, soit de tous les deux par le même acte (même décret).

3572. Est-il dû un salaire pour le bulletin de dépôt des bordereaux ?

Il est dû un salaire de 25 cent. (même décret).

3573. Et pour les duplicata de quittances ?

Il est dû un salaire de 25 cent. par duplicata (même décret).

3574. Le bulletin de dépôt est-il soumis au timbre ?

Ce bulletin doit être sur papier timbré (Décis. min. fin., 17 et 28 vent. an 13; Inst. gén., 11 sept. 1806, n° 316, § 10).

3575. Comment se règle le droit de timbre pour le registre de dépôt et celui d'inscription ?

Il est dû 6 cent. par chaque case du registre de dépôt employée, et pour le registre d'inscription, 50 cent. par page de trente-cinq lignes, soit 10 cent. pour sept lignes, ou environ 1 cent. et demi par ligne (Inst. gén., 31 août, n° 1433).

§ 2.—Des droits de transcription.

3576. Quel est le droit proportionnel dû pour la transcription ?

Il est perçu, pour cette formalité, indépendamment du droit de timbre et des salaires du conservateur, un droit proportionnel de un et demi pour 100, sur le prix intégral de la mutation (Loi du 21 vent. an 7, art. 25).

3577. Si le même acte donne lieu à la transcription dans plusieurs bureaux, le droit est-il dû dans chaque bureau ?

Le droit proportionnel est acquitté en totalité au premier bureau, et il n'est payé dans les autres que le salaire du conservateur (Même loi, art. 26).

3578. Quels sont les actes soumis à la transcription ?

Tous les actes emportant mutation de propriétés immobilières.

3579. Cette formalité est-elle obligatoire ?

Non, elle est facultative.

3580. On peut donc éviter souvent le paiement du droit de transcription ?

Ce droit est perçu en même temps que celui d'enregistrement ou plutôt confondu avec lui, pour tous les actes qui sont de nature à être transcrits (Loi du 28 avril 1816, art. 52 et 54; loi du 18 mai 1850, art. 10).

3581. N'y a-t-il aucune exception à cette règle ?

Les donations contenant partage faites en ligne directe, par acte entre-vifs, conformément aux art. 1075 et 1076 du Code civil, forment une exception. Elles ne sont assujetties qu'au droit de 1 pour 100, lors de l'enregistrement, et le droit de 1 et demi pour 100, pour transcription, n'est perçu que dans le cas où cette formalité est requise (Loi du 16 juin 1824, art. 3).

3582. Les testaments contenant des legs d'immeubles sont-ils soumis au droit de transcription ?

Cette formalité est sans objet à leur égard, puisqu'ils n'ont d'effet qu'au moment où la succession s'ouvre, où les droits de tous les créanciers sont fixés.

3583. En serait-il de même si le legs était fait à charge de restitution ?

D'après l'art. 1069 du Code civil, les substitutions par acte entre-vifs ou par actes testamentaires sont assujetties à la transcription au bureau des hypothèques : en conséquence, elles sont passibles, outre le droit d'enregistrement, du droit de 1 et demi pour 100 (Cass., 28 nov. 1848; D. P., 48, 1, 353; 25 avril 1849; D. P., 49, 1, 107, et 7 avril 1849; D. P., 49, 1, 204).

3584. La cession d'un droit d'usufruit ou la renonciation à ce droit, en faveur du nu propriétaire, donne-t-elle lieu au droit proportionnel de transcription ?

Bien que la consolidation de la propriété, par la réunion de l'usufruit à la nue propriété, ne donne lieu en certains cas, qu'à un droit fixe d'enregistrement, le droit proportionnel de transcription est dû toutes les fois qu'il y a cession d'usufruit ou renonciation, parce que cet acte est de nature à être transcrit, en ce que l'usufruit peut être grevé d'hypothèque du chef de l'usufruitier (Délib., 31 mai et 24 oct. 1836; Cass., 25 juillet 1827; 6 janv. et 10 août 1830).

3585. Est-il dû un droit de transcription sur les échanges d'immeubles ?

Ce droit est dû seulement sur l'une des deux parts, et il est perçu avec le droit d'enregistrement (Loi du 16 juin 1824, art. 2).

3586. Si l'échange est fait avec soulte, comment le droit est-il perçu ?

Il est perçu sur le montant de la soulte et sur le capital de l'immeuble qui vaut le moins.

3587. Le retrait d'immeubles, dans le délai stipulé pour l'exercice du réméré, est-il passible du droit de transcription ?

Lors même que l'acte constatant le retrait serait présenté à la formalité, le droit proportionnel de transcription ne serait pas dû, puisque l'immeuble revient au vendeur exempt de toutes les charges et hypothèques dont l'acquéreur l'aurait grevé (C., civ. 1673). Le retrait n'est donc pas un acte de nature à être transcrit.

3588. Une déclaration de command faite dans le délai prescrit par la loi est-elle soumise au droit de transcription ?

Non, par le motif qu'elle n'opère pas de mutation.

3589. Les baux emphytéotiques temporaires sont-ils soumis au droit de transcription ?

La négative avait d'abord été décidée sur le motif que ces baux n'opèrent pas de mutation, mais depuis, la jurisprudence s'est prononcée en sens contraire.

3590. Que doit-on décider par rapport aux ventes ou adjudications sur licitation entre cohéritiers ou copropriétaires ?

Si la vente est faite au profit de plusieurs des cohéritiers ou copropriétaires et ne fait pas cesser l'indivision, le droit de transcription est dû et perçu en même temps que le droit d'enregistrement ; mais si la vente est faite au profit d'un seul, et fait ainsi cesser l'indivision, le droit d'enregistrement est seul perçu à 4 pour 100. Seulement le droit proportionnel de transcription serait dû sur la totalité du prix, sans déduction de la part de l'acquéreur, si l'acte était présenté à la transcription (Cass., 15 nov. 1841 ; 17 janv. 1842 et 13 avril 1847 ; D. P., 47, 1, 230).

3591. Les apports d'immeubles en société n'étant soumis qu'au droit fixe d'enregistrement, ne doivent sans doute pas acquitter le droit proportionnel de transcription ?

Il a été décidé, par de nombreux arrêts, que l'apport d'immeubles en société, lorsqu'il dépouille l'associé et transmet la propriété à la société, étant un acte de nature à être transcrit, le droit proportionnel de transcription est dû sur l'acte de société. La faveur du droit fixe sur les apports en société n'a été accordée que pour l'enregistrement et non pour la transcription, qui est régie par d'autres règles (Inst. gén., 11 fév. 1843, n° 1686).

3592. Alors il n'est point dû de transcription sur l'acte de partage ou de licitation par lequel un des sociétaires devient propriétaire de l'immeuble apporté en société ?

Il en est ainsi lorsque l'immeuble est attribué à l'associé qui l'a apporté, parce que l'effet du partage de société remonte au jour de la constitution et non au jour de la dissolution. Mais si l'immeuble est attribué à un associé autre que celui qui l'a apporté, le droit de transcription est dû, parce qu'il y a une mutation de nature à être transcrite. C'est du moins ce que décide la régie, conformément à la jurisprudence de la Cour de cassation.

3593. Lorsque le droit proportionnel de transcription a été perçu lors de l'enregistrement d'un acte, y a-t-il encore un droit fixe à payer lors de la transcription ?

Il est dû un droit fixe de 1 fr. indépendamment du salaire du conservateur (Loi du 28 avril 1816, art. 61).

3594. Quels sont les salaires à payer au conservateur des hypothèques pour la transcription d'un acte ?

Il est dû au conservateur, à titre de salaire :

Pour la reconnaissance du dépôt de l'acte, 25 cent.

Pour chaque inscription d'office, 1 fr.

Pour chaque rôle d'écriture du conservateur, contenant vingt-cinq lignes à la page, et dix-huit syllables à la ligne, 1 fr.

(Décret du 21 sept. 1810).

TABLE ALPHABÉTIQUE.

N. B. — *Dans cette Table, les* renvois *se rapportent aux* NUMÉROS *et non aux pages.*

———————●●———————

A

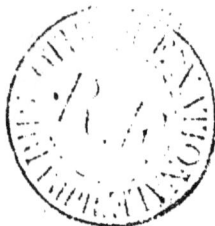

31*

B

C

D

E

F

I

J

L

M

Q

QUALITÉ. —V. *Citoyen français.*

QUALITÉ DES PARTIES, 153. — Notaire, 465. — Responsabilité, 465.

QUITTANCE. — Enregistrement, 3030 et suiv., 3148 et suiv., 3158 et suiv. — Timbre, 3525, 3530, 3535.

QUOTITÉ DISPONIBLE, 1054 et suiv.—Renonciation à succession, 951, 1056. — Ascendant, 1057 et suiv. — Enfant naturel, 1059. — Epoux, 1208 et suiv., 1219 et suiv. —Préciput, 1542 et suiv.

R

RACHAT (Faculté de), 1837 et suiv., 2462. — Rescision, 1865. — Privilége, 2519. — Hypothèque légale, 2622.—Hypothèque, 1862, 2653.—Enregistrement, 3234, 3242 et suiv. — Transcription, 3587.

RADIATION D'INSCRIPTION, 2778 et suiv.

RAPPEL A L'ORDRE. — V. *Chambre de discipline.*

RAPPORT A SUCCESSION, 943 et suiv., 1063 et suiv. — Héritier bénéficiaire, 944. — Préciput, 946 et suiv. — Donation déguisée, 949. — Don manuel, 950. — Etablissement, 957. — Société, 961. — Vente à rente viagère, 964.— Vente sous réserve d'usufruit, 961.—Remise de dette, 965 et suiv.—Rente sur l'Etat, 980. — Office, 981. — Dot, 1672 et suiv. —Enregistrement, 3156 et suiv., 3380 et suiv.

RATIFICATION. — Autorisation maritale, 595. — Mineur, 1296. — Fait double, 1300. — Vente du fonds dotal, 1652 et suiv. — Enregistrement, 3062, 3072, 3098 et suiv.

RATURE.—Approbation, 201 et suiv.— Ligne entière, 203.—Amende, 206. — Nullité, 205.

RÉALISATION. — Mobilier, 1490 et suiv.

RÉCÉPISSÉ. — Compte de tutelle, 719 et suiv.

RÉCOMPENSE A LA COMMUNAUTÉ, 1410, 1460, 1466.

RECONNAISSANCE D'ÉCRITURE. — Dépôt, 7 et suiv. — Apport de minute, 256. — Formule exécutoire, 278. — Hypothèque, 2663, 2665.

RECONNAISSANCE D'ENFANTS NATURELS. — Formes, 4, 395 et suiv., 624, 630 et suiv. — Mineur, 397, 625. — Femme mariée, 398, 603, 628.—Procuration, 110, 400.

RÉDUCTION. — Donation, 1064 et suiv., 1212. — Préciput, 1543.

RÉGIME DOTAL, 1573 et suiv. — Société d'acquêts, 1690 et suiv. — Délaissement, 2828. — Hypothèque, 1614 et suiv., 1621, 1628 et suiv., 1640, 2644 et suiv.

RÉMÉRÉ (Vente a). — V. *Rachat.*

REMPLACEMENT MILITAIRE. — Notaire, 68 et suiv. — Dépôt, 117.— Rapport, 958.

REMPLOI. — Biens de la femme, 1100 et suiv., 1139, 1193, 1598 et suiv.,

T

COURS DE DROIT FRANÇAIS,
SUIVANT LE CODE CIVIL,
Avec des sommaires ou exposés analytiques en tête de chaque chapitre et section de la matière ; une table générale à la fin de chaque volume, etc., etc.
Par M. DURANTON, professeur à l'École de droit de Paris,
Membre de la Légion d'honneur ;
4ᵉ Édition, considérablement augmentée et contenant toute la jurisprudence et toutes les lois ayant trait au Droit civil, publiées jusqu'à ce jour.
1844.—22 forts vol. in-8. Prix : 185 fr.

TRAITÉ DES DROITS D'ENREGISTREMENT,
Contenant l'EXAMEN DES PRINCIPES DU CODE CIVIL sur la Distinction des biens, l'Usufruit, les Servitudes, les Successions, les Donations et Testaments, les Obligations, Ventes, Louages, les Contrats de mariage, les Hypothèques et autres parties du droit civil, ainsi que des règles de Timbre et de Contraventions à la loi du 25 ventôse an XI, etc.
Par MM. CHAMPIONNIÈRE et RIGAUD,
Avocats, rédacteurs du Contrôleur de l'Enregistrement.
2ᵉ édition, complétée par un fort volume de SUPPLÉMENT.
6 forts vol. in-8, y compris le *Supplément* et le *Dictionnaire* ou Table analytique raisonnée des matières. Prix, 50 fr.
Se vendent séparément :
1° le 5ᵉ volume (Table) sous le titre de
DICTIONNAIRE DE L'ENREGISTREMENT,
Par les *mêmes auteurs*, — 1 gros vol. in-8, contenant la matière de 5 à 6 vol. in-8 ordinaires, Prix : 12 fr.
2° SUPPLÉMENT au TRAITÉ DES DROITS D'ENREGISTREMENT,
Contenant la Jurisprudence, la Législation et la Doctrine, de 1835 à 1850, sur les matières contenues dans ledit Traité.
Par les auteurs du *Traité*, avec la collaboration de M. PONT, docteur en droit, auteur du *Traité sur le Contrat de mariage*.
1 fort vol. in-8 complétant toutes les éditions.—Prix : 9 fr.

MANUEL ENCYCLOPÉDIQUE, THÉORIQUE ET PRATIQUE
DES JUGES DE PAIX,
DE LEURS SUPPLÉANTS, GREFFIERS ET HUISSIERS AUDIENCIERS,
OU TRAITÉ GÉNÉRAL ET RAISONNÉ
DE LEUR COMPÉTENCE JUDICIAIRE ET EXTRAJUDICIAIRE, CIVILE ET CRIMINELLE,
Contenant :
1° Des explications développées de droit et de pratique, tirées des débats parlementaires, de la doctrine et de la jurisprudence ; 2° Les formules variées de tous les actes de leur ministère ; 3° Un extrait des Codes ; 4° Et un recueil chronologique des lois, décrets, arrêtés, circulaire et instruction ministérielles, y relatifs, depuis 1667 jusqu'en 1850,
Par J.-E. ALLAIN, juge de paix.
3 volumes in-8, — Prix 22 fr. 50.

CODE DE LA MINORITÉ ET DE LA TUTELLE,
Par M. MARCHAND, juge au tribunal de première instance de Strasbourg.
1 vol. in-8, de 600 pages, Prix : 7 fr.

FORMULAIRE GÉNÉRAL ET COMPLET
OU TRAITÉ PRATIQUE
DE PROCÉDURE CIVILE ET COMMERCIALE,
Annoté de toutes les opinions émises dans les *Lois de la Procédure civile* et dans le *Journal des Avoués*.
Par CHAUVEAU ADOLPHE, Professeur à la faculté de droit de Toulouse,
Revu par M. GLANDAZ, président de la Chambre des avoués de Paris.
2 forts vol. in-8. — Prix : 16 fr. (Le 2ᵉ volume paraîtra en décembre 1852.)

www.ingramcontent.com/pod-product-compliance
Lightning Source LLC
Chambersburg PA
CBHW070625270326
41926CB00011B/1819